湖北省公益学术著作出版专项资金项目

丛书主编\周洪宇

陶行知文库

陶行知与中外文化教育再探

TAO XINGZHI YU ZHONGWAI WENHUA JIAOYU ZAITAN

周洪宇　申国昌　余子侠　主编

华中师范大学出版社

新出图证(鄂)字 10 号

图书在版编目(CIP)数据

陶行知与中外文化教育再探/周洪宇,申国昌,余子侠主编.—武汉：华中师范大学出版社，2020.12

(陶行知学文库)

ISBN 978-7-5622-9285-2

Ⅰ.①陶…　Ⅱ.①周…　②申…　③余…　Ⅲ.①陶行知(1891-1946)—教育思想—研究　Ⅳ.①G40-092.6

中国版本图书馆 CIP 数据核字(2021)第 011523 号

陶行知与中外文化教育再探

©周洪宇　申国昌　余子侠　主编

责任编辑：张怀东

责任校对：刘少玲　　**封面设计**：罗明波

编辑室：学术出版中心　　**电话**：027-67867792/3280

出版发行：华中师范大学出版社

社址：湖北省武汉市洪山区珞喻路 152 号　　**电话**：027-67863426(发行部)

网址：http://press.ccnu.edu.cn　　**电子邮箱**：press@mail.ccnu.edu.cn

印刷：湖北恒泰印务有限公司　　**督印**：刘　敏

开本：710mm×1000mm　1/16　　**印张**：40.25

字数：620 千字

版次：2020 年 12 月第 1 版　　**印次**：2020 年 12 月第 1 次印刷

定价：198.00 元

总　　序

周洪宇

陶行知是中国近现代享有盛誉的教育家、思想家、政治家和文学家，也是中国近现代原创力最强、真正形成了自己的教育学说体系、富有世界影响力的教育思想家。2007年，美国知名学者、哥伦比亚大学教育学院大卫·汉森教授在其主编的《教育的伦理视野——实践中的教育哲学》一书中介绍了世界最具影响力的十大教育思想家，其中唯一的中国教育思想家就是陶行知。该书将陶行知与美国的杜威、意大利的蒙台梭利等世界著名教育思想家并列，足见陶行知在国际学术界的巨大影响力及其被国际人士高度认可。

2020年是陶行知研究100周年，2021年是陶行知130周年诞辰和逝世75周年。借此机会，我们与华中师范大学出版社合作，编辑出版“陶行知学文库”丛书50余册，约2000万字，以深化陶行知研究，推动中国教育改革发展，加快建设中国教育学。

一

“陶行知学文库”丛书的编辑出版具有重大的学术价值与现实意义。2020年是国家“十三五”教育事业发展规划的收官之年，2021年是国家“十四五”教育事业发展规划的起步之年。值此重要历史节点，编辑出版“陶行知学文库”丛书意义重大而深远。

其一，这是深化当代陶行知研究的迫切需要。

如果将1920年北京大学缪金源所写的关于陶行知学生自治思想研究的文章算为正式起点的话，陶行知研究到现在已有整整100年历史。回顾百年陶行知研究，可以发现陶行知研究已经逐步发展为一门国际性的学问，在美国、德国、法国、日本、韩国等国家都有不少学者在进行研究并取得了丰硕成果。陶行知研究是一门中国本土成长起来的学问，它是对中国近现代教育家陶行知的专门研究之学。既然是本土之学，中国人自己首先要研究好，这样才能更好地与国外学术界对话和交流，提高我国在国际学术界的话语权。

深化当代陶行知研究需要建立专业的、系统的、科学的“陶行知学”。所谓“陶行知学”，就是一门以陶行知的家世家庭、个人生平、事业贡献、思想学说、人格精神、历史作用和国际影响为主要研究对象的学问。它涉及陶行知本人及其所处的时代环境、所经历的重要活动和重要事件、所交往的重要人物等，重点是研究陶行知的精神文化世界，对陶行知的历史价值及其局限进行历史反思。透过这种研究来看在当时的时代环境下，以陶行知、鲁迅为代表的中国近现代进步知识分子如何处理中西古今关系，走上一条追求真理、救国救民的历史道路，以及我们今天怎样学习和借鉴陶行知思想，推动当代的教育改革和社会进步。“陶行知学”的具体内容应该包括历史研究、文本研究、理论研究、应用研究、比较研究、海外研究和研究史研究等。就其性质而言，它有应用研究的一面，但主要还是基础研究。换句话说，它就是以基础研究为主、应用研究为辅的一门专门学问。

随着中国经济的快速发展、国际地位的日益提高，中国的学术和文化也要有相应的提升，以适应时代的需要。在当前西方学术文化占据强势地位的情况下，加强与西方学术界对话，发出中国自己的声音，很有现实意义。中国当代陶行知研究的重要任务之一，就是发展陶行知学术文化，形成陶行知学术话语体系，促进中西教育学术交流，在国际上拥有更大的话语权。“陶行知学文库”丛书的编辑出版正有助于此。

其二，这是加快建设当代中国教育学的迫切需要。

陶行知从20世纪10年代开始撰写教育论文，至40年代中期去世前，披阅不停、笔耕不辍，数十年如一日，围绕其独特的生活教育思想，著述达四百万字以上，客观上构建了一个概念清晰、原理明确、主张具体、内容丰富、结构完整的教育理论体系，得到了教育界、学术界的充分肯定。陶行知教育学说由若干概念范畴、基本原理和具体主张组成。具体而言，它以政治理念、哲学观点和文化思想为理论基石，以“生活”范畴为逻辑起点，以“生活即教育”“社会即学校”“教学做合一”三大原理为教育哲学依据，以民主教育、科学教育、乡村教育、师范教育、幼儿教育、创造教育、全面教育、终身教育等为具体教育主张，将其有机地建构成一个紧密联系、不可分割的整体，而且随着社会形势的变化与教育实践的深入，不断发展变化，具有鲜明的时代特征和特定的历史内涵。

20 世纪上半期，陶行知在反传统教育和反洋化教育的斗争中，在长期的教育实践过程中，通过批判地吸收古今中外各种教育思想精华和总结自己的教育实践经验，创立了具有中国特色、以教育哲学原理为基础、以各类教育主张为内容的一套完整的生活教育学说。他的生活教育学说是在半殖民地中国社会历史条件下中国人民争取解放、自由、平等的教育理论，也是既符合中国国情又适应社会发展和世界潮流的现代教育思想，达到了近现代中国社会教育思想所能达到的最高高度，成为新中国教育思想体系的重要理论来源之一，也是当今与未来中国教育思想发展的一个重要理论资源。“陶行知学文库”丛书的编辑出版是对陶行知教育学说的系统梳理与科学总结，有助于丰富和建设具有中国特色、中国风格、中国气派的当代中国教育学。

其三，这是加快当代教育改革发展的迫切需要。

陶行知早年毕业于世界著名的教育研究机构——美国哥伦比亚大学师范学院，师从 20 世纪著名的哲学家、教育学家、美国哲学学会会长杜威，世界著名教育史学家、世界教育联合会会长孟禄，知名教育学家、“设计教学法”创始人克伯屈等人，并在美国教育行政学权威、美国教育行政学会会长斯特雷耶教授的指导下撰写博士学位论文，研究中国教育。陶行知一方面深受西方先进教育理论的熏陶，另一方面又有长期的中国教育改革实践经历，教育理论功底深厚，教育实践经验丰富，而且善于总结提炼，具有强烈的自觉去系统建构教育理论体系的愿望与能力，被美国最负盛名的汉学家、哈佛大学东亚研究中心主任费正清教授誉为“杜威博士最有创造力的学生”。

陶行知不仅是一位杰出的教育家、思想家、文学家，也是一位活跃的政治家。他始终把教育变革与社会改造紧密地结合在一起，一生致力于中国的民族独立、国家富强、文教发达、社会进步。他的爱满天下的博人胸襟、乐于奉献的伟大情操、炽烈真诚的教育激情、求真务实的思想作风、不屈不挠的刚毅品质、开拓求新的创造精神，是我们今天进一步推进改革开放、实现中华民族伟大复兴宏伟事业、圆美好中国梦最需要的精神财富。“陶行知学文库”丛书的编辑出版有助于深化陶行知研究，把这些精神财富很好地总结和提炼出来，服务于当代中国教育发展改革的需要，特别是服务于十九大尤其是十九届五中全会后中国教育改革发展、建设高质量教育体系、推进教育现代化、建设教育强国、办人民满意教育的迫切需要。

其四，华中师范大学陶行知研究团队四十年的学术积累使之具有可行性与可操作性。

华中师范大学是改革开放以后中国大陆最早开展陶行知研究的重点高校之一，编辑出版了国内外第一套《陶行知全集》(共 8 卷，湖南教育出版社 1984 年、1985 年出版前 6 卷，1992 年出版后 2 卷)，该书 1986 年获得全国优秀畅销书奖，1988 年获得全国第一届优秀教育图书特别奖，1994 年获得第一届国家图书奖，为全国陶行知研究的顺利开展提供了基本条件；1993 年撰写出版了第一本陶行知研究专著《陶行知教育学说》，该书获得 1995 年首届全国高校人文社会科学研究优秀成果一等奖；1985 年和 1988 年分别培养了国内第一个教育史陶行知研究硕士研究生和第一个历史学博士研究生，这为 2000 年华中师范大学获得教育史学博士学位授权点以及此后培养多位以陶行知研究为论文选题的教育学博士奠定了坚实基础。无论是编纂出版陶行知全集、选集，还是编写年谱长编、人物传记、画传；无论是撰写出版专著，发表研究论文，还是组织开展教育改革实验，创新发展陶行知思想；无论是培养人才，建设一支高素质、专业化、创新型研究队伍，还是建立陶行知国际研究中心、举办专题国际学术会议，让陶行知研究走向世界，华中师范大学都走在国内外教育界、学术界的前列，成为举世公认的陶行知国际研究中心。在著名历史学家章开沅教授、著名教育史学家董宝良教授的导航引路下，一批中青年学者脱颖而出，成为当今国内外陶行知研究领域里的中坚力量。华中师范大学陶行知研究团队四十年深厚的学术积累为“陶行知学文库”丛书的编选出版奠定了坚实基础并提供了可能。

二

“陶行知学文库”丛书的编选范围广、体量大、内容丰富，主要是选取改革开放以来华中师范大学陶行知研究团队的陶行知研究成果，既有陶行知的全集、选集等资料整理，又有专题研究、人物传记、比较研究、国际研究、年谱长编和应用研究等。其中全集有《陶行知全集》(新编本)和《陶行知全集》(精编本)，选集有《陶行知教育论著选》、《陶行知教育名篇选》、《陶行知教育名篇精选》(教师读本)、《陶行知教育名论精要》(教师读本)、《陶行知幼儿教育名篇选读》、《生活教育——陶行知英文著作精选》(中英双语)，专题研究有《陶行知教育学说》、《陶行知生活教育学说》、《陶行知生活教育导读》(教师读本)、《陶行知生活教育理论》(英文版)、《陶行知与中国现代文化》、《陶行知与中外文化教育》、《陶行知与中外文化教育再探》、《陶行知研究的学术谱系》、《我与陶行知研究》，人物传记有《平凡的神圣——陶行知》、《山乡社会走出的人民教育家：陶行知》、《人民之子 陶行知》、《陶行知画传》、《陶行知大传——一位文化巨人的四个世界》、《平凡的伟大：教育家陶行知、杨东莼、牧口常三郎的生活史》、《最后的圣者——陶行知新论》、《教育改变世界——陶行知》(英文版)，比较研究有《蔡元培、黄炎培、陶行知的比较研究》《陶行知与牧口常三郎教育思想比较研究》，国际研究有《陶行知研究在海外》、《陶行知研究在海外》(新编本)、《全球视野下的陶行知研究》、《教育交流与社会变迁：哥伦比亚大学与现代中国教育》(此书大篇幅论述陶行知)，年谱有《陶行知年谱长编》，应用研究也正在编写之中。需要说明的是，“陶行知学文库”丛书选收的研究性著述均为华中师范大学陶行知研究团队成员所作，有些优秀之作因各种原因未能纳入其中，不免有遗珠之憾，敬请原作者谅解。

三

本丛书的编选范围与编选体量决定了其以“陶行知学文库”命名，而非简单地取名为“陶行知丛书”或“陶行知研究丛书”。这既体现了丛书命名的科学性与准确性，也彰显了丛书内容的全面性与专业性。“陶行知学文库”丛书由章开沅先生、朱永新先生、董宝良先生担任顾问，周洪宇、周挥辉任编辑委员会正、副主任，申国昌、操太圣、刘从德、刘大伟、刘来兵为编委会委员，齐彦磊任编委会秘书长，陈诗、窦海元、詹淑兰、范青青、戚同欣、郑媛、王亭力、陈海霞、韩旭帆等为编委会工作人员。在丛书的编选过程中，编委会力求以历史唯物主义为指导思想，以历史研究、比较研究、理论研究等为研究方法，做到历史与逻辑相结合、抽象与具体相结合、理论与实践相结合、本土与域外相结合，深化陶行知研究水平，使之更具专业性、系统性和科学性。依此，编委会对丛书的整体进度作了如下安排：丛书共50余册，分三辑出版，2020年出版第一辑10册，2021—2025年出版第二辑22册，2025年之后出版第三辑约20册。

本丛书在编选过程中得到了著名史学家、教育家章开沅先生，著名教育史学家董宝良先生的关心与支持，华中师范大学教育学院喻本伐教授、余子侠教授、申国昌教授、刘来兵副教授和曾在华中师范大学教育学院任教或学习的现深圳大学师范学院熊贤君教授、聊城大学教育学院胡志坚教授、长江大学教育学院陈竞蓉教授、南京晓庄学院陶行知研究院刘大伟副教授、武汉市市场监督管理局蔡幸福博士以及国内外教育界、学术界的其他朋友等均从不同维度为丛书的立意、构思与修改提出了宝贵的意见和建议。同时，"陶行知学文库"丛书编选工作的顺利展开也得益于编委会各位同志的辛勤付出。华中师范大学出版社社长周挥辉、总编刘从德、学术出版中心主任冯会平和编辑张怀东等人，为丛书出版倾注了大量的心血。值此丛书第一辑付梓之际，谨对以上各位同仁致以最诚挚的谢意！

2020年12月18日于武汉东湖之滨远望斋

前　言

“人事有代谢，往来成古今。”在伟大的人民教育家陶行知先生125周年诞辰暨逝世70周年之际，为了促进和加强陶行知研究的中外学术交流和国际化进程，2016年10月18日至19日在华中师范大学成功召开了“陶行知与中外文化教育”国际学术研讨会，来自中、美、德、韩等国家和地区的100余位陶研专家参加了本次会议。本次国际研讨会由华中师范大学、中国陶行知研究会、人民教育出版社主办，华中师范大学教育学院、湖北省陶行知研究会等单位承办。这是一次具有很高学术含量的会议，会议的主题——陶行知与中外文化教育，既具有很大的包容性，又具有鲜明的时代特征，引起了中外学者的强烈兴趣。为了使会议具有更广泛的国际性，大会特意邀请了国际上对陶行知有深入研究的学者与会，这些学者为参会做了精心准备。在大会报告和分小组报告报告中，52位专家学者作了主题发言，发表了精辟的见解。本书收录的50余篇论文均选自这次会议提交的论文，还有一些精彩的发言由于参会者仅提供了论文摘要而未能收入。

针对陶行知研究的时代价值与总体定位，著名历史学家章开沅先生作为改革开放后国内较早从事陶行知研究的知名学者，在讲话中认为随着时代的发展，我国教育改革和发展面临新情况和新要求，应进一步加强陶行知研究，应用陶行知精神来研究陶行知，用陶行知爱满天下的教育精神来指导教育，让教育回归教育本身。著名历史学家、华中师范大学党委书记马敏教授认为，陶行知是20世纪为中国教育做出卓越贡献且享誉世界的伟大教育家，也是20世纪中国一位在多个领域具有影响力的著名教育家。中国陶行知研究会会长、著名教育学家朱小蔓教授认为陶行知思想学说充满人民性、民族性，饱含着唤醒民众、改造社会的情怀，不屈不挠的精神和理想信念，使得陶行知先生作为伟大的人民教育家受到全社会的敬仰。中国陶行知研究会常务副会长、华中师范大学教育学院周洪宇教授基于陶行知在中国近现代史上组织、参与或领导重大教育活动、文化活动及政治活动的历史事实，对陶行知的历史定位进行了再审视，指出陶行知是中国近现代史上集教育家、思想家、政治家和文学家四大家于一身的综合性文化巨人，是享誉全球的世界级教育大师，引起与会代表的普遍关注。

在中外文化视野下的陶行知研究方面，人民教育出版社党委书记郭戈研究员重点就陶行知与中国新闻出版事业之间的关系做了介绍，还特别强调了陶行知弟子戴伯韬任人民教育出版社社长期间的编辑理念与突出贡献。东北师范大学王凌皓教授认为，陶行知在白话文运动的背景中形成了以平民性为底色的大众文化教育观，而这样的文化教育观强调文化的解放。厦门大学张亚群教授认为，陶行知文化观的形成与其独特的家庭、时代背景和教育经历密切相关，陶行知的教育理念和他的文化观念一脉相承，反映了科学、民主的价值判断和理想诉求。美国加州州立大学苏智欣教授从陶行知与杜威教育思想的异同、陶行知与杜威思想在中国的历史际遇、晓庄试验乡村师范学校以及当今南京晓庄学院的办理情况等方面入手，考察了陶行知和杜威教育理论对中国教育的影响，认为杜威的教育思想被他的追随者和学生们在世界各地实施和应用，陶行知所创办的晓庄师范正是中国学者创造性地应用杜威教育思想的最好典范，二人的教育理论至今仍在影响并将继续影响中国教育尤其是师范教育的改革和发展。关于陶行知与王阳明、杜威思想的关系，宁波大学刘训华副教授认为陶行知教育思想的重要源泉是王阳明的知行体系和杜威的实用主义教育思想，陶行知对他们思想的接纳和改造受到时代因素、个人经历、个性禀赋等方面的影响。长江大学陈竞蓉教授则认为，除了杜威对陶行知影响较大外，克伯屈对陶行知的影响亦较大，二人一直保持着密切交往。克伯屈强调中国教育不能盲从美制，这进一步坚定了陶行知探索具有中国本土特色的教育理论和教育实践的决心，其设计教学法亦对陶行知“教学做合一”有所启发。另外克伯屈对乡村教育的重视进一步鼓励了陶行知为推行乡村教育而奋斗一生。台湾台东大学何俊青教授系统梳理了中国台湾对陶行知的研究概况，认为台湾的陶行知研究亟待加强，指出作为民国时期乡村教育运动重要发起者和引领者，陶行知在乡村教育领域的探索给我们留下了极其宝贵的思想遗产，而这些思想遗产能为当前农村教育改革尤其是台湾偏乡教育提供重要借鉴。东北师范大学曲铁华教授认为，陶行知的本土化意识有助于我们对当下我国农村教育进行重新审视，进而树立一种尊重乡土中国传统特质的研究意识。

陶行知在中国近现代教育史上发挥了重要作用，做出了不可磨灭的历史贡献，其富有特色的生活教育学说是中国教育思想宝库中的一块瑰宝，在世界教育思想史上也熠熠生辉。德国马堡大学黄冬博士根据大量的一手德文史料，对以往陶行知研究中较为薄弱的陶行知德国之行进行了考察，考证了陶行知的行程计划、实际活动以及观感，认为陶行知德国之行尽管肩负政治使命，但身为教育家的陶行知对德国当时的教育情况亦特别关注。台湾台东大学梁忠铭教授认为，陶行知对日本教育理论也产生了重要影响，日本学界对陶行知并不陌生。陶行知的学说能受到日本学界的青睐，不仅缘于他曾为躲避迫害被迫前往日本避难的地域际会，也缘于其教育思想的内在价值及特色契合了推崇阳明学说的日本学界的研究视点，还由于他的人生际遇和教育学说为战后日本重建“民族”提供了重要研究素材。韩国庆尚大学李庚子教授认为，陶行知的生活教育痛击了传统教育的弊端，批判地改造了西方教育，重视生活与教育的关联性，重构了社会与学校的关系，并以此为价值取向推进了一系列教学内容和教学方法上的改革，能为韩国当前教育带来许多有益的启示。

陶行知教育思想研究在陶行知研究中一直占有重要位置，这一研究传统在本届会议中也明显呈现出来，所提交的论文最多，所表现出的建设性态度是这次会议的重要特点之一。东北师范大学曲铁华教授认为，陶行知的乡村教育思想是近代以来中国在面临中西文化冲突和矛盾时，从中国的具体国情出发，从乡土中国的文化特质出发，面对时代难题，试图从传统文化中寻求救国之道所进行的教育本土化实践，在中西文化之间找到了极佳的平衡点。人民教育出版社刘立德编审系统分析了陶行知的语文课程教材思想，认为陶行知的这些思想立足于其生活教育的主张，强调语文的社会功用和主张建立开放性的大语文课程教材体系，申明语文课程必须坚持人文性目标与工具性目标的和谐统一。华中师范大学申国昌教授对陶行知富有特色的学习思想进行了探讨，认为陶行知在一生的治学与实践中，十分注重学习经验的总结与理论的提升，他在汲取中华传统文化精华与借鉴西方思维方式的基础上，结合现代中国的国情、民情，在实践过程中创造性地提出了一套行之有效的学习理论。沈阳师范大学王雷教授认为，陶行知的“创造的社会教育”思想旨在做到使“社会教育与学校教育打成一片”，实现“解放民众的创造力”是其最终目的。河南大学赵国权教授认为，武训精神是陶行知精神的重要来源，陶行知对武训的办学精神进行了创造性继承，极力主张教育者学习“武训真精神”。湖州师范学院舒志定教授则别开生面地从教育哲学的视角分析了陶行知教育实践的伦理立场，认为陶行知的生活教育理论与实践直指“共和国民”的培养，隐含着对个体独立地位的尊重与弘扬。研讨中涌现出的闪烁着智慧光芒的观点不一而足，限于篇幅，此不赘述。

与会专家在高扬陶行知的同时仍保持着清醒的头脑，认为在传承和发扬陶行知教育思想的同时，更要有超越陶行知的意识和决心，这不仅是对陶行知教育思想的信仰，更是对陶行知本人的一种尊重，因为陶行知本人即提倡创造教育、反对因循守旧。山西大学侯怀银教授认为，要学习陶行知、研究陶行知，但不能膜拜陶行知，而是要在此基础上创新陶行知、超越陶行知。如何才能超越陶行知？他认为最重要的方法就是要实践陶行知，去关注、参与当代中国教育实践。与此共鸣的是，西南大学廖其发教授也认为，社会历史在不断向前变化，教育思想也相应地需要不断创新和超越，对陶行知教育思想的超越是事物发展客观规律的必然反映，是弥补单个人意识有限性的必然要求，也是实现陶行知生前遗愿的要求，历史研究、理论研究与实际研究高度结合是超越陶行知教育思想的根本路径。

由于交友广泛，在教育实践上陶行知携手众多教育家共同从事教育改革的进步事业。本次会议对陶行知与其他教育家交往的探讨惹人注目，生动地再现了陶行知与其他教育家交往的历史图景以及在交往中建立起的深厚友谊。在同辈交往群体中，陈鹤琴、郭秉文、梁漱溟无疑是重要人物。陶行知和陈鹤琴在长达二十多年的时间里保持着密切的关系，被誉为“陶陈”或“陈陶”。陈鹤琴外孙柯小卫先生认为，陶、陈二人的交谊是中国现代史上的一段佳话：二人曾在南京高等师范学校共事，携手推动学校的教学改革；陶行知的生活教育学说和陈鹤琴的活教育学说息息相通；在民族解放浪潮中两人又彼此扶持、并肩战斗；当得知陶行知逝世的消息时，陈鹤琴悲伤至极、痛苦不已；“文革”后陈鹤琴又最早公开呼吁为陶行知平反。陶行知与郭秉文的交往同样引起了代表的注意。中南民族大学李永博士认为，郭秉文、陶行知是近代中国社会大转型时局下知识分子尤其是留学生群体中秉承“教育救国”的代表，二人精诚合作，默契配合，完成了南京高等师范学校和东南大学在教育改革中的多项创举，共同推进了中国教育现代化的进程。西南大学冉春副教授认为，陶行知筹备与举办育才学校期间，在与北碚地方政府及各界人士的交往中，形成了相辅相成的双赢关系。河北大学吴洪成教授则认为，梁漱溟在山东乡村的教育实验也深受陶行知师范教育思想的影响。而在学生交往群体中，华中师范大学郑刚副教授、硕士研究生马乐认为，陶行知是张宗麟教育事业中的重要导师，张宗麟在乡村教育和幼儿教育上的建树都与陶行知有着密切的联系。诚然，正如现代西方心理学家阿尔弗雷德·阿德勒所认为的，人们总是追寻生命的意义，而生命真正的意义存在于个体与他人的交互作用中。陶行知与同时代教育家的交往，互相影响着彼此，在合作中去追寻生命的意义。在陶行知交往活动研究的价值和方法上，华中师范大学教育学院博士研究生郭景川认为，以生活史的视角来考察民国时期教育家的交往活动，有助于深入了解教育家与社会变迁的关系，也有助于探寻教育家教育思想的生成路径。

本次会议也是时隔二十年再次在华中师范大学举办的陶行知国际学术研讨会。时光匆匆，当年知天命之年的学者而今已是耄耋老人，但陶研热情一直未减，当年参会的青年学者群体也已成为陶研中坚。与上届会议相比，除了承续上届代表来源广泛、探讨深入等良好传统外，为了整合国内外研究资源，推进陶行知研究的国际化进程，在本次会议期间还专门成立了陶行知国际研究中心，为中外陶研学者提供了稳定的合作交往平台，促进了陶行知国际研究学术共同体的建立。总之，陶行知研究跨越了时空、跨越了国度，富有永恒魅力和教育价值，无论是对当前中国教育改革和发展还是对国外教育都有宝贵的借鉴意义。同时，此次研讨会也加深了同行之间的交流与合作，为陶行知研究进一步走向国际、走向纵深注入了新的智慧与活力，促进了陶行知教育思想的海外传播。

周洪宇　申国昌　余子侠

2017 年 3 月 15 日

序一　研究与践行陶行知要与时俱进

章开沅

我和陶行知同为金陵大学的校友，陶行知1910年就读于金陵大学，我是1946年进校的，相差了30多年。我从幼年时代就很崇拜陶行知，我和陶行知都在安徽生长，从小就听说过很多关于他办学实践的事迹，如创办晓庄师范、新安旅行团、山海工学团、育才学校等。陶行知无私奉献的办学精神和开拓创新的教育理念，一直激励着我毕生从事教育工作，为我国的教育事业做点贡献。

陶行知的一生比较坎坷，少年家贫，1930年又被国民党通缉而流亡日本。1951年从批判《武训传》开始，由于对胡适的批判，对杜威的批判，进而波及了陶行知，他的思想也遭到批判。改革开放以来，他的思想和实践逐渐得到了社会的认可和高度的赞扬。因此，在很长的一段时期里，由陶行知的门生和故人所组成的陶行知研究会中，就带有他们那一代学者的共同特点。

从陶行知研究来讲，华中师大应该是全国最早起步的，当时由老院长、老领导、老教育家们共同发起陶行知研究。他们在早年参加革命的过程中，认识到了陶行知研究的重要性，并接受了前辈老师的意见。在这种情况下，我担任校长后，就组织出版了第一套湘教版《陶行知全集》。后来在政府的支持下，特别是李鹏担任总理主管文教事业以后，对陶行知的研究得到了提倡并逐渐扩大化了。但是，陶行知研究不是光靠政府和政策经费的支持，更多的是依靠无数的研究者们呕心沥血的辛勤工作，才使现在的陶行知研究绽放出夺目的光辉。如今，与我一同工作的许多中国陶研会的前辈、师友都已经不在了。他们很多都是陶行知的弟子，像方明、胡晓风等等，都是把研究工作一直坚持到生命的最后。胡晓风晚年健康问题很大，但是雄心勃勃，丝毫没有放弃，耗尽毕生之力致力于陶行知研究。在这些人身上都能够看到陶行知的影响。正是陶行知伟大的教育思想和高尚的人格魅力，才使得陶行知的教育理念与精神更有魅力。

一晃这么多年过去，我更想从人生的感悟方面去谈陶行知，我的一生都在学陶行知，我参加了陶研，就更进一步地理解了陶行知。陶行知为什么叫“行知”呢？就是因为他认为“行”更重要，教育本身就是一种“行”，教育如果不履行“行”就是一句废话，于是我把这种研究方式运用到了张謇的研究上去。后来我在南通，他们让我讲一讲张謇研究怎样深入，我就说，要用张謇精神去研究张謇。这是对陶行知精神具有时代意义的运用。来自偏远地区的中小学教师中有不少是用陶行知精神来研究陶行知的，他们用求知若渴的态度来理解研究陶行知，运用陶行知的教育理念和精神解决现实中的教育问题，这体现出陶行知的教育思想在今天依旧焕发着勃勃的生机。所以我就得出了一个结论：晓庄就是中国现代教育的学校，每一个教师在取得职称前，都应该去晓庄朝拜一下，来祭奠一下陶行知的伟大精神。

我的家庭是一个现代的工业主家庭，虽然在当时来说技术比较先进，但是教育非常落后。后来安徽省芜湖市建立博物馆，把我们留下的工厂连同我们的住宅区用大墙保护了起来。我从小就想离开大墙，是抗日战争引导我离开了这堵大墙，成为社会的一员；后来又恰好进入了金陵大学，使我得以进一步接触和学习到了陶行知的思想。我曾为陶行知鸣过不平。我在金陵大学读书的时候，学校有个电化中心，是当时全国唯一的电化教育中心。他们做了一个片子，叫作《武训》，我还在报纸上面批评了他们，我说为什么不做陶行知呢，陶行知不是更好吗。他研究的就是教育，他的“生活即教育”“社会即学校”“生命即教育”“教育即生命”都被人们所熟悉，他就是这样一个只研究教育问题的人。我们现在对陶行知的研究事业取得了丰硕的成果。政府提供了非常好的资源，研究者们也付出了非常多的努力，使得陶行知研究会产生了这么大的影响。现在没有哪一个研究会或者学术团体能够像陶研会一样，从中央一直到省市到学校，有这么大的覆盖面。这都是无数陶行知研究者们努力的结果，我们要在陶行知研究资源的发掘和保护的基础上全方位地研究陶行知，并且将研究成果和教育发展现状结合，解决现实中的教育问题。

虽然我已经到了晚年，但总觉得生命好像又重新开始了。在我的研究过程中，陶行知始终在鞭策着我，我常常跟陶行知做一些比较，陶行知做了什么，我做了什么。在这种情况下，陶行知应该怎么办，设身处地地去领悟陶行知的精神。但是我们也不能老是抱着陶行知的大腿不放，好像他就是一副灵丹妙药，一讲陶行知似乎什么问题都解决了。我们现在有幸生活在这个文化多元化的现代社会，虽然这个现代社会还有很多问题没有解决。现在有很多问题要靠我们自己来研究。在陶行知思想的基础上来面对新问题、思考新问题、解决新问题，这样中国的教育才有希望，特别是在当今教育改革艰难起步的时候，就更加要认识到陶行知的可贵。对于陶行知思想的践行，不能只是做简单的搬运，陶行知自己也没有简单搬运杜威的内容，而是进行了中国化，在中国生根了，通过自己的实践，产生新的思想，这才是他的伟大之处。

我们不要拜倒在陶行知的脚下，而是要用陶行知精神来迎接不同的挑战。这是解决整个人类文明危机，摆脱人类基本价值流失，恢复教育本真的重要途径。时至今日，很多教育课题需要重新研究，技术革命，教育信息化、国际化的确带来了很多好处，但有一点，它代替不了教化，代替不了老师与学生之间的这种交流和心灵的感应。

不要过分迷信工业化与信息化，把人当成标准化工具来培养，现在人类文明危机的最大问题，就是把科技看成教育，是科技牵着人走而不是人拉着科技走，人可以变成一部手机的奴隶，被手机控制，这是很可怕的。人就是人，在道德引导上要恢复人性，我提倡人性需要沟通，提倡再次的启蒙运动，再次的伦理发现，谢谢大家！

（本文系华中师范大学历史文化学院资深教授、博士生导师、陶行知国际研究中心学术委员会主任章开沅先生在大会开幕式上的讲话内容，由华中师范大学教育学院博士研究生唐子雯记录整理。）

序二　陶行知思想在当代仍值得继续研究和发掘

马　敏

十月的桂子山，秋风送爽，桂花飘香。在这秋色宜人，硕果累累的大好季节，为纪念陶行知先生125周年诞辰暨逝世70周年，我们在这里隆重举行"陶行知与中外文化教育"国际学术研讨会。首先，请允许我代表华中师范大学校党委和校行政向与会的各位海内外专家、学者表示热烈的欢迎！对此次学术会议的顺利召开，表示热烈祝贺！

陶行知先生是安徽歙县人，是中国近现代伟大的人民教育家、社会活动家。他以教师为志业，以教育为利器，为中国大众的教育普及和中华民族的独立解放而奋斗终生。他曾被毛泽东称为"伟大的人民教育家"，被宋庆龄赞誉为"万世师表"。日本斋藤秋男教授称陶行知为中国现代"教师之父"。美国前副总统华莱士认为，"陶博士并不仅仅属于中国，而是属于世界的。在美国，大家都知道陶博士是一个伟大的教育家"。著名史学家费正清也评价说："杜威博士最有创造力的学生是陶行知，陶行知是杜威的学生，但他正视中国的问题，则超越了杜威。"美国学者傅理曼则说："陶博士是我们这个紊乱霸道的世界经过多年所产生的少许文化人物之一。"印度诗人泰戈尔说："陶行知不仅是一个很有创造力的教育家，也是一个勇敢的出色的反法西斯斗士。"美国学者大卫·汉森将陶行知列为世界最具影响力的十大教育家之一。可以说，陶行知先生是20世纪为中国教育做出卓越贡献且享誉世界的伟大教育家，也是20世纪中国一位在多个领域具有影响力的综合性文化巨人。

陶行知先生一生致力于中国教育改造，是伟大的、一流的教育家。在中国近现代教育史上，他是第一个从战略高度对中国教育作了全局性思考，开创性地从事了从基础教育、师范教育到职业教育、高等教育乃至终身教育，以及从城市平民教育到乡村教育的一系列教育实践的伟大教育家。

他还建立了自己富有原创性的生活教育学说体系，提出了"生活即教育""社会即学校""教学做合一"等教育理念，以及民主教育、科学教育、乡村教育、师范教育、创造教育、终身教育等具体主张，撰写出版了《中国教育改造》《生活教育论》等大量教育论著，培养了李鹏、张劲夫、刘季平、董纯才、戴伯韬、张健、方明等一大批优秀人才，他是中国近现代教育史上一位现象级的教育家。

陶行知先生期待走出一条教育救国的道路，起点在于师范教育。他曾求学于美国哥伦比亚大学师范学院，师从实用主义哲学家杜威、孟禄等一批名家，回国后任南京高等师范学校教务长，在中国大学首倡改"教授法"为"教学法"，引领新教育运动。他呼吁"筹募一百万元基金，征集一百万位同志，提倡一百万所学校，改造一百万个乡村"，创建晓庄试验乡村师范学校，建立乡村教育先锋团。晓庄乡村师范学校培养的学生奔赴各地组建乡村师范学校和践行生活教育运动，无愧为当时中国师范教育革命的策源地。他提出"千教万教教人求真，千学万学学做真人""捧着一颗心来，不带半根草去""教是为了不教"等教育名言，对于鼓励教师终生从教，造就一流的教育家，推动当今中国教育，尤其是教师教育改革和发展，发挥着重要的指导作用。

华中师范大学作为一所百年老校和部属师范大学，在办学过程中一直坚持继承与发扬陶行知教育精神，大力倡导研陶、师陶、学陶，努力办好师范教育，为国家培养一流师资。我校一直是中国陶行知研究的重镇，是中国陶行知研究会副会长单位、湖北省陶行知研究会会长单位。20 世纪 80 年代初，我校即率先在全国系统开展陶行知研究工作，整理出版了国内首部《陶行知全集》，首部陶行知先生传记《平凡的神圣——陶行知》，首篇陶行知研究博士学位论文《陶行知与现代中国文化》等系列开创性研究成果。华师几代学人章开沅、董宝良、周洪宇、余子侠、喻本伐、熊贤君、申国昌等先后完成陶研著作数十部、论文数百篇，培养从事陶行知研究的博士、硕士研究生十多名。1996 年，我校借陶行知先生 105 周年诞辰之机，举办过第一届陶行知国际学术研究会，海内外学者积极参与、大力支持，会后人民教育出版社出版了会议论文集《陶行知与中外文化教育》。20 年后的今天，来自海内外的近百名学者云集武汉，以同样的方式纪念伟大的人民教育家陶行知先生，共同探讨如何继承、弘扬和传承陶行知先生的教育精神，服务和推动今日中国和世界的教育改革和发展，有着十分深远的历史与现实意义。

借此机会，我诚挚地邀请各位专家学者在紧张的会议之余，驻足桂子山，认识华师，了解华师。我校是教育部直属重点综合性师范大学，国家“211工程”重点建设大学，国家教师教育“985优势学科创新平台”建设高校，是国家培养中高等学校师资和其他高级专门人才的重要基地。学校以建设成为教师教育特色鲜明的研究型高水平大学为目标，努力体现“厚基础、宽口径、高素质、创新型”的现代人才培养理念，着力实施通识教育与专业教育相结合，创新创业教育融入教育全过程，定期举办教学节，重在营造“重视教学、崇尚创新”的教学文化氛围。近年来，学校坚持“一体两翼，建设高水平大学”的战略发展思路，国际化发展进程进一步加快，与美国、加拿大、俄罗斯、法国、英国、澳大利亚、日本、韩国等国家和港澳台地区众多知名高校及研究机构建立了密切的关系，教学与科研合作不断深入，大批外籍专家和教师在校任教讲学；与国外大学共建四所孔子学院，积极选派汉语教师及志愿者赴国外开展汉语教学，传播中国语言与文化。

各位嘉宾，今天我们在这里召开“陶行知与中外文化教育”国际学术研讨会，共同纪念这位现代教育的先行者，他那爱满天下的博大胸襟、乐于奉献的伟大情操、炽烈真诚的教育激情、不屈不挠的刚毅品质、求真务实的思想作风、开拓进取的创造精神，始终激励一代又一代的教育学人不断前行。在座的老中青三代陶研学者济济一堂，表明陶行知先生这座思想宝库在当代仍然值得我们继续去研究和发掘，我希望本次会议的召开，更是一个新的契机与起点。我校将一如既往地支持陶行知研究，我希望新成立的陶行知国际研究中心能成为海内外学者开展学术交流和文化交往的新桥梁。我期待着陶行知研究进一步深入发展，期待陶行知教育思想进一步发扬光大，期待中外教育文化交流进一步灿烂辉煌！预祝会议圆满成功！祝各位身体健康，生活愉快！

谢谢大家！

（本文系华中师范大学原党委书记、湖北省社会科学界联合会主席、华中师范大学历史文化学院博士生导师马敏教授在大会开幕式上的讲话内容。）

序三　陶研组织的生命力

朱小蔓

今年是伟大的人民教育家陶行知先生125周年诞辰，也是他逝世70周年。因此，由华中师范大学教育学院发起举办本次以“陶行知与中外文化教育”为主题的国际研讨会具有特殊意义。华中师大是国内最早开展陶行知研究的高校，聚集了一批对陶行知研究造诣深厚的学者，我谨代表中国陶行知研究会向章开沅教授、董宝良教授、杨葆焜教授等华中师大前辈学者以及其他年富力强的陶研专家，向国内外热心弘扬、宣传并用学术研究与实践表达对陶行知先生永恒的景仰与追随的专家同仁们表示由衷的敬意与感激！

陶行知先生被誉为“万世师表”“教育之光”，他的思想与学说作为“新中国的教育学的源泉之一”，几十年后仍在散放光芒，焕发活力。尽管在20世纪50年代初，陶行知先生及其生活教育学说受到武断、粗暴的错误批判，然而，30年后由于国内改革开放、思想解放、实事求是，在党和政府的支持与一批社会知名人士、教育家大力推动下，陶行知先生及其学说重新回到人们的视野，成为伟大教育精神与教师崇高形象的体现，受到广大教育工作者的敬仰与爱戴。从20世纪80年代至今，学习、研究、践行陶行知思想已成为一股强大、积极的教育影响力量。可以说，在中国从事教育工作的人，几乎没有不知道陶行知的。一批批优秀校长、教师通过研读陶行知的著作，践行陶行知的思想成长起来。陶行知的名字已在中国教师心中树立起一座不朽的丰碑。

回顾自20世纪80年代以来，安徽、四川、江苏等省陶研会、中国陶行知研究会相继成立，一大批民间、群众性、专业性的社团组织应运而生并不断成长壮大，30年来坚持不懈地学习、传播、研究、实践陶行知思想，助力政府、社会、基层，为中国大地上的学陶这一持续涌动的教育思潮、教育文化现象发挥了不可替代的推波助澜之作用。我们不禁会思索与自问：在中国的国情、体制下，究竟是什么原因、什么力量使得陶行知及其学说产生如此广泛、深刻的影响，受到广大基层学校与教师普遍的认同、接受和拥戴？作为政府体制之外的民间教育力量，其生命力、凝聚力究竟从何而来？我认为至少有以下几个原因：

第一，陶行知思想、学说的“人民性”“民族性”与唤醒民众、改造社会的情怀、不屈不挠的精神、理想信念是陶行知先生作为伟大的人民教育家受到全社会敬仰的根本原因。他热爱中华大地苦难的人民，尤爱农人。他以平民教育与乡村教育实现改造社会、推动社会进步的理想，依然切合中国当前的实际，激励着中国教育界，对一大批坚守乡村学校，甘愿为孩子们坚守，立志办出家门口好学校的校长、教师是最为有力的精神援助。在同辈教育家中，陶行知先生不仅热衷教育改造、社会改造，而且因受过西方教育学术训练，对人的个体思维、情感、人格的培养也有深入钻研和深邃见解，有系统的育人理论阐发，而且身体力行、卓有成效地办学。他的生活教育理论使教育走出学校课堂的狭隘空间，走向广阔的自然、社会，吸收丰富营养。他希望教育不再培养“人上人”，也不再培养“书呆子”。他主张学生通过在学校学习生活中的管理自治，培养社会兴趣和公共精神，通过“小先生制”学会学习、学会助人，从而以活泼泼的、能自由创造的生命，真善美的人格成为“自主、自立和自动”的共和国民。他有深厚的中华传统文化学养，也深谙中国国情，但他自觉地追求现代化，矢志不移要培养现代中国人。这不仅在当年与民族解放、社会进步、人民的福祉紧密相连，成为唤起民众、追求独立解放的号角，也是今天我们继续完成以教育推动现代化未竟事业的伟大思想旗帜。我深信，陶行知思想理论对于建设、形成中国化的当代教育学术体系依然是重要源泉，是不可或缺的组成部分。发现教育知识、治教育学术最离不开丰富真实的教育教学活动，基层民众对学习陶行知的热情和实践创造是中国教育改善最广泛的群众基础、希望之光。

第二，20世纪80年代以来，中国经济与社会迅速发展、进步，人们的教育需求发生变化，一方面国际教育交流更加频繁，许多新的教育学说、观念大量涌入，中国教育融入世界教育的速度越来越快。另一方面中国传统文化“学而优则仕”“唯有读书高”的观念继续作祟，追求政绩、急功近利、趋同攀比的社会心理使得分数与升学至上的教育病症短期内难以有效治愈，致使许多学校、教师，甚至教育部门经常感到迷茫，人们期待获得一种明确的、活生生的，不那么生硬晦涩的，适合基层学校教师接受和运用的教育思想、理论，由此人们从陶行知教育学说中获得满足，获得力量，找到方向。生活教育学说成为学校多元发展、学生素质全面提高的理论依据与方向指南。“教学做合一”成为基础教育课程改革中许多教师高度认同与使用的教育理念与实践方法。今天中国教育的问题呼唤向人性回归，向生活回归，向自然回归；健康的体魄，丰富、积极的情绪、情感，敬畏、尊重生命，维护生态和谐以及生活适应力、创造力、社会人际沟通能力等，成为有志于教育改革的人们积郁于心的强烈追求。陶行知作为中国现代教育的开拓者，也是教育改革运动的倡导者、推动者，他所阐述的教育原理、观念、方法与改革方向不但不因时代变迁而失去活力，相反，其中许多思想对于匡正时弊，实施教育改革，包括学校文化建设、德育、课程改革、教师发展等方面都极具思想冲击力量，具有直接指导与借鉴作用。

第三，教师情感、心灵的精神家园。陶行知先生被誉为“教师的楷模”，许多学校，特别是师范院校都在教学楼前的广场上树立陶行知先生塑像，表达对先生的景仰。今年上半年，中国陶行知研究会与陶行知教育基金会一道，将陶行知铜像摆放到了美国哥伦比亚大学东亚图书馆，实现了在国际教育殿堂中出现中国现代教育家形象的夙愿。一批以陶行知命名或更名的学校，踊跃成为陶行知思想实验或基地学校，他们在建设学校文化中找到了最强有力的文化力量。我在自己多年来与基层教师的接触中，经常被基层教师的辛劳与奉献深深感动，同时也了解、倾听到他们内心的声音，触摸到他们缺失的“情感”或“创伤”。教师信仰、信念的坚定、稳固、提高与教学观念、方法、技术的进步是教育发展的基础，关系到千千万万儿童的未来，关系到我们民族、国家、社会的未来。陶行知说：“真教育是心心相印的活动。唯独从心里发出来的，才能打到心的深处。”他也一贯强调，教人者先教己。是的，教师需要生命自我提升的意识与动力，需要他们本人的情感生命被激发，感受到自己职业生活与人生的意义，成为心灵与精神充实的人。教师也需要精神偶像。陶行知先生倡导“爱满天下”“捧着一颗心来，不带半根草去”“千教万教教人求真，千学万学学做真人”，正是对教育理想，教师情怀、精神与信念的最好诠释。他所具有的平实朴素、亲切和蔼、热烈率真、虔诚坚毅的个人魅力与至纯至爱的教育家情怀是教师情感世界、个人信仰系统中坚实的情感依托、亲切的人格榜样。

第四，中陶会组织的平台性质与纽带作用。包括中国陶行知研究会在内的陶研组织现在遍及全国，从省到地市，甚至城市街道、乡间村落，它们是团结群众，学习、传播陶行知思想与精神的平台和纽带，不仅依靠、凝聚了专业研陶机构、学者与基层学陶和研陶力量，同时促进了专家与学校以及教师、家长之间的指导、交流，开展教育理念、方法以及不同教育专题的试验，推广了基层学校、一线教师在课程改革、教育改革中的经验。近年来，中陶会通过大力发展分支机构，提高陶研在教育领域中的影响力，扩大覆盖面，吸收更多一线学校进入陶行知思想研究、实践的大家庭，鼓励更多学校、教师运用陶行知教育学说原理解决本地区、本学校、本人教育实践中的实际问题。热心的"陶子"们还利用网络、微信等现代信息技术手段吸引越来越多的年轻教师读原著、想问题、反思与感悟。我们深信，陶行知伟大思想宝库是一座取之不尽、用之不竭的富矿，只有与时俱进，在群众性地"做"和"用"的过程中不断挖掘与拓展，创造出更多的扎根大地的新鲜经验和新鲜认识，陶行知思想的无穷生命力和当代价值才能得以更充分地展现。

陶行知先生曾多次表达过，推动生活教育要有团体、要结实，要大家联合起来协力去办。我深信，中国教师热爱陶行知、追随陶行知的力量是巨大的，依托各种自发、自愿、创新及组织起来的形式，学习陶行知的民间潮流将奔涌向前。

（本文系中国陶行知研究会会长、北京师范大学博士生导师朱小蔓教授在大会开幕式上的讲话内容。）

目录

中外文化视野中的陶行知研究专题

陶行知教育思想研究专题

陶行知交往活动研究专题

其他陶行知研究专题

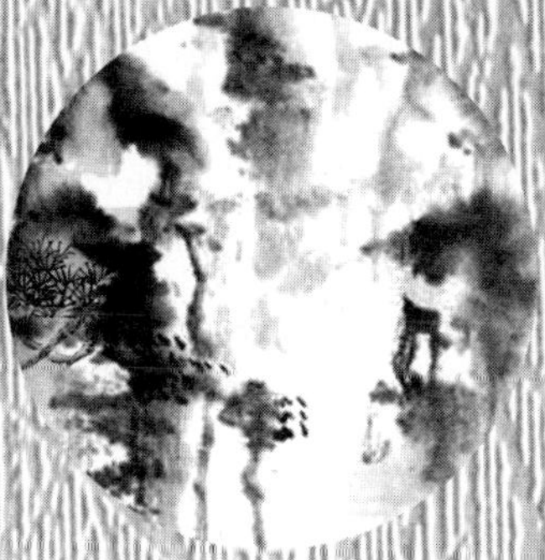

中外文化视野中的陶行知研究专题

陶行知历史定位新论

周洪宇

众所周知，当前对陶行知的历史定位一般是：陶行知是伟大的人民教育家、杰出的民主战士和优秀的大众诗人。翻阅国内出版的几乎所有教材、专著，以及发表的几乎所有论文，大都如此。这三句话的定位虽不算错，但仍不太全面和准确。之所以说其不太全面和准确，即在于如果从陶行知一生的事业、思想、人格、作风方面整体来看，陶行知的历史定位显然不限于此。现需重新认识陶行知，需对陶行知的历史定位进行再认识，这是今后加强陶行知研究，推动学术发展，促进教育改革的一个认识前提。建立了这个前提，再来认识陶行知及其思想、实践和人格对当代中国改革与发展，尤其是教育改革与发展的作用，运用、实践好陶行知的思想，就会更有自觉性、主动性和创造性。窃以为，比起传统的“三定位说”，“四定位说”（教育家、思想家、政治家、文学家）恐怕更为全面、准确些。笔者在这里就围绕个人判断作些说明，供各位进一步研究参考。

一、作为教育家的陶行知

笔者认为，要成为大教育家必须至少具备六个条件，即教育家要具有坚定不移的教育信仰和丰沛的教育激情，从事过丰富多样、持续不断的教育实践，创立了具有原创性的教育思想和学说，培养造就出一大批各具风采、各领风骚的杰出人才，具有感人至深的人格精神和人格魅力，对当时及后世教育产生长远而深刻的影响并得到人们的广泛认可。如果这六个条件不全部具备，他可能是教育家，但不可能是伟大的教育家、一流的教育家。陶行知是教育家，而且还是伟大的、一流的大教育家。

陶行知提出了“生活即教育”“社会即学校”“教学做合一”的教育哲学理念，以及民主教育、科学教育、乡村教育、师范教育、创造教育、终身教育等具体主张，撰写出版了《中国教育改造》《生活教育论集》等大量教育论著，培养了李鹏、张劲夫、刘季平、董纯才、戴伯韬、张宗麟等大批杰出人才。陶行知充满教育激情，满怀教育救国的理念和追求，从1917年秋回国到1946年7月去世，30年里几乎没有一天中断过他的教育实践。除了早年在南京高师、东南大学的各种被视为开风气的教育改革(如与北京大学联手首招女大学生入学，改“教授法”为“教学法”，推动学生自治，主张教育研究与实验，首次用教育统计学和行政学原理科学设置全校各科系课程表等)，还开创性地创办了从基础教育到师范教育到职业教育社甚至到成人教育和终身教育的各类学校，这些学校后来都成为开风气之先、引领时代潮流的有名的学校。

例如，陶行知1927年3月15日在南京市郊老山脚下创办的中华教育改进社试验乡村晓庄师范学校，便是全国乡村师范学校的滥觞，并被纳入教育部正式学校体系。此后各地以此为样板纷纷设立乡村师范，都学习陶行知办晓庄学校的经验，贯彻“教学做合一”的教学原则。由于乡村晓庄师范学校重视理论联系实际，注重培养学生为乡村教育服务的思想和能力，学校办得有声有色，推动了全国乡村教育改革发展，被克伯屈誉为“远东教育革命的策源地”。又如，1931年陶行知创办山海工学团，“工以养生，学以明生，团以保生”，故名为“工学团”。这是一种学校与社会组织相结合的新型的“工”“学”“团”一体化的教育形式，在中国历史上属于首创。山海工学团等工学团组织注重收留培养进步青年，打通了学校教育和社会教育，贯穿了“生活即教育”“社会即学校”的理念。再如，陶行知1939年7月在重庆合川古圣寺创办的育才学校，收留和培养抗战时期流离失所、有特殊才能的难童。因为学校办学理念进步，成效卓著，中共重庆办事处周恩来、邓颖超也把战友、烈士子女李硕勋的孩子李鹏送到育才学校社会科学组读书，从此成为陶行知的学生，接受系统教育，留下陶行知师生缘中的一段佳话。当时的育才学校分为音乐组、戏剧组、文学组、绘画组、社会科学组和自然科学组等六个组，按照学生的年龄、兴趣和特长以及师资力量进行分组，来对学生实行适才培养。陶行知创办了各种类型的学校，培养了大批杰出的人才，在此不一一细述。

另外，尤为难得的是，陶行知人格伟大，极富人格魅力。从陶行知的人格特质看，他具有爱满天下的博大胸襟、乐于奉献的伟大情操、炽烈真诚的教育激情、不屈不挠的刚毅品质、求真务实的思想作风、开拓求新的创造精神。他的这些人格特质是一个有机的整体。其中，爱国情怀和奉献精神是陶行知人格的两大基石，炽烈激情是陶行知人格的原动力，求真精神是陶行知人格的核心，艰苦奋斗精神、创造精神是其人格特质的重要体现。正是这六种人格特质，构筑了陶行知丰富而深邃的精神世界，为他在中国现代文化诸多领域进行开拓和创新提供了巨大的精神动力。

陶行知是这六个条件全部具备的大教育家，他不仅有自己的教育思想和教育著述，还进行了长期的办学实践，培养了大批在各个方面都出类拔萃的优秀人才，他富有强烈感染力的人格魅力，他的办学实践对教育和社会，对中国和世界产生了长远而深刻的影响。所以，陶行知是个大教育家，是近现代中国教育史上第一个从战略高度对中国教育作了全局性思考、开创性地从事了从基础教育到师范教育到职业教育到高等教育到终身教育，从城市平民教育到乡村教育一系列教育实践，建立了自己富有原创性的生活教育学说体系并培养大批人才、产生广泛影响、享誉世界的大教育家，这是他的历史定位的基本方面。

二、作为思想家的陶行知

关于陶行知是思想家的这个问题，陶行知在世时及去世不久，一直到“文革”以前，都有人对此做出论述，只不过这些论述有的一致，有得接近，有的正好相反；有的肯定，有的否定。综观陶行知教育主张和哲学思想，都极具思想性，是中华民族思想宝库中的瑰宝。

(一)从陶知行主义到人民的思想路线再到人民至上主义

最初把陶行知思想称为陶知行主义的是彼时北京大学的尚仲衣教授，但此评价是从批判的角度提出的。20 世纪 30 年代学术界曾展开中国出路和中国文化出路的大讨论，陶行知从教育的角度结合人口问题切入了这场讨论，撰写《中华民族之出路与中国教育之出路》一文，署名何日平，1931 年 9 月发表在《中华教育界》第 19 卷第 3 期上。这篇用实证方法和大量数据配合的文章在 1934 年引发了一场对“关于人口统制与教育”的大讨论，赞成、商榷、反对者各有之。其中，反对最力者当属尚仲衣教授，他化名“子钵”撰写《陶知行主义是中国教育的出路吗？——陶知行主义人口统制论的教育之批判》长文，直指陶行知代表了“小有产者的社会阶级”，“为帝国资本主义的罪行作忠实的粉饰"①。他以陶知行主义来概括陶行知"五生主义"(少生、好生、贵生、厚生、共生)的人口统制思想。两人又多次撰文交流讨论,最后冰释前嫌。尽管尚仲衣是以批判为视角,但从主义的高度来概括陶行知的思想,也从侧面反映出陶行知及其人口思想已系统完整并且具有代表性。陶行知逝世后不久,邓初民也把陶行知的思想用主义来概括,但他是从正面来概括的。他把陶行知主义称为人民至上主义,并把"最广大人民的最大利益,即是真理的最高标准"看作人民至上主义的根本精神、陶行知主义的适切注脚②。而早在邓初民明确提出陶行知主义是人民至上主义的论断前,陈家康也提出了"陶行知思想路线"的重大命题。陈家康认为,人民思想路线作为一种新的思想路线日益发挥重要作用,成为中国思想革命的方针,而陶行知甚至可以说是这条人民思想路线的开辟者③。陈家康曾从事过社会科学研究和知识分子统战工作,对当时中国各党各派思想状况十分了解,故作出的论断不同凡响,是第一个从中国思想界两条路线的角度而且是把陶行知作为人民的思想路线的代表来概括和把握陶行知的历史地位的。

可以清晰地看出,从最初尚仲衣否定性评价的陶知行主义到陈家康肯定性评价的人民的思想路线再到邓初民更高层次肯定性评价的人民至上主义的陶行知主义,恰似一个黑格尔哲学完整的螺旋上升的"正、反、合"演进过程。不管是陶知行主义还是陶行知主义,总之都是把他的主张定为主义。一个人的主张被命名为一种主义,就说明这个人不是"一般的人",因为"一般的人"谈不上有自己的主义,主义是对一个建立了完整思想体系的人的高度评价。

(二)陶行知思想的具体内涵及价值

把陶行知思想评价为人民至上主义只是对其思想属性和立场倾向的总体评价,具体到他的哲学思想特别是教育思想上,则有以下内涵和价值。

---

① 子钵:《陶知行主义是中国教育的出路吗?——陶知行主义人口统制论的教育之批判》,《民教半月刊》1935年第12期,第17—33页。

② 邓初民:《略论陶行知主义》,陶行知先生纪念委员会编辑:《陶行知先生纪念集》,生活·读书·新知上海联合发行所1947年版,第61页。

③ 陈家康:《陶行知思想路线》,陶行知先生纪念委员会编辑:《陶行知先生纪念集》,生活·读书·新知上海联合发行所1947年版,第31页。

1. 植根于中国传统文化并吸收、借鉴西方现代文化而形成的知行观

在中国哲学史上，从孔子、墨子、荀子到王夫之、颜元、王阳明等都探讨过知行关系，陶行知对墨子和王阳明的思想继承较多，墨子的“亲知”“闻知”“说知”和王阳明的“知是行之始，行是知之成”给他留下深刻印象，是其哲学思想的重要来源。他在金陵大学上学期间深受王阳明知行观的影响，将自己的名字改为“陶知行”[①]。20 世纪 30 年代，他又把王阳明的知行观创造性地改造为“行为〔是〕知之始，知为〔是〕行之成”[②]，并把自己的名字改为“行知”，以体现其哲学观的变化。但不管是讲“知行”还是讲“行知”，都可以明显看出其深受中国传统文化影响。杜威实用主义哲学思想是陶行知哲学观的另一重要来源。在哲学观方面他吸取杜威思想中注重经验的连续性和整体性思想，并使之成为其“生活教育”的哲学基础之一。他又吸取杜威“做中学”思想，强调做与行的重要性，注重理论联系实际。值得注意的是，陶行知并非不假思索地一味抄袭，而是结合中国传统文化的影响，根据自己的已有认识，作了创造性吸收和改造，从而形成自己兼容中西的富有特色的哲学观，如具有强调行动的实践性、为民服务的人民性和勇于开拓的创造性等特点。

2. 以人民至上主义为思想路线，创立了一套系统完整的生活教育学说

生活教育学说是由概念范畴、命题原理和具体主张三个方面的内容构成的。各种主张的精髓，是民主第一、全民教育、全面教育和终身教育这四大基本原则。它们一起构成骨骼分明、血肉丰满的生活教育学说体系。它有三大命题，分别构筑成生活教育学说的本体论、场域论和方法论。第一，“生活即教育”。“生活含有教育的意义。”“教育的根本意义是生活之变化。生活无时不变即生活无时不含有教育的意义。”[③]这是陶行知教育学说的基本原理之一，在陶行知生活教育学说的整个理论体系中占有中心位置，居于主导性地位。第二，“社会即学校”。“社会含有学校的意味。”[④]“以社

---

① 华中师范学院教育科学研究所主编:《陶行知全集》第 2 卷，湖南教育出版社 1985 年版，第 687 页。

② 华中师范大学教育科学研究所主编:《陶行知全集》第 8 卷，湖南教育出版社 1992 年版，第 303 页。

③ 华中师范学院教育科学研究所主编:《陶行知全集》第 2 卷，湖南教育出版社 1985 年版，第 633 页。

④ 华中师范学院教育科学研究所主编:《陶行知全集》第 2 卷，湖南教育出版社 1985 年版，第 617 页。

会为学校”,“把整个的社会或整个的乡村当作学校”①。从学校的角度说,学校要“了解社会的需求”②,与社会生活实际紧密结合起来,为社会改造和发展服务。从社会与学校的关系说,“运用社会的力量,使学校进步,动员学校的力量,帮助社会进步”③。第三,“教学做合一”。陶行知指出,“教学做合一”是对生活现象、教育现象的说明,在生活中“教学做”因对象不同含义不同。生活教育学说处处关注着社会,处处关怀着人民大众。

3. 提倡和实践大众教育,开辟了一条人民教育的新路线

陶行知把教育的对象由过去的少数统治者及其子弟转到广大的劳动人民尤其是农民及其子弟,把教育的目的由过去的培养剥削者和统治者转到培养具有生活力和创造力,为民族、为人类谋利益的新人,把教育的重心由少数的大城市转到广大的乡村,把教育的内容、方法等改造得适合人民大众实际生活的需要,把办教育的依靠者由反动统治阶级转到人民大众自身,这就改变了旧教育的性质与格局,给中国数千年的教育带来了一场根本性的变革。这不仅在中国教育史上,就是在世界教育史上,也是有重要意义的。同时,陶行知也是近现代最早重视农村问题和农村教育的先进中国人之一,20 世纪 20 年代中期就开始了对农村教育的调查和改革试验工作,成为中国改革农村教育的开拓者。

可以说,陶行知的生活教育学说达到了半殖民地半封建中国教育理论所能达到的最高高度,不仅有力地推动了当时的教育改革和发展,而且成为新中国教育思想的重要资源,对当代中国的教育改革和发展产生了积极的影响和作用,值得今人好好地学习和运用。

三、作为政治家的陶行知

陶行知去世后不久,胡乔木、钱俊瑞、张友渔等人就评价陶行知不仅是一位大教育家,也是一位大政治家。但很遗憾,他们都只提出了观点并没

① 华中师范学院教育科学研究所主编:《陶行知全集》第 2 卷,湖南教育出版社 1985 年版,第 211 页。

② 华中师范学院教育科学研究所主编:《陶行知全集》第 2 卷,湖南教育出版社 1985 年版,第 712 页。

③ 华中师范学院教育科学研究所主编:《陶行知全集》第 3 卷,湖南教育出版社 1985 年版,第 545 页。

做深入论证。对于“政治家”与“大政治家”、“民主战友”与“民主战士”的内涵及相互之间的异同，人们并没仔细推敲，做出区别。“民主战友”和“民主战士”都是从个体行为及其效果来作判断的，这个判断基本不涉及其个体行为是否足以影响广大的民众，不涉及其是否为某项重要活动乃至运动的倡导者和领导者；而“杰出的民主战士”多了个“杰出”，已经开始隐约涉及是否为某项重要活动乃至运动的倡导者和领导者问题了，但仍是不明确、不直接的，而“政治家”或“大政治家”毫无疑问就是某项重要活动乃至运动的倡导者和领导者。这些概念之间在性质和程度上是有不同的，需要明确。我现把陶行知定位为政治家的依据进行澄清。

(一)张友渔对陶行知政治思想的分析及其优缺点

尽管当年称陶行知为政治家的人士为数不少，然而只有张友渔做过比较具体的论证。在他看来，教育和政治密切相关，二者相辅相成，一个伟大的教育家尽管从事教育但对政治也绝不是漠不关心。张友渔将民主政治与民族独立以及将陶行知新民主主义的政治思想与新民主主义的实践结合起来论述，指出陶行知更难得的是他的新民主主义思想不是坐而论道而是起而行之。他特别言及此，并写道“行知先生在‘九一八事变’后，奔走救国运动，提倡救国教育”①。既然陶行知不仅“奔走救国运动，提倡救国教育”，不仅倡导民主并且开展民主运动，那么，陶行知当然是政治家，而且是“被侵略的半殖民地的伟大的政治家”。从中可以看出，张友渔对陶行知是大政治家这一点的论证从政治与教育的关系论证开始，进而转到陶行知政治活动与教育活动、民主主义与民族独立的关系，再转到陶行知政治思想与教育思想的关系，进而分析新民主主义的政治思想必然导致陶行知开展政治实践，并由早期一般参与政治发展到“九一八”事变后奔走开展救国政治运动和倡导领导救国教育运动，分析环环相扣，犹如层层剥笋，得出最终结论，逻辑严密，令人信服。

由于张友渔此文只是一篇“略述”陶行知政治思想的理论文章，不是一篇专门论证陶行知是否为政治家乃至大政治家的学术论文，所以，尽管他得出了陶行知是政治家乃至大政治家的结论，却没有就此展开具体的历史

① 张友渔：《略述陶行知先生的政治思想》，陶行知先生纪念委员会编辑：《陶行知先生纪念集》，生活·读书·新知上海联合发行所 1947 年版，第 37—41 页。

分析，这是其不足，也为我们进一步分析论证究竟陶行知是什么时候成为政治家乃至大政治家的留下了空间，提供了思路。

（二）陶行知作为政治家的历史依据

从陶行知一生所经历过的事件、运动、活动来看，其成为政治家乃至大政治家是有个过程的，不历史地、具体地分析，既不符历史事实，也有违逻辑常识。特别是在半殖民地半封建社会的中国，追求民主政治的民主运动和追求民族解放的民族运动又是紧密联系在一起的，两者都是当时中国政治运动的重要组成部分。陶行知积极投身其中，总体看，这个过程具体经历了三个阶段：

第一阶段是从 1911 年辛亥革命，中经 1919 年五四运动，到 1927 年 3 月创办南京晓庄师范学校，建立乡村教育先锋团，发起并领导生活教育运动开始之前，这是其政治家生涯的发轫期。例如，辛亥革命爆发后，陶行知参加了屯溪阳湖余家庄起义，起义胜利后被任命为县议会的秘书；五四运动中，陶行知公开发表爱国演说，后被推举为南京学界联合会会长，组织学生开展爱国运动。陶行知在中国近现代学生运动史上起到了领导与组织的作用。他领导的这些学生运动，虽是地区性的，在全国影响有限，但毕竟显示了他的政治才干。这一阶段可以视为其后来成为政治家的酝酿和准备阶段。

第二阶段是从 1927 年 3 月创办南京晓庄师范学校，建立乡村教育先锋团，发起并领导生活教育运动，中经 1931 年“九一八”事变至 1935 年 12 月 27 日与沈钧儒等共同发起组织上海文化界救国会之前，“站在教育的岗位反帝反封建”，这是其政治家生涯的形成期。陶行知有救国救民的抱负，意图通过创办乡村师范来救国救民，但却遭到国民党的禁封。他对国民党政权越来越失望，越来越自觉倾向共产党的主张，热心从事政治活动，抨击国民党政权的专制，号召广大民众积极抗日，开始了其政治家的生涯。

第三阶段从 1935 年 12 月 27 日与沈钧儒等共同发起组织上海文化界救国会，以及 1936 年 1 月 23 日在上海建立国难教育社，1 月 28 日参与发起组成上海各界救国会和 5 月参与发起建立全国各界救国联合会，倡导和领导全国文化教育界救国运动，中经 1945 年 10 月被选为中国民主同盟中央委员和中央常委，担任中国民主同盟教育委员会主任，领导全国民主教育运动，直至1946年7月去世，这是其大政治家生涯的完成期。尤其是陶行知开展国民外交，争取抗战外援，开辟了另一条战线，弥补了国内进步政治力量在国际政治斗争中严重不足的缺陷，有力支援了国内的抗日救国运动，为促进中国的民族解放事业做出了不可磨灭的贡献。

由此可知，陶行知不但对政治有独到而深刻的理解，把教育作为实现民主政治的重要途径，形成了独特而又完善的政治思想，而且对政治怀有高度的热情，从大学时期起就不间断地投身于实现民族解放、国家独立的爱国政治运动中，并在其中发挥了积极作用，是某些重大活动乃至运动的倡导者和领导者，推动了近代中国的民主进程。他到生命的最后一刻，依然奔波在反抗黑暗统治、追求光明和民主的道路上。可以说，陶行知把毕生都贡献在了追求民主的事业上，而教育是其追求政治民主以达天下为公的重要途径。因此，在这个意义上，毫无疑问陶行知当之无愧为中国近现代史上一位杰出的政治家。

四、作为文学家的陶行知

所谓文学家，一般说来，是指在诗歌、小说、散文、戏剧等方面发表或出版了质、量兼备且有一定影响力的人。按照这个标准，我们完全可以毫不犹豫地称陶行知是一位名副其实的文学家，而不仅仅是一位优秀的大众诗人。对于陶行知作为一位名副其实的文学家，当时文学界的不少名流对此都有定评，郭沫若、茅盾、田汉、何其芳等文艺界大家都发表文章指出了这一点。遗憾的是，现在的各种文学史著作和教材中对陶行知在文学上的贡献以及他在中国近现代文学史上的作用和地位却几乎未有记述，更别说浓墨重彩地研究，不得不说这是文学史研究的失误与缺憾。

（一）创作别具一格的“陶派诗”，开创一代新诗风

陶行知在自己半个世纪的战斗生涯中共创作八百首左右诗歌，这些诗不仅通俗易懂，贴近生活，而且内涵深刻，寓意丰富，具有较高的思想性和艺术性。从内容讲，概括起来可以分为二大类：一、充满激情的政治诗，揭露黑暗统治，同情民众疾苦，揭露国民党反动统治和帝国主义侵略给人民带来沉痛灾难，反映生活在社会最底层的农夫、工人、车夫、报童、老妈子等人的疾苦。二、正视现实的教育诗，以批判传统教育的空疏腐败和力倡新

型进步教育。三、呼唤民主的革命诗，通过弘扬高尚的革命精神来激发中华儿女的战斗力，动员和号召全国民众起来为自由、民主、民族独立、人类解放而战。

（二）创作新型教育小说，开创中国现代教育文学

《古庙敲钟录》是陶行知创作的以文学艺术的形式来生动地展现生活教育模式的一部小说，是中国近现代小说史上一部难得的教育小说。整部小说共分84章，通篇以同情下层民众的贫困生活为基调，以宣传与传统教育完全不同的新教育理念为宗旨。这部教育小说至少有五大特征：第一，对劳动人民深表同情。小说有多处生动描写种田的农夫的贫苦生活，并且表现出极度的同情。第二，小说以叙事的方式形象地展现了“生活即教育”“社会即学校”的教育理念，运用通俗的语言和生活中的事例来向民众阐释生活教育的相关理论。第三，国难当头，通过兴办军事教育来宣传全民皆兵思想，提出了普及军事教育的最终目的就是实现“全村皆兵，全乡皆兵，全县皆兵，全省皆兵，全国皆兵”①。第四，借教人习武的张师傅的口来宣讲接受教育的人应当主持公道，反对做欺压百姓、不劳而获的“人上人”，弘扬做“人中人”的思想。第五，推广科学知识的必要性。

（三）创作杂文和散文，堪称现代杂文家和散文家

陶行知时刻站在大众的立场上，创作了大量杂文和散文，深刻讽刺和揭露反动当局的黑暗统治给人民带来的沉重灾难，极力弘扬正气；在国难当头时大声疾呼中华儿女要奋起挽救民族命运，号召抗日。他创作杂文的时间跨度比较大，从发表的时间来看，主要分为两个阶段：第一阶段为1924年至1925年，主要围绕时政，共发表杂文21篇，大都发表于《申报·平民周刊》，对北洋政府的腐朽统治进行抨击，对帝国主义在华掠夺的本性进行揭露和痛斥；第二阶段的杂文以宣传抗日救国为主，大都以“不除庭草斋夫”为笔名发表在《申报》副刊《自由谈》，共计104篇。陶行知不仅擅长作诗歌、写杂文，而且撰写了大量的散文来表达心声。这些散文自由多变，观点鲜明，思想深邃，语言质朴，感情诚挚，其长者犹如盈尺之璧，其短者宛若径寸之珠，为中国现代文学“花坛”增添了新的色泽。

---

① 华中师范学院教育科学研究所主编：《陶行知全集》第2卷，湖南教育出版社1985年版，第532页。

(四)创作大众歌曲和戏曲,成为文艺大众化的健将

陶行知在探索大众音乐理论方面思考深入,见解独特,为建构中国现代大众音乐理论奠定了良好基础,特别是他对大众歌曲从理论方面做了较为深入的思考和较为确切的阐释。他认为只有发自大众内心的呼声变成歌唱大众生活的作品,才能真正打动广大民众,被大众所传唱和欢迎。他还分析了中国民众对听歌曲的渴望程度,论及大众歌曲的市场需求量。除了探讨音乐理论外,陶行知还热心于大众音乐创作,他亲手创作歌词的著名歌曲就有数十首。这些歌曲一度成为人民大众丰富业余生活的精神食粮,也是批判当局黑暗统治的有力武器和动员民众参加革命的宣言书。另外,陶行知组织成立了晓庄剧社,并亲任社长,工作之余创作许多话剧。抗战时期,他又指导成立了育才学校戏剧组,教育师生深入大众,和社会打成一片,与人民打成一片。陶行知的话剧实践活动为中国的抗战起了动员与宣传作用,也极大地推广了新生的中国话剧,对中国话剧从旧中国向新中国的转型与过渡起了一定的促进作用。

(五)力倡中国新文字改革,无愧为语言文字改革先驱

陶行知十分重视文字符号的改革,在他看来,文字符号是传播文化的重要载体,文字符号改革直接关系到教育的普及,文字容易被人接受,就会使文化广泛传播。他密切关注中国文字改革的动向,及时捕捉文字改革的最新信息和动态。为了有组织地推广“拉丁新文字”,在陶行知的积极参与下,1935 年 10 月中国新文字研究会成立。陶行知被选为第一届理事,并亲自起草了中国新文字宣言。1936 年他又起草了《上海话新文字方案》,该方案经过中国新文字研究会多次讨论后通过。随后,他积极实施该方案,为推广上海话新文字和促进上海地区大众的普及教育助力。此外,1936 年 5 月至 7 月陶行知奔赴两广,在其指导下,广西、广东先后成立新文字研究会。之后,受此影响,全国大部分地区陆续成立新文字研究会。除了力倡新文字改革,陶行知还发起了大众语文运动,撰写并发表一系列文章,对大众语文相关重要问题做了广泛而深入的探讨。

陶行知的历史定位应是教育家、思想家、政治家、文学家,或者说陶行知是中国近现代历史上集教育、思想、政治和文学四大家于一身的综合型文化巨人,是享誉全球的世界级教育大师。我们只有全面地认识陶

行知、理解陶行知、研究陶行知，才能更好地从陶行知的思想、人格、事业中吸取营养，建设好中国今天的现代化事业，早日实现中华民族复兴的宏伟梦想。

（本文系中国陶行知研究会常务副会长、湖北省人大常委会副主任、华中师范大学教育学院教授、博士生导师周洪宇教授的讲演内容，由华中师范大学教育学院博士研究生郭景川记录整理。）

陶行知一九三八年德国之行

[德]黄　冬

中国有个成语"百闻不如一见"。陶行知在 20 世纪 30 年代环游世界①，曾到过德国，这使他有机会通过亲眼观察来认识这个国家，并检验他之前心中的德国形象。虽然他对于此次旅行没有系统的记述，但从他的记事本中仍能够发现一些十分有价值的手记（其影印件全部收录在四川教育出版社 2005 年版《陶行知全集》第 10 卷），这使我们至少能够对其德国之行的整个时空过程进行追踪。在过去的几十年里，中国国内曾出版了不少陶行知的传记和年谱，另外还有一些文学和影视作品，都试图对这次长达两年之久的环游进行纪实性或文学性描述。由于这些尝试不属于真正意义上的学术研究，因此，某些再现的情节往往经不起推敲。下面笔者将通过自己的实地考察，并借助陶行知的手迹以及自述，寻觅他德国之行的一些外部关联和内心感受，进而证实他此行的正负面体会和印象。

一

陶行知受全国各界救国联合会的委托，肩负着动员海外华人支持中国抗日的政治使命，于 1936 年 7 月 11 日从香港出发踏上旅途。他先乘船前往伦敦参加第七届世界新教育联合会大会，接着又应邀参加在日内瓦举行的世界青年大会。他在英国和法国暂住至 11 月初，后去美国并在那里逗留了十五个月。在此期间，他出访了加拿大四次和墨西哥一次。1938 年 2 月，他第二次来到欧洲，分别到访了英国、爱尔兰、荷兰、比利时和法国。此后他返回美国，并于 6 月 15 日又从纽约出发，开始了第三次欧洲之旅。

① 国内研究资料中对陶行知出访了多少国家说法不一，有"28 国说""26 国说""26 国 2 地区说"，尚无定论。

陶行知在6月24日访问伦敦、6月26日访问巴黎、6月27日至30日访问意大利、6月30至31日访问奥地利之后，于1938年7月1日由中国驻捷克公使梁龙陪送至布拉格火车站，乘11点44分的火车前往柏林。虽然陶行知本人在环游世界临近结束时统计称“三次进德国”①，然而，只有他1938年7月2日至12日的行踪有据可查。他最初的德国旅行计划如下②：

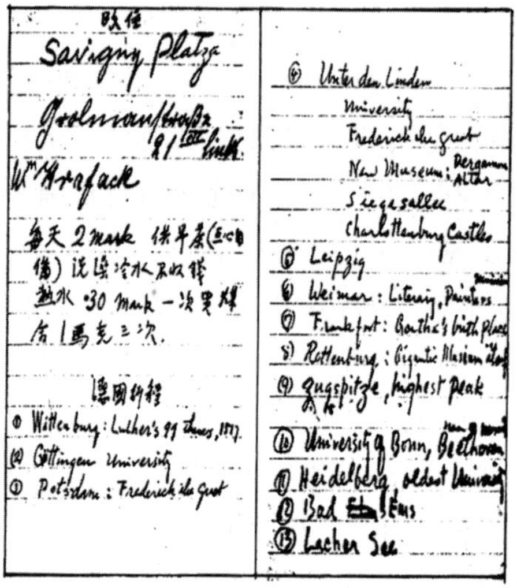

陶行知德国旅行计划

①维滕堡：马丁·路德1517年95条论纲

②哥廷根大学

③波茨坦：腓特烈大帝

④柏林：菩提树下大街、大学、腓特烈大帝、新博物馆、佩加蒙圣坛、凯旋大道、夏洛滕堡城堡

⑤莱比锡

⑥魏玛：文学、绘画、音乐

⑦法兰克福：歌德诞生地

⑧罗滕堡：Gigantic博物馆

---

① 《陶行知全集》编辑委员会编：《陶行知全集》第10卷，四川教育出版社1991年版，第782页。

② 《陶行知全集》编辑委员会编：《陶行知全集》第10卷，四川教育出版社1991年版，第651页。

⑨楚格峰，最高山峰

⑩波恩大学，贝多芬

⑪海德堡，最古老的大学

⑫巴特埃姆斯

⑬拉赫湖

从上述旅行计划不难看出，他有意近距离地了解德国的历史和文化。但令人惊诧和费解的是其中有巴特埃姆斯和拉赫湖这两个小地方。巴特埃姆斯恰恰是笔者对陶行知进行研究的比较对象，德国著名的反纳粹运动烈士、教育家阿道夫·利奇温(Adolf Reichwein，1898—1944)的出生地，是一个至今也不过万人的小镇子，然而陶行知却有意前往。据笔者考察，陶行知虽很可能知道利奇温的著作《十八世纪中国与欧洲文化的接触》[①]，但除此之外，对这位当时正受到纳粹当局的迫害、被贬黜到柏林远郊任教的乡村教师一无所知，所以他要去巴特埃姆斯绝不可能与利奇温相关。巴特埃姆斯是一个著名的疗养胜地，但鉴于陶行知的政治使命，去那里疗养或观光游览也是难以想象的。为何陶行知要造访这个既不起眼也无中国侨民的小镇，包括附近的火山湖拉赫湖给人留下了一个很大的谜团。然而，拉赫湖畔著名的玛利亚·拉赫修道院似乎给了我们一些猜测的空间。因为陶行知所接受的教育大部分是在西式教育，基督教长期的耳濡目染，使他不仅熟悉德国16世纪宗教改革时马丁·路德提出的95条论纲，而且可能了解这所本笃会教堂的历史及其对欧洲国家文化的意义。由此还可以猜测，陶行知对本笃会修士著名的箴言 ora et labora(祈祷与劳作)并不陌生。这句拉丁文箴言最恰当的中文翻译就是“劳心与劳力”，而且其含义与陶行知提出的教学原则“在劳力上劳心”极其相似，可谓异曲同工。至今世界上仍有些学府以 ora et labora 作为校训，如加拿大的达尔豪斯大学、香港名校崇德书院等。

二

陶行知7月5日又更改了在德国的行程计划，将原计划的13个目的

① ［德］利奇温:《十八世纪中国与欧洲文化的接触》，朱杰勤译，商务印书馆1962年版。陶行知的同事吴宓和朋友何炳松曾分别于1926年和1935年翻译过此书。

地减至 9 个,即柏林、波茨坦、维滕堡、莱比锡、魏玛、瓦尔特堡、法兰克福、海德堡、慕尼黑①。但不知出于何种原因,他的计划未能实现,最终仅去了柏林和波茨坦两地,然后匆忙地退掉了已预订的德国境内车票,提前离开了德国。尽管时间短暂和德国的政治气候恶劣,陶行知还是抓紧机会尽可能多地了解这个国家。除了柏林之外,他唯一的一次外出参观地点就是位于波茨坦的无忧宫。如果联想起他在早期的文章中对普鲁士国王腓特烈流露出的仰慕之情,那么,前去目睹 1745 年至 1747 年为这位"大风烈铁骑帝"修建的洛可可风格的皇宫就绝非偶然。

今天,我们只能依据他记事本中提供的一些信息碎片,首先复原他在德国十天的经历。

7 月 2 日,星期六

陶行知在柏林动物园火车站下车后下榻霍尔施泰因旅馆,房费为每日 4.89 马克。此前,位于库当大街的动物园旅馆和法萨嫩大街的巴达维亚公寓也在其备选之列。

当日拜访了位于库当大街 28 号的中国驻德大使馆。

7 月 3 日,星期天

拜访莱布尼茨大街 62 号柏林中国学生会,与学生代表座谈。

参观柏林大学并详细了解创建者威廉·冯·洪堡和亚历山大·冯·洪堡兄弟。

改住位于萨维尼广场附近格罗尔曼大街 21 号的一家小旅馆,此店"每天 2 马克,供早茶点心,洗澡冷水不收钱,热水 30 马克一次买煤,合 1 马克三次"。

制订第一个德国旅行计划(见前文)。

7 月 4 日,星期一

无当天的活动情况记录。

7 月 5 日,星期二

参观佩加蒙博物馆。

修改旅行计划(见前文)。

---

① 《陶行知全集》编辑委员会编:《陶行知全集》第 10 卷,四川教育出版社 1991 年版,第 671 页。

7月6日，星期三

参观博德博物馆。

参观国家美术馆，表现出对两件公元前1300年的亚麻汗衫和一幅公元前1000年的埃及文字字符的兴趣[①]。

与曾在北平辅仁大学任教，后经商的江梁谈论德国经济。

7月7日，星期四

在达尔曼大街4号中国留学生自办的食堂用午餐，“80芬尼一餐，1盘三菜一汤”。

下午四时参加在中国大使馆举行的“七七事变”纪念会，向二百余名与会者发表演讲[②]。

了解德国主要报纸及其性质和犹太人的境况，做了如下手记：

德意志汇报，私营；法兰克福报，私营；国民观察，政府党报。

犹太人领取汇款，“每1马克只可取13分；德犹每人只可有五千马克，超过之数由政府处理。黄色椅归犹分坐”。

晚七时津汉饭店（康德大街22号）会见留学生和华工代表[③]。

7月8日，星期五

下午一点又在津汉餐厅再次会见华侨和留学生。

下午五点拜会刚获批准辞职的中国驻德国大使程天放。

用德文抄录了1874年建立的幼教师资职业培训机构裴斯泰洛齐-福禄贝尔之家在柏林的地址和三位当时最显赫的德国教育家姓名及其主要著作的书名（详见后文）。

7月9日，星期六

第三次注射霍乱疫苗（此前三天和七天已注射两次）。

与中国旅德学者和留学生交谈。

---

① 陶行知带回一张德国国家美术馆的明信片，现珍藏在南京陶行知纪念馆。

② 《陶行知全集》编辑委员会编：《陶行知全集》第10卷，四川教育出版社1991年版，第672—673页。

③ 著名的奥地利女作家Vici Baum（1888—1960）曾在其社会纪实小说《1939年上海旅馆》中提供了中国和日本学生之间在康德大街发生冲突的见证：“柏林有一家中国餐馆和一家日本餐馆，都在康德大街，彼此相邻。光顾餐馆的两国学生之间一直都有一种敌对情绪。‘满洲’爆发交火事件的消息传开时，双方竟大打出手。”笔者引译自*Hotel Shanghai 1939*，Amsterdam（1949），第249页。

7 月 10 日，星期天

9 时至 10 时于萨维尼广场附近的一栋楼房 3 层 4 号房间内开会，会上了解德国的教育体制和学费规定。

会后赴波茨坦参观无忧宫。

或许再次参观或路过柏林大学。

7 月 11 日，星期一

上午由学习机械制造的留学生冯治理陪同办理前往法国的签证。

下午睡觉、洗澡。

傍晚列席由救国联合会举办的座谈会，会议临结束时遭纳粹打手捣乱。陶行知回国后谈到此事。

晚间遇学习机械制造的留学生孙振先并详谈；孙次日送行，并代退已预订的德国境内车票。

7 月 12 日，星期二

乘坐火车（三等车）途经亚琛、列日、布鲁塞尔，23 点 21 分抵达法国巴黎。

从以上的活动记录中可以清楚地看出，陶行知在德期间将主要精力都花在了他的政治任务上，以致他几乎没有任何与德国官方和民间的接触。这或许也与当时笼罩在德国的政治气氛不无关系。此前在从美国前往欧洲的轮船上，陶行知就已经钻研过德国的政治局势，包括“苏台德地区德裔族群”的问题。他非常清楚，他所肩负的反法西斯的使命在这个“第三帝国”会被视作不受欢迎，甚至招来危险。德国政府刚于同年 5 月正式承认了日本在中国东北建立的伪满洲国，并即将与日本缔结成战争同盟。事实上，他在离开德国的前夜也亲身领略了德国纳粹分子的挑衅。这也就合乎逻辑地提出了一个问题，陶行知是否出于安全的考虑而有意规避与德国人接触。陶行知结束环游后不久，在重庆接受中国记者采访时对这个问题做出了肯定的回答：

> 世界上的国家，大多数都是同情我们的，只有少数的两个国家，就是德、意，是不同情我们的。我可以举出三个证据来！
>
> 第一，我将要到德国去的时候，我先就留心一个问题：德国政府对于中国人的态度怎样？我就在他们的著作里面去考察。在

那本大名鼎鼎的《我的奋斗》里面(德文本),他简直不把中国人当人看待,他说中国人是“半死不活的动物”,他认为中国人应该被淘汰,被消灭。

第二,也许有人要说,那本书是若干年以前作的,怎么拿在现在来讲呢?那么,我又来举一个例。别的国家的报纸,对于中国胜利的消息,如平型关,八百孤军,台儿庄等等,都是用顶大的字,登在第一版。德国却不然。我到了德国以后,跑到他们的图书馆里去,把“八·一三”以来的报纸,从头看一遍。凡是中国打胜仗的地方,他们都是用很小很小的字,登在报纸的一支角落,几乎要用显微镜才看得出来。后来,我们又发见了一个秘诀,凡是德国报纸骂我们的时候,就是我们打胜仗的时候。你记好日子,过几天,等英法的报纸来了,翻开一看,果然是中国打了胜仗。

第三,也许有人要说:这只是报纸上谈谈,无关紧要。那么,我又举出他们的实际行动来。在德国的中国人的救国运动,是常常受到禁止的。有一次,救国会开座谈会,我也列席。法西斯知道了,就派了几个打手来,准备打我们。哪晓得,他来得迟了,我们的会快要开完了,他来听了一下,觉得并没什么要紧,结果也没有打我们。

…………

可是,这绝不是说,所有的德国人,都是这样的看不起我们。德国法西斯政府的态度,和民众的态度,是不一致的。有一天,我到柏林乡下去玩,我要去看看他们乡村民众的生活状况。在路上,遇到了一个农人,我走上去招呼他,说了几句应酬话,就谈起话来。先从他们的生活谈起,慢慢谈到中国的抗战。谈了一会,他忽然问我:“你是中国人,还是日本人?”我说:“我是中国人。”他立刻就举起大拇指来说:“我赞成中国人,我佩服中国人。”他又立刻对我说:但是,请你不要把我这个话讲出去,如果你把我这个话讲出去,给我们的政府知道了,我就不得了。①

① 《陶行知全集》编辑委员会编:《陶行知全集》第4卷,四川教育出版社1991年版,第261—263页。

这段采访迻录为陶行知德国之行的时空框架充填了许多实景和内情，同时也显示出，这位曾经十分钦佩德国的来访者，由于那些恐怖的经历而对德国感到失望。此外，他手记中关于德国犹太人的境遇的记录也隐含着他对纳粹当局奉行的反犹主义感到震惊。而这种震惊在一周之后重新降临，陶行知 7 月 18 日抵达维也纳的当天，再次目睹了纳粹分子列队游行的场面。因此，完全可以想象，陶行知德国之行的总体印象是相当糟糕的。

1939 年 1 月在香港的一次公开演讲中，他再次谈到了在纳粹德国的负面感受："现在世界上还有二个看不起我们的国家，一个是德国，一个是意国。在德国我们是得不到机会去宣传。希特勒在《我们的奋斗》一书中还骂我们'中国人是半生半死的人'……有一次一个人问他说：'黑人受了德国教育也能发明，总该另眼看待吧？'希特勒说：'他生下来是黑人，死了进棺材还是黑人，穿了一件德国的外套算得什么？'又有人向他问：'日本人呢？'他则说：'日本人是白种人！'在德国报纸上中国打胜仗是受骂的，日本胜了便大大的宣传。"两个月后，他在重庆的另一次讲话重复了这段内容①。

这番讲话充分地表达出陶行知对希特勒及其蔑视中国人的反感和厌恶，但同时也引出了一个须附带澄清的史实。陶行知引述了希特勒《我的奋斗》中的言论，然而该书中却仅有一处提到中国人，原话是这样的："这是一个近乎无法理解的思维错误，即有人相信，我们说一个黑人或者中国人能够变成日耳曼人，就是因为他学习德语，并且愿意日后讲德语，或许还为某个德国政党投上他的选票。"②

对于希特勒极端的种族主义思想言论及其著作《我的奋斗》，旅德华裔学者黄申昌（音译）博士 1982 年在他的论文《中国人眼中的德国形象》中回顾昔日的中德关系时提及了一桩往事："德国在 30 年代中国的政治生活中的形象，一是通过新的统治制度带来的吸引力，二是通过德国顾问团在华的工作而体现出的。希特勒的《我的奋斗》中文版由中国官方的翻译机构编译，并于 1935 年出版，而后在不足三年的时间内再版五次。……让人费

---

① 《陶行知全集》编辑委员会编：《陶行知全集》第 4 卷，四川教育出版社 1991 年版，第 324 页、342—343 页。

② Hitler, A. *Mein Kampf*, München(1939),P379.

解的是纳粹的种族主义根本没有涉及中国——除了希特勒唯一的一句话，却招致中国驻柏林使馆向德国外交部发出了照会。……而抗议却丝毫不关乎这个言论的正确性和可信性，只是中国人对将其人种与黑人相提并论所迸发出的愤慨。”①

迄今为止，在中国大陆尚无人对上述情况的真相进行考察核实，但无意间却在陶行知的演讲中得到了某种证实。

三

尽管肩负政治使命，但身为教育家的陶行知理所当然地特别关注德国的教育情况。他拜访中国学生会，在中国留学生自办的食堂就餐，多次与学子们座谈或个别交谈，向他们了解德国的教育体制和学费规定等情况，参观了柏林大学，且原计划参观多所大学。

当时在柏林有 200 多名中国留学生，另有 100 多位华侨，大都是经营旅店或饭馆的业主或厨师。陶行知在德期间记事本上记下了 30 多个可能接触过的中国人姓名，其中大部分是留学人员，他们始终陪伴着陶行知。这些人日后大多成为我国许多领域中的著名专家和教授。美国哈佛大学著名的中国近代史专家孔飞力教授（Philip A. Kuhn，1933—2016）认为：做史学一定要有开放的眼光和广阔的视角，尽量从看似毫无关联的事件中寻得内在的联系。笔者为继续深入发掘研究陶行知的历史线索，对所有出现的人名及其经历进行了追踪调查，发现了不少有价值或有趣的故事（见本文附录）。

说到中国的留德学子，还须提及一个事实，陶行知一生开办过多个教育机构，其教师队伍中总有留学德国的人员，例如：在晓庄师范学校有教育家罗公陶、电气学博士丁柱中；在晓庄研究院有获有双博士学位的工程师、后任新中国沈阳工业学院校长的李华；在社会大学有曾任外交部部长的乔冠华，民盟和农工民主党的创始人之一章伯钧等。

特别需要加以注解的是，陶行知在记事本中亲笔记下了“第三帝国”三个最重要的教育理论家及其主要著作：恩斯特·克里克及其作品《教育哲学》《人的塑造》《种族政治人类学》《民族政治教育》，爱德华·斯普朗格及

---

① Machetzki，R. *Deutsch-Chinesische Beziehungen*，Hamburg（1982），P20.

其作品《文化哲学》《生活形式论》《教育学》以及阿尔弗雷德·博伊姆勒[①]。

恩斯特·克里克(Ernst Krieck,1882—1947),自1934年起担任海德堡大学哲学与教育学教授,并且由政府任命担任该校校长数年,属于纳粹教育理论最具代表性的人物。

爱德华·斯普朗格(Eduard Spranger,1882—1963),自1920年起担任柏林大学哲学与教育学系教授。陶行知访德时,他正在日本长期讲学(1936—1939)。希特勒上台后他也曾拥护国家社会主义,但作为现代文化教育学的创立者,却代表着另一种文化和教育的政治取向,因此在德国教育界是一个有争议的人物。

陶行知摘记了这两位人物及其作品名,至少表明他对德国教育理论新发展的关注。

阿尔弗雷德·博伊姆勒(Alfred Baeumler,1887—1968),从1933年起在柏林大学任政治教育学教授,他与恩斯特·克里克同样属于纳粹"御用教育家"领军人物。陶行知记下他的名字,或许与保罗·孟禄有关,因为自1935年纳粹当局强迫波恩教育研究院的弗里德里希·施耐德教授退休后,博伊姆勒接手与孟禄共同负责以英、法、德三种文字出版《国际教育杂志》,而陶行知与孟禄一直保持着联系。

最后,笔者在对陶行知德国之行的考察中,还有两个有趣和意外的发现:

(1)陶行知在旅途中格外地节俭。毫无疑问,这是由他贫寒的出身和传统教育而铸就的品德。不过,这也与此行的目的和费用的承担者直接相关。陶行知的任务是赢得外国人及海外华人对中国抗日战争在道义上和资金上的支持。所有的旅行费用都是由全国各界救国联合会来筹措,而这个群众团体的经费都来自民间募捐和私人赞助。为了降低旅途的用度,这位"国民外交使节"虽经常受到各国政要和名人(如杜威、孟禄、克伯屈、甘地、泰戈尔、加拿大议会和墨西哥总统拉萨罗·卡德纳斯)的接待,却又不得不"锱铢必较"。他在记事本中不断地记下各项花销及价格,而且总是找最廉价的旅店,并时常乘坐最简陋的三等列车出行。

(2)从陶行知演讲中提到"德文版希特勒的《我的奋斗》""在德国图书

---

① 陶行知:《陶行知全集》第10卷,四川教育出版社1991年版,第674页。

馆阅读德文报纸”“在柏林郊区与一个农夫交谈”及他用德文作手记等信息可以推断，他很可能懂德文，而且不仅能阅读，甚至能会话。在他的记事本中还可找到一些支持这个推断的旁证：他后来在育才学校亲自教授德语课；自己购买德文书籍，如马克思的《资本论》、尼采的《超人》、德文版《圣经》、中国《诗经》的德译本等①。但陶行知何时何地学过德文，尚待考证。

附录　陶行知 1938 年访德期间记事本上出现的中国人名及其简历

1. 梁龙，又名梁云松。1936 年 9 月至 1939 年 7 月任中华民国驻捷克公使。

2. 韩宝忠，暂无相关信息，疑为陶行知就餐并会见华侨和留学生的津汉饭店（康德大街 22 号）店主。

3. 庞廷玮，山西人。省立山西大学毕业后，1936 年左右由山西经济建设委员会资助去德国留学，学习电灯泡制造，1942 年获德国斯图加特工业大学工程博士学位。

4. 王云明，山东人。留学德国，1939 年后任职国立西北医学院德文教授。

5. 朱坚白（1902—1940），名桂生，江苏盐城走马沟河西张庄人。20 世纪 20 年代初毕业于东南大学教育系，先后执教于盐城县第一中学、南京女中和南通农业专门学校。1927 年夏任国民党盐城县党部特别委员会委员，同年 9 月兼任“清党”委员会委员，旋奉调至江苏省党部供职。次年 1 月复任盐城县党部执行委员，不久出任广东省博罗县县长。未逾年，复回江苏。1929 年 3 月当选为江苏省党部委员兼执行委员会常委。同年 12 月江苏省党部改组，任整理党务委员会委员、秘书主任和工农委员会主任委员。1930 年任中央军校政治教官，旋又改任江苏省政府常务委员。1932 年 3 月，经江苏省教育厅厅长周佛海推荐，任江苏省民众教育馆馆长。时江苏省党部的李寿雍等人先后出国深造，朱亦以“训政时期正需才孔殷之际，自感学识疏浅”为由，申请官费出国留学，结果准如所请。出国前，朱一度返乡，几经努力将其早年创办的张庄初级小学扩建为县立泰义

① 《陶行知全集》编辑委员会编：《陶行知全集》第 10 卷，四川教育出版社 1991 年版，第 1183、1186、1189 页。

完全小学，卓有成效，乡里称善。同年秋，入英国伦敦大学攻读财政金融，并开始翻译马克思的《资本论》。抗战爆发后，他毅然中断学业，带着译稿返国，一面执教于上海财政经济学院，一面投身于上海学界的抗日救亡运动。1939年应江苏省政府主席韩德勤之邀，至兴化任江苏省干部训练团教育长兼省府委员。1940年12月，日军进攻兴化，朱在转移途中与日军遭遇，殉难于蔡家坡。

6. 李蔚潭（1903—1971），出生在绥远省（现内蒙古自治区）呼和浩特市脑包村。1924年考入北京大学医学院，在校学习期间成绩优秀，每年都获金质奖章。毕业后留校做了两年助教。1933年至1938年作为绥远省公派留学生，赴德国柏林，后就读于图宾根大学医学专业，并获得医学博士学位。1938年回国后任李宗仁部队军医，并随军参加了台儿庄战役。后任陕西省立医院医务长兼西北医学院教授，1958年调入西安市中心医院儿科，任科主任。

7. 韩兆霖，福建人。1931年马尾海军学校航海科三班毕业。1936年与陶行知同船去英国学习海军知识，后又赴德国海军军官学校深造。

8. 朗鉴澄，福建人。1928年马尾海军学校航海科一班毕业。1936年与陶行知同船去英国学习海军知识，后又赴德国海军军官学校深造。

9. 邱仲明（1916—?），字道抒，四川资中人。毕业于马尾海军学校第六期航海科，1936年与陶行知同船去英国学习海军知识，后去德国海军军官学校军官班深造。曾任马尾海校水兵训练营营长、大队长、舰长等职。后去台湾。

10. 王象复，物理学家，北京工业学院（今北京理工大学）物理学教授。与张少墨校、樊恒铎编的《达夫大学物理问题精解》一书于1947年由中华书局出版。

11. 江梁，广东人。曾在北平（今北京）辅仁大学任教，1945年任职于重庆的华服烟草公司。1949年离开上海，奉派到日本担任商务参赞一职，长期居住在东京。其妻江孙芸后在美国成为“中国料理大王”。

12. 屈武（1898—1992），原名屈儒，字经文，陕西渭南人。1917年考入西安成德中学。五四运动中，当选为陕西省学生联合会会长并作为陕西学生代表赴北京声援学生运动。1922年4月同于右任的长女于芝秀结婚。1923年春加入社会主义青年团，1925年转为中共党员。1926年毕业于北京大学政治系，后被中共北方区委派往莫斯科中山大学学习。1929年夏从中山大学毕业后又到伏龙芝军事学院继续深造。1930年4月即将毕业时，正遇上苏联党内进行“大清洗”，苏联当局以“违犯军纪”等罪名将屈武发配到北冰洋岸边的一座小城服苦役。抗日战争爆发后，经于右任通过中国驻苏使馆向苏方交涉，其才从流放地被送回莫斯科。1938年秋回到重庆，先后担任立法委员、少将参议、陆军大学教官、陕西省政府委员兼建设厅厅长等职。1945年任新疆省政府委员兼迪化市(今乌鲁木齐市)市长。1949年初，作为以张治中为首的政府和谈代表团顾问，赴北平与中共进行谈判。新中国成立后任新疆迪化市市长、第一届全国人大常务委员会副秘书长。1950年重新加入中国共产党。“文革”中被投入监狱达八年之久。1979年平反后当选为民革中央副主席、主席，第六、七届全国政协副主席。

13. 杨觉天(1904—1970)，又名杨耀，陕西靖边人。黄埔军校第一期、陆军大学特别班第二期毕业。1926年任国民革命军第2师4团营长，参加北伐。1935年任第17路军独立第3旅旅长，1937年任第38军177师参谋长兼529旅旅长，抗战爆发后在山西参加抗战。1940年任陕西省国民军训委员会军官训练班副主任，抗战胜利后在陕西三原赋闲。1949年1月任第18绥靖区参谋长，后任陕西绥靖总司令部参谋长，12月在四川绵阳脱离部队，潜赴成都与解放军取得联系。后任解放军四川省军区参议，陕西省政协委员。“文革”中受迫害致死。

14. 陈克诚，曾在国立中央大学。暂无其他相关信息。

15. 程崇道，女化学家，享誉世界的女物理学家吴健雄在国立中央大学时代的同窗好友，二人同住在该校南楼宿舍。译著有《生命之化学基础》。

16. 冯治理，1938年赴德国柏林大学学习机械制造。1941年曾应陶行知邀请访问育才学校，并为学生做了有关德国风土民俗的报告。

17. 程锡年(1906—1986)，字晋千，江西婺源高砂人。1933年国立中央大学物理系毕业。1942年获德国柏林高等工业大学理学博士之后，留柏林大学光学研究所工作。后回国，先后任台湾台南工学院和上海大同大学、同济大学教授。1950年后历任河南大学及河南新乡师范学院(今河南师范大学)教授兼物理系系主任，并当选为中华物理学会河南分会副理事长。中国民主同盟盟员。曾撰写物理学知识普及文章20多篇。

18. 吴兆棠(1905—1964)，安徽休宁人。毕业于同济大学，先后留学日本、德国，1938年获柏林大学教育学博士学位。历任国民党中央训练团教务组组长兼国立中央大学教授、三青团中央干事会干事、教育部督学、中等教育司司长、国民党中央执行委员。1949年赴台湾，历任政治大学训导长、教育研究所主任、台湾地区教育部门负责人等职。1964年7月在台北病逝。

19. 吴汪秀瑞（1909—2002），安徽休宁人，吴兆棠夫人。上海同德医学专科学校肄业后赴日本进修，又转入德国柏林大学，毕业后回国在教育部当青年专刊编辑。曾任三青团候补干事、青年远征军少将指导员。后去台湾。

20. 陈琮（1905—?），湖南人。国立中央大学经济系毕业后赴德国柏林大学，获经济学博士学位。1941年冬回国，在财政部负责税务工作。后去台湾。

21. 蔡喆生，福建晋江人。曾在厦门大学。暂无其他相关信息。

22. 程天放（1899—1967），江西新建人。五四运动上海学生会会长，1920年公费留美，1922年美国伊利诺伊州大学政治学硕士，1926年获加拿大多伦多大学政治学博士学位。当过报纸主编，历任安徽大学、国立浙江大学、国立四川大学校长，后来成为CC系骨干。1930年代理安徽省主席，后担任首任驻德大使（1935—1938），1949年任国民党中央宣传部部长。1950年去台湾，至1954年任台湾地区教育部门负责人。卸任后赴美，任教于华盛顿大学远东问题研究所。1967年11月29日在美国纽约病逝。

23. 程跻云，字霄羽，陶行知夫人吴树琴堂姐吴织仙的丈夫。我国知名的林业专家，从德国留学回国，受聘于西南联大，故全家迁至重庆。这期间他们与吴树琴、陶行知交往甚密。1948年吴织仙病逝，程跻云辗转南京、广州、山东、上海等地。“文革”期间，他被打成反动技术权威，历经批斗、抄家、关牛棚等很多磨难，其所藏的许多珍贵林业研究资料等被洗劫一空。1992年逝世于山东泰安。

24. 李述礼，广东化州长岐镇犀湾村人。毕业于北京大学，后留学德国，著名德文翻译家与革命活动家。出身书香世家，自小好学，其祖父李士周乃清末进士，曾任吏部主事。其父李肇统曾考取日本明治大学。李肇统留学归国后，在国民党内任职，曾任国民党国大代表。李述礼由于翻译德文成绩突出，获得就读德国柏林大学的奖学金。1936年9月，他取道莫斯科抵达柏林，与乔冠华等人一起就读于柏林大学。不久，即与中共国外机关报《巴黎救国时报》取得联系，成为由乔冠华等领导的党的外围组织——反帝大同盟盟员，与留德学生中蓝衣社的反动分子作斗争。1937年"七七"事变后，他放弃学业，参加德国和全欧抗日联合会的组织工作，并担任《联合抗日报》的编辑。此后，受共产党派遣，以德国抗日联合会代表的身份参加了巴黎远东世界和平大会。

25. 程其襄(1910—2000)，四川万县(今重庆市万州区)人。先后在德国哥廷根大学和柏林大学学习和工作。1943年获柏林大学数学博士学位。在德国留学期间，他积极投身抗日爱国进步活动，是旅德华侨抗日联合会活跃的成员。1937年，杨虎城将军到德国作"西安事变和国家形势"的报告，程等积极参与筹备，冲破了国民党外交人员多方阻挠，迎接杨虎城将军的到来。在这一时期，他和乔冠华交往甚多。当时，乔冠华为旅德华侨抗日联合会的会报编辑稿件，他也在会报工作，日相过从。1937年除夕，程其襄兄弟和抗日联合会的工作人员同在乔冠华处庆祝，通宵达旦。乔冠华在图宾根大学的博士学位论文《庄子哲学的一个叙述》，解放后乔本人已没有了，程处却保留着珍贵的一份。1939年，国际反侵略援华大会在英国伦敦召开，程其襄代表德国华侨参加，并在那里和吴玉章相识。在德国留学的十年间，他先后和许多中国同学相过从，如张德馨(数论学家，曾任东北师范大学副校长)、张禾瑞(代数学家，北京师范大学教授)、化学家屈伯川(曾任大连理工大学前身大连工学院院长)等。第二次世界大战爆发后，与国内联络中断，程其襄不得不滞留于希特勒法西斯统治下的德国。作为一名中国学生，其处境十分艰难。战时生活本来就困苦，学校经费紧缩之后，中国学生的艰难可想而知。程其襄兄弟用光学原理为人按照片画像，不用打格子，一时颇受欢迎，赚了一些钱，生活暂且无虞。1952年，调入华东师范大学任数学教授兼数学分析教研室主任。此后一直在华东师范大学任教，直至退休。

26. 赵锡霖，留学德国，获工学博士学位。1947年携其德籍妻子及子女回国，后任北京钢铁学院(今北京科技大学)教授、金相教研室主任。妻子赵林克悌(1906—2005)，北京大学西语系德语教授。生于德国柏林，在柏林、海德堡、哥廷根大学学习语言学、历史学、哲学。1935年获得哲学博士学位。在希特勒统治德国时期，她积极救助犹太儿童，帮助他们从希特勒的法西斯统治下逃往国外，并因此被捕入狱，受到严酷的折磨。后经友人救助，才死里逃生。

27. 曹修懋，20 世纪 50 年代初，海军大连舰艇学院创建初期，由海军司令员萧劲光通过湖南省军区从湖南大学招聘了一批教师，其中就有留学德国的光学博士曹修懋教授。

28. 王灵根(1902—1940)，江苏东台林家桥河南人。原名王式坚，因景仰美国总统林肯解放黑奴，改名灵根(Lincoln)。1923 年夏入上海圣约翰大学，后毕业于光华大学(今华东师范大学)文科教育系。1932 年担任湖南省教育厅厅长朱经农的秘书。1936 年赴德国留学，在柏林大学研究教育心理学。1940 年即将取得博士学位前，因患颈部淋巴癌医治无效逝世，并葬于柏林。病危期间还写下《旅德华工省吃俭用集资支援祖国抗日的调查报告》。

29. 方达功，湖北黄冈人。20 世纪 30 年代由日本转去德国柏林大学学习，后在 1940 年江西成立的中正大学工学院(华中科技大学最早的班底)土木工程系任教授。留德期间与其同乡、著名经济学家、《资本论》的翻译者王亚南交往甚密。

30. 孙振先，山东济南人。1930 年毕业于北平师范大学数学系，1940 年毕业于德国柏林工业大学机械制造系，同年回国。曾任航空委员会第一飞机制造厂设计员，长春大学工学院院长，山东大学教授、系主任。1950 年后，历任重工业部工程师，第三机械工业部处长、航空标准化研究所顾问、高级工程师。

31. 戴鸣钟，江苏省吴县(今苏州市吴中区)人。与世界闻名的天线辐射专家、美籍华人科学家戴振铎博士是昆仲。1936 年毕业于清华大学经济系，1940 年获德国柏林大学经济学博士学位。回国后曾任中正大学教授、经济系主任。新中国成立后历任南昌大学及湖南大学教授、总务长，上海机械学院教授、副院长，第一届中国公共外语教学研究会副会长，《管理现代化》杂志副主编。与人合编有《德华标准大字典》。

32. 马耸云，早年在北平清华大学研究化学，后去德国柏林大学和哥廷根大学留学。回国后“因屡找职业，终无结果，于一月二十四日晨三时，至南市外滩市号码头投浦自杀”(见《中国青年》1963 年 23 期，第 11 页)。据季羡林留德日记记载，马耸云在德国柏林期间与季羡林、乔冠华和赵九章交往甚密。

(黄冬系德国马堡大学教授，博士。)

陶行知的创新实践：杜威理论在中国师范教育中的应用和发展

[美]苏智欣

一、研究背景

自19世纪中期开始，中国学生陆续赴美国高等院校留学，而早期留学生最喜欢去的一所美国大学就是位于纽约的哥伦比亚大学及其著名的教师教育学院①。早期的教师教育学院吸引中国学生的一个重要因素是该大学的知名学者约翰·杜威、保罗·孟禄和威廉·克伯屈。一大批中国留学生在这里学习之后回到中国，成为中国教育界和政治界的重要领导人物。在1919—1921年间，杜威在他先前的学生、时任中国教育界要人以及知名教育家的邀请之下访问中国，并在11个城市就社会和政治哲学、教育哲学、伦理学以及西方国家现代教育的主要趋势进行了广泛的讲演。

杜威在南京访问了他的主要邀请方之一——南京高等师范学校。他在欢迎大会上说，他在那里做演讲有一种特殊的感觉，因为听众里有很多在美国受过教育的人，有些人还是他在哥伦比亚大学的"追随者"，包括该校教育系主任陶行知先生。虽然在杜威访华之后的20年代到40年代里，他有很多追随者都试图在中国教育的发展实践中应用他的教育思想，但是最有创见的还是陶行知先生。并且，陶先生最成功的杜威实验并不是在大城市的高等师范学校里，而是在一所朴实的乡村学校——南京晓庄师范里进行的。

很可惜的是，早期的晓庄师范学校在陶行知的领导下仅生存了三年——1927年到1930年就被国民党军队关闭了。但是陶先生的这一创新实践极大地推动了中国教师教育和乡村教育的改革与发展，得到了全国

---

① Keenan, B. (1977). *The Dewey Experiment in China: Educational Reform and Political Power in the Early Republic*. Cambridge: Harvard University Press.

教育工作者的认可，被誉为“中国现代教育史的伟大开端”。在这场创新实践中，陶行知将杜威的理论创造性地、批判性地应用在中国的师范教育和农村教育中。用他自己的话说，他将杜威的理论“翻了半个筋斗”，将“教育即生活”转变为“生活即教育”，将“学校即社会”转变为“社会即学校”，将“做中学”转变为“教学做合一”。这些转变后来成为陶行知著名的生活教育的基本理论和实践体系，其特点是提倡反思性行动、与普通大众融为一体、发展全球性视野并注重教育的历史性作用。

的确，晓庄师范学校的教师、员工和学生们与当地的社区和村民融为一体，并且在村里出现纠纷时通过民主会议的方式解决问题。同时他们还创造了乡村学校网，将成百个家庭联系起来。这些学校不仅为儿童提供基本的教育，而且也为成人提供识字教育。此外，他们还筹办了医院，成立了联村自卫团以保护村民不受土匪的侵害。在晓庄，学校和社会有效地连成一体，组成了一个民主社会并为每一个人提供教育，这是杜威一直提倡而未能在美国实现的一个目标[①]。不幸的是，20 世纪的中国社会的大环境里有太多不利于晓庄教育目标的因素，使其实践很难在当时的社会秩序下繁衍生息。1946 年，陶行知由于在教育和社会改革实践中“劳碌过度、健康过亏、刺激过深”而与世长辞。

晓庄师范学校在 1930 年被迫关闭，但在新中国成立之后得以重生，并继续贯彻和落实陶行知的生活教育理论及“教学做合一”的教育原则。在 20 世纪 50 年代，杜威和陶行知被指责为“小资产阶级教育改革家”，受到了严肃的批判；在六七十年代的“文化大革命”时期，他们的理论和实践也遭到了巨大的诋毁。中国改革开放开始之后，晓庄学校重温和积极推行陶行知的教育思想，也重新审视杜威的教育理论。进入 21 世纪以来，晓庄不仅继续开设陶行知的教育思想课，也为学生设置了杜威著作的导读课。从很多方面来看，陶行知的事迹和他最钟爱的晓庄师范的发展经历代表了中国现代教育家们为了在中国教育实践中应用西方的一些教育理念所开展的各种创新活动和激烈斗争。在本文中，作者将从历史和现实的角度对比陶行知和杜威的教育思想与实践，回顾和反思陶行知在晓庄师范学校初创之年如何创造性地应用杜威的理论，并考察杜威的教育思想对现今的中国

---

① Dewey, J. (1899). *The School and Society*. Chicago: University of Chicago Press.

师范教育是否仍有巨大的影响。

为了收集本文的资料,作者采用了历史研究法①和案例研究法②,在中国师范院校教师和美国研究生助理的帮助下,从中国和美国的图书馆和博物馆搜集了相关资料并查阅了历史档案。此外,作者从20世纪90年代开始就与南京晓庄师范的学者合作,并多次在晓庄进行实地考察。在调研时,作者对该校的行政人员、教师和学生进行了广泛的访谈,并在多个教室观摩教学。此外,笔者还参观了附属于晓庄师范的陶行知纪念馆和晓庄小学,访谈了陶行知之前的两位学生及他的妻子。然而调研的最高潮时刻是在作者参观陶行知纪念馆的时候,发现了一封杜威于1944年6月10日写给陶行知的亲笔信。作者几乎不能相信自己的眼睛。虽然陶行知和杜威保持着密切的联系和通信,但他在职业生涯中辗转多地,经历坎坷,居然还保留着这封杜威信件的原稿,实属不易。据作者所知,这是在中国的陶行知纪念馆和博物馆中收藏的杜威与陶行知通信的唯一手稿。当捧着这份珍贵的手稿,读着杜威亲手写下的感人文字时,作者决定要与整个世界分享此信,还有写信人与收信人的不寻常故事。这封信的全文如下:“我亲爱的陶博士,我很高兴从朱副教授那里得知你的消息。我也很高兴得知你现在身体健康,而且你在目前的困难情况下还在继续你的教育工作。我感到欣慰的是,美国至少在为你受难的祖国做一点事情。我期待着有一天,我想你也在同样地期待着,我们不仅在军事上,而是在根本上帮助你们建立起民主的社会和民主的教育。这个世界是如此紧密地联系在一起,如果民主的目标和方法不能在世界各地都建立起来的话,我担心我们一个国家的民主体制也是不可能长久繁荣的。致以最亲切的问候。您的诚挚的,约翰·杜威(哥伦比亚大学教育学教授)。”这封信便是这篇论文的原动力。

二、陶行知与杜威教育思想之比较

(一)陶行知与杜威交往与友谊

杜威于1859年出生于佛蒙特州的一个零售商家庭,在佛蒙特大学学习文学与哲学之后,到宾州的一所市区学校做教师,后又任教于佛蒙特的

① Thomas, R. M. (1990), *International Comparative Education*. New York: Pergamon Press.

② Sax, G. (1979). *Foundations of Educational Research*. Englewood Cliffs: Prentice Hall.

一所乡村学校。1884年杜威在获得霍普金斯大学的哲学博士学位后，开始在密歇根大学教授哲学。当1891年陶行知出生在安徽一个贫困农民家庭的时候，杜威已经是哥伦比亚大学的哲学教授，在哲学系、心理系和教育系教授研究生课程。

留学美国伊利诺伊大学学习政治学的陶行知在取得硕士学位后，转到哥伦比亚大学教师学院，师从杜威、孟禄和克伯屈。归国后，他受郭秉文之邀任教于南京高等师范学校。杜威1919—1921年以及孟禄1921年的访华之旅帮助陶行知认识了中国教育的悲惨现状——超过80%的人口居住在贫困的农村，77%以上的人口是文盲，因此他经历了一场根本性的自我改造①，重新确定了自己作为一名中国人的身份，抛弃了如同许多归国学者都有的表面化的西方印记。至20世纪20年代中期，陶行知毅然摆脱了“归国学者的上层身份”，回到“中国普通老百姓的行列”，并将他的余生奉献给了中国劳动人民的教师教育和乡村教育。

陶行知与杜威、孟禄和克伯屈保持着密切联系，经常就他在中国的工作寻求他们的指导和建议。陶行知认为美国作为一个成熟的民主国家能够帮助中国发展民主体制，而杜威则是经过考验的中国人民最亲爱的朋友和最有力的支持者。这些情愫在他与杜威的通信中显而易见②。1936年，陶行知赴美为中国抗日战争寻求支持与筹集款项时，三次拜访杜威。尽管杜威在1921年归国之后很少有关于中国的著述，但是根据他女儿的描述，中国是除了他的祖国之外与他内心最亲近的国家。事实上，杜威一直关注着中国的命运以及他的学生的安危。从他1944年6月10日给陶行知的亲笔信中，就可以看到他的诚挚心意。陶行知1946年逝世时，杜威和克伯屈联合发了一封电报，这样写道：“我们敬佩陶行知先生为了中国教育事业的发展，为了中国的普通大众所表现出的无与伦比的英勇献身精神。我们这些生者必须铭记他与他的事业。”③

---

① Kuhn, P. A. (1959). Tao Hsing-Chih, 1891-1946, an educational reformer. *Papers on China*, 13. Cambridge: Center for East Asian Studies, Harvard University.

② Tao, X. (1945, November 6). *A persona letter to John Dewey*. Unpublished correspondence.

③ Chu, Don-Chean. (1953). *Tao Hsing-Chih and Chinese education*. New York: Unpublished doctoral dissertation, Teachers College, Columbia University.

(二)教育是社会变革的一种方式

陶行知和杜威都坚信教育是创建一个好社会和促进社会进步的主导力量。学校不仅可以帮助社会维持文化传统，也是缔造和创新文化的摇篮。杜威认为教育对于社会生活的重要性，正如营养与生殖对于生理生命的重要性一样。在中国讲学期间，杜威执着地将教育是社会变革的一种方式的理念传达给中国的教育工作者："社会的再建在很大程度上取决于学校。学校是建立新社会的工具，也是改造现有社会不合理状况的工具。"①毫不意外的是，杜威的教育能改造社会的思想受到了中国知识分子的热烈欢迎，他们热切地希望通过科学与教育的发展来拯救中国。特别是陶行知，他坚信新教育对中国社会变革的影响力。他这样论述了教育与建立新共和国的关系：

> 我们现在处于二十世纪新世界之中，应该造成一个新国家，这新国家就是富而强的共和国。怎样能够造成这新国家呢？固然要有好的领袖去引导平民，使他们富，使他们强，使他们和衷共济；但是虽有好的领袖，而一般平民不晓得那个领袖是好的，那个领袖是不好的，也是枉然。所以现在所需要的，是一种新的国民教育，拿来引导他们，造就他们，使他们晓得怎样才能做成一个共和的国民，适合于现在的世界。②

为了将中国人培养成新共和国的公民，陶行知认识到需要开展一种民主教育，包括三项基本的任务：(1)为各阶层、各民族的男女老少、穷人富人提供平等的教育机会；(2)创造一种理解人性的学习氛围，鼓励学生主动创新；(3)通过民主化的生活来学习民主。陶行知一生致力于发展中国的民主教育——更普遍的说法是人民教育。陶行知认识到，当时的中国几乎还是一个文盲国家。因此他发起并参与了大规模针对农村地区贫困老百姓的扫盲运动。他在全国很多地方都建立了与师范学校紧密合作的乡村学

---

① Dewey, J. (1973). *Lectures in China, 1919-1920*. R. W. Clopton & T. C. Ou (Ed.) Honolulu: The University of Hawaii Press.

② 陶行知：《新教育》，华中师范学院教育科学研究所：《陶行知全集》第1卷，湖南教育出版社1984年版，第122页。

校。尽管这种大众教育运动本身并不能拯救中国，但是陶行知的努力为建立人民共和国和启迪民智奠定了基础。

(三)“学校即社会”与“社会即学校”

杜威和陶行知另一个共同的信念是学校必须与社会密切相连，为学生提供有意义的经验，并在社会变革中发挥重要的作用。杜威认为学校本身就是一个重要的社会机构。由于教育是一个社会化的过程，学校就是一种社区，在这里各类机构可以合作并最有效地为儿童提供分享本民族传承下来的文化和资源的机会，并且帮助儿童们通过自己的努力实现社会目标①。因此，杜威制订的教育计划是在学校里创建和复制民主的社会。他的希望是，每所学校都成为“社区生活的萌芽，反映出更大范围社会生活中的各种职业，并充满了艺术、历史和科学的气息。当学校将每个学生都培养成这种小社区中的一员，赋予他们服务他人的精神，为他们提供有效的自我引导的工具，我们就能满怀信心地创造出一个有价值、友爱与和谐的大社会”②。这种教育思想对美国的教师和学校发展影响极大。

在陶行知回国后的头七年里，他试图在中国的环境下创建小型民主社会式的杜威学校。但是他发现这种努力的结果是走进了死胡同，不适合当时中国的社会、政治、经济和教育现状。他意识到中国的学生在学校里能学到的知识往往是很有限的。学校里面的人不能从外面的人(比如农民)那里学到知识和经验，而学校外面的人也不能从学校里面的活动中受益。为了打破这种僵局，陶行知将杜威的教育信条“翻了半个筋斗”，提出了“社会即学校”的理论，把学校的范畴扩大到社会，以汲取更多的教学素材，使用更多更好的教学方法和工具，开发更宽广的教育环境，邀请更多的学生和老师参与教育。在这种新的大教育社区里，校内校外的人都可以做老师和学生。陶行知对杜威“学校即社会”理论的改造是富有创造性和远见的。人们越来越清楚地看到，在新世纪里，学校本身不可能为人们提供所有的和终身的教育。中美教育工作者都面临着巨大的挑战——在大社会里构建起一个完整的、包括各类组织和机构的教育生态体系并使其承担起培养公民的知识、价值观、技能和习惯的重大责任。这样的社会就是一个为所

---

① Dewey, J. (1897). *My Pedagogical Creed*. New York: E. L. Kellogg & Co.

② Dewey, J. (1899). *The School and Society*. Chicago: University of Chicago Press. pp. 43-44.

有人提供终身教育的大学校。这也会是陶行知所期盼的。

(四)“教育即生活”与“生活即教育”

陶行知承认他的生活教育理论是杜威实用主义教育哲学关于“教育即生活”以及教育是为社会和政治生活做准备的理论的自然延伸。杜威强调学校教育本身即是学生的一种现实生活，对学生的成长具有直接意义，而不是仅为未来生活做准备。然而，为了发展中国的大众教育，陶行知将杜威“教育即生活”的理论转变为“生活即教育”。

从实质上来看，“生活即教育”意味着教育是源于生活，寓于生活，用于生活，是普通大众的教育，更是为了改造社会的教育[①]。根据这个原则，陶行知和他的同事们在更大的社会范围内开展了中国历史上史无前例的有众多穷人和普通人参加的平民教育运动。这种教育的大部分教学活动都是在常规的教室和学校之外进行的——社会就是学校，生活本身就是教育。在评估“生活即教育”理论的重要性时，美国学者 Keenan 指出，陶行知“对教育即生活理论的改造是为了适应中国文化的需要。与此同时，他很感激杜威的理论为他铺垫了一个争辩的舞台，使他有机会阐述教育与生活之间的必然联系，也可以开始有力地抨击教师和学生之间存在的鸿沟”[②]。

中国当代著名教育家叶澜教授对杜威的“教育即生活”的理论有更全面的理解和诠释，她指出，杜威以“教育即生活”“教育即经验改造”“教育即生长”等方式，表达自己对教育的独特理解。但是“生活”是杜威教育学基因式的核心概念——经验在生活中形成，生长在生活中实现。因此杜威提出这个理论的目的就是从把教育主要看作人类积累的知识之传递，转换成把教育看作一种为促进创造人类未来生活的儿童之能力生长而设计和进行的“生活”[③]。

(五)进步主义的、以儿童为中心的和以经验为基础的教学方法

受杜威进步主义教学法的影响，陶行知热情地宣传能帮助教师和学生

---

① 陶行知：《生活教育》，中国陶行知研究会：《陶行知教育思想、理论和实践》，安徽教育出版社 1986 年版，第 81—82 页。

② Keenan, B. (1977). *The Dewey Experiment in China: Educational Reform and Political Power in the Early Republic*. Cambridge: Harvard University Press. pp. 92-93.

③ 叶澜：《回归突破："生命·实践"教育学论纲》，华东师范大学出版社年版 2015 年版。

个人成长的解放式教学法。他从杜威那里学到的原则是，教育不是一件讲与听讲的事情，而是一个积极的、建设性的真实生活的体验过程。并且，和杜威一样，陶行知强调学校在培养学生思维能力方面的重要性。他认识到中国教育的严重问题：传统的教学是填鸭式，而学习的主要方法是死记硬背。为了改变传统的教与学的模式，陶行知从杜威以儿童为中心的方法以及进步主义教育哲学中汲取智慧，提出了创新的教学信条，将杜威的“做中学”的原则转变为“教学做合一”。与此同时，他也把王阳明的“知是行之始，行是知之成”改为“行是知之始，知是行之成”，翻了半个筋斗，来个一百八十度的转变。他坚持实践第一的观点，创立了符合中国国情，揭示教育规律，具有中华本土特色的教育科学理论和实践①。

陶行知认为教学意味着教学生去学习，因此教学方法应该基于学习方法，而且教与学应该彼此协调。作为一名教师，在教学的过程中要不断学习；因此老师也是学生而且学生也可以是老师。陶行知在教学方法上的创新是出于他对中国传统社会里非人性化的教育的关注。他认为当时存在的中国学校是儿童的地狱，于是他决定要摧毁儿童的地狱，并创造儿童的乐园。在中国的传统中，儿童往往被贬作“二等人”，但是很少有教育家认识到需要将儿童从“成人的残酷”中解放出来。陶行知呼吁人们要尊重儿童的权利，理解儿童的需求和能力，并关注儿童的福利状况。1944 年，陶行知提出了著名的“儿童的六个解放”，与中国传统的教育思想和实践极为不同，反映出杜威和美国进步主义教育运动对他的强烈影响。

三、晓庄试验乡村师范学校的杜威实验(1927—1930)

杜威的教育理念深刻地影响了 20 世纪以来的美国乃至世界教育界。在中国，其弟子胡适、郭秉文、蒋梦麟、陈鹤琴、张伯苓等声名显赫，皆为教育界具有影响力的人物。然而，正如著名汉学家费正清所评价的，杜威的最有创造力的学生却是陶行知。

陶行知依据杜威的理论并结合中国当时的国情开展了一系列教育实验和教育改革，尤其是他创立晓庄试验乡村师范学校更是其一生事业的顶

① 汤翠英：《陶行知教育思想是教育改革前行路标》，《新报》(美国亚特兰大)，2016 年 7 月 1 日第 3 版。

点。他之所以创建这所学校,是想将其作为杜威的民主教育思想在中国的一个实际延伸点①。根据他之前开展平民教育运动的经验,陶行知认识到,尽管这些运动在一定程度上成功地提高了人民的文化水平,但是对于他和很多教育家所期望实现的社会进步,仍然是很有限和很缓慢的。由于中国还是一个以乡村农民为主的国家,他开始将注意力和精力转移到中国社会的最基层②。晓庄是南京郊区的一个贫穷农村,为陶行知提供了最理想的实验基地。最初该村庄的名字是"小庄",但是陶行知将其改为"晓庄",希望它为中国教育复兴带来一个崭新的开始,一个新的拂晓。他乐观地盼望着,"如果我们能使中国的每个村庄都过上充实的新生活,那么他们就能联合起来建立一个伟大的新中国"。

1927年3月15日,晓庄试验乡村师范学校正式成立,共有13名学生,10名教职人员,没有正规的教室,也没有正规的教学和学习实施。师生们过着最简朴的物质生活,仅有的遮蔽物是帐篷。日常事务大多由学生自己处理完成。学校的两个主要目标是:教师培训和改造乡村社会。陶行知认为教师教育的目的在于培养学员"健康的体魄、农人的身手、科学的头脑、艺术的兴趣和改革社会的精神"。此外,他还督促和要求学生与农民交朋友,积极参与晓庄的政治和社会重建活动。

这些师范生在被录取之前或是初中或是高中毕业生。所有的申请人都经过学业评估和考试,并且参加务农和木工操作水平的测试。此外,每位申请人还被要求在面试中做三分钟的演讲。入学之后,这些学员通过实际管理一所乡村小学——在晓庄学校里为当地农民的孩子建立的中心小学来学习乡村学校的管理。随着师范学校的扩张,又成立了四所用以学前教育教师培训的幼儿园,八所用以基础教育教师培训的小学和中学,还有几所为成人教育所建立的夜校。陶先生对教师教育和乡村教育的热忱和执着,在这些新建的学校里充分体现出来。

晓庄师范学校除了是培养乡村教师的先锋基地之外,还被设计为实现全国乡村社会再造的新型学校的典型。学校本身就位于乡村,成为当地改

① Sizer, N. F. (1966). John Dewey's ideas in China, 1919 to 1921. *Comparative Education Review*, 10, pp. 390-403.

② Xu, Di. (1992). *A Comparison of the Educational Ideas and Practices of John Dewey and Mao Zedong in China*. San Francisco: Mellen Research University Press.

良社会和经济活动的中心。陶行知列出了学校所面临的各种挑战:村里的所有荒地都开垦了吗?所有的荒山都种上树了吗?所有的路都修了吗?村里的每个人都能自给自足了吗?村里的政府是民有、民治、民享了吗?①学校还建立了由一名训练过的护士负责的乡村诊所。农民可以在学校接受识字教育和农业技能教育。学校还帮助乡村组织和成立了对抗土匪的"自卫队",提供军事训练。学校的学生们连劝带压地将村里的茶馆改造成了社区活动中心。这些中心禁赌、禁吸鸦片,并且成为师范生们为村民举办讲座和组织各种娱乐活动的场所。此外,学生们还参与村里的各种决策活动。例如,当出现供水问题的时候,学生们提议召开乡村会议,陶行知称其为"饮水问题教、学、做研讨会"。一位十几岁的学生主持了该会议,一帮学生以咨询委员会的身份参与,经过民主讨论和投票后形成了解决方案。在这个过程中,学生和农民都学会了通过做来解决问题②。因此晓庄师范学校不仅是一个教师培训中心,其影响已经延伸到村里的全部经济、社会和政治生活。据陶行知本人观察,学校打破了生活和课程的界限,拆除了学校和社会之间的围墙③。作为解决中国乡村教育问题和全国发展与再造的一种途径,陶行知在晓庄的实验创造性地应用了杜威的教育思想,是一个巨大的成功,也是一种出色的示范。晓庄师范学校吸引了来自全国各地的有志青年,仅仅在三年内就招生上百人。乡村本身也因学校的发展而繁荣起来,社区的生产、生活、教育、经济和安全等都得到了改善④。

总结晓庄的经验,陶行知精辟地阐述了教育与生活关系的三个历史阶段:在第一个阶段,教育是教育,生活是生活,两者分离,彼此没有联系。在第二个阶段,教育是生活,两者相互有了联系,"学校即社会"的信条诞生。在第三个阶段,"生活即教育",社会变成了学校。这个阶段代表了一种回归,直接回归到了古代,因为在那个时代,社会就是学校。然而这最后一个

---

① Tao, X. (1927b). Basic construction of China's village education. *Chinese Education*, 16(10), pp. 1-5.

② Kuhn, P. A. (1959). Tao Hsing-Chih, 1891-1946, an educational reformer. *Papers on China*, 13. Cambridge: Center for East Asian Studies, Harvard University.

③ 陶行知:《教学做合一》,中国陶行知研究会:《陶行知教育思想、理论和实践》,安徽教育出版社 1986 年版,第 49 页。

④ Xu, Di. (1992). *A Comparison of the Educational Ideas and Practices of John Dewey and Mao Zedong in China*. San Francisco: Mellen Research University Press.

阶段才是教育发展的最高阶段①。

陶行知认为杜威的"学校即社会"是第二阶段的产物,而他自己的"社会即学校"和"生活即教育"是第三阶段或者更高阶段的自然产物。实际上,杜威在1928年访问苏联之后也认识到自己理论的局限性。他在访问期间忽然发现自己的某些教育理念——尤其是教育与社会的密切关联——似乎已经在苏联全国范围内得到了实施。杜威在自己的书中谈及访问苏联的印象时,已经有些接近陶行知改造他的理念之后所提出的"生活即教育"的理论:"苏联的教育状况已经足以让人相信,只有在一个建立在合作基础上的社会里,教育改革家们才能充分实现他们的理想。"②陶行知也看到了杜威的转变:"他从俄国回来,他的主张又变了,已经不是教育即生活了……假使杜威先生在晓庄,我想他也必主张'生活即教育'的。"③

可惜的是,杜威从未有机会参观晓庄师范。但是他的美国同事,陶行知在美国的另一位导师克伯屈在1929年却有机会来到了晓庄。他被所见到的情景深深地震撼了。晓庄的教育非常生动鲜活,甚至学前的儿童都能自己管理农田,自己喂牲畜和种庄稼,在很幼小的年龄阶段就开始培养学习的兴趣。克伯屈十分理解和欣赏他的学生陶行知在中国的所作所为,正如学者们后来评价的那样,陶行知在扩大杜威影响力方面的贡献,只有克伯屈可以与其相提并论④。但是,陶行知是在当时中国极为艰难的条件下工作,因此他能如此有创意地将外国哲学家的教育理念在中国变成现实,这种卓越的贡献的确是难能可贵、无人可比的。所以他的精神也是最令人感动和经久不息的。

1930年,国民党政府认为晓庄师范学校对它们是一种威胁,于是下令

---

① 陶行知:《生活即教育》,中国陶行知研究会:《陶行知教育思想、理论和实践》,安徽教育出版社1986年版,第64页。

② Dewey, J. (1929). *Impressions of Soviet Russia and the Revolutionary World*. New York: New Republic. p. 89.

③ 陶行知:《生活即教育》,中国陶行知研究会:《陶行知教育思想、理论和实践》,安徽教育出版社1986年版,第63页。

④ Ou, T. C. (1970). Dewey's lectures and influences in China. In Jo Ann Boydston (Ed.), *Guide to the Works of John Dewey*. Carbondale and Edwardsville: Southern Illinois University Press. pp. 339-364.

将其关闭。陶行知不得不暂时逃往日本避难。返回中国之后，他在余生的十五年里，在其他地方创建了更多的教师培训项目和乡村学校。但是，晓庄师范学校始终是最贴近他内心深处的地方①，也是他最成功的教育实验。在他去世之后，他的遗嘱吩咐将所有的个人财产都捐献给晓庄。根据他的遗愿，他最终被葬在学校附近一个青翠静谧的小山坡上，让他永远安静地守望着他心爱的乡村。

四、新生后的晓庄师范：相同却又不同

1949年中华人民共和国成立之后，第一批全国教育发展项目就包括重建晓庄师范学校，其目标是改进教师教育，促进农村教育改革，实施陶行知"教学做合一"的原则。但是在20世纪50年代，当陶行知和杜威的思想作为资产阶级教育改革的典范遭受攻击的时候，晓庄师范也受到了批评，对陶行知教育原则的实施也因此收效甚微。在1966年到1976年"文化大革命"动荡期间，晓庄师范学校与中国其他教育院校一样陷入了极大的混乱与停滞。

1976年后特别是20世纪80年代初期中国向世界开放之后，晓庄师范学校在没有过多的政治与社会动荡的影响之下，迅速地发展起来。到了90年代，晓庄师范学校已经是南京市四所培养农村和城镇小学教师的主要师范院校之一。学校的2000多名师范生大多数为农村地区的初中毕业生，他们在此学习三年之后取得毕业证书，获得在小学任教的资格。当笔者在90年代参观晓庄师范学校的时候，整洁、绿化的校园，热情友好的教师和行政人员以及一群年轻、快乐、认真的师范生给我留下了深刻的印象。当时学校的组织机构和课程设置与中国其他教师培养学校似乎没有什么不同——它们都遵守着国家教育委员会制定的相同的大纲和课程。但不同的是，这里的教室和教学楼的墙壁上到处可见陶行知的照片和字迹，不断地提醒人们关注他的精神与思想。在向来访者的介绍中，不时能听到对陶行知以及其名言的引用。然而，杜威的名字和文字却很少看到或听到，除非访问者专门问起。杜威的思想究竟在多大程度上影响了晓庄师范学

① Kuhn, P. A. (1959). Tao Hsing-Chih, 1891-1946, an educational reformer. *Papers on China*, 13. Cambridge: Center for East Asian Studies, Harvard University.

校的发展,并通过晓庄师范学校的典范作用影响了中国的教师教育,似乎并不明显。为此笔者探索了晓庄师范在改革开放之后的二十几年里的主要教改历程,并在此基础上评估陶行知和杜威的教育思想对当时中国教师教育发展的影响。

在这一历史阶段中,中国最重要的国家目标是实现四个现代化——工业、农业、科技和国防现代化。教育被认为是实现四个现代化的基础,教师教育也因而被当作教育中基础的基础。自然地,中国的教育工作者将目光转向了陶行知的教育理论,因为他的理论和实践被广泛地认为是开展社会改革的一种有效方式。他们知道陶行知的理论里有直接借鉴杜威教育思想的成分,但还是可以作为很好的参考,同时他们还将晓庄师范学校当作一个活生生的教改实践的典范。为了不辜负国家殷切的期望,晓庄师范学校在 1987 年实施了一个称作"践行陶行知教师教育思想"的改革方案。

此次改革的关键点是在教师教育中实施陶行知的"教学做合一"的原则。首先,学校设立了参与决策的组织结构和实行民主管理的过程,鼓励所有的老师、教职人员和学生参与决策过程、发挥重要的作用。尽管校长仍然具有最高的行政权力,但是老师和学生也能在管理和监督学校事务中发表自己的建议和意见。其次,重新设计课程,摆脱传统的,强调课本、记忆和核心学术科目考试的中国传统教学方式。新的课程包括四个部分:(1)核心课程包括德育、学术科目、教育基础和教学法;(2)选修课(大约每周两个小时)包括美术、音乐、自然、英语、古典文学欣赏和职业技能;(3)在中心小学的教育实践中注重发展良好的实习生和导师之间的关系、专业发展和职业社会化;(4)课外活动包括专门主题的系列研讨会以及兴趣小组。晓庄师范特别鼓励学生参加课外和社会活动,这在中国当时大多数的教师培训项目中并不多见。

这一阶段晓庄师范的教学方法改革也更贴近"教学做合一"的原则。例如,教育基础课通常在中心小学开设,师范生在探索真实的教育问题的过程中、在学做职业教师的实践中学习专业知识和发展教学能力。陶行知当年选择称这些实习学校为中心学校而不是实验学校或者附属学校,因为实习基地是教师教育的中心,它们是师范学校的母亲而不是儿子①。陶行

① 陶行知:《中国师范教育建设理论》,中国陶行知研究会:《陶行知教育思想、理论和实践》,安徽教育出版社 1986 年版,第 194—195 页。

知认识到教师教育中课程和实践之间的脱节，于是他提倡并发展了基于学校实践的教师培训活动。

晓庄师范学校在20世纪末的改革中创设了培训未来教师的三个层次的实习学校网：学生能在当地100多所合作学校中观摩课堂教学并参与到部分学校的教学活动和节日活动中去，师范生可以定期在附近的18所示范小学实习，而4所中心学校(3所为新增加的)则是晓庄师范生职业发展和教育研究的主要基地。学生在学校的课程里和在中心学校的实践中，通过反思、做与行来学习教学。在某些方面，中心学校类似于美国教师教育改革家所推崇的教师职业发展学校或者教学实验和示范学校①，前提都是基于学校应该是探究教学和培养教师的中心的原则。

晓庄师范学校的另一项改革创举是开设师范生实习周。如同20世纪20年代的前辈一样，未来的教师通过实际管理学校来学习学校管理。每周都有45名到50名师范生放下自己的学生身份，到学校不同的行政岗位上去做实际的工作人员和工人——包括校长办公室、图书馆、陶行知纪念馆、食堂等等。更重要的是，他们有机会走出校门，跨入更宽广的大社会，在志愿活动和各种社会活动中开展案例学习和探究，并回到学校与全体师生一起分享他们的调研结果。仅在1987—1990年间，学生们就基于对186家工厂、农村、学校、医院和新兴私有企业等社会机构的调查撰写了267份案例研究报告。这在当时的中国是很不寻常的，因为大多数高等院校的学生还局限于在教室和学校里学习，依赖书本和以教师为中心的课堂，鲜有动手和实践活动。很明显的是，实习周增强了学生的自主性和自信心，培养了他们对自己班级和学习的主人翁意识，提高了他们服务他人的意识，促进了行政人员、教师和学生之间以及学校人员和更广泛的社会人士之间形成健康的关系。在一次对学生进行的问卷调查中，95%的学生希望能够继续实习周的活动。该项目被认为是对陶行知思想的成功实践，已经被推荐给中国其他地方的教师教育工作者。

晓庄师范学校改革的另一个特色是注重培养学生的创新精神和创造力。最初陶行知汲取了杜威进步主义的教学方法，提倡通过创造性和实际

---

① Goodlad, J. I. (1990). *Teachers for Our Nation's Schools*. San Francisco: Jossey-Bass.

生活的活动来实现“六个解放”——解放学生的头脑、双手、眼睛、嘴巴、空间和时间,这与中国传统课堂中死记硬背的学习方法完全相反,而传统的方法在中国大多数学校中仍然占主体和主导的地位。在晓庄师范学校,尽管也有以教师为中心、以课本为主的课堂教学,但是在很多时候,晓庄的教学实践为学生创造了既有趣也有启发意义的学习机会。例如,每位师范生都可以选修音乐和美术课。在实地参观中,笔者很惊奇地发现一座曾获得建筑奖的音乐教学大厅,里面的音乐器材和丰富的艺术教学活动比美国任何一所师范院校都要多。

令人印象更深刻的是,为了培养学生们遵守规范、养成正确的价值观念,特别是注重践行陶行知的“教学做合一”的原则,晓庄师范学校开展了一系列的特殊活动。例如,学校每年有四个主要节日。首先是与庆祝1927年3月15日晓庄师范学校诞生相联系的创新节,该节日鼓励学生们提交自己的创造性作品进行展示和竞赛。4月份,学校开展运动节,学生们参加各种不同的体育竞赛和活动,同时也邀请附近的儿童和老年人参加为他们专设的运动项目。每年9月10日教师节举办尊师节,学生们向老师致以亲切的问候,并为杰出教师颁奖。在10月底,学校举行金秋艺术音乐节,由学生们组织和举办各种艺术表演活动。每个节日都有一个独特的主题:创新节注重开发学生的智力和创造力,运动节关注全体师生和社区成员的体质健康,尊师节培养师生的道德情操,金秋艺术音乐节专注于发展学生的审美观和艺术才华。这四个主题与当时中国学校教育德、智、体、美全面发展的教育目标是一致的。通过这些活动,学校鼓励学生全面发展,享受学习的全过程。遗憾的是,在很多中国和美国的师范院校里,很少看到类似的活动,创新在中国学校中也是近几年才提倡的活动。

新建的晓庄师范学校和当今许多师范院校所普遍缺失的,可能是学校与更大范围的社会之间以及校内人员与校外的普通人之间的日常互动,而这正是陶行知所创办的晓庄师范学校最重要的特色。陶行知确实将学校变成了一个真实的社会,在他的学校和周围的社区之间没有隔离。新建的晓庄师范学校与中国其他师范院校一样,要遵循相同的国家教师培训课程,在设置上有与其他师范学校相似的组织和结构。尽管晓庄师范比其他很多学校更鼓励学生多接触校外的实际生活,但是在学校和社会之间仍存在着明确的界限。从外表上看,新建的晓庄师范更像是一所学校而不是一个小社会，而此种状态更接近杜威关于学校是雏形社会的思想而不是陶行知所提倡的“社会即学校”的理念。

导致新建的晓庄师范学校与更大范围社会之间的关系发生变化的一个重要因素是周围社区的城镇化。当笔者在20世纪90年代实地参观晓庄师范学校时，未能发现一个村庄，或者茶馆，也没有看见一个农民。学校的围墙和大门与中国其他师范学校在外观上并没有太大差别。但学校围墙内外的人们已经不再像从前的晓庄学校那样可以毫无间隔地来往和交流。陶行知关于“社会即学校”的思想和实践在一些农村地区更有可能存在，而那些地方的师范学校既可以是教师教育也可以是乡村变革的场所，因此会更符合晓庄师范学校最初的使命。

在改革开放之后的20世纪90年代里，晓庄师范要求所有的教师和学生都要学习陶行知的理论。在学校的图书馆里有500多本关于陶行知的书籍。学校还编写了一本名为《陶行知教育思想研究》的教材，要求每位学生研读。但是，当时的学校并没有要求学生或者教师必须阅读杜威的书籍。在学校图书馆也仅有几本杜威的著作——《民主与教育》(1916年)、《学校与社会》(1899年)与《我的教育理念》(1897年)，且均为中文译本。尽管当时图书馆里有很多教育理论书籍提及杜威的名字及著作，但学生并没有都阅读这些书籍。师范生在第三年会修一门关于陶行知教育思想的课程，其中有对陶行知与杜威的比较和简要的介绍，但重点仍是讲述陶行知如何将杜威的思想创造性、批判性地改造以适应中国的国情。因此，在这个阶段，学校仍没有期望或者要求学生阅读杜威的原著。当时笔者接触到的中国师范学校的教师和行政人员大多认为没有必要让学生阅读杜威的著作。他们指出对这些年轻的师范生来讲，杜威的理论太艰深了。仅有很少数中国学者对陶行知和杜威的思想进行比较研究。

陶行知在生前做师范教育工作时，经常使用杜威的原著为教材。他从来没有担心过坚持他认为是正确的立场的后果，而且他真诚地希望杜威的思想能够帮助中国发展教育和民主事业。他对杜威和美国民主教育思想的崇敬从未消减过，即使是在他创造性地和批判性地改造杜威的理论以适应中国国情的时候。他在去世前不久致杜威的一封信中，仍然虚心地向杜威请教有关美国教育和政治活动中的经验和教训。他视杜威为“一位中国人民最亲爱的、最理解中国人民的朋友"①。他对杜威思想矢志不渝的信仰并未得到一些中国朋友和教育家的理解和赞同。新中国成立后，中国社会在历史的沿革中发生了翻天覆地的变化，但中国的农村教育仍然存在着这样或那样的问题，中国教育改革的重点之一即是发展农村教育，而陶行知的教师教育和乡村改造的理论和实践在培训新教师和繁荣农村方面仍然具有关键性的指导作用。陶行知所创办的晓庄师范既是他教育思想的实验基地，又是全国教师教育和农村教育改革运动成功的一个象征。

新时代的南京晓庄学院是在2000年由晓庄学校、南京教育学院和南京师范专科学校合并而成立的。原校长王泽农教授是笔者在美国加州大学和加州州立大学两度合作过的访问学者，具有宽阔的国际视野和强烈的改革创新意识。他带领新一代的教育学者将学院建设成一所既有现代化教学技术和课程设置，又保留了陶行知先生光荣传统和"教学做合一"的核心理念的综合性师范大学。如今学院有两个校区和三个附校，16500多名全日制学生，1000多名教职工。走入晓庄学院的大门，陶行知的雕像迎面耸立，"教学做合一"的校训也醒目地雕刻在巨石上。学院的校风仍然是"教人求真，学做真人"，学院的校歌仍然是当年晓庄学校的《锄头舞歌》。陶行知的理论课仍然是学生喜爱的课程，不过已经从之前的必修课改为选修课，而杜威的原著导读课，虽然是选修课，也在学生中深受欢迎。笔者遇到的年轻师范生兴奋地表示，杜威的"教育无目的论"将会帮助他在今后的教学实践中注重培养学生的素质和兴趣，为学生营造一个愉快和生动的学习过程，而不是只抓应试教育帮学生去达到考上大学的功利主义的简单目的。

更为可喜的是，陶行知的教育原则不仅在晓庄学院得到了弘扬和实施，也在中国其他师范院校和中小学校里得到了宣传和尝试，形成了全国学陶的好风气，也在各方面推动了中国的教育改革。全国各地甚至一些农村和边远的少数民族地区都成立了陶研会，定期交流学陶经验。晓庄学院也成为经常举办地方性或者全国性教师教育研究与改革的会议场所。来自中国各地甚至世界各地的教育工作者频繁地参观晓庄学院和陶行知纪

① Tao, X. (1945, November 6). *A persona letter to John Dewey*. Unpublished correspondence.

念馆，为发展更为民主的、基于经验的教育实践寻求灵感。与此同时，各大师范院校也开始注意对杜威理论的学习和研究，开设杜威原著导读课，探讨其思想对中国教育改革的历史和现代意义。

晓庄学院的领导和师生们坚持学习和落实陶行知的核心教育理念。多年来，他们坚持定向培养乡村教师，创建“顶岗实习”项目，安排学生到农村学校和少数民族学校去顶岗工作，重现陶行知所倡导的在学校管理中学会管理学校的教育模式。晓庄学院还传承了陶行知创建的“小先生制”，安排大二和大三的学生参与技能训练营，帮助和辅导大一的学生提高技能，实施陶行知“教学做合一”和教学相长的教育思想。

五、结论与思考

今天的晓庄学院仍坚持在各种教学活动和社会实践中实施陶行知的“教学做合一”原则，也积极地安排和指导学生研习杜威的教育思想。陶行知之前创办的晓庄师范学校将更宽广的社会和乡村作为学校，而如今的晓庄学院更像是杜威所提倡的雏形社会，尤为体现在“顶岗实习”和“小先生制”的活动中。杜威的“教育即生活”和“做中学”的理念已经通过陶行知的教育思想移植在晓庄校园和中国师范教育中。陶行知生前将杜威敬为导师、爱如友人，并尊为民主事业的勇敢斗士。因此，陶行知一生毫无保留地在中国的教师教育和农村教育的改革中勇敢地、有创造性地宣扬和实施杜威的教育理论。

尽管有一些不可避免的局限性，但如今的晓庄学院已经成为中国发展民主的、基于经验的、以儿童为中心和以社区为大课堂的教育基地。建校90年来，学校为社会培养和输送了10多万名基础教育师资和各类专门人才，其中涌现出数百名中小学特级教师和教学名师，被誉为“中小学教师的摇篮”。晓庄的师范生将永远遵循陶行知的教导，继续弘扬行知精神，而杜威的教育思想也将继续在中国的教师教育中以不同的形式出现和繁荣。无论成败，晓庄师范学校的经验都已经并将继续为全世界的教育工作者和研究杜威的学者带来启发和裨益。

中国的教育学者对杜威的名字和主要著作已经很熟悉，杜威的著作也不断地出版和再版，包括他在中国做过的演讲报告。中国的很多大学生都知道杜威的名字。但是陶行知的名字和事迹在美国却鲜为人知，只有几位华裔学者和美国的一些汉学家做过几篇博士学位论文和研究报告,远不如日本研陶学者认真、执着,有更客观的分析和创新的结论①。值得庆贺的是,陶行知的半身铜像已经在2016年初入座美国哥伦比亚大学的东亚图书馆,哥伦比亚大学的教师教育学院如今也聚集了更多的中国学者和学生,建立了中国教育研究中心。相信他们和在美国的其他中国学者一定会将陶行知的事迹和名字介绍给更多的美国教育工作者。哥伦比亚大学教授大卫·汉森已经将陶行知列为"世界十大教育思想家"之一②,但是在美国大学的教育学院和师范教育课程中,并没有任何对陶行知教育思想的学习与实践。随着中国基础教育在国际测试中越来越高的地位和中美教育和文化交流的进一步深化,可以期待美国的教育学者终将会关注到中国的教育思想、教育理论和教育实践,并从中汲取有益的经验。

陶行知的教育理论和实践在应试教育盛行的今天具有重大的现实意义,仍然是中国教育改革的一盏指路明灯。同时,笔者在最近几年遇到的中国学者都认为,新时期的中国教育发展与课程改革很需要杜威的以儿童为中心以及以批判性思维和经验为基础的办学模式,因为中国于2010年正式推出的《国家中长期教育改革和发展规划纲要(2010—2020年)》,承诺让中国所有的学生获得优质和平等的教育,为每一个学生提供素质教育,建立一个更加人性化的教育模式,更多地强调学生的兴趣和潜能,并在中国教育史上首次提出了帮助个人追求自由、幸福和解放的目标。这正是杜威和陶行知所希望实现的民主主义教育的理想。

近年来,中国当代著名教育家、华东师范大学的叶澜教授和她的同事们创建了有中国特色的"生命·实践"教育学,其核心是尊重学生和教师的生命价值,并在学校学习和终身教育的社会实践中发展他们的潜力和体现他们的生命价值,通过自明、自得、自立、自强、自持、自勉,最终达到自由和自在的理想境界③。在这套崭新的教育理论和实践中,不难看到杜威和陶

---

① 刘大伟、杜京容:《海外陶行知研究述评:一种知识社会学的视角》,《教育研究与实验》2015年第2期,第19页。

② Hansen, D. (2007). *Ethical visions of education: philosophies in practice*. New York: Teachers College Press.

③ 叶澜:《回归突破:"生命·实践"教育学论纲》,华东师范大学出版社2015年版,第86页。

行知思想的影子和影响。综上所述，杜威的以儿童为中心和以经验为基础的进步主义教育理论是对历史上传统教育理论的批判、超越和重建，并激励着他的追随者们和学生们在世界各地应用和实施他的理论，至今仍然有很大的号召力和吸引力，而陶行知的教育生涯和实践，特别是他创办的晓庄师范，正是中国学者创造性地应用杜威教育思想的最好典范。

笔者在美国教育研究学会AERA杜威学会论坛上首次宣读这篇论文的英文初稿，并在哥伦比亚大学的《教师教育杂志》(*Teachers College Record*)上发表了英文的定稿。文章所引用的杜威在1944年给陶行知写的亲笔信因此第一次受到美国杜威学者的关注，其影印件也通过笔者的联系和南京陶行知纪念馆的同意之后，被美国最权威的杜威研究中心收藏在库。笔者在为本文做采访和调研期间，得到南京晓庄学院老院长王泽农教授和晓庄学院教师教育学院院长曹慧英教授的大力帮助和支持，并受到南京陶行知纪念馆老馆长辛国俊、汤翠英和现任馆长王向友教授的热情接待；在撰写和修改论文的中文稿时，请丁晓娜、周晓红和卢爱蓉三位访问学者帮忙翻译，矫正和查阅相关资料，在此对各位学者表示衷心的感谢。

（苏智欣系加州州立大学教育学院教授，博士。）

陶行知思想对日本教育学界影响之考察

梁忠铭

一、前言

本研究拟透过文献分析，其主旨在于试图从日本学界对陶行知研究的发展与成果之中，解析陶行知教育思想对日本教育理论是否有所影响。诸知1919年2月杜威先生贤伉俪访问日本之后接受中国学术界邀请，4月下旬转往中国参访，正好碰上了五四运动，感受到中国社会将会有一番“求知的觉醒”，从此在中国滞留了2年2个月，并在中国11个省从事演讲活动①。透过杂志和新闻媒体的报道，杜威的思想和教育理论广为人知。当时其“教育即生活”“学校即社会”之说，已成为中国教育界的一个口号，也促进了平民教育的兴盛、儿童个别指导的重视以及教学方法的改革，促使平民教育运动逐渐由都市移转至农村，并由陶行知开始进行农村教育实践。陶氏1926年投入晓庄学校，从事生活教育教学，开启教育实践②；并于1931—1936年提倡工学团运动，主张手脑并用，培养抗日力量；1939年设立育才学校，培育抗战建国人才等③。

日本学界对陶行知的研究，在中国本土实际上已经掌握得相当完整，如在中国陶行知研究会网站上所呈现的相关研究成果，特别是2015年由北京师范大学出版社出版、周洪宇主编的《全球视野下的陶行知研究》套书，“根据重要性、典型性、全面性等原则，在设计编排上按照研究者及其成果所属的国度和地区分为八卷，每卷既包括陶行知的思想理论研究，又含

---

① [日]川尻文彦:《陶行知とデューイの訪中—民國初期中國教育史の一側面》,森時彦编:《20世紀中國の社會システム:京都大學人文科學研究所附属現代中國研究センター研究報告書》,2009年版,第433页。

② 宋树生:《近代中國における新教育運動の都市から農村への拡大——陶行知の「暁荘學校」の教育實践を例に》,《都市文化研究》第1号,2003年版,第69页。

③ [日]牧野笃:《陶行知教育思想の基底——金陵大學時代・王陽明思想の解釈と吸収》,《教育学研究》第56卷NO2,1989年版,第19—29页。

有实践改革探讨；既有宏观的论述，也有中观、微观的分析；既有抽象的研究，也有具体的考察”①。其中与本论有直接关系的论述如下：“日本对陶行知教育思想的创造性再生：在20世纪30年代初至40年代中叶，日本为了使外国教育思想实现本土化，一些研究者学习陶行知把杜威的教育理论，成功的本土化改造；于是有一批学者，开始研究陶行知的教育思想，并创造性的再生了陶行知的教育思想，取得了丰硕的成果。”早期的主要代表人物有牧泽伊平、户冢廉、村田孜郎、中保与作、国分一太郎、海后宗臣。

二战后日本对陶行知的研究，以斋藤秋男最为杰出，也最专注，这可从文献很清楚的显现。诚如周洪宇在《全球视野下的陶行知研究》的总序中所指出的“斋藤秋男开创了陶行知研究的基本框架：以陶行知教育理论和实践为研究中心，以三个相互关联的研究课题为主攻方向，以‘民族土壤的回归’为核心命题，将陶行知视为‘杜威的学生’，把他的思想发展作为‘跟老师杜威的学说、理论的格斗过程’来把握，认为在陶行知的思想里，对杜威理论的接受与克服不是毫无媒介地直接相连起来，而是以‘民族土壤’这种中国行知的东西为媒介相连起来。可以看出，斋藤秋男的陶行知研究，思路新颖，见解独到，具有比较浓厚的理论色彩，确已形成一个‘斋藤模式’。20世纪80年代初至今……一批优秀的中青年研究者脱颖而出，牧野笃便是其中的佼佼者之一。此外，20世纪90年代以来还有活跃在日本学术界的中野光、世良正浩、长谷川和华人学者张国生、李燕等人”②。“日本的陶行知教育思想的创造性再生的成果是中国之外最为丰硕的，也是最深入、最系统的。”另外，陕西师范大学教育科学学院蒋秀梅的《陶行知教育思想在日本》之研究，主要对日本斋藤秋男和牧野笃两位学者对陶行知的研究进行介绍。

但是，本论目的在针对日本国对于陶行知之相关研究结果加以探讨。探讨的内容也以1945年以后日文的研究著作（国籍不限）为主。因此，主要的文献数据源锁定在日本国立国会图书馆（http://www.ndl.go.jp/），有关于陶行知的相关研究著作273笔；Weblio检索系统（http://www.

① 周洪宇：《总序：找寻指引教育走向美好未来的明灯》，周洪宇丛书主编，刘来兵本卷主编：《全球视野下的陶行知研究》第1卷，北京师范大学出版社2015年版，第4—5页。

② 周洪宇《总序：找寻指引教育走向美好未来的明灯》，周洪宇丛书主编，刘来兵本卷主编：《全球视野下的陶行知研究》第1卷，北京师范大学出版社2015年版，第6—7页。

weblio. jp/info/about_weblio. jsp)，有关于陶行知的研究资料 98 笔；日本的 CiNii 学术信息检索系统(http://ci. nii. ac. jp/)，有关于陶行知的研究资料 81 笔；以及日本网页搜寻软件检索和陶行知相关之数据。然后剔除重复和非日语研究资料加以探讨，尝试找出不同的视野，以供各界先贤参考。

二、王阳明与杜威

日本从明治维新开始(1868 年)以来，对于中国的学说人物，已经甚少有所推崇。特别是教育学门领域，更是完全倾向欧美学说。陶行知的教育学说能受到日本学界的青睐，自有其因缘际会与时代背景因素。

日本自古就受到中华文化的密切影响，对中华传统文化和经典一点都不陌生。特别是江户时代初期(1615 年)左右开始至 1730 年为止，朱子学和阳明学正在盛行。阳明学传到日本是在江户时代以后，在日本史上留下巨大足迹。其更是影响明治维新思想的原动力。明治期间透过三宅雪岭(1860—1945)出版《王阳明》的传记，明显的彰显阳明学。同时，透过阳明学发展日本国民道德的基础作为诉求之杂志《阳明学》，当时还有数个类似《阳明学》的杂志陆续创刊。因此，阳明学在日本明治以后急速发展。阳明学影响所至，日本的大盐之乱(1637—1638)的代表大盐平八郎(1793—1837)，幕府末期培育倒幕运动维新的有志之士吉田松阴(1830—1859)，也以阳明学者自称。

虽然，明治维新以来尊崇洋风，西方文明的思潮替代传统的国风与中国儒家道德思想，日本在思想上迅速地将西洋文化融入其思想体系之内，将传统的“和魂汉才”之说转换成“和魂洋才”之论。“和魂洋才”与中国之“中体西用”论之间，或许可认定有若干的共通性，即是在因应欧美列强势力的策略上，概都承认西洋在科学与技术上较为优秀，但在精神文化或道德上，尚必须坚持本国较为优秀的想法①。但“和魂洋才”之说与中国“中体西用”论的最大不同之处，在于日本“和魂洋才”之说能切实吸收西学之精髓，除传统之迂腐，扬传统之精华。而中国“中体西用”论，虽然强调以新学

① 由井常彦、J・ヒルシュマイヤー：《日本の経営發展－近代化と企業経営》，(日本)东洋经济新报社 1977 年版，第 98 页。

为用，但其根本仍然是以旧学为体，不能改传统中学之旧，除传统之迂腐，扬传统之精华，也就是不能增新替旧①，达到文化革新、社会改革的目的。

无论如何，日本明治维新只经过了不到27年就把清帝国给打败了，还赢得割地赔款。就是在这个甲午中日战争以后，情形翻转过来，明治日本受到清末中国知识人的注目，在中国本土已经式微的阳明学，也因为日本的强盛，突然又被注意到。明治期间从中国去日本的留学生持续增加，这些留学生也感受到日本明治期的阳明学热，使得阳明学在中国再度受到注目，可以说当时中国的阳明学热是从日本回传而来的。

1910年，陶行知先生考入南京的金陵大学，在校期间，他开始研究王阳明的《传习录》，信奉“知行合一”。他还将自己的笔名取为“陶知行”，目的就是发愤求知。陶行知先生在他的大学毕业论文《共和精义》中写道，“人民贫，非教育莫与富之；人民愚，非教育莫与智之；党见，非教育不除；精忠，非教育不出”，这其实就是陶行知先生对他所信奉的“知行合一”在教育上的表达。因此可以说，正是由于陶行知先生认识了“知行合一”，认识了教育的功能，他才走上了教育之路。1914年秋，陶行知先生自费赴美留学。在此期间，他师事美国教育家杜威。杜威教育思想的基础是实用主义哲学。范金豹在《陶行知先生的多次易名》中写道：“实用主义哲学属于‘行动的哲学’，重视行。”王阳明的哲学与杜威的实用主义哲学同中有异。王阳明先生讲：“知是行之始，行是知之成。”杜威对知行关系论述之后讲“从做中学”，“从做中学”强调做是学的起点，即“先行后知”，这点是王学与杜威之学的不同之处，可他们都注重“知行合一”。由于曾师从杜威先生，所以此时的陶氏对“知行合一”又多了一层认识。1917年，陶氏留美归国之后积极从事教育实践活动②，算是身体力行其“行是知之始，知是行之成”之主张。但是，1919年4月杜威在中国掀起狂澜的风潮之时，陶氏却主张对于杜威的教育理论应采取慎重的态度。实际上，检视陶氏一生的论述，似乎也找不到其对杜威教育理论有系统性的研究成果③。

---

① 周洪宇、董宝良：《中国近现代教育思潮与流派》，人民教育出版社1997年版，第50页。

② 游青明：《“知行合一”与陶行知的生活教育理论》，《改革与开放》2012年第24期，第196页。

③ ［日］世良正浩：《暁荘實驗學校における陶行知生活教育論の形成とその實践の検討》，《東京大学教育学部紀要》第19卷，1979年版，第137—146页。

对于长期信奉王阳明学说的日本学界来说，陶行知的主张不仅带给日本学界一些刺激，或许也带给日本一些启示。因为陶氏不仅修正其师杜威的主张“教育即生活”“学校即社会”之论，还挑战长久以来备受推崇的王阳明先生的“知是行之始，行是知之成”之说，不啻又给日本学界来一记回马枪，应该会让日本学界发生一些省思。

三、陶行知与日本的融点

(一)亡命日本

1930年4月8日，发生在南京下关英国资本的工厂罢工事件，当时有学生的参与，被认为与南京晓庄师范的师生与左派、共产党有关，被当局定性为“特等事件”。同时，晓庄师范创办人陶行知与冯玉祥私交甚笃，此时正在跟冯玉祥打内战的蒋介石认定，这是响应冯玉祥的反蒋行动。于是，他一怒之下下令晓庄学校解散、通缉校长陶行知。1930年冬，陶氏从上海逃亡至日本，到1931年春为止，陶行知为躲避蒋氏政权追缉亡命日本约一整年。有关陶氏在日时期的行动与其进行史料发掘的过程有很多不清楚的地方。但是，陶行知对于当时大正自由主义教育的风潮发展，东京近郊的池袋推展“儿童之村”运动非常关心，并曾尝试透过管道去接触①。

陶行知返国后曾数度提及日本“儿童之村”，“儿童之村”的实验对陶行知应该产生了某种的影响是容易想象的。同时，在日本的“儿童之村”，以户冢廉等人为中心创办了校刊《生活学校》，对于陶行知的教育实践，也在校刊上介绍给日本学界和读者。特别是户冢的同僚牧泽伊平，热心介绍陶行知的教育思想。牧泽在《生活学校》的创刊号上撰文盛赞陶行知开创的工学团运动，说明这对教育经费很少的中国来说是最恰当的一种教育形式。另外，对陶行知竭力推广的小先生运动也做了详细报道，赞叹这是一种即知即传的新式知识传授方式的尝试。《生活学校》创刊号寄到中国后，工学团团长陶行知把包括《乌鸦》在内的新童话童谣和《中国教育改造》回寄给日本“儿童之村”，并在封底上亲笔写着“送给生活学校小朋友”。尔后《生活学校》校刊持续介绍陶行知在中国所做的教育实践给日本的读者，直

---

① [日]牧野笃:《陶行知教育思想の基底—金陵大學時代・王陽明思想の解釈と吸収》,《教育学研究》第56卷第2号,1989年版,第19页。

到抗战时期为止。对于当时日本的教育界来说，这是了解中国教育的实际情形非常贵重的资料；同时，在中日教育文化交流史上，也提供了贵重的数据。战后户冢坚持介绍陶行知的思想，念念不忘陶的生活教育。回到家乡静冈县后，户冢氏又发行了《乡土新闻》和《亲子新闻》，一有机会就介绍陶行知。可想而知，陶行知在日本教育学界持续保有一些知名度。

（二）日本战后省思

1945年8月15日，日本天皇透过广播电台，宣布战争终结的诏书，接受无条件投降。8月28日，联合国军总司令部先期在横滨设立本部，开始了对日本的控制。9月9日，麦克阿瑟元帅发表了主要内容为对日本的管理方式采取间接统治与扶助自由主义方针的声明，并于10月提出《对日本教育制度的管理政策》，提示了教育课程、内容的基本路线，禁止军国主义及极端国家主义的意识形态的泛滥，废止所有军事教育的学科及训练，鼓励基本人权的教育、准备新的国民教育等构想。1947年以后，在CIE（Civil Information and Education Section，民间信息教育局）的强力指导之下，日本实质上是接受美国的改造，在形式上接受美国标榜的民主主义精神的教育理念①。而当时代表美国的教育学说为实用主义，其最具代表的学者即为杜威。杜威曾在1919年2月9日到日本演讲，当时住在东京女子大学校长新渡户稻造的设施里。杜威在1919年2月25日至3月21日在东京帝国大学进行的八次讲演，在当时的日本社会和教育界引发极大的关注，产生了很深的影响。实际上受到杜威学说影响的知名学者众多。如心理学者元良勇次郎，哲学者田中王堂（1868—1932）、帆足理一郎（1881—1963）、鹤见俊辅（1922—2015），玉川学园小原国芳（1887—1977），京都大学教授鲹阪二夫（1909—2005），东京大学教授梅根悟（1903—1980）等。因此，同样是杜威的学生陶行知，在日本学界自然也有了一层同门师兄弟的关系。前文提及陶氏曾在1914年渡美，亦曾师事当时倡议实用主义的杜威；加上1930年曾经亡命日本，历经日本新自由主义教育的风潮体验后返国；1932年成立生活教育社及设立山海工学团，致力于生活教育的宣传主张“生活即教育”“社会即学校”“教学做合一”的理念，与杜威的教育理念与日本新自由主义教育思潮的主张呼应。陶氏所主张的“社会即

---

① ［日］堀松武一：《日本教育史》，（日本）国土社1985年版，第132页。

学校”来源虽是杜威的“学校即社会”，是在对杜威教育思想省思的基础上得出的，但是同时也修正了杜威的主张，符合当时日本学界被强国压抑的感受。

陶氏在日本全面侵华之前的1935年，在中国共产党“八一宣言”的感召下，积极投身抗日救亡运动。一二·九运动后，他与宋庆龄、马相伯、沈钧儒、胡愈之、邹韬奋、李公朴等发起组织上海文化界救国会。1936年初，国难教育社成立，陶行知被推为社长，拟订《国难教育方案》，把生活教育和民族民主革命斗争结合起来。1936年5月，他当选为全国各界救国联合会执委和常委，与沈钧儒、章乃器、邹韬奋等联名发表《团结御侮》的宣言，主张停止内战，共同抗日。抗日战争开始以后，1936年7月，陶行知受救国会派遣，出访欧、美、亚、非29个国家，宣传抗日救国①，介绍中国大众教育运动，在布鲁塞尔参加世界和平大会，并当选为中国执行委员。其间当得悉沈钧儒等“七君子”被捕的消息，他十分气愤，立即联络杜威、爱因斯坦、罗素等世界著名人士联名通电蒋介石，营救“七君子”。

陶行知当时也提出武力抵抗帝国主义侵略的思想。在战争开始以后，日本的军部和媒体都很关注陶行知的抗战救国活动。日本媒体对他有过不少报道，对他在抗战中发挥的重要作用有非常准确的认识，比如把他视为与抗日“七君子”(沈钧儒、章乃器、邹韬奋、史良、李公朴、王造时、沙千里)一样重要的人物(实际上陶氏当时也是全国各界救国联合会执行委员之一)，同时也视其为对中国的民族解放有所贡献的教育家。陶行知也有对日本加害责任的追究，并在追究日本加害中国的责任的过程之中再度受到注目。战后日本在美国主导改造之下，期望建设民主、文明的新国家。这就需要在追求和平、民主和人权等普世价值的战后教育理念的基础上，重新挖掘“民族”的契机，克服“欧洲对亚洲”这个价值秩序。而要重新审视这段历史，人生经历跟日本现代重大变革交叉极多，同时又认真思考过现代性问题，尤其是中国现代教育思想的陶行知，符合日本期待人选。日本学界对于陶氏的人格相貌、思想构造等等，从各种视点重新探讨陶氏在中国近代教育存在的意义再度浮现，陶氏成了斋藤秋男与牧野笃的不二人选

① [日]沟口贞彦:《陶行知論争》,《東京大学教育学部紀要》第16卷,1977年版,第319—328页。

研究对象。

四、日本学界对陶行知的研究成果展现

前文提及本论透过从日本的 CiNii 学术信息检索系统和日本国立国会图书馆检索系统，加上 Weblio 文献检索等网页检索知文献，以及网络搜寻软件，进行“陶行知”关键词检索。经过筛选剔除重复(包括再版再刷、非日文)以及补足其他文献和资料，归纳出的结果显示共有 74 笔数据符合本研究之数据，归纳如表 1。

表 1　日本学界对陶氏研究的成果(依年代排序)

No.	著者/出版日期/标题(研究主题)
1	赤津益造(1950-01). 中國人民教育の師・陶行知先生。
2	斎藤秋男著　刀江书院(1951). 陶行知:新中國教師の父。
3	斎藤秋男(1953-10-11). 陶行知——その人と思想。
4	斎藤秋男(1954). 陶行知の生活教育理論についての考察。
5	教育史研究会编(1956). 教育史上における人物研究－陶行知(1891－1946). 教育史研究第 2 卷第 2 号,东洋馆出版社。
6	平凡社(1962). 中國現代文學選集　第 19(詩・民謡集).
7	斎藤秋男(1968). 評伝　陶行知—政治的抒情詩人の生涯,劲草书房。
8	斎藤秋男译/陶行知著　明治图书(1969). 世界教育學選集 15:民族解放の教育。
9	平凡社(1972). 中國の革命と文學 12。
10	斎藤秋男(1976－04). 陶行知の教育事業と中國共産党——1975 年夏・北京での聴き書きノートから。
11	世良正浩(1979). 暁荘實験學校における陶行知生活教育論の形成とその實践の検討。
12	斎藤秋男(1980－12). 陶行知「生活教育」論の再検討－4－中國革命と“兒童の発見”。
13	斎藤秋男(1980－09). 陶行知「生活教育」論の再検討－1－暁荘師範開設のあとさき。
14	斎藤秋男(1980－10). 陶行知「生活教育」論の再検討－2－「生活教育」から「民主教育」へ。

续表

No.	著者/出版日期/标题(研究主题)
15	斋藤秋男(1980－11).陶行知「生活教育」論の再検討－3－新安旅行團の"小先生"たち。
16	斋藤秋男(1981－07).《救國時報》と陶行知・鄒韜奮——"救亡＝救國"運動研究のために－2－。
17	斋藤秋男(1982－06).陶行知への旅——1981年・"生誕90周年"に際して〔含文献一覧〕。
18	斋藤秋男　著　明治图书出版(1983).陶行知生活教育理論の形成。
19	牧野笃(1983).陶行知「工學團」運動に關する共同体論的一考察。
20	霞山会(1984).「陶行知・晏陽初平民教育運動、『東亜』特集1米中教育交流の歴史過程」。
21	斋藤秋男(1984－09)."陶行知・年譜"考。
22	京都大学人文科学研究所〔编〕同朋舎出版(1985).五四運動の研究:京都大學人文科學研究所共同研究報告第3函。
23	世良正浩(1985).陶行知と第一次全國教育會議(1928年):中國の近代における國民教育思想の形成とその構造,日本教育学会大会研究発表。
24	牧野笃(1985).陶行知「工學團」の集團論。
25	斋藤秋男(1986－09)."陶行知・年譜"考－続－「陶行知全集」完結および朱沢甫・编著「陶行知年譜」について。
26	斋藤秋男(1987－02).大眾詩人・陶行知の生と死——旧著「評伝・陶行知」の補訂を兼ねて。
27	斋藤秋男「ほか」編　明石書店(1988).教育のなかの民族:日本と中國。
28	北村勝朗(1988－12).解放前中國における兒童解放の論理——陶行知の生活教育論を手がかりに。
29	青柳纯一(1989－01).國共内戰期における社會大學運動——重慶・政協會議時期の陶行知,李公樸との關連で。
30	北村勝朗(1989－12).陶行知教育實践における子どもの「自発」の問題——育才學校の展開から。
31	牧野笃(1989－06).陶行知教育思想の基底——金陵大學時代・王陽明思想の解釈と吸収。
32	牧野笃(1989－11).陶行知と日本。

续表

No.	著者/出版日期/标题(研究主题)
33	牧野笃(1989).「陶行知幼少年期の行動と教養」,现代中国学会纪要『现代中国』第63号,1989年6月(掲載決定)。
34	李燕(1989).陶行知の思想における「生活即教育」「社會即學校」,教育学研究年报 no.8 p.17－29。
35	世良正浩(1990－03).中國近代思想における平等と自由に關する一考察——陶行知述「平等と自由」の分析を中心として。
36	牧野笃(1990－10).陶行知アメリカ留學時代の學習と生活に關する若干の考察。
37	斋藤秋男(1991－12).<陶行知・現地研究>の旅・その節目に——'91年10月・陶誕辰100周年記念活動の参加報告。
38	牧野笃[著](1992).陶行知「生活教育」思想研究。
39	牧野笃著　日本図書センター(1993).中國近代教育の思想的展開と特質:陶行知「生活教育」思想の研究。
40	李燕(1993－06).陶行知の生活教育における芸術－1－歌,童話,劇の代表作を通して。
41	横山宏(1994－04).「中國近代教育の思想的展開と特質——陶行知『生活教育』思想の研究」牧野篤－－アジア教育研究の礎石として。
42	李燕(1994).陶行知の生活教育における芸術(2)新教育一般における陶行知の芸術教育の位置づけ。
43	斋藤秋男(1996－02).陶行知研究・上海集會参加の旅から帰って——1995年秋・呉淞地区のあけくれ。
44	张国生(1996－03).中國両國近代教育思潮の考察——陶行知と柳田國男の場合
45	牧野笃(1996).「共和國民」の創造——陶行知「平民教育」運動の思想的特徴と行動。
46	沟口贞彦(1977).陶行知论争。东京大学教育学部纪要。16卷,p。319－328。
47	石川啓二(1998).陶行知の教育思想と實践(1)平民教育から郷村教育へ。
48	石川啓二(1999－12).陶行知の教育思想と實践(2)暁荘師範に於ける郷村教育の實践とその理論的深化。
49	小林善文(2000－09).陶行知の人口論。

续表

No.	著者/出版日期/标题(研究主题)
50	石川啓二(2000—03).陶行知の教育思想と實践(3)工學團運動を中心に。
51	陈淑敏(2001).デューイ教育學における學校論についての考察——仕事論を手がかりに。关西教育学会纪要/关西教育学会编(通号 25)
52	陈淑敏(2002).暁荘試験師範學校における陶行知の生活教育理論の展開についての考察。
53	陈淑敏(2002).陶行知の生活教育理論についての考察。
54	李燕(2002—03).陶行知の生活教育における芸術(3)彼の民主的・大眾的・科學的・創造的「芸術性格」について。
55	宋树生(2003—03—25).近代中國における新教育運動の都市から農村への拡大——陶行知の「暁荘學校」の教育實践を例に。
56	陈淑敏(2003).「工學團」時期における陶行知の「小先生制」についての考察。
57	陈淑敏(2003).陶行知の生活教育理論についての考察——育才學校における實践を手がかりに。
58	李燕(2004—03).現代中國の「陶行知學校」。
59	阿部洋 监修 佐藤尚子,荫山雅博,一见真理子,桥本学编.日本図書センター(2005),中國近現代教育文献資料集第 6 卷。
60	小林善文(2005—11).方与厳の教育思想——陶行知教育思想との比較を中心に—。
61	李燕(2005—03).現代中國の「陶行知研究」。
62	斎藤秋男著(2005).新中國教師の父・陶行知,中國近現代教育文献資料集/佐藤尚子[ほか]編集東京:日本図書センター
63	李燕著 東信堂(2006).陶行知の芸術教育論:生活教育と芸術との結合。
64	潘静(2006).陶行知における郷村幼稚園の創設とその實践。
65	Han Wu(2009—10).陶行知におけるデューイ理論の受容と展開(1)異文化間相互作用の視点から。
66	川尻文彦(2009).「杜威来华与“五四”之后的教育界:以陶行知的杜威思想受容为中心」社会科学研究。
67	川尻文彦(2009).陶行知とデューイの訪中—民國初期中國教育史の一側面,载于森时彦编京都大学人文 2009 科学研究所(2009)。
68	野村浩一[ほか]編 岩波書店(2011).新編原典中國近代思想史第 7 卷。

续表

No.	著者/出版日期/标题(研究主题)
69	张鹏(2012).陶行知の創造性教育實践に關する考察:現代中國における位置づけについて。
70	张鹏(2013).中國における陶行知研究の歷史と動向に關する考察。
71	铃木明哲　崎田嘉寛　中村哲夫(2013).中國の体育におけるC。H。マックロイの功績と貢献:陶行知との接点を手がかりに。
72	赵景达,原田敬一,村田雄二郎,安田常雄编　有志舎(2014).講座東アジアの知識人　第4卷。
73	但继红(2014-03).近代中國における「知行合一」(1)教育者陶行知の「知行合一」論とその實践。
74	但继红(2015-03).近代中國における「知行合一」(2)陶行知の生活教育論とその實践例。

数据来源　本表由笔者自行整理而成。

从表1可明显地看出几个重要信息及发展趋势。日本学界对于陶氏的研究,从1950年已经开始进行。首先是经由曾任日中友好协会(正统)中央本部常任理事/中国人俘虏殉难者慰灵实行委员会的赤津益造发表《中国人民教育の师・陶行知先生》,接着最主要的就是经由当时在日本东洋大学任助教授的斋藤秋男(1917—2000)的研究成果,介绍到日本学界。斋藤教授曾在1945—1950年间任职于日本"中国研究所(社团法人)",此研究所是战后日本最早设立的专门研究中国的研究机关。从文献显示1951年至1983年30多年之间,日本对陶氏的研究几乎由斋藤教授一个人独挑大梁。他从1951年开始发表其第一本专著《陶行知:新中國教師の父》(刀江书院)以来,持续数十年对陶氏进行研究,发表著述。其间只有世良正浩现任职明治学院大学文学部教授在1979年发表《曉莊實驗學における陶行知生活教育論の形成とその實践の検討》一篇论文。世良氏的研究成果,在研究者的分析认为,是具有重大意义的。因为当时世良氏是东京大学教育学研究所的研究生。也就是说,经过斋藤教授20多年间的对于陶氏的介绍,日本最高学府东京大学教育研究所,已经注意到陶氏学说的存在,而且已经有研究生开始对陶氏进行研究,并有研究成果呈现,直至1983年出现第三位研究陶氏的学者牧野笃的出现并发表其研究成果《陶行知“工学团”运动に关する共同体论的一考察》。牧野氏的出现，更说明了陶氏学说在日本学界的发展成果。牧野氏在日本名古屋大学研究所，离东京有数百公里远，在学术界属于另一个地区。换句话说，经过斋藤教授30余年对于陶氏学说的研究，其成果已经跨越关东地区（东京），延展至关西地区（大阪/京都），让日本教育学界有普遍性的认识。牧野笃教授生于1960年，据说大学三年级就开始对陶行知感兴趣，好像师事过日本以研究陶行知著称的学者、已故专修大学名誉教授斋藤秋男。牧野教授于就读名古屋大学研究所博士课程期间（笔者推测在1982—1988年），途中1985—1987年到南京大学留学。在南京大学留学期间，他进行田野调查，广泛收集陶行知的相关资料，据说采访了很多陶行知的门生故旧，对陶行知的一生和思想有深入的了解，在此基础上完成博士学位论文。同时，牧野氏从1989年之后开始承续斋藤教授，成为日本研究陶行知的接班人，并持续发表了一连串的研究成果。其中包括两本重要的专书和数篇期刊论文。但是，值得注意的是，自1992年连续出版了两本专著之后，牧野氏对陶氏的研究似乎进入休眠状态，只在1996年发表了一篇论文《“共和國民”の創造——陶行知“平民教育”運動の思想的特徵と行動》。但是，日本从1993年之后对于陶行知的研究，呈现出多人多样的研究取向，除了日本本土的多位学者之外，也出现华人学者，先有李燕，后有陈淑敏的研究成果都有不错的表现，最近有但继红等人的实践研究，也算是开拓的新的研究取向。此外还有宋树生、潘静、张鹏、Han Wu等人的研究成果。

五、结论

本论试从日本学界对陶行知研究的发展与成果之中，解析陶行知思想对日本教育学界的影响，研究结果归纳为如下三个方面：

从斋藤秋男与牧野笃的研究可以印证到日本大正自由教育运动期间及前后，已有日本的教育家关注陶行知的生活教育思想。例如，在20世纪20年代开始至30年代前半期，欧美的新教育运动也传达到日本，并掀起一股风潮，被称为“教育改造运动·新教育运动”。这使得当时划一的教育模式开始转变，开始提倡以孩童为中心，给孩子关心，让孩子感动。1930年陶氏逃亡日本后，其声名应该广为日本学界所知。透过日本学界友人，如户冢氏与其同僚牧泽伊平先生，热心介绍陶行知的教育思想，陶氏之生活教育平民教育与工学团的集团教育论之理论，日本学界应有深入的理解，多少对于日本当时提倡的新教育理论应有所启发。由于时间的限制与文献的欠缺，本论不及论述。但此点正如2015年周洪宇教授主编的《全球视野下的陶行知研究》套书中已有论述“20世纪30年代初至40年代中叶，日本为了使外国教育思想实现本土化，一些研究者学习陶行知把‘杜威的教育理论’成功地本土化改造，于是，一批学者开始研究陶行知的教育思想”。

陶氏对于“社会即学校”之说，对于日本生涯学习的理论，应有所启示作用。日本学者从20世纪80年代中叶开始建议日本的教育体系，应移往生涯学习体系，强调“自己计划、自主学习”的行为应该也是教育本来的方式，不限于学童，成人亦应该如此。这便提供了地域社会或是满足了有特定需要人们的学习需求，使其可以透过持续的学习，让自己可以提升到更高的境界。而陶行知生活教育理论的核心就是“生活即教育”。在陶行知看来，教育和生活是同一过程，教育含于生活之中，教育必须和生活结合才能发生作用，它以生活为前提，不与实际生活相结合的教育就不是真正的教育，活到老学到老。其实这与陶行知所说的“社会即学校”与“生活即教育”之论述，是可以相呼应的。牧野笃教授转任日本东京大学之后，担任“生涯学习基盘经营课程”的专任教授，在其课程主旨标榜“在成长之中透过种种的事情与现象，思考社会各种应有的方法，如何可以让我们过着幸福的生活”，似乎也有陶氏“生活即教育”和“社会即学校”的影子。

延续日本学界对于王阳明“知行合一”学说之外，开展出“先行后知”之论述。启发日本学界进一步检视“知行合一”的阳明学说与杜威“做中学”以及陶行知“先行后知”等教育理论的合理性与可行性。实际上，杜威主张的进步主义（或是实用主义），当苏联1957年10月4日成功地发射了第一枚人造卫星之后就已被打入冷宫。但是日本平成十年（1998年）修订的中学学习指导要领，又重新思考日本20世纪50年代课程依据理论（经验主义/儿童中心主义的要求），杜威的实用主义在日本似乎又重新被重视。因为过度重视效率，以及偏重于标准分数的学校教育，将学生过度均质化，导致学生缺乏创造力与自我学习的内在动力。在讲求多元化与信息化的时代，需要审慎检讨教育的症结。一般认为日本的教育课题应致力于实现教育课程的灵活性与弹性，以扩大学生课程选择的幅度，发展学生的“多元智慧”（自主学习的能力、自我判断的能力、具体的行动力、问题解决的能力）与“生存的能力”（丰富的人性与健全的身心）。其教育课程的整体结构是以学童“实现自我”为核心。这似乎与陶行知的主张“民族土壤”“生活即教育”“社会即学校”“教学做合一”有所相通。

（梁忠铭系台东大学师范学院教育学系教授。）

关于韩国本地的陶行知研究概况及相关意义分析

[韩]金德三　[韩]李庚子

一、前言

本文以目前为止在韩国本土开展的有关陶行知的相关研究为主要研究对象，在整理并总结此类研究成果的基础上，进一步把握该主题在韩国本土的研究现况和内在意义。陶行知1891年出生在安徽省歙县，1946年逝世，究其一生几乎都在动乱中度日。

在搜集资料和做调查的过程中，笔者从以下两个角度思考该主题，一是直接在题目中提及陶行知的论著，二是虽然在题目中并未出现，但却是以此内容为中心做集中探讨的相关研究。具体来看，首先在调查先行研究方面，笔者搜集到的论文主要来自韩国最权威的数据库——学术研究情报系统(http://www.riss.kr)，该数据库目前在韩国范围内论文及各类学术期刊的收录量及领域可以说是最多最全，也为本文先行研究的整理提供了量和质的保障。除此以外，本文也参考了包括教保文库(http://www.kyobobook.co.kr)和国内学会志(http://libproxy.gnu.ac.kr)等数据库里收录的资料。另外检索需要的关键词的话，大致可分为中文的“陶行知”和韩文的“도행지”“타오싱쯔”“타오싱즈”“타오씽즈”。因为在韩国的文献中除了直接使用“陶行知”的中文原字外，也会根据韩文的音韵特点采取诸如“도행지”或“타오싱쯔”之类的韩式表达，但在实际检索时几乎没有出现跟“타오씽즈”有关的结果。

因预想到调查中会出现各种性质不一的情况，所以在具体的操作中本文将调查的重点放在题目中有涉及关键词的论著。并且本文有意排除掉了除韩国本土资料外的一些国外刊物，但已引进到韩国并做好翻译的一些相关文献依旧有必要将其包含在调查用文献中。

二、研究情况

(一)学位论文

1. 陶行知(1891—1946)의 '생활교육사상'과 영향= (A) Study of tao xing-zhi(1891—1946)'s thought of life education.

김민지,경북대학교,[1997] [국내석사]

2. 陶行知의 生活教育論 研究

최혜정, 蔚山大學校 大學院,[2003] [국내석사]

3. 도행지와 이이의 교육사상 비교연구

박원희, 울산대학교 대학원,[2006] [국내석사]

如同以上情况所谈及的那样,除了题目里直接涉及陶行知的论著外,虽然也发现了不少在内容中援引或谈及陶行知的资料,但因其主体性不鲜明,在研究中的重要程度不高,所以理应将其排除在外。由于该领域的相关研究并不丰富,笔者认为但凡能找出3篇左右的学位论文就已经很幸运。这些学位论文在理解和阐述陶行知方面具有以下特点:第一,该主题有关的论文中只有硕士学位论文,而博士学位论文相对缺乏。博士学位论文作为最具深度和系统性的学术文章,理应更多一些,而实际却并非如此。第二,从研究的年份上看,该主题的论文集中出现在1997年后以及2003年和2006这两年间。第三,几乎所有该主题的论文最突出的研究成果都集中在生活教育这一点上。一般来说某个领域最具代表性的成果都会出现在研究的初级阶段,并且之后出现的研究差不多都是像"第三角度下的论文(第一角度是主题本身,第二角度是与主题相类似或性质相反的另一个对象,而第三主题则是两者间的深入比较和对照研究)"这样类型的比较对照研究。以此为基础,今后还会继续产生更多的比较或深入讲究。但在韩国,涉及陶行知的学位论文主要是从教育学中的教育史和教育哲学这两个领域展开探讨,但最近韩国这方面的研究现状令人担忧,教育学以后探讨的重点将锁定在以应用和实用为基础的实用主义教学上,而对陶行知教育理论的探讨则显得势单力薄不容乐观。另外,还有非常奇特的一点,笔者所搜集的三篇学位论文几乎都是出自庆尚道的大学,而作为韩国研究核心地域的首尔及首都圈范围内的大学或研究所却几乎无人问津,是偶然还是有因可循暂不做分析。

(二)学术杂志论文

1. 제 1 부:도행지박사(陶行知博士)(1891－1946)와 중공의 교육이념 = Part 1: T'ao Hsing-chih and Educational Ideals of the People's Republic of China

이병주(Byung Joo Lee) (중소연구, Vol. 1 No. 1, [1975])[KCI 등재]

2. 中共의 陶行知教育思想批判(1951～53) = A Study on the Criticism Campaign Against Tao Hsing-Chih's Education Thought in the People's Republic of China, 1951～53

李炳柱 (東亞 研究, Vol. 10 No. 一, [1986])[KCI 등재]

3. 陶行知의 生活教育論 = Tao Xing Zhi's theory on the Life Education

金貴聖 (정신개벽논집, Vol. 9 No. 一, [1990])

4. 陶行知의 兒童教育論

金貴聲(教育研究, Vol. 一 No. 10－11, [1992])

5. 陶行知의 勞作教育思想

김귀성 (한국교육사학, Vol. 16 No. 一, [1994])[KCI 등재]

6. 抗日前期(1931～1937)陶行知의 抗日論과 教育救國活動

李在鈴 (學術論叢, Vol. 19 No. 一, [1995])

7.타오 싱즈 (陶行知)의 생활교육론 = Tao Xingzhi's Theory of Education for Living

구자억 (교육철학연구, Vol. 19 No. 一, [1998])[KCI 등재]

8. 도행지(1891－1964) 의 생활교육사상 = Soong Ching Ling and He Xing Ning

김민지 (中國史研究, Vol. 3 No. 一, [1998])[KCI 등재]

9. 타오싱쯔(陶行知) 생활교육론의 사상적 배경: 그 쟁점을 중심으로 Focused on its arguing point = The Ideological background of Tao Xing Zhi's Life Education Theory

김귀성 (교육철학연구, Vol. 26 No. 一, [2001])[KCI 등재]

10. 타오싱쯔(陶行知)의 민족해방 교육론 = Education for National liberation by Tao Xing Zhi

김귀성 (教育問題研究, Vol. 16 No. 一, [2002])[KCI 등재]

11. 도행지의 생활교육사상

이경자 (Kyung Ja Lee) (교육비평, Vol. 11 [2003])

12. 타오싱즈 생활교육론에 나타난 "생활"의 의미 = The meaning of Life in Tao Xing Zhi(陶行知)' theory of Life education

이경자 (Kyung Ja Lee) (교육철학연구, Vol. 38 No. 一, [2007]) [KCI 등재]

13. 도행지(陶行知)의 학습자중심 교육과정 구성 원리 탐색 = Tao Xingzhi's Learner-Centered Curriculum Construction Principle

김향란(Kim, Hyang-Ran) 최화숙(Choi, Hwa-Sook) (教育思想研究, Vol. 23 No. 3, [2009])[KCI 등재]

14. 타오싱즈(陶行知) 실용주의교육을 통해 본 근대 중국의 계몽교육 = On a Educational Thought of Tao Xingzhi in Modern China

이상옥(Lee, Sang-Ok) (교육철학, Vol. 41 No. 一, [2010]) [KCI 등재]

15. 교육실천가 도행지의 사범교육이론 소고 = On an Education Practicer, Tao Xingzhi's Theory of Teacher Education

최병수 (教育研究論叢, Vol. 32 No. 3, [2011])

16. 陶行知의생활교육론에서 예술의 교육적 의미 = 陶行知的藝術教育意義注重在生活教育論

김귀성 (教育思想研究, Vol. 26 No. 2, [2012])[KCI 등재]

17. 陶行知의 예술교육론

김귀성 (한국교육사상연구회 학술논문집, Vol. 2012 No. S, [2012])

18. 논문(論文) : 무훈(武訓), 『무훈전(武訓傳)』 비판(批判)과 평반(平反) = The Criticism of Wuxun(武訓) and "the Life of Wuxun"(武訓傳) and the Reappraisal(平反)

손승회 (Seung Hoi Son) (대구사학, Vol. 104 No. 一, [2011])[KCI 등재]

以上所提到的学术杂志论文中,直接谈及陶行知的总共有 17 篇。虽没有直接提及却以此作为主要内容的有 1 篇,其中包括《武训》《武训传》《批判与平反》等经典篇目。众所周知 1951 年时《武训传》的内容受到点名批评，其中最主要的原因就是与陶行知先前创作的《新武训精神》有关。

上面谈到有 17 篇论文是直接探讨陶行知的，但其中的 7 篇都是以生活教育为核心要义。这与陶行知最早提出的生活教育这一代表性的观点有关。就此关于陶行知生活的前半阶段的仅有 2 篇，由于陶行知在韩国内并不广为人熟知，所以在介绍其思想和生平行迹时对介绍者的水准有一定要求。此外剩下的部分均是与陶行知有关的一些相对专业和微观的部分，每一个主题分别用一篇的篇幅来阐释了教育过程、弱者教育、艺术教育、儿童和民族教育、实用主义教育、师范教育理论、抗日救国等内容。

从作者情况来看，金贵圣的论文最多，总共 7 篇。之外李炳柱和李庚子的论文共 2 篇，剩下一篇别的，由此不难看出，在韩国范围内以主题的多样性而言，金贵圣在研究陶行知方面占有突出地位。

从研究年份来看，1975 年李炳柱第一次发表了有关陶行知的论文，随后又于 1986 年发表了另一篇相关研究。之后 1990 年金贵圣发表其研究，该作者自至2012 年已经以多个主题对陶行知展开探讨，从 2007 年到 2012 年期间几乎每年都有新的研究问世，而这一研究热情却止步于此，究其原因可能与研究者的理论依据已例举殆尽，有关陶行知的基础性研究已进入饱和阶段有关，由此推测今后的研究将更多地以比较对照研究、深入分析研究以及陶行知理论在当下具有的意义等新主题来展开。

(三)单行本

1.생활이 바로 교육이다

도행지, 김귀성 역, 내일을 여는 책,[1996]

2.타오싱쯔(陶行知) 생활교육론의 전개

김귀성, 文音社,[2002]

以上介绍的单行本均是在研究和介绍陶行知方面的专业论著，均由金贵圣翻译并论述。

3.知識人과 社會改革 : 中國現代大衆教育運動

이병주, 영남대학교출판부,[1997]

4.동서양 근대교육사상가론

구자억, 원미사,[1998]

5.중국 전통교육사상의 이해

구자억, 문음사,[2000]

6.동아시아 근대교육사상가론

한용진 외,문음사,[2004]

7.중국 근대화를 이끈 걸출한 인물들:아편전쟁에서 개혁·개방까지

이병주,지식산업사,[2006]

以上所提到的5本书,在内容方面与陶行知有关的均独立成一章来加以阐述。这样种类的书不可多得。或许还存在第六本的可能。以上列举的论著中,陶行知作为率先提出“知识人”和“社会改革”等核心思想及引领中国现代化进程的杰出人物,在李炳柱1975年的论文中被提到。而在具滋亿发表的著述中的“东西方近代思想家论”和“中国传统教育思想”里有提到陶行知。最后,前面的2篇李庚子的论文里面陶行知是作为“东亚近代思想教育史”的人物之一出现。

8.누림과 행복:중국교육수필선집

Zhu, Yongxin,어문학사,[2009]

9.중국현대교육사:반제 반봉건 사회주의기의 교육

고기,사계절,[1988]

以上2本作为从中国引进韩国的翻译本,其中也收录了有关陶行知的部分,此类型的书预估计还有几本。

综合以上与陶行知有关的著作情况来看,9本书之中,从专业的角度介绍陶行知的也不过2本而已,借此希望韩国这方面能够参照中国国内已有的丰硕成果,并将其与韩国本土的学术氛围相呼应,在推陈出新方面再接再厉。

三、结论

以上便是对在韩国进行的陶行知研究的现状情况的简单梳理。虽然陶行知研究在韩国尚未达到一个丰富而活跃的状态,但几位代表性学者的研究也向我们展示了陶行知研究在韩国的一个多样化研究现状。并且就前面的调查来看,在研究陶行知的论著之中,李炳柱的研究可谓开先河之作。与此同时,还有已经出版了大量与陶行知相关的金贵圣,以及和中国教育结合来阐述和介绍陶行知的具滋亿和李庚子。这其中具滋亿和李庚子是在韩中建交后第一批取得中国学历的留学生。在与中国建交20余年之际的今天，越来越多的学者到中国去留学，中国的国际地位在实施改革开放过后取得了明显的提高，由此一来，有关韩中之间文化差异的研究变得越发火热，长此以往，中国和中国教育领域的研究将会越来越丰富。

笔者认为，陶行知所倡导的生活教育等核心观点能够为韩国教育带来源源不断的灵感，此外陶行知的教育思想，以及强调实践是实施好教育最根本性的问题和与之有关的具体的方法等详细的阐释，都在身体力行地向大众展示实践和行动的关系。

在内容上，今后会把陶行知跟一些教育思想相吻合、人物特质相类似的人物作对照方面的分析，这也预示着将陶行知的问题韩国化、现代化的一种趋势。尽管现在有关陶行知的介绍类书籍还不是很丰富，笔者仍对今后能够有更多的人投入陶行知书籍及研究成果的出版中充满期待。

笔者认为，陶行知的自身价值并不仅仅是体现在他以往的一些著作和功绩上，而是在其逝世后及时地发掘其价值并加以开发，这样的探索和创新取决于后世子孙的努力。值得庆幸的是，在中国当地，陶行知方面的研究已进入一个全国性的高度理论化的阶段。研究陶行知的民间团体(陶行知研究会)分布各省、直辖市、自治区及各大院校内部，多种多样的陶行知研讨会和国内外学术会议的举办召开也预示着陶行知研究在未来的希望。希望今后通过更加积极的研究去不断地展示和演绎陶行知的核心理论，并且通过和其他领域的多样化结合，不断地扩张研究的领域和外延。以此为基础，通过国内外学者的理论共享和交流，使陶行知研究能够走出中国，走向世界，共同构建起一个扎实而多样化的研究基底。陶行知理论在这样的前提和努力下，必将在思想上迎来全新的、综合化的创新和高度。

(金德三系韩国大真大学教授。李庚子系韩国庆尚大学教授。)

陶行知的生活教育带给韩国的启示

[韩]李庚子

一、序论

教育源于生活。陶行知主张教育与实际生活相联系，强调“生活即教育”，这不禁让我们深深反思侧重于教育、脱离现实生活的教育现状。当今世界不断涌现出很多新的学科，但是传统学问却在渐渐消亡。从 2005 年起，韩国开始出现“人文学危机”一词，而今天人文学已面临死亡境地。最近，连政府都在着手高校专业结构调整，在专业设置上侧重于产业需求多的理工科，而 20 世纪 80 年代，哲学和历史却是最受优秀学生青睐的专业。时至今日，哲学和历史已完全成为冷门学科。具体的科目设置也同样如此。比方说，从笔者从事的教育学来看，教育哲学、教育史科目已经消失，而在韩国引发关注的学校暴力与预防、人性教育、特殊教育等成为专业必修科目。为什么这些学问在消失？因为在现实生活中感受不到它的必要性和实际意义。虽说学问的效果不能马上显现，但是我们依然需要能够适用于这个飞速变化社会的学问。陶行知在 20 世纪 30 年代提出的“生活即教育”“在生活世界中寻找教育的意义”的主张，其实就是在强调教育要适应社会的发展变化需要。

陶行知生于 1881 年，卒于 1946 年。在这段历史时期，中国的国内外形势发生了深刻变化，出现中法战争（1884 年）、中日战争（1894 年）、辛亥革命（1911 年）、中华民国成立（1912 年）等重大事件。韩国同样如此，继 1876 年签订《江华岛条约》后，1882 年发生壬午军乱，1884 年发生甲申政变，1897 年成立大韩帝国，1905 年签订《乙巳条约》，1910 年设立朝鲜总督府，1938 年禁止韩语教育，1945 年建立大韩民国临时政府及半岛光复。在这一背景下，强调儒家文化的传统教育逐渐转变为重视外语、物理、生物、地理等西式近代教育。特别是 1894 年，高宗颁布教育立国诏书，确立外国语学校官制（1895 年）、汉城师范学校官制（1895 年）、小学校令（1895 年）、医学校官制(1899 年)、中学校官制(1899 年)、商工学校官制(1899)等,为传统教育转向西式教育打下基础。

在陶行知生活的同一时期,韩国也有一些反对传统教育,重视实用教育的教育家。朝鲜后期,一些主张实学思想的人们反对以经传为中心的教育,认为不以生活为中心的教育是死的教育,即教育内容应结合实际生活,这与陶行知的主张殊途同归。陶行知生活的时代,中国和韩国均因特定的时代背景,传统教育开始转向近代教育。也就是说,由以四书五经为中心的教育转为以西方学问为中心的教育。在这一背景下,陶行知根据自身经验提出了“活的教育”和“死的教育”理论。这虽然是 100 年前的事情,但在当下依然富有启示意义。因此,本文重新感悟陶行知先生提出的生活教育思想,并对今天的韩国教育给出一些启示。

二、陶行知强调的生活

人们在生活中成长。在教育系统化之前,教育是以生活教育为中心展开的,人类的文明正是通过这种教育来传承的。不过,随着人类文明逐渐发达,社会生活日趋复杂,需要专门传授知识的教育机构。这样就出现了学校,出现了专门从事教育工作的教师。早在西周时代的中国,国学有成均、上庠、辟雍等,乡学有塾、庠、序、校等。韩国在三国时代出现了最初的教育机构,高句丽设立了太学和扃堂。学校出现后,教育转为以学校教育为主,而学校教育的内容逐步与生活脱离,变为以知识和应试教育为主。因此,教育不再重视生活,而是侧重于教师传授知识。虽说学到的知识偶尔也能应用于实际生活,但是整体来讲还是与生活脱离,只不过是陶行知所说的“死的教育”。

陶行知在 1936 年发表的论文《生活即教育》中有这样的论述。今天建筑物内的学校教育,并不是陶行知所认为的真正的教育。当然,这里所说的建筑物并不是指建筑物本身,而是映射封闭式教育的弊端。事实上,即便在建筑物内同样可以进行陶行知所倡导的“活的教育”。问题是,我们的教育为什么会演变成“死的教育”呢?应该来讲,在近代出现“学校”这一正式名称之前,教育已经变成了“死的教育”。中国和韩国在儒学经典教育的框架下,重视死记硬背,而不重视思考、探究与创造。造成这一局面的原因在于:第一,掌权者将教育作为维持其体制的手段;第二,寒门子弟试图通过接受教育来追求权力，使得教育远离实际生活。随着时代的发展，这种现象更为严重，同时也引发了较多的争议和反对之声。其中，最为典型的代表，中国有陶行知等学者，韩国有实学思想者主张摆脱以儒教为中心的传统教育。一些学者甚至走向另一个极端，提出学校教育无用论。不但是在中国、韩国，甚至西方国家也有一些人主张脱离学校教育，通过“home schooling”帮助孩子的个性发展。在美国，在家中接受从幼儿园到大学的所有教育课程是合法的。在韩国，虽然选择“home schooling”的例子非常少见，不过有一种类似的学校叫代案学校。代案学校是摆脱应试教育，让学生亲近自然、自主发展、多样化发展的学校。从20世纪80年代起，韩国掀起了代案学校运动。《初、中等教育法》将代案学校定义为“以中断学业或希望接受个性化教育的学生为对象，进行现场实习等体验为主的教育、人性为主的教育、开发潜能和个性特长的教育等多样化教育的学校”。不难看出，代案学校的目的不再是追求整齐划一的教育，而是脱离公共教育制度，根据教育目的、学生水平等因素，采用灵活多样化的教育课程、教育方法等。

进入近代以后，学校成为合成词，在学校这一建筑物内进行的教化培育被称为教育。近代学校出现后，教育集中在学校进行，这种倾向在韩、中、日均可以看到。韩、中、日都是从近代开始吸收西方文化，并将学校教育视为真正的教育。不过，陶行知认为，教育源于生活。因此，要给生活以教育，用生活来教育，为生活向前向上的需要而教育。陶行知强调，“生活教育是生活所原有，生活所自营，生活所必需的教育”[①]。生活教育起源于生活需要，为人们提供生活所需。陶行知的这一生活教育理论从阐述传统教育脱离实际的弊端及对西方化教育的批判开始。陶行知突出强调生活与教育的关联性，重新解读社会与学校的关系，并试图推进教学内容、教学方法的全面改革。陶行知在其论文中对生活教育做了具体描述。

生活教育是以生活为中心之教育。……过什么生活便是受

① 陶行知:《普及现代生活教育之路》,《陶行知全集》编辑委员会:《陶行知全集》第3卷,四川教育出版社1991年版,第246页。

什么教育:过健康的生活便是受健康的教育;过科学的生活便是受科学的教育;过劳动的生活便是受劳动的教育;过艺术的生活便是受艺术的教育;过社会革命的生活便是受社会革命的教育。[①]

陶行知的"生活即教育"意味着教育的根本意义在于生活之变化。这里所说的变化是指能够使生活变化的一种进步的变化。如何、怎样控制生活,其实会造就不同的人生。生活有教育意义、教育作用,生活本身就是特殊教育。生活教育会随着人类生活的变化而变化,因此生活应成为教育的中心。教育与生活关系密切,教育要从生活中来,要为生活向上向前的需要而教育。因此,在生活中,变化是重要的[②]。

陶行知在1936年3月《生活教育》第3卷第2期上发表的论文《生活教育之特质》中,对此做了详细介绍。陶行知主张的生活教育与传统教育完全相反,且反对假生活,追求生活本真。生活教育必须以生活为中心,而且要有实践探索。当有改变、有进步时,所有的场所都应是开放的教育场所。当然,这不意味着可以无视传统,而是汲取有益的经验教训,并将其运用到实际的生活当中去。

陶行知的生活教育思想在解决中国社会发展过程中的社会问题及传统教育脱离实际的弊端等方面发挥了重要作用。陶行知强调,教育的基本意义在于生活,以实际生活为中心的教育是改善生活、社会进步所必需的。生活的变化带来教育的变化,生活教育需包含生活的这种变化,教育正是通过这样的生活持续一生。陶行知所说的生活是指持续变化的生活,这种生活不是为了明天的生活,而是为了今天而不断发展的生活。因此,生活是需要直接体验的生活,是跨越时空的社会整体性的生活,应满足人民大众的需要[③]。

---

① 陶行知:《教学做合一下之教科书》,《陶行知全集》编辑委员会:《陶行知全集》第2卷,四川教育出版社1991年版,第649—650页。

② [韩]李庚子:《"生活"的意味在陶行知生活教育论》,(韩国)《教育哲学》2007年第38期,第170—171页。

③ [韩]李庚子:《"生活"的意味在陶行知生活教育论》,(韩国)《教育哲学》2007年第38期,第180—181页。

三、脱离生活的韩国教育现状

怎么样才能让孩子们幸福呢？这是困扰教育界的一大难题。今天，孩子们为了能够进入好的大学——韩国 SKY（Seoul National University，Korea University，Yonsei University），从幼儿园到高中，大量时间被课外辅导所占用，很难有什么学校以外的生活。不过，进入所谓名牌大学似乎也不能给人们带来幸福。笔者在读大学的时期，社会上就已经形成了好成绩是幸福的前提条件之一的风气。不过，从近期韩国青少年的自杀率、幸福指数等来看，好成绩并不是幸福的保障。即便进入名牌大学，因韩国经济状况恶化等因素，毕业生也苦于找不到合适的工作或者要面对不稳定的工作。在这种背景下，甚至出现了“三抛世代”（恋爱抛弃、结婚抛弃、生产抛弃）、“五抛世代”（“三抛世代”加上就业抛弃、住宅抛弃）、“七抛世代”（“五抛世代”加上人际关系抛弃、希望抛弃）等新词汇。经济状况恶化阻止了恋爱、阻止了结婚，高昂的课外辅导费阻止了生育。不知不觉间，过去人们生活中的基本内容现在已成为一个选项。

那么，对于在韩国读书、在韩国长大的孩子来讲，究竟什么是幸福呢？从 2016 年发表的《2015 年度全球幸福指数报告》来看，第 1 位是丹麦，倒数第 1 位的是布隆迪。幸福指数第 1 位的丹麦人均 GDP，2015 年为世界第 8 位；幸福指数倒数第 1 位的布隆迪，人均 GDP 也是倒数第 1 位。幸福指数第 2 位的是瑞士，第 3 位是冰岛。此外，美国为第 13 位，中国台湾为第 35 位，日本为第 53 位，韩国为第 58 位，中国大陆为第 83 位。从中可以看出，一个国家或地区的经济表现，其实并不能完全保障一个国家或地区的幸福。

中国是教育大国，韩国是教育强国。2010 年，美国总统奥巴马曾指出“美国应学习韩国人的教育热潮”。对此，专家学者们从正反两个方面进行了分析。有人主张，美国学生的学习量远远少于韩国，韩国的教育热潮值得肯定。与此相反，也有些人对韩国的教育现状不满，认为过度的教育热使早期教育受到热捧，导致抢跑教育盛行，从而加重了韩国父母的教育投入。这种课外、校外教育不但包括高中生、初中生，甚至还漫延到小学生、幼儿。在韩国，这种费用被称为私教育费，即个人为正规教育课程、学校教育之外的补充教育所负担的费用。比方说，学院、个别辅导、课外小组、网络及通信讲座等的听课费都是私教育费。以 2015 年为基准，韩国的私教育费总额约为 17.8 万亿韩元，其中小学为 7.5 万亿韩元，中学为 5.2 万亿韩元，高中为 5.1 万亿韩元。学生平均每周参加私教育的时间为 5.7 小时，其中小学为 6.4 小时，中学为 6.4 小时，高中为 4.1 小时。私教育科目主要是国语、英语、数学等，各科目所占比例，数学为 42.5%、英语为 40.8%、国语为 17.3%、社会科学为 9.7%。经济条件越好，私教育参与率越高，私教育费支出越多。为了减少私教育费，韩国政府在 2014 年提出了“私教育减少及公共教育正常化对策”。但是，这一措施能否取得实效还要打一个大大的问号。随着婚后不愿意生孩子的人数增多，韩国的出生率在经济合作与发展组织国家（OECD）中垫底，平均每对夫妻生育子女数仅为 1.24 人。从 2019 年起，韩国总人口将开始减少，需面对“人口悬崖”时代的到来。当然，我们也不能否认，教育是韩国腾飞的翅膀，韩国父母的这种教育热情，推动韩国成为世界第 11 位的经济大国。

1945 年，韩国的大学生数量为 9960 名，以现在的标准来看，还不及一个大学的人数。高中毕业升入大学的比例 20 世纪 70 年代为 9%，20 世纪 80 年代不足 30%，20 世纪 90 年代，升学率增加两倍，2009 年（以注册年为标准）达到 77.8%，2015 年为 70.8%。光复之后进入近代社会的韩国，人们将教育视为改变自身命运最根本和最有效的手段。过去 70 多年大学入学率保持稳定增长的态势，也反映出韩国人试图改变命运的强烈欲望。

韩国教育部和韩国教育开发院发布的《2016 年教育基本统计》显示，今年韩国幼、小、初、高等的学生数量共为 663 万 5784，比去年减少 2.7%（18 万 4143）。随着学龄人口的减少，减幅比起去年（2.4%）增加 0.3%。小学生人数为 267 万 2843，减幅为 1.5%；初中生人数为 145 万 7490，减幅为 8.1%（12 万 8461）；高中生人数为 175 万 2457，减幅为 1.7%（3 万 809）。随着学生数量的减少，教学条件有了明显改善。比起去年，中学的班级平均人数为 27.4，减少 1.5；教师人均学生数为 13.3，减少 1。幼儿园人数比起去年的 68 万 2553，增加 3.2%（2 万 1585），创下 70 万 4138 的纪录。自 2012 年引进“世界课程”（3 岁至 5 岁无偿保育制度）后，幼儿园人数持续增加。

图 1　韩国学生数基本统计图(2011—2015)

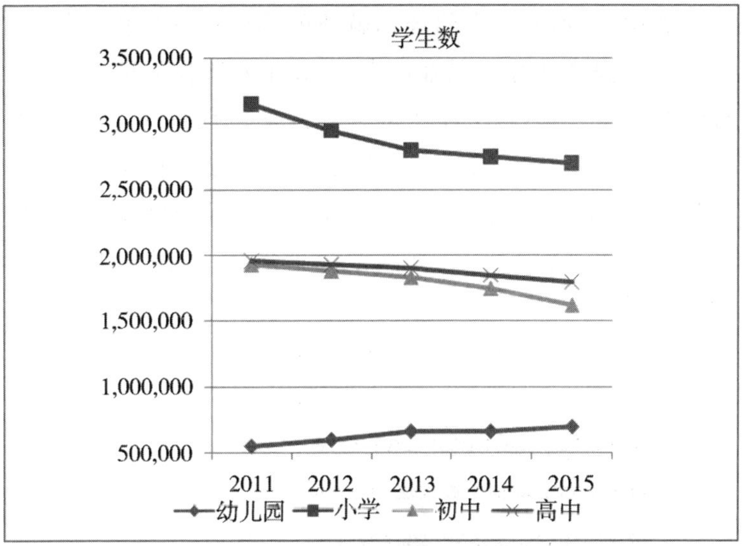

数据来源　http://kess.kedi.re.kr/index,教育统计服务,2016 年 8 月 31 日检索。

目前,多文化政策已成为当今韩国一大热门的社会话题。多文化家庭指韩国人与结婚移民者或入籍者组建的家庭。以 2015 年为基准,这种多文化家庭人数达到 82 万。多文化学生数量 2012 年为 4 万 6954,2013 年为 5 万 5780,2014 年为 6 万 7806,2015 年为 8 万 2536,呈现出急剧的上升势头。2016 年多文化家庭学生父母的出生国籍以越南为最多,占到 24.2%,之后为中国(占 21.3%)、日本(占 13.0%)、菲律宾(占 12.6%)。

图 2　多文化学生人数统计图(2012—2016)

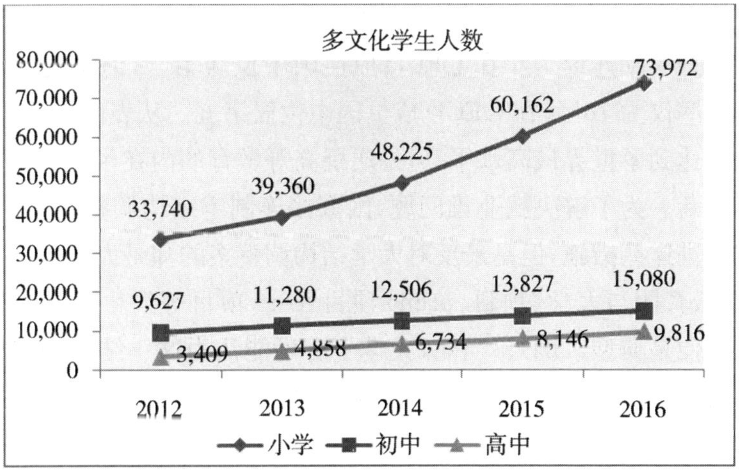

数据来源　http://kess.kedi.re.kr/index,教育统计服务,2016 年 8 月 31 日检索。

大学升学率持续下降。2010 年大学升学率为 75.4%，到 2016 年降到 69.8%。与此相反，不上大学而选择就业的高中毕业生由同期的 25.9% 增加到 33.9%。随着大学生就业压力大、找不到工作的情况增多，大学教育的光环渐渐消退。不过，大学里的外国留学生数量比去年增加 14.2%（1 万 2930），达到 10 万 4262。攻读学位课程的留学生数量为 6 万 3140，比去年增加 7365（13.2%）；攻读语言研修等非学位课程的留学生数量为 4 万1158，增加 5565（15.6%）。外国留学生当中，中国留学生最多，占到 61.7%，其次为越南（5.5%）、蒙古（3.6%）、美国（2.5%）①。

图 3　高中毕业生升学率及就业率统计图（2010—2016）

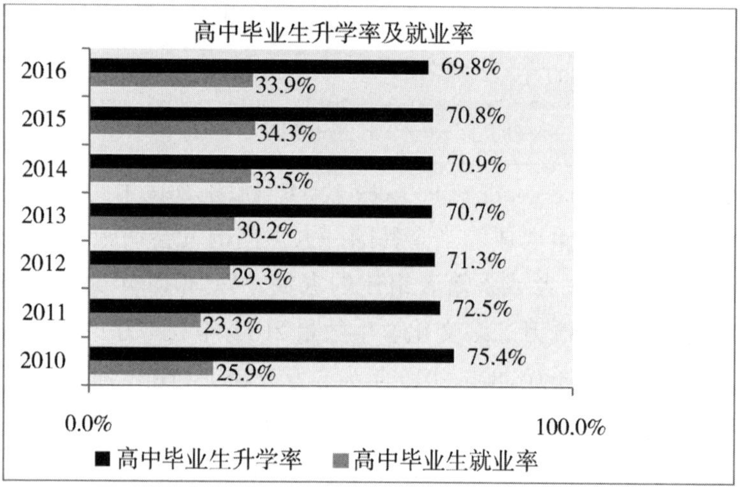

数据来源　http://kess.kedi.re.kr/index，教育统计服务，2016 年 8 月 31 日检索。

可以看出，从大学开始走向就业和成功的社会模式正在发生改变。韩国的大学升学率连续 7 年在 OECD 成员国中位居第一，但是受高等教育者的雇佣率仅为 76%，在 OECD 成员国中位居第五。从表面上看，韩国的高等教育达到了世界最高水平，但是质疑高等教育的内在价值和作用的呼声依然不断。为了解决就业难问题，国家接连制定结构调整对策，大学也在积极推进这些措施，但是最反对大学结构调整案的却是大学生（最近，围绕"终身教育团与大学"项目、prime 项目、core 项目等发生的学校与学生间的冲突便是典型事例）。当然，大学生有可能认为这一结构调整案并不能缓解就业难现象，而且他们坚持认为大学不应成为以就业为目的的教育

① （韩国）《中央日报》2016 年 8 月 30 日。

机构。

韩国大学升学率位居世界第一，这是非常令人自豪的。不过，青年失业人数逐年上升，高学历用人单位、企业却在抱怨人才短缺、人才难招。为了适应这种社会现象，大学往往会强调培养社会需要的人才。今天，就业率已成为大学的主要评价标准。这样一来，教育的主要目的就成为升学和就业，从而失去了自由，失去了主体意识。

四、陶行知生活教育对韩国的启示

陶行知生活教育的核心是摆脱传统教育的束缚，重视实际生活。他的生活教育思想主张消除渐渐远离生活的传统教育与西方教育的弊端，从而有效推动中国现代教育的发展。如果说传统教育是针对特权阶层的，那么生活教育就是为人民大众服务的。不过，如何系统地学习知识，如何进行包括各种实际生活的教育，还是需要深入研究与思考的。

通过陶行知的生活教育思想，我们可以探究生活的真正意义。陶行知主张，生活贯穿我们一生，教育需源于与我们最为密切的、最根本的生活。从这种角度来看，教育与生活密不可分，生活是教育的重要内容，其重要性显而易见。事实上，陶行知的生活教育超出单纯的生活范畴，超出生活教育层面，具有社会改革的特性。这是因为，在教育渐渐扭曲、教育失去原本意义的现实背景下，陶行知的生活教育是寻找“我们为什么要学习?”“学习的内容对我们的生活有多大作用?”“教育能否促进社会变化?”等问题答案的一把钥匙。

通过对陶行知提出的生活意义的研究，我们可以得出其对韩国教育的几点启示：

第一，教育应在生活中进行。今天，我们应重新思考学校教育能否满足真正的教育需求，即幼儿园 3 年、小学 6 年、初中 3 年、高中 3 年、大学 4 年，共计 19 年教育，是否能充分满足我们的生活需要，在我们的生活中究竟发挥了多大作用。

第二，适应时代变化的教育课程内容，应纳入整个学问范畴。这意味着要在现有学问的基础上，积极汲取新的学问，适应新的变化。我们应将活的教育运用于有助于实际生活的教育现场。如同陶行知所强调的，生活要提高、要进步、要变化，而教育也要主动应对社会的变化。为此，政府需要改变，学生需要改变，更为重要的是教育者首先需要改变。

第三，韩国教育问题的核心是过高的大学升学率和私教育。我们不应将大学视为人生的奋斗目标，而是应该带着生活的目标去过有意义的生活。据说，在韩国进入大学的方法有3000种之多，但是这么多的方法人们并不太清楚，而且这些方法在培养社会所需的人才方面也没有发挥多大作用。因此，国家需积极引导人们放弃只认定升入大学、鱼跃龙门、取得成功的梦想。显然，盲目地随大流挤“独木桥”，只会助长私教育。

从根本来讲，知识不是全部，更不是万能的。仅靠知识教育，无法跟上时代的步伐。知识教育虽然重要，但是在未来生活中，比起知识的储备，更为重要的是思考的力量。今天，我们应摆脱教育只是学校教育这一认识上的局限性，不但要在学校进行教育，而且要在实际生活中进行教育。此外，如同生活有变化一样，教育也要有变化。

（李庚子简介见前文。）

陶行知教育思想在台湾的研究现状及其对偏乡教育问题的启示

何俊青　孙刚成

一、台湾的陶行知的研究

陶行知是我国近代伟大的教育家，是民国时期的教育实践者，与晏阳初、梁漱溟等人同列为民国时期乡村教育运动的代表人物，在日本甚至欧美都享有盛誉。陶行知研究主要集中在大陆，且在台湾出版了《陶行知全集》《陶行知教育思想研究文集》《行知书信集》《行知诗歌集》《陶行知教育文选》等作品，加上《二十世纪陶行知研究》《全球视野下的陶行知研究》等相关研究，整体而言相当完整。

台湾的研究虽然也不少，但正如刘大伟在《论台湾的陶行知研究——一种学术史的视角》所言："台湾的陶行知研究经历了两个阶段。在 1987 年解除党禁之前，对于陶行知的研究除去回忆性文章外，只会在有关乡村教育的文章中偶有涉及。……在台湾解除党禁以前，研究陶行知的文章屈指可数。"①台湾在解严之前以陶行知为主题的研究不多，很明显是政治因素所影响，笔者于 2016 年 7 月 1 日在台湾学者常用的"华艺在线图书馆"以"陶行知"为关键词搜寻，发现同时搜寻陶行知、晏阳初、胡适与蔡元培，在研究数量上就有明显的差异，如表 1 所示。运用数字数据库的比较方式虽然不精准，也会遗漏只有纸本发行的刊物，但最低限度呈现了学术研究数量的巨大差异。

表 1　民初陶、晏、蔡、胡在华艺学术数据库搜寻数量比较表

研究对象 / 来源	陶行知	晏阳初	蔡元培	胡适
期刊	2	6	36	194
硕博士学位论文	2	1	15	36

① 刘大伟：《论台湾的陶行知研究——一种学术史的视角》，《福建师范大学学报(哲学社会科学版)》2013 年第 1 期，第 136 页。

再以台湾2013年教师检定“教育原理与制度”中的试题为例，其中有一题：“陶行知创建的推进乡村教育的实验学校是：(A)晓庄乡村师范学校 (B)河南村治学院 (C)浙江诸家桥农村改进试验学校 (D)四川育才学校。”这题的解答为A。这题若在大陆是非常简单的题目，稍有涉猎教育史的学生便能答对，但在台湾著名的考试网站“阿摩在线测验”(https://yamol.tw/main.php)中却将其难度归类为“困难”，由此可知多数台湾修习师资培育课程的学生并不太重视或是根本不知道这位对中国平民教育有显著贡献的教育家。

刘大伟还说道：“解除党禁之后，台湾的陶行知研究开始逐步深入，涉及到陶行知的师范教育思想、平民教育思想、幼儿教育思想、社会教育思想等多个方面，并呈现出研究起点高、专题性研究强、与实践联系紧的特点。”[①]综理台湾解严之后，吕秋慧[②]、曹常仁[③]、江明渊[④]、曾秀卿[⑤]、许佩铃[⑥]分别以不同的角度研究陶行知，算是相当于刘大伟所谓“研究起点高、专题性研究强、实践联系紧”。有趣的是，台湾最新的陶行知研究是“国防大学”政治作战学院心理硕士班黄宝庆的《陶行知认同的形成与发展：心理传记学取向的研究》[⑦]，相对于一般大学的开放自由，军事院校硕士班也开始研究陶行知。这个研究采取的是心理传记学，亦即一般所谓生命史的研究方式，以心理学角度切入(主要是Erikson的心理社会发展论)，透过《陶行知年谱长编》《陶行知词典》《陶行知全集》，以深刻理解陶行知认同形成与受特定历史脉络影响而形塑其特有的心理样貌。

虽然台湾学者对陶行知及其教育理论和实践的成果也是世界陶行知

① 刘大伟：《论台湾的陶行知研究——一种学术史的视角》，《福建师范大学学报(哲学社会科学版)》2013年第1期，第136页。

② 吕秋慧：《陶行知社会教育思想之研究——其生活教育理论与实践》，台湾师范大学硕士学位论文，1997年。

③ 曹常仁：《陶行知师范教育思想之研究》，台湾师范大学博士学位论文，1997年。

④ 江明渊：《民初陶行知、晏阳初教育理论与民间文学之关系研究》，花莲师范学院硕士学位论文，2003年。

⑤ 曾秀卿：《民初平民教育思想的发展与实践之研究——以晏阳初、陶行知、梁漱溟为例》，台湾师范大学博士学位论文，2004年。

⑥ 许佩铃：《陶行知儿童教育观之研究》，台北市立教育大学硕士学位论文，2007年。

⑦ 黄宝庆：《陶行知认同的形成与发展：心理传记学取向的研究》，台湾“国防大学”硕士学位论文，2015年。

研究的一支重要力量，但也正如刘大伟所说的："更为严重的是其研究者后继乏人，自2009年王静珠著《陶行知教育家的教育哲学思想》后再无新作产出，其研究有断层之势。这些都有待于台湾立志于陶行知研究的学者作进一步的探讨。"①姑且不论王静珠的论文所发表刊登的期刊学术性高低，台湾的陶行知研究后继乏人是事实，但并非仅止于陶行知，而是台湾教育学者近年来以思想或哲史为研究专长者不多。表2是从网站资料大略统计台湾11所从传统师范改制或未改制的大学教育学系的教授专长分析，其中新竹大学因数据从网络搜集不易而未分析，以其余11所学校教育学系下的教育学系来分析，有些教育相关科系因有思想或哲史相关专长的教授(如台湾师范大学教育心理与辅导学系)就直接不分析，有些科系有思想或哲史相关专长的教授(如东华大学教育与潜能开发学系以及教育行政与管理学系)还是列入分析。

从表2的分析大致可以看出台湾教育学者以哲史或思想为研究专长者29位，仅占204位的14.22%。其中研究者再详细区分，又以研究西洋哲学者居多，有23位，研究中国哲史者仅有6位，仅占204位的2.94%。不过，单纯以网站公告资料来界定教育学者的研究领域也有不够精准之处(或许未来可以深度访谈来让研究设计更为严谨)，但还是表示出了某种意义。由此足见台湾一般教育学者倾向以社会科学的方法来研究教育，以哲史为专长者的比率已经相当低，更遑论研究对象是中国哲史了。以台东大学为例，在曾撰述第一本陶行知研究博士学位论文的教授曹常仁，退休后，便一直未再新聘任教育哲史专长的教授，新聘的几位教育博士亦非教育哲史专长。台湾的陶行知研究亟待我辈学者共同努力。

表2　台湾11所师范转型大学之教育相关学系所教授专长分析

专长 人数 学校	课程与教学	教育行政与政策	教育心理与咨商	教育哲史	教育社会学	教学科技与测验统计	其他	总数
台东大学	4	2	1	1	0	5	0	13
台湾师范大学 (教育学系、教育心理与辅导学系)	7	9	0	10	2	0	0	28

① 刘大伟：《论台湾的陶行知研究——一种学术史的视角》，《福建师范大学学报(哲学社会科学版)》2013年第1期，第140页。

续表

学校 \ 人数 \ 专长	课程与教学	教育行政与政策	教育心理与咨商	教育哲史	教育社会学	教学科技与测验统计	其他	总数
高雄师范大学	1	5	5	2	3	3	0	19
彰化师范大学（教育研究所）	2	1	1	1	0	3	0	8
台南大学	4	8	2	0	1	12	0	27
嘉义大学	3	2	1	4	2	3	1	16
台湾东华大学（教育与潜能开发学系、教育行政与管理学系）	5	7	6	1	1	6	6	32
屏东大学	3	2	0	3	4	1	1	14
台中教育大学	6	5	2	1	1	1	0	16
台北教育大学	4	2	5	2	0	3	1	17
台北市立大学	5	2	0	4	2	1	0	14
合计	44	45	23	29	16	38	9	204

二、偏乡教育的问题举世皆然

长久以来偏乡教育的问题举世皆然。民国初年积弱的中国固然如此，即令现今的G20经济体亦然，差别仅在于偏乡的问题普遍与否。陶行知的偏乡教育思想当时是针对二十世纪二三十年代中国的国情提出来的，用来解决当时中国的农村社会问题。当时的偏乡问题是普遍的状况，所以陶行知才会在1926年12月为中华教育改进社起草《中华教育改进社改造全国乡村教育宣言书》："要筹募一百万元基金，征集一百万位同志，提倡一百万所学校，改造一百万个乡村。……一心一德的为中国乡村开创一个新生命。"①

偏乡教育、乡村教育或农村教育一般都英译为rural education。学者对rural education的定义各有不同，农村教育顾名思义就是农村的教育，

① 华中师范学院教育科学研究所主编：《陶行知全集》第1卷，湖南教育出版社1984年版，第646页。

偏乡教育顾名思义就是偏远乡村的教育。台湾一般使用的偏乡教育可能较大陆通用的农村教育内涵更广，如生活于山地部落的弱势原住民以狩猎维生，生活于渔村的居民出海捕鱼维持生计，并不见得与农业或农村有关系。偏乡教育的范围较广，还包括农林渔牧。研究者认为偏乡教育就是广义的农村教育，而乡村教育因"乡村"二字本质上有偏远的特质，事实上与偏乡教育同义。

许多先进国家都有相当数量的人口住在偏乡，因采用不同标准统计，美国约每五个学生有一位在偏乡学校就学，全国约有三分之一的公立学校属于偏乡学校①；芬兰发现偏乡学校在减少，小校普遍被认为是不利因素，偏乡不易征聘到优秀教师②；澳洲有 15%—34%的人口生活在偏乡，许多原因导致教师不愿留在偏乡③。

台湾中小学当中有 1110 所属于偏乡学校，约占中小学总数的 33%，人数一百人以下的小学数比率占约 27%。教育机会原本就与地理因素有密不可分的关系，偏乡学校人数相对较少，因此教育问题容易被政策所忽视。偏乡在教育福利、产业发展等方面原本基础就不如都市，居民一般比较贫穷，家长与学校疏离，学校与社区疏离，学生学习与生活疏离，偏乡学生通常因家庭教育资源不足而无法取得好的教育成就④。

---

① Ayers, J. (2011). Make Rural Schools a Priority: Considerations for Reauthorizing the Elementary and Secondary Education Act. Retrieved April 12, 2016, http://www.americanprogress.org/issues/education/repore/2011/08/04/10216/make-rural-schools-a-priority.

② Kalaoja, E. & Pietarinen, J. (2009). Small rural primary schools in Finland: A pedagogically valuable part of the school network. *International Journal of Educational Research*, 48, 109-116; Rossi, T. & Sirna, K. (2008). Creating physical education in remote Australian schools: Overcoming the tyranny of distance through communities of practice. *Journal of Research in Rural Education*, 23(5). Retrieved May 15, 2016, http://jrre.psu.edu/articles/23-6.pdf.

③ Starr, K. & Simone, W. (2008). The small rural school principalship: Key challenges and cross-school responses. *Journal of Research in Rural Education*, 23(5), pp. 1-12.

④ Miller, L. C. (2012). Situating the rural teacher labor market in the broader context: A descriptive analysis of the market dynamics in New York state. *Journal of Research in Rural Education*, 27(13), pp. 1-31; Trinidad, S., Sharplin, E., Ledger, S. & Broadley, T. (2014). Connecting for innovation: Four universities collaboratively preparing pre-service teachers to teach in rural and remote western Australia. *Journal of Research in Rural Education*, 29(2), pp. 1-13.

2015年末,中国大陆总人口137462万,城镇常住人口77116万,乡村常住人口60346万,城镇化率为56.1%,除大量农村人口和学龄儿童转移到城镇给城镇教育带来了巨大的压力外,农村人口和学龄儿童不断减少,农村小规模学校和微型班级大量出现,引发城乡学校办学规模两极化的问题①。

综观各国都对偏远地区投注非常多的资源,但不见得能获得成效,城乡间的差距还是非常大,教育机会均等与教育公平的理想仍不易达成②。

三、陶行知教育思想对当前偏乡教育问题的启示

(一)偏乡小型学校裁并的问题

近几年来因全球经济不景气,各国政府为避免浪费教育资源,节省财政支出,国民教育经费面临缩减的命运,也加剧了学校裁并必要性的争论。近年来,小规模学校被视为不具规模效益、教育质量低下的办学模式,因此在学校布局调整过程中,大量小规模学校被关闭或合并,面临尴尬的处境,由于大量小规模学校被撤,偏远学生上学问题凸显,暂时保留的小规模学校也面临生存困境③。

过去十年大陆撤点并校的动力,包括国家政策、财政补贴、行政化、城镇化等因素的推动,以及学龄人口减少、人口流动、追求优质教育、地方财政困境的牵引,导致学生上学远、上学贵、上学难,辍学率上升,孩子离开农村,加剧了乡村人口结构的失衡,也带来亲情的断裂和乡土认同的迷失,导致乡村文化生态的凋敝和荒漠化④。直至2012年9月,中国国务院中止撤点并校,2015年6月1日又发布《乡村教师支持计划(2015—2020年)》,

① 范先佐:《城镇化背景下县域义务教育发展问题与策略——基于4个省(自治区)部分县市的调研》,《华中师范大学学报(人文社会科学版)》,2014年第4期,第139—146页。

② Yettick, H., Baker, R., Wickersham, M. & Hupfeld, K. (2014). Rural districts left behind? Rural districts and the challenges of administering the Elementary and Secondary Education Act. *Journal of Research in Rural Education*, 29(13), pp. 1-15.

③ 赵丹、曾新:《国外农村小规模学校的发展策略及政策启示》,外国教育研究2013年第8期,第71页。

④ 21世纪教育研究院:《中国农村教育的现状及未来发展趋势》《农村小规模学校建设研究报告》,21世纪教育研究院2013年。

显示中国政府对农村教育的高度重视。笔者将裁并校问题分成下列三个观点来讨论。

1. 赞成并校的绩效责任观点

深究赞成裁并小校的思维，多数是秉持绩效责任的立场，亦即受 19 世纪杰黑米·边沁与约翰·斯图尔特·密尔之效益主义的影响，认为一切立法、政府政策的最终判断基准，是考虑行动后可否达成最大多数人效益幸福目的。一般家长会重视学校绩效的表现，偏乡小校的家长亦然，因此教育选择权也是绩效责任的产物，甚至会加速小校整并的倾向，若未能适当表现绩效，小校很可能走向裁并校的命运。

综合黄俊杰(《"小校整并"政策省思》，2008)、陈启荣(《裁并小班小校教育议题之分析》，2006)、盖浙生与钮方颐(《高等教育经济学》，2012)的意见，一般赞成裁并小校，其主要的支持观点如下：(1)便于发挥经济的规模效益。指当前之投入增加，长期平均成本下降，学校规模唯有在适当规模下，才能使学生单位成本降低，资源分配比例适当。(2)可以降低教师行政负荷量。小规模学校的教师几乎都身兼数职，整并小校对降低教师行政负担及提升教师效能有所帮助。(3)可以提升学生竞争力。人数过少的学校缺乏竞争的对象，学生相互学习不易，提升学习竞争力有困难，教师也比较欠缺成就感。

2. 反对并校的教育机会均等观点

许多研究发现，强制并校会有负面效应产生①。引用陈木城、郑同僚的说法："裁并小校有如三欺四切，欺贫、欺生又欺弱，不但切断儿童与乡土的联结，也切断当下农村社区生活与文化的中心，更切断游子返乡的根源以及未来农村社区发展的基础，形同不义的举措"②，是典型反对撤点并校政策的指控。Carlson 与 Buttram 也指出，小校整并尽管是立意良善，但这种政策并不是提供偏远地区以优质教育的做法③。深究反对裁并小校的

---

① Autti, O. & Hyry-Beihammer, E. K. (2014). School closures in rural Finnish communities. *Journal of Research in Rural Education*, 29(1), pp. 1-17.

② 陈木城、郑同僚：《你可以再靠近一点——天涯海角废校现场》，政大 NPO－EMBA2007 年度主题论坛"柳暗花明：偏远小学再生契机"，台北政大商学院。

③ Carlson, R. V. & Buttram, J. L. (2004). Case studies of rural schools implementing comprehensive school reform models. *Paper Presented at the Annual Conference of the American Educational Research Association*. San Diego, CA.

思维，多数是支持 John Bordley Rawls 发表于 1971 年的《正义论》中的观点。其基本出发点是把保障贫者、弱者和失利者的权益当作正义社会的先决条件，正义不允许为了使多数人享有较多的利益，而以牺牲少数人的利益为代价①。教育的功能在于促进社会流动，小校应因社会正义而持续存在于偏远地区，守护弱势学子的受教权。

反对的理由主要是强调人民教育权利的神圣性，当政府提供更多教育资源，对于促进教育机会均等与实现社会正义有积极提升的意义。师资、课程设计、教学资源与设备等资源的结构不均等，使偏远学生在学习资源与机会方面居劣势，故对于偏远小校应积极扶持而非裁并，裁并校的推动将迫使弱势学生离开原有学校，到都市学校学习。以学习效益来看，这些学生花在交通的时间成本比原本多，求学的人身安全没有保障，教师关注在他们身上的时间也缩减，也丧失了家庭教育的功能。小校相对于大校有许多优势，更容易实施个别化教学、协助弱势儿童以及促进师生互动等等②，学校毕竟与一般营利性组织的性质不同，不适合以经济成本作为整并的考虑。

3. 偏乡小型学校发展成乡村社区文化中心的观点

重温陶行知的思想，陶行知认为“中国向来办的教育完全走错了路”，现在看来是否仍有继续走错的可能性呢？时代递嬗，当前学校教育的发展已从量的满足演变成质的提升，陶行知 1926 年的《改造全国乡村教育宣言书》是要“征集一百万个同志，创设一百万所学校”，现在面临的状况已全然不同，应该迈入下一个阶段，亦即“乡村教育政策是要乡村学校做改造乡村的中心，乡村教育做改造乡村生活的灵魂”，因为“教育是立国的根本，乡村是立国的根本大计”，陶行知在《中国乡村教育运动之一斑》中指出：“学校既是乡村的中心，教师便是学校和乡村的灵魂”，应该通过学校造就“文化细胞”，以学校作为农村文化建设的根据地，再进一步结成“文化网”，实现

---

① Rawls, J. (1977). *A Theory of Justice*. Cambridge: Harvard University Press; Valli, L, Cooper, D. & Frankes, L. (1997). Professional development school and equity: A critical analysis of rhetoric and research. In Apple, M. W. (Ed.), *Review of research*, pp. 251-290. Washington: American Educational Research Assocition.

② Ready, D. D., Lee, V. E. & Welner, K. G. (2004). Educational equity and school structure: School size, overcrowding, and schools-within-schools. *Teachers College Record*, 106 (10), pp. 1989-2014.

“农夫农妇人人读书明理，安居乐业”，以学校来促进乡村文化的繁荣。

因此，偏乡教育应该是以偏乡学校为主体的教育，小型的学校有小型学校的特色，因学生人数少，师生互动频繁，学校家庭沟通就容易；又因地处穷乡僻壤，户外教学较为可行，“礼失求诸野”，学校要落实社区文化传承的功能，就是要从偏乡的学校教育做起。居住在偏乡的孩童，本应接受与都市儿童相同的待遇，但偏乡学校有其独特的情境，需要独特的解决方案，不宜以城市的角度看偏乡的问题。偏乡学校要有更大自主的空间①。

偏乡因资源贫乏，学校与社区本是一体，越偏远的学校和社区关系越密不可分，小校若裁掉，社区就走向衰亡。学校不只肩负教育，同时需兼负文化保存、少数民族语言传承等功能，成为社区终身教育、运动以及精神与学习中心。裁撤一所偏远小规模学校，将使偏远社区逐渐没落，失去交流与凝聚共识的场所，成为地图上所标示的一个点，学生也将从小就离开故乡到外地求学，最终有如陈之藩笔下失根的兰花，对于家乡不再有归属与依恋。

陶行知主张“改造社会而不从办学入手，便不能改造人的内心；不能改造人的内心，便不是彻底的改造社会”。因此，偏乡学校教育的范畴应由义务教育扩大至社区教育与大众教育，亦即中小学所扮演的角色，除义务教育工作外，还有社区与大众教育的工作可做，当社区与学校互动紧密就可赋予学校新的生命，促进社区文化生命力。

偏乡中小学也能借此对弱势儿童实施全方位的照顾，笔者曾研究某偏乡学校个案，因学生人数少，学校教师妥善运用各项资源，利用课后的夜间、假日与寒暑假，让偏乡子弟也能如都市孩子般学习舞蹈、艺术、乐器、信息等，学校成为幸福的学校。另一所个案学校则是努力提升弱势家庭子女对在地文化的认同，该校让家长担任在地文化或传统技艺讲师，“以教代赈”地提供钟点费与制作费，对弱势家庭的生活费用支助不无小补。再者，主流文化中不受重视的民俗文化活动让家长展现传统技艺，能让家长展现自信，也重拾孩子对家长的尊重。

---

① Bryant，J. A.（2010）. Dismantling rural stereotypes. *Educational Leadership*，68（3），54-58；Miller，L. C. & Hansen，M.（2010）. Rural schools need realistic improvement models. Retrieved July 11，2015，http://www.urban.org/url.cfm?ID=901342.

虽然“社会即学校”,但学校具有引领社会之责,对社区民众的问题与生活技能协助可展现学校对于社区民众的重要性,若废掉学校,也将断送社区人士终身学习的机会。当偏乡小型学校发展成社区文化中心之后,学校将是社区的灵魂,能凝聚社区成员情感,形塑、彰显在地文化。

(二)偏乡学校发展校本课程的问题

陶行知的名言:“中国乡村教育走错了路!它教人离开乡下向城里跑,它教人吃饭不种稻,穿衣不种棉,做房子不造林;它教人羡慕奢华,看不起务农;它教人分利不生利;它教农夫子弟变成书呆子。”他在《中国乡村教育之根本改造》中也指出:“中国乡村教育之所以没有实效,是因为教育与农业都是各干各的,不相闻问。”当学校与社区不相互合作,课程与社区割裂时,是不可能发展出本位课程的。国家课程虽然是基础,但基础之外还要根据各地的实际情况开设校本课程,以培养偏乡学生热爱乡土的情感。

陶行知师承杜威、克伯屈等美国教育家,从“教育即生活”发展出“生活即教育”,认为要“建设适合乡村实际生活的活教育”,并指出:“生活教育是生活所原有,生活所自营,生活所必需的教育,教育的根本意义是生活之变化。生活无时不变即生活无时不含有教育的意义……教育必须和农业携手。”因此,偏乡学校的课程应该根据生活的需要,过怎样的生活就有怎样的教育,如陶行知所说的“教育就是生活的改造”,课程必须跟学生的生活相结合。

既然“生活主义包含万状,凡人生一切所需皆属之,并且要在一般的生活里,找出教育的特殊意义,发挥出教育的特殊力量。同时要在特殊的教育里,找出一般的生活联系,展开对一般生活的普遍而深刻的影响。把教育推广到生活所包括的领域,使生活提高到教育所瞄准的水平”;偏乡教育必须以农村生活为内容,如陶行知所言:“他头上顶着青天,脚下踏着大地,东南西北是他的围墙,大千世界是他的课室,万物变化是他的教科书。太阳月亮照耀他工作,一切人,老的、壮的、少的、幼的、男的、女的都是他的先生,也都是他的学生。”因此,在课程选择方面应由学校教材走入社区取材,课程组织也以在地文化为核心。

偏乡的小校发展有特色的校本课程已是先进国家常见的样貌,以美国为例,以学校为主体的偏乡学校改革政策在 1997 年国会就通过一系列课程改革的方案,这些学校可以自主选择适合学校运营的模式,政府部门邀请专家提供协助①。

学校若位于边疆少数民族聚集地区，更能协助少数民族展现对课程内容诠释的主体性。以笔者曾参与的研究为例，个案学校申请的许多方案都与社区密切合作，学习或培训部分也是以社区民众及学生为主要对象，这些方案的规划、实施乃至评鉴会耆老与社区民众都会参与，让师、生的角色扮演不再明显，而是采取相互沟通学习的模式。校本课程对当地文化的介绍，悉以“主动的阐释”来取代书本“被动的解释”，是所有研究参与者难得且特殊的体验。

（三）应试主义主导的偏乡学校文化问题

东亚国家的学校教育常以认知导向的智育学习为主，即使许多西方学者如 Piha 和 Miller 也认为学校教育的内容最重要的是增进学业成就，甚至认为必须利用专业的能力测验筛选出真正需要接受补救教学的学生②。先设计有系统的教材教法，重点放在把学生“从不会的地方教到会”，找出学生的“能力起点”加以补救，学习成效也利用已开发出来的网络能力检测工具来验证，强调学力学习的学者对蓬勃发展的“特色小学”感到忧心，其观点认为中小学应该要先奠定学生读、写、算的基础，再谈发展多元特色。学校若以发展艺术、歌唱、运动为特色，在得到奖励和补助后，师生满足感提升，反而可能导致学校办学目标模糊化，学生也可能会误以为学习到的才艺就是自己未来努力的方向。

大多数的学者其实较支持“全人教育”，支持“多元智能”的学习，认为学生应该有和其他学生互动以及休闲的机会，尤其是更多的校外学习（如由专业人士导览参观博物馆、美术馆，以及社团活动与社会服务等学习经验），以提升学生的生活能力与社交能力。

当前东亚地区因升学主义、文凭主义导致的应试教育，学校教育几乎一面倒向知识的学习，若以大家都熟知的布鲁姆的学习目标分类（认知、情

---

① Carlson, R. V. & Buttram, J. L. (2004). Case studies of rural schools implementing comprehensive school reform models. *Paper Presented at the Annual Conference of the American Educational Research Association*. San Diego, CA.

② Piha, S. & Miller, B. (2003). *Getting the most from afterschool: The role of afterschool programs in a high-stakes learning environment*. Wellesley, Mass.: National Institute on Out-of-School Time.

意与动作技能)来分析,就是过度重视认知领域的学习①。陶行知针对教育目标的说法虽然跟布鲁姆不同,但陶行知所强调的也是全方位的学习。陶行知早年就指出,旧教育培养"人上人",新教育应培养全面发展的"人中人",真正的教育不分阶级,不是分别培养"官人"和"庸人"。他说:"先生不应该专教书,他的责任是教人做人;学生不应该专读书,他的责任是学习人生之道。"他当年创办南京安徽公学时也为这所学校提出"研究学问,要有科学的精神;改造环境,要有审美的意境;处世应变,要有高尚的道德修养"三个教育目标,简言之就是真善美的教育目标。

陶行知更抨击当时严重脱离社会现实的教育,认为这种教育是"教学生自己吃自己",他的名言"千教万教教人求真,千学万学学做真人",此处的"真"实则相对于形式主义与书本至上的"假",如其《活的教育》指出:"要用活的人教活的人、拿活的东西去教活的学生,以及拿活的书籍去教小孩。"他又强调"教学做合一"事实上就是以做为中心,如其所谓"事怎样做便怎样学,怎样学便怎样教。教而不做,不能算是教;学而不做,不能算是学"。他在《行知行》一文中也说:"行是知之始,知是行之成。"总之,陶行知反对没有生活做中心的死教育、死学校、死书本,认为只有书本知识的学习不是真正的学习。

依全人教育的理念,学习的内容不应只是学校认知方面的学习,还应是教师能耐心倾听学生的生活点滴,亲切地指导课业,学生可以学习自己喜欢的知识或技能,并从中得到放松与休闲。如同 Halpern 指出的"就是当个儿童",让学生拥有探索与学习的机会,让他们除了陶行知所说的读死书之外,能有时间去"闲晃与做梦"②。

我曾接触过几位让我很感动,行谊就如同陶行知般的教育公益组织负责人。他们无怨无悔地教养留守儿童与流动儿童,考试分数的高低完全不在他们的想法之内,他们只是单纯地想在破碎的家庭、冷漠的学校、疏离的社区外给弱势孩子提供一个温暖的"家"。

---

① Bloom, B. S. (1956). *Taxonomy of educational objectives : The classification of educational goals*. New York, NY: Longman, Green.

② Halpern, R. (1999). After-school programs for low-income children: Promise and challenges. In R. E. Behrman (Ed.), *The Future of Children : When School Lis Out* (pp. 81-95). Los Altos, Calif. : David and Lucile Packard Foundation.

（四）偏乡教师的角色扮演问题

偏乡教师除了要扮演传统经师（教学者）与人师（典范者）的角色外，陶行知认为他们还要扮演更多元的角色。研究者归纳有三种角色：一是“生活实践者”，因他认为偏乡教师“要有农夫的身手”，这是针对当时偏乡教师必须像农民能苦干实干；二是“科学思考者”，教师“要有科学的头脑”，这也是针对民国初年鼓吹扫除迷信，身为基层教师当然更必须懂得自然与社会科学知识，陶行知的说法是“科学必须下嫁。知识必须给予农民”，“科学为近世文明之特彩，西方富强之源泉”，“小学教师必须拿着科学的火把引导儿童过渡。不懂科学的人，不久便不能做好教师了”；二是“社会改造者”，教师“要有改造社会的精神”，绝不可独善其身，陶行知的理想是“每一个乡村师范毕业生将来能负改造一个乡村的责任……乡村教师与未来的乡村教师，心里应当有一个理想的社会……要把这个原有社会的恶习惯、坏事情统统革除，把我们心中理想的新社会实现出来”。

陶行知虽仅列举了三个，但其本质是教师必须是多元的角色，尤其在现代多元社会中，教师要扮演的角色更是多元，还应该是学生的“学习辅导者”，家长与学校的“合作协调者”，社区与家长的“教育支持者”，乃至新课程的“设计实践者”，但绝对不是也不应是学生的“高分促进者”。

（五）偏乡学校与社区互动的问题

学校，家庭及社会，都肩负教育下一代的责任，三者的密切合作互动对儿童的学校出席率、正当行为、自主性、学术成功及学术抱负都有很大的影响，只有结合学校、家庭及社会同负对学生学习与发展的责任才能有效改进教育[①]，家庭、学校与社区开放与信任的沟通非常重要，三者的关系是影响学生成功的重要因素。

陶行知把传统的旧学校比作一个“大鸟笼”，学校与社会之间隔着不可逾越的高墙，他认为“社会即学校”，因此学校应该扩大教育的参与面，从校内迈向整个社会；又“社会即学校”与“生活即教育”关系密切，不应狭义解释成应根据社会的需求办学校，而是学校办教育参与的对象应扩展至全社会。陶行知说：“农业没有教育，就失了促进的媒介”“教育须与农业携手”，

---

① Epstein, J. L. (2011). *School, family, and community partnerships: Preparing educators and improving schools* (2nd ed.). Boulder, CO: Westview Press.

因此早年晓庄学校作为“改造农村生活的中心”，学生在老师的指导下自己开荒、建茅屋，做事读书，还走出校门参与村里事务，成立民众学校，开办中心茶园，创办晓庄医院等；现今的“社会即学校”应是指社会上人人皆可为师，皆可参与学校事务，且人间处处皆学问，学生也应该关心国家与社会的公共事务，而这些正是现今偏乡学校可以推动的事务。

一般家长可能认为教育专业属于学校教育工作人员的权责，家长参与校务进入校园，大多只能担任协助的角色；学校体制也常为突显教育专业，努力跟家长划清专业领域范围。然而，学校之课程内容及教学活动，应该与学生的生活世界及其赖以生活的土地相结合，借由社区资源的融入与课程实施，开启社区文化保存与创新的契机，这与当前许多国家在提倡的“社区总体营造”的理念是一致且契合的。以澳洲为例，偏乡存活的小校都与在地社区有很好的联结①。澳洲著名的偏乡教育研究者怀特和克莱恩就曾提出：一个合格的偏乡教师要具备的能力不能只有“课堂准备”好了，还必须是“学校与社区准备”都好了才能胜任偏乡教育环境的各种挑战②。当偏乡家长、教师、学生、社区人士和其他人彼此都视对方为教育的伙伴时，学生周围将会形成一个关怀的社区氛围③。

四、展望偏乡教育的未来

民国初年，当时“中国以农立国，十之八九住在乡下”，陶行知主张“以教育救农村”有其独特性与时代意义，唯时代更迭，唯一不变的是，教育改革的根本问题还是在偏乡农村。文章先简述台湾的陶行知研究实况，再以陶行知的教育理论为本来讨论当前偏乡小校裁并、校本课程、应试主义、教师角色与社区互动等问题，也发现陶行知的教育思想并不因年代久远而嫌过时，与各种国内外理论与实证研究交互讨论后反而给人一种历久弥新之感。

---

① Lyson, T. (2002). What does a school mean to a community? *Journal of Research in Rural Education*, 17(3), pp. 131-137.

② White, S. & Kline, J. (2012). Developing a rural teacher education curriculum package. *The Rural Educator*, 33(2), pp. 36-42.

③ Epstein, J. L. (2011). *School, family, and community partnerships: Preparing educators and improving schools* (2nd ed.). Boulder, CO: Westview Press.

都市教育的现况绝非偏乡教育的未来，偏乡学校有其独特的情境，需要独特的解决方案，让偏乡学校有更大的弹性空间[①]。在偏乡地区，学校可以更积极扮演文化中心的角色，创意与善意地开发与保护地方文化与自然资源，让地方产业生存发展，让青年有返乡意愿。在现有的学校体制下，偏乡学校可以展开实验课程，可以办理寒、暑假的营队探索体验，可以让班级家长互动与学习，也可以办理特色游学将地方特色融入课程，培养学生在地认同，并分享教育资源、促进地方繁荣。国家统一的课程无法适应不同地区文化需求与在地学生之特性，有素养的偏乡教师会将文化与环境资源融进课程，帮助学生洞察本身与在地文化的独特性，这对其自我与文化认同都有帮助。

美国有些州鼓励农村学校之间共享师资、设施、远程学习技术等资源，从而发挥教育资源的最大效用，“为美国而教”以及“特许学校”等非营利组织也为偏乡教育师资不足以及适性课程不够的问题提供了部分解决之道；苏格兰容许偏乡在地学校使用弹性的课程、学制与考试机制[②]；澳洲成立基金会来视偏乡地区的差异量身培养师资[③]。另外，台湾有许多大学与偏乡中小学进行课程与教学的实验计划，或是透过互联网支持偏乡中小学在线一对一教学，民间部门有均一、永龄、博幼、孩子的书屋等民间组织，各自投入不同偏乡区域为教育而努力；大陆有21世纪教育研究院推动“中国农村小规模学校联盟”，以各校资源整合的联盟形式来推动教育革新，其成效都令人期待。

虽然大家都知道由下而上的教育改革很重要，但正如爱泼斯坦对有效能的学校与社区的研究中发现，影响学校扮演社区文化中心的主要因素有“学校家庭与社区的伙伴关系”“行动团队的领导”“学习者中心的氛围”以

---

① Miller, L. C. & Hansen, M. (2010). Rural schools need realistic improvement models. Retrieved July 11, 2015, from the World Wide Web: http://www.urban.org/url.cfm?ID=901342.

② Rennie, F. (2003). The use of flexible learning resources for geographically distributed rural students. *Distance Education*, 24(1), pp. 25-39.

③ Trinidad, S., Sharplin, E., Ledger, S. & Broadley, T. (2014). Connecting for innovation: Four universities collaboratively preparing pre－service teachers to teach in rural and remote western Australia. *Journal of Research in Rural Education*, 29(2), pp. 1-13.

及“州与区层级的支持”等四项①,其中第四项,亦即政府部门的支持其实是关键,也非常重要。

偏乡教育除口号外,要有实际的作为,陶行知在20世纪就强调必须“教学做合一”,只空谈理想而不务实的教育无用。学校缺乏的不只是硬件的资源,主要还是软件的,如陈国华与袁桂林所说的:“农村小规模学校在教育系统内外各种力量的裹挟下,处于‘内外无援’的孤立状态。……学校缺乏合法渠道从村社中获得资源,进而隔断了学校与农村社区的联系,学校成为乡村的‘孤岛’。”②许多教师不会留在偏乡潜在的因素可能是低薪、交通不便等等,邬志辉、秦玉友的《中国农村教育发展报告2012》也发现,农村虽然得到了硬件的改善,但由于工资待遇低下,职称评定难,教师的流动率非常高③。

虽然大多数传统的师资培育课程不预设师资生未来会留在偏乡当老师④,但偏乡不应是初任教师的职业训练所。洪兰在《等待的投资》一文指出:“一个国家的钱,如果不用在教育上,一定用在监狱上。”偏乡总要有资源的引入才有前进的动力,总不能仅依靠呼吁偏乡教师要有“教育爱”,必须无私奉献“教育救国”。不可能要求人人都是雷峰,毕竟大多数人是凡夫俗子,且国家民族的教育责任都要老师来背负也太沉重,政府必须要有完善的制度来支持基层教师,最起码要有积极性的差别待遇的资源投入,偏乡仅靠民间教育公益组织的资源毕竟不够,还要有更多的政府资源带头对偏远小校进行援助。另,更应该从法治层面立法(如日本的偏僻地区教育振兴法)或颁订专项实施计划(如美国的Rural Education Achievement Program, REAP)以及从制度面(如优惠工作薪资、优先职称晋升、翻转师

---

① Epstein, J. L. (2010b). School/family/community partnerships: Caring for the children we share. *Phi Delta Kappan*, 92(3), pp. 81-96; Epstein, J. L. (2011). *School, family, and community partnerships: Preparing educators and improving schools* (2nd ed.). Boulder, CO: Westview Press.

② 陈国华、袁桂林:《学校联盟:农村小规模学校发展的新探索》,《中国教育学刊》2016年第6期,第56页。

③ 邬志辉、秦玉友:《中国农村教育发展报告2012》,北京师范大学出版社2014年版。

④ Azano, A. P. & Stewart, T. T. (2015). *Journal of Research in Rural Education*, 30(9), pp. 1-12.

资轮岗制度、增加师范高考名额等)改善,让偏乡学校成为社区文化堡垒,积极推动社区总体营造,结合社区与学校共同发展地方特色,这样才有可能真正“弥平城乡差距”与“实现社会正义”。

(何俊青系台东大学师范学院教授,延安大学教育发展战略研究中心兼职研究员。孙刚成系延安大学教育发展战略研究中心主任、副教授。)

陶行知的文化观念及其教育影响

张亚群　冯　寅

在中国近现代教育史上，陶行知先生以其“知行合一”的教育理念和平民化的教育实践，激励和哺育了几代人的成长。自20世纪90年代以来，学术界有关陶行知的成长历程、教育思想、办学成就、历史评价已取得了诸多成果，对于其文化思想的渊源和特点也作了深入探析①；相比之下，对于陶行知教育思想的文化渊源、其文化理念的教育影响论析尚不多见。作为杰出教育家，陶行知对文化的本质特征、文化与教育的关系有深刻理解，其教育思想具有广博深厚的文化渊源。他谈文化离不开教育，论教育常涉及文化，将文化观念与教育理念融为一体，转化为创办平民教育的实践活动。本文在前贤研究的基础上，以《陶行知全集》(湘教版和川教版)为基本史料，探析陶行知文化观念的内涵及其对教育理念和办学实践的重要影响，以就正于方家。

一、陶行知对于文化的深刻认识

个体的文化观念是在生活、教育和社会实践中形成的理性认识，是世界观的外在表现，它涵盖了价值观、伦理观、人生观等丰富内容。陶行知文化观念的形成，与其独特的家庭、时代背景和教育经历密切相关。陶行知1891年出生于安徽省歙县一个平民家庭，自幼饱尝生活的艰辛。他原名陶文濬，六岁开蒙，八岁入经馆伴读，深受儒家思想熏陶，奠定了传统文化的根基。他十四岁入读基督教内地会在当地兴办的崇一学堂，开始接受西方教育。1909年秋，陶行知考入南京汇文书院读预科，后并入金陵大学。在此期间，他对王阳明学说产生浓厚兴趣，信奉“知是行之始，行是知之

---

① 熊贤君、周洪宇、余子侠：《陶行知研究国际学术研讨会综述》，《华中师范大学学报(哲学社会科学版)》1997年第1期，第82—85页。

成”①，遂改名“知行”。1914 年 6 月，陶行知以总分第一名的优异成绩从金陵大学毕业；后赴美就读哥伦比亚大学师范学院，师从杜威、孟禄、克伯屈等教育大家。这些教育经历使他深受中西文化影响，形成兼容并包、民主进化的文化观。加之亲历近代中国的积贫积弱，激发了其强烈的教育救国理想。伴随教育实践的扩大，陶行知的文化观念不断发展，由崇尚“知是行之始”转为信仰“行是知之始”。职此之故，他乃于 1934 年改名“行知”。

勤奋好学和丰富阅历，造就了陶行知的博识多才。正如论者所言：“凡是与陶行知直接接触过、交谈过或阅读过他的著作的人，都会发现他学识渊博，涵养丰厚，具有学贯中西的大家风度。”②综观《陶行知全集》，有关文化的论述占有重要地位，其中包括《文化细胞》《文化网》《文化解放》《中国新文字》《我们对于推行新文字的意见》《大众语文运动之路》《文言白话又一战》等专论文化的文章 30 余篇，以及《活的教育》《生活教育》《儿童的创造教育》《生活教育之特质》等更多的教育篇章，论及文化问题。这些论述既专精又广博，总结了文化的起源、本质、特征、功能，反映出陶行知的文化观念。概括而言，其文化观念主要包括以下内涵。

第一，文化是生活的工具，应使人们获得更好的生活。

陶行知指出，文化是什么，初看起来是一个很容易答复的问题，但是仔细想一下，却有些困难。“除了大自然之外，凡是人类所创造的一切都是文化了。凡是可以用来生产、战斗、交通、享乐、治理、思想的工具以及这些工具所引起的变化都可以当作文化看待了。这是一个顶宽的看法，也是一种顶简单的看法。”“因此我们要从这广大的事物里抽出一部分来，特别叫它为‘文化’。这部分便是记录思想、传达思想、发展思想、改变思想的符号、工具和行动。照这样看法，在文化里面是包含了书籍、报纸、喜剧、电影、学校教育、社会教育、民众运动，高深学术研究等等。在本质方面看，文化工作是反映着人类经济政治的思想。这个定义是与一般人普通所想的接近。”③在这里，陶行知区分了广义和狭义的文化，并强调文化是记录和改

① 王阳明：《王阳明全集》，国学整理社 1936 年版，第 3 页。

② 周洪宇：《近代知识分子与教会教育——一项以陶行知为观照基点的历史透视》，章开沅、[美]林蔚：《中西文化与教会大学》，湖北教育出版社 1991 年版，第 379 页。

③ 陶行知：《文化解放》，华中师范学院教育科学研究所：《陶行知全集》第 3 卷，湖南教育出版社 1985 年版，第 75—76 页。

造思想的工具，将广义的文化集中在教育层面，与思想、知识、学校、高深学术相结合。

在陶行知的文化观念中，其核心在于文化应为教育服务，而教育是以生活为中心。陶行知认为："文化是人类创造出来的，固然是非常宝贵，但他也不过是一种工具而已，不能拿做我们教育的中心。人为什么要用文化？是要满足我们人生的欲望，满足我们生活的需要。"①文化为生活教育服务，文化的解放与进步，将推动教育的解放与进步。

第二，文化是劳动的产物，具有实践性和创造性。

陶行知主张，人们在劳动实践中获得知识和文化。他指出："文明是人类用头脑和双手造成的。只会劳心而不会劳力和只会劳力而不会劳心的人，都是没有希望。"②大学时期，陶行知崇尚王阳明的"知行合一"学说。在此后求学和教育实践中，他逐渐意识到，"劳力"（动手实践）对教育更为重要。在纽约的一次讲演中，陶行知提出："文化是劳动的结果。双手创造了头脑和文化。"他总结了文化产生和交流中五个"再发现"："再发现了学者的手"，"再发现了工农的脑"，"再发现了文化是做进一步解放的工具，而不是逍遥的玩具"，"再发现文化应是所有参与它的创造的人们共同享受的，而不是少数人的私有品"，"再发现文化是作进一步创造的基础，而不是仅仅创造一次以后便停止不前的东西"③。这些论述阐明了文化的起源，揭示出文化的本质特性。

第三，文化具有大众性，应为大众服务。

陶行知认为，文化包含教育，文化首先是大众的。文化大众化既是教育大众化的前提，也是其内容。教育是解除国难的有效方式，愈多民众接受教育，则民族愈强大。因此，他追求文化为公、教育为公，毕生致力于平民教育、普及教育，将文化与教育从特权阶层中解放出来，如其所言："我国的传统教育和现行的教育，只能造成少数人的力，空谈的力，散漫的力，被

---

① 陶行知：《生活即教育》，华中师范学院教育科学研究所：《陶行知全集》第 2 卷，湖南教育出版社 1985 年版，第 185 页。

② 陶行知：《莫轻看徒弟》，华中师范学院教育科学研究所：《陶行知全集》第 2 卷，湖南教育出版社 1985 年版，第 405 页。

③ 陶行知：《出访二十六国日志》，华中师范学院教育科学研究所：《陶行知全集》第 3 卷，湖南教育出版社 1985 年版，第 183 页。

动的力，头脑的力。我们从此要改造教育，使教育普及于大众；使受教育者都能实践力行，从行动上去求得真知识；并使大众组织起来，自动去做他们的事；而仅用脑的知识分子，要使他们变成兼用手的工人，仅用手的工人、农人等都变成兼用脑的知识分子。这才能把少数人的力，变成多数人的力；空谈的力，变成行动的力；散漫的力，变成组织的力；被动的力，变成自动的力；仅用脑和仅用手的力，变成脑手并用的力。于是我们就可以造成极伟大的民族力量，来解除一切国难。”①大众拥有教育的充要条件是文化必须回归大众，因此，陶行知特别强调文化的解放：“文化是大众所创造的。文化是被小众所独占。现在应该将文化从小众的手里解放出来。创造文化的大众应该享受创造的结果。”②

第四，文化具有发展性，应与时俱进。

陶行知接受西方近代文化思想和民主政治学说，身处积贫积弱的近代中国，对封建文化的落后性有深刻认识。他指出：“文化的使者在中国是坐着特别慢车游历”③；“我们要知道，孔子的故乡到现在还是一个文化的荒岛。在这文化的荒岛上，只有少数人得着一种残废的教育，而多数人还是划于化外，在生存线上挣扎着。说了孔子的故乡，再看孔子的祖国，多数人的文化是一样的落后，一样的偏枯，一样的短命”④。陶行知认为，文化的活力来源于与时俱进，与时代脱节的文化是没有力量的；进步的文化则推动民族国家的发展，减少战乱。早在1913年，陶行知就谈到杀机与文化的关系：“杀机随文化以为推移”，“文明愈进，则杀机愈少；文明之极，则杀机永消于无形。彼时之一番泰和气象，实足令人津津生羡也”⑤。封建文化的保守与落后，导致近代中国国际地位一落千丈。文化的进步在于，既保

---

① 陶行知：《国难与教育》，华中师范学院教育科学研究所：《陶行知全集》第2卷，湖南教育出版社1985年版，第587—588页。

② 陶行知：《文化解放》，华中师范学院教育科学研究所：《陶行知全集》第3卷，湖南教育出版社1985年版，第76页。

③ 陶行知：《古庙敲钟录》，华中师范学院教育科学研究所：《陶行知全集》第2卷，湖南教育出版社1985年版，第477页。

④ 陶行知：《从孔德成的教育说到孔子的故乡与祖国》，华中师范学院教育科学研究所：《陶行知全集》第2卷，湖南教育出版社1985年版，第773页。

⑤ 陶行知：《杀机之天然淘汰》，华中师范学院教育科学研究所：《陶行知全集》第1卷，湖南教育出版社1984年版，第31、32页。

存国粹也积极学习西方进步的科学文化乃至社会制度。陶行知指出,德国之强盛在于吸收他人之文化,继承古希腊文化,学习法英文化。中国也应学习德国,保持开放进步的文化心态。

陶行知提出进步的教育建立在进步的文化之上,文化与教育必须适应时代发展的要求,以促进大众掌握现代文明。他说:“文化进步,是没有止境的;世界环境和物质的变化,也是没有一定的。活的教育,就是要与时俱进。”①“时代是继续不断的前进,我们必得参加在现代生活里面,与时代俱进,才能做一个长久的现代人。否则,再过几年又要成为时代落伍者了。因此,我们必须拿着现代文明的钥匙,才能继续不断的去开发现代文明的宝库,保证川流不息的现代化。这个钥匙便是活用的文字符号和求进的科学方法。普及教育运动之最大使命,便是把这个钥匙从少数人的手里拿出来交给大众。”②这些论述集中体现了陶行知文化观的现代性和发展性。

第五,文化具有互补性,应学习西方文化之长。

近代中国开放的教育环境,为学人提供了学习西方科学、文化的机遇,促进了中西文化的融会贯通③。如同一时期其他教育家一样,陶行知秉持中西文化互补的理念。他认为,西洋文化有两点能够补充东方文化:一是运用科学改造天然环境,二是运用社会组织以谋充分之协作。他因此提出:“我希望个个学校都能得到这种精神。好为中国造就能组织、能团结、能为共同幸福从事共同活动之新国民。倘使这些学校既能培养团体生活,又能运用科学知识以改造天然环境,征服天然势力,那么,他们岂不成为更切需要、更合理想的学校吗?”④因此,陶行知极力主张将科学知识与现代社会制度引入、扎根中国社会,改造旧文化。

另一方面,陶行知反对流行一时的全盘西化论,呼吁保存和弘扬中华语言文化。早在大学期间,陶行知即倡导和推动该校文艺会增加了汉语演

---

① 陶行知:《活的教育》,华中师范学院教育科学研究所:《陶行知全集》第 1 卷,湖南教育出版社 1984 年版,第 181 页。

② 陶行知:《攻破普及教育之难关》,华中师范学院教育科学研究所:《陶行知全集》第 2 卷,湖南教育出版社 1985 年版,第 782 页。

③ 张亚群:《中国近代大学通识教育与创新人才培养》,福建教育出版社 2015 年版,第 259 页。

④ 陶行知:《无锡小学之新生命——开原乡立第一小学一日生活记》,华中师范学院教育科学研究所:《陶行知全集》第 1 卷,湖南教育出版社 1984 年版,第 636—637 页。

说，校报《金陵光》增办中文版，并担任中文编辑和主笔[①]。在校报中文版“缘起”中，陶行知指出：“自西学中输，新学派之醉心欧化，蔑视国文也久矣。殊不知腐儒鄙弃西学，固属偏见；而新进蔑视国文，尤为忘本。夫国文之用，所以表示一国人之思想，记载一国人之行动，以互相传达，而特异于外人者也。故国界一日不消除，则国文一日必留存，未有有国而可弃其国文者也。国文有缺点，吾当补缀之；国文有窒塞，吾当贯通之；国文衰暗，则当改良之，光明之。其事实难，然吾辈青年学子所不可放释之责任也。”所以增办中文报，“以磨炼作国文之才，而唤起爱国文之心。能作能爱而后可言保存；能保能存而后可言光明”[②]。这既表达了陶行知的新文字改革思想，更反映其挚爱中华语言文字的拳拳之心。

为了促进中西文化互补，陶行知主张加强中外教育交流互动。在《对于参与国际教育运动的意见》一文中，他指出：“这种会议，如果办理得好，从小的方面看，可使到会各国交换知识；从大的方面看，或可解决些国际教育的问题，以谋世界文化的改造。我们若不想在世界文化上占一地位也就罢了，如果是想占地位的，那对于这种会议也免不了要参与的。”[③]由此可见，陶行知的文化观具有极大的开放性和包容性。

二、对于文化与教育关系的精辟分析

陶行的知教育理念与文化观念一脉相承，反映了科学、民主的价值判断和理想追求。在文化与教育的关系上，陶行知提出了以下一些重要观点。

其一，文化与教育相互作用。陶行知认为，文化与劳动、生活与教育密不可分。文化既是教育改造的前提，也为改造教育服务。他指出：“生活教育既以生活做中心，立刻就与几种传统思想冲突。”“依生活教育的见解，一切文化只是生活的工具。文化既是生活的工具，那能喧宾夺主而做教育的

---

① 唐文权：《青年陶行知人生奠基所在》，《中西文化与教会大学》，湖北教育出版社1991年版，第340页。

② 陶行知：《增刊中文报之缘起》，华中师范学院教育科学研究所：《陶行知全集》第3卷，湖南教育出版社1985年版，第649页。

③ 陶行知：《对于参与国际教育运动的意见》，华中师范学院教育科学研究所：《陶行知全集》第1卷，湖南教育出版社1984年版，第238页。

中心?”[①]另一方面,教育政策的得失也影响文化的盛衰。“中国有四千余年的历史,二千余年的文化,照理讲来应该站在时代的最前线。为什么现在不但不能和欧美各国并驾齐驱,而且还处处跟人不上?这个原因固很复杂,但是过去教育政策的失败,可以算是主因。”[②]因此,必须把握正确的教育政策导向,促进民族文化的更新与发展。

其二,文化组织是教育普及的有效方式。陶行知指出文化组织比教育组织具有更广泛的作用,建议“要创造一种文化细胞”[③]。这种文化细胞与大众生活息息相关,是活的教育机构,比学校范围更为广泛,时间更为持久。其做法是结成“文化网”:“无论在乡下或是在城里,都是要把单个的‘文化细胞’联合一气,把它范围里面的人一齐捞到时代的岸上来,不使一个漏掉。”“文化细胞是基本的组织;文化网是有提纲挈领的作用。从事普及教育者必须兼筹并顾,方能发生广大深刻的效力。”[④]陶行知还提出,文化组织不应拘泥于常规教育机构,“我们要把文化从模范监牢里解放出来,使它跑进大社会里去。社会即学校。文化的场所多着哩。茶馆、酒楼、戏院、破庙、茅棚、灶披、晒台,甚至于茅厕,在今日都成了大众的课堂。整个民族解放运动成了大众的课程。平常的课程如果是和民族解放运动配合起来,就不得不起质的变化”[⑤]。通过建立这样的文化组织,生动地学习,这才是活的教育。

其三,新文字是教育进步的重要内容。在《我们对于推行新文字的意见》等文中,陶行知高度评价新文字的作用与地位。他提出:“大众语是代表大众前进意识的话语,大众文是代表大众前进意识的文字”[⑥];“大众文

---

① 陶行知:《晓庄三岁敬告同志书》,华中师范学院教育科学研究所:《陶行知全集》第2卷,湖南教育出版社1985年版,第210页。

② 陶行知:《目前中国教育的两条路线——教劳心者劳力,教劳力者劳心》,华中师范学院教育科学研究所:《陶行知全集》第2卷,湖南教育出版社1985年版,第597页。

③ 陶行知:《文化细胞》,华中师范学院教育科学研究所:《陶行知全集》第2卷,湖南教育出版社1985年版,第828页。

④ 陶行知:《文化网》,华中师范学院教育科学研究所:《陶行知全集》第2卷,湖南教育出版社1985年版,第830、831页。

⑤ 陶行知:《文化解放》,华中师范学院教育科学研究所:《陶行知全集》第3卷,湖南教育出版社1985年版,第78页。

⑥ 陶行知:《大众语文运动之路》,华中师范学院教育科学研究所:《陶行知全集》第2卷,湖南教育出版社1985年版,第683页。

字的解放是大众文化的解放的钥匙”①；“新文字是不但不阻碍中国统一，而且确有力量帮助唤起大众挽救我们的垂危的祖国”②。因此，应将新文字作为学校课程的重要内容。“一切公立学校，都应该教白话文，不应该教文言文；凡合乎现在社会需要的文言文，都应该翻成白话文。”③具体来说，学校通过汉字、注音字母、拼音文三管齐下的方式进行大众文教学，同时教育内容的编辑者，教师需要做一番“滤清”的工作。“要把时代落伍的意识滤掉，要把麻醉的毒质滤掉，要把古典滤掉，要把洋文法滤掉。”④

其四，大学为创造文化之学府。在大学与文化关系方面，陶行知提出了诸多精辟见解。他认为：“大学为创造文化之学府”⑤；“创造的大学里最重要的是学术自由”，即“追求真理的自由”，这是学术赖以产生的基础⑥。大学教育的要素有二：“一个是使学生养成用科学方法解决问题的能力；一个是教师与学生应当养成密切的关系。一个是关于思想，一个是关于情操。”⑦针对民国时期大学教育存在的弊端，陶行知提出尖锐批评：“今日高等教育最不良之倾向，一为贵族化。……此种教育上极端不平等之现象，一日不铲除，则教育将永无推进之望。此应澈底改革者之一。次之，教育工厂化……复次，今日教育之商业化。”⑧这些论述切中肯綮，对其办学活动产生了重要影响。

---

① 陶行知：《文化解放》，华中师范学院教育科学研究所：《陶行知全集》第3卷，湖南教育出版社1985年版，第77页。

② 陶行知：《我们对于推行新文字的意见》，华中师范学院教育科学研究所：《陶行知全集》第3卷，湖南教育出版社1985年版，第49页。

③ 陶行知：《文言白话又一战》，华中师范学院教育科学研究所：《陶行知全集》第2卷，湖南教育出版社1985年版，第679页。

④ 陶行知：《大众语文运动之路》，华中师范学院教育科学研究所：《陶行知全集》第2卷，湖南教育出版社1985年版，第685页。

⑤ 陶行知：《大学为创造文化之学府——致马夷初》，方明：《陶行知全集》第11卷，四川教育出版社2005年版，第194页。

⑥ 陶行知：《创造的大学里最重要的是学术自由》，方明：《陶行知全集》第11卷，四川教育出版社2005年版，第671页。

⑦ 陶行知：《大学教育的二大要素》，方明：《陶行知全集》第11卷，四川教育出版社2005年版，第62页。

⑧ 陶行知：《改革高等教育之管见》，方明：《陶行知全集》第11卷，四川教育出版社2005年版，第428—429页。

三、陶行知文化观念的教育影响

陶行知的文化观念是其教育思想的重要来源之一，文化观念中形成的基本概念和价值判断，在教育思想中得以发展和具象化。他毕生追求的目标是，以文化服务教育，通过教育改造中国社会。陶行知的文化观念对其办学活动的影响，主要表现在以下五方面。

第一，在教育目的上，以生活教育为目标，建立“真的集体生活”。

文化是劳动的创造物，教育是这一理念的实践。陶行知认为，文化不仅包括坐而论道，更应作而行之，行在知前。因此，他创办晓庄学校、育才学校，提倡“知行合一”，从做中学，大力推动劳动教育，培养学生动手能力与劳动技能。陶行知认为，反传统教育也不是反对固有的优点。“我们对于中国固有之美德是竭诚的拥护。但是‘满朝朱紫贵，尽是读书人’的升官教育，以及‘为教书而教书，为读书而读书’的超然教育，我们都是反对的。”“教育必须是生活的。一切教育必须通过生活才有效。”①谈到育才学校集体生活时，陶行知提出：“劳动生活，健康生活，政治生活对于学生精神和品格上之陶冶及锻炼，便同时是文化教育。”②他呼吁：“中国已经到了生死关头，争取大众解放的生活教育，自有它应负的历史的使命。为着要争取大众解放，它必须要争取中华民族的解放；为着要争取中华民族的解放，它必须教育大众联合起来解决国难。”③“真的集体生活必须有共同目的，共同认识，共同参加。”④

第二，在教育对象上，以平民为主体，致力推广平民教育。

受民主化思想影响，陶行知认为，文化不是贵族、小众的特权，文化属于大众的创造。1917 年，二十六岁的陶行知立下“我要使全中国人都受到教育”的志向，由美回国，从此投身教育改造活动。他以从事乡村教育的同

① 陶行知：《告生活教育社同志书——为生活教育运动十二周年纪念而作》，华中师范学院教育科学研究所：《陶行知全集》第 3 卷，湖南教育出版社 1985 年版，第 338 页。

② 陶行知：《育才学校教育纲要草案》，华中师范学院教育科学研究所：《陶行知全集》第 3 卷，湖南教育出版社 1985 年版，第 370 页。

③ 陶行知：《生活教育之特质》，华中师范学院教育科学研究所：《陶行知全集》第 3 卷，湖南教育出版社 1985 年版，第 28 页。

④ 陶行知：《育才学校创办旨趣》，华中师范学院教育科学研究所：《陶行知全集》第 3 卷，湖南教育出版社 1985 年版，第 378 页。

志自居，并“要把我们整个的心献给我们三万万四千万的农民。……我们必须有一个‘农民甘苦化的心’才配为农民服务，才配担负改造乡村生活的新使命”[①]。文化的大众性，决定了教育的主体是民众，在近代中国，就是要以广大农民为教育对象。

为推进教育民主，陶行知积极广招生源、拓展教学组织。在南京高师期间，他不仅任南京高师工读协助研究、改良考试等委员会主任，还任学生自治、暑期学校和女生研究等委员会委员。1920年，他在校务会议上报告招生问题，强调“不论男女，均可录取”，规定了录取女生的数额，9月促成南京高师首次招生女生。另外，为提高中小学师资水平，他在南京高师举办首次暑期学校，组织留校学生教附近平民识字[②]。1923年，陶行知辞去东南大学教育科和教育系主任职务，为实现教育民主积极推行平民教育。他在南京时，要求每一区立学校担任开办平民学校一班以上，以满足平民教育之需求。此外，还倡导补习班、青年班、夜校及识字班，为青年、农民补学文化服务。

第三，在教育内容方面，既有普通文化知识和人格教育，也包括职业技能训练。

陶行知认为国文、数学、外国文、科学方法是四把文化钥匙，可为学生打好基础，以便进一步开发文化宝库，其中最为重要的是国文。至于具体分配，陶行知在育才学校办学过程中，总结出不少经验：“国文、数学、外国文三样，在初期按程度分班级上课最经济。数学对于艺术部门之学生，只须达到足够处理日常生活程度以后，即可任其自由选择。知识之前哨丰富之学术多在外国，人才幼苗一经发现即须学外国文。至少一门，与国文同时并进，愈早愈好，风、雨、寒、暑不使间断。若中途发现其不堪深造，则外国文即须停止，以免浪费时间。”[③]抗战时期，翦伯赞两次至草圣寺育才学校讲授中国历史。陶行知认为，这是“给他们以做一个合格公民的知

---

① 陶行知：《我们的信条》，华中师范学院教育科学研究所：《陶行知全集》第1卷，湖南教育出版社1984年版，第651页。

② 华中师范学院教育科学研究所：《陶行知年表》（1891—1926），《陶行知全集》第1卷，湖南教育出版社1984年版，第678页。

③ 陶行知：《育才二周岁前夜》，华中师范学院教育科学研究所：《陶行知全集》第3卷，湖南教育出版社1985年版，第444页。

识”①。可见陶行知对于历史文化教学之重视。

在职业教育方面，陶行知不遗余力，贡献巨大。他在北京高师倡导附设“速记打字讲习班”，以应社会之需，亲自编辑平民职业小丛书。此后，在南京、上海、香港、重庆，创办了晓庄师范、晓庄茶园和木作店、山海工学团、育才学校、中华业余学校、重庆社会大学等，力行职业教育。

第四，在教育路径及教育方式上，创办学校和多种文化组织，推行行之有效的教育方式和教学方法。

早在就任南京高师教务主任期间，陶行知就曾将该校课程中的“教授法”一律改为“教学法”，并提出《改良课程案》，计划将本校课程改为“选科制”，要求学生所习学程，一部分为必修，一部分为任选，改变学校单纯注重教师教，忽略学生兴趣与主动地学的现状。陶行知自办学校后，更加重视实践教育。教学不限于书本，施教者不限于学校老师，倡导“教学做合一”。他提出：“科学方法不必全部采用班级上课，一部分要使其在行动上获得方为有效。这科学方法似宜包含治学、治事各方面。”②1927年《新教育评论》上刊出《中华教育改进社设立试验乡村师范学校招生》广告，该校考试科目包括农务或土木工操作一日、智慧测验、常识测验、作汉文一篇、三分钟演说五项；学校专门准备田园二百亩，供学生耕种，荒山十里，供学生造林；末尾还声明：“小名士、书呆子、文凭迷最好不来。”③陶行知“在乡村师范的开学典礼上强调，晓庄不同于平常学校，一无校舍，二无教员。我们校舍上盖的是青天，下面踏的是大地。我们的精神要充溢于天地之间”④。

在育才学校的讲课经历，使翦伯赞深刻体悟到，“行知先生所创导的生活教育，是一种人民本位的教育，这种教育不仅和生活打成一片，也和人民打成一片。它的具体表现，就是告诉学生不仅从书本上学习，同时要从生活的实践中学习；不仅要从教师学习，同时要从老百姓学习”⑤。翦伯赞指

① 翦伯赞：《记古圣寺》，《中国史论集》（合编本），中华书局2008年版，第801页。

② 陶行知：《育才二周岁前夜》，华中师范学院教育科学研究所：《陶行知全集》第3卷，湖南教育出版社1985年版，第444—445页。

③ 陶行知：《中华教育改进社设立试验乡村师范学校招生广告》，华中师范学院教育科学研究所：《陶行知全集》第3卷，湖南教育出版社1985年版，第681页。

④ 华中师范学院教育科学研究所：《陶行知年表》（1927—1935），《陶行知全集》第2卷，湖南教育出版社1985年版，第926页。

⑤ 翦伯赞：《我和行知先生》，《中国史论集》（合编本），中华书局2008年版，第569页。

出："在这两次讲学中，使我发现了陶行知生活教育的奇迹。"[①]

在教学方法上，他从长子、次子读《平民千字课》的经验中，悟出"连环教学法"，改良教学，使普通百姓能够快速地认识常用汉字。陶行知不仅办学校，还拓展小型教育机构，如他将平民读书机构命名为平民读书处，在家里设立笑山平民读书处，鼓励儿子教祖母识字，并在全国各地迅速推广。1923年下半年，他与朱经农合编的《平民千字课》四册陆续出齐，作为平民学校、平民读书处的教材使用。1935年，陶行知"创办'三十分钟普及教育'(即空中学校)，由上海中西药房无线电台播送。内容为：教《老少通千字课》、唱歌、自然科学和社会科学"[②]。陶行知不仅创办常规教育机构，还利用电化教育进一步推进平民教育。

第五，在办学层次上，不仅创办初等、中等教育，还重视兴办平民高等教育。

陶行知从文化大众化的理念出发，提出"新大学是大众的学府"。他说："大学之道在明大德，在新大众，在止于大众之幸福。""大德"是大众之德。"大众之德有三：一是觉悟；二是联合；三是争取解放。""明"即明白，要教大众自己明白大众之德是这样。"新大众"是与大众自新。"新大学之任务是要教大众在真理的大海里洗个澡，天天洗，一世洗到老，使得自己的头脑常常是清清楚楚的，认识痛苦之来源和克服痛苦之路线。""止"是瞄准的意思。新大学的一切课程设置是都对着大众的幸福瞄准[③]。可见，陶行知很早就在国内倡导大众化高等教育和终身教育。

为了实现这一理想，陶行知倡导创办社会大学。他提出社会大学有两种：一是有形的社会大学；二是无形的社会大学。"社会大学运动是要把有形的社会大学普及出去，并且要给无形的社会大学一个正式的承认，使每一个人都承认这无形的社会大学之存在，随时随地随事进行学习。"[④]陶行知曾对学员们说："诸位的学校，是乡村建设学院，这条路是对的。我们提

---

① 翦伯赞：《记古圣寺》，《中国史论集》(合编本)，中华书局2008年版，第801页。

② 华中师范学院教育科学研究所：《陶行知年表》(1927—1935)，《陶行知全集》第2卷，湖南教育出版社1985年版，第941页。

③ 陶行知：《新大学》，华中师范学院教育科学研究所：《陶行知全集》第3卷，湖南教育出版社1985年版，第72页。

④ 陶行知：《社会大学运动》，华中师范学院教育科学研究所：《陶行知全集》第3卷，湖南教育出版社1985年版，第584页。

倡文化下凡四部曲：一是跑进老百姓的队伍中去；二是跟老百姓学习；三是把优点好处教给老百姓；四是跟老百姓一起创造新中国新世界。这四部曲是同时间同空间进行的，简单的说就是文化下乡，文化为老百姓服务。”① 他还强调，较诸求职获利，大学毕业生应体认“这个动荡的时代，这个破落的社会，这个多灾多难濒于危急存亡的国家；同时，更怎样体认自己所应负的使命，打算做一个怎样的人”②。

综上所述，陶行知的教育思想和办学实践，深受其文化理念之影响，具有近代中国先进文化的诸多特性。其最具代表性的“知行合一”的教育理念，源于中国传统文化与近代西方文化的有机结合。文化解放与文化大众化也是陶行知文化观念的主要特征，也贯穿于陶行知从事的大量教育实践活动中。另一方面，他所致力的平民教育和乡村教育运动，也推动了文化解放与教育普及。生活教育、劳动教育的理念与实践，则是对传统教育与洋化教育的革新。在教育救国理想激励下，陶行知以其先进的文化理念，为中国近代教育探寻出路，做出了巨大贡献，不愧为伟大的人民教育家和教育活动家。陶行知先生留下的珍贵的文化与教育遗产，值得发扬光大。

（张亚群系厦门大学高等教育发展研究中心教授、博士生导师。冯寅系厦门大学高等教育发展研究中心博士研究生。）

---

① 陶行知：《创造的大学里最重要的是学术自由》，方明：《陶行知全集》第11卷，四川教育出版社2005年版，第671页。

② 陶行知：《敬告今年的大学毕业生》，方明：《陶行知全集》第11卷，四川教育出版社2005年版，第431页。

论陶行知的大众文化教育观

王凌皓　杨　冰

陶行知在白话文运动的文化背景中，形成了自己的大众文化观、大众教育观。这是他从精英知识分子向平民的转化，陶行知是一个坚定的社会活动家、社会实践家，从精英知识分子向平民教育家的转化是他作为坚定的社会活动家、实践家脚踏实地的人生路径选择，这一路径选择又可以理解为一个留美归来的洋博士对乡土中国的挚爱和回归，一个觉悟的、彻底的中国人向自己中国性的反哺与企盼。“他自己虽然是一个精英知识分子，但他并没有将自己看成是一个高高在上的知识所有者。他之所以采用生活教育这个词语，而不是说文化教育这个词语来表述他在晓庄的教育改革，原因之一可能就在于他感觉到文化这个词太抽象，不如生活这个词来得直接和实在。乡村居民更容易理解生活这个词，而不是文化这个词。问题的关键在于，陶行知的教育理想主要是想使社会底层的人民能够获得更美好的生活。这就是他的伟大之处——无论他是否是从精英转向了平民；无论他是一个基督徒教育家，还是一个人民教育家；无论他是信仰共产主义，还是信仰知行合一；无论他是唯物主义，还是实用主义。这些身外的称号，都不会抹杀他伟大的一生。”①

一、平民性是陶行知文化教育观的底色

> 20世纪上半叶之所以能够产生像陶行知这样的文化巨人，是当时特定时代条件、社会背景和个人因素共同作用的结果。时代与社会环境造就了人才，人才又能通过自己的创造性成就来回报时代与社会……中西文化交融的特殊时代造就了陶行知这样

① 谭斌：《文化冲突视野下的陶行知》，安徽教育出版社2011年版，第21—22页。

的文化伟人，而陶行知也没有辜负社会与时代的期望，在文化教育的众多领域进行了开拓与创建，为时代与社会作出了突出贡献。①

陶行知出身于安徽省歙县西乡黄潭源村的一个贫寒家庭。母亲热爱劳动、艰苦朴素的精神，对陶行知一生影响很大。陶行知早年生活贫苦，深知农家艰辛。十一二岁时，他就成为家中的半个劳动力。他平日接触的大多是贫民，一直生活在贫民社会环境中，对劳苦大众同情挚爱，对有钱有势者则极为鄙视轻蔑。正由于自己出身于贫民家庭，对艰苦的乡村生活有着切身的体验，对农民的疾苦有着深切的感受，陶行知才能够自幼养成同情农民、热爱劳动、热爱劳动人民的思想基础。同情劳动人民的思想感情奠定了他亲民、爱民、为民、救民和献身大众教育事业的思想基础。这一思想基础成为贯穿他人生道路与事业发展的主线，推动着他奋力开拓中国性、平民性的，以人民为本位的文化思想路线。正所谓，"民之所好好之，民之所恶恶之"。

陶行知的故乡歙县，旧属徽州府，徽州人以善于经商闻名全国，徽州人特别能够吃苦耐劳，富于开拓创业精神。陶行知深受这种精神的感染激发，有着强烈的艰苦奋斗、开拓进取的思想意识和坚定意志。徽州文化成为陶行知思想文化观的底色。1922 年春，陶行知曾在《游牛首山》这首诗的题注中对"绩溪牛"的精神予以称赞："吾乡称绩溪人为绩溪牛，人以为侮辱，我以为尊敬，因为牛是农家。"陶行知在《徽州土货——答吴立邦小友的信》中谈道："你所说徽州的土产一层，我倒想和你谈谈。我以为我们只问好不好，不问土不土。你现在新拜的那位老师，身子虽在外面，骨子里也是徽州的土产。我们徽州的土产本来不错。你看朱晦庵、江慎修、戴东原诸位乡先贤，哪一位不是土产？现今的胡适之先生，从头到脚也只是我们家园所出的土产。"②在这里，陶行知把朱晦庵（朱熹）、戴东原（戴震），还有胡适等文人称为徽州土产，表明其对自身乡土徽文化的推崇和热爱。朱熹是南宋时期理学的集大成者，戴震以清代考据学，即乾嘉考据之学大师著称

① 周洪宇：《陶行知生活教育学说》，湖北教育出版社 2011 年版，第 3 页。

② 陶行知：《徽州土货——答吴立邦小友的信》，方明：《陶行知全集》第 8 卷，四川教育出版社 2005 年版，第 68 页。

于世，胡适是新文化运动的开拓者，这些响当当的文化名人都是徽州人，可见古徽州人杰地灵，徽州文化气韵悠长，这是孕育陶行知成长发展并令其引为自豪的乡土文化。

透过陶行知波澜壮阔的人生轨迹，早期生活中家庭的困顿，劳动之辛苦和治生之不易，使陶行知在少年时期就对贫苦的劳动者怀有深厚的同情心。正由于自己出身于贫民家庭，对艰苦的乡村生活有着切身的体验，对农民的疾苦有着深切的感受，陶行知才能够养成同情农民、热爱劳动、热爱劳动人民的思想感情。这奠定了他亲民、爱民、为民、救民和献身大众教育事业的思想基础，也使他的诗歌贴近大众的生活。他用浅白、通俗，人民大众容易接受、容易理解的文字传递知识、启蒙民智。正如郭沫若所说："他的诗文是真感情，真见识，而能够摆脱文人习气，平易近人地用现成话表示。排除了不必要的矜娇持短饰，因而也就每每恰到好处。"[①]

可以说，陶行知实现了从精英知识分子到平民的转变，能够表达这种转变的，是他写给妹妹文渼的一封信，这封信也是陶行知全身心投入中国平民教育的宣言书，陶行知在这封信中明确表达了践行教育"造国"梦，要"创造一个四通八达的社会"理想[②]。一件棉袄，一双布棉套裤，一顶西瓜皮帽，完全是个中国人的打扮穿着，留洋归来的陶行知又回到了最中国的衣着风格，贴近大众。"我们生在此时，有一定的使命。"一个精英知识分子该有的责任与担当即是如此，来挽回国家厄运，创造好的社会交与后代。陶行知深入人民大众之中，连同他的理念一起，只有深入人民群众之中，才能够真正引领他们前行、进步。陶行知在倡导和推行平民教育时，因要达成"创造四通八达的社会"的理想，便深入群众，亲近人民，强调只有"农民化"才能"化农民"。他说自己本来就是一个中国的平民。自身的中国性、平民性很丰富。事实证明，不论是陶行知早期推广的平民教育，还是其之后开展的乡村教育，又或者是普及教育的开展与推广，我们都看到一个"农民化""平民化""大众化"的陶行知，这个陶行知不再是位于金字塔尖的精英，不是人民群众中的"小众"知识分子，他回归到了大众中来，和人民站在

① 郭沫若：《陶行知先生最值得学习的地方》，方明：《陶行知全集》第12卷，四川教育出版社2005年版，第530页。

② 陶行知：《创造一个四通八达的社会——给文渼的信》，方明：《陶行知全集》第8卷，四川教育出版社2005年版，第33—34页。

一起。陶行知一生都在为人民大众而歌，为老百姓而画，为平民教育而奔走呼号。

陶行知很喜欢读《板桥全集》，有一首他专门为此而写的诗，陶行知自己也说："美术家写自己性灵，何暇择人而沽？惟冷眼偶尔一观当世之收藏，只见古今杰作多流落在富贵人家做侍儿，劳人安能得其慰藉？此诚美术家之大憾事。板桥道人说：'凡吾画兰，画竹，画石，用以慰天下之劳人，非以供天下之安享人也。'这是何等伟大的精神！"①始终和人民群众站在一起，始终是人民群众的坚实后盾，这就是平民性的陶行知。

吴耀宗在纪念陶先生逝世三周年撰写的文字中也记述了一个真实的、平民化的陶行知："陶行知先生的人格，就像一座高山；当你站在他的面前，他只是一堆堆平凡的泥土，一棵棵平凡的树木，但当你站远一点，看见他的全貌，你便觉得他的伟大。在过去三年中，我常常想到陶先生，常常看见他所造就的人才，和他所建立的事业。他的影响是愈来愈深远了。陶先生是属于人民的，他站在人民的立场，同他们合一，向他们学习，宣达他们的呼声，指示他们的方向，而他自己却站在斗争的最前线，为他们牺牲。'高山仰止，景行行止，虽不能至，心向往之。'"②而陶行知的文化教育观念也像陶行知的人格一样，站在人民的立场，为人民牺牲，同人民合一，可见，平民性是陶行知的底色，也是陶行知文化教育观念的底色。

二、文化解放与大众文化是陶行知文化教育观的精髓

(一)文化解放

陶行知在《文化解放》一文中，对文化的本质、功用以及文化解放的对象、任务、方法和途径等一系列问题作了重要论述，来阐释他的大众文化思想。

他认为人类文化可以作广义和狭义两种解释。从广义上看，"除了大自然之外，凡是人类所创造的一切都是文化了。凡是可以用来生产、战斗、交通、享乐、治理、思想的工具以及这些工具所引起的变化都可以当作文化

---

① 陶行知：《读〈板桥全集〉》，方明：《陶行知全集》第7卷，四川教育出版社2005年版，第227页。

② 吴耀宗：《陶先生是属于人民的》，方明：《陶行知全集》第12卷，四川教育出版社2005年版，第557页。

看待了”。照此看法，文化是与大自然相对的。“世界上的一切可以分成两大类：一类是没有加上人工的，叫做自然；另一类是人工所创造的，叫做文化。”他指出，这个定义虽然有其涵盖面广的优点，“但是在这个广大的定义之下，研究讨论的工作是不易进行”的。因此，他主张“从这广大的事物里抽出一部分来，特别叫它为‘文化’”，即所谓“狭义文化”。这部分文化“便是记录思想，传达思想，发展思想，改变思想的符号、工具和行动”。依此而言，在文化里面包含了书籍、报纸、戏剧、电影、学校教育、社会教育、民众运动、高深学术研究等。值得注意的是，他特别强调指出：“文化所要记录、传达、发展、改变的思想乃是人类生活中心的思想，即是政治经济的思想。文化脱离了政治经济便成了不可思议。”“在本质方面看，文化工作是反映着人类经济政治的思想。”

从这种文化观出发，陶行知引导人们合乎逻辑地推论出下述结论：人类文化的产生和发展是同一的，只是由于近代各民族政治经济发展的不同，才导致中西文化出现巨大差异。而帝国主义的野蛮侵略与封建主义的专制统治又进一步加剧了这种差异。因此，要从根本上解决中西文化冲突，首先必须解决中国社会最紧迫的现实问题，即民族的解放和大众的解放，并且要运用文化工作作为“民族大众解放的斗争的武器”。

为了把文化从“小众”手里解放出来，使整个文化成为大众的文化，让大众更好地运用这一斗争武器实现自身的解放和民族的解放，陶行知大声疾呼要对文化从认识、工具、方法、组织、时间和新文化创造等方面实现解放。所谓“认识上的解放”，即把文化从各种错误歪曲的观念（如文化无用论、文化万能论、文化静止论等）里解放出来，明确文化是政治经济斗争的武器，这个武器的掌握不能靠等待，不能靠他人的恩赐，而应靠行动，靠人民大众自己去争取。所谓“工具的解放”，即推行大众易写易认的新文字，使大众在短期内就会写信、读书、看报，了解国家大事，提高思想觉悟。所谓“方法的解放”，即废除灌注式的教授法，开展相互的自由讨论；打破知识封锁，把白话文解放成大众文；反对教而不做或学而不做，在行动上推进大众文化。所谓“组织上的解放”，即把文化从“模范监牢”式的旧学校里解放出来，使它跑进大社会里去，提倡“社会即学校”，把茶馆、酒楼、戏院、破庙、茅棚、晒台甚至茅厕，都作为大众的课堂，把整个民族解放运动都当成大众的课程。所谓“时间上的解放”，即将学生从周考、月考、学期考、毕业考、会考等各类考试中解放出来，将大众从繁忙的工作中解放出来。所谓“新文化创造的解放”，即把新文化从文化界“刽子手”屠刀的虎口里解放出来。陶行知明确指出：“大众文化是大众的文化，是大众为自己推动的文化，是大众为自己谋幸福除痛苦而推动的文化。大众文化的解放是要大众运用集体的力量来争取的。它决不是小众可以送来的礼物，并且民族解放、大众解放、文化解放是一个分不开的运动。必得要联起来看、联起来想、联起来干，才会看得清楚，想得透彻，干得成功。”①20 世纪 40 年代，随着文化实践的日趋深入，他逐渐认识到，无论是东方文化派的主张，还是西化派的主张，都不符合中国人民真正的愿望，都不是人民大众所需要的文化。因此，他在科学地总结中西文化论争的基础上，提出了“民主的、大众的、科学的、创造的”②四大方针，这是陶行知晚期文化思想及他对中国文化发展道路独立思考的产物。

(二)大众教育

陶行知在《中国大众教育问题》中表明他的大众教育观。陶行知首先回答了“为什么要大众教育”这个问题，他指出，“中国是遇着空前的国难。这严重的国难，小众已经解决不了，大众必得起来担负救国的责任而中国才可以救”。其次，他指出大众教育的概念：“大众教育是大众自己的教育，是大众自己办的教育，是为大众谋福利除痛苦的教育。这种教育和小众教育固然大不相同，即和小众代大众办的所谓民众教育、平民教育也是根本矛盾。大众教育是要教大众觉悟；只是教大众生产、生产、生产，长得肥一点，好叫小众多多宰割的教育不是大众教育。大众教育是对大众讲真话；专对大众说谎的教育是骗子教育而不是大众教育；大众教育对着麻醉大众的歪曲理论是要迎头驳斥；始而装痴装聋，继而变成哑巴，终之而拜倒在当前势力下，这是帮凶教育而不是大众教育。大众教育是要教大众行动，教大众根据集体意识而行动；只教大众坐而听，不教大众起而行，或是依照小众的意思起而行，都是木头人教育而不是大众教育。大众教育是要教大众以生活为课程，以非常时期的有计划有组织的生活做他们的非常时期的有

---

① 陶行知：《中国大众教育问题》，方明：《陶行知全集》第 3 卷，四川教育出版社 2005 年版，第 395—396 页。

② 陶行知：《大众的艺术》，方明：《陶行知全集》第 4 卷，四川教育出版社 2005 年版，第 499 页。

计划有组织的课程；这非常生活，便是当前的民族解放、大众解放的战斗生活，这是大众教育的中心功课。在这里我们要指出，民族解放与大众解放是一个不可分解的运动。如果大众不起来，民族解放运动决不会成功；但是如果不拼命争取民族解放，中国大众自己也难得到解放。所以大众教育只有一门大功课，这门大功课便是争取中国民族大众之解放。若只教大众关起门来认字读书，那是逃避现实的逃走教育而不是真正的大众教育。”①

最后，关于“大众教育怎样办”的问题，陶行知提出两条原则和一个新工具。两条原则即“社会即学校”和“即知即传”，其中“工厂、农村、店铺、家庭、戏台、茶馆、军营、学校、庙宇、监牢都成了大众大学的数不清的分校。客堂、灶披、晒台、厕所、亭子间里都可以办起读书会、救国会、时事讨论会”。“前进的知识分子当然是负着推动大众教育的使命。但是经过很短的时间，前进的大众和前进的小孩都同样的可以做起先生来，我们可以说大家都是学生，都是同学，都是不收学费的先生。在传递先生和小先生的手里，知识私有是被粉碎了，真理为公是成了我们共同的信条。”这样一来，就可以使大众教育突破金钱关；而一个新工具即是“拼音新文字”，这个工具才是大众文字，并且可以使大众教育进行得更有效力更有意义。而“依据社会即学校，即知即传两条原则，拿了新文字及其他有效工具，引导大众组织起来，争取中华民族大众之解放：这便是中国所需的大众教育”②。

陶行知出身贫寒，儿时的生活经历使他深知民众疾苦。他从小就同情民众、热爱民众，形成了亲民、爱民、救民的思想，这些观念是他灵魂最基本的底色，也决定了他一生努力的方向。正如他在 1946 年创办社会大学时提出的办学宗旨：“大学之道，在明民德，在亲民，在止于人民之幸福。”基于这样的观念，陶行知站在民众之间写诗。他主张在“劳力上劳心”，扫除教育上人与人之间的不平等。陶行知先生教导民众自力更生，促进了人民大众自我意识的提高和能力的提升。他的大众教育观，注重培养“人中人”，教育人们从老百姓中来，回到老百姓中去，以所学贡献给老百姓，为老百姓造福利；以所学贡献给整个国家民族，为整个国家民族谋幸福；以所学改造

① 陶行知：《中国大众教育问题》，方明：《陶行知全集》第 3 卷，四川教育出版社 2005 年版，第 372—373 页。

② 陶行知：《中国大众教育问题》，方明：《陶行知全集》第 3 卷，四川教育出版社 2005 年版，第 374—375 页。

世界，为整个人类谋利益。

陶行知教育思想的文化导向不仅包括对大众文化的赞誉与阐发，也包括对本土文化和乡土文化的继承与创新。陶行知在晓庄时期，面对困苦的乡村生活，秉承乐观向上的生活信条，撰写的很多文章都体现出一种乐观和对乡土的深深眷恋，比如，《乡下生活之苦乐》《下乡拜年——和牛大哥同铺》等等。这一方面和陶行知出身乡土有关，另一方面则同陶行知对中国国情的深切考察后而选择“教育造国”的文化教育观念有关。乡土是中国基层社会最鲜明的特色，乡土气息是文化的根源。在这个变化很少的乡土社会中，社会继替，即社会成员的新陈代谢的过程由教化性权力来完成，教化过程是代替社会去陶炼出合于在一定的文化方式中经营群体生活的分子①。陶行知的大众教育、陶行知的乡村教育思想就是一种乡土文化教育。乡土文化教育便是一种协助个体认知生活空间和历史文化，并促使个体同乡土环境和乡土文化的认知，也培养欣赏、认同、珍爱的态度，更是在运用文化并参与乡土文化，使乡土文化获得保存与发展。在陶行知的乡土文化教育中，他切实践行着他的文化解放：他回到乡村，一方面是基于对乡土怀有深深的情感，另一方面是对中国社会的切实体认；他通过教育实践和教育活动试图增进人民对乡土文化的认识，也注重对学生乡土情感的培养；他爱农人、爱自然、爱乡村，积极带领学生参与到田间地头的劳作之中，也带领学生参与到创造新农村的洪流之中；他以乡村的困苦生活为乐，诗意地生活。他注重培养学生爱护乡土的情操和对乡土文化的传承。这一切都深深地印刻着这位伟大的人民教育家独具特色、最具人民性的、最能体现大众需求的文化教育观。

（王凌皓系东北师范大学教育学部教授、博士生导师。杨冰系南京晓庄学院副教授。）

---

① 费孝通：《乡土中国》，人民出版社 2008 年版，第 82 页。

当代中国乡村教育与陶行知精神

胡志坚

十几年前，笔者在师从周洪宇教授攻读博士学位期间，选择了陶行知等三位教育家的社会心理与行为特点研究作为博士学位论文选题，原因之一就是"对现实教育以及教育者的观照"①。收到本次学术研讨会的预通知后，笔者第一反应提交会议的论文题目便是《当代中国乡村教育与陶行知精神》，原因依然是对"现实教育与教育者的观照"。

一、有关乡村教育与乡村教师研究的一组数据统计

科学主义取向下的学术研究，用数据说话似乎更具说服力。为了使本文更具说服力，笔者专门就乡村教育与乡村教师的相关研究做了一组简单的数字统计，尽管笔者非常明了"一切统计必然意味着有所选择，而任何选择本来就是主观的"，"对于统计必须采取谨慎的态度"②。

在中国知网期刊数据库内，以"乡村教育"为主题，选择"哲学与人文科学""社会科学Ⅰ辑"和"社会科学Ⅱ辑"三个学科领域，从1979年至2016年，可以搜索到2388篇学术论文(截至2016年9月8日)。1979—2001年，每年的论文数量都在50篇以下。2002年69篇，2003年51篇，2004年62篇，2005年78篇。但2006年，论文数量陡然增至111篇。2007—2014年，年论文数量从124篇至159篇不等。2015年增至200篇。截止到搜索日期，2016年已有论文152篇；考虑到2016年还有4个月，相关学术论文达到200篇左右或许不是过多的预测。

采用同样方法，以"乡村教师"为主题，可以搜索到1563篇论文。除

---

① 胡志坚：《教育家心理史学范式研究》，社会科学文献出版社2007年版，第18—19页。

② 联合国教科文组织国际教育发展委员会：《学会生存——教育世界的今天和明天》，华东师范大学比较教育研究所译，教育科学出版社1996年版，第49页。

2000年36篇外,1980—2001年,每年的论文数量都在30篇以下。2002—2006年,每年的论文数量在50篇以下。2007—2011年,年论文数量在51篇至83篇不等。2012年,论文数量陡增至121篇;2013年和2014年分别是111篇和114篇。2015年增至244篇。2016年已有论文202篇,达到250篇也不会是过多的预测。

以上的数据统计,大体可以反映出以下现象:第一,有关乡村教育与乡村教师的研究似乎有逐年增加的趋势;第二,2006年有关乡村教育的研究、2012年有关乡村教师的研究陡然增加,似乎成为相关研究的重要时间节点。

为什么会出现这些现象?作为一名史学研究者,基于自己学习、研究的体会,笔者以为事件、现象、行为等大多事出有因,而且这些原因是客观存在的,是本有的真相。但原因和结果间的关系是很复杂的。有时是一因一果,有时是一因多果,还有时是一果多因。而任何对原因的探求——即归因,却是一个主观过程,属于主观的心理现象。归因所得出的原因可能与真实的原因相符或不符,但支配人的行为的却是这个主观归因所得出的原因。主观归因所得出的原因有时不能反映客观原因,由此产生的行为往往就是不正确的。因此,在学术研究中,当我们对事件、现象、行为等进行归因时,对于归因所得出的原因须再三审视、特别谨慎。遵循这一原则,笔者谨慎地认为,有关乡村教育与乡村教师的研究逐年增加,至少反映了研究者对该领域的关注度在增加,而研究者对该领域关注度的增加,多少反映了这一领域存在某些问题,这些问题2006年、2012年后表现较为突出。

二、乡村教育与乡村教师面临的问题

本文所说的乡村教育,主要是指乡镇中心学校及其管辖的教学点和村小的教育,乡村教师也主要指在乡镇中心学校及其管辖的教学点和村小从教的教师。之所以作此界定,一是避免扩大化可能出现的问题,二是笔者在此层面有一些直观感受。

有研究表明,近年来,乡村学校,特别是村小和教学点办学条件的改善不尽如人意。2013年12月,由21世纪教育研究院、陶行知教育基金会、北京市西部阳光农村发展基金会、乐施会等机构主办的发现“美丽乡村教育”高峰论坛发布的《农村小规模学校建设研究报告》显示,仍有近三成村级小学教室“不太安全”“属于危房”，四成没有图书室，约半数没有运动场。乡村学校办学条件差，经费短缺，公共设施落后，待遇差，使得乡村学校难以招揽和留住优秀的教师，英语、音乐、体育、美术、社会、科学课程一门也没开设的占6.1%，六门全部开设的仅占43.9%，其中英语课仅有64.6%的村小和教学点开设，乡村学校教育质量受到严重影响。研究者认为，消除乡村教育的短板，发展乡村教育，根本在教师，但乡村学校教师队伍的现状令人担忧：一是优秀学生不愿去；二是优秀教师留不住；三是不合格教师退不出。因此，要建设一支真正“进得去”“留得住”“教得好”的乡村教师队伍，“关键在待遇”①。

另有研究通过访谈，道出了乡村教师的11个梦想：能否有一个洗澡的地方，能否有一个正常体检的机会，能否给一点交通补贴，能否在退休前评上中级职称，能否有进城学习的机会，能否让孩子有个好的教育环境，能否有一定的文化生活，能否配齐学科教师，能否多进些年轻大学生，能否留住乡村学校优秀教师，能否实施乡村教师聘用本地化。乡村教师的11个梦想如实反映了乡村教育在办学条件、经费、公共设施、待遇和师资队伍等方面所面临的问题。对于乡村学校好教师“进不去”“留不住”的问题，有领导脱口而出：“不就是乡村教师待遇低吗？当乡村教师待遇比城里高一倍时，乡村教师‘进不去’、‘留不住’的问题还存在吗？”②

2007年，教育部下发《教育部关于大力推进师范生实习支教工作的意见》(教师〔2007〕4号)，明确指出：“开展师范生实习支教工作是推动教师教育改革，强化师范生实践教学，提高教师培养质量的有效措施；是加强教师养成教育，引导师范生深入基层，了解国情，增强社会责任感和使命感的必要途径；是密切高师院校与中小学的联系，促进理论与实践紧密结合，更好地服务基础教育的重要纽带。开展师范生实习支教工作，也有利于帮助农村中小学提高师资水平，促进素质教育的全面实施。”按照教育部部署和地方教育部门的强烈要求，2008年9月，笔者所在学校与所在地政府合作，共同实施了农村义务教育实习支教“双提高”工程。截至2015年12月，学校共派出15期一万余名师范生，到所在地8个县(市、区)200余所

① 范先佐：《乡村教育发展的根本问题》，《华中师范大学学报(人文社会科学版)》2015年第5期，第152页。

② 张志勇：《乡村教师的11个梦想》，搜狐网，http://learning.sohu.com/20150908/n420617188.shtml.

学校参加实习支教，这些学校90%以上是乡镇中心学校及其管辖的教学点和村小。因笔者2012年9月至2016年8月在学校教务处具体分管师范生的实习支教工作，对乡村教育、乡村教师有一些直观感受。

先说数量缺口。学校每年同一年级有12个教师教育类专业约1400名师范生参加实习支教，分两个学期来完成。为什么要分两个学期呢？这是为了保证实习学校教学工作的连续性，也就是说，如果不分两个学期，很多实习学校就会因缺少教师，有一个学期将无法进行正常的教学。考虑到每学期约700名师范生远远不能满足实习学校的需求，保守估计，这些乡镇中心学校及其管辖的教学点和村小的教师缺口也在600名以上。

再说条件保障。因工作要求，笔者走访了师范生支教的几乎全部实习学校，这些实习学校特别是乡镇中心学校及其管辖的教学点和村小的学校环境、校舍、教学条件等，80%以上不及20世纪70年代笔者就读的一所小城市的小学。考虑到国家经济社会发展的整体水平，个别教学点的环境、校舍、教学条件等之差，如果不去亲身感受，确实难以想象。

三、当代中国乡村教育问题之解决需要陶行知精神

笔者以为，要解决当代中国乡村教育问题，首先需要搞清楚问题是什么，然后条分缕析，谨慎地给予归因，方是问题解决之道。诚如前文所言，问题产生的原因极为复杂，如果归因不当，依此所采取的行为措施便会谬以千里。

当代中国乡村教育问题，是教育水平和教育质量不高的问题。问题的原因可以归为：第一，乡村学校办学条件差，公共设施落后等；第二，教师数量不足，水平偏低等。乡村学校办学条件、公共设施等问题的原因，可以归为经费投入不足、经济社会发展不平衡等；教师数量、水平等问题的原因，也主要地（请读者特别注意此处）归为经费投入不足、待遇低、经济社会发展不平衡等。因此，笔者认为，当代中国乡村教育问题的解决，根本在经济社会的均衡发展，关键在政府的经费投入。

笔者完全赞成“不顾教师的待遇、工作环境等实际需求”，“只是要求教师无私奉献”是长期以来乡村教师队伍建设方面存在的误区①，但认为当

---

① 范先佐：《乡村教育发展的根本问题》，《华中师范大学学报（人文社会科学版）》2015年第5期，第152页。

乡村教师待遇比城里高一倍时，乡村教师"进不去""留不住"的问题就可以解决的观点①，恐怕也失之简单。乡村教师待遇比城里高一倍，只是解决了收入问题，在市场经济条件下，教育劳动力有可能（请记住，只是有可能）向乡村教育供给，从而解决乡村教师数量问题，但能不能使这些乡村教师安心留在乡村并全身心地投入乡村教育，就不是简单地提高收入就能解决的问题了。毕竟，经济社会的均衡发展，乡村学校办学条件差、公共设施落后、工作环境恶劣等问题，不是一朝一夕就可以解决的。

2016 年 3 月 22 日，《光明日报》刊载了一篇题为《谁应当做教师?》的文章，文中写道："在一次中学教师培训班上，我向学员们提了三个问题。第一个问题是，在你们当中，有多少人是从一开始就想当老师的？没有一个人举手。第二个问题是，那你们为什么又成为教师了呢？答案就比较多了。比较集中的有：为了谋生；高考成绩不高，只能上师范类院校；家里穷，上不起别的大学，只能上免费师范生，等等。我又问了第三个问题，你们已经教了十几年书，现在有多少人是喜欢当老师的？只有四个人举手，不到整个学员总数的二十分之一。……参加培训的老师来自当地一所小有名气的中学。他们对于自己职业的态度尚且如此，更何况其他的中学和小学呢?"该文的作者认为："和医生一样，教师也是非常特殊的职业。这两种职业都不能被视为简单的谋生手段，而必须具有某种超越性的精神吸引力。从事这两种职业的人必须要凭良心和对工作本身的专注痴迷来保证工作质量，否则就会造成无法弥补的损失和伤害。""对于教师而言，通过严苛的要求选择那些真心喜欢教书的人，为他们提供稳定丰厚的收入，使他们仅仅凭借教书就可以维持相对高水平的生活水准——但也不会太高，因为真正喜欢教书的人用不了太多的钱。同时，为教师提供宽松的外部环境，让他们尽可能从容自由地思考和创造，给予教师较高的社会地位，受人尊重，使教师在货币收入之外还能够获得强烈的非货币满足感。"②

笔者曾读到一则笑话，说是有一次英国女王安娜参观著名的格林尼治天文台，当她知道天文台台长、天文学家詹姆斯·布拉德莱（1693—1762）的薪金级别很低以后，表示要提高他的薪金。可是，布拉德莱恳求她千万

① 张志勇：《乡村教师的 11 个梦想》，搜狐网，http://learning.sohu.com/20150908/n420617188.shtml.

② 秦春华：《谁应当做教师?》，《光明日报》2016 年 3 月 22 日第 14 版。

不要这么做。他的理由是:“如果这个职位一旦可以带来大量收入,那末,以后到这个职位上来的将不是天文学家了。”[①]可见,提高薪金固然重要,但提高薪金后谁又能保证到教师这个职位来的都是愿意当教师的人呢?

有鉴于此,笔者以为,要解决当代中国的乡村教育问题,在保证经济社会均衡发展、经费投入不断增加的前提下,还是需要提倡一点精神,特别是陶行知精神。

陶行知精神,总的说就是“我是一个中国人,要为中国作出些贡献来”[②]的精神。具体而言就是“为一大事来,做一大事去”,“捧着一颗心来,不带半根草去”,“宁为真白丁,不作假秀才”,“追求真理做真人”,“友穷,迎难,创造”,“博爱存心,和光映面,不惑不忧,不惧不恋。学而不厌,诲人不倦,服务第一,手不释卷。思想青春,何可不变,愿师少年,站在前线”,“利他无我”,“富贵不能淫,贫贱不能移,威武不能屈,美人不能动”的精神[③]。

笔者认为,一名真正的教育工作者,首先要对教育问题有一种“主观的思考及其‘见’”[④]。“见”就是见地,包括了教育工作者对社会、人生、教育以及三者关系的根本认识,包括了对教育究竟为什么和是什么,对教师劳动的特质与复杂等的根本认识。教育工作者为什么必须有一种“见”呢?因为在教育理论发展史中,曾经出现过各种互相矛盾甚至彼此截然对立的观点,如个人与社会、自由与纪律、兴趣与努力、游戏与工作、目前需要与长远目标、个人经验与种族经验、(教材的)心理组织与逻辑组织、学生主动性与教师主动性以及今生和来世、性善和性恶、古典教育和科学教育、普通教育和专(职)业教育、教育平等和精英教育、理论和实践、系统知识和做事、儿童中心和社会中心、个性和社会性、形式教育和实质教育、知识和智力(能力)、学校和非学校、智育第一和德育第一、天性和教育、内发和外铄,等等。“教育思想的历史,就是在这一系列矛盾中左摇右摆地蹒跚前进的历史。”[⑤]因此,在这些互相矛盾甚至彼此截然对立的观点面前,教育工作者

---

① 蓉生等编:《中外笑话大观》,云南人民出版社 1984 年版,第 133 页。

② 朱泽甫:《陶行知年谱》,安徽教育出版社 1985 年版,第 5 页。

③ 华中师范学院教育科学研究所主编:《陶行知全集》第 5 卷,湖南教育出版社 1985 年版,第 146、235、700、760、782、954、964 页。

④ 冯友兰:《中国哲学史》上册,华东师范大学出版社 2000 年版,第 10 页。

⑤ 单中惠、杨汉麟主编:《西方教育学名著提要》,江西人民出版社 2000 年版,第 4 页。

必须做出自己的选择，必须有自己的“见”。其次，一名真正的教育工作者，还必须有“行”。“行”就是“身体力行”，即真正把自己的见地落实到实践中、行动上。只有“见”而没有“行”，虽不能说是“假见”和“为稻粱谋”，但也只能说是一个教育理论家。中国教育不能说不缺少具有真知灼见的教育理论家，但更缺少的是有“见”并身体力行的教育家。陶行知先生之所以伟大，不仅仅因为他提出了生活教育论的“见”，更因为他以“捧着一颗心来，不带半根草去”的精神身体力行地实践着自己的“见”。有“见”不一定有“行”，有“行”无“见”只能是“盲行，盲动，闷起头来，办……办……办”①。那么，存在于“见”与“行”之间，起最重要作用的是什么呢？那就是陶行知精神。只有有了这种精神，我们才能真正把自己对乡村教育的见地落实到乡村教育的实践中、行动上②。

（胡志坚系聊城大学教育科学学院教授。）

① 华中师范学院教育科学研究所主编：《陶行知全集》第1卷，湖南教育出版社1984年版，第113页。

② 参见胡志坚：《哪些人可以称得上教育家》，《中国教育报》2006年4月14日第6版；《关于教师专业发展研究中几个问题的思考》，《教育研究与实验》2009年第6期，第38—40页。

从“我”“这儿”“现在”的角度浅析陶行知的教育

[韩]金德三

一、前言

本文试从《庄子·逍遥游》中涉及大鹏这种体格巨大鸟类的篇章入手展开分析。其原文如下:“北冥有鱼,其名为鲲。鲲之大,不知其几千里也;化而为鸟,其名为鹏。鹏之背,不知其几千里也;怒而飞,其翼若垂天之云。”现代书面语里的“鹏程万里”这一表达,最早便是出自该句中对大鹏雄壮身姿的描述。但从接下来谈到的寒蝉和鸽子来看,这两种动物即便是用尽浑身解数,充其量也不过是能飞到榆树那么点高的水平,如何能拥有像上文中描述的那样一跃直上九万里并一路向南飞行的能力?据此笔者对其是否存在内容夸张产生了疑问。“蜩与学鸠笑之曰:‘我决起而飞,抢榆枋,时则不至而控于地而已矣,奚以之九万里而南为?’”笔者理解该句的立足点便在于,就资质方面来看,能展翅翱翔的大鹏确实比只能徘徊低处的蝉和鸽子来得更优越。虽说在《逍遥游》这一章节里,庄子对蝉和鸽子似乎有点报以鄙夷轻视的口吻,但事实上庄子的观点早已超越传统意义上的对立或比较,而是立足于“道”这一核心来看待世间。故此就像庄周梦蝶这一典故里提出的庄周和蝴蝶究竟谁对的问题,最终在《庄子·天下》里以“不谴是非”这一观点得到解惑,意在劝喻人们勿要劳心于各种大小是非的争执,更不要为此哗众取闹喋喋不已①。与其执迷于相对意义上的一分为二,倒不如将二者合二为一使之融会贯通,庄周抑或蝴蝶,大鹏之于若蝉,世间万物是非曲直,皆应该立足于这样的“道法”来做好取舍和判断。

按照以上的分析脉络来看,世间万物皆有灵性,存在便有其存在的道

① [韩]金德三:《庄子思想与当代教育》,宋恩荣、吕达:《当代中国教育史论》,人民教育出版社2004年版,第473—481页。

理和价值,都理应受到珍视和保护。人作为万物灵长更是如此。但如果有人因身材短小或身宽体肥等问题便认为自己毫无价值可言的话,那么,这样的人眼中的世界也是靠着一些过于个人化的想法建立起来的。俗话说“尺有所短,寸有所长”,任何事物不论孰长孰短皆有其自身价值。故此,决不能以所谓长短来将其区别对立起来,而是应相互加以调和使其合二为一,有长有短方为距离。这刚好与《老子·第二章》中提到的“相反相成”这一观点不谋而合①。

如果只采用传统意义上相互比较的观点的话,两个性质完全相反的事物极有可能陷入绝对化的对立甚至竞争。但如果以老子和庄子倡导的“道”的主张来看,即便是看似相反的两个事物,若能尝试走向彼此融合、相互协调的道路的话,说不定还能创造出更为宽宏博大的美好结果。故此无论个人、团体或国家之间都应当以此为志携手并进,进一步讲,全人类和宇宙万物也理应缔结并维持好这样的关系。只有当所有的关系都固化为这一标准的时刻,才谈得上是真正实现了孔孟之道所向往的和而不同,佛祖释迦普度众生的慈悲和基督耶稣倡议的世人皆爱。

但问题在于,所谓“道”究竟为何物?一般民众又该如何理解和接受这一理念。笔者对此只试着做了一些浅表性的阐释,尽管不尽完善,但如果仔细说来的话笔者是这样思考这一命题的。金无足赤,人无完人,世上之物皆有遗憾,但无可否认都有其存在的理由和价值。据此我们能够感受“道”的最基本最简而易行的方法,既不是对方或别的人,也非从一个地方到另一个地方,更不是已经消逝的过去和无法预知的未来,其实这个方法的实质,就在于我们自己,我们所处的这一片天地,以及我们尚在呼吸的当下。就如同用公义和道理构建起的庞大而精密的理论学和数学体系那样,我们日常生活里的所有大小问题,无一例外皆是由“我”(自我认知)、“这儿”(立足当下)、“现在”(把握现在)这三个来自不同维度的概念构筑而成,并不断将其延伸使之更具体化。

笔者从韩国的角度出发,融合了中国传统的道家思想,指出应该以“我”“这儿”“现在”为出发点来思考命题②,大到国家与国家之间的文化交

① [韩]金德三:《“相生”与老子思想》,《中国道教》2003 年第 1 期,第 28—32 页。

② [韩]金德三:《中国道家史序说》,(韩国)景仁文化社 2004 年版,第 155 页。

流，小到个人之间的学习的进步，都应该优先考虑以上三个原则，并以其为主体不断地进行创新和拓展。本文以这段时间内笔者思索总结出的“我”“这儿”“现在”三位一体的模式和中国教育模式的变迁做有机结合，并就其特征进行进一步的探讨。

二、“我”“这儿”“现在”与中国教育的变化

中国在悠久漫长的历史长河中经历了各种复杂多样的教育变革，以此为镜，可以窥见中国一路的发展和变化。笔者将从中选取一些特色鲜明、影响深远的案例作为研究中国教育模式变化的一扇窗口。其中最具代表性的便是孔子倡导的儒学教育、科举制度的实施以及近代西方模式教育的传播。这三种教育模式分别在当时所处的教育和社会变化中为其发展指明了方向。常言道，教育引领社会变化，另一方面教育本身在不断接受社会变化带来的影响。尤其是能促进教育模式转化的一系列事件，往往能在变革的临界点上起到画龙点睛的作用。

能够引发实质性模式转变的教育性事件，即便在当代也非毫无预兆突发而至的。孔子的教育如此，科举制度下的人才选择方式也是如此，甚至于现代西方化教育模式所强调的实用主义教育和科学化教育也不例外。早在明末清初，以颜元为代表的教育家就已经对此发表观点。据此说明，教育性变化和社会性变化只有巧妙搭配，教育效果才能事半功倍。

但不是所有的教育方面的转变都能获得成功，只有当它和当时社会的要求相吻合时，才能使其富有意义。和前面提到的物质临界点类似，99 摄氏度的水和 100 摄氏度的水虽说只有一度之差，但就是这所差的一度却在将液态的水转化为蒸汽的过程中发挥着至关重要的作用。所以从更宏观的角度上看，教育改革是否成功并不是最重要的，因为这其中还牵扯到许多跟天命等不可抗因素相关的其他变因。但也不等同于说，身为教育工作者或学生就可以拿这些不可抗因素当作挡箭牌借机偷懒。因为常言道，尽人事，听天命，但一定得是尽人事放在最先，把人为的一些该付出的努力尽量都做到位，在此基础上再来管是不是跟天命有关。

但值得关注的一点是，能够促进教育模式转变革新的一系列历史性事件都应该具备“我”“这儿”“现在”这些共同点，这样的呼声在今天看来越发人气高涨。本文对是否能忠实于这三个共同点做了进一步阐述并明确了

其标准。人作为任何行为和判断的主体，是否能忠实于"自我"，听取属于"自我"的声音；"此地"是否能够充分说明当下所处环境和情况，"当下"又是否能够反映当下的实际要求。换言之若想探讨这些对教育改革具有决定性意义的历史事件，则应当从身为事件的生产者和发起人的"自我"，以及代表事件发生地点的"此地"和属于事件发生的时间范畴的"当下"来探讨和把握问题。也就是说，我们要从这三个方面去积极探索解决问题的对策并加以执行，这个问题不是对方的，而是自己的；这个问题不是具体哪个地方，而是"我"所处的当地；同样这个问题不是过去遗留的，也不是未来会爆发的，而是当下正在发生的问题。事实上因为尽人事而最终获得成功的历史性事件和关键人物的共同点都是以上面三个要素为核心加以实践的，并且这三个要素由此及彼拓展、丰富了其自身的内涵。任何问题不光是自己的问题，也是"我们"大家共同的问题；问题不仅会在"此地"发生，也有可能在别的地方发生；问题不仅是当下需要解决的，在未来也很有可能要面临，即便不是所有的尝试都能结出成功的果实。除了前文所指定的一系列促使教育模式转变的典型性事件外，还有在中国的历史上为了教育改革而不断努力开拓的先例。陶行知所受的教育理念也不例外。陶行知所受教育体现的价值也和"自己""此地""此刻"紧密相关并从两个方面得到证实：一个是陶行知先生的个人生平，另一个则是他所倡导的教育理念。

三、"我""这儿""现在"与陶行知教育的特征及价值

(一)"我""这儿""现在"与陶行知的生平

陶行知1891年出生在安徽省歙县，1946年逝世。他的一生可谓是贯穿了半个中国近代史，从1894年中日甲午战争爆发，1900年义和团运动，1911年辛亥革命，1919年五四运动，1921年共产党成立，到之后的抗日战争等重大历史事件他都有经历。身处动乱跌宕的特殊年代，陶行知的生活同样也伴随时代的辗转而坎坷不断。时常不安定的社会环境使得"从自身出发，立足当下，放眼现实"成为那个年代人们为人行事的第一准则。这样的原则能够使其身处时代变换而屹立不倒。这就好比能牢牢抓住飞翔于蓝天之上的风筝的线，不管风筝飞得多高，跑得多远都不会脱离人的控制。

陶行知在当时的做法也是属于将自身情况和国情以及老百姓所处状况等要素相结合加以行动的作风。他在结束了美国留学生涯后毅然回国。他认为中国当时最根本的问题不在城市而在农村，故前往农村开展教育工作，在生活教育方面倡导“生活的舞台就是社会百态，千姿百态的社会也是一所学校”。1931 年，他从日本回国后将教育的重心又放到科学普及和儿童教育上。1932 年 10 月，他创立山海工学团并走进工厂。1935 年一二·九运动爆发之后，他展开国难教育运动。1937 年震惊中外的“七七”卢沟桥事变之后，他积极展开战时教育，并于 1939 年 7 月设立育才学校，积极培养优秀儿童作为抗战救国的人才保障。1946 年 1 月，他创办社会大学，积极展开生活教育理论教育。

通过陶行知的个人生活我们可以看出，他将“认知自我”“立足当下”“把握现在”设为教育的坐标并加以实践。所以从学前教育到职业高等教育，从农村到城市，从农民到工人，从儿童到成人，从民众启蒙教育到抗战爱国教育和民主教育，他都很好地结合当下巧妙融合。相较于只拘泥于一个标准而言，他是将“我”“这儿”“现在”和他本人的需求加以配合来行动的。他对于生活和实践的重视源自他对于自身当时的状况的把握，他认为在教与学的过程中任何知识或经验都不是脱离实践单独存在的，而是只有当所学知识转化为社会实践时，教育才算是真正意义上完成了。他在这里也指出了所谓实践其实就是和“我”“这儿”“现在”三个要素紧密相连。假设对以上三个要素没有任何概念，就会不知道是为了谁学、该在哪儿学或该在什么时候学等。那么通过学习获得的知识，以及将知识转化成生产力的实践活动等都将失去存在的意义。所以在自我认知、立足当下或把握现实方面，陶行知始终都会将以上要素和自身需求结合起来考虑和行动。举例来说，当他结束留学生涯回国后便投身农村，对症下药及时发现传统教育存在的问题。当时的中国正面临着半殖民地和半封建制度双重夹击的问题，陶行知在此时却把目光转移到在当时缺乏关注的农村地区，并深切感受到农村教育的必要性，且身体力行，不断地为农村的民众教育和民族解放奔走劳碌。

基于此，与单纯在教学理论或论文发刊上业绩突出的人相比，能够亲身投入教学第一线不断践行的人更具有深远价值。陶行知的教育理念并不只是在那儿大声空喊的口号，而是通过身体力行的实践被赋予了更多的真实性。陶行知不仅重视自我认知和把握当下情况的力量，并且将其作为判断的有力依据，同时将自身的教育理论整合成强调自我认知，把握当下的生活教育。从这样的角度看，陶行知在当时有别于同时期教育者的特征如下：第一，身为教育工作者，始终将解救国家和百姓于危难中视作一种坚定的信念。第二，透过自身坚持的信念，以教育经验为基础，不断地身体力行以实现教育的本质。第三，发展教育大业在先，安享高官厚禄在后，始终战斗在教育第一线的陶行知总是第一时间出现在需要自己的地方。第四，以自我认知、把握当下为基准，丝毫不排斥低下卑贱的职位，为理想的实现不断迈进，鞠躬尽瘁。

(二)“我”“这儿”“现在”与陶行知的教育思想

陶行知的教育思想中特别是生活教育这块价值尤显。以生活教育为代表的陶行知的教育理论及实践精神主要受到以下三个方面的影响：第一，儿时教育铺垫。这其中尤其是明朝的理学家王阳明主张的“知行合一”对陶行知的思想的启蒙作用巨大，他后来确立的教育思想在精神内核上可谓是对王阳明“知行合一”主张的一脉相承。陶行知在年幼时受到方庶咸的提拔到私塾学习，15 岁时就读于歙县的崇一学堂，1908 年赴杭州广济医学堂学习药理医学，随后转入南京汇文书院继续求学。陶行知于 1910 年考入南京的金陵大学文科后，接触到当时的革命人孙文倡议的民主革命精神，这为其以后思想的形成奠定了基础。因深受王阳明“知是行之始，行是知之成”思想的影响，他随即把自己原来的名字“文浚”改为“知行”二字。后来到 1934 年时，他又觉得行应该以知为出发点，知是行的要素之一，遂又将“知行”改为“行知”二字并一直沿用，为其强调实践和生活的教育哲学奠定了基础。第二，美国留学时期所受教育。1914 年陶行知从金陵大学毕业后即前往美国留学深造，在美国留学期间深受其指导教授杜威的教育思想的影响。但陶行知并非只是单一地模仿照搬其教学理念，而是将其与自身和中国当时的实际国情做了相应的结合并加以实践。他通过回国后的教学实践，对杜威强调的以实用主义教学为代表的新思潮有了新的认识。他发现这一套理论并不符合当时中国的基本国情，也清醒地认识到寻找新的教学方案的急迫性。作为新发现里最具代表的生活教育理论就是以“我(自我认知)”和“这儿(把握当下)”为基础开发总结的。第三，通过回国后的教学活动领悟到的新变化。他将赴美期间的学习经验和生活本身作为实践的核心并扩充了许多内部细节。在陶行知活动的当时,中国实行的是以癸卯学制为主的传统教育,虽然陶行知所实施的新型教育与当时通行的旧式教育有所区别,但在内容上并没有实现新的突破。这是因为陶行知奉行的便是教育不能脱离中国当时的实际需要,以生活为中心的教育理念刚好便符合这样的需求。

具体来看,陶行知所主张的生活教育的内含便在于要充分地忠实于自己的需要、自己当下所处的环境及时间,并由此为基础扩展到他人的需要及别的地点和时间,以此重新定义教育的真正意义,同时很自然地引申出"教学合一"这一教学方法。这里所谓"现在(当下的时间)"就是指我们正在呼吸的这个时刻以及我们当下所处的这个地方,这点和陶行知谈到的"生活"有着密切的关系。从这样的定义出发,陶行知就此曾谈到过以下内容。

> 生活主义包含万状,凡人生一切所需皆属之。其范围之广,实与教育等。有关于职业之生活,即有关于职业之教育;有关于消闲之生活,即有关于消闲之教育;有关于社交之生活,即有关于社交之教育;有关于天然界之生活,即有关于天然界之教育。①

生活便是教育。教育如果不以生活为中心的话,那就跟空有躯壳的行尸走肉毫无二致。同样地,学校如果不围绕生活开展教学的话,无疑也就是一座灵魂死亡的坟墓。教科书如果不以生活为中心的话,也就是一叠生命力全无的废纸。所以说在这片土地上开展教育的一定得是以强调"生活"为主的学校,所以教学也要根据人的实际需要来开展。陶行知就此观点特别指出"社会也是一座学校,生活的内容就是教育本身"这一主张。

> 自有人类以来,社会即是学校,生活即是教育。士大夫之所以不承认它,是因为他们有特殊的学校给他们的子弟受特殊的教育。从大众的立场上看,社会是大众惟一的学校,生活是大众惟

---

① 陶行知:《生利主义之职业教育》,《陶行知全集》编辑委员会:《陶行知全集》第1卷,四川教育出版社1991年版,第12页。

一的教育。大众必须正式承认它，并且运用它来增加自己的知识，增加自己的力量，增加自己的信仰。①

陶行知认为，通过教育的力量可以调和人的情绪及欲求，让天理和人欲共生共存、合而为一，所以在解学方面应当重点关注人的需要。他并且主张要以生活，即“我本人”生活的当下为中心开展教育。

生活教育是以生活为中心之教育。……过什么生活便是受什么教育：过健康的生活便是受健康的教育；过科学的生活便是受科学的教育；过劳动的生活便是受劳动的教育；过艺术的生活便是受艺术的教育；过社会革命的生活便是受社会革命的教育。②

陶行知所强调的生活教育中“我”“这儿”“现在”这三种概念非常重要。所以陶行知也极为强调“今日”和“现在”两个概念。陶行知说，我们身为现代人，要过现代化的生活就要接受现代化的教育。过去和未来的生活都不适用于我们所处的当下，倘若按照以前的方式生活，那叫作落伍；如果急着过超前生活的话，又会游离在大众之外。他接着说，管理一所现代化的新式学校，若要让小学生都能过上现代化的生活的话，就必须接受现代化的教育。

四、结论

坚持以“我”“这儿”“现在”为根本的原因，透过陶行知的生平及倡导的教学思想都能找到答案。他就做到了以此为原则做最恰当的选择，放弃财富、名誉只身前往农村，在最艰苦的教育第一线身体力行开展实践，十分符合他自己当时所处的位置和实情。这与他本人坚持的态度、所倡议的教育理念和其中最核心的生活教育高度吻合。由此可见陶行知自己的生活就

---

① 陶行知：《普及现代生活教育之路》，《陶行知全集》编辑委员会：《陶行知全集》第3卷，四川教育出版社1991年版，第247页。

② 陶行知：《教学做合一下之教科书》，《陶行知全集》编辑委员会：《陶行知全集》第2卷，四川教育出版社1991年版，第649—650页。

是严格按照这三项标准执行的。

前人栽树，后人乘凉，先前时代所推行过的许多改革或与教育有关的历史性事件在促进教育革新方面都获得成功，但不是所有这样的历史性事件都能推动教育模式的革新。陶行知在这片领域所付出的巨大努力，并不意味着这样的付出就都能如愿以偿。更何况在陶行知逝世后，由于一些人在阐释其教育理念时出现过一些欲加之罪的言论，还导致其思想受到过警告批判。这与 1951 年上映的电影《武训传》因被怀疑有鼓吹走资派风的嫌疑而受到批判这一事件有关。同年 6 月，教育界以人民教育为导火索展开了批判运动，这次运动点名批评了以杜威为代表的实用主义派教育和陈鹤琴的“活教育”理念。陶行知谈到过的与“新武训精神”相关的生活教育言论也在当时的斗争和“文化大革命”中遭遇批判。

教育模式的转变在教育上是一件值得重视的大事。这其中既包含了各类微观化的转变，也包含了在这些转变之外曾发生过的许多大小关联的事件。从这个角度看，陶行知所亲身践行的教育也可以说是在融合了西方式教育的基础上所形成的独特的中国教育模式不断变化的过程中应运而生的教育性事件，其自身带有的变化属性决定其自然会受到来自近代教育的影响。陶行知正是看到了当时西方式教育的思潮不断冲击着中国旧有的教育模式，中西思想交融进入一个新的历史阶段，所以采取了积极应对现实的态度，为接受西学洗礼决意赴美留学。在美国留学期间，陶行知身为杜威的学生深受其教育理念的影响。回国后，陶行知大可以大知识分子自居享受安乐，但他却出乎意料地身着当时平民的服装，不断思索探究中国平民教育的发展出路。

从某种层面上讲，孔子倡导的思想时至今日依旧具有其独特价值，因为“我”“这儿”“现在”这三个概念随着历史的推移也在不断地发生变化，而后辈子孙们面对此变化一直在努力地拓宽、丰富这三个概念的外延和内涵，通过自身潜力和创意不断赋予其新的阐释。这与陶行知所谈到的生活教育一脉相通。“教育的根本意义是生活之变化。生活无时不变，即生活无时不含有教育的意义。”①党的十一届三中全会闭幕后，中央开始对之前

① 陶行知:《普及现代生活教育之路》,《陶行知全集》编辑委员会:《陶行知全集》第 3 卷,四川教育出版社 1991 年版,第 246 页。

的冤假错案进行拨乱反正，陶行知的名誉也得到恢复。并且1979年来自安徽省的操震球、扬寿南、丁右涵、陈文达、高越等人一起组织创办了陶行知研究团体。1980年陶行知研究会正式成立并出版了第一期《行知研究》。时任安徽省委书记的张劲夫不仅积极支持其研究工作，并且积极支持陶行知研究会从安徽省扩展到中国全境。在此笔者认为，为进一步深化陶行知的教育思想研究的范畴，应该从以往的对自我的认知、如何立足当下以及如何把握现在等命题扩展到对方对我们的认知、从如何立足除了当下以外的其他地方以及如何把握过去和未来等更为宽广的范畴，并且不断地调和其间的关系和属性，使之能够成长为造福全人类的普世思想。为了达成这一目标，相应的研究和观点开发势在必行。并且陶行知过去尝试过的教育改革和作为能还原过去长久以来中国的发展轨迹动因的教育改革，都应该持之以恒地实践下去。与此同时，在各类社会问题不断得到解决的当下，更应当将陶行知教育改革上升到一个新的高度。

从这一侧面上来讲，教育不仅是保障发展机会的最佳社会性水平装置，同时在推动社会顺利向前迈步上所起作用和意义格外重要。在现代社会中，诸多国家间的竞争，从某种方面来看无疑就是每个国家在教育方面的实力的较量。现代社会实施的教育主要是以西方的教育模式为核心。近代以来，所谓人类文明和发展，无疑都是踩着迷茫不确定的步伐在竞争的道路上不断追逐的过程。人类开始逐步丧失对自然的敬畏和顺服，并在对自然不断施加开垦之余，盲目地追崇近代化的合理性和效率性，而除此以外该有的理性思考早已荡然无存。

Andrew Dobson 曾在其所著的《绿色政治思想》中说过："在一个受到各种限制的体系里，成长本身也会深受其困，难以实现持续性的发展和突破"，并且指出"善待自然，长期性地与自然共生共荣的生产和消费方式在当下确实难以为继"。基于以上言论，现在已经到了必须改革教育的时刻了，所以我们应当积极地应对并克服当下社会存在的各种问题，特别是应当开展对西方启蒙理念的新一轮反思，并且再次将视线转移到古老东方悠久历史中保留下来的人本主义理论上，思考其立场的合理性。归根结底，在当下的人的想法和内心需要得到改变，但这样的主张势必会受到一部分人的反驳和抨击。他们认为这是一种消极停滞的行为，会阻碍人类科学的进一步探究和对未知宇宙的开发。虽然乍看上去很有道理，但回过头试想一下，如果人置身于一个每个人都必须附庸于他人、充斥着各种限制和缺陷的体系中，人自然也是无法生存、难以为继的。试想一下，如果不能及时纠正这种危险的个人心理，那么这样的个人便会像一辆疯狂向前、不管不顾的失控列车，根本没有可以阻挡它的余地。故此，教育的意义有多重要自然不言而喻。

从以上思维脉络来看，教育思维的变革很有可能把希望寄托于东方哲学，特别是中国，自古以来便做出了诸如此类的许多尝试。借此尝试也可对中国和人类发展做进一步的追溯。以过去发生过的历史事件为例。不论是尝试将印度的佛教做中国本土化改革的潜在性来看，还是通过推出科举制度来为社会选拔人才提供借鉴的事件来看，抑或是在政治经济领域以共产主义理论的方式谋求社会变革的角度来看，无一例外都能得到证实。人们对在现代社会中重现的孔子价值满怀期待，并希望其能获得成功。所以说有效突破西方式价值观和方法论的限制，出现全新的教育模式绝对不是一件异想天开的事。为能早日实现这一愿景，如何就“我”“这儿”“现在”为主题进行持之以恒的研究和开发至关重要。

（金德三简介见前文。）

心中的世界:陶行知对王阳明、杜威思想的接纳与改造

刘训华　周洪宇

陶行知作为近代中国教育领域极有建树的教育家、思想家、政治家和文学家,其思想受到古今中外思想家的熏陶。其中,对陶行知生活教育学说的形成起到重要思想助力的,主要是两位思想家,一位是明朝时期的心学大儒王阳明,另一位是美国哥伦比亚大学的教育哲学家杜威。学界对于陶行知思想演变的研究,大多从单个学者影响的角度进行比较,较少古今中外的综合性比较,从陶行知个体的心理角度来观察的文献不多。本文试从古今中外的立体维度,从陶行知的内心世界,寻找其对先贤思想的接纳与改造的历史过程。

一、个体的品质:陶行知对王、杜思想的时代性接纳

陶行知是一个内心卓越同时又有深刻想法并为之努力践行的人,这从他曾迷恋于阳明心学可窥一二。了解陶行知的个人品质,关注陶行知的内心世界,可以更好地通过他的文章、别人与他接触后的回忆等方面材料建构。有趣的是,与陶行知同时代且具有一定地域文化、人文背景的人,如胡适,走了一条文化与政治相结合的道路,蒋梦麟、郭秉文走的是教育与政治相结合的道路,陈鹤琴走了教育专业化道路,而陶行知走的是一条教育与社会改造相结合的道路。为什么他会做出这样的人生抉择?这就要从他的内心世界,他对王、杜思想的接纳与改造说起。

陶行知出生于1891年,成长于几千年来中国变革最为激烈的19世纪末和20世纪初。在救亡图存的大背景下,寻求国家发展出路的问题摆在了有思想的中国人的面前。与革命救国、实业救国所不一致的是,陶行知选择了教育救国的方式。这种方式与陶行知对于王、杜二人的认知有着密切的关系。王、杜二人有着共同的特点:一是思想影响波及甚广,二是对时

代起着重要的启蒙作用。这两点都可能对陶行知的教育救国的选择起着重要的作用。王、杜二人思想的融合，是中国大转局时代的需要。仔细考察会发现，多灾难的中国，对于心学的理解、对于提倡实用主义以自强的追求，有着独特的时代适应性。家庭成长环境对于陶行知的思想接纳起到重要作用。在14岁之前，他的教育主要来自他的父亲和其他一些老师，同时1915年父亲的去世，也给他带来经济上的困难①。陶行知祖籍浙江绍兴，而王阳明也是绍兴人（明清时期余姚隶属绍兴府），王阳明在绍兴创办稽山书院的事迹对陶行知起着潜移默化的影响。

陶行知的自身特质，对于其对王、杜思想的接纳与改造的作用至关重要。陶行知个性敏锐、思想性强，具有远大的社会理想和强烈的教育实践动机。他长期不息的兼济天下的情怀，正是他能够顺利接受王、杜思想并不断进行自我锻造的最重要的主观条件。王阳明思想的核心是心学，相较于程朱理学，更强调个人奋斗和自我悟道，这契合年轻的陶行知的心理。杜威的实用主义哲学，对于前途迷茫的中国来说，自具现实意义。如果说王阳明的心学对于陶行知来说是其思想成长的指导，那么杜威的实用主义思想则是陶行知行动的指南。陶行知对于王、杜二人思想的接纳，还在于他们都具有行动的禀赋。

个人成长经历。在求学的过程中，陶行知读书的学校所在地，是受到阳明心学影响比较大的区域。在第一次世界大战时期，杜威的《明日的学校》《民主主义与教育》相继出版，而这一时期也正是陶行知进入哥伦比亚大学学习的时期。“中外情形有同者，有不同者。同者借镜，他山之石，固可攻玉。不同者而效焉，则适于外者未必适于中。”②他对美国教育的实地考察，始终警惕两者之间的巨大差异。

陶行知对王阳明和杜威的接触，也是以不同的方式进行的。对于王阳明，他主要是受书本、环境和周围影响力的潜移默化与主动追寻相结合的方式。对于杜威，陶行知则有重要的师承关系，不仅是在哥伦比亚大学的两年求学过程中得到杜威的有效指点，杜威的一系列著作对陶行知产生影

---

① 陶行知：My Résumé And My Plan Of Life Career — To Dean J. E. Russell，方明：《陶行知全集》第6卷，四川教育出版社2005年版，第335—337页。

② 陶行知：《试验主义与新教育》，方明：《陶行知全集》第1卷，四川教育出版社2005年版，第7页。

响，并且在1919年杜威来华访问期间，陶行知与他有零距离的接触和陪伴。这使得陶行知对于杜威的认识和对王阳明的认识处在一个不同的层次上。如果说王阳明还是古人，多有神游追往的味道，那么对杜威则是人与人之间的一种近距离观察。也正因为此，陶行知对王、杜二人思想的接纳显得自然，改造就更加适应形势需要。

还应该注意陶行知对王、杜思想接纳的态度是一种扬弃。比如说，相较于王阳明的格物致知、内心自在一说，陶行知是一种内在的继承，同时又突出强调了它的行动。陶行知在1934年曾说："在二十三年前，我开始研究王学，信仰知行合一的道理，故取名'知行'。七年前，我提出'行是知之始，知是行之成'的理论，正与阳明先生的主张相反。"①陶行知系统研究阳明心学是在其20岁时，而在其36岁时，则提出了与阳明先生相反的观点。

不同于对王阳明心学的内在接受，陶行知对杜威学说的态度，则是一种批判的继承，即在保留其价值合理性的同时，对他的这些体系进行了一番改造。由于杜威与陶行知是师生关系，所以陶行知在活学活用方面，充分体现了杜威学说自然价值的一面。周洪宇用"继承中的超越与超越中的继承"②来形容陶行知基于中国国情对杜威理论的成功改造，费正清则评价说："杜威博士的最有创造力的学生却是陶行知"，"陶行知是杜威的学生，但他正视中国的问题，则超越了杜威"③。陶行知在23岁时直接接触杜威，其后与杜威的直接交往一直到26岁。之后的往来则有书信，当然还包括1919年到1921年杜威的中国之行。杜威在1919年4月30日至1921年7月24日在中国停留两年多时间，广泛发表演讲，产生了重要影响。胡适曾说："自从中国与西洋文化接触以来，没有一个外国学者在中国思想界的影响有杜威先生这样大的。我们还可以说，在最近的将来几十年中，也未必有别个西洋学者在中国的影响可以比杜威先生还大的。"④作为杜威在中国最为紧密的学生之一，陶行知先后联络胡适、郭秉文等人，对他

① 陶行知：《行知行》，方明：《陶行知全集》第3卷，四川教育出版社2005年版，第487页。

② 周洪宇：《继承中的超越与超越中的继承——陶行知与杜威关系略论》，《教育研究与实验》1993年第4期，第27页。

③ ［美］费正清：《陶行知与杜威》，周洪宇：《陶行知研究在海外》，人民教育出版社1991年版，第397页。

④ 胡适：《杜威先生与中国》，《晨报》1921年7月11日第2版。

的中国之行进行奔走联络，并请胡适与蔡元培、蒋梦麟等人磋商①，在这个过程中起着积极作用。

总体而言，陶行知对王、杜思想的接纳是个系统的过程，糅合了时代因素、个人禀赋、个人阅历等因素。

二、行动的立场：陶行知对王、杜实践性思想的顺向批判

陶行知是一个极有主见与执行力的人，尽管在学说上继承王、杜的某些观点，但绝不盲从，总能根据时代需要而有所改变。陶行知接受王阳明学说的路径是以潜移默化、润物细无声的方式进行的，对于杜威的学说则是整体性、阶段性地接纳。阳明学说体现了中国传统思想的精华，杜威学说则是当时世界著名的教育潮流。1914 年，陶行知先入伊利诺伊大学，后转学哥伦比亚大学师范学院，师从杜威、孟禄、克伯屈等美国教育家研究教育。1917 年当他带着杜威实用主义教育思想回国时，他是有着巨大的宏愿。然而很快他就发现现实情况与美国的差异，他不仅在细节方面对引进的情节加以改变，而且在理论上完成了批判性的超越。

有想法才会有行动，考察陶行知的内心世界，是了解他对王、杜思想改造动力的重要抓手。陶行知心中构建了一个宏大的教育世界，这个理想世界包括了各个层面的教育。比如对大学选址的思考，就体现了他个人阅历与中外教育因素的结合：“一要雄壮，可以令人兴奋；二要美丽，可以令人欣赏；三要阔大，可以使人胸襟开拓，度量宽宏；四富于历史，使人常能领略数千百年以来之文物，以启发他们广大国粹的心思；五便于交通，使人常接触外界之思潮，以引起他们自新不已的精神。”②这五段论，正是中国古典与西方传统相结合的思量，当然从这里也可以看到陶行知的个人禀性。

在实践的立场上，陶行知与王阳明、杜威有着惊人的一致性。陶行知对王、杜思想的改造，是基于行动立场的顺向改造，是将两位的思想进一步

---

① 陶行知：《杜威将来华讲学——致胡适》，方明：《陶行知全集》第 8 卷，四川教育出版社 2005 年版，第 180 页。

② 陶行知：《杭州大学之天然环境——一封公开信》，方明：《陶行知全集》第 8 卷，四川教育出版社 2005 年版，第 3—4 页。

贴近中国及中国教育的实践。陶行知信奉王阳明的“知行合一”理论，但后来还是对王阳明的“知是行之始，行是知之成”的观点进行了顺向批判，提出了自己的“行是知之始，知是行之成”的观点①。陶行知知行理论还受到杜威实用主义哲学影响，他将王阳明立足于儒家的唯心主义理念拓展到杜威的实用主义，形成一种适应时代发展的经验主义。

从横向比较来看，陶行知对王、杜思想的继承与发展体现了行动取向。陶行知思想有个比较清晰的脉络，即行动是它总的逻辑起点，这可从他的一系列论述中寻找端倪：“吾国数千年来相传不绝之方法，惟有致知在格物一语。然格物之法何在，晦庵与阳明各持一说……类此者，皆坐格物不得其法之弊也。假使阳明更进一步，不责物之无可格，只责格之不得法，竞竞然以改良方法自任，则近世发明史中，吾国人何至迄今无所贡献？”②陶行知通过对王阳明格物致知及其方法论的理解，更倾向于以改革的方法创新实现路径的思维。陶行知从王阳明那里所悟到的，是做事视角，是事物的创新方法，这是对王阳明格物致知的自然接纳。

陶行知强调了一种试验的态度，以杜威的实用主义理念，来推动中国波澜不惊的教育局面。“全国学者，苟能尽刷其依赖天工、沿袭旧法、仪型外国、率任己意，偶尔尝试之旧习，一致以试验为主，则施之教育而教育新，施之万事而万事新，未始非新国新民之大计也。”③而改造其时中国面貌的办法，就是发展乡村师范学校，尽快培养合适的师资。陶行知在谈论试验乡村师范学校时曾说：“中国乡村教育走错了路，现在已经到了山穷水尽，不得不另找生路。试验就是用科学的方法去采新的生路。”④因此，陶行知对乡村教育的生活主义态度，是有着深刻的思想渊源的。

不应该忽视的是，陶行知对于王、杜的意识观进行了有力的改造，并逐步形成具有陶氏风格的话语体系：“反洋化教育的用意并不是反对外来知

---

① 陶行知：《行是知之始》，方明：《陶行知全集》第 2 卷，四川教育出版社 2005 年版，第 4 页。

② 陶行知：《试验主义与新教育》，方明：《陶行知全集》第 1 卷，四川教育出版社 2005 年版，第 7 页。

③ 陶行知：《试验主义与新教育》，方明：《陶行知全集》第 1 卷，四川教育出版社 2005 年版，第 7—8 页。

④ 陶行知：《试验乡村师范学校答客问》，方明：《陶行知全集》第 1 卷，四川教育出版社 2005 年版，第 87 页。

识……反传统教育也不是反对固有的优点。"[①]陶行知在对于王阳明学说的态度上，使用了扬弃的办法。王阳明在《传习录》中说："所以必说一个行，方才知得真。此是古人不得已补偏救弊的说话，若见得这个意时，即一言而足，今人却就将知行分作两件去做，以为必先知了然后能行。我如今且去讲习讨论做知的工夫，待知得真了方去做行的工夫，故遂终身不行，亦遂终身不知。此不是小病痛，其来已非一日矣。某今说个知行合一，正是对病的药。"[②]可见，王阳明的心学里，本有知行合一的意味。从王阳明的唯心主义出发，陶行知提出了唯物主义观点。陶行知提出"教学做合一""劳力上劳心""即知即传"等主张，在反思王阳明心学的基础上，对王阳明知行学说进行了时代性的发展。

陶行知通过创办晓庄学校，实施教育与农业生产劳动相结合、教育与社会生活相结合的新教育，在农业立国的当时具有重要的社会改造意义。同时在晓庄学校实践过程中，他形成了"生活即教育""教学做合一""社会即学校"等观点，完善了其学说理论。陶行知还通过积极推广平民教育，以实现其对于中国的教育理想。在给胡适夫人的信中，陶行知提出了通过连环教学法，将平民教育推广到家庭里去。利用家里已经识字的人教不识字的人。只要家里有一个人识字，就可以教全家大大小小、男男女女一齐读书明理[③]。这表现了他对于推动平民教育，实现自我理想的信念。

陶行知通过教育改造，来完成他的教育使命。陶行知在 1927 年曾对王琳说："我们现在要打倒的就是这八股教育、干禄教育。我们决定再不制造书呆子和官僚绅士们。你愿意舍身从事适合于农村生活的教育，我们是十二分的欢迎，我们可以共同为中国教育寻觅曙光，为中国教育探获生路。"[④]由此可以看出陶行知内心对于教育改革的火热心情。

---

① 陶行知：《告生活教育社同志书——为生活教育运动十二周年纪念而作》，方明：《陶行知全集》第 4 卷，四川教育出版社 2005 年版，第 301 页。

② 王守仁撰，吴光等编校：《王阳明全集》(上)，上海古籍出版社 2011 年版，第 5 页。

③ 陶行知：《能使全家识字的连环教学法——给胡适之夫人的信》，方明：《陶行知全集》第 8 卷，四川教育出版社 2005 年版，第 18—19 页。

④ 陶行知：《为中国教育寻觅曙光——致王琳》，方明：《陶行知全集》第 8 卷，四川教育出版社 2005 年版，第 222 页。

三、生活的本源:从心学、实用主义向生活的有效回归

对生活性的追求,是陶行知构建教育理想世界和个人内在世界的主要归宿。王阳明的心学崇尚人的内在修为,于万事万物有着自己的内在的定力。杜威的实用主义在厘清儿童中心、学中做、学校即社会等问题上的推动作用,给了陶行知有力的行动臂膀,陶行知杜威基础上,结合中国国情,进一步深化了这种教育思想,并付诸行动。

在陶行知生活学说形成过程中,王阳明的思想起到了向导式的帮助。"知行合一"与"致良知"一起构成了阳明心学的核心内容。王阳明在《传习录》中说:"必有欲行之心,然后知路。欲行之心即是意,即是行之始矣。路岐之险夷必待身亲履历而后知,岂有不待身亲履历而已先知路岐之险夷者邪?'知汤乃饮','知衣乃服',以此例之,皆无可疑。若如吾子之喻,是乃所谓不见是物而先有是事者矣。"①陶行知在《行是知之始》一文中认为:"才烫了手又冰了脸,那末,冷与热更能知道明白了。尝过甘草接着吃了黄连,那末,甜与苦更能知道明白了。碰着石头之后就去拍棉花球,那末,硬与软更能知道明白了。凡此种种,我们都看得清楚'行是知之始,知是行之成'。"②王阳明强调知前行后,陶行知则在此基础上进一步发展,强调行前知后,突出了实践在人认识过程中的重要性。

陶行知将王阳明的内心理学成功地引导至中国当下的实践,也以吃穿住行的日常生活为喻,"我们先从小孩子说起,他起初必定是烫了手才知道火是热的,冰了手才知道雪是冷的,吃过糖才知道糖是甜的,碰过石头才知道石头是硬的。太阳地里晒过几回,厨房里烧饭时夫过几回,夏天的生活尝过几回,才知道抽象的热。雪菩萨做过几次,霜风吹过几次,冰淇淋吃过几杯,才知道抽象的冷。白糖、红糖、芝麻糖、甘蔗、甘草吃过几回,才知道抽象的甜。碰着铁、碰着铜,碰着木头,经过好几回,才知道抽象的硬。"③所以他认为王阳明的"知是行之始,行是知之成"不对,应该是"行是知之

---

① 王守仁撰,吴光等编校:《王阳明全集》,上海古籍出版社 2011 年版,第 47 页。

② 陶行知:《行是知之始》,方明:《陶行知全集》第 2 卷,四川教育出版社 2005 年版,第 4 页。

③ 陶行知:《行是知之始》,方明:《陶行知全集》第 2 卷,四川教育出版社 2005 年版,第 4 页。

始，知是行之成”。

杜威和陶行知的共性特征是都重视教育与生活的关系，只是在倾向上体现不同，陶行知的“生活即教育”是对杜威“教育即生活”的丰富和发展，但两者都是对以往教育的大超越。杜威用“教育即生活”观点批驳斯宾塞、赫尔巴特的传统教育，即美国现实教育，陶行知用“生活即教育”对中国教育的传统与现状大加鞭挞，两者有异曲同工之处。

能够洞悉杜威生活教育的现实基础是陶行知对杜威学说继承发展的基础。陶行知在1930年曾说：“杜威先生在美国为什么要主张教育即生活呢？我最近见着他的著作，他从俄国回来，他的主张又变了，已经不是教育即生活了。美国是一个资本主义的国家，他们是零零碎碎的实验，有好多教育家想达到的目的不能达到，想实现的不能实现……假使杜威先生是在晓庄，我想他也必主张‘生活即教育’的。”①陶行知很能够理解老师学说的出发点和所思所虑，这使得他在进行中国教育实验时更能够强调中国化因素。

在进行乡村教育改造时，陶行知提出“活的乡村教育，必须要有活的乡村教师。活的乡村教师必须有三个条件：第一有农夫的身手；第二有科学的头脑；第三有改造社会的精神”②。这个农夫的身手正是杜威的美国社会所不具备的情况。“生活教育教人发明生活工具，制造生活工具，运用生活工具……教育有无创造力，也只须看他能否发明人生新工具或新人生工具。”③在其后的实践中，陶行知强调了动手能力及依靠工具工作的倾向。陶行知强调教育来源于生活，生活是教育最重要的基础。在创办第三中心小学时，陶行知曾说：“我们从野人生活里感觉到人的身体是不足以应付环境的。我们觉得人类要想征服天然势力，必须发明、制造、运用身体以外的工具。”④

---

① 陶行知：《生活即教育》，方明：《陶行知全集》第2卷，四川教育出版社2005年版，第399页。

② 陶行知：《中国乡村教育之根本改造——在上海青年会的演讲》，方明：《陶行知全集》第2卷，四川教育出版社2005年版，第275－276页。

③ 陶行知：《生活工具主义之教育》，方明：《陶行知全集》第1卷，四川教育出版社2005年版，第98页。

④ 陶行知：《从野人生活出发》，方明：《陶行知全集》第1卷，四川教育出版社2005年版，第95－96页。

杜威对教育与生活关系,有这么一段定位:“我认为教育是生活的过程,而不是将来生活的预备。我认为学校必须呈现现在的生活——即对于儿童说来是真实而生气勃勃的生活。像他在家庭里,在邻里间,在运动场上所经历的生活那样。”[①]而陶行知则将“教育即生活”结合中国国情,在晓庄学校及上海山海工学团上进行了有效实践。陶行知生活教育理论对杜威实用主义教育理论是一种超越与创新。虽然两者在教育基点、教育指导原则、儿童发展观、教育行动研究思想等方面有着一定的理论联系,但在教育本质观、教育领域观、教育方法观等方面存在着实质的区别[②]。陶行知的生活学说并没有脱离杜威的基础,只是在表述上从杜威突出“教育”转为倾向“生活”。可以说陶行知的生活教育学说是在改造王、杜二人思想上逐步形成的。

四、奋斗的理想:从社会改良到社会改造的教育本土化

历史上,王阳明相继创立龙冈书院、稽山书院,主持贵阳书院等,创立王学,门人众多。陶行知创办有晓庄学校、山海工学团和重庆育才学校,形式上有共同之处。但在具体实践环节,王阳明走精英教育,开宗立派;陶行知走平民教育,泽被苍生。王阳明也有教育改造的思想,但主要是基于方法层面,在社会层面的着力点并不明显。

杜威在教育实践中只是社会改良者,并不是改造者。陶行知教育实践观则主要分为两个阶段:前期是社会改良;1930年代后对国民党政权逐步失望,逐步演变为社会改造。从教育实践的角度来说,陶行知超越了杜威的实践境界。陶行知早期的社会改良思想源于杜威,但中后期的社会改造思想则源于现实。同时,陶行知的老师、哥伦比亚大学师范学院教授罗格的社会改造思想,也对陶产生了强烈的影响。

陶行知一方面性格比较尖锐,对于不同意见能够较为直接地表现出来,但另一方面,却能够很好地维持与他的老师们的友谊。克伯屈在日记里描述他的学生们时,称陶行知是“我的老朋友”,但是对于蒋梦麟或者其

---

① [美]约翰·杜威:《学校与社会 明日之学校》,赵祥麟、任钟印、吴志宏译,人民教育出版社2005年版,第6页。

② 张俭民:《“实用主义教育”与“生活教育”——陶行知生活教育理论的“源”与“流”》,《当代教育论坛》2007年第1期,第31页。

他人，则明显没有这样的表示[①]。陶行知的教育思想里面也含有克伯屈等人思想的身影，“杜威先生的教育哲学是世界上公认的，而根据这个理论找出具体的方法去实现这个理念，予教育界一个伟大贡献的，就是克伯屈先生发明的设计法”[②]。很显然，在陶行知的一系列具体教育实践中，也有设计法的影子。

尽管陶行知在美国留学并深受杜威学说影响，但他并不痴迷于欧美教育，而是从内心里主张教育的中国化，有对现实教育的批判。“我本来是一个中国的平民。无奈十几年的学校生活，渐渐的把我向外国的贵族的方向转移。学校生活对于我的修养固有不可磨灭的益处，但是这种外国的贵族的风格，却是很大的缺点……经过一番觉悟，我就像黄河决了堤，向那中国的平民的路上奔流回来了。”[③]在陶行知的内心世界里，教育中国化的最好体现就是平民教育。

通过教育进行社会改造，是陶行知达到理想世界的主要途径。他为此也进行了多次尝试。陶行知在诸多实践领域的勇敢尝试，使得民国时期的教育改造变得更为丰富多彩。陶行知从美国回国后，“毅然转向乡村教育、大众教育和特殊教育等领域大胆探索，先后创办南京晓庄师范学校、山海工学团和重庆育才学校，通过艰难而独特的本土办学实践，汲取和改造杜威教育学说，提出了具有中华民族特色的‘生活教育’理论，从而在很大程度上超越了杜威，实现了民族教育学的本土建构”[④]。陶行知所超越的，也包括阳明心学在内的内在视野。

面对中国具体国情，他开出了平民教育的药方。“现在的中国是糟到极点了……最重要的第一关，就是教育问题。直言之，就是平民教育问题。中国四万万人，内中有三万万二千万不识字的……要使这三万万二千万人都识字，就是我们八千万识字的人的责任。把这个问题解决了，其余实业、交

---

① 周洪宇、陈竞蓉：《中国最需要何种教育原则——克伯屈在华演讲录》，安徽教育出版社 2013 年版，第 151 版。

② 周洪宇、陈竞蓉：《中国最需要何种教育原则——克伯屈在华演讲录》，安徽教育出版社 2013 年版，第 105 页。

③ 陶行知：《创造一个四通八达的社会——给文渼的信》，方明：《陶行知全集》第 8 卷，四川教育出版社 2005 年版，第 33 页。

④ 黄书光：《陶行知本土办学实践与“生活教育”的独特创造》，《教育发展研究》2015 年第 18 期，第 1 页。

通、财政、司法……都容易了。并且这个问题不十分难,若去做,是很容易达到的。兄弟编有《平民千字课》四册,每册二十四课……四册共一角二分钱。每日读一课,九十六日可以读完。"①陶行知对此进行了深入的实践。

从与杜威的交往上来说,陶行知对老师即尊敬又推崇。1944年杜威在给陶行知的信中提到,"我希望将来美国对中国会有更多的帮助,不但是在军事方面,而且是要站在民主社会与民主教育的立场上,给予中国所需要的帮助"②。陶行知则表态:"我现在正想站在教育的岗位上,推动全民教育,以帮助真正民主的实现。希望您常常指教。"③但在另一方面,陶行知能够清晰地感受到两国之间在教育领域的巨大差异。对美式教育的批判,是陶行知思想形成效力的重要基础。"为使中国之教育能'中国化',不徒为抄袭欧美教育之皮毛,则第一必使教育与实际生活打成一片,尤必使教育与政治不相分离。"④即使与老师的关系融洽,他也能够清晰地感到中国与欧美之间存在着的不可逾越的鸿沟,这表明了陶行知清晰的主体意识,并不如同时代的他的同学们那样,过多地依赖欧美路径。

陶行知对王、杜二人的思想改造,体现在他的教育思想、社会思想、文化思想等多方面,但主要集中在教育思想领域。而陶行知研究教育的落脚点是学生。陶行知在吸纳王阳明、杜威学说的同时,更是受到时代洪流和中国国情的启发,他将这些学说和思想提炼总结后,形成了针对中国农村人口占大多数的、符合民众需求的教育体现。所以这种扬弃是对人类教育思想的自我提升。

杜威以经验作为教育哲学的基础,认为人与环境"以某些方式起着相互作用的事物,乃是经验"⑤。陶行知则通过行动将人与环境进行直接对

---

① 陶行知:《学生与平民教育》,方明:《陶行知全集》第11卷,四川教育出版社2005年版,第114页。

② 陶行知:《论中美两国关系——致美国杜威博士》,方明:《陶行知全集》第11卷,四川教育出版社2005年版,第680页。

③ 陶行知:《论中美两国关系——致美国杜威博士》,方明:《陶行知全集》第11卷,四川教育出版社2005年版,第683页。

④ 陶行知:《再论中国教育之出路》,方明:《陶行知全集》第11卷,四川教育出版社2005年版,第423—424页。

⑤ [美]杜威:《杜威教育论著选》,赵祥麟、王承绪编译,华东师范大学出版社1981年版,第267页。

接,他在晓庄学校、山海工学团方面的尝试即属于此。“教育就是经验的改造或改组。这种改造或改组,既能增加经验的意义,又能提高后来经验进程的能力。”[①]陶行知重视杜威的教育改造观点,将经验丰富到感性层面,“马路、弄堂、乡村、工厂、店铺、监牢、战场,凡是生活的场所,都是我们教育自己的场所,那么,我们所失掉的是鸟笼,而所得到的倒是伟大无比的森林了”[②]。杜威认为,儿童天生具有四类兴趣:交谈或交流方面的兴趣、探究的或发现的兴趣、制作或建造的兴趣和艺术表现的兴趣[③]。陶行知就在教学方法论上进行大胆变革,“一、先生的责任在教学生学;二、先生教的法子必须根据学的法子;三、先生须一面教一面学”[④]。

陶行知从教育人到教育家的历史转变,在理论上是通过对王阳明、杜威思想的接纳和改造实现的。接纳是基础,陶行知的接触途径一是阅读经典,二是深入反思,而改造的要求则要深刻得多。陶行知对王、杜二人思想的改造,既有其自身价值观的因素,同时也与其自身的阅历、视野、眼界是分不开的。周洪宇曾将陶行知誉为20世纪的文化巨人[⑤],也正是基于陶行知对先贤思想改造的基础上所形成的历史地位的一种评定。陶行知善于通过媒体宣传推进生活教育学说。他在谈到《战时教育》方针时曾说:“把教育推广到生活所包括的领域,使生活提高到教育所瞄准的水平。”[⑥]

陶行知对先贤思想的改造效果主要停留在他的行动上。陶行知的乡村建设思想、现代化之路、民族解放思想等,是其在民国时期新旧更迭与中西文化融汇激荡的环境中形成的实践活动,从其一生的本源来说,均具有重要的行动价值。当然,有些内容是超越了王、杜学说本身的,如陶行知的

---

① [美]杜威:《杜威教育论著选》,赵祥麟、王承绪编译,华东师范大学出版社1981年版,第159页。

② 陶行知:《生活教育之特质》,董宝良:《陶行知教育论著选》,人民教育出版社2011年版,第446页。

③ [美]约翰·杜威:《学校与社会 明日之学校》,赵祥麟、任钟印、吴志宏译,人民教育出版社2005年版,第47页。

④ 陶行知:《教学合一》,方明:《陶行知全集》第1卷,四川教育出版社2005年版,第20页。

⑤ 周洪宇:《开拓与创建:陶行知与中国现代文化》,山东教育出版社2010年版,第15页。

⑥ 陶行知:《〈战时教育〉半月刊方针——致戴伯韬》,方明:《陶行知全集》第8卷,四川教育出版社2005年版,第569页。

现代化思想、民主思想等。

五、内圣与外王:传承王、杜学说的教育家之路

在陶行知成长为教育家的时代因素分析中,章开沅、唐文权提出了“三重文化圈”说[①]:第一阶段,家乡文化,是植根于传统的文化,陶行知受徽学的潜移默化影响。第二阶段,进入金陵大学之后,陶行知逐渐形成了民主共和理念,这在他的毕业论文《共和精义》中有所体现,并在该阶段研究和信从阳明心学。回到陶行知成为大教育家的时代土壤,基于民国肇始、传统信仰崩塌,价值观混乱之际,陶行知在激进与改良的道路选择上趋向于后者。然而,由于王阳明心学的重要影响,“从戊戌到辛亥,思想政治界的一部分先行者,无论是较为温和或较为激进者,都极其推崇王学”[②],王学传统在近代再次起到了思想引领作用。

在国外,王学在日本被中国人认为是明治维新的重要推力,美国的学界对之也很有好感。“中国王学甚好,在美国亦有相似之哲学,杜威一派的实验主义,即注重实行之哲学,与王学知行合一之说相同。”[③]陶行知在金陵大学的老师亨克,在 1911 年主讲王阳明,并开始研究。陶行知对王阳明思想的接触和认识过程与亨克对王学的研究,“在时间(1911)和空间(金陵大学)是重叠的,陶行知在 1916 年自述中说亨克是使他信奉基督教的老师之一,相信与他们的共同兴趣——王阳明——不无关系。而且亨克很可能是从一个基督教的诠释角度,以王学作为向金陵大学学生介绍基督教信仰的媒体”[④]。从这里可以推断出,陶行知对王学的接受,既有传统文化的因素,又有出口转内销的思想的影响,但这都与当时的时代背景有关。

第三阶段是赴美求学,不仅对陶行知的教育,更是从政治上展现了民主主义和自由主义的新世界,从教育上展现了教育革新运动的新世界,从

① 章开沅、唐文权:《平凡的神圣——陶行知》,华中师范大学出版社 2013 年版,第 40—77 页。

② 章开沅、唐文权:《平凡的神圣——陶行知》,华中师范大学出版社 2013 年版,第 58 页。

③ 王卓然:《中国教育一瞥录》,商务印书馆 1923 年版,第 145 页。

④ 何荣汉:《陶行知——一位基督徒教育家的再发现》,安徽教育出版社 2011 年版,第 56 页。

哲学上展现了实用主义教育的新世界①。

当然，借助阳明心学的内圣和杜威学说的外王，都有一定的变化义和引申义。正如章开沅和唐文权所述，陶行知迎受并宣扬王学，是因为他深信王学具有利世的功效，但更重要的，“主要还是为了自身道德修持所需”②。这尤为突出，与他后来又向基督教靠拢（博爱）、从佛教取法，向墨子学习其“摩顶放踵”等一样，是陶行知个人道德修养极高、人格魅力巨大，成为大教育家的重要原因。

杜威的实用主义是经验主义，不是唯物主义，杜威与马克思唯一的共同点是注重行动。值得注意的是，杜威的实用主义并不是马克思意义上的实践，杜威不讲实践，只讲个人感觉意义上的行动，马克思则既讲个人经验感觉意义上的行动，更讲人类集体生活意义上的实践。马克思注重行动是建立在历史唯物主义基础上的，而杜威则是建立在经验主义的基础上的，两者有本质的区别，不能因为都重行动而将两者混为一谈，也不能因为都重行动，就将杜威实用主义视为唯物主义。

王阳明是宋明理学的集大成者，是儒家思想的一个新高峰，对中国及周边国家的思想影响巨大。杜威是美国实用主义思想的代表人物，与柏拉图、卢梭一道，被誉为西方教育史上最伟大的教育家。陶行知在实践与批判的基础上，继承王阳明、杜威的哲学思想，在扬弃中创新，提出了一系列适合中国国情特点的教育思想与主张，并身体力行，产生了重大的时代价值。

陶行知师承杜威，不过陶是秉持社会改造论，这与杜威的社会改良论是有很大的区别的。这既是陶行知超越杜威的地方，同时也是他自身内圣而外王的一个重要体现，即要实践通过内外兼修而铭佑于心的精神世界。

陶行知将其所经历的特殊国情与王阳明、杜威思想相融合，在王、杜二人的基础上不断生发并超越出新的内容。在谈到个人志向时，陶行知曾说：“我要用四通八达的教育，来创造一个四通八达的社会。”③这也是陶行

---

① 章开沅、唐文权：《平凡的神圣——陶行知》，华中师范大学出版社 2013 年版，第 72—77 页。

② 章开沅、唐文权：《平凡的神圣——陶行知》，华中师范大学出版社 2013 年版，第 58—59 页。

③ 陶行知：《创造一个四通八达的社会——给文渼的信》，方明：《陶行知全集》第 8 卷，四川教育出版社 2005 年版，第 34 页。

知不断用内在理想来加以实践的内容。尽管有时悲壮得像一名烈士，他也在所不惜。1946 年，在得知李公朴遇害后，陶行知在致育才学校全体师生的信中表示，"如果消息确实，我会很快地结束我的生命。深信我的生命的结束，不会是育才和生活教育社之结束……平时要以'仁者不忧，知者不惑，勇者不惧，达者不恋'的精神培养学生和我自己"[①]。这正是陶行知一生不断追求和超越王阳明、杜威乃至他自己的内在价值。他走了一条有别于心中圣贤和授业恩师的内圣外王的道路。

（刘训华系宁波大学教师教育学院副教授，博士。周洪宇简介见前文。）

① 陶行知：《为新中国之新教育继续奋斗——致育才学校全体师生》，方明：《陶行知全集》第 9 卷，四川教育出版社 2005 年版，第 473 页。

陶行知与克伯屈

陈竞蓉

我国著名教育家陶行知青年时代曾留学美国哥伦比亚大学师范学院，师从杜威、孟禄、克伯屈等教育名家，成为他们的高足弟子。长期以来，国内外学术界在有关陶行知的研究中，充分注意到杜威教育学说对其思想的影响，却甚少论及哥伦比亚大学师范学院其他名师与陶行知的关系。其实，作为陶行知的又一位良师益友，时任该院教育哲学系主任、教授的克伯屈在长达近30年的时间里一直与陶行知保持着密切交往，并对其教育思想和教育活动产生了重要影响。遗憾的是，人们并未对此给予足够的注意，迄今未见一篇专文论述。有鉴于此，本文拟在整理分析有关文献资料的基础上，对陶行知与克伯屈的关系作一探讨。

一、陶行知与克伯屈的交往

20世纪初，哥伦比亚大学师范学院作为当年世界上最大的教育研究中心，因聚集了一批在世界现代教育史上成就斐然、声名显赫的大师级学者如杜威、孟禄、桑代克、克伯屈等人而吸引了来自世界各地的留学生。陶行知于1915年9月慕名进入该院就读，受教于克伯屈门下。此后直至陶行知去世，这对异国师生不仅终生保持着密切交往，更成为志同道合、肝胆相照的朋友。

(一)克伯屈对陶行知的热忱培养

克伯屈于1912年获得哥伦比亚大学哲学博士学位后留校任教，1918—1938年任哥伦比亚大学师范学院教育哲学系系主任、教授，1938年后成为该校的名誉退休教授，直至1965年去世。作为美国进步主义教育运动的领袖人物之一，他领导并积极参与了当时如火如荼的教育改革运动，还长期兼任美国教育联合会教学委员会主席等多种学术职务。在当年的哥伦比亚大学师范学院，克伯屈因其生动活泼、极富魅力的教学而成为最负盛名、最受学生欢迎的教师之一。他对中国留学生十分亲切,如他曾针对该校中国留学生的学习情况,专门在美国教育杂志上发表《中国教育所学于美国教育的是什么》一文,向中国留学生提出9点建议,满腔热忱地寄语中国留学生:"务要通力合作,养成大公无私的精神,去服务祖国,把自己的一切都献与祖国。纵然死于贫困,也须继续服务。须小心翼翼,恐怕中国弃掉了道德的操守,换来无价值的东西。"①在长达30年的教学生涯以及20年的教育哲学系主任任内,克伯屈培养了大批中国留学生,并与他们建立了融洽的师生情谊。陶行知就是其中的一位。在哥伦比亚大学师范学院求学的第一年,陶行知连续两个学期均修习了克伯屈开设的教育哲学课程,接受了实用主义教育哲学理论的系统熏陶。克伯屈别开生面的教学、研究方法使他受益匪浅。多年后陶行知曾这样评价老师克伯屈教授:"为世界教育哲学泰斗之一。所著《教育哲学》、《教育的基本方法》、《设计教学法》数书已在近代教育上发生深刻之影响。其本人之教课,亦已达艺术化之境界。"②

在哥伦比亚大学师范学院求学期间,天资聪颖、勤奋好学的陶行知很快就得到了孟禄、克伯屈等名师的赏识与厚爱。由于缺少资料,陶行知的毕业论文无法在回国之前完成。经时任哥伦比亚大学师范学院教育部部长孟禄教授提议,学院将陶行知作为特例,把本来应该在论文提交后再进行的考试提前举行。为此,哥伦比亚大学师范学院成立了一个特别委员会来主持陶行知的博士学位考试,克伯屈是委员会成员之一。他对陶行知的学业成绩给予了充分肯定,认为陶行知做得不错。正是在孟禄、克伯屈等人的帮助与支持下,陶行知以"美国哥伦比亚大学师范学院给都市学务总监资格"顺利毕业。

(二)20世纪二三十年代陶行知与克伯屈的密切交往

陶行知于1917年回国后,历任南京高等师范学校和东南大学教授、教育专修科主任、教务主任等职。作为一位热情的教育改革者,他不仅运用自己在哥伦比亚大学师范学院所学的教育理论知识,在校内开展了一系列

---

① [美]克伯屈:《中国教育所学于美国教育的是什么》,陈友松译,《申报》1927年3月10日第8版。

② 《招待克伯屈博士筹备会聘请委员》,《申报》1927年1月19日第10版。本函发表时无署名,然此件实系陶行知拟定。

改革活动，同时，还担任《新教育》月刊编辑工作，以《新教育》杂志为阵地，为改革大造舆论。1921年底，陶行知更出任中华教育改进社主任干事，成为20世纪20年代中国现代教育改革运动的主要领导者之一。他领导下的中华教育改进社以实用主义教育思想为指导，对学制、课程、教法诸领域进行了彻底改革。1927年春，他在南京郊外创办了试验乡村师范学校（后改名晓庄学校）。在陶行知力行改革、艰难探索的过程中，乃师克伯屈始终给予高度关注和热情支持，师生往来密切。

1.陶行知参与发起、筹备和接待克伯屈两次来华讲学

为全面推进中国教育改革，1927年3月，继杜威、孟禄相继应邀来华讲学之后，经陶行知提议，中华教育改进社向以“杜威声音”著称的著名教育家克伯屈发出讲学邀请，一向对中国留学生极亲切的克伯屈欣然应允。陶行知在接获克伯屈来华日期的函告后，专门邀集各方开会筹备，并亲自主持拟定了中华教育改进社《函商约聘招待克伯屈博士筹备会委员》公告。在陶行知的组织下，上海、北京两地教育界均成立了筹备委员会。上海筹备委员会下设6个分会，主要包括经济委员会、讨论委员会、演讲委员会、招待委员会、参观委员会和编辑委员会。其中，讨论委员会又分为五个小组，陶行知任初等教育组委员。北京筹备委员会则下设招待参观委员会和演讲讨论委员会。中华教育改进社就克伯屈访华的行程、接待人员、经费及有关事宜作出了周密安排。克伯屈于1927年3月10日抵达上海，陶行知亲赴上海迎接。此后，在为期3个多月的时间里，克伯屈在陶行知等昔日弟子的陪同下，风尘仆仆地考察了广州、上海、南京、杭州、北京等地学校，所做大小演讲和讨论有百余次。特别值得提及的是，克伯屈访华之时，正值晓庄学校初创，他非常期待到访晓庄，在其行程计划表中亦有此安排。然而，由于当时国民党开展“清党”，沪宁铁路不通，战事频发，故未能成行。克伯屈为此内心“非常郁闷”[①]，深以为憾。虽不能实地考察，但克伯屈非常关心晓庄学校的筹备和建设情况，多次与陶行知深谈。他非常赞赏晓庄学校的改革探索，并在演讲中屡有提及，“前遇中华教育改进社主任干事陶知行君，伊谓在南京设有农村师范，以谋造就改良乡村教育之人才，意至善

① 陶行知：《欢迎克伯屈先生》，周洪宇、陈竞蓉：《中国最需要何种教育原则——克伯屈在华演讲录》，安徽教育出版社2013年版，第105页。

也，因乡村教育之改进，足以影响于乡村生活之改善也”[①]。“现在中华教育改进社中的办事人，颇努力于教育改进方面，苟本此而行之，则将来中国教育之发达，诚属未可限量了。”[②]他认为晓庄学校代表了中国教育发展的新方向。1927年4月10日，克伯屈结束在中国南方地区的讲学活动，即将北上。行前，上海教育界为之举行了盛大的欢送宴会。席间，克伯屈发表临别赠言，他再次称赞陶行知在南京创办的乡村学校与师范“是好极妙极，这样注意万物的‘怎么样’与‘为什么’，就是科学的预备”，并热诚希望中国南北教育家联合起来，“立志要大，思想要伟，聚全国的选出的英才于一地，设一大规模的师范大学，为教授者须有渊深的学识，恢廓的胸怀，培养教师之教师，并教育之行政人才”[③]。

1927年4月23日，克伯屈在中华教育改进社欢迎代表查良钊、凌冰等人陪同下抵达北京，陶行知亲赴车站迎接。第二天下午，中华教育改进社为克伯屈举行了盛大的欢迎宴会。在北京讲学期间，克伯屈同样发表多场学术演讲，举行多次讨论会，均由中华教育改进社负责组织，陶行知亦全程参与。在克伯屈讲学之余，陶行知还陪同乃师游览北京等地名胜，会晤各界人士，如5月7日，陶行知等人陪同他拜访京剧大师梅兰芳，“宾主笑谈甚欢”[④]。

1927年的中国之行，在克伯屈心中留下了美好的回忆。1929年9月，在卡特基金会的资助下，克伯屈再度访华。因他还需赴日本东京参加太平洋会议，故在华时间较为仓促，仅有21天。他告知中国朋友，此次来华最期待考察晓庄学校。1929年10月14日，克伯屈抵达南京，时任晓庄师范学校校长的陶行知亲赴车站迎接，并陪同拜访金陵女子文理学院、教育部、中央大学、中山陵、金陵大学等处。翌日上午，在陶行知陪同下，克伯屈到访晓庄。该校为其召开了隆重的欢迎会，由陶行知致欢迎词。他说：“克伯屈先生是设计法的发明者。设计法在教育史上占有很重要的地位，现在发

---

① 陈竞蓉：《克伯屈在华活动年表（1927年3—5月）》，周洪宇、陈竞蓉：《中国最需要何种教育原则——克伯屈在华演讲录》，安徽教育出版社2013年版，第123页。

② ［美］克伯屈：《对于中国教育上之数种意见》，周洪宇、陈竞蓉：《中国最需要何种教育原则——克伯屈在华演讲录》，安徽教育出版社2013年版，第38页。

③ 《克博士在公宴席上演讲详记》，《申报》1927年4月10日第10版。

④ 陈竞蓉：《克伯屈在华活动年表（1927年3—5月）》，周洪宇、陈竞蓉：《中国最需要何种教育原则——克伯屈在华演讲录》，安徽教育出版社2013年版，第126页。

明者来了,我们应该怎样的欢迎?杜威先生的教育哲学是世界上公认的,而根据这个理论找出具体的方法去实现这个理念,予教育界一个伟大贡献的,就是克伯屈先生发明的设计法。"①对于老师专程来校考察,陶行知认为这是一次极为宝贵的受教机会。他深情地说:"我们深信,现在世界上能够给我们最有价值的指导的怕只有克先生,这不是平常的开会,倒是一个四代同堂的家庭会;因为先生是我留美时的老师,今天我与师范同学、小朋友,都聚集一堂,这不是四代么?一家团圆是人生最有意思的生活。"②终于得偿所愿,克伯屈的心情亦十分激动,他发表了热情洋溢的讲演。他首先讲道:"这学校,是我这几年天天所思而想要看到的一个学校。今天来到这里是非常快乐的事情!"他高度评价晓庄学校的改革,认为"这就是教育革命的策源地"。他满怀信心地预言:"恐一百年以后,大家都要回过头来纪念晓庄,欣赏晓庄!"他又说:"这学校发起人与我有特殊关系,因为在我班上做过学生。这种发明,我觉得很有价值。所以看着这一运动,我是特别快乐。""我希望能够多活几岁,能够亲眼看见这种学校的精神充分传布到中国。到了那时,我回想今天相聚一堂的情形,实有无限的快乐!""我现在无论到什么地方,都要宣传在中国的晓庄有一个试验学校,把这里的理想和设施宣传出去,使全世界人知道。"③

欢迎会结束后,克伯屈在陶行知等人的陪同下,详细考察了晓庄学校的校园环境、学校教学、学生管理及师生生活条件等方方面面,他对自己的所见所闻"非常满意",认为陶行知的"理论相当完美,而且付诸实践也不错"④。他并在当天的日记中详细描述了在晓庄学校的见闻和感想。克伯屈对晓庄学校的办学亦提出了许多建设性的意见和建议。当日下午 4 点,考察结束后,陶行知又陪同克伯屈返宁,参观夫子庙、秦淮河等名胜。随后,克伯屈又与陶行知、蒋梦麟(时任国民政府教育部部长)等昔日弟子讨

---

① 陶行知:《欢迎克伯屈先生》,周洪宇、陈竞蓉:《中国最需要何种教育原则——克伯屈在华演讲录》,安徽教育出版社 2013 年版,第 105 页。

② 陶行知:《欢迎克伯屈先生》,周洪宇、陈竞蓉:《中国最需要何种教育原则——克伯屈在华演讲录》,安徽教育出版社 2013 年版,第 105 页。

③ 陶行知:《欢迎克伯屈先生》附《克伯屈先生演讲词》,周洪宇、陈竞蓉:《中国最需要何种教育原则——克伯屈在华演讲录》,安徽教育出版社 2013 年版,第 105—106 页。

④ [美]克伯屈:《克伯屈日记》(1929 年 10 月 15 日),转引自周洪宇、陈竞蓉:《中国最需要何种教育原则——克伯屈在华演讲录》,安徽教育出版社 2013 年版,第 154 页。

论学制、中国新文化的特征等教育问题，对中国新教育体制的建设提出了不少建议。他在当天的日记中这样写道："关于第三点(中国新教育体制建设——引者注)，我对陶行知和晏阳初讲了，认为他们是这一工作的先锋。"①

1929 年 10 月 16 日，克伯屈结束访华行程，即将离开南京。陶行知依依不舍，亲自送乃师到火车站。适逢杜威生日，正在中国的克伯屈致电祝贺，并告知陶行知、胡适、蒋梦麟等人杜威生日庆祝会的事，陶行知等人亦致电祝贺。

2. 陶行知访美期间与克伯屈的亲密往来

自 1936 年 7 月起，陶行知受全国各界救国联合会委托，出访欧、美、亚、非多国，宣传抗日救国，介绍中国大众教育运动。1936 年 11 月 11 日，亦即陶行知抵达纽约后的第三天，他专程拜访克伯屈。师生久别重逢，再度促膝长谈，当晚克伯屈设家宴热情款待陶行知。在美期间，两人多次会面，往来密切。从以下这份日程表亦可窥一斑。

11 月 14 日，克伯屈邀请陶行知在哥伦比亚大学师范学院哲学俱乐部演讲，陶行知同意，两人商定将演讲日期定为 12 月 17 日。

11 月 23 日，陶行知与克伯屈会面，且两人共进午餐。克伯屈当日虽抱病，但仍坚持作陪。12 月 17 日，陶行知应邀在哥伦比亚大学师范学院哲学俱乐部发表演讲，克伯屈全程坐在台下倾听，认为"他的工作确实做得不错"②。

12 月 19 日，克伯屈参加美国学术界欢迎陶行知的盛大午宴。午宴由孟禄主持。席间杜威致辞，"陶行知博士讲到了中国人民正全面抗战，反抗日本，要通过教育使所有的人能对时局有所了解"③。

12 月 28 日，陶行知与克伯屈全家及另外一家美国朋友共进晚餐，他受到客人的礼遇。席间，陶行知谈到国内发生"七君子事件"，并为此求助

---

① [美]克伯屈:《克伯屈日记》(1929 年 10 月 15 日)，转引自周洪宇、陈竞蓉:《中国最需要何种教育原则——克伯屈在华演讲录》，安徽教育出版社 2013 年版，第 154 页。

② [美]克伯屈:《克伯屈日记》(1936 年 12 月 17 日)，转引自周洪宇、陈竞蓉:《中国最需要何种教育原则——克伯屈在华演讲录》，安徽教育出版社 2013 年版，第 175 页。

③ [美]克伯屈:《克伯屈日记》(1936 年 12 月 19 日)，转引自周洪宇、陈竞蓉:《中国最需要何种教育原则——克伯屈在华演讲录》，安徽教育出版社 2013 年版，第 175 页。

克伯屈。克伯屈立即答应与杜威、孟禄等美国学界名流联名呼吁，并主动帮助他修改请愿信中的部分措辞。

12 月 30 日，克伯屈再次修改请愿信措辞。他向陶行知提议应让更多美国学者参与，并列出一份名单。

12 月 31 日，陶行知将信件送给克伯屈签字。

1937 年 1 月 14 日，陶行知再次与克伯屈会面，商讨将请愿信改为拍电报一事。

正是在陶行知、克伯屈等人的斡旋下，以杜威、孟禄、克伯屈为代表的美国学界 16 位知名人士联名致电南京政府，呼吁释放 7 位被捕的爱国人士。这份声援电在海内外产生了较大影响。

3. 克伯屈参与发起、组织陶行知系列纪念活动

1946 年 7 月 25 日，陶行知因长期过度劳累，不幸在上海与世长辞。对于陶行知的英年早逝，克伯屈十分悲伤和惋惜。他在日记中曾这样写道："对于陶行知博士为中国民众良好教育的形成所做出的伟大业绩深表敬佩，他的音容笑貌和他所做的工作将与我们永存。"[①]他积极参与发起陶行知纪念活动，多次与拉格、朱启贤等人开会讨论，最终确定将陶行知纪念大会定于当年 12 月 9 日召开。为了使陶行知为更多的美国民众熟知，也为筹措资金使陶行知创办的学校继续发展，克伯屈"建议开一公众集会并成立委员会来募捐"[②]。委员会主席由杜威担任，克伯屈、拉格和推士为副主席。10 月 8 日，克伯屈亲自打电话给病中的杜威，请他出任陶行知纪念会主席一职。12 月9 日，陶行知纪念大会在纽约隆重举行，费正清等许多知名学者与会。克伯屈在大会上发表演讲，他深情回忆了与陶行知交往的点点滴滴，高度评价陶行知所取得的教育成就，并在当天的日记中写道："我认为听众喜欢我说的。"[③]

二、克伯屈对陶行知教育思想及活动的影响

在长达近 30 年的密切交往中，克伯屈不仅是陶行知生活和事业上的

---

① [美]克伯屈：《克伯屈日记》(1946 年 9 月 23 日)，转引自周洪宇、陈竞蓉：《中国最需要何种教育原则——克伯屈在华演讲录》，安徽教育出版社 2013 年版，第 199 页。

② [美]克伯屈：《克伯屈日记》(1946 年 10 月 2 日)，转引自周洪宇、陈竞蓉：《中国最需要何种教育原则——克伯屈在华演讲录》，安徽教育出版社 2013 年版，第 201 页。

③ [美]克伯屈：《克伯屈日记》(1946 年 12 月 9 日)，转引自周洪宇、陈竞蓉：《中国最需要何种教育原则——克伯屈在华演讲录》，安徽教育出版社 2013 年版，第 204 页。

良师益友，更对其教育思想的形成和教育活动的开展产生了重要影响。

（一）克伯屈强调中国教育不能盲从美制，进一步坚定了陶行知探索具有本土特色的教育理论与实践的决心

作为一个著名的教育家，克伯屈一生主张思想自由，反对盲从。他在1927年来华演讲中曾自豪地说："我在美国哥伦比亚大学教书时，对于班上的学生，常鼓励他们自己来从事思索，独立计划，解决问题；因此，前人所没有想到的地方，常能为他们发现出来，这一点，我认为是很满意的。"[①]他曾在《中国教育所学于美国教育的是什么》一文中谆谆告诫中国留学生学习美国教育时不要迷失自我，"诸君不要以为凡是美国的事事物物，都可以接收，不能取消一种文明，而另外介绍一种新异的文明。改造的程序，须以渐，'勿欲速'"[②]。克伯屈1927年来华后反复强调，中国教育制度不能盲从美制，他指出："你们的教育制度，须为中国人本色的制度，与世界上任何国不相雷同。你们的教育，须以生活为前提，把书本置为次要。民众须先有新的特性、新的思想与生活方法。二十年前，你们学了美国的教育制度，就仿美制，那是不行的。"[③]"中国的新教育，不一定要亦步亦趋地采用西洋教育的制度，却是要适于中国现状的。"[④]克伯屈的这一思想进一步促使陶行知立足国情、从本土教育问题出发，对实用主义教育理论进行中国化探索与学术再创造。陶行知认为，要做第一流的教育家，必须"敢探未发明的新理"，"敢入未开化的边疆"，而"敢探未发明的新理，即是创造精神；敢入未开化的边疆，即是开辟精神"[⑤]。从陶行知回国后直至20世纪20年代初的教育活动经历，不难看出，他在引入实用主义教育思想，改革中国传统教育方面做了大量工作。然而，也正是在这一过程中，陶行知逐渐认识到，来自师门的教育理论并不能完全解决中国教育的问题，进步的教学法和

---

① ［美］克伯屈：《教育与进步》，周洪宇、陈竞蓉：《中国最需要何种教育原则——克伯屈在华演讲录》，安徽教育出版社2013年版，第23页。

② ［美］克伯屈：《中国教育所学于美国教育的是什么》，陈友松译，《申报》1927年3月10日第8版。

③ ［美］克伯屈：《公宴席上之留言》，周洪宇、陈竞蓉：《中国最需要何种教育原则——克伯屈在华演讲录》，安徽教育出版社2013年版，第27页。

④ ［美］克伯屈：《对于中国教育上之数种意见》，周洪宇、陈竞蓉：《中国最需要何种教育原则——克伯屈在华演讲录》，安徽教育出版社2013年版，第36页。

⑤ 陶行知：《中国教育改造》，人民教育出版社2008年版，第14—15页。

“学校即社会”的构思——这些在美国极富创见性和令人欢欣鼓舞的方法，却对中国的现象几乎无能为力。毕竟，中美两国国情不同。实用主义教育理论是适应 19 世纪末 20 世纪初美国公共教育发展的需要，为维护美国民主主义社会而提出的，其目的是要通过学校这一雏形的社会，来培养美国青年一代具有民主主义社会的素质。而在旧中国经济落后、社会动荡、农工大众及其子女连生活都存在很大困难的条件下，教育所需要的不仅是反对僵化的传统教育，以儿童为中心，发展个性，它更需要面对学校教育十分不普及，广大劳苦民众极其缺乏教育的现实以及如何改变中国教育落后面貌进而解决人民群众特别是广大农村群众生活的问题，而这显然已经不是实用主义教育理论所能解决的问题。

1927 年春，陶行知在南京创办了试验乡村师范学校。20 世纪 30 年代后他又相继创办了山海工学团、育才学校、重庆社会大学等学校。在不断探索民族教育新路的实践中，陶行知不时对实用主义教育理论提出相应的批评和改造建议，最终将其“翻了半个筋斗”，创立了别具风貌、影响深远的生活教育理论体系。

(二)设计教学法对“教学做合一”的启发

设计教学法是克伯屈依据杜威实用主义教育思想和桑代克心理学而形成的一种教学制度。此法以与儿童生活有关的问题或事情为组织教材的中心，要求打破学科界限和班级界限，由学生自发决定学习目的和内容，并通过自己设计和实行的单元活动获得知识与技能。所谓设计，是指有明确目标、涉及整个身心的活动或有目的的行为。设计活动依目的的不同而划分为创作、欣赏、问题研究、技能练习等类型。以杜威的五步探究教学法为依据，设计教学法的实施分为 4 个步骤，即决定目的、制订计划、实施计划和评判结果。教师的责任在于利用环境去引导学生的学习动机，并帮助学生选择活动所需要的材料。与传统的形式主义教学法相比，设计教学法强调学生的学习动机与兴趣，主张充分发挥儿童的主动性和积极性，注重教学与学生生活的紧密联系，符合人们改革传统教学的愿望，因而自产生后即得到迅速传播，在进步主义教育运动中风行一时，并对世界学校教育产生了广泛影响。

设计教学法于 1917 年传入我国，此后，各地相继开始研究和试验。1921 年全国教育会联合会议决通过《推行小学设计教学法案》，设计教学法试验由此进入高潮。曾有学者指出“设计教学法的核心是以学生为中心，使学校内部环境生活化、社会化，让学生在实际生活的环境中有目的地进行各种各样的单元活动，从而获得相关知识和解决实际问题的能力，这对于传统教学法是一个本质上的突破和反动”①。

“教学做合一”是陶行知生活教育理论的方法论。有感于传统教育的教与学相脱离、书本知识与实际生活相脱节，陶行知提出了“教学做合一”的主张。他说：“教学做合一是生活现象之说明，即是教育现象之说明。在生活里，对事说是做，对己之长进说是学，对人之影响说是教。教学做只是一种生活之三方面，而不是三个各不相谋的过程。同时，教学做合一是生活法，也就是教育法。它的涵义是：教的方法根据学的方法；学的方法根据做的方法。事怎样做便怎样学，怎样学便怎样教。教与学都以做为中心。在做上教的是先生，在做上学的是学生。在这个定义下，先生与学生失去了通常的严格的区别，在做上相教相学倒成了人生普遍的现象。”②陶行知对这一思想十分重视，认为有了“教学做合一”，“生活即教育”和“社会即学校”这两个命题才能真正落到实处，生活教育的内容和方法也才能相辅相成联络贯通。

在陶行知看来，“教学做合一”实际上包含三层意思：一是指方法，事怎样做就怎样学，怎样学就怎样教；二是指关系，对事说是做，对己说是学，对人说是教；三是指目标，教育不是教人，不是教人学，而是教人学做事③。而在这三个方面中，做是学的中心，也是教的中心。至于什么是做，陶行知明确指出：“‘做’字在晓庄有个特别定义。这定义便是在劳力上劳心。单纯的劳力，只是蛮干，不能算做；单纯的劳心，只是空想，也不能算做；真正的做只是在劳力上劳心。我们做一件事便要想如何可以把这件事做好，如何运用书本，如何运用别人的经验，如何改造用得着的一切工具，使这件事做得最好。我们还要想到这事和别事的关系，想到这事和别事的相互影响。我们要从具体想到抽象，从我相想到共相，从片段想到系统。”④由此

① 田正平：《中外教育交流史》，广东教育出版社 2004 年版，第 652—653 页。

② 陶行知：《教学做合一下之教科书》，华中师范学院教育科学研究所：《陶行知全集》第 2 卷，湖南教育出版社 1985 年版，第 289 页。

③ 陶行知：《晓庄三岁敬告同志书》，华中师范学院教育科学研究所：《陶行知全集》第 2 卷，湖南教育出版社 1985 年版，第 208 页。

④ 陶行知：《答朱端琰之问》，《陶行知全集》编辑委员会：《陶行知全集》第 2 卷，四川教育出版社 1991 年版，第 19 页。

可见，“从做中学”强调手脑并用，行动与思想结合，意在克服传统教育下劳力与劳心长期割裂开来的弊端，促进人的智力、体力和谐发展。

1929年克伯屈来华，在参观晓庄学校附设的中心小学时，见到废止通常的学科和教科书的实验，极表赞同。他说自己“曾到各处找这一种运动地方，找一种试验的学校，找有科学根据的学校，现在却给我找到了一个。它的实施的方针和办法以及发动的理想，进步的过程，都合乎我的标准。这也可以代表整个民族的精神”①。克伯屈认为陶行知的“教学做合一”的思想与实践与他是同一的，学者沈百英也认为，“教学做合一”实际上也是一种设计教学法。在谈到设计教学法时，陶行知也曾说：“设计教学法比‘道尔顿制’好些。就精神说：它与教学做合一的道理也很相近。”不过他认为：“既称为教学，往往把做字忘掉，便与教学做合一不符。行这个方法的学校，往往从先生脑袋里设出计划来，也有时与学生的生活渺不相关。教学做合一乃是生活法。有意义的生活自必有计划。但是，教的计划是根据学的计划，学的计划是根据做的计划。设计是为生活。设计教学做是生活法的一部分。”②由此可见，“教学做合一”的思想受到设计教学法的启发，但二者又截然不同，“教学做合一”思想的内涵显然要更为丰富、视野更为广阔，这亦表明陶行知对克伯屈思想的超越。

(三)克伯屈对乡村教育的重视，进一步鼓励了陶行知为推行乡村教育而奋斗终生

1927年克伯屈来华讲学，在赴南北各地考察学校的过程中，目睹了旧的文明，专制的、封建的势力依旧在广大乡村大行其道。针对中国乡村教育极为落后的现实，他在演讲中反复指出乡村教育必须改良。而改良乡村教育，必须注重在农民的实际生活，“教育与生活的关系，尤有注意的必要。假如要提倡乡村教育，则在未施行乡村教育之先，就应知道乡村的家庭，乡村的社会，乡村的需要”③。他又说：“我又曾与中华教育改进社陶知行君

---

① 陶行知：《欢迎克伯屈先生》附《克伯屈先生演讲词》，周洪宇、陈竞蓉：《中国最需要何种教育原则——克伯屈在华演讲录》，安徽教育出版社2013年版，第106页。

② 陶行知：《在湘湖师范教学做讨论会上的答问》，华中师范学院教育科学研究所：《陶行知全集》第2卷，湖南教育出版社1985年版，第167页。

③ [美]克伯屈：《对于中国教育上之数种意见》，周洪宇、陈竞蓉：《中国最需要何种教育原则——克伯屈在华演讲录》，安徽教育出版社2013年版，第36页。

晤谈，他说：他们在南京很注重乡村师范学校与乡村小学校。我询其故，他回答道：南京有两个乡村小学颇注重生活方面，办得很好；而尤注重于幼稚园的设施，因为乡村儿童的父母，多半出外做工，不能兼顾儿童，故为保护儿童防其意外危险起见，不能不设备适当的幼稚园以容纳这些儿童；而我们所以要注重乡村师范学校与乡村小学校的原故，就在适应乡村的需要。他的话是对的，不过我们更要注意教育者的责任系在如何改良乡村教育，始可使得学生能够适应其家庭、社会，而有比较良好的生活罢了。”①他对晓庄学校注重乡村实际生活的改革，深表赞许，“以为这是世界最好的学校的理想”。1927 年 10 月，克伯屈在《教育杂志》上发表“Promising Educational Experiment in the Far East”（《远东的有希望的教育试验》）一文，明确指出晓庄学校是“中国最有希望的教育试验之一”。

1927 年 3 月，陶行知在南京附近的晓庄设立乡村师范学校，实地试验，试图在乡村地区进行社会改造，探索中国乡村教育发展的新路。为了实现其宏愿，陶行知抛弃了较高的社会地位和优裕的生活条件，脱下西装革履，穿上布衣草鞋，深入平民，深入乡村，不管环境如何险恶，条件如何艰难，仍初衷不改，无怨无悔，这固然与其平生志向及精神境界有关，但乃师克伯屈对他的影响也是显而易见的。正是在艰苦的乡村教育改革实践中，陶行知逐步创立了“生活即教育”“社会即学校”“教学做合一”的生活教育理论，为中国教育觅到了新的曙光。

综上所述，克伯屈是继杜威、孟禄之后又一位深刻影响了陶行知教育思想与教育活动的著名教育家。他不仅是陶行知生活中的良师，更是其事业上的同道和诤友。自 1917 年在哥伦比亚大学师范学院结缘直至 1946 年，这对异国师生终生保持了密切的交往和深厚的友谊。陶行知与克伯屈的这份师生、朋友情谊早已惠及中国教育，并超越国界，超越时空，成为近现代中美教育交流史上一段精彩动人的篇章。

（陈竞蓉系长江大学教育学院教授。）

① ［美］克伯屈：《对于中国教育上之数种意见》，周洪宇、陈竞蓉：《中国最需要何种教育原则——克伯屈在华演讲录》，安徽教育出版社 2013 年版，第 36 页。

海外陶行知学术研究走向

于　洋

陶行知(1891—1946)是近现代以来一位具有世界影响力的教育家，在国际上享有盛誉。日本知名教育史学家、中国研究所前所长、东京专修大学教授斋藤秋男曾经指出："陶行知不仅是属于中国的，也是属于世界的。"2007年，美国知名学者、哥伦比亚大学师范学院哲学、教育学教授大卫·汉森在《教育的伦理视野——实践中的教育哲学》一书中，介绍了世界最具影响力的十大教育思想家。其中，唯一的一位中国教育思想家就是陶行知，与美国的杜威、意大利的蒙台梭利等世界著名教育思想家并列，足见陶行知教育遗产在国际学术界的巨大影响以及被国际人士的高度认可。

一、20世纪海外陶行知研究分析

据笔者综合各方面研究资料统计，自1935年起，港台地区及国外有成果体现的陶行知研究学者127人，研究人员遍布北美、欧洲、东亚及东南亚等地域，出版专著27部，公开发表研究论文221篇，其中以陶行知为主题进行研究及比较的硕博士学位论文15篇。研究成果在学术水平上难分轩轾，在选题侧重点及研究广域上也各有千秋。

日本的陶行知研究始终因日本的社会和教育问题而贯穿。自20世纪30年代至今，日本教育界历经反抗军国主义、争取教育民主化和对抗人的异化三个阶段，本着重建日本新教育的旨归，陶行知的思想和实践一直都被用作争取民生和构建理想日本的工具。具体而言，可以分为三种研究类型：第一，早期评介型。牧泽伊平、户冢廉、村田孜郎、国分一太郎、海后宗臣向日本教育界介绍、传播陶行知教育思想，认为陶行知的教育运动从整个人民生活的需要出发，是国难教育，可以成为日本教育革新运动的借鉴。

但其文字大多属于一般性叙述。第二,“斋藤模式”①。斋藤秋男的研究,具有比较浓厚的理论色彩,他于1951年出版专著《新中国教育之父——陶行知》,开创了日本研究陶行知思想缘起的先河。他认为陶行知的思想源自杜威又扎根于“民族土壤”中,民族情结是链接陶行知学习与改造杜威思想的媒介。第三,关注主体型。以牧野笃、中野光、张国生为代表的新生代学者,打破了“斋藤模式”,更重视陶行知教育思想的主体性,体现了在全人类新价值体系中研究主体的特点。日本学者的研究多将陶行知的教育改革思想同日本的现实相联系,集中关注对日本教育产生的有效性,从价值论的角度和功用方面汲取营养。

美国的研究则更倾向于学院派,既有宏观研究,又有微观考察,思路更加自由开阔。像孔飞力、魏斐德、艾恺、苏珊娜·佩珀等历史学研究者以中国的乡村运动、激进主义、教育与政治的关系为选题,将陶行知纳入宏大的社会背景和历史叙事中,关注中西文化、进步主义教育和中国教育改革的走向。而他们在研究中又不乏在陶行知与晏阳初、梁漱溟的比较上下功夫,甚至挖掘出陶行知同毛泽东在激进改革方面的相似点。美国学者在陶行知的微观考察上,一直以来都是以杜威与陶行知的关系为研究重点,研究成果细致缜密。孔飞力、巴雷·基南、布朗、姚渝生等学者不断推翻前人的立论,形成新的论断和创建。孔飞力的研究体现了“西方冲击—中国反应”的模式。巴雷·基南则质疑资本主义现代化理论的普适性,关注到了多种力量对陶行知思想发展的影响,但依旧认为陶行知是“杜威式的教育改革家”。受“反欧洲中心论”的影响,布朗认为陶行知观念和行为的源泉是根植于自身,提出杜威对陶行知的影响微不足道或无法辨清的观点。姚渝生发现前人研究的局限,重新定位,拓展了新的思路。

欧洲学者在研究的宏观透视方面成就显著。法国学者玛丽安·巴斯蒂运用文化传播学的理论,就中国传统文化与现代化关系问题,以及中国在现代化进程中如何选择国外教育模式问题进行论述,在外国教育思想渗入中国的阶段过程中探索陶行知对美国教育思想态度的转变与教育创新。俄罗斯学者鲍列夫斯卡娅以现代教育学的视角,从教育的实用原则、教育

---

① 周洪宇:《海外陶行知研究概况》,《陶行知研究在海外》,人民教育出版社1991年版,第12页。

的社会功能、农村教育、科学化教育、教师的作用、学生的地位等六个方面评价了陶行知对世界教育学和现代教育所做的贡献。

几十年来，海外学者之所以把陶行知作为一个经久不衰的研究热点，有研究者个人的原因，也有研究群体的学术传承，既有时代的原因，也受到国家政治环境的影响，并且其中也按动了中国与海外交流的历史脉搏。

日本学者在陶行知研究方面，研究之深广、成果之丰硕，均居各国学者之首。首先，是由于日本学者在地理、历史、文化等方面享有天然的优势。其次，是因为陶行知与日本的关系。1930 年，在国民党政府的通缉下，陶行知避难于日本。此后，他始终和日本教育界直接或间接地保持着联系。再次，是由于时代和政治改革的需要。日本革新派长期学习德国、美国教育模式，战后日本的教育也一直浸透着杜威的教育理论，却始终没有实现欧美教育理论的日本化。在这种情况下，教育先驱们将注意力转向邻邦中国的教育动向，发现陶行知在中国已经将杜威的教育理论结合本土加以改造，用于解决中国的教育问题，由此他们着力以陶行知研究作为教育革新的借鉴。

从历史上看，陶行知与美国也有着很深的渊源。首先，陶行知早年曾留学美国哥伦比亚大学，师从杜威、克伯屈，与进步主义教育结下不解之缘，回国后又曾大力传播和改造杜威的教育思想，成为 20 世纪 20 年代新教育运动的主要领导人之一。因此，陶行知研究在美国学术界历来颇受学人重视。其次，研究群体的带动。克伯屈访华后对陶行知的晓庄学校评价甚高，毕莱士、艾恺、费正清等知名学者的积极参与，无疑在客观上为提升海外陶行知研究的领域创造了有利条件，影响了后来的一大批研究者。再次，杜威的教育思想一直受到美国学者的关注，而陶行知与杜威的关系问题则自然而然地成为众多中国学研究专家的兴趣点，促成了美国现代学者对以杜威实用主义实验思想为标杆的进一步研究和探索。

欧洲学者对陶行知研究的兴趣与历史上的中欧交往有着密切的关系。抗战期间，陶行知为了号召世界人民反对日本法西斯，宣传中国人民的抗日主张，在欧洲二十多个国家和地区奔走呼告。英国学者李约瑟和其夫人陶露西·尼达姆、奥地利学者詹生、比利时学者波西凯等也都曾来到中国与陶行知有过直接和间接的接触，他们受到陶行知精神的感染和鼓舞，发现陶行知思想和教育改革的宝贵价值。正是踏着这样的研究足迹，欧洲研究群体更加注重陶行知同其本国教育家的比较研究及体现宏观的教育价值，陶行知显然已经成为中国教育界的旗帜性人物。

此外，在博士学位论文方面，早在1946年就读于美国哥伦比亚大学的赵冕就撰写了《为了中国的民主教育》的博士学位论文。这篇论文列有专章评介陶行知的全民教育运动，代表了美国学者对陶行知研究的初级阶段的状况。克伯屈在私人日记中也曾经提到过对这篇博士学位论文的看法："中国的民主教育应当着眼于现在和未来。"[①]1953年，美籍华裔学者朱宕潜把陶行知作为一个专门的研究对象，向哥伦比亚大学提交了题为《陶行知与中国现代教育》的博士学位论文。作者以发展的理论和视角透视陶行知，将陶行知的教育实践价值纳入中国教育发展的整个轨道中，看到了陶的教育改革对课程、教师专业发展和教育政策倾向的价值。如雅斯贝尔斯所说"柏拉图眼中的苏格拉底才是真正的苏格拉底"[②]。赵冕和朱宕潜，一个是陶行知昔日的学生，一个是经常向陶请教的青年教师，加之两人都曾经踏着陶行知的足迹，践行陶的教育理想，他们对于陶行知的研究有着独特的内部视角，可以更加真切地反映陶行知。然而，赵文和朱文依旧重在对陶行知思想与实践内容的陈述和介绍，缺乏关键问题的分析，这是20世纪海外陶行知研究的博士学位论文的共同特点。

二、走向多元的21世纪陶行知研究

20世纪90年代以降，受西方现代哲学和马克思哲学等思潮的影响，海外的教育研究在选题角度、研究论证和结构思维方面呈现出多元化的特点。本文拟撷取当前日美德三国关于陶行知研究有代表性的博士学位论文——日本东京大学教育学研究科教授牧野笃的博士学位论文《中国近代教育思想的展开和特质——陶行知"生活教育"思想研究》、美国罗林斯学院教授姚渝生的博士学位论文《教育救国：陶行知的教育激进主义》、德国马堡大学教师黄冬的博士学位论文《陶行知(1891—1946)与阿道尔夫·莱希维恩(1898—1944)——两个改革教育家之比较》作为个案，希冀从中寻求新时期海外陶行知研究的发展方向，拓宽未来相关研究的新视野。

---

① 参见《克伯屈日记》，藏于美国哥伦比亚大学师范学院图书馆特藏室。

② [德]雅斯贝尔斯：《什么是教育》，邹进译，生活·读书·新知三联书店1991年版，第92页。

1. 还原性视角:选题角度的人本回归

在史学研究中,要求忠于史实,着重对象的还原性研究,尽量避免主观臆断。从这三篇博士学位论文的选题角度上看,研究者脱离了早期多以陶行知思想的有效性为重点的研究模式,而是转向主体性研究,注重对陶行知思想和实践的影响因素探讨。在相对一致的切入视角中又体现出不同作者在认识论上的差异。

(1)还原陶行知为主体的个人

作为美国当前陶行知研究的代表人物,姚渝生从选题角度上避开了陶行知思想和实践的专题专史研究,将陶行知还原为本真的主体,以"人"的全面而真实的角度探讨陶行知所"寻找的自我认同和民族重建"。姚渝生认为"陶行知理论与实践的原貌比目前的众多解读更加复杂,寻求另一种思路发现真正的陶行知极富有挑战性也是必需的"①,一直以来,过多的意识形态影响了人们对于真实陶行知的解读。黄冬在论文选题的方面,也多有"人本"的还原考虑。他在论文的第一章说道:"国内(中国)有关陶行知的专辑、年谱、生平简介、生活故事可谓汗牛充栋"②,而作者的切入点则是要使陶行知的形象更本真化,通过与德国教育家莱西维恩的比较,使德国的读者了解到真正的陶行知。

虽然囿于历史的局限,做到真正的还原绝非易事。然而,学者们对于陶行知思想本源的探索实际上已经在此道路上迈出了重要的一步。这种尊重研究对象本体特征及生活化的实践研究,为我们的研究开辟了新的思路和视域。

(2)回归陶行知的思想本源

要谈到陶行知教育救国的实施动机,不得不探索影响陶行知思想和实践形成的因素,甚至有必要探寻陶行知思想形成的根本渊源。

牧野笃在研究中提出了两个不同于"斋藤模式"的全新观点:其一,陶行知对于杜威的学习和改造实际是其自身理论建构的一部分。其二,陶行知思想的各个阶段变化不是孤立的独自转向,无论是对中国传统思想的汲取还是对杜威思想的接受改造都是其自身民族意识生发的必然过程,运用教育争取民

---

① Yusheng Yao. National Salcation Through Education: Tao Xingzhi's Educational Radicalism. The University of Minnesota, 1999.

② Huang Dong. Tao Xingzhi (1891-1946) und Adolf Reichwein (1898-1944). Hamburg: Zwei Reformpädagogen im Vergleich. Dr. Kova, 1999.

族解放也是其内心民族意识的反映。因此，陶行知不是回归到“民族土壤”中，而是“民族土壤”始终存在于他的思想中。姚渝生的研究论证表明，陶行知思想的根本来源是其自身的生活经验和教育实践。陶行知在儒家、墨家思想、基督教思想、杜威哲学、无政府主义、孙中山三民主义和马克思主义思想中兼容并包、择善而从地吸收并寻求资源。他并不迷信某一种思想，认为任何思想都只是工具，其是否灵验需要接受实践的检验。因此，在构架生活教育理论与实施教育改革的过程中，陶行知批判了精英式和坐而论道式的传统教育，又抛弃了中国新式学校中洋化了的翻版。牧野笃与姚渝生的分析角度有异曲同工之妙，都试图将陶行知的思想和改革实践还原给陶行知本人。但牧野笃认为陶行知的各种选择和教育革命是他内部民族情结交感而成的必然结果。而姚渝生则认为，陶行知的思想是源自他兼容并包地对各种思想的接纳，在此过程中逐渐甄别出有利于中国教育改革走向的部分。黄冬从影响两位教育家的政治信仰和世界观的诸多要素中，归纳出三点最具决定性的影响因素：贫寒的出身和少年乡村生活经历使他们能够理解农民的需求和疾苦；战争的痛苦和磨难使他们向往和平，反对强权暴力；专制政权的迫害使他们追求民主自由。该文以生活世界的视角探寻陶行知和莱西维恩的思想本源，对读者的理解的关照体现了学术视野下移的研究方向。

2. 语境中建构：研究论证的多元阐释

哈贝马斯认为，世界是由语言交往开展的、作为交往活动的背景的、前反思的生活世界。在还原性视角的基础上构建差异语境的价值体系和认同，会生成研究论证的多元解释。分析当前海外的博士学位论文可以看出，学者们均注意展示教育人物的隐性心理因素，差异语境中的不同话语扭错使现实感更加突出。这样的多元阐释突破了显性的教育史实的表象，剔除了单一的对于人物定性的价值论调。

牧野笃批判过去日本教育学深受历史发展法则的蛊惑，没有充分认识到强烈个性支撑的历史普遍性的特点。他在论文中建构了生活教育思想与陶行知能动的主体性交融结合的理论框架，认为陶行知始终坚持“作为一个中国人”[①]的自我价值，积极主动地参与历史，也主动地接受历史的制

---

① ［日］牧野笃：《中国近代教育の思想的展開と特質：陶行知［生活教育］思想の研究》，Nihon Tosho Senta-日本図書センター 1993 年版，第 68 页。

约。陶行知将这个政治课题主体化为“抗战救国”的教育课题，是对开辟人类普遍性的“近代化”的摸索。姚渝生通过类比论证，驳斥以往美国学者将陶定位于“杜威式的教育改革家”和“马克思主义者”的说法，在他看来陶行知的改革更加激进。首先，陶行知不是渐进的改良，而是要用“教育救国”的手段革命性地打碎社会秩序，建立一个平等互助的无阶级社会。他在追求民族重建方面远比杜威的思想要激进和坚定得多。其次，陶行知和中国传统及新教育都形成了一种张力和矛盾，陶批判当时主流知识分子是“伪知识分子”，并且同国民党政府也有冲突。这种张力和矛盾也促成了他力求彻底改革的激进主义。再次，20 世纪 30 年代以后，虽然中国的社会矛盾和世界格局都发生变化，但他仍然保持独立的、创造性的教育家的自我认同①。黄冬认为陶行知是“东西方思想文化的传播者”“民主斗士”和爱国的“改革教育家”②，在政治立场上，陶行知属于具有自由民主思想的知识分子，这个群体既不依附于国民党也不依附于共产党，而是试图立足于两大政治势力之间。然而，事实上这股“第三势力”在 20 世纪三四十年代由于国民党政权肆虐地压制民主，而日益倾向于中国共产党，这与姚渝生的论点是相悖的。

伽达默尔的诠释学说强调，通过对传统进行诠释，沟通传统与现代的联系，使传统成为现代的一部分。也正如克罗齐所讲的“一切历史都是当代史”，历史是可以通过主观解读的。同时，历史反映客观事物，又具有本然性。当前海外的陶研者们在把握相对确定的史实基础上，从不同的语境下生发，通过主观论证浸润研究对象，研究论证的结构、内容和语言均体现了特定的时代性，呈现出多元化阐释的倾向。

3.生成性思维：结构上注重关系比较

从马克思开始，西方哲学出现了一种新的研究思维——生成性思维。它是现代生活世界观所蕴含的思维特征，认为任何事物都不是孤立的，都处于与其他存在物的内在关系中，由此构成了一幅由种种联系和相互作用

---

① Yusheng Yao. A Model for Village and National Reconstruction —Tao Xingzhi's Work-study Union Movement(1932-1937)，中国陶行知研究会：《为生活而教育——陶行知诞辰 120 周年国际学术研讨会论文集》，杭州师范大学 2011 年。

② Huang Dong. Tao Xingzhi (1891-1946) und Adolf Reichwein (1898-1944). Hamburg：Zwei Reformpädagogen im Vergleich. Dr. Kova，1999。

交织起来的画面。生成性思维提倡"一切将成"的生活世界观①，主张突破主客体二元对立的研究思维模式，反对同一主义、中心主义。其体现在文章的框架结构上，则表现为不以单一的政策、理念为主体作用于客体，客体也并非单一地受动于主体的引导或者反作用于主体。当前海外的教育研究抛弃以往的线性研究，如政治、经济、文化对教育的控制影响力以及教育的反作用力等模式化的思维，也没有在固有的实体存在和价值地位等附加产物的分析方面驻足。学者们运用生成性思维建立关系网的结构模式，既关照到了横向空间的关系，又将纵向的历史史实贯穿其中。

牧野笃把陶行知的教育思想和日本现实的教育问题相联系：当前的日本学生生存在偏差值教育的竞争体制中，学生的自我价值感愈发丧失。牧野笃认为陶行知在遭受西方文化冲击后施行的改革方案与日本的问题高度契合。因此，牧野笃专门分析了陶行知生活教育思想的形成过程，建立同日本教育问题的比照关系。姚文既注重美国国内的先行研究，又与中国的陶行知研究进行横向比较。作者撷取了孔飞力、巴雷·基南和布朗的三部研究论著，结合时代背景揭示前人研究结论变更的现实和关联性。姚渝生还发现以往中国学者的研究存在"阶级标准的简单化"②的倾向，而当前中国的陶行知研究也开始步入全新的阶段。综合中美两国的陶行知研究，姚渝生找到了研究突破有利条件，"陶行知在中国的复兴中出现的大批新材料以及美国学者近期对中国激进主义的新研究都使陶研的新思路成为可能"③。黄冬的研究主要结合中国和德国当时的社会背景，类比陶行知和莱西维恩标新立异的教改举措，揭示了两位教育家在文化、政治生活和教育工作方面的共同之处。莱希维恩创立的"帮手制""意图教学法"与陶行知发明的"小先生制""教学做合一"不谋而合。

无论是谈及国内国外的研究成果，还是对史实的论证与考察，当前海外博士学位论文在史与论的融合方面都相得益彰。其在行文中并没有刻

① 李文阁：《生成性思维：现代哲学的思维方式》，《中国社会科学》2000年第6期，第48页。

② Yusheng Yao. National Salcation Through Education: Tao Xingzhi's Educational Radicalism. The University of Minnesota, 1999.

③ Yusheng Yao. Rediscovering Tao Xingzhi as an educational and Social Revolutionary. *Twentieth-Century China*, Vol. 27. No. 2(April 2002).

意的历史渲染的痕迹，也没有理论的生搬硬套；在史实的呈现中有理论模型的建构，在理性解释中又有历史的印证。

三、指向未来中国学研究的启示

早期海外的中国学研究需要兼顾传播的效用，以思想的价值挖掘作为打通推广引介的途径，当前的研究则采用还原性视角，在多元论证中体现出生成性思维的路径。两种切入方式可谓殊途同归，但后者的研究方式更加注重研究对象和读者的双重“人本”旨归，力图还原主体，同时又不排除对于文本的个性化解读。结合我国本土研究的优势，吸取国外相关研究在选题、结构与研究思路方面的长处，可以拓宽研究视野，为未来中国学研究注入新的活力。

第一，由本质主义向生成性思维转变。本质主义是近代哲学的科学主义世界观在思维方式上的反映。它试图消融差异，把复杂的对象归结为简单划一的共同本质，追求现象背后永恒不变的真理和终极价值是本质主义的思维方式，是对生活或现实的人的简化、遗忘和抽象。在中国学研究中，如果按照本质主义的思维方式在一定程度上能够体现研究对象的内涵，也曾经给中国的教育学研究带来了表面的生机和活力。但是，本质主义倡导的是线性化的思维模式，认为事物的本质与事物的现象是一一对应的关系，即一个现象背后一定有一个抽象的本质与之对应。这种固定的模式固然稳妥，但当研究愈发深入时，研究者可能会出现“以论带史”的倾向，即为寻求理论或价值意义而反求历史，历史被碎片化，这样的研究过程和结论是为研究者既定的研究目的服务的，失去了研究对象本体的原貌。正如福柯所言：“在目的论的单线框架下……为了强调其本质特征、最终含义或它们初始的和最终的价值，许多史实被故意简约掉了。”①这种偏向是值得我们深思的。生成性思维则注重事物的多元性、差异性、关系性和具体性，有助于避免学术霸权和阶级分析的过多影响。我们的研究不在于提供一幅完美的图景，而是在于在勾画的过程中寻找一种思维方式，一种思考问题的角度和出发点。

---

① Michel Foucault. *Nietzsche, Genealogy, History, The Foucault Reader*. New York: Pantheon Books，1984，转引自杨念群：《中层理论——东西方思想会通下的中国史研究》，江西教育出版社 2001 年版，第 38 页。

第二，注重回归主体性研究及影响因素探究的层面。海外研究的重心正逐渐移向对象主体，移向主体赖以生存和发展的文化土壤，移向主体深层的文化心理结构，这是近年来国际学术思想的一大研究趋势。在我国的相关研究中多将形成因素的分析作为人物介绍的宏观背景，此确实为完成人物思想的传承完整性考虑，然而真正目的却是服务于功用的价值。研究模式易模式化、单一化，忽视研究对象的“人本”价值。只有确立研究对象的主体性意识，回到人物思想形成过程的本真探讨，才是对人物、对历史真切的把握。否则一旦将研究对象“英雄化”，一切价值与成就就会变成“神像”式的膜拜，并不能真正深入人心，更不利于教育影响力和感召力的实现。这是当前学术视野下移的一个重要的努力方向，不仅要关注平民教育，也要将对待精英的视野下移到生活的层面，去探寻精英真实的、朴素的本源因素。

第三，诚然，海外的中国学研究成果在选题角度、视野范围、理论分析和方法论方面体现出相当的水平，但客观地讲，也存在一定的不足之处。例如，资料不够翔实、史实考证还有所欠缺等。当然，应该考虑到海外学者在资料搜集方面，是有种种困难和不便利因素的，但在理论分析、模型建构、研究方法方面却要比国内研究略胜一筹。研究问题更为具体深入，研究者不再满足于过去一般性的评介，而是试图从理论的高度加以阐发。而国内学者，则需要发挥对国内资源的最大利用，在翔实史料的基础上进一步扩大理论分析的视野。正如社会学家卢曼提到的“自我指涉”概念，我们在进行研究的过程中，不只要研究和观察自己，也要不断反思自己研究的方法论，同时还要“观察‘他者’如何观察，这种对观察的观察，可使系统看到自己观察的盲点”①。

特别感谢周洪宇教授和刘大伟博士的资料提供，王莹博士、宋俊骥博士等同志的辛苦翻译工作为本文写作提供了大力支持，在此一并感谢！

（于洋系湖北大学教育学院副教授。）

---

① 闫广芬、许衍琛：《由实体转向关系：教育史研究探微》，田正平、程斯辉：《辛亥革命与中国近代教育——第五届海峡两岸教育史论坛论文集》，浙江大学出版社 2012 年版，第 185 页。

海外陶行知研究述评：一种知识社会学的视角

刘大伟　杜京容

作为国外中国学研究的一部分，陶行知(1891—1946)以其在教育史上的历史地位成为诸多海外中国学学者关注的一员。2007 年，美国知名学者、哥伦比亚大学教授大卫·汉森在其主编出版的 *Ethical Visions of Education：Philosophies in Practice*(《教育的伦理视野——实践中的教育哲学》)一书中介绍了世界十大教育思想家，唯一的中国入选者即是陶行知，与杜威、蒙台梭利等世界著名教育家并列，可见陶行知在国际教育界的巨大影响力。而据相关统计显示，自 1935 年后，港台地区及国外涉及陶行知研究的学者就多达 127 人，遍布欧美、东亚等地区，并出版专著 27 部，公开发表论文 221 篇，其中以陶行知为主题进行研究的硕博学位论文达 15 篇①，研究者中更是不乏美国中国学奠基人费正清及其弟子孔飞力等学术大家，由此可见陶行知研究在国际学术界所受到的重视。

陶行知成为国外中国学学者关注的对象，主要有以下两点原因：一是陶行知的海外经历。陶行知早年赴美读书，曾在哥伦比亚大学师从杜威、孟禄等知名教授攻读博士学位；1917 年回国任教后仍与美国交往不断，并担任过由庚子赔款建立起来的中华文化教育基金会执行秘书。抗战开始后，他赴西方二十多国开展"国民外交"，并曾联合杜威、甘地、罗曼·罗兰、罗素、爱因斯坦五人发表《杜威宣言》，呼吁对日制裁，在国际上形成了很大的影响力。二是陶行知的国内地位。作为民国时期著名的民主战士，陶行知在生前逝后都受到了国共两党的关注，甚至一度成为排在李公朴、闻一多之后的暗杀榜"探花"。不仅如此，他还借鉴美国教育模式创立了多所学校，并创造性地将杜威"教育即生活"改造为适合中国国情的生活教育理

---

① 于洋：《海外陶行知学术研究走向》，《清华大学教育研究》2012 年第 5 期，第 114—119 页。

论，奠定了他在中国近代教育史上的重要地位。综合以上两点，陶行知便成为国外中国学研究中教育史分支的重要研究对象，因为通过对陶行知的研究，可以窥见中国近代教育发展的脉络。

一、“冲击-反应”模式下的研究

除去一些评介性的文章，国外最早系统研究陶行知的是美国哥伦比亚大学的朱宕潜，他在1953年向学校提交了《陶行知与中国现代教育》的博士学位论文。由于朱宕潜早年曾有机会聆听陶氏的教育理论，这种近距离的接触机会使得他的论文能够准确地阐述出陶行知的教育理论与实践，并透视出陶行知的教育理论与中国当时的课程改革、教育政策制定之间的关联。总体而言，朱宕潜的论文更大的作用是为后来的陶行知研究提供了翔实的史料基础，为后来海外陶行知研究扎下了根基。

几乎与此同时，哈佛大学的学者们在费正清的带领下，开始了美国中国学的学科体系构建，他们开始系统地运用社会学、政治学、法学等跨学科领域的理论分析中国国内问题，费正清还提出了著名的“冲击-反应”模式，并开始成为美国学者进行中国研究的一种范式。1959年，费正清的弟子、哈佛大学历史系教授孔飞力撰写了《陶行知：一位教育改革家》，详细地向美国学界介绍了陶行知的生平事迹，剖析了陶行知与杜威的关系，并指出晓庄学校是陶氏事业巅峰的论断。鉴于孔飞力在美国历史学界的重要影响力，孔飞力的研究比朱宕潜的成果更为引起学者们的关注。受到费正清“冲击-反应”说的影响，孔飞力的着眼点更多地局限于杜威与陶行知的关系，忽视了陶行知思想形成过程中其他影响因素比如墨子、王阳明思想对陶行知思想的影响。在孔飞力看来，杜威自由主义教育哲学中的激进主义倾向，实际上在当时的中国和苏联已经为激进主义教育目的产生了重要推动作用①。

显然，孔飞力的研究带有典型的费正清色彩。20世纪五六十年代，西方汉学家费正清、列文森等人强调西方政治军事文化的优越性，将西方社会设定为一个动态的发展的社会，而将中国社会设定为一个长期处于停滞的社

---

① Philip A. Kuhn. Tao Hsing-chih, 1891-1946, An Educational Reformer, *Harvard Papers on China* (*East Asian Studies of Harvard University*), 13(1959): 163-195.

会，只有经过西方社会的不断冲击，中国才能够在回应中取得发展与进步，费正清曾强调："中国国内的这些进程，是由一个更加强大的外来社会的入侵所推动的。"[①]因此在孔飞力看来，作为一位具有留美背景的中国教育改革家，陶行知教育改革的思路与方法都烙上了明显的美国标签，故而陶氏的晓庄师范学校、陶氏的自由主义改革思想都是深受美国教育影响而形成的。事实上，孔飞力从这一思路研究陶行知，除了深受"冲击-反应"模式的影响之外，20世纪50年代末60年代初占主导地位的资本主义现代化理论也对其研究思路产生了一定影响。在这双重因素的影响下，孔飞力忽略了陶行知思想形成过程中内在的、固有的传统中华文化的影响，这也成为其研究的不足之处。

尽管如此，由于美国在中国学研究方面的巨大优势和不可撼动的学术地位，其所推崇的"冲击-反应"模式成为这一时间段内分析中国问题的主要模式。日本教育学界也很快运用这一模式开始了对陶行知的研究分析，其中典型代表当属日本东京专修大学教授斋藤秋男。斋藤秋男认为，陶行知赴美留学、师从杜威是其思想的出发点，陶氏思想的形成发展实际上是对杜威思想的接受与克服。斋藤认为，陶行知将杜威的"教育即生活""社会即学校"的理论改为"生活即教育""社会即学校"，这是陶氏对杜威思想的斗争与超越，因为"如果从他的教育思想形成的侧面来看，可以说是陶行知对老师杜威的学说和理论进行斗争的过程"[②]。斋藤强调，陶行知虽然是杜威的学生，但是对杜威的教育思想并非全盘接受，而是以回归"民族的土壤"为根本目的，有目的、有选择地接受杜威教育思想，同时，陶氏还将杜威教育思想与中国实际情况相结合，做出了创造性的改变。"斋藤模式"可以说是20世纪五六十年代费正清等人提出的"冲击-反应"模式的日本化，一味地强调西方思想对东方的冲击，而忽略了知识分子内在的本体性和民族性。当然，这也与斋藤所处的时代有关。二战之后，日本在美国掌控之下，政治、经济、文化、教育等各方面都受到美国的制约，在这种制约之下，日本还要寄希望学习美国实现民族重振，故而对西方思想积极吸收的同时忽略了对日本民族本土性特征的思考。

---

① John King Fairbank. *China's Response to the West*: *A Documentary Survey*, *1839-1923*. Cambridge: Harvard University Press, 1954:P. I.

② [日]斋藤秋男：《"生活教育"理论形成的过程》，芦玲、熊远报译，周洪宇：《陶行知研究在海外》，人民教育出版社1991年版，第270页。

二、“中国中心观”下的主体性研究

20 世纪 70 年代末 80 年代初，“冲击-反应”模式受到了来自美国学界的质疑，柯文率先提出了“中国中心观”，认为要从中国内部来发掘影响中国进程的因素，而非一味地强调西方对中国社会的冲击。柯文强调，“从中国而不是从西方着手来研究历史，并尽量采取内部的（即中国的）而不是外部的（即西方的）准绳来决定中国历史哪些现象具有历史重要性”①。这一以民族性、本土性为观照的研究范式一经提出，就在学界内引发了强烈的共鸣，这也不可避免地影响到了国外学者对陶行知研究的思路。20 世纪 70 年代末期，美国学者巴雷·基南就对孔飞力的前期研究成果提出了质疑，他通过考察中国新教育运动的起落后指出，在无限制的专制政权统治下，新教育运动的改革最终陷入了毫无希望的困境和讽刺意味的悲剧，而陶氏的晓庄师范短暂成功则归功于它远离了政治和正规教育。在这一过程中，陶行知的思想变得复杂多元，这其中不仅受到杜威的影响，孙中山三民主义和俄国无政府主义也产生了一定的影响②。显然，巴雷·基南实际上是在质疑资本主义现代化理论的普适性，并开始逐步修正孔飞力所认为的陶氏仅仅受到美国教育思想影响的这一结论，将陶行知思想的形成逐步多元化，认为这其中也包含了孙中山的三民主义思想。而对孔飞力研究提出彻底颠覆性意见的则是来自胡·布朗的研究。在布朗看来，美国的进步主义教育和杜威主义思想对陶行知思想塑造远远没有孔飞力所认为的那么重要，甚至说杜威对陶行知的影响都是“微乎其微”或“不确定”的。布朗在力证杜威甚至美国文化对陶行知影响式微的同时，还指出，陶行知在遇到杜威前后受到了王阳明等中国传统文化的重要影响，这对陶氏思想塑造有着不同寻常的意义③。可以说，布朗是彻底颠覆了美国学者之前所得出

---

① ［美］柯文：《在中国发现历史——中国中心观在美国的兴起》，林同奇译，中华书局 1989 年版，第 165 页。

② Barry Keenan. Tao Hsing-chih and Educational Reform, 1922-1929. *The Dewey Experiment in China : Educational Reform and Political Power in the Early Republic*. Cambridge: Harvard University Press, 1977: 81-110.

③ Hubert O. Brown. American Progressivism in Chinese Education: The Case of Tao Xingzhi in Ruth Hayhoe and Marianne Bastid (eds). *China's Education and the Industrialized World : Studies in Cultural Transfer*. New York: Sharpe Inc, 1987: 120-138.

的结论，他更为强调陶行知的个性形成与发展，强调中国内在的、自发的文化元素对陶行知成长所起到的重要作用。当然，布朗的研究略有矫枉过正之嫌，他深受20世纪80年代文化批判和后殖民研究的影响，过于强调陶行知思想中的东方元素，而故意忽略了其思想形成中杜威主义思想、美国进步主义教育思想对其的影响。

探寻历史人物思想中的主体性的这一研究思路很快也体现在日本的陶行知研究上。斋藤秋男的学生、日本东京大学教授牧野笃从人物的主体性出发，质疑了斋藤秋男的观点。作为一名学士、硕士、博士都以陶行知研究为主的学者，牧野笃认为，在战后日本急需寻求各种改革的时间点上，斋藤通过借助陶行知这一案例来帮助日本教育界从美国教育中寻找合适的方法与路径是非常合理的，但是这种模式却存在着两个重要问题：一是斋藤的研究并没有将陶行知青少年时期的思想形成作为分析对象，而是直接将接受杜威思想作为陶氏思想的起点，这就造成了陶氏思想形成的割裂；二是陶行知在美国读书时究竟与杜威有过怎样的接触，受到杜威多大的影响尚未清楚，故而将杜威作为陶氏思想的起点缺乏说服力。所以，牧野笃强调，陶行知教育思想的形成与其自立性、主体性之间的关系是非常重要的，这也是斋藤之前的研究忽略或尚未解决的问题。在经过大量的访谈之后，牧野笃强调，陶行知在接受杜威理论之前，就基本形成了接受其思想的"土壤"，所以他对杜威思想的接受是以这块"土壤"为基础，并对杜威理论不断加以修正、解释，最终形成其特有的生活教育理论。所以，陶行知并非斋藤认为的"民族土壤的回归"，而是"其'土壤'边根植，边解体，再构成，无穷尽的自我解体——创造的过程"①。牧野笃的这些研究相继发表于1984—1986年间，从中也可以看出日本学人的时代特性。20世纪80年代，日美关系产生了巨大变化。随着冷战的开始，日美两国从20世纪70年代的伙伴关系演变为同盟关系。随着国际地位的不断提高，日本越发希望能够寻求自主化，要求能够与美国分享平等的待遇。这种政治上的崛起体现到国民性上，就是愈发希望能够呈现出更多的主体性和民族性。故而，牧野笃通过对陶行知的研究，不仅希望能够激发出国民的主体性意识，

---

① [日]牧野笃：《陶行知教育思想之根基——金陵大学时期对王阳明思想的解释与吸收》，王学东、李宏译，周洪宇：《陶行知研究在海外》，人民教育出版社1991年版，第128页。

也更希望战后日本能够摒弃狭隘的国家主义思想而建立起陶行知所希望的民主共和国。

三、走向多元化的研究

从20世纪五六十年代的“冲击-反应”模式到七八十年代的“中国中心观”,国外陶行知研究发展也遵循着海外中国学模式变化的路线。进入20世纪90年代末期及新世纪以来,国外陶行知研究模式也不断地发生变化,并被赋予了新的研究思路与方式。而这一转变根本的原因是五种条件的变化:研究条件、研究队伍、研究内容、学科地位和组织形式①。改革开放以后,国外中国学家在获取资料、实地考察、合作研究等方面比以往获得了更多的便利机会,与此同时,越来越多的具有中国背景的国外中国学家开始涌现出来,他们的中国背景成为其研究中国学的天然优势。此外,从学科角度来看,“研究的学科范围扩大,人文科学与社会科学研究并重,并出现了跨学科的研究;研究的时间跨度加大,对古代、近代与对现当代的研究并重;研究的问题深化细化,几乎涉及现当代中国社会的各个方面”②。在这一历史背景下,国外陶行知研究也呈现出了多元化的趋势,其最大的表现即在于摒弃了强调“冲击-反应”模式和“中国中心观”的单向式研究范式,呈现出一种多元化综合性糅合式研究方法,而其关注点也非仅仅就教育论教育,而是更为关注陶行知思想中的民主元素。这既与海外中国学研究领域的扩大化、微观化取向有关,也与研究者的个人兴趣有着密切的关系。

20世纪90年代后期,欧美汉学界的民国研究热影响到了德国。马堡大学的余蓓荷教授开始关注到陶行知,在其指导下,他的博士生黄冬尝试将陶行知与德国教育家莱希维恩进行对比,试图寻找中德教育改革家在教育改革方面的异同。陶行知被誉为“民主斗士”“民主主义教育推动者”“进步主义民主主义者”,而莱希维恩也被誉为“反对纳粹统治的斗士”“反对派教育家”和“民主主义社会主义者”,这些特殊的政治文化背景让黄冬对二人的教育改革的思想背景有了深入的思考。黄冬认为,这两位教育家都成

① 黄育馥:《20世纪80年代以来美国中国学的几点变化》,《国外社会科学》2004年第5期,第49—58页。

② 黄育馥:《20世纪80年代以来美国中国学的几点变化》,《国外社会科学》2004年第5期,第54页。

长在国际共产主义高涨的时代，且与共产党有着千丝万缕的联系，因而，对待共产主义思潮和共产党的态度，是研究这两位极富政治热情的知识分子不可回避的一个话题。在通过对二者政治信仰和世界观的考察后，黄冬找出了二者相似的三点因素：贫寒的出身让二人了解疾苦大众的需要，并愿意急大众之所急；战争的磨难使得二人更为向往和平，反对强权暴力甚至暴力革命；专制政权促使他们痛恨独裁，追求民主自由，并主张通过教育等非暴力手段实现社会变革①。通过对陶行知的这一考察，黄冬还指出，中国近代的知识分子在致力于民主的时候总离不开两个方面：一是反对专制独裁，二是反对外来势力控制干涉。只有当西方思想与中华民族利益一致时，他们才会接受西方的民主制度，一旦西方的民主思想挟带有其他用意时，这群知识分子不仅会怀疑更会反对②。

无独有偶，当黄冬将关注点超越了陶行知的教育思想而放在民主思想方面时，姚渝生也关注到了这一点。姚渝生推翻了前期孔飞力和斋藤秋男的研究成果，他认为陶行知在遇到杜威前后所受到的诸多影响都应该详加研究，只有这样才能避免将目光狭隘地聚焦于陶、杜关系上，才能感受到陶行知思想中多元化的成分。在经过对陶行知思想演变的细致分析后，姚渝生对中美主流观点提出了挑战。他根据研究指出，陶行知是一名独立的激进主义者，这一激进思想是在金陵大学到晓庄师范这一时间段中不断完善的。姚渝生将这段时间陶行知思想发展划分为四个阶段：1913 年共和政府失败后，陶行知形成了道德民族主义思想和教育救国的理念；1917 年留美归国后到 1923 年间他深受杜威哲学和美国进步主义教育的影响；1923 年到 1926 年的平教运动让陶行知在“平民性”的挖掘中重新定位到平等主义和民粹主义，这一改变开始超越杜威自由主义和改良主义；1927 年到 1930 年间的晓庄试验将陶行知的激进改革与国民革命高潮、革命话语三者结合，形成了生活教育的革命理论③。尽管激进，但姚渝生认为陶行知

① Huang Dong. Tao Xingzhi (1891-1946) und Adolf Reichwein (1898-1944). Hamburg: Zwei Reformpädagogen im Vergleich. Dr. Kova, 1999:147-153,186-187.

② Huang Dong. Tao Xingzhi (1891-1946) und Adolf Reichwein (1898-1944). Hamburg: Zwei Reformpädagogen im Vergleich. Dr. Kova, 1999:147-153,186-187.

③ Yusheng Yao. Rediscovering Tao Xingzhi as an Educational and Social Revolutionary. *Twentieth-Century China*, Vol. 27. No. 2(April 2002):86-87,95.

始终在一种民主的框架中努力，正如陶氏一生所奋斗的"四通八达"的社会就是其金陵大学期间提出的和谐大同社会思想的延续，且这一思想是深受杜威民主观念的影响，即"民主是超越阶级分野的社会和互相关联的生活方式"①。也正因为强调民主，反对暴力，故而姚渝生指出，晓庄师范实际上是陶行知寻求替代暴力式农村革命所做的一种建设性探索②。可以说，思想中的无政府主义、行动中的民粹主义，构成了"姚渝生模式"中以教育激进主义救国的陶行知形象。

四、结语：一种知识社会学的考察

学术无国界。随着全球化的发展，学术已不再像过去囿于师承之说，而是阅读他人的作品，也成为吸收他人知识的有效途径。通过对国外陶行知研究历史的梳理可以发现，知识是一个不断累积叠加的过程。正如知识社会学者卡尔·曼海姆所说的，每个人都是在进一步思考其他人在此之前已经思考过的东西，"每个个人都在双重意义上为社会中正在成长的事实所预先设定：一方面他发现了一个现存的环境，另一方面他发现了在那个环境中已形成的思想模式和行为模式"③。罗伯特·默顿则将这一问题放大至整个科学界，他认为"近代科学除了是一种独特的进化中的知识体系，同时也是一种带有独特规范框架的'社会体制'。它同其他某些社会体制有部分共同点，而与另一些社会体制则有着紧张的冲突"④。他进而用"在巨人的肩膀上"这一名言来演绎科学知识探索的进程，"表明科学工作决不是以不可动摇的线性方式进行的，虽然新的发现和发明依赖于以前的有选择地积累的知识遗产"⑤。显然这两位学者的观点很好地阐释了国外陶行

① Yusheng Yao. Rediscovering Tao Xingzhi as an Educational and Social Revolutionary. *Twentieth-Century China*, Vol. 27. No. 2(April 2002):86-87,95.

② Yusheng Yao. The Making of a National Hero: Tao Xingzhi's Legacies in the People's Republic of China. *The Review of Education, Pedagogy, and Cultural Studies*, Vol. 24, No. 3 (July-September 2002):259.

③ [德]卡尔·曼海姆：《意识形态与乌托邦》，黎鸣、李书崇译，上海三联书店2011年版，第3页。

④ [美]罗伯特·金·默顿：《科学、技术与社会：科学社会学研究的预示——中文版前言》，《十七世纪英格兰的科学、技术与社会》，范岱年等译，商务印书馆2000年版，第6页。

⑤ [美]罗伯特·金·默顿：《科学、技术与社会：科学社会学研究的预示——中文版前言》，《十七世纪英格兰的科学、技术与社会》，范岱年等译，商务印书馆2000年版，第8页。

知研究、海外中国学研究中甚至整个科学界研究中呈现出来的不断递进的一种态势。

当然,对前人的研究吸收研判并非一个直线累积的过程,还会受到研究者自身知识范围和意识形态的限制。马克斯·舍勒认为,"所有知识也是由这个社会及其特有的结构共同决定的"①,研究者所得出的结论必然深受所处社会的影响,打上时代与环境的烙印。默顿在此基础上又延伸了一步,他不仅肯定了社会对知识的影响,还将其扩大至整个科学领域,指出社会不仅影响了人文科学,还影响了自然科学。通过对默顿科学社会学思想的梳理,可以将其概括两种成分:一是社会中的科学,二是科学中的社会。

所谓社会中的科学,强调的是科学研究始终是处于某种社会背景之中的,这种社会背景影响了科学研究的发展轨迹。什托姆普卡将"社会中的科学"划分为两个体系:一是科学的宏观环境,"它由社会中大规模的系统构成,例如政治、经济、阶级体系、社会意识";二是科学的微观环境,"由学术氛围、思想学派、'无形学院'、有着各自本土传统的大学和研究机构构成"②。上述的宏观与微观环境对于某一门类学科知识的发展产生极其重要的影响,特别是在知识构建的主导倾向方面产生积极或消极的作用。国外陶行知研究中,早期孔飞力等人的研究显然是当时美国社会主流思想的产物,即强调美国全球化战略体系下的一种文化输出,刻意强调中国传统社会的停滞与被动接受,突出西方社会的活力与渲染性。这种研究中显然有着一种强大的自我优越感,特别是突出杜威对陶行知乃至中国教育进程的影响,体现出美国民众对美国教育乃至整个美国模式的优越感。而日本的研究者的目的则是让日本教育能够适应二战之后社会的巨大转变,所以日本早期研究者希望从陶行知与杜威思想的传承中学习到转变、提炼、吸收美国教育思想的经验,以使美国教育模式在日本推行。当然,随着社会中人的主体性的不断强化,后期日本学者开始强调人的主体性、民族性、独立性,体现出了当时日本社会冀图摆脱美国控制的急切心态。而近年来国外陶行知研究中自由主义的倾向,显然是与研究者的社会阅历紧密相关的。黄冬和姚渝生二位学者都是经历过"文革",随后考入大学,再奔赴西方留学进而成为

---

① [德]马克斯·舍勒:《知识社会学问题》,艾彦译,译林出版社 2012 年版,第 65 页。

② [波]彼得·什托姆普卡:《默顿学术思想评传》,林聚任等译,北京大学出版社 2009 年版,第 38 页。

西方公民,他们对“文革”中激进行为的抵制促使他们自然而然地会从自由主义的视角来考察跟中国有关的事物,陶行知研究也不例外。

所谓科学中的社会,是指科学共同体内部形成的社会群体,这一社会群体必须遵循体制内部的规则,否则就会遭到围攻或者摒弃。马克斯·舍勒就曾指出,不同群体的知识是受到群体的特殊形式限定的,“无论这种知识可能有多么模糊,以及关于人们普遍接受的价值观念和目的的知识,都是属于这个‘群体’(所以,没有一个阶级不具有某种阶级意识)的”①。从舍勒和默顿的观点来看,某一社会群体的形式决定了它本身具有一些传统的界定知识,这些知识作为确切的思想代代相传。在这一群体中,“普遍流行的思想逻辑和思想方式不是‘富有创造的’(ars inveniendi)而是‘用于论证的’(ars demonstrandi)”②,一旦群体内部有人试图挑战这些传统的界定知识,就会被视为大逆不道而遭到批判、禁止。就这一点而言,国内的陶行知研究呈现出非常强的“科学中的社会”特性,其特点就是守旧、缺乏创新及跨学科研究。相对而言,国外中国学由于体系的松散,群体的多元化,在这一方面则更有创新力,如日本学者牧野笃质疑并推翻了其老师斋藤秋男的研究结论,认为陶行知并非简单地接受美国思想,其本身内在的中国传统文化也起到了极为重要的作用。

简而言之,国外的任何一种取向、任何一种范式的陶行知研究,都难以逃脱研究者自身的局限性。研究者自身的经历以及所在的研究环境,成为引导和制约他们的研究目的的最大因素。事实上,任何一门学术研究或者说知识建构,都深受社会环境的影响。科学社会学的学者们甚至进而认为,连自然科学这一类依据试验、建模得出的研究成果也是受到科学家意识和意识形态的影响。借助知识社会学以及科学社会学来分析国外陶行知研究的发展历程后,我们可以发现,每一位国外研究学者都是在承继前人的学术思想的基础上不断演变。这种演变最根本的动力在于社会结构的影响,既来自宏观的社会场域,也来自微观的学术场域。

(刘大伟、杜京容均系南京晓庄学院讲师。)

① [德]马克斯·舍勒:《知识社会学问题》,艾彦译,译林出版社 2012 年版,第 65 页。

② [美]罗伯特·K. 默顿:《社会理论与社会结构》,唐少杰等译,译林出版社 2008 年版,613 页。

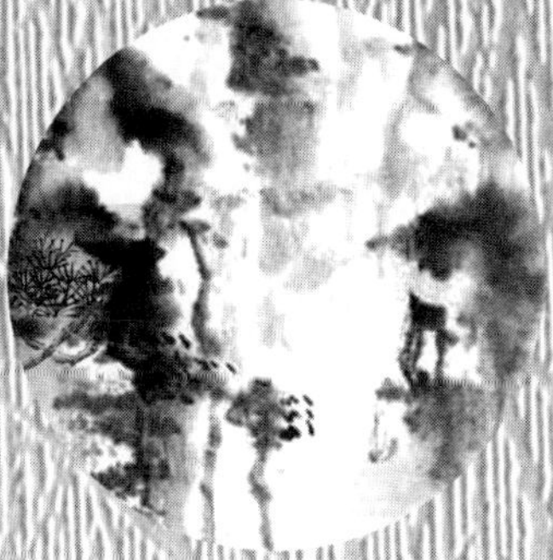

陶行知教育思想研究专题

陶行知求真创新的学习理论体系

申国昌

现代伟大的人民教育家陶行知，本着“活到老，学到老”的宗旨，一生潜心学习，追求真理，重视实践，漂洋过海，留学美国，成为学识渊博的思想家；之后他“以伟大的胸怀和高尚的情操，自动放弃了优裕的生活条件”[①]，回国从事教育实践活动，虚心学习，积极践履，以“捧着一颗心来，不带半根草去”的精神，将自己的学识与心血无私地奉献给了中国的民众教育事业，“是一个即知即行、能知能行的实践教育家”[②]。陶行知在一生的治学与实践中，十分注重学习理论的研究，“学理幽深，研究始明”[③]。他在汲取中华传统文化精华与借鉴西方思维方式的基础上，结合现代中国的国情、民情，在实践过程中创造性地提出了一整套学习理论。

一、“追求真理，学为真人”的学习目的论

学习目的是学习主体从事学习活动所要达到的预期结果，对学习者的学习行为具有指向作用与动力功能。陶行知深知学习目的价值所在，他竭力倡导青年人要确立崇高远大的学习目的，即力争成为追求真理、为民服务的有用的人。

首先，陶行知倡导学习者树立追求真理的就学目的。真理就是与客观事实相符合的认知。陶行知又将之称为“真知识”，即“真知识是思想与行

---

① 王越：《具有中国特色的教育思想(序二)》，何国华：《陶行知教育学》，广东高等教育出版社 2002 年版，第 7 页。

② 陈鹤琴：《纪念近百年来的大教育家》，四川省纪念陶行知先生诞生九十周年大会筹备组编：《陶行知纪念文集》，四川人民出版社 1982 年版，第 31 页。

③ 《陶行知全集》编辑委员会编：《陶行知全集》第 1 卷，四川教育出版社 1991 年版，第 270 页。

为结合而产生的知识”，是“从经验里发芽长叶、开花结果的真知灼见”①。学习的首要目标就是获取真知、求得真理，因为“真理是太阳”。而陶行知倡导追求的真理是来自实践、与挽救民族命运的革命运动息息相关的真理，并非脱离实际的空洞理论。他说：“真理离开行动好〔一〕比是交际花手上的金刚钻戒指。我们所要追求的是行动的真理，真理的行动。”②他所倡导的学习是追求能指导革命实践活动的真理。他断言：“一个人在学问上能追求真理，则在革命上能杀身成仁。”因为“依据有正确理论指导的实践看来，学问与革命是一件事，不是两件事”③。非常明显，陶行知是站在了拯救民族危亡的高度号召青年学子去学习与探寻救国的真理与真知。陶行知本人也终生服膺柏拉图的名言“吾爱吾师，吾更爱真理”，并以此为毕生的追求目标。

其次，陶行知要求青少年坚持“学做真人”的价值追求。“真人”是先秦庄子最早提出的一种理想人格。陶行知从中国传统文化中汲取了这一精华，提出以“真人”为理想人格，并将之作为追求的目标。他鼓励学生要“千学万学，学做真人”。只是陶行知给“真人”赋予了新的内涵，具体体现在以下几方面：一是具有“科学的头脑”的人。陶行知认为近代中国人最大的缺陷是“愚”和“弱”，要解决“愚”的问题，就必须“要有科学的头脑”④。尤其是体力劳动者更应学习科学，用科学武装头脑，拥有“科学的头脑”。他鼓励劳动民众去学习科学，以拥有“科学的头脑”作为追求的学习目标。其理由是“在劳力上劳心，是一切发明之母。事事在劳力上劳心，便可得事物之真理”⑤。二是拥有“农夫身手”的人。1927 年 7 月在晓庄师范演讲会上，“农夫的身手”作为该校师生学习的“第一个目标”。如果说“科学的头脑”

---

① 华中师范学院教育科学研究所主编：《陶行知全集》第 2 卷，湖南教育出版社 1985 年版，第 166 页。

② 《陶行知全集》编辑委员会编《陶行知全集》第 3 卷，四川教育出版社 1991 年版，第 451 页。

③ 《陶行知全集》编辑委员会编：《陶行知全集》第 8 卷，四川教育出版社 1991 年版，第 630 页。

④ 华中师范大学教育科学研究所主编：《陶行知全集》第 8 卷，湖南教育出版社 1992 年版，第 359 页。

⑤ 华中师范学院教育科学研究所主编：《陶行知全集》第 2 卷，湖南教育出版社 1985 年版，第 45 页。

主要是针对工农大众的话，那么，“农夫的身手”就主要是针对读书人与学生的。他要求青年知识分子“对农事可以充分学习”。要养成“农夫的身手”，“首先应拜农人作先生”①。陶行知在创办南京晓庄师范期间，就奉行这一学习目的，培养出一批能文能武的从事乡村生产的知识分子。三是争做“人中人”。陶行知对中国古代传统的治学目的观“吃得苦中苦，方为人上人”进行了深入的批判与辛辣的讽刺。他将“人上人”改成“人中人”，指出“人中人”就是能同群众打成一片的普通人，而不是凌驾于众人之上的官僚贵族。四是成为“整个的人”。1925年底陶行知在南开学校演讲中强调青年人要学习“作一个整个的人”，即一“要有健康的身体”，二“要有独立的思想”，三“要有独立的职业”②。这是独立社会个体应具有的基本条件，也是现代社会新型劳动民众必备的素质。

再次，陶行知也希望高层次学习者确立“成为国家栋梁”的崇高目标。对于一般的知识分子，他倡导成为“人中人”；对于劳动民众，他主张拥有“科学的头脑”；对于初学的少年儿童，他要求确立成为“现代人”的目标；对于中学生，他提出做“整个的人”的目标；而对于大学生，他又提出了较高的要求——力求成为能为国家与社会多做贡献的栋梁与领袖。陶行知反复强调他心目中的领袖、精英、栋梁，是置身于大众之中的、时刻以改造社会为己任的高级人才。他说：“大学是造就学者和领袖的地方，不是剃度和尚的地方。我们要大学培养与国计民生有关系的学者领袖，不要大学培养避世的隐士、出世的僧尼、不知世事的书呆子。”他将其大众思想充分体现于学习目的论之中，“我们要到民间去的学生，不要到天上去的学生”③。陶行知所谈的这种高层次的人才必须拥有民众思想，并非才能平庸等同于常人。因此，他建议高级人才应当成为中国和世界民主不可摧毁的栋梁。

最后，陶行知号召大家以“为人民造幸福”为学习的终极目标。他说：

---

① 华中师范大学教育科学研究所主编：《陶行知全集》第8卷，湖南教育出版社1992年版，第359页。

② 《陶行知全集》编辑委员会编：《陶行知全集》第2卷，四川教育出版社1991年版，第290页。

③ 《陶行知全集》编辑委员会编：《陶行知全集》第2卷，四川教育出版社1991年版，第284页。

“我们求学，所为何事？为着升官发财吗？为着自己的小圈子的利益吗？不是！”①我们学习的最终目的就是为民众创造幸福。“一切的学问，都要努力向着人民的幸福瞄准。”②陶行知本人就是为人民服务的杰出典范，他放弃国外优厚的生活待遇，脱下西装，穿上农服，一生本着为民众造福的学习宗旨，将大半生的心血与精力奉献给了挽救劳苦大众的事业。他为现代中国青年树立了光辉的榜样，激励着代代学子走向民间、步入农村去实现为人民服务的夙愿。

二、“男女老幼皆可学”的大众学习主体论

学习活动说到底是人的活动，没有学习主体就无法构成学习行为。学习主体的构成决定着学习客体的选择与学习效果的性质。为了实现追求真理、学为真人、造福民众的学习目的，陶行知站在全民族的高度，着眼于大众的解放事业，扩大了学习主体的范围，力求给更多的下层民众以学习的机会。陶行知深知不识字民众的疾苦，他说：“一个不识字的人，好像失了耳目一样，什么事都不能办。世界的大势，也不知道；时代的变迁，也不知道；就是别人写封信给他，他也不知道。你看这不识字的人们，在何等的苦恼啊！”③所以他强调学习主体不能总是停留在贵族少爷小姐这个层面上，而应当向下扩充到百姓、女子、仆人等平民阶层。他强调要想使大众彻底解放，“就得要男女、老少、大小、主仆，一律读书”④，以此来提高大众的文化水平和中华民族的整体素质。

他从社会各行各业在提高技能方面对学习的需求出发，论述了学习主体应遍及全社会的人去读书学习，他主张将学习与生存挂钩，以此来激励更多的平民去读书。同时他也十分关注女子的学习，他认为近代中国女子处于双重奴隶地位，不能容于共和时代，其实“男女同赋人权，本

---

① 《陶行知全集》编辑委员会编：《陶行知全集》第 4 卷，四川教育出版社 1991 年版，第 548 页。

② 《陶行知全集》编辑委员会编：《陶行知全集》第 4 卷，四川教育出版社 1991 年版，第 671 页。

③ 《陶行知全集》编辑委员会编：《陶行知全集》第 1 卷，四川教育出版社 1991 年版，第 599 页。

④ 《陶行知全集》编辑委员会编：《陶行知全集》第 1 卷，四川教育出版社 1991 年版，第 624 页。

无尊卑贵贱可言”①。他强调要想建造共和国家，必须重视女子的学习问题。他并且提出女子与男子可以同学。此外，陶行知强调给予少数民族子女以学习的机会。他认为中国是一个多民族国家，只有“国人以兄弟相视”②，才能做到各族平等。他主张尽最大可能将少数民族纳入学习主体范围之内。

三、内在动力与外部环境兼顾的学习条件论

学习活动不是单纯地由学习主体与客体构成，还需要有一定的条件。如果条件不具备，即使学习主体费尽心血与精力，也将是事倍功半，或者是徒劳无功。陶行知十分关注学习条件的构建，他认为学习条件分内在条件与外在条件。

学习的内在条件主要是指学习主体的自身心理条件，即在学习活动开展之前学习者就具备和拥有了有益于学习的心理和态度，为主体取得较好的学习效果创设了良好的内在条件。所以陶行知说：“欲此大多数的人都来从事学习，非先懂得他们的心理不可，懂得了群众心理，然后才设法怎样的激动他们来学。”③在他眼里，学习的内在条件主要有以下几方面。

浓厚的学习兴趣。陶行知强调：“盖治学以兴趣为主。兴趣愈多，则从事弥力；从事弥力，则成效愈著。”④兴趣能使学习主体产生学习动力与学习热情，进而使学习主体取得良好的学习效果。正像陶行知所言：“学生有了兴味，就肯用全副精神去做事体，所以‘学’和‘乐’是不可分离的。”要想取得好的学习效果，学习主体必须对所学内容产生兴趣，这是学习的必备条件。所以陶行知十分注重调整学习内容，使之能诱起学习主体的兴趣，“要求其易懂而有趣味，使他们读了第一课就想读第二课，用他们自然的兴

---

① 华中师范学院教育科学研究所主编：《陶行知全集》第1卷，湖南教育出版社1984年版，第5页。

② 华中师范学院教育科学研究所主编：《陶行知全集》第1卷，湖南教育出版社1984年版，第45页。

③ 《陶行知全集》编辑委员会编：《陶行知全集》第1卷，四川教育出版社1991年版，第700页。

④ 华中师范学院教育科学研究所主编：《陶行知全集》第1卷，湖南教育出版社1984年版，第66页。

味来维持他们的恒心和努力”①。兴趣能帮助人克服困难，减轻疲劳，专注于学习。

专一的学习目标。学习主体要想事半功倍，学有大成，就必须拥有专一的目标。因为专一的目标，对学习主体起着导向与激励作用。因此，陶行知要求学习主体要专一不二，锁定目标，切勿朝三暮四，朝秦暮楚。“专心则精敛神萃，致力一途，不扰于物，易底于成。”②主要是由于目标专一，精神专注，就会不被周围他事所干扰，有利于全身心投放到学习中，持之以恒，最终学有所成。

坚强的学习意志。意志能使学习主体具有明确的目的性与方向性，也能帮助人们排除智力活动中的困难与干扰，维持学习活动持续进行③。陶行知就特别重视学习意志的作用，他要求学习主体在学习过程中“必须毅力坚持，一直到做好为止”，千万不可“有起头无煞尾，做东丢西，做西丢东，忙过不了，不是一事无成，就是半途而废”④。学习是件苦事，必须有一种吃苦耐劳、不怕艰辛的毅力与精神，才能学有成效。陶行知引用郑板桥的《竹石》诗来劝勉青年人要拥有坚强的学习意志，“咬定青山不放松，立根原在破岩中。千磨万击还坚劲，任尔东西南北风”。学习就是要有这种“岩竹”精神，坚韧不拔，百折不挠，不成功不罢休。

勤勉的学习习惯。学习是一种繁重的脑力劳动，学习主体若没有一种吃苦、勤奋的学习习惯与精神，就很难取得预期的学习效果。陶行知深深体会到了这一点，引用韩愈的名言“业精于勤，荒于嬉”来勉励青年人要勤奋，切勿懒惰。陶行知要求青年人在学习过程中要尽力创设最佳的内在环境与条件，“不怕辛苦，不怕疲倦，不怕障碍，不怕失败”⑤，潜心学业，立志

---

① 《陶行知全集》编辑委员会编:《陶行知全集》第 1 卷，四川教育出版社 1991 年版，第 674 页。

② 《陶行知全集》编辑委员会编:《陶行知全集》第 1 卷，四川教育出版社 1991 年版，第 271 页。

③ 燕国材:《学习心理学——IN 结合论取向的研究》，警官教育出版社 1998 年版，第 168 页。

④ 华中师范学院教育科学研究所主编:《陶行知全集》第 3 卷，湖南教育出版社 1985 年版，第 470—471 页。

⑤ 华中师范学院教育科学研究所主编:《陶行知全集》第 1 卷，湖南教育出版社 1984 年版，第 113 页。

成才。

虚心的学习态度。虚心是中华民族的优良治学传统，也是学习主体良好的内在学习心理条件。陶行知多次劝勉青年人“必须虚心，学而不厌”①。为了号召更多的人保持虚心的学习态度，陶行知还特意写了一节《虚心求学》来动员人们要永远保持虚心好学的心理与态度。因为只有做到虚心，才能不以已有的知识与思想为满足，不断学习，广采博学，最终获取更多更大的学问。他说：“虚心则成见消除，不为物蔽，休休相容，惟真理之是求。”②

学习的外在环境对学习主体从事学习活动也有一定影响，陶行知十分关注学习的自然环境与人文环境，他把学习者比作植物，“他的根安在环境里，吸收环境的肥料、阳光，化作自己的生命，所以他能长大，抽条，发叶，开花，结果”③，说明一个人的学习生涯是离不开特定的环境、条件的。陶行知认为，有利于人们学习的外在条件主要有以下儿方面。

自然环境。好的自然环境不仅能使人心旷神怡，赏心悦目，而且能调动人的学习热情，提高人的学习效率。陶行知认为，作为学习的主要场所，学校在选择校址时考虑“一要雄壮，可以令人兴奋；二要美丽，右以令人欣赏；三要阔大，可以使人胸襟开拓，量度宽宏；四富于历史……五便于交通，使人常接触外界之思潮，以引起我们自新不已的精神”④。根据这些原则，陶行知在创办晓庄学校时，就几经考察，选定了南京市郊区风景秀丽的劳山脚下。这里群山环抱，树木林立，乡村美景与学校校舍融为一体，成为学子们理想的学习场所。

设备条件。除了自然环境外，陶行知还强调学习所必需的建筑、设备、工具等，均是学习主体进行学习活动所不可缺少的基本外在条件。只有设备条件充足，才有利于学习者去积极求学。他说：学习主体“有相当之设

---

① 《陶行知全集》编辑委员会编：《陶行知全集》第 2 卷，四川教育出版社 1991 年版，第 308 页。

② 《陶行知全集》编辑委员会编：《陶行知全集》第 1 卷，四川教育出版社 1991 年版，第 271 页。

③ 《陶行知全集》编辑委员会编：《陶行知全集》第 1 卷，四川教育出版社 1991 年版，第 93 页。

④ 华中师范学院教育科学研究所主编：《陶行知全集》第 5 卷，湖南教育出版社 1985 年版，第 21 页。

备,才能发相当之精神”①,如果设备条件不足,“虽有良师贤弟子,奈巧妇不能为无米之炊何”②!设备条件还包括建筑物,他认为作为学习的理想场所,必须要有“美观实用”的建筑,“光线充足”的教室,宽敞高大的礼堂,平坦实用的运动场等条件。此外,还需要有学习的必要工具,如图书资料、实验仪器、生物标本等。这些均是学习所必备的外在物质条件。

人际环境。中国古代墨子就讲过:“染于苍则苍,染于黄则黄。”民间俗语也说:“近朱者赤,近墨者黑。”这些均强调学习主体是会受到外部人际环境影响的,因此陶行知就主张必须建立一种和谐的人际环境,以促进学习的顺利进行。他说:“教师与学生彼此应当发生一种优美、高尚、亲密、有生气的关系,去做他们的学问。”③在他看来,个人学习不如集体学习,因为“好学是传染的,一人好学,可以染起许多人好学。就地位论,好学的教师最为重要。想有好学的学生,须有好学的先生”④。可见,一个良好的人际环境,一个好学的同学群体,能极大地推动与促进学习主体去努力、去进步。

学术氛围。1944 年陶行知在《育才学校手册》中就明确提出“创造学术之气候”⑤的要求。如果说好学的人际群体是小规模、小范围的话,那么创建学术气候或学术氛围则是大范围的、普遍的。学术氛围不仅局限于学校,而是面向全社会的。这种氛围是鞭策学习主体去努力学习的“大气候”。“我们要学问长进,必须创造追求真理所必需的气候。”

四、“行以求知知更行”的学习方法论

科学的学习方法有利于培养和提高学习主体的学习能力,加快学习进

---

① 华中师范学院教育科学研究所主编:《陶行知全集》第 1 卷,湖南教育出版社 1984 年版,第 163 页。

② 华中师范学院教育科学研究所主编:《陶行知全集》第 1 卷,湖南教育出版社 1984 年版,第 84 页。

③ 华中师范大学教育科学研究所主编:《陶行知全集》第 8 卷,湖南教育出版社 1992 年版,第 117 页。

④ 《陶行知全集》编辑委员会编:《陶行知全集》第 8 卷,四川教育出版社 1991 年版,第 140 页。

⑤ 华中师范学院教育科学研究所主编:《陶行知全集》第 3 卷,湖南教育出版社 1985 年版,第 509 页。

程，少走弯路，学有成就。陶行知正是基于这样的认识，围绕“行”，提出了一系列饱含辩证思维的学习方法，他用四句诗来概括了学习方法论的主题：“行以求知知更行，不知直认为不知。遍览已知求未知，以知与人己愈知。”①

“行知合一。”陶行知将王阳明的知行观作了颠倒，提出：“行是知之始，知是行之成。”②这里的“知”就是以求知为目的的读书，“行”就是付诸行动的实践。他说：“不入虎穴，焉得虎子。知识是要自己像开矿样去取来的。取便是行。”③在这一认识的基础上，他进一步作了理论阐释，要有知识，是要从行动中去求来；不行动而求到的知识，是靠不住的。陶行知坚决反对“读死书，死读书，读书死”的传统学习方法，倡导“读活书，活读书，读书活”。他认为“行动是老子，知识是儿子，创造是孙子”，强调在实践中求取真知的重要意义。陶行知本人就是一个“行知合一”的典范，他脱下西装革履，穿上布衣草鞋，深入农村，深入实践，学到了许多在书本上学不到的真知。

“学做合一。”陶行知说：“从学生对先生的关系说：做便是学。……学生拿做来学，方是实学。不在做上用功夫，教固不成教，学也不成学。”④突出了“学做合一”的重要性。他从引导青年人成为具有改造社会能力的实用型人才的目标出发，倡导青年学生要善于动手，在实际操作中学习知识。“怎样做就怎样学”，“学的法子根据做的法子”⑤。“学做合一”的方法要求学习主体以实践的目的去学，在实践过程中去学，从而学到书本上学不到的东西。陶行知就学习主体而言，从学与做所依赖的生理器官去论述“学做合一”的科学依据。“人生两个宝，双手与大脑。用脑不用手，快要被打

---

① 华中师范学院教育科学研究所主编：《陶行知全集》第4卷，湖南教育出版社1985年版，第586页。

② 《陶行知全集》编辑委员会编：《陶行知全集》第2卷，四川教育出版社1991年版，第26页。

③ 《陶行知全集》编辑委员会编：《陶行知全集》第2卷，四川教育出版社1991年版，第558页。

④ 华中师范学院教育科学研究所主编：《陶行知全集》第2卷，湖南教育出版社1985年版，第42页。

⑤ 《陶行知全集》编辑委员会编：《陶行知全集》第2卷，四川教育出版社1991年版，第10页。

倒。用手不用脑，饭也吃不饱。手脑都会用，才是开天辟地的大好老。”①做主要借助手来进行，学则传统认为靠脑。因为手与脑在人体中是相互依赖、不可分离的两种器官，因此靠手的做与靠脑的学就理应相互联系，密切结合，才能充分发挥人体不同器官协同运作的整体效应。

“自动自立。”陶行知对中国古代学习思想的精华予以灵活运用和批判吸收，其中孟子“自求自得”的内求型学习方法，就受到他的高度重视。他在此基础上提出了“自动自立”的治学方法。“亲知是一切知识的基础。没有亲知做基础，闻知和说知皆为不可能。”只有学习主体亲自去学习获得的知识，才是最真实、最可靠的东西。因此，他强调说：“学生学习的时候，须学生亲身参与学习的手续……无论何种知识技能，要学生自动的受领，不要被动的受领。”他要求学习主体主要依靠“自动自得”的方法去求取知识，而不能依靠他人。他还从心理学的角度对该方法作了阐释，他说：“凡事亲身实行后，才会得到真正的知识技能，这是近今发现的心理原则。”②所以他倡导学习者以自动的精神去研究和学习。

学理与经验结合。陶行知强调：“学理与经验是一套分不开的手续。学理在经验上发现，并制裁他的进行，指示他的方向。经验得此制裁指示，始能胜过所遇的困难，以谋改良。”在学习活动中要始终坚持学习理论与实践经验相结合的学习原则，学习理论能帮助学习主体实际感悟第一手材料。“学理与经验相合，必有进步；二者相离，学理就要变成空思幻想，经验或也变成盲行盲动了。”③所以不但学理指示经验，而且经验亦要改造学理。因此陶行知在主张学习主体奉行学理规则的同时，要求学习主体深入实践，总结经验。“倘若学生研究学问，能注重在经验上，那就是有生气的，活泼泼的，有用的。”④只有二者密切结合，相互作用，学习主体才能事半功倍，学有成就。“故当以原理指导经验，以经验发挥原理，原理与经验联结，

---

① 华中师范大学教育科学研究所主编：《陶行知全集》第 8 卷，湖南教育出版社 1992 年版，第 312 页。

② 《陶行知全集》编辑委员会编：《陶行知全集》第 6 卷，四川教育出版社 1991 年版，第 963 页。

③ 《陶行知全集》编辑委员会编：《陶行知全集》第 1 卷，四川教育出版社 1991 年版，第 381 页。

④ 《陶行知全集》编辑委员会编：《陶行知全集》第 6 卷，四川教育出版社 1991 年版，第 928 页。

方为有用之真知识，方能应用于行为上。”①

质疑与创造合一。学习过程中要想有所创造，就必须敢于对前人的成果进行怀疑，学习主体要善于采用质疑与创造合一的学习法。他继承北宋理学家张载的质疑思想，说：“‘学贵知疑：大疑则大进；小疑则小进；不疑则不进。’这个‘疑’字我当重用它。”②只有产生了疑问，才能激发学习者去想办法解决的热情，在解决问题的过程中就培养了创造力。他要求学习主体大胆质疑，学习孟子的怀疑精神，本着“尽信书则不如无书”的宗旨去批判学习。

自学与讨论结合。陶行知注重自学与讨论结合的治学方法。他首先强调自学的重要性，“生活、工作、学习倘使都能自动，则教育之收效定能事半功倍”。学习主体首先要充分调动自身学习的积极性，发挥好内因的作用。“我们特别注意自动力之培养，使它贯彻于全部的生活工作学习之中。”③其次，陶行知也十分注重与同学讨论、切磋对学习的积极意义。一个人的学习能力是有限的，“独学寡闻，千虑一失”，而集体的力量是无穷的，“盖集众之才力经验，共研所学，则切磋观摩，互资考鉴，学理因辨难而大明，知识以互易而愈广矣”④。因此，学习在坚持以自学为主的前提下，要力争利用好集体讨论、“集会琢磨”的借鉴作用。他认为讨论切磋有三大益处：“可以交换知识”，“可以彼此鼓励”，“可以互益兴趣”⑤。

观察与实验合一。陶行知将观察与实验作为学知识的重要方法和途径，观察，有助于学习主体收集信息，扩大视野；实验，可帮助学习主体验证思想，得出结论。所以陶行知鼓励学生在大自然中观察、探索，在大社会中学习、观摩。他说：“实验是探未发明的新理。”他认为，实验的方法是从西方借鉴来的，西方不管是自然科学与人文科学的发展均有赖于实验。所以陶行知说“试验

---

① 《陶行知全集》编辑委员会编：《陶行知全集》第 6 卷，四川教育出版社 1991 年版，第 954 页。

② 《陶行知全集》编辑委员会编：《陶行知全集》第 3 卷，四川教育出版社 1991 年版，第 57—58 页。

③ 华中师范学院教育科学研究所主编：《陶行知全集》第 3 卷，湖南教育出版社 1985 年版，第 445 页。

④ 《陶行知全集》编辑委员会编：《陶行知全集》第 1 卷，四川教育出版社 1991 年版，第 270 页。

⑤ 华中师范学院教育科学研究所主编：《陶行知全集》第 1 卷，湖南教育出版社 1984 年版，第 66 页。

者，发明之利器也"[①]，将观察与实验有机结合起来，这样就有利于对科学现象与科学本质有全面的、彻底的了解，从而为创造发明奠定基础。

向人民学习。陶行知要求学习者不断向人民学习：一方面要"学习人民的语言，人民的情感，人民的美德"。另一方面要理解人民的疾苦，"努力发现老百姓的问题、困苦和他们心中所希望达到的目的"。具体要做到："民之所好好之，民之所恶恶之，教人民进步者，拜人民为老师。"[②]通过向人民学习，完全体验与领会人民的喜怒哀乐，完全学习与掌握人民的纯朴大方、无私奉献、吃苦耐劳的优秀品质。所以陶行知一再劝勉青年学子必须同群众生活在一起，向群众学习。

五、富有时代特色与现代气息的学习精神论

陶行知认为崇高的学习精神是提高学习效率的重要保证，也是学习主体赖以终身学习的基本保障。学习精神是学习主体宝贵的、无穷的资源。所以陶行知说："高尚的精神如同山间明月、江上清风一样，是取之无尽、用之无穷的。"学习精神是学习主体固有的潜在资源，也是推动学习的无穷动力。"精神是在我们身上，我们肯放几分精神，就有几分精神。"[③]作为不尽资源的学习精神尽管是学习主体潜在固有的，但要其在学习中发挥作用还有待学习主体去开发与挖掘。积极的学习精神主要包括：

科学精神。陶行知指出："我们学生求学，第一步就要有科学的精神。"[④]有了"科学精神"，读书才是真读书，否则是读死书、死读书。首先，他强调作为未来希望的小孩子在学习时要有科学精神，"必先造就了科学的小孩子，方才有科学的中国"[⑤]。小孩子养成了科学精神，一方面有利于

① 《陶行知全集》编辑委员会编：《陶行知全集》第 1 卷，四川教育出版社 1991 年版，第 244 页。

② 华中师范学院教育科学研究所主编：《陶行知全集》第 3 卷，湖南教育出版社 1985 年版，第 605—606 页。

③ 华中师范学院教育科学研究所主编：《陶行知全集》第 8 卷，湖南教育出版社 1992 年版，第 196 页。

④ 《陶行知全集》编辑委员会编：《陶行知全集》第 2 卷，四川教育出版社 1991 年版，第 271 页。

⑤ 《陶行知全集》编辑委员会编：《陶行知全集》第 3 卷，四川教育出版社 1991 年版，第 484 页。

养成崇尚科学的意识，另一方面有助于培养科学的思维习惯与科学的治学方法，为日后成就科学人才奠定基础。其次，他要求从事科学研究的人员或高级知识分子要有科学精神。他说："至于研究学术，必用科学精神，因科学精神是公开的、是确切的。"①科学精神就是要树立求是的科学理念，养成严谨的科学态度，使用规范的科学方法。他说："若以科学精神注于事业上，则事业成为学问，日求改良以利公务，利用科学方法，比较、实验以求结果之善。"②陶行知具体将科学精神概括为"观察，知疑，假设，试验，实证，推想，会通，分析，正确"的"种种能力和态度"，最终目的是"去探求真理的泉源"。

创造精神。学习就是一种创造性的劳动，就是要敢于探索新知，善于求索真理。要想进行创造性学习，学习主体首先要具有创造精神。何谓创造精神？陶行知说："敢探未发明的新理，即是创造精神。"③创造精神的内涵应该包括：勇于探索，善于试验，大胆革新，开拓进取。他一再劝勉青年学子要在学习中善于培养创造精神，并论证了创造精神培养的可能性。他说："处处是创造之地，时时是创造之时，人人是创造之人。"而且创造精神的培养是由平时的点滴积累而成的，"点滴的创造固不如整体的创造，但不要轻视点滴的创造而不为，呆望着大创造从天而降"④。只有具有创造精神的人，才能学有大成，学有创新。为了激励广大学习主体进行创造实践，培养创造精神，陶行知发表《创造宣言》，规划"创造年""创造乐园"，培养"创造的人"，力求中华民族成为创造的民族。

实践精神。学习者要获得真知识，必须具备实践精神。为了激励青年学子重视实践，注重培养自己的实践精神，反对盲目读书、死记硬背，他极力主张学习主体善于将所学书本知识运用到实践中去。这里的实践，既包括动手操作性的实验，也包括将知识带入生产过程的劳动，还包括投入社

---

① 华中师范大学教育科学研究所主编：《陶行知全集》第 8 卷，湖南教育出版社 1992 年版，第 187 页。

② 《陶行知全集》编辑委员会编：《陶行知全集》第 1 卷，四川教育出版社 1991 年版，第 485 页。

③ 华中师范学院教育科学研究所主编：《陶行知全集》第 1 卷，湖南教育出版社 1984 年版，第 114 页。

④ 华中师范学院教育科学研究所主编：《陶行知全集》第 3 卷，湖南教育出版社 1985 年版，第 484 页。

会参加改造社会的运动。陶行知从理论上论述了实践的益处：其一，“行是知之始”，实践是获取真理的唯一途径。其二，“试验者，发明之利器也”。各种实验性的实践是创造发明的源泉。其三，社会实践是培养人能力的场所。“学者先后辈出，凡所建树，皆本于试验。”①陶行知本人一生都积极投身于改造中国的教育实践之中，步入农村，深入群众，付诸实践，是一位伟大的教育实践家和活动家，为后世树立了光辉的榜样。

协作精神。陶行知从宏观角度就国家、社会而言需要全体成员团结协作、互帮互助，共同构建和创造一个和谐的群体和组织。他强调，国家与社会要求其成员必须具有协作精神，因为“国家由社会组织而成；社会由个人组织而成。所谓‘组织’，就是人与人互助，社会与社会互助；推而至于国与国互助，而组织成一个大结合的世界”②。从微观角度就个人的学习而言，仍需要“通力合作”，同心协力，互帮互学，共同提高。陶行知还引用中国传统俗语来说明没有协作精神对学习的危害性。他说：“一个和尚挑水吃，两个和尚抬水吃，三个和尚买水吃。”同学间应互帮互助，取长补短，这样不仅有利于个人学习效率的提高，而且有利于社会的进步与民族的振兴。

终身学习精神。陶行知不愧为现代伟大的教育家，他在20世纪20年代就提出了终身教育与终身学习的概念和思想③。他认为，知识是不断更新的，时代是不断前进的，我们知识分子要想适应时代需要，紧跟时代步伐，永远“与日俱进”，做一个“长久的现代人”，不“成为时代落伍者”④，就必须树立终身学习的意识，培养终身学习的精神。况且学问无止境，我们必须“活到老，做到老，学到老”，“一直到进了棺材才算毕业”⑤。知识分子必须终身坚持学习，以学习为生活。然而，要做到终身学习，并非易事，它是需要是坚

---

① 《陶行知全集》编辑委员会编：《陶行知全集》第1卷，四川教育出版社1991年版，第276页。

② 华中师范大学教育科学研究所主编：《陶行知全集》第8卷，湖南教育出版社1992年版，第124页。

③ 周洪宇：《试论陶行知的终生教育思想》，《中国教育学刊》1991年第5期，第23—28页。

④ 华中师范学院教育科学研究所主编：《陶行知全集》第2卷，湖南教育出版社1985年版，第782页。

⑤ 《陶行知全集》编辑委员会编：《陶行知全集》第3卷，四川教育出版社1991年版，第120页。

韧不拔的毅力、百折不挠的勇气和恒心做保障的。他说:“恒心我是有的。十年才能学得一分一毫,那末,活到老学到老,总会学成吧?”[①]这说明陶行知深信恒心是终身学习精神的核心。这就要求一个人不仅在求学期间要专心学习,而且在工作之后仍要坚持学习。陶行知本人就是一个终身学习的典范,他一生坚持“学习,学习,再学习”“活到老学到老”的原则,从小到老始终勤学不辍,著述未停,成为中国知识分子的光辉典范。重温陶行知关于终身学习精神的论述,对当今提倡终身学习,构建学习化社会具有现实指导意义。

综上所述,陶行知不愧为我国伟大的人民教育家、“民主运动的拓荒者、人类思想的解放者”[②],他一生以博大的胸襟与高尚的情操,胸怀祖国,心系大众,将毕生的心血奉献给了中华民族教育事业,对提高民族整体素质和推动民族解放事业做出了不朽的贡献,在中国人民心目中立下了一块永不磨灭的伟大丰碑。为了实现“学为真人”“为民造福”的夙愿,他终身热爱学习,崇尚真理,漂洋过海求学问,东奔西走探真知,本着“学而不厌”的学习宗旨,甘愿清贫,乐于吃苦,做中学、学中做,行中知、知中行,在自己广泛涉猎知识、求取学问的同时,善于总结与思考学习的理论与方法,进而站在中西文化交汇的高度,既承继传统治学理念,又借鉴西方思辨哲学,围绕学习目的、学习主体、学习条件、学习方法和学习精神等问题,理论结合实践,运用通俗易懂的语言、浅显朴实的道理,全方位、多角度对学习的相关理论与思想作了翔实的论述。这些论述字里行间渗透着以民为本、注重实践的主题,充分展示了陶行知作为伟大的人民教育家的博大胸襟和作为中华民族优秀儿女的爱国情怀,同时也体现了陶行知作为教育活动家的实践精神和作为学贯中西学问家的宽阔视野。总之,陶行知开拓创新与求真务实学习观,不仅给中国教育思想史和中国学习思想史增添了夺目的光辉,而且为当代青年学生的学习与治学指明了奋斗方向与光明前程。

(中国吕系华中师范大学教育学院副院长、教授、博士生导师,湖北省陶行知研究会秘书长。)

---

① 《陶行知全集》编辑委员会编:《陶行知全集》第 3 卷,四川教育出版社 1991 年版,第 73 页。

② 方与严:《怎样开展陶行知先生所遗留给我们的教育事业》,《学生日报》1946 年 10 月27 日。

浅析陶行知电化教育实践与思想

余子侠　乔金霞

陶行知这位伟大的人民教育家，也是我国电化教育的一位开拓者。他在根据国情民情开展一系列教育革新运动中，竭力运用各种电化教育手段，即包括幻灯、电影、无线电播音等设备和技能，为中国电化教育的实践开拓与理论发源做出了独特的贡献。在提倡教育信息化的今天，重温与研究他的电化教育实践与思想，在进一步丰富教育信息化理论的基础上，对于教育者转变观念，利用信息化技术改进教学水平，运用教育信息化推动教育现代化以实现教育强国的伟大目标，具有重要的现实指导意义。

一

陶行知在献身教育的事业一生中，始终在不断地探索与创造。在教育实践上，他针对中国国情，适应时代发展，先后倡导并推动了平民教育、乡村教育、普及教育、国难教育、战时教育、全面教育以及民主教育等教育运动。为了推动这些教育运动的开展，并为中国开拓出一条教育新出路，他还开创了诸多的教育方式方法，竭力运用各项教育设施与手段。其中，对电化设备及手段的运用贯穿于他整个教育事业，丰富的电化教育实践及蕴含其中的思想光芒，使其成为民国中后期电化教育的领跑者与推动者。

1917 年秋间，陶行知自美国留学归国后，即投身于其时高潮正涌的新教育运动的变革中。他对电化教育的初步实施，是在他于“五四”时期推行的平民教育运动中。为了改变中国教育的现状，解决中国教育的现实问题，1921 年中华教育界的一些精英人士创办了中华教育改进社，陶行知担任主任干事。随后，在改进社的工作框架及事业范围内，他又积极主导并参加组织起中华平民教育促进会。为了推动中国教育的革新与改进，他以开辟与试验的事业精神，极为重视电化教育在平民教育诸项实践活动中的应用。在平民教育运动期间，他对电化教育的实施尤其突出在两个方面：一是在平民教育的具体实践中，运用幻灯等电化教具实行电化教学；二是在中华教育改进社的四届年会上，对电化教育的极力倡导与推行。于前者，陶行知在自己组织开展平民教育运动的主要形式平民学校中，频繁使用幻灯等电教设施进行教学。1923 年，在中华平民教育促进会成立前夕，陶行知等人就在北京开办了四所试验平民学校，其中分别附设于北京女子高等师范学校与清华大学的两所平民学校，均试验运用过幻灯教学，以供他处平民学校参考①。随之在当年 5 月，他在南京筹办的三所实验平民学校，也均使用幻灯教学，并取得了很大的成效。至当年 12 月，他亲手或指导创立的平民学校增至 126 所，受教学生 5000 余人。平民学校进展顺利且取得较好成绩，一个重要的原因即在于他利用电化媒介在教育教学中所产生的规模效应，主要运用幻灯教学法开展识字教育。为配合平民教育重要读本——《千字课》的普及，"辅助教具之最重要的有二"："一是幻灯"，"二是挂图"②。在这些平民学校中，陶行知不仅运用幻灯教学，而且还将其教学活动拍摄成电影，供他处平民学校仿行。中华平民教育促进总会成立后，其在制订推行平民教育的方针与计划中，亦将"开演平民教育活动电影"③列为推行平民教育的方法之一。与此相应，为了使电化教育在更为广泛的教育领域中得到施行，他还借助每年一聚的中华教育改进社年会之机，对电化教育进行大力宣传和推动。如 1923 年 8 月，在由他筹办的改进社第二届年会上，就放映了商务印书馆赠送的电影教育片《盲童教育》《蒙养院》《慈善院》《猛回头》等④。再如在 1924 年 7 月上旬召开的改进社第三届年会期间，为了推动少数民族教育——蒙古族教育的开展和进步，他不仅亲自向与会者们操演幻灯影片《说明蒙古生活》，而且为了推进蒙古族

---

① 朱君允：《中华平民教育促进会筹备之经过》，《陶行知全集》编辑委员会：《陶行知全集》第 1 卷，四川教育出版社 1991 年版，第 696 页。

② 陶行知：《平民教育概论》，华中师范学院教育科学研究所：《陶行知全集》第 1 卷，湖南教育出版社 1984 年版，第 491 页。

③ 陶行知：《中华平民教育促进会总会之进行方针与计划》，《陶行知全集》编辑委员会：《陶行知全集》第 1 卷，四川教育出版社 1991 年版，第 717 页。

④ 陶行知：《中华教育改进社第二届年会筹备情形及各组事务报告》，华中师范学院教育科学研究所：《陶行知全集》第 1 卷，湖南教育出版社 1984 年版，第 406 页。

教育还促成改进社实施“蒙古教育计划”中列入“巡回幻灯、电影”①。

随着平民教育由城市到乡村的转移，陶行知在乡村教育运动中继续注重对电化手段的运用。早在1926年冬，值乡村教育运动初起之时，他就在乡村教育研究会的成立大会上提议，农村学校教师应用留声机一类新式物件做工具辅助乡村教育，助添农民学习的兴趣，并借此渐渐输入农民“需要的知识”②，而且他还亲自借用或购买幻灯、留声机等电化教育设施用于乡村农民教育。到1930年时，陶行知就在自己创办的晓庄乡村师范学校装设了无线电收音机，购置了“活动影片机”，并筹办建筑电影院，借以扩大普及乡村教育的规模与效果。为筹措电化教育器材，他竭尽全力，想尽办法。对此，他在1933年9月给汪达之的信中说：“活动影戏机是乡村教育最要的工具，我害单思病已有七年之久，到如今还没有到手。您如今也要做这个梦，那是再好没有了……我若得到这东西，它一定会到淮安游历。”③信中的字字句句都透露出他对运用电影推行乡村教育的重视与渴望，反映了他欲用电化手段普及乡村民众教育的良苦用心。

及至普及教育运动时期，在推行普及教育的过程中，陶行知主张开办多种形式的学校，运用多种方法来实现普及教育，为此他先后创办了山海工学团、儿童科学通讯学校、民众学校等。其中山海工学团创立于1932年9月。据他本人的回忆，这个融工场、学校、社会于一体的新型普及教育组织，就是借助一架留声机打开其创新之路的：当时他流浪在上海，带着几个“不安分”的穷学生，背着一架留声机，带了一些药，通过边放留声机边给人治病，与农人“结了感情”，“山海工学团就如此办起来了”④。至于儿童科学通讯学校，则更是通过“玩科学的把戏”使“科学的小孩子”从中产生出来⑤。后来在

---

① 陶行知：《蒙古教育方针》，华中师范大学教育科学研究所：《陶行知全集》第8卷，湖南教育出版社1992年版，第153页。

② 陶行知：《教育改进社特约乡校教师研究会纪事》，华中师范学院教育科学研究所：《陶行知全集》第1卷，湖南教育出版社1984年版，第647页。

③ 陶行知：《十分钟教育——致汪达之》，华中师范学院教育科学研究所：《陶行知全集》第5卷，湖南教育出版社1985年版，第267页。

④ 陶行知：《普及教育》，华中师范学院教育科学研究所：《陶行知全集》第2卷，湖南教育出版社1985年版，第757页。

⑤ 陶行知：《儿童科学教育》，华中师范学院教育科学研究所：《陶行知全集》第2卷，湖南教育出版社1985年版，第579页。

1935年秋，因经费无着被迫停办后，他又与一家私人广播电台——上海中心大药房无线电台联系，转而办起“空中学校”——直接通过无线电讲座，每天广播20分钟科普知识，为广大成人和儿童补充一些科学的养分。在借助这些教育组织形式推进普及教育过程中，陶行知认为适合中国国情的、最好的普及教育方法就是“小先生制”，他要求小先生在实施普及教育时，要积极利用电化教育。1934年4月，陶行知在培养小先生的规划中提出，山海工学团从四月起要实现电化教育。电影说明书、无线电广播节目等都要重新编过，使之“成为活动教科书”①。1935年8月，陶行知指导汉口市立第三小学在汉口广播电台设立小先生普及教育讲台，制定《全国小先生通讯简则》，发起全国小先生通讯，受到各地小先生的响应。在指导小先生推行识字教育的过程中，陶行知还强调并反复告诫小先生们要抓住利用留声机与无线电进行教育的机会：“聪明的小先生必定是抓住这个机会，不肯放手。他要把这张歌词，写在黑板上，或用复写纸写几张，或用油印印起来，或叫各人分头预先传抄，教大家读，教会了再开唱片。这样一来，听众不但是增加了听曲的兴趣，而且多识一些字，并感觉识字之需要了。无线电播音也要同样的把报纸上发表的词曲拿来教人。”这种利用电化工具施教的方式方法，正是抓住了广大民众喜欢新奇与热闹的心理，使他们有如“蜜蜂见了蜜园，那有不拥来的道理”②。

值得提及的是，在推进普及教育运动中，陶行知考虑到其时中国的实际国情，对于一般民众而言，“学校是文化的旅馆，只能暂住而不可以久留”，若要在中国普及现代教育，“必须创造一种下层文化的组织，适合大多数人的生活，便利大多数人继续不断的长进”，这就要生成一个个“文化细胞”③，再把它们联合起来“结成一个文化网”。这种“细胞”的生成和“网”的结成，除了运用传统的方法如演戏外，就要靠电影、无线电等电化媒介来“号召”④。

---

① 陶行知：《怎样指导小先生》，华中师范学院教育科学研究所：《陶行知全集》第2卷，湖南教育出版社1985年版，第658页。

② 陶行知：《怎样做小先生》，华中师范学院教育科学研究所：《陶行知全集》第2卷，湖南教育出版社1985年版，第899页。

③ 陶行知：《文化细胞》，华中师范学院教育科学研究所：《陶行知全集》第2卷，湖南教育出版社1985年版，第828页。

④ 陶行知：《文化网》，华中师范学院教育科学研究所：《陶行知全集》第2卷，湖南教育出版社1985年版，第830—831页。

为此，他一方面拟出中国普及教育的方案，建议设立“中央科学电影制造局”和“中央无线电收音机制造局”，以巨资研究制造出科学影片、发电机、放映机、无线电收音机等，免费分送全国各地使用，并在适当地点分区建立大播音台，广播现代新知识①；另一方面他还积极指导各地如何运用电化手段开展普及教育。如在1935年初，他应安徽省教育厅之请指导普及教育，派出电影放映技师与助理技师各一名，还代购了一架电影放映机，数十部新教育影片，新书挂图及留声机(包括唱片)各六套。在为这些普教人员出发前在沪办理的辅导班中，陶行知还专门训练留声机、幻灯机及电影放映的技术事宜。再如1936年，他在为上海市制定的普及教育规划中，提出在初步教授《千字课》外，须充分运用无线电及科学电影施教，并谈论了电影教育与无线电教育的具体实施方法。同时，他还建议上海市在工厂、乡村及公共场所安置无线电收音机②。

就在陶行知有计划、有步骤地推进自己认定的具有中国特色的“普及教育运动”时，日本帝国主义全面侵华野心日益暴露，中华民族灭亡的危机日益显露，于是为了拯救民族危亡，陶行知在全面抗战爆发之前及爆发之后，先后发起了国难教育与战时教育。早在“九一八”事变爆发后不久，陶行知就提出了国难与教育的问题，认为中国要解除国难，就必须“先要有力量”，这就是要有“真教育”，“就须以教育为手段”，“造成极伟大的民族力量，来解除一切国难”③。及至国难教育运动兴起后，他于1936年初为上海文化界救国会拟定的国难教育方案中，就明确提出“教育知识分子将民族危机之知识向大众广播”，其主要的方法之一就是“推动报纸、杂志、戏剧、电影、说书人、无线电播音积极作针对民族解放之宣传”④。显然，电化媒介的使用在这种教育运动中，应占有极其重要的位置和应发挥极大的作用。就他个人而言，由他亲手筹创并指导的新安儿童旅行团在国难教育运

① 陶行知:《中国普及教育方案商讨》，华中师范学院教育科学研究所:《陶行知全集》第2卷，湖南教育出版社1985年版，第812—813页。

② 陶行知:《对于上海市普及初步教育之意见》，《陶行知全集》编辑委员会:《陶行知全集》第3卷，四川教育出版社1991年版，第673—674页。

③ 陶行知:《国难与教育》，华中师范学院教育科学研究所:《陶行知全集》第2卷，湖南教育出版社1985年版，第587—588页。

④ 陶行知:《上海文化界救国会国难教育方案》，华中师范学院教育科学研究所:《陶行知全集》第3卷，湖南教育出版社1985年版，第9—10页。

动时期的表现，无疑是他在这场教育运动中实施电化教育的创造性举措：新安儿童旅行团(以下简称“新旅”)，是陶行知推行“小先生制”教育活动的典范，它乃由晓庄校友于1929年创办于江苏淮安的新安小学的小学生所组成。早在1933年时，这些小学生即小先生们就组团前往上海实行“旅行求学”，这种颇类今日游学研修的求学之行，被陶行知赞誉为“划分新时代”的创举①。前文提及陶行知致信汪达之(该小学校长)时就提到“活动影戏机是乡村教育最要的工具”，所以新旅的孩子们早就受过电化教育的熏陶，都认识到电教的重要性及有效性，而且对电化设备的操作技能得心应手。所以在国难教育及后来的战时教育运动时期，该“儿童集团”自绥远抗战以后，“行三万里路，脚迹遍十一省”，“一路是用着戏剧、电影、唱歌等实施他们的教育”②。值全面抗战爆发，为了凝集和生发民族抗战力量，陶行知在将国难教育运动改为战时教育运动后，即于1939年7月创立了以培养特殊儿童的育才学校。在这所“帮助国家培养科学幼苗”③的学校中，陶行知不仅手把手地教孩子们用菜油做光源放映幻灯，还教会他们运用电化手段开展国难宣传与民众教育。1943年，该校音乐组的孩子们，不仅灌制了很多的唱片，还向南洋各地、印度、美国及苏联播放歌曲；自然科学组与音乐组的学生合作，用废料制作了两套简单的幻灯，为在农村推广群众教育增添了一个“良好的工具”④。

值得注意的是，育才学校的创办，据陶行知自己所言，其创办的“动力”，主要来自法拉第、爱迪生和桑德森这三个人，这也就是这所只有小学教育程度的难童学校“常给参观访问者留下‘儿童大学’这一印象的部分原因”⑤。也正因如此，所以这所历经了陶氏本人提倡和推行的国难教育、战

---

① 陶行知:《新安小学儿童自动旅行团小影》，华中师范学院教育科学研究所:《陶行知全集》第4卷，湖南教育出版社1985年版，第212页。

② 陶行知:《生活教育的目的——致邓哲熙》，华中师范学院教育科学研究所:《陶行知全集》第5卷，湖南教育出版社1985年版，第377页。

③ 陶行知:《为国家培养科学幼苗——致张亚生》，华中师范学院教育科学研究所:《陶行知全集》第5卷，湖南教育出版社1985年版，第516页。

④ 陶行知:《敦请为育才提供资助——致毕来思》，华中师范大学教育科学研究所:《陶行知全集》第8卷，湖南教育出版社1992年版，第877页。

⑤ 陶行知:《育才学校的创办》，华中师范学院教育科学研究所:《陶行知全集》第3卷，湖南教育出版社1985年版，第551页。

时教育、全面教育、民主教育等运动的“培养有科学天才之幼苗”的教育机构，其对电化教育的实施，一直是其教育教学活动的主要组成部分和教学内容之一。所以该校的孩子们不仅接受过电化教学和享受过电教成果，而且能够自己动手操作电化设备和维修这些教育器具，甚至到了全民教育运动时，陶行知在生活教育社的年度计划中，还计划着带领“育才之友”们“编武训电影一本”①。到了抗战胜利推进民主教育运动时，陶行知更直接地在自己推进民主教育而创办一系列社会大学的计划中提出并设计“要集中的办”“电播大学”②。只是天不假年，陶行知因操劳过度而猝然去世，让他在中国电化教育史上留下了一个巨大的遗憾。

回顾陶行知一生的教育活动，他在推行的各项教育运动中，均积极运用各种电化教育手段，在亲身躬行中推动电化教育的发展。同时他亦在倡行各类教育运动的文章中，呼吁实施各项电化教育手段，借助自己在学术界、教育界以及著名民主人士中的声望与人脉扩大电化教育的影响。他对电化教育身体力行的倡导，给其时电化教育发展以积极的推动与示范作用。

二

陶行知在教育实践中运用电化手段开始于20世纪20年代初，但他初次使用“电化教育”这一术语是在1934年。是年4月1日他发表在《生活教育》第1卷第4期上的《怎样指导小先生》一文，指出“山海工学团从四月一日起要实现电化教育”③，明确使用“电化教育”这一名词。此后，他于“电化教育”一词亦偶有提及。另外，陶行知关于电化教育的专论，目前还未得见。陶行知关于电化教育的论述，主要散见于他的《平民教育概论》《中国普及教育方案商讨》《民主教育》等文稿和讲话中。但是，没有专论或专著，较少使用“电化教育”一词，并不意味着陶行知没有电化教育理论。

---

① 陶行知:《弘扬武训精神，普及全民教育——致武训之友、普及教育之友、育才之友、生活教育社同志》，华中师范大学教育科学研究所:《陶行知全集》第8卷，湖南教育出版社1992年版，第964—966页。

② 陶行知:《社会大学运动》，华中师范学院教育科学研究所:《陶行知全集》第3卷，湖南教育出版社1985年版，第585—588页。

③ 陶行知:《怎样指导小先生》，华中师范学院教育科学研究所:《陶行知全集》第2卷，湖南教育出版社1985年版，第658页。

正如前文所述，在倡导与推行的历次教育运动中，他均青睐于电化教育及其手段来助其发展。他对电化教育如此重视和重用的内在动力，在于他对电化教育的深刻理解，即在于他对实现教育现代化梦想的电化教育目的观的追求、在于对“知行合一”的电化教育功用理念的坚守，也透露出他对“教学做合一”的电化教育手段观的创新。

首先，电化教育的目的观——教育现代化的追求。教育现代化是陶行知毕生追求的目标。陶行知身体力行倡导并实施电化教育，透露着他对教育现代化的理解。陶行知真正提到“教育现代化”一词，是在为 1925 年世界教育大会所撰写的英文报告 *Education in China 1924* 之中。他在该报告中使用了 modernizing 一词，意即“使……现代化”，在该文中，他认为中国教育现代化进程已经进行了将近二十年，而取得较大进展是在 1919 年后的数年间①。他认为是年杜威来华所带来的实用主义教育思想在中国的传播与影响，以及随之而来的教育改进运动的兴起，使中国的教育者们开始结合国情探索中国教育的现代化之路，而这一宏伟目标的实现首先要从教育的民主化与普及化开始。为此，陶行知等一批知识分子开始倡导平民教育及普及教育，主张让教育惠及每一个人。结合中国国情，他认为中国不民主的现实必须依靠普及化的教育来改变，为了扭转中国文盲比例高的现实情况，实现教育的规模效应，必须寻求方法与手段上的突破。因此，深受西学影响的陶行知，深知代表新兴科技成果的大众传媒在知识传播上所具有的大众性与直观性特质，可以很好地满足中国教育民主化与普及化的需要。由是，作为先进科技成果的媒介工具一经运用于教育，即会显示出其对教育普及化与平民化的巨大推动。这些媒介工具用来普及大众教育时，由于传递文化和科技知识时既新奇又特效，中国的民众有如“蜜蜂见了蜜园，那有不拥来的道理”②。正是看到了这些媒介工具对教育发展的特殊功用，陶行知在不同时期所提倡的不同教育运动中，均大力提倡并竭

---

① 此英文文稿现已编入湖南教育出版社 1985 年版《陶行知全集》第 6 卷，中文译稿编入湖南教育出版社 1984 年版《陶行知全集》第 1 卷。在该文的引言中，陶行知开篇即言：“近二十年来，中国正处在使其教育现代化的过程中。但只是在最近五六年内，这项工作才取得较大进展。”

② 陶行知：《怎样做小先生》，华中师范学院教育科学研究所：《陶行知全集》第 2 卷，湖南教育出版社 1985 年版，第 899 页。

力运用电化教育辅助推行。

同时，陶行知认为，中国作为现代世界中的一个国家，它的教育必须顺应时代发展的潮流，跟随世界教育发展的趋势一同前进。其中的潮流与趋势即是电气时代的到来以及各项电气技术在教育领域中的运用。1931年，他在《申报·自由谈》上发表《怎样学爱迪生》一文，开篇即提出“未来的世界是一个电化的世界；未来的中国也必定要造成一个电化的中国”。时隔数天后，他又著文《法拉第》《化磁为电》等，提出“电化世纪”“电化世界”“电化文明”的概念。与此相应，针对近邻日本和俄国已经开始实施大规模的“电化全国的计划”，他强调中国“决不可因循懈怠”，而“电化中国最需要的是电学人才”①。虽然陶行知此时并未明确提出“电化教育”这一术语，但与上述词语相同，电化作为现代化的一种表征，处于其中的教育也即为电化教育，代表了他对教育现代化的理解与想象。在此基础上，陶行知进一步指出，作为一个“现代人”，“必须取得现代的知识，学会现代的技能，感觉现代的问题，并以现代的方法发挥我们的力量”，即必须“拿着现代文明的钥匙，才能继续不断的去开发现代文明的宝库，保证川流不息的现代化”②。因此，在追求教育现代化的过程中，在教育制度、教育内容、教育思想及理念已经发生向现代转变的情况下，必须及时采择与运用各项教育新技术，保证教育现代化持续向前发展。就是在对教育现代化的理解中，陶行知开始把电化教育媒介作为辅助教学的工具运用于自身的教育教学实践。电化教育的特质特性也正契合了他所主张的创造“四通八达的教育”“开放的教育”，适应了现代教育普及化、民主化及国际化发展的需要。

其次，电化教育的功用观——“知行合一”的工具。陶行知电化教育实践活动体现了其“知行合一”的思想。“知行合一”是陶行知毕生躬行的行为准则。从在汇文书院结识电影到实践电化教育的整个人生旅程中，“知行合一”的哲学准则始终是陶行知行动与思想的指导原则。从总体上看，陶行知对电化教育的体认和运用遵循着这样一条认知路线：先对电化媒介与教育的耦合及其对教育教学的功用有了深刻的体认，继而表现出巨大的

① 陶行知：《怎样学爱迪生》，华中师范学院教育科学研究所：《陶行知全集》第2卷，湖南教育出版社1985年版，第384页。

② 陶行知：《攻破普及教育之难关》，华中师范学院教育科学研究所：《陶行知全集》第2卷，湖南教育出版社1985年版，第782页。

热情，之后渐次运用于各项教育实践活动中，用作自己倡导和发起的各种教育运动的推进器，并对其有了更为深刻的认识。因此，陶行知对电化媒介的认识过程与其曾经阐述的“接知如接枝”的知识认识过程有着较大的相符性。陶行知对电化媒介知识的体认与运用过程可以说是对其“知行合一”理论的合理运用。况且他的“知行合一”理论的核心是行，只有通过行，才能更好地进行创新、开拓和发展，而行并非盲作盲动的行。在陶行知看来，“知行合一”之行，包含着行动、思想及二者相互催化之下新价值的产生。关于行动与思想的关系，他在《思想的母亲》一文中有过贴切的比喻：“行动是思想的母亲，科学是从把戏中玩出来的。”在电化教育实践中，陶行知针对民众知识水平较低，利用幻灯、电影在教育民众中的直观性与娱乐性特点，寓教于乐，让更多的民众喜闻乐见。他认为只有这样教育民众，才有利于“文化网”的形成并发挥更大的作用。而在现代社会用于实现教育普及的“文化网”的结成或编织，则必须运用电影、无线电话等电化媒介“来号召”①。

不仅如此，陶行知还把电影、无线电等电化媒介及其教育实践作为解放民众守旧思想的重要工具。在他看来，守旧的思想、守旧的头脑是现代社会“一切进步的大障碍”而“尤其害人”，推行和实践教育的人们要用“科学之光来轰动他，叫他起一种变化，向进步方向去思想”，而“电影、无线电话是两种最重要的工具，我们要普遍的运用它们来改造我们的头脑”②。在这里，电影、无线电等电化技术及成果不仅是思想和行动之间转化的工具，而且通过思想和行动的相互催化，使其更进步，创造新的价值。因此，陶行知的电化教育实践不仅很好地贯彻了“知行合一”的思想，而且电影与无线电广播等作为媒介工具还助推了民众教育中知与行之间的转化。同时，为了提高这种转化的速率，陶行知还不时地对电教工具进行改良，力求其更经济实用，以适应中国国情，满足更多民众的需求。如在平民教育初期，他就针对其时幻灯价格昂贵的问题，要求青年会不断地改良技术，最终研究出反光幻灯教学。又如后来在山海工学团推行“小先生制”时，他就要求为了实现电化教育，“电影说明书、无线电播音节目都要重新编过，成为

---

① 陶行知：《文化网》，华中师范学院教育科学研究所：《陶行知全集》第 2 卷，湖南教育出版社 1985 年版，第 831 页。

② 陶行知：《攻破普及教育之难关》，华中师范学院教育科学研究所：《陶行知全集》第 2 卷，湖南教育出版社 1985 年版，第 800 页。

活动教科书”①。

再次，电化教育的手段观——“教学做合一”的中介。1917 年陶行知海外求学归国之时，赫尔巴特的传统教育思想和封建的复古教育思想正值炽盛时期。面对中国的教育现状，陶行知很快意识到中国教育“完全走错了路”，要使中国教育步入正轨，必须进行彻底的教育改革，中国教育尤其办教育的人，“应当有一个总反省，总忏悔，总自新”。在反思中国教育诸种问题时，陶行知认为最大的弊病在于教学方法不当，“先生只管教，学生只管受教”，由此造成教与学的严重分离。不仅如此，教师“只管照自己的意思去教学生”，而对于学生的“才能兴味，一概不顾”，以致出现教学效果的严重低下：“一来先生收效很少，二来学生苦恼太多。”②针对这种弊端，陶行知提出教师“教的法子必须根据于学的法子”，“学生怎样学就须怎样教”，必须使教师的教与学生的学统一起来。其时，已在教育领域多有运用的电化教育，其寓教于乐的特质与突破时空限制的功能在一定程度上满足了“教学合一”的内在要求，使教与学发生了有效的对接，可谓教与学合一的中介与桥梁。因此，当看到晏阳初平民教育中幻灯教学的运用，不仅可以收到教师少教解决师资问题，而且学生乐学不惜冒雨前来听课的良好效果时，陶行知立即付诸行动，迅速且普遍地将其推广于平民教育运动及以后的各项教育运动中。可以这样说，在某种程度上讲，正是看到了这种电化媒介操作于教育教学过程所取得的成就和特效，陶行知生成了自己生活教育理念的重要一环——做的理念，由是形成了独特的生活教育思想体系的教学方法论——“教学做合一”。

在形成“教学做合一”思想的过程中及这种思想成型后，陶行知在各种教育实践活动中，常常将这些电化教学设备的操演用作连接和联系教、学双方的做的环节，即通过电化教具的教学真正做到“教学做合一”。如在 1924 年 7 月上旬召开的中华教育改进社第三届年会期间，他在关于如何推进蒙古族教育的演讲大会上，亲自“用幻灯影片说明蒙古生活”③，不仅

---

① 陶行知：《怎样指导小先生》，华中师范学院教育科学研究所：《陶行知全集》第 2 卷，湖南教育出版社 1985 年版，第 658 页。

② 陶行知：《教学合一》，华中师范学院教育科学研究所：《陶行知全集》第 1 卷，湖南教育出版社 1984 年版，第 88 页。

③ 陶行知：《在中华教育改进社第三届年会期间的演讲及提议》，华中师范大学教育科学研究所：《陶行知全集》第 8 卷，湖南教育出版社 1992 年版，第 143 页。

使与会者们增加对蒙古族民众生活有了较为详尽的了解，并且借以告示人们如何利用这些电教设施设备去推进蒙古族教育。再如在1939年拟设立晓庄研究所的初步计划中，他所拟研究的问题就包括“电影”和“无线电”两宗①。正是在这一计划指导下，他于抗战最艰难的时期在重庆创办了育才学校。这所为研究天才教育、难童教育的学校，经常性地利用电化设备真正实现了难童培养过程的“教学做合一”，以至于该校自然科学组的孩子们还能用废旧材料制作简单的幻灯，不仅让自己学到了真正的知识和技术，还为在农村推广群众教育“增添了一个良好的工具”②。

总之，陶行知希望借助电化教育手段以实现其教育普及化与全民化的理想与愿望，使其对电化教育的运用保持了持久的热情。他对电化媒介推动教育现代化与全民化功用的体认，突出了电化媒介的手段与工具价值，即把电化媒介作为教育的一种辅助手段，利用其独有的寓教于乐的特性来增广受众。虽然陶行知在对电化媒介的认识与倡导方面有着一般人难以企及的情怀，但其始终对此有着平实的认识，不拔高，不描红，这种媒介观对当时，即20世纪30年代的媒介决定论、技术决定论来说，也不失为一种警示和规训。

三

诚如电化教育前辈孙明经所说：“金大搞电教，其理论根据在很大程度上得之于陶先生的教育思想和实践。”③陶行知身体力行的电化教育实践以及蕴含其中的思想，助推了民国时期电化教育的发展。那么，陶行知电化教育实践与思想又从何而来，以及又如何推动其实践与思想的发展？当今之世，教育信息化时代已然到来，面对信息技术的突飞猛进和教育变革的日新月异，重温陶行知的电化教育实践与思想，对于中国教育信息化有何现实启示？作为一种学术研究，笔者认为于此等问题应该有所交代。

---

① 陶行知：《晓庄研究所初步计划之研究问题》，华中师范大学教育科学研究所：《陶行知全集》第8卷，湖南教育出版社1992年版，第515页。

② 陶行知：《敦请为育才提供资助——致毕来思》，华中师范大学教育科学研究所：《陶行知全集》第8卷，湖南教育出版社1992年版，第877页。

③ 刘万年：《回顾历史，着眼当前，展望未来——记金陵大学电化教育专业成立五十周年学术研讨会综述》，《江苏电教》1988年第3期，第7页。

(一)陶行知电化教育实践与思想的生发根源

回顾陶行知一生的教育活动,电化教育始终伴随其事业的发展与推进。追寻陶行知与电化教育结缘的起因,主要应该有二:一是西学影响与多次游历西方的经历,二是晏阳初幻灯教学法的启示。这些受教育的经历以及对晏阳初幻灯教学的直接观摩,为陶行知运用电化教育推动自身的教育事业提供了必要的电化知识与技能基础。

陶行知与电化教育结缘的"远因",也即深层次的根由,是他多年接受西学教育的经历。陶行知最早接触电化媒介是在教会学校学习时,他在那里初识电影。除了幼年时代曾在家乡歙县接受过传统教育的启蒙外,陶行知的中学时代与大学时代都在教会学校里度过。教会学校作为近代中国教育领域的一个独特群体,从其对中国教育的引领上看,在很多方面都有着开风气之先的作用。作为中国电化教育基本形式之一的电影,就是由教会学校最先用之于教育教学的[①],而陶行知 1909 年开始就读的南京汇文书院也是较早运用电影供学生娱乐及传播知识的学校之一。据有关资料记载,早在 1898 年时,该教会教育机构就拥有从美国运来的电影机及若干影片,1903 年以后即有人将电影搬至课堂用于教学。1910 年汇文书院等三所教会学校合并为金陵大学后,该校外籍教师又从美国新购来电影机与影片等设备,放映有关植树造林、防治洪水的电影。1915 年金陵大学新校舍理科大楼建成,专门在大楼南侧建成中国第一处专用校园电影放映场地。由此可推知,电影作为新兴的教育媒介与知识传播的工具,一直活跃于金陵大学的校园。陶行知于 1910 年进入金陵大学,毕业于 1914 年。在汇文书院及金陵大学的 5 年间,他不仅得以与电影有了亲密的接触,而且应该说从享受这种科学"新玩意儿"的过程中学到了不少知识,扩大了自己的眼界。其实,陶行知在入汇文书院之前,就曾在教会学校崇一中学堂学习了两年,对其颇有影响的西籍教师唐进贤,则是一位具有相当西学知识且在教会圈子内具有一定关系和影响的人物。这些知名教会学校注重高深科学的学习经历也奠定了陶行知后来能够操作电化手段的知识基础。

---

① 关于"电化教育"在近代中国的初传与兴起及其与传教士和教会学校的关系,可参见我们已发表的两篇论文:《试析电化教育及其在我国近代兴起的外缘内因》(《教育研究与实验》2014 年第 3 期,第 57—62 页)和《传教士与近代中国电化教育的兴起》(《华中师范大学学报(人文社会科学版)》2015 年第 1 期,第 168—176 页)。

可以说这段经历对陶行知以后从事电化教育实践，实有启蒙之功。1914年后赴美的四年留学经历，使陶行知对电化教育有了更深的体认。在其留学美国期间，正值美国视觉教学运动的前期。是时美国将幻灯、电影等用于教育教学已有较长一段时间的历史，尤其在直观教学理念的激励下，电影和幻灯成为美国人极为提倡的教学辅助手段。美国的视觉教学理念以及以杜威为代表的美国进步主义教育思想，对陶行知倡导并躬身践行的中国电化教育和教学改进产生了较大影响。另外，20世纪三四十年代陶行知因各种原因出行海外各国，也必将目睹各国不断发展的教育及对电影、广播等各种电化手段的应用，这些都在不同程度上丰富了陶行知对电化教育的认识。对此，于前文叙及他游历欧美各国，借助电化媒介宣讲中国人民抗日斗争的文字可得佐证。

陶行知与电化教育结缘的另一原因也可说是"近由"，显然是受到晏阳初幻灯教学的启示。陶行知最初提倡并运用电化教育手段于平民教育活动中，是在参观晏阳初主持的青年会平民学校幻灯教学法之后。1923年，陶行知偕同朱其慧等人参观晏阳初在浙江嘉兴开展的平民教育，晏氏在两所平民学校中运用幻灯教学的做法，吸引了陶行知等人的注意。对这种由注意引发的感受，陶氏本人在《平民教育运动与国运》中有过真切的说明："平民教育之试验时期"，前两次分别在长沙和烟台试验，规模都不大，然而第三次在嘉兴试验时却收到了很大的成效。究其原因"惟方法则加以改良，用幻灯来做教授的工具"，比起在长沙、烟台时"纯用教科书"开展识字教育，学生识字"已快得多"。在文中，他还对晏氏幻灯教学法进行了详细的描述，指出该方法运用的工具主要为课本与影片。其中影片共分三种：一是彩色画片，通过幻灯放大字画映于墙上，让学生述画中故事；二是把生字写在玻璃片上用幻灯照出来，让学生见字读字音、认字形；三是课本，"每个字从幻灯里照出来，射在墙上"[①]，让学生边看边听边念边写。陶行知认为运用这种方法可以使学生口、耳、眼都有练习，"很能引起他们的兴趣"，感到这样教学"实为难得"[②]：学生不仅学时精神专注，而且上学也变得积

---

① 陶行知：《提倡平民教育》，《陶行知全集》编辑委员会：《陶行知全集》第1卷，四川教育出版社1991年版，第694页。

② 陶行知：《平民教育运动与国运》，华中师范学院教育科学研究所：《陶行知全集》第1卷，湖南教育出版社1984年版，第433页。

极主动，能够风雨无阻前来学习。正是这次现场观摩，让陶行知看到了幻灯教学法非常有效，于是在组织中华平民教育促进会后，他请了许多专门研究哲学、美术、国语、教育的人合组编辑部，一面组织编写平民教材，一面绘制幻灯片，“使平民能利用既得之工具继续增进学识与技能”。与此同时，他还在其他有关平民教育的文章、著作与宣传报告中，对电化教育手段多有提及或介绍，并在随后前往北京、南京、察哈尔、武汉、安庆等地开展的平民教育活动中，积极地运用电化手段。于是，他那特有的对新生事物敏锐的捕捉能力和善于学习的精神，使电化教育成为伴随他一生推进教育事业的助手。

要言之，早年长期在教会学校受教及后来留学美国的求学经历，让陶行知通过耳闻目睹，不仅从青少年时期就成为电化媒介娱乐和教学的参与者与受益者，而且作为满怀爱国情感的青年知识分子，目睹西方先进的科学技术手段辅助教育教学的实况，自然会产生用之作为改造中国教育的手段与工具的想法。尤为重要的是，早年在教会学校所积累的有关媒体技术的知识及应用方法，以及在美国所获得的视觉教学的感知经验，为陶行知从事电化教育活动提供了必要的电化知识与基础技能。及至自己真正起步去实现人生的终极目标——“要用四通八达的教育，来创造一个四通八达的社会”①之际，晏阳初的幻灯教学及其教育成效，让陶行知对电化教育的功用有了更为真切的体会，也直接启迪和催促他成为一个电化教育的实践者和推行者。

(二)陶行知电化教育实践与思想的当代启示

首先，实现教育信息化应注重教育实践。通过对陶行知电化教育实践与思想的梳理，不难发现，陶行知一生的电化教育活动重在实践，其电化教育理论最重要的特点即是将自己的认识渗透于实践运用中，弥散在平常教育论述中，即他的电化教育理论大多是渗透与散布于各项或各种教育实际运作过程。因此，我们要了解与运用陶行知的电化教育思想，必须也只能在教育实践过程中去追求和实现电化教育的成效。教育信息化的本质是实现信息与知识的共享，而这种共享行为的发生与共享状态的实现都必须

① 陶行知：《创造一个四通八达的社会——致陶文渼》，华中师范学院教育科学研究所：《陶行知全集》第5卷，湖南教育出版社1985年版，第55页。

在具体的教育实践中进行，发生于具体的教育教学活动当中。在开展教育信息化如火如荼的今天，中国绝大多数的中小学对引进多媒体设备持热烈欢迎的态度，很多学校以拥有信息化设备的多寡及配置的高低为评价教育信息化程度的标准。事实上，很多学校在信息化设备的利用率上并不高，并未发挥其应有的效果，甚至一些学校仍视学生上网与携带手机为洪水猛兽，禁止学生接触。即使是一些教育信息化开展得有声有色的中小学，也是关起门来自己搞信息化，目的在于利用多媒体和信息化技术提升自己学生的学习兴趣和教学成绩，而忽视了信息化技术在地区之间、城乡之间教育活动中的互通与流动。这种“信息化”不仅异化了教育培养人的本质，而且并非真正意义上的教育信息化，因为教育信息化的本质在于信息与知识在不同教育实践中的流通与共享。只有在教育实践中真正发挥信息化共享、流通知识与信息的本质功能，才能实现陶行知所说的“创造一个四通八达的社会”的梦想。

其次，教育工作者应具备现代化教育观念。从陶行知终身与电化教育的关系可以看出，陶行知的电化教育活动无不体现着与时代发展保持同步，与国家及社会进步休戚与共。陶行知在留学归国之初，面对中国教育普遍落后的现实，急切寻求教育发展的出路，当看到幻灯教学在平民教育中显现的巨大效用时，大加赞赏之余即竭力运用其中。这与其说是陶行知对新事物敏锐感知力的显现，不如说是他欲借其推动平民教育以实现“全国人民都受到教育”美好愿景的期待。之后，随着对教育认识的不断深化，并紧跟国家时局的变化，他适时适地地开展了普及教育、国难教育、战时教育以及民主教育等教育运动。在每一波教育运动中，陶行知均不遗余力地将幻灯、广播、电影等先进技术手段运用其中。这种历史实情告示我们，在教育信息化对各种形态教育产生巨大影响的今天，教育要素、教育场域以及教育方式都发生了较大的变化。作为推动教育信息化建设的重要力量，教育工作者如何通过提高自身的信息化技术能力来改进教学质量，使之更贴合学生发展的需求以便自如地应对教育信息化，这一问题亟须进行深入的思考。教育信息化的核心是“化”，而其重点在于思想观念的转化，尤其是教育者思想观念的转化。教育者应该与时俱进，树立现代化教育理念，转变角色，从注重教师讲授的知识授受者转变为学生学习的指导者与协调者。在这一理念的指导下，教育者需要掌握现代信息技术能力，以及将各种技术手段有效融合于课程的整合能力,并着眼于学生创新能力的培养。只有这样,才能真正利用教育信息化服务于教育教学,才能真正实现教育强国的梦想。

综合而论,陶行知以实际行动践行近代中国的电化教育之路,虽然从未对电化教育作出系统完整的论述,他的相关思想与认知却贯穿于运用电化工具辅助平生具体的教育教学活动和实践中。他对电化教育身体力行的倡导,对中国近代电化教育的发展提供了较为持久的动力源泉,成为其他个人或教育机关倡行电化教育的榜样和领跑者。在当今提倡教育信息化的时代,重温陶行知的电化教育实践及其思想,对于推动中国教育信息化的发展自然具有较好的启发和指导意义。

(余子侠系华中师范大学教育学院教授、博士生导师,湖北省陶行知研究会常务副会长。乔金霞系黑河学院教育科学学院教师。)

陶行知的民主教育思想探微

熊贤君

陶行知是中国近现代伟大的人民教育家，他毕生从事民主教育，希冀人人享受教育，人人做自己的主人、做社会的主人、做国家的主人，提出了有自身特色的民主教育思想。

一、民主教育思想的形成

陶行知毕生努力奋斗的目标是通过民主教育实现教育民主。综观他的民主教育思想形成的历程，大致可以分为三个阶段。

(一)民主教育思想的萌芽时期

陶行知出生在安徽省歙县西乡黄潭源村，浓郁的徽州文化对他人生发展的路向产生了极为重要的影响。在教会学校崇一学堂读书期间，他就立下了“我是一个中国人，要为中国作出一些贡献来”①的报国志向。1914 年，陶行知在金陵大学的毕业典礼上宣读了自己的毕业论文《共和精义》，认为平等是“在政治上、生计上、教育上，立平等之机会，俾各人得以自然发展其能力而为群用”②，主张现代教育应当重视个人之价值，唤醒个人之责任，予个人以平等之机会，认为受教育“机会愈平衡，能力愈发展”③。朦胧地产生了民主教育思想的萌芽。时为江苏省教育厅厅长的黄炎培应邀参加了毕业典礼并授毕业文凭，他很欣赏陶行知的观点，并誉之为“秀绝金陵第一声”。从 1914 年开始的 3 年留美经历，使陶行知深入了解到以美国为代表的西方民主教育的成就及其缺失，决心从推进平等教育入手实现民主教

---

① 朱泽甫:《陶行知年谱》，安徽教育出版社 1985 年版，第 5 页。

② 华中师范学院教育科学研究所主编:《陶行知全集》第 1 卷，湖南教育出版社 1984 年版，第 45 页。

③ 华中师范学院教育科学研究所主编:《陶行知全集》第 1 卷，湖南教育出版社 1984 年版，第 47 页。

育，使贫弱的中国在东方崛起。在归国的海轮上，踌躇满志的留学生个个畅谈归国设想，他以"使全中国人都受到教育"为自己的职志，要通过民主教育实现中国民主的社会。

回国后，陶行知积极践履诺言，与晏阳初等推行平民教育运动，创办平民学校，"使平民一面读一点书，一面得一点做人做国民的精神"①。为实现人人享受平等的教育，从 1923 年秋开始，陶行知风尘仆仆奔走于苏、皖、赣、鄂诸省，推动平民教育。为方便平民识字，他与朱经农编写了《平民千字课》，该课本 4 册，每册 3 分钱。在很短的时间内，全国便有 50 万人通过《平民千字课》掌握了初步的文化知识。后来统计，《平民千字课》总发行量达 300 万册②。为使平民教育得以长期持续推行，陶行知等人在各地成立平民教育会，如江苏 60 余县设立了平民教育分会，开办平民学校。河南有 73 县设立了平民学校，"认定设法使全县人民于一定时期之内都受《千字课》教育者，有六十四县"③。湖南长沙成立 94 所平民学校和 22 个平民读书处。另外，广东、吉林、四川、山东、浙江、山西、直隶等省都取得了一定成绩。

中国幅员辽阔，实现教育机会均等最大的问题在农村。为使农村国民能够享受均等受教育机会，1927 年 3 月，陶行知创办了蜚声中外的南京晓庄实验乡村师范学校。其指归是要通过晓庄师范培养 100 万乡村教师，把他们像太阳光一样放射到 100 万个乡村，以他们为中心去改造这 100 万个乡村，叫乡村民众人人都能读书明理。他希望晓庄师范学生毕业后也去办学，像滚雪球一般开办 100 万所乡村学校，并以此为中心，去"改造一百万个乡村，使个个乡村都得到光，合起来造成中华民国的伟大的光"④。

陶行知民主教育思想的萌芽时期教育的显著特征，是强调教育机会均衡，努力推进教育机会的均衡化，打破有钱有势者对教育和知识的垄断，努力创造更多的机会，让更多的民众，特别是乡村民众和城镇平民，能够有平

---

① 华中师范学院教育科学研究所主编：《陶行知全集》第 1 卷，湖南教育出版社 1984 年版，第 411 页。

② 钟灵秀：《四十年来中国之识字教育》，《教育通讯》1947 年复刊第 4 卷第 3 期。

③ 华中师范学院教育科学研究所主编：《陶行知全集》第 5 卷，湖南教育出版社 1985 年版，第 91 页。

④ 华中师范学院教育科学研究所主编：《陶行知全集》第 1 卷，湖南教育出版社 1984 年版，第 670 页。

等机会进学校读书识字。

(二)民主教育思想的发展时期

“九一八”后,日本吞并中国的狼子野心日益彰显。陶行知认为,推行民主教育已刻不容缓。他在上海创办自然学园和山海工学团,倡导“工以养生,学以明生,团以保生”,要民众借助工学团“在做工上学习现代的本领,团结起来,养活自己,充实自己,保护自己”①,以培养“普遍的自卫能力”“普遍的生产能力”“普遍的运用科学能力”“普遍的运用识字能力”“普遍的运用政治能力”②。一言以蔽之,曰:培养普遍的运用民主的能力。陶行知认定这些“力”,只有在“贫富的机会均等,男女的机会均等,老幼的机会均等,各民族各阶层的机会均等”前提下才能得到发挥③。

1939年7月,陶行知在重庆北碚古圣寺创办难童学校——育才学校。他在这里进行了一系列民主教育的探索,强调育才学校民主教育基础是建立在集体生活之上的,是要用集体生活方式达到民主教育的目标。通过集体生活营造学生自治生活、文化生活、康乐生活、卫生生活、劳动生活,一根民主教育的红线贯穿其中。育才学校的全部教育概括起来说是“教育提倡自觉自动,提倡实际精神,创造精神,以及学习上的集体互助”④。两度访问古圣寺,并给育才学校学生讲述中国史的翦伯赞说,育才学校“给他们以做一个合格公民的知识”,进行做公民的训练,创造了一个奇迹:“十几岁的孩子,能够在座谈会上面谈时局,从国内到国际,从政治到军事,明如指掌;能够写出文学创作;能够自编剧本,自己导演;能够自己作曲,作歌;能够写生,速写;能够画出星宿的图谱。”⑤

抗战期间,陶行知还在育才学校进行了学校民主化管理的探索。他在育才成立校务会议组织,并制定了《校董会章程》《校务会议规程》和《育才手册》。他指出:“校务会议为校内最重要之会议,希望针对全校应兴应革,

---

① 方与严:《生活教育简述》,上海教育书店1947年版,第31页。

② 方与严:《生活教育简述》,上海教育书店1947年版,第31页。

③ 华中师范学院教育科学研究所主编:《陶行知全集》第3卷,湖南教育出版社1985年版。第528页。

④ 丁华:《育才学校的新教育——陶行知先生教育理论的创造》,安徽省陶行知教育思想研究会编.《陶行知一生》,湖南教育出版社1984年版,第284页。

⑤ 翦伯赞:《记古圣寺》,安徽省陶行知教育思想研究会编:《陶行知一生》,湖南教育出版社1984年版,第294页。

依所赋职权，充分发挥宏论，议而决，决而能行，以为全校谋幸福，求进步”，强调“校务会议是民主教育之组织，希望列席者不但是为会议而会议，而且是为民主的学习而会议”，“我们要创造的民主，民主的创造。我们不要庸俗的、形式的、空谈的民主，也不要太看重个人的、英雄的、少数人的创造”①。他要求一切提案宜有整齐形式，兼提出具体办法。陶行知在《新华日报》发表文章，批评国民政府评民主口惠而实不至，认为应当从六个方面创造实施民主教育的条件：第一，“天下为公，教育为公，不以教育为一党一派及任何小集团谋利益”。第二，“尊师重道，不以侦探作教员，不使教员兼侦探”。第三，建立平等的师生关系，“使师生之间没有隔阂”。第四，“使学生打开眼睛看事实”。第五，反对“思想统制”，给学生“有阅读自由，讨论自由，批评自由”。第六，学生的团体生活“要有民主的组织，使学生在民主生活中学习更进步之民主”。第七，给民众学习民主的机会，“在真正民主的组织生活中学习真正的民主”②。

陶行知民主教育思想在抗战时期有了明显的发展，强调民主教育目标是通过集体的力量达成，通过集体自觉、集体互助，人人参与方式方法实现民主，通过民主教育实现教育民主，在民主的过程中学习民主，最终实现社会的民主。

（三）民主教育思想的成熟时期

陶行知在抗战即将胜利的时刻，期盼着实施民主教育时机的到来，积极进行民主教育的探索，撰写了《实施民主教育的提纲》《民主教育》《民主教育之普及》等一系列文章，对新旧民主的区别，创造的民主与庸俗的民主的不同，民主在教育中的运用，民主教育的对象与目的、民主教育的方法、民主的教师、民主教育的教材、民主教育的课程、民主教育的学制、民主教育的行政、民主的民众教育和民主教育的文字进行了系统阐述。

1945 年底到次年 1 月，陶行知创办了其一生中的最后一所学校——社会大学。社会大学从招生考试到学生报到注册，不过 20 多天，便有近 200 名学生参加开学典礼。这是陶行知推行民主教育的重要组织形式。

---

① 华中师范学院教育科学研究所主编：《陶行知全集》第 5 卷，湖南教育出版社 1985 年版，第 898—899 页。

② 华中师范学院教育科学研究所主编：《陶行知全集》第 3 卷，湖南教育出版社 1985 年版，第 515 页。

社会大学的办学宗旨就是“民主”二字，无论是有形的大学还是无形的大学，其宗旨都要突显民主精神，就是要实现人民觉悟、联合、解放、创造。社会大学是民主人士办学，所坚持和追求的是民主教育。学校的行政事务工作由学生自己动手，分工包干，充分当家作主。教育对象是“要使人人都有机会去读书……要使工人农民以及其他一切没有机会读书的人都有书读”①。教育方法提倡真正的自觉纪律，要求每个学生都能进入自动、自学、自问的境界。在训育方针上，其提倡发扬民主精神，要求每个学生做到自训、自治、自审、自我批评和自我检讨。社会大学还直接投入民主运动，是抗战后民主运动的急先锋。正因为如此，李公朴把社会大学称为“中国历史上从来没有过的学校，是和老百姓最亲近的学校”②。

1946 年 4 月中旬，陶行知来到上海。在之后的百余天里，他为争取民主和民主教育讲演 100 余场次，平均每天有一场演讲。他在沪江大学演讲《新中国之新教育》，提出为博爱而学习，为独立而学习，为民主而学习，为和平而学习，为科学而学习的“五项修养”。在题为《小学教师与民主运动》的演讲中，他提出做教师的“需要再教育来肃清一切不民主，甚至反民主的习惯与态度，并且积极的树立真正的民主作风”；做校长的“对于学生，多少都存在着一些要不得的独裁作风”，应当努力克服。希望全体教师“民主未得到之前，联合起来以争取民主为己任；人民基本自由得到之后，依据民主原则共同创造，创造新自己，创造新家庭，新学校，新中国，新世界”③。

在抗战胜利前后不长的时期中，陶行知对民主教育思想进行了系统的梳理和阐述，对民主教育的界定、对象、内涵、特质、方法等，进行了深刻的研究与诠释，形成了独树一帜的民主教育思想。

二、陶行知民主教育思想的内涵

陶行知民主教育思想全面而丰富，是他在数十年办学过程中对教育民主问题的深入思考和科学总结。

---

① 李公朴研究会编：《李公朴文集》，群言出版社 2012 年版，第 943 页。

② 章开沅、唐文权：《平凡的神圣——陶行知》，湖北教育出版社 1992 年版，第 500 页。

③ 华中师范学院教育科学研究所主编：《陶行知全集》第 3 卷，湖南教育出版社 1985 年版，第 604 页。

(一)民主教育的特质

关于什么是民主教育,陶行知之前涉足者并不多见。要弄清楚什么是民主教育,先要弄清楚什么是民主。陶行知认为,“民主没有深奥的意思,通俗点说:就是‘大家有份’。在倒霉的时候是‘有祸同当’,在幸运的时候是‘有福大家享’,在平常的时候是‘大家的事大家谈,大家想,大家干’”①。这也就是林肯所言“民有,民治,民享”的意思。把这一思想运用于教育上,就赋予民主教育以双重意义:“第一,民主的教育是民有、民治、民享的教育。‘民有’的意义,是教育属于老百姓自己的。‘民治’的意义,是教育由老百姓自己办的。……‘民享’的意义,是教育为老百姓的需要而办的,并非如统治者为了使老百姓能看布告,便于管理,就使老百姓认识几个字。”另一重意义,就是教育必须“办到各尽所能,各学所需,各教所知,各尽所能”②。这各尽所能,就是使老百姓的能力都能发挥;各学所需,就是自己生活和工作需要什么就学习什么;各教所能,就是会的教人,不会的跟人学。在《民主教育》一文中,陶行知从民主教育指归的角度,阐述其认识说:“民主教育是教人做主人,做自己的主人,做国家的主人,做世界的主人。”概括地说,“民主教育是人民的教育,人民办的教育,为人民自己的幸福而办的教育”。

陶行知指出,民主教育具备如下基本性质:第一,教育为公以达到天下为公,全民教育以实现全民政治。“反对党化教育,反对党有党办党享的教育,因为党化教育是把国家的公器变做一党一派的工具”③。它与党派占有、有钱有势人独占的教育如水火冰炭。第二,民主教育教人肃清法西斯细菌,以实现真正的民主。第三,启发民众的觉悟,教人民进行自觉的学习,遵守自觉的纪律,从事自觉的工作与奋斗。第四,培养创造力,以实现创造的民主和民主的创造。它实行的是“解放”,而不是“禁锢”。第五,民主教育是各尽所能,各学所需,各教所知,使大家各得其所的教育。第六,

---

① 华中师范学院教育科学研究所主编:《陶行知全集》第 3 卷,湖南教育出版社 1985 年版,第 535 页。

② 华中师范学院教育科学研究所主编:《陶行知全集》第 3 卷,湖南教育出版社 1985 年版,第 540 页。

③ 华中师范学院教育科学研究所主编:《陶行知全集》第 3 卷,湖南教育出版社 1985 年版。第 569 页。

民主教育不是神秘的教育，是在民主的生活中学习民主，“在创造民主的新中国的生活中学习创造民主的新中国”。第七，民主教育是整个生活的教育，是健康、科学、艺术、劳动与民主织成之和谐的生活，是和谐的教育，不是偏颇的教育。

（二）民主教育的对象与目标

民主教育的对象与目标是无论男女，无论贫富，无论老少，“应有平等受教育的机会”。育才学校社会组到合川县草街乡调查失学儿童，发现占学龄儿童74%的不能入学。能来中心小学读书的，大多是小地主的孩子。因此，“民主教育要使穷人也有受教育的机会”。在教育对象上，民主教育“是只问能力，不问资格的。本来资格是有能力的证明，既有直接的证明，又何须资格”[①]！民主教育与传统教育最大的不同，就是“无论什么阶级，都要有受教育的机会”，最终是使人人享有“入学时求学的机会均等，长进的机会均等，离校时复学的机会均等，失学时补习机会均等”四大均等[②]。

民主教育也赞同对具有特殊才能的儿童施以特殊的教育，但所不同的是，它反对传统的人才教育对有特殊才能者施以特殊教育，目的是教这些有特殊才能的儿童做“人上人”，骑在民众头上作威作福，升官发财。陶行知强调，民主教育的人才教育是要对有特殊才能儿童施以特殊教育，要他们将学得的东西贡献给大众，要他们做“人中人”，“这也是‘文化为公’，而不能据为己有”。

（三）民主教育的课程与教材

民主教育的课程组织不是只要普及，不要提高，而是要“普及与提高并重”。一方面要照顾到12岁以上不识字的国民，培养他们作为国民必不可少的精神态度，训练他们处理家常信札、账目和书写应用文的能力，培养他们继续读书看报领受优良教育的志愿和基本能力。另一方面要使一些有特殊才能的儿童“获得一般知能及优良的生活习惯与态度……给予具特殊才能之儿童以特殊营养，使其特殊才能得以发展而不致枯

① 华中师范学院教育科学研究所主编：《陶行知全集》第3卷，湖南教育出版社1985年版，第541页。

② 华中师范学院教育科学研究所主编：《陶行知全集》第3卷，湖南教育出版社1985年版，第542页。

萎，并培养其获得专门知能之基础”①，“根据他的兴趣能力引导他将来能成为专才”②。

民主教育的课程根据教育对象而设。民主教育的对象大多是“穷忙”——“又穷又忙”的劳动阶级，为他们设置的课程“要有系统，但也要有弹性，要在课程上争取时间解放”。既要照顾他们只能利用碎片时间学习的特点，又要使各学科“教授程序”为传授系统知识提供保障。因此，“所教授的书籍，要有统系的，前后都能连贯得起来，不是杂乱无章的”③。这就是说，课程安排要在保证所传授的知识有系统性的前提下，教授时间安排要有一定的弹性，将学习的时间安排主动权交给受教育者，要充分考虑受教育者学习的特点和生活特点。

在教材编选上，陶行知强调“民主教育的教材应从丰富中求精华，教科书以外求课外的东西，并且要从学校以外到大自然、大社会中求得活的教材”④。民主教育的教材应当剔除那些毫无生活气息，读来如同嚼蜡的文字材料，应当将取材于大自然、大社会的，生机勃发的东西，“容纳到学校里去，编成教材，制为课程，佐以相当设备，配以相当程序，使教师指导学生脚踏实地的去做去学”⑤。

(四)民主教育的教师与学生

教师既是实现民主教育的重要力量，也可能是推进民主教育的绊脚石。教师要成为民主教育的促动力量，必须是民主的教师。民主的教师应当肃清专制的流毒：孤高自傲，自命清高，对学生居高临下。民主的教育应当师生平等，共同成长。陶行知指出，教师的根本任务是“千教万教，教人求真”。教师要完成这一任务，必须“自己在民主作风上精进不已，才能以

---

① 华中师范学院教育科学研究所主编：《陶行知全集》第 3 卷，湖南教育出版社 1985 年版，第 367 页。

② 华中师范学院教育科学研究所主编：《陶行知全集》第 3 卷，湖南教育出版社 1985 年版，第 379 页。

③ 华中师范学院教育科学研究所主编：《陶行知全集》第 1 卷，湖南教育出版社 1984 年版，第 182 页。

④ 华中师范学院教育科学研究所主编：《陶行知全集》第 3 卷，湖南教育出版社 1985 年版，第 543 页。

⑤ 华中师范学院教育科学研究所主编：《陶行知全集》第 1 卷，湖南教育出版社 1984 年版，第 640 页。

身作则，宏收教化流行之效”[①]。作为民主的教师，应当有人民的思想感情，事事处处瞄准人民，做到“民之所好好之，民之所恶恶之。教人民进步者，拜人民为老师”[②]。只有坚持向人民学，向小孩子学，才有做民主教师的资格，才能免除成为专制教师的危险。他还认为，民主的教师应有宽容的品质。在学习上应当师生互教互学，教学相长；生活上应当同甘共苦，要学生做到的教师须躬亲共守，与学生共学、共事、共修养。要求教师做到“慧眼观人长处，正心慎我独时”，“义则居先，利则居后；敬其所长，恕其所短”[③]。

民主的学生的根本任务是“千学万学，学做真人”。陶行知指出：“今日的学生，就是将来的公民；将来所需要的公民，即今日所应当养成的学生。”[④]既然未来的社会是民有、民治、民享的社会，今日的学生就要演练民有、民治、民享的生活。他们首先应当是能够共同自治的公民，然后才能成为自主、自立和自动的公民，最终实现创造力的解放，“实现创造的民主和民主的创造”[⑤]。

（五）民主教育的实施方法

陶行知深刻地指出：“如果要大量开发创造力，大量开发人矿中之创造力，只有民主才能办到，只有民主的目的，民主的方法才能完成这样的大事。……只有民主才能解放最大多数人的创造力，并且使大多数人之创造力发挥到最高峰”[⑥]，认为“这教人求真和学做真人的教学自由，也只有真正的民主实现了才有可能”[⑦]。但是，决不能等民主实现了才去解放学生

---

① 华中师范学院教育科学研究所主编：《陶行知全集》第3卷，湖南教育出版社1985年版，第605页。

② 华中师范学院教育科学研究所主编：《陶行知全集》第3卷，湖南教育出版社1985年版，第605—606页。

③ 华中师范学院教育科学研究所主编：《陶行知全集》第4卷，湖南教育出版社1985年版，第752页。

④ 华中师范学院教育科学研究所主编：《陶行知全集》第1卷，湖南教育出版社1984年版，第133页。

⑤ 华中师范学院教育科学研究所主编：《陶行知全集》第3卷，湖南教育出版社1985年版，第569页。

⑥ 华中师范学院教育科学研究所主编：《陶行知全集》第3卷，湖南教育出版社1985年版，第520—529页。

⑦ 华中师范学院教育科学研究所主编：《陶行知全集》第3卷，湖南教育出版社1985年版，第608页。

的创造力，才去教学生求真和教学生学做真人，必须在民主过程中学习民主，民主既是手段，又是目的。没有民主的手段，不能达到民主的目的。也就是说，要“在民主的生活中学习民主。在争取民主的生活中学习争取民主”①。民主教育的方法是要采取自动的方法，“要使学生自动，而且要启发学生使能自觉”②。陶行知明确地指出，民主“教育方法要采用自动的方法，启发的方法，手脑并用的方法，教学做合一的方法，并且要使学生注重全面教育以克服片面教育；注重养成终身好学之习惯以克服短命教育”③。还应当营造民主的生活、民主的氛围，使学校生活充满民主的元素，形成“全新的生活方式”，然后才能“天天在实际的生活中学习，学习再学习，才能习惯成自然，造成民主的作风”④，进而“运用民主作风教学生，并与同事共同过民主生活，以造成民主的学校”⑤。

三、陶行知民主教育思想的特色

陶行知将中国传统教育、教育思想理念与西方民主教育思想相结合，在广阔的层面上进行比较深入的实验探索，形成了他的中西合璧的民主教育思想特色。其特色主要有四点：

第一，人民性。为了实现教育机会均等，实现教育民主，陶行知毕生矢志不渝地推行普及教育。20 世纪 20 年代前期，陶行知致力于推行一个宏大的计划，要“在十年之内使十二岁以上、二十五岁以下一万万不识字之人民，受一千基础字所代表之共和国民的基础教育”⑥。他并穿梭于上海、南京、武汉、北京等十多个城市，足迹遍及苏、浙、皖、赣、鄂、豫、冀、察等近 10

---

① 华中师范学院教育科学研究所主编：《陶行知全集》第 3 卷，湖南教育出版社 1985 年版，第 570 页。

② 华中师范学院教育科学研究所主编：《陶行知全集》第 3 卷，湖南教育出版社 1985 年版，第 542 页。

③ 华中师范学院教育科学研究所主编：《陶行知全集》第 3 卷，湖南教育出版社 1985 年版，第 606 页。

④ 华中师范学院教育科学研究所主编：《陶行知全集》第 3 卷，湖南教育出版社 1985 年版，第 604 页。

⑤ 华中师范学院教育科学研究所主编：《陶行知全集》第 3 卷，湖南教育出版社 1985 年版，第 606 页。

⑥ 华中师范学院教育科学研究所主编：《陶行知全集》第 5 卷，湖南教育出版社 1985 年版，第 26 页。

个省区。其时，中国文盲率达80%以上，而其中农村人口又占80%以上。乡村教育问题得到解决，亦即中国普及教育问题得到解决。1927年，他创办南京试验乡村师范学校，“志趣是要为中国三万万四千万的农人服务，提倡一百万所学校，改造一百万个乡村，为我们中华民族创造一个伟大的新生命”①。他认为，“只有少数少爷小姐享受教育，不能算是真正的民主教育”②，只有大家都享有平等机会的教育，才算是民主的教育。

第二，民族性。陶行知的民主教育思想具有鲜明的民族色彩。1914年，陶行知负笈留美，到大洋彼岸学习救亡图存的“屠龙之技”。尽管身在异国他乡，但他心系祖国，他说：“我的中国性、平民性是很丰富的，我的同事都说我是一个‘最中国的’留学生。”③正因为他是“最中国的”，所以他的民主教育思想涂上了色彩鲜明的民族性底色。使中华民族繁荣富强是陶行知推行民主教育的目标追求，第一步是要利用民主教育“来创造一个五族一心的中华民国”④。第二步是推动社会进步，加速民主社会的实现和巩固。最后是实现中华民族创造力大解放，共同来创造民主的新中国。他深刻地指出：“创造力最能发挥的条件是民主。……要大量开发创造力，大量开发人矿中之创造力，只有民主才能办到，只有民主的目的，民主的方法才能完成这样的大事。”⑤所以，有民主教育才有民主富强的中华民族。

第三，去官僚化。陶行知在《领导者再教育》中指出：“在中国几乎每一个有权的人是一个独裁。有大权的是大独裁。有小权的是小独裁。自主席以至于保甲长都免不了有独裁的作风。”⑥即便是作为校长的他，也“常常不知不觉的独断独行，违反了民主的精神”。因此，“大大小小的领袖们

① 杨效春：《晓庄一岁》，李定开编：《为中国教育寻觅曙光》上册，四川教育出版社1989年版，第2页。

② 华中师范学院教育科学研究所主编：《陶行知全集》第3卷，湖南教育出版社1985年版，第570页。

③ 华中师范学院教育科学研究所主编：《陶行知全集》第5卷，湖南教育出版社1985年版，第55页。

④ 华中师范学院教育科学研究所主编：《陶行知全集》第1卷，湖南教育出版社1984年版，第441页。

⑤ 华中师范学院教育科学研究所主编：《陶行知全集》第3卷，湖南教育出版社1985年版，第528页。

⑥ 华中师范学院教育科学研究所主编：《陶行知全集》第3卷，湖南教育出版社1985年版，第596页。

都得学习民主”。尽管领袖们曾受过教育，但因为没有受过民主教育，故“还要再受教育，再受民主教育”①。陶行知主张推行民主教育要去官僚化，要肃清官僚习气，视察员及督学的作用当是：“(1)鼓励老百姓办学；(2)考察学校是否合乎民主道理；(3)不是去查案，而是积极指导学校如何办得好。”②他特别叮嘱教育行政官员，老百姓所办的学校，大概都粗糙简陋，政府官员到时，不是带来恐怖，而是带来春风。

第四，生活性。陶行知的民主教育思想不是脱离实际无法实施的空中楼阁，而是着眼于中国教育发展的未来，有着厚实的现代中国教育基础——生活。陶行知推行民主教育的方法模式，十分简单，就是通过生活学习，借鉴生活推行，在生活中受民主熏陶。正如他在《民主教育》中所言：“在民主的生活中学习民主。在争取民主的生活中学习争取民主。在创造民主的新中国的生活中学习创造民主的新中国。”③推行民主教育并不玄，生活就是抓手，哪里有生活，就可以在哪里推行民主教育，“要在制宪上学习制宪”④。美国教育家克伯屈参观了晓庄师范学校后，颇有感触地说：“我看这个学校，负有特殊的使命，就是要研究用哪种教育，才合乎乡村需要，使能引导乡村，适合现在的变动。同时要引导全国学校，使这一种教育，普遍的传布到全国去，教全国采取适合乡村需要的教育，以变动他们的生活”；“在这学校，不读死书本，是在生活上直接接触。办教育用这种生活，可负引导农民的使命，使合乎现代的思潮”⑤。因为“合乎乡村需要”的生活和“合乎现代的思潮”，民主教育的实施必然容易收众擎易举之效。

（熊贤君系深圳大学师范学院教授、博士生导师。）

---

① 华中师范学院教育科学研究所主编：《陶行知全集》第3卷，湖南教育出版社1985年版，第597页。

② 华中师范学院教育科学研究所主编：《陶行知全集》第3卷，湖南教育出版社1985年版，第545页。

③ 华中师范学院教育科学研究所主编：《陶行知全集》第3卷，湖南教育出版社1985年版，第570页。

④ 方与严：《生活教育简述》，上海教育书店1947年版，第41页。

⑤ [美]克伯屈讲，徐鸿仪、宋思鸿记：《我对晓庄之感想》，周洪宇编：《陶行知研究在海外》下册，人民教育出版社1991年版，第204页。

论陶行知的乡村师范教育思想及其当代价值

曲铁华

陶行知(1891—1946),是我国现代教育史上“伟大的、进步的教育家、教育思想家,伟大的民主主义战士,伟大的共产主义战士,伟大的爱国者”①。他批判地吸收了古今中外各种教育思想的精华,结合自己长期的教育实践,创立了以生活教育理论为主要内容的具有中国特色的一套教育学说。陶行知的一生,是以“捧着一颗心来,不带半根草去”的无私精神,为中国人民的教育事业和革命事业做出不朽贡献的一生。他的无私精神和崇高师德,堪称“万世师表”②。在中国现代教育史上,陶行知提出的乡村师范教育思想具有鲜明的特色,其创办的晓庄乡村师范学校展示了一种中国乡村师范教育的新模式,开启了中国师范教育发展的新局面,他对于乡村师范教育的真知灼见至今仍给我们深深的启迪与借鉴。

一、陶行知乡村师范教育思想体系

(一)师范教育的地位

我们无论是谈师范教育还是论乡村师范教育,始终无法避开陶行知,究其原因,和陶行知对师范教育的重视程度有关,他对师范教育的认识,无论是在深度上还是广度上,都高出前人一筹。

陶行知不仅看到了师范教育对教育发展自身的意义,而且进一步指出:“师范教育可以兴邦,也可以促国之亡。”③他把师范教育同国家前途和民族兴亡、命运紧密联系起来,这是认识上的飞跃。

---

① 胡乔木:《在中国陶行知研究会成立大会上的讲话》,北京市陶行知研究会:《陶行知研究》,湖南教育出版社 1987 年版,第 10 页。

② 宋庆龄在陶行知逝世后的题词。

③ 陶行知:《师范教育之彻底改革——答石民佣等的信》,方明:《陶行知全集》第 8 卷,四川教育出版社 2005 年版,第 115 页。

“师范教育可以兴邦”，源于陶行知对教师的认识。他从小学教师的角度阐述了教师的作用：小而言之，小学教师能否将学生教好，关系到“全村之兴衰”；大而言之，关系到“国运”“民运”，即“全民族的民运都操在小学教员手里”①，即小学教师的好坏，可以影响国家的存亡和世运之治乱。而教师要靠乡村师范教育来培养，“要想小学办得好，先要造就好教师；要想造就好教师，先要造就办师范学校造就教师的教师”②。由此可见，教师主要靠师范教育来培养。

师范教育“也可以促国之亡”，是陶行知针对当时师范教育的弊端而提出的。他在《师范教育之彻底改革——答石民佣等的信》中写道：“好些师范学校只是在那儿教洋八股，制造书呆子。这些大书呆子分布到小学里去，又以几何的加速率制造小书呆子。倘使再刮一阵义务教育的大风，可以把书呆子的种子布满全国，叫全国的国民都变成书呆子！中华民国简直可以变成中华书呆国。老实说：二十世纪的舞台上，没有书呆子的地位，称它为国，是不忍不如此称呼啊！想到这里，真要令人毛骨悚然。”③可见，陶行知对这样的师范教育，是深恶痛绝的，在他看来，这种师范教育必须要改造，不改造，教育没有出路，甚至于中华民族也没有未来。

(二)师范教育的办学方向

在办学方向上，陶行知认为，“中国是著名的农业国……中国农民占全国人口总数的百分之八十五”④，而农村是最缺乏教师的，教育的重点不应是城市而应放在农村，要首先办好乡村师范教育。他说：“中国的师范学校多半设在城里，对于农村儿童的需要苦于不能适应。城居的师范生平日娇养惯了，自然是不愿到乡间去的。就是乡下招来的师范生，经过几年的城市化，也不愿回乡服务了。所以师范学校虽多，乡村学校的教员依然缺乏。做教员的大有城里没人请才到乡下去之势。这种教员安能久于其职，又安

---

① 陶行知：《介绍一件大事——给大学生的一封信》，方明：《陶行知全集》第 8 卷，四川教育出版社 2005 年版，第 159 页。

② 陶行知：《介绍一件大事——给大学生的一封信》，方明：《陶行知全集》第 8 卷，四川教育出版社 2005 年版，第 160 页。

③ 陶行知：《师范教育之彻底改革——答石民佣等的信》，方明：《陶行知全集》第 8 卷，四川教育出版社 2005 年版，第 115—116 页。

④ 陶行知：《中国乡村教育运动之一斑——中国代表致送坎拿大世界教育会议报告之一》，方明：《陶行知全集》第 2 卷，四川教育出版社 2005 年版，第 291 页。

能胜乡村领袖之重任呢？江苏义务教育期成会袁观澜、顾述之二先生觉得乡村教师需要之急，而培养之法更不能不改善，所以发起每个师范学校在乡间设立分校，以为造就乡村师资之所；每分校并设附属小学一所，以资乡村师范学生之实习。”①

为了解决乡村缺少教师及师范生不愿到乡村工作的问题，陶行知主张在乡村设立师范学校的分校，就地培养人才，使师范生能够适应乡村生活，愿意在乡村工作。陶行知指明了师范教育应为谁服务，应向何处去的办学方向的问题。他指出："生路是甚么？就是建设适合乡村实际生活的活教育。我们要从乡村实际生活产生活的中心学校；从活的中心学校产生活的乡村师范；从活的乡村师范产生活的教师；从活的教师产生活的学生，活的国民。”②他如此强调的这个“活”字，也正是他的教育精髓所在，是他办学方向的正确体现。

（三）乡村师范教育的课程设置

与官方订立的课程不同，陶行知教育思想的核心是生活教育，他把目光放在广袤的乡村土地上，制订了一套适合农民的课程体系。陶行知改变以前师范教育以讲书、听书、读书为正宗的教学程序，其主导思想是为打破文字以外无教育的传统偏见。试验乡村师范学校实行“教学做合一”，课程以乡村生活为中心，这符合他一贯的主张，即师范教育的目的是造就富于“生活力”的社会改革者。

他曾把要培养的“生活力”列举了 70 项，归纳成健康生活、劳动生活、科学生活、艺术生活和社会改造生活五大类。同时，他认为，师范学校的课程就是全部生活，没有课外的生活，也没有生活外的课。因此，他规定师范学校课程应有五类：“一、中心小学生活教学做；二、中心小学行政教学做；三、师范学校第一院院务教学做；四、征服天然环境教学做；五、改造社会环境教学做。”③

---

① 陶行知：《师范教育下乡运动》，方明：《陶行知全集》第 2 卷，四川教育出版社 2005 年版，第 242 页。

② 陶行知：《中国乡村教育之根本改造》，方明：《陶行知全集》第 1 卷，四川教育出版社 2005 年版，第 85 页。

③ 陶行知：《试验乡村师范学校答客问》，方明：《陶行知全集》第 1 卷，四川教育出版社 2005 年版，第 89 页。

课程设置是实现教育目标的重要途径、桥梁，是学校教育的中心。陶行知为师范学校安排的教学内容，其中心思想就是课程内容应切合中心学校的实际需要，与生活、生产实际和社会政治活动紧密联系。

具体地讲，又可分述如下：

其一，课程设置要根据中心学校（传统称“附属学校”“实习基地”）的需要来确定。中心学校开设的学科课程，定名为“中心学校活动教学做”。其中包括国语、算术、自然、园艺、体育等。中心学校需要行政总务人员，那么，师范院校就开设“中心学校行政教学做”和“分任院务教学做”，其中包括校舍的整理、校景的布置、设备的购置和使用、教务、经济、缮写、会计、庶务等 13 项内容。总之，课程设置应当切合中心学校的实际工作需要，因为中心学校是师范学校的实习基地。

其二，课程设置与实际生活紧密联系。依据日常生活之所需，师范学校开设有招待、洒扫、烹饪等教学做课程。学校流传的口号是“不会种菜，不是学生”“不会做饭，不得毕业”等。这些课程初听觉得似乎可笑，其实，衣食住行，事事关系人生，意义超乎课程本身。

其三，课程设置与生产劳动紧密联系。在“征服天然环境教学做”总课程里，细分为科学的农业、造林、基本手工、卫生等教学做。例如晓庄师范有 200 亩农田供耕种，几亩荒山供学生造林，采集植物、动物标本，采集药材等。

其四，课程的设置与社会活动紧密联系。在“改造社会环境教学做”总课程里，设有村自治、民众教育、合作组织、乡村调查、农民娱乐教学做等，要求两人负担一个乡村改造工作，与民众交朋友，教农村出头。

其五，课程设置与学生日常活动相结合。在“学生自动的教学做”总课程里，规定这部分都是学生自动计划和决定的。

其六，课程设置随着社会发展的需要不断变化。人的生活是不断变化的，社会也是不断发展的，因而学校的课程也不能一成不变，应根据生活和社会发展的需要随时增加和更新各种课程。“社会上有新的需要，就当添加新的功课去适合他，指导他。现在社会问题很纷乱，社会学应当增加了。又因为科学的发达，各种学问，注重分析。所以虚泛的、理论的心理学不够用，儿童心理学和心理测验一定要增加了。仅讲些教育史、教育哲学也不够了，教授法、管理法……一类的实际学问，也须重新研究了。”[①]总之，社会的新需要要求新课程也随之而异。

(四)乡村师范教育的教学方法

教育教学方法是我们经常会提到的一个概念，有效的方法可以使我们少走许多弯路。陶行知的乡村师范教育思想经常会论及方法的问题，其实有什么教育思想就有什么方法。

1.“教学做合一”

陶行知提出的师范教育的方法是“一条鞭的方法就是教学做合一”[②]，即“教的法子根据学的法子；学的法子根据做的法子。事怎样做就怎样学，怎样学就怎样教……教学做有一个共同的中心，这个中心就是‘事’，就是实际生活”[③]。其实质就是要学以致用，理论联系实际，其中做是核心，他特别强调了做，把做摆在了比教和学更为重要的位置。教师指导学生教学做，他们与学生共教、共学、共做，共生活。

2.建立师范院校的主脑

在陶行知看来，一般的师范教育培养教师，通常是先理论后实践。他非常形象地说这是把一件事情分做两截，就好比是早上做饭，晚上请客。陶行知主张，专业知识的学习要与实习同时进行。他提出学生离校半年后，经实践后，考察合格者，才发给毕业证书。他的具体做法就是建立师范教育的主脑——中心小学。他说：“平常师范学校的小学叫做附属小学，我们要打破附属品的观念，所以称他为中心小学。中心小学是师范学校的主脑，不是师范学校的附属品。中心小学是师范学校的母亲，不是师范学校的儿子。中心小学是太阳，师范学校是行星。师范学校的使命是要传布中心学校的精神、方法和因地制宜的本领。”[④]陶行知这种运用中心学校精神去培养师资的方法，从理论上讲是合乎唯物辩证法的，从实践上看也是完

---

① 陶行知：《师范教育之新趋势》，方明：《陶行知全集》第1卷，四川教育出版社2005年版，第320页。

② 陶行知：《试验乡村师范学校答客问》，中央教育科学研究所：《陶行知教育文选》，教育科学出版社1981年版，第53页。

③ 陶行知：《试验乡村师范学校答客问》，中央教育科学研究所：《陶行知教育文选》，教育科学出版社1981年版，第53页。

④ 陶行知：《试验乡村师范学校答客问》，方明：《陶行知全集》第1卷，四川教育出版社2005年版，第88—89页。

全行得通的。

3.“小先生制”和“艺友制”

“即知即传”的“小先生制”，是陶行知在教育实践中总结出来的行之有效的群众性的教学方法。它的含义是“即知即传”，教人去教人。陶行知把这种“兵教兵”的教人者称为小先生。具体来讲，“就是利用上过学的儿童，成年人甚至老人，将自己认识的字，将自己所学的文化知识随时随地教给别人，不仅要教人识字学文化，还要教自己的学生做小先生，由此将文化知识绵延不断地传播和推广”①。1936 年 8 月，陶行知应邀出席了在伦敦召开的世界新教育会议第七届年会，全面介绍了“小先生制”和普及教育工作，受到印度、新加坡、加拿大等国的热烈欢迎，甘地还邀请他去印度介绍推广“小先生制”。

所谓“艺友制”，是 1927 年底陶行知发明的，即老师和学生是一种朋友式的关系，在互教、互学、互做的基础上共同进步。陶行知指出：“学做教师有两种途径：一是从师，二是访友。”②那什么是“艺友制”师范教育呢？“凡用朋友之道教人学做教师，便是艺友制师范教育。”③“艺友制”又是如何发现的？“发现艺友制之起因有二：一是由于感觉现行师范教育之缺憾，二是由于感觉各种行业施行艺徒制之实效。”④

那么，“艺友制”究竟使用了什么方法呢？陶行知说道：“艺友制的根本方法是教学做合一。……大家共教共学共做才是真正的艺友制，惟独艺友制才是彻底的教学做合一。”⑤“艺友制”在什么地方能够实行呢？“凡学校有一艺之长的教师便可招收艺友。从幼稚园以及到研究所，只要这个条件符合，都可试行艺友制。”⑥陶行知还强调，实行“艺友

① 曲铁华：《新编中国教育史》，东北师大出版社 2011 年版，第 348 页。

② 陶行知：《艺友制师范教育答客问——关于南京六校招收艺友之解释》，方明：《陶行知全集》第 1 卷，四川教育出版社 2005 年版，第 129 页。

③ 陶行知：《艺友制师范教育答客问——关于南京六校招收艺友之解释》，方明：《陶行知全集》第 1 卷，四川教育出版社 2005 年版，第 129 页。

④ 陶行知：《艺友制师范教育答客问——关于南京六校招收艺友之解释》，方明：《陶行知全集》第 1 卷，四川教育出版社 2005 年版，第 129 页。

⑤ 陶行知：《艺友制师范教育答客问——关于南京六校招收艺友之解释》，方明：《陶行知全集》第 1 卷，四川教育出版社 2005 年版，第 130 页。

⑥ 陶行知：《艺友制师范教育答客问——关于南京六校招收艺友之解释》，方明：《陶行知全集》第 1 卷，四川教育出版社 2005 年版，第 131 页。

制”师范教育并不是要起而代替师范学校，“师范学校应当根本改造，不应当废除”[①]，实行“艺友制”师范教育是根本推翻师范教育之传统观念。

“教学做合一”“建立师范院校的主脑”“小先生制”“艺友制”等教学方法，都是建立在辩证唯物主义认识论基础上的科学方法，体现了陶行知“实践第一”“人民第一”“创造第一”教育思想的特色，而这些方法至今都还有普遍的指导价值。

二、陶行知乡村师范教育思想的特点

(一)广义的师范教育

陶行知关于师范教育的培养目标和课程的设置，都是在他的广义师范教育的思想指导下确立的。师范教育的任务，是为教育界培养人才，那么针对乡村而言，师范教育的任务是什么呢？陶行知认为，“教育界要什么人才，就该培养什么人才”[②]，把培养“第一流的教育家”作为师范教育的主要任务。

他明确指出，第一流教育家至少应具备两种要素中的一种：一是“敢探未发明的新理”，二是“敢入未开化的边疆”。“敢探未发明的新理，即是创造精神；敢入未开化的边疆，即是开辟精神。创造时，目光要深；开辟时，目光要远。总体来说，创造、开辟都要有胆量。在教育界，有胆量创造的人，即是创造的教育家；有胆量开辟的人，即是开辟的教育家，都是第一流的人物。”[③]

他还对师范教育要怎样培养第一流的教育家提出过具体要求：“一、信仰国家教育事业为主要生活。二、愿为中学教员者，对于中学生之能力需要应有彻底之了解；那愿为师范学校教员者，于中学生外，还须了解小学生之能力与需要。三、对于将来担任之功课须有充分之准备，这准

① 陶行知：《艺友制师范教育答客问——关于南京六校招收艺友之解释》，方明：《陶行知全集》第1卷，四川教育出版社2005年版，第130页。

② 陶行知：《新学制与师范教育》，方明：《陶行知全集》第1卷，四川教育出版社2005年版，第376页。

③ 陶行知：《第一流的教育家》，方明：《陶行知全集》第1卷，四川教育出版社2005年版，第22页。

备包含中小学所需之教材、教法之研究、实习和参观。四、各人一举一动，一言一行，都要修养到不愧为人师的地步。”[①]这四条标准概括来说，即是热爱教育事业，懂得教育规律，掌握丰富的专业知识技能，具有为人师表的高贵品质。

陶行知根据多年的经验，把教育界所需要的人才分为四种：一是教育行政人员；二是各种指导员；三是各种学校校长和职员；四是各种教员。而当时中国师范教育只顾及第四项，就是以造就教员为目的，而“对于教育行政人员、指导员、校长和职员的训练都没有相当的注意”[②]。其原因是什么呢？就是人们都以为这种职务人人会干，可以不学而能，无须特别的训练，更无须科学的研究。据此，陶行知提出了“广义的师范教育”这一命题。他说：“我们应当有广义的师范教育——虽所培养的人以教员为大多数，但目的方法并不以培养教员为限”，“我主张，凡教育界需要的人才都应当受相当的培养”[③]。

除重视四类人才的培养之外，陶行知就目前师范教育的现状和整个社会师资短缺的总体状况，进一步提出三条原则，用以指导师范教育工作并以此为标准衡量师范教育的成效：一是学校“要什么人才，就该培养什么人才”[④]。陶行知强调“教员的种类有因学校等级分的，有因市乡情形分的，也有因学科性质分的”[⑤]。因此，只有根据不同的需要，有所区别地培养各种类型的教师，才能充分发挥师范教育的“功效”。二是“教育界各种人才要什么，就该教他什么”[⑥]。同时，陶行知提出“究竟一位县教育局长、市教育局长、中学校长、初级师范国文指导员、高级中学理

---

① 陶行知：《女师大与女大问题之讨论》，方明：《陶行知全集》第 2 卷，四川教育出版社 2005 年版，第 224 页。

② 陶行知：《新学制与师范教育》，方明：《陶行知全集》第 1 卷，四川教育出版社 2005 年版，第 376 页。

③ 陶行知：《新学制与师范教育》，方明：《陶行知全集》第 1 卷，四川教育出版社 2005 年版，第 377 页。

④ 陶行知：《新学制与师范教育》，方明：《陶行知全集》第 1 卷，四川教育出版社 2005 年版，第 378 页。

⑤ 陶行知：《新学制与师范教育》，方明：《陶行知全集》第 1 卷，四川教育出版社 2005 年版，第 378 页。

⑥ 陶行知：《新学制与师范教育》，方明：《陶行知全集》第 1 卷，四川教育出版社 2005 年版，第 378 页。

化指导员、小学校长、前四年的小学教员、幼稚园教员应当学的是什么？要多少时候学了”[①]等问题，都需要下功夫去研究。三是“谁在那里教就教谁”[②]。

陶行知把从事教育的各种人员一一列出，主要有大学、专科学校、高等师范、初级师范和实业学校毕业生，还有从高等小学出来的科举出身的先生。这些人中，除高等和初级师范的学生外，几乎完全没有受过特别的训练。针对这种弊病，陶行知主张大学生在毕业之前，要给予必要的师范教育的训练，中学里要设师范科等，这样做必定会很有效力。

（二）以生活教育为中心

陶行知的生活教育理论，贯穿于他的师范教育思想的始终。生活教育以人的全面发展为根本目的，同时，根据社会生活的发展与教育对象的不同，提出了具体的培养目标，其核心就是启发儿童、青年、人民大众改造社会生活的觉悟，提高手脑结合的实践创造能力，去改造生活，创造新的人生，创造新的中国、新的世界。

在晓庄师范学校，一切教学都以实际生活为中心，他们给大礼堂取名为“犁宫”，给图书馆挂起了“书呆子莫来馆”的匾额。生活教育理论在课程设置上同样有所体现，具体情形前文已经论及。

陶行知对于师范学校的教材教法的选择，也是以生活为中心的。对于教材，他指出：“教育好比是菜蔬，文字好比是纤维，生活好比是各种维他命(Vitamin)。以文字为中心而忽略生活的教科书，好比是有纤维而无维他命之菜蔬，吃了不能滋养体力”[③]，“我们要以生活为中心的教学做指导，不要以文字为中心的教科书”[④]。对于教法，“教学做合一”是生活教育的方法理论，它以做为中心。“古今中外所发现第一流的真知灼见，就我所知，无

---

① 陶行知：《新学制与师范教育》，方明：《陶行知全集》第1卷，四川教育出版社2005年版，第378页。

② 陶行知：《新学制与师范教育》，方明：《陶行知全集》第1卷，四川教育出版社2005年版，第378页。

③ 陶行知：《教学做合一下之教科书》，方明：《陶行知全集》第2卷，四川教育出版社2005年版，第532—533页。

④ 陶行知：《教学做合一下之教科书》，方明：《陶行知全集》第2卷，四川教育出版社2005年版，第533页。

一不是从做中得来。”①“教学做有一个公共的中心，这‘中心’就是事，就是实际生活。”②“教学做合一便是生活。”③

陶行知的生活教育理论认为，“社会即学校”，“整个社会是学校，学校不过是一课堂”④。他十分强调学校与社会各部门的联系合作，把学校融入整个社会之中。例如，他在《晓庄学校民国十九年的计划大纲》中，对于改进社会方面，提出晓庄学校要与工程研究所水利局等机关、卫生部、农学院、教育部、省政府、司令部、省农民银行、市政府、党部等部门合作。

陶行知的生活教育理论认为，“生活即教育，是生活便是教育；不是生活便不是教育”，“过康健的生活便是受康健的教育；过科学的生活便是受科学的教育；过劳动的生活便是受劳动的教育；过艺术的生活便是受艺术的教育；过社会革命的生活便是受社会革命的教育”⑤。过怎样的生活就受怎样的教育，这便是陶行知乡村师范教育思想的灵魂所在。

三、陶行知乡村师范教育思想的当代价值

（一）对中国教育本土化实践的价值

自清末新政期间仿日本教育制度建立近代中国师范教育制度始，我国师范教育在制度构建上就体现了明显的“仪型他国”的特色，这种制度构建的结果便是使我国的教育出现了严重的城市化倾向。对乡村教育而言，体现的是对已有的代表城市文明和现代工业文明的教育制度的照搬和移植，其制度的构建过程从一开始便有着忽略乡村教育发展的取向，城市成为教育现代化发展的中心。

陶行知的乡村师范教育思想及实践是一次极有价值的教育本土化实

① 陶行知:《答朱瑞琰之问》，方明:《陶行知全集》第 2 卷，四川教育出版社 2005 年版，第 24 页。

② 陶行知:《答朱瑞琰之问》，方明:《陶行知全集》第 2 卷，四川教育出版社 2005 年版，第 20 页。

③ 陶行知:《答朱瑞琰之问》，方明:《陶行知全集》第 2 卷，四川教育出版社 2005 年版，第 25 页。

④ 陶行知:《实施民主教育的纲领》，方明:《陶行知全集》第 4 卷，四川教育出版社 2005 年版，第 482 页。

⑤ 陶行知:《教学做合一下之教科书》，方明:《陶行知全集》第 2 卷，四川教育出版社 2005 年版，第 527 页。

践，从根本上讲，是对中国本土文化的继承和延续，是对中国作为一个农业大国的应然认知。所谓本土化，是与西化相对应的一个概念，是对西化的一种反思和批判。在教育领域，本土化也可以被理解为中国化或乡村化。

从根本上来看，近代以来中国所面临的问题，就是中西文化之间冲突和矛盾的问题。在西方文化的不断冲击下，传统文化逐渐式微，“中国问题并不是什么旁的问题，就是文化失调；——极严重的文化失调”①。“近百年来，中华民族之不振，是文化上之失败。”②解决的办法便是如何在中西文化之间找到一个平衡点，使失去协调的文化得以恢复和谐。在这方面，陶行知以宽阔的国际视野、强烈的时代精神和本土意识，从中国的具体国情出发，从乡土中国的文化特质出发，面对时代难题，深入基层，试图从传统文化中寻求救国之道，进行教育本土化的实践，在中西文化之间找到了一个很好的平衡点。这种本土化的意识，是基于陶行知对中国基本国情的认识。从这个意义上说，对于当下我国农村教育的审视，不能仅仅停留在对工业化和城市化的认识逻辑和背景当中，更重要的是要尊重乡土中国的传统特质。

（二）对教育家办学的价值

陶行知对于乡村师范教育改革和发展的重要推动作用，使我们认识到教育改革需要教育家的推动。而反观今日，教育家的阙如已经成为限制我国教育改革和发展的阻碍力量。在我国农村，更是缺乏大量落地生根的乡村教育家和实干家。中国乡村教育需要一大批像陶行知那样的教育家和实干家，中国的乡村教育改革也需要陶行知那样的有力推动者。

2009 年 1 月 4 日，时任总理温家宝在讲话中提出：“要造就一批教育家，倡导教育家办学。我们有许多优秀的科学家，受到社会的尊重。我们更需要大批的教育家，他们同样应该受到社会的尊重。”③2010 年，中共中央、国务院下发《国家中长期教育改革和发展规划纲要（2010—2020 年）》，同样明确提出，要造就一批教育家，倡导教育家办学④。那么，在当前的时

① 梁漱溟：《乡村建设理论》，上海人民出版社 2006 年版，第 22 页。

② 梁漱溟：《由乡村建设以复兴民族案》，马秋帆《梁漱溟教育论著选》，人民教育出版社 1994 年版，第 117 页。

③ 《温家宝在科教领导小组会讲话：百年大计教育为本》，中央政府门户网站，http://www.gov.cn/ldhd/2009-01/04/content_1194983.htm.

④ 《国家中长期教育改革和发展规划纲要（2010—2020 年）》，中华人民共和国教育部，http://www.moe.gov.cn/jyb_xwfb/56052/moe_838/201008/t20100802_93704.html.

代背景中，政府必须创造宽松的改革环境，才能为教育家的成长赋予适宜的土壤。正如著名学者周洪宇教授所提出的那样，教育家的产生，需要一个特定的环境，“第一个需要社会环境，这里面特别是政策环境”，“第二个需要学术环境”，“第三个需要管理的环境”①。

（三）对当前农村师资培养的价值

陶行知创办的晓庄师范，设置在广大的乡村社会中，以专门培养乡村小学教师为指归。在当时不仅推动了我国乡村师范教育的发展，而且也有力地推动了乡村教育的变革和发展。在中国师范教育和农村教育发展史上无疑是熠熠生辉的，对于当前我国农村师资的培养也有很好的借鉴价值。

新中国成立以来，尤其是进入新世纪以来，教育均衡发展成为我国城乡教育发展的主要发展背景，围绕这一背景，国家设计了一系列关涉农村教师队伍建设的支持性政策，如2003年颁布的《关于进一步加强农村教育工作的决定》，2004年颁布的《农村学校教育硕士师资培养计划》，2006年颁布的《农村义务教育阶段学校教师特设岗位计划》《教育部关于大力推进城镇教师支援农村教育工作的意见》，2007年颁布的《教育部直属师范大学师范生免费教育实施办法（试行）》，2008年颁布的《关于义务教育学校绩效工资的指导意见》，2009年颁布的《关于进一步做好中小学教师补充工作的通知》，2010年的“国培计划”（包括“中小学教师示范性培训项目”和“中西部农村骨干教师培训项目”两项内容），2012年颁布的《关于加强教师队伍建设的意见》，2013年颁布的《关于落实2013年中央1号文件要求对在连片特困地区工作的乡村教师给予生活补助的通知》，以及2015年颁布的《乡村教师支持计划（2015—2020年）》等。

纵观这些政策，我们可以清晰地发现这样的特征，即是针对长期以来农村教师队伍数量不足、质量不高的一种补偿性、支持性政策。这些政策的实施，不仅表明了国家积极缩小城乡教育差距的一种尝试，也是对国家弥补和校正以往教育政策过失的积极姿态的彰显。但是，国家长期以来所实施的农村教师政策，带有明显的“不公正”色彩，从长远来看，这些补偿性政策只能作为一种临时性的政策设计，很难成为长期性的制度安排，也无

---

① 周洪宇：《一流教育家的四个标准》，《师道》2004年第10期，第17页。

法从根本上解决农村师资薄弱的现实困境。

当前我国农村教师教育政策的困境主要表现在：核心政策的缺失，缺乏长效机制，农村地区“缺师资”与“进不去”的矛盾突出，师范毕业生不愿意去农村任教，师范院校“去师范化”趋向日益明显，师范教育“去农村化”倾向比较严重，等等。因此，我国农村教师政策的应然走向应该是：

1. 在城乡一体化发展的框架之下制定农村教师政策

城乡二元结构，造成了我国城乡教育发展的不均衡，城乡教师的“同工不同酬”，严重降低了农村教师的工作积极性和热情，也造成了农村教师的专业水平与专业素质长期得不到提升，从而出现了大量农村教师向城市的“逆向流动”，直接造成了农村教师队伍的数量不足与质量不高。因此，当前我国农村教师政策的构建，需要在城乡一体化发展的框架之下进行。城乡一体化框架下的农村教师政策应该顾及各类地区，关注不同层次、不同类型、不同群体的教师，包括大中小城市、乡镇和最偏远的村庄①。

2. 农村教师教育政策需要“量身定制”

农村教师教育政策的制定，要像陶行知所倡导的那样，体现与乡村社会的有机联系和良性互动，要以培养真正能够扎根农村、愿意扎根农村的师资为目标。而要达到这一目标，就应该做到以下几点：首先，农村教师队伍建设内生机制的生成。以外部援助或“输血”为主的农村教师政策，只能起到辅助作用，无法从根本上解决农村教师数量不足、质量不高的问题，这些援助性的政策设计和制度安排，是对农村地区实施的一种教育补偿行为，并且在政策设计上体现了临时性和短期性的特点，无法使农村教师政策达到可持续发展。因此，急需建立农村教师队伍建设的内生机制。其次，坚持“农村”取向，强化“务农”意识。当前，我国师范院校的毕业生不愿意投身于农村教育当中。一方面与农村的贫困落后有关，他们更愿意去经济文化更加繁华的大都市工作。另一方面也和我国教师教育课程设置不无关系，现有的教师教育课程设置具有明显的“离农”倾向，造成了师范生缺乏对农村、农民的了解。那么，如何增强教师教育政策中的“务农”意识，培养真正愿意扎根农村的师资呢？在这一点上，陶行知的乡村师范教育实

① 柯春晖：《城乡统筹发展中的教育政策取向和政策制定》，《教育研究》2011 年第 4 期，第 18 页。

践无疑为我们提供了借鉴。陶行知当年也曾经面临着师范生不愿意服务乡村的问题,他秉持以乡村为中心的教育理念,于1927年创办了晓庄试验乡村师范学校。晓庄学校的创办,在很大程度上是基于其与乡村社会之间的密切联系。晓庄学校非常重视学生的乡村生存能力,作为乡村师范学校培养的未来乡村教师,在对乡村生活有一个必要的认同的同时,必须要具备在乡村生活的能力。否则,学生就不能持久地居于乡村、服务乡村,更谈不上改造乡村。

3.农村教师政策需要形成长效机制

以项目、工程形式为主的农村教师政策,无法从根本上解决农村优质师资短缺的问题。从实施方式看,这类政策均制定了明确的时间表和实施步骤,规定了每年的工作进度和实施规模以及人员资金支持等细则,界定了权责范围和主管部门。这种政策安排不乏优点,比如具有明确的针对性;但缺点依然明显,比如政策本身缺少稳定性和预期性,充满临时性的特点。这种"临时性"的政策安排,结果必然是为农村学校补充"临时教师"。我们不能否认这种政策形势对于农村教育发展的积极意义,尤其是在当前我国农村地区优秀师资匮乏的困境中。但这种输入"临时教师"的政策安排,也容易导致教师的临时思想和短期行为,不利于农村教师队伍建设长效机制的形成。农村教师政策不仅仅需要雪中送炭,更要建立长效机制,如是,才能促进农村教师真正的可持续发展。

那么,应该怎么建立这种长效机制呢?一是要出台专门的农村教师培养政策,要通过定向培养的方式,为农村地区输送大量师资;二是要提高农村教师工资待遇,在确保城乡教师同等工资待遇标准的情况下,加大针对农村教师的专项补助,要针对农村教师尤其是边远农村地区的教师发放津贴或额外补贴,以此来提升农村教师的吸引力;三是要进一步加大"特岗计划""免费师范生"等补偿性政策的实施力度和范围,要努力规避这些政策在实施过程中的失范行为,确保这些政策能够发挥其应有的作用。

总之,陶行知是我国现代教育史上负有盛名、深受群众爱戴的伟大的人民教育家。他一生的精力,主要用于以教育事业为中心的乡村社会改造运动。他把教育作为救国救民、改造社会的工具,孜孜不倦地追求、探索,锲而不舍地开拓、创造,为在中国建立起人民大众的新教育,遍洒爱心,流尽血汗，奋斗了一生。他的乡村师范教育思想及实践在中国现代教育史上熠熠生辉，并具有重要的当代价值。

（曲铁华系东北师范大学教育学部教授、博士生导师。）

陶行知思想予当前农村普惠性幼儿园办学的启示

陈光春　黄　瑾

陶行知是一位伟大的人民教育家，也是乡村幼稚教育的开拓者。陶行知非常关注中国幼儿教育事业的发展，积极投身于幼儿教育的理论研究和实践探索。陶行知的幼教思想十分丰富，他对农村幼儿教育的重要意义、目标、内容、方法、师资培训都有精辟的论述，建立了一整套农村幼儿教育理论体系。尤为可贵的是，陶行知并没有将自己的幼儿教育思想及方法停留在理论上，而是脚踏实地，躬行实践。

一、陶行知乡村学前教育思想解读

（一）教人要从小教起——幼儿教育是教育根本之根本

陶行知在一系列的文章中，论述了幼儿教育的地位和作用，看到了幼儿教育的重要性和必要性，并且特别强调“教人要从小教起”①。他根据儿童心理学的研究成果告诉人们，“人格教育，端赖六岁以前之培养”②。他在《创造乡村幼稚园宣言书》中指出：“从福禄伯发明幼稚园以来，世人渐渐的觉得幼儿教育之重要……儿童学者告诉我们，凡人生所需之重要习惯、倾向、态度，多半可以在六岁以前培养成功。换句话说，六岁以前是人格陶冶最重要的时期。这个时期培养得好，以后只须顺着他继长增高的培养上去，自然成为社会优良的分子；倘使培养得不好，那末，习惯成了不易改，倾向定了不易移，态度决了不易变。”③陶行知先生就是那么形象地、通俗地

---

① 陶行知：《如何使幼稚教育普及》，方明：《陶行知全集》第1卷，四川教育出版社2005年版，第115页。

② 戴自俺、龚思雪：《陶行知幼儿教育的理论与实践》，四川教育出版社1987年版，第29页。

③ 陶行知：《创造乡村幼稚园宣言书》，方明：《陶行知全集》第1卷，四川教育出版社2005年版，第70页。

阐明幼儿教育的重要性。

陶行知先生明确指出:“小学教育是建国之根本,幼稚教育尤为根本之根本。”他在《如何使幼稚教育普及》中又说:“教人要从小教起。幼儿比如幼苗,必须培养得宜,方能发荣滋长;否则幼年受了损伤,即不夭折,也难成材。”因此,绝不能漠视小孩子的需要、能力、兴味、情感,从而不知不觉地漠视了他们的教育。陶行知先生认为:“我们必须唤醒国人明白幼年的生活是最重要的生活,幼年的教育是最重要的教育。”如待到他们入学后再去纠正其已形成的坏习惯、坏倾向、坏态度,即使教师花费九牛二虎之力,也往往事倍功半,很难予以改正,甚至有可能成为社会的不良分子。因此,幼儿教育不仅是人生的基础,而且也是整个学校教育的基础,这个基础打得好,学校教育就顺利,反之就难以成功。

陶行知认为儿童应该是快乐的,而现在中国的儿童却非常痛苦,他主张成人应该给儿童除苦造福,这就需要人们首先承认儿童的人权。他认为儿童与成人具有平等的地位,不应把儿童看作低成人一等的人。其次应该了解儿童的能力和需要,解放儿童的创造力。陶行知认为,在旧中国封建礼教的各种束缚下,儿童的身心得不到发展,创造力被禁锢。他把旧教育视为儿童的地狱,发出“敲碎儿童的地狱,创造儿童的乐园”的呼声。为了造福儿童,他提出了十条建议,并从头脑、双手、嘴、空间和时间五个方面来解放儿童的创造力。他认为儿童的创造力被迷信、成见、幻想、曲解等层层包裹了起来。

(二)幼稚教育普及的“新大陆”——乡村和工厂

陶行知指出,创办乡村幼儿园不仅是儿童身心发展的需要,而且对于广大农民朋友来说也是现实的需要。这是因为,“在中国乡村里,幼稚园格外来得需要。农忙的时候,农妇异常忙碌,她要帮助种田,要做饭煮茶,还有其他的家事。在这个时候,年长的儿童都可以帮助做事。六岁以下的孩子,真是她的累赘物了。倘若有一个地方替她看孩子,她们真是要感激不尽了”。“倘使农村里有了幼稚园,就能给这些小孩子一种相当的教育,并能给农民一种最切要的帮助”,家长们肯定都会乐意将孩子送入幼儿园,“所以乡村幼稚园的功效比城市幼稚园还要大”,因为6岁以下的孩子不能帮家长做事,而只是“累赘物”,所以陶行知非常乐观地认为,倘使办理得当,乡村幼稚园可以先小学而普及。

陶行知认识到：在一个农业立国的泱泱大国里，农村的处境和地位，直接关系到国家的富强和昌盛，关系到国家的现代化和发展前途。他明确指出："教育是立国的根本"①，乡村教育"是立国的根本大计"②。要想提高农民的素质，改造中国当时农村社会现状，就必须努力发展中国农村教育事业。他特别指出："乡村教育关系三万万四千万人民之幸福，办得好，能叫农民上天堂；办得不好，能叫农民下地狱。"他还说："教育没有农业，便成为空洞的教育，分利的教育，消耗的教育；农业没有教育，就失去了促进的媒介。"③

陶行知在 1928 年发表的《如何使幼稚教育普及》一文中写道："小学教育是建国之根本，幼稚教育尤为根本之根本。小学教育应当普及，幼稚教育也应当普及。"陶行知为幼稚教育的普及找到了"新大陆"——乡村和工厂，并致力于开拓和实践。在农村创办幼稚园，一则"能给这些小孩子一种相当的教育"，二则为农妇在农忙时节无暇照管孩子解决后顾之忧，三则可以改善小学生在农忙时因需留在家里看管弟妹而旷课或辍学的状况，除此之外，推广乡村幼稚园，也为受过教育的乡村女性"开职业上之出路"，能够成为"乡村妇女运动之中心和妇女教育之关键"，可谓"一举数得"。因此，"乡村幼稚园，是乡村社会普遍的、永久的需求"，值得人们去开拓和献身。而在工厂附近开办相当之幼稚园，能够解决因女工上班而将小孩留在家中无人照料和看护的困难，既不影响女工正常工作，又不阻碍儿童发育生长，这样是"为儿童教育计，为女工精神计，为工业出产效率计"，能"增进儿童之幸福而减少为母者精神上之痛苦"。

（三）中国式的、省钱的、平民的——试验幼儿园办园的方向

陶行知十分重视幼儿的早期教育，提出普及幼稚教育的主张，针对当时中国城市幼稚教育存在的三大弊病：一是外国病，当时的幼稚园充斥着外国货；二是花钱病，国内幼稚园花钱太多，有时超过小学好几倍；三是富贵病。1926 年陶行知发表了《创设乡村幼稚园宣言书》和《如何使幼稚教

---

① 陶行知：《师范教育之新趋势》，华中师范学院教育科学研究所：《陶行知全集》第 1 卷，湖南教育出版社 1984 年版，第 166 页。

② 陶行知：《试验乡村师范学校答客问》，中央教育科学研究所：《陶行知教育文选》，教育科学出版社 1981 年版，第 57 页。

③ 陶行知：《中国乡村教育之根本改造》，中央教育科学研究所：《陶行知教育文选》，教育科学出版社 1981 年版，第 58 页。

育普及》,提出开办幼稚园有利于妇女的解放,提倡在工厂和广大农村创办幼稚园,倡导创办中国式的、省钱的、平民的试验幼儿园。

对于如何普及,陶行知认为要有三个步骤:首先,要改变我们的态度。他说:“我们要承认幼年生活教育的重要性,这是普及幼稚园的出发点;要承认幼稚园是全社会幼儿的教育场所,这是普及正当幼稚园的出发点。”只有持这两种态度,幼稚教育才有普及的希望。其次,要改变办园的方法。陶行知认为,农村和女工区是最需要幼稚园的,而办幼稚园是需要大笔经费的,但是乡间“民穷财尽”,普及小学尚属不易,何况普及费钱加倍的幼稚园呢?所以在乡间普及幼稚园就必须“向着省钱的方针去谋改造”,只有这样,“幼稚园才有下乡的希望,才有普及的希望”。

他把目光转向农村和城市女工聚居区域,主张用科学的方法来建设一个省钱的、平民的、适合国情的乡村幼稚园,在普及幼稚教育实践中,强调运用生活教育理论来指导幼儿教育实践,在教学过程中采用“教学做合一”的方法,并强调对幼儿进行身心协调发展的教育内容,主张从小对幼儿进行科学教育,以大自然、大社会为知识获取的源泉。他还提出建设省钱的乡村幼儿园的办法:训练本村师资教导本乡儿童,动用本村小学手工科及本村工匠仿制玩具等。在陶行知的努力下,1927 年 11 月,我国教育史上第一所乡村幼儿园——南京燕子矶幼稚园诞生了。此后许多农村幼稚园相继创办,在中国教育史上写下了光辉篇章。

在乡村教育事业的试验中,陶行知摸索并创造了独特的思想体系——生活教育学说,他把生活教育运用到幼稚教育,从而使幼稚教育成为其生活教育的重要组成部分。依据生活教育的原理,生活决定教育,教育要应济、适应生活的需要。所以陶行知从来都不是为教育而办教育,他办的教育是为了应济生活所需。从这点出发,结合中国当时的国情尤其是社会经济发展状况。

(四)生活教育法——乡村幼稚教育的具体实践

陶行知幼儿教育思想的内容主要有两点:从生活教育出发,教育内容贴近幼儿生活,改革幼稚园教材;从幼儿实际出发,主张幼教内容浅显、全面。陶行知认为儿童应该是快乐的,而现在中国的儿童却非常痛苦,他主张成人应该给儿童除苦造福,这就需要人们首先承认儿童的人权。他认为儿童与成人具有平等的地位,不应把儿童看作低成人一等的人。其次应该了解儿童的能力和需要,解放儿童的创造力。

在幼稚教育的具体实践中,陶行知采用了生活教育法。陶行知在给生活教育下定义时说"给生活以教育,用生活来教育,为生活向前向上的需要而教育"①。他又指出,生活决定教育,教育离不开生活,教育应以生活为中心,"没有生活做中心的教育是死的教育。没有生活做中心的学校是死的学校。没有生活做中心的书本是死的书本"②。生活是幼儿教育的内容,幼儿的生活就是幼儿的教育,过什么样的生活就是受什么样的教育。如果我们把幼儿的教育与幼儿的生活相互割裂,把教育看作幼儿生活之外的东西,那么幼儿的教育就远离了生活。因此,他认为选择幼儿教育内容应考虑幼儿的知识经验基础,应从幼儿熟悉的生活环境中去寻找丰富有趣的内容。贴近生活的教育更有利于幼儿对学习的内容产生浓厚的兴趣,更有利于理解和掌握学习内容。从这样的理念出发,陶先生还进行了幼稚园教材的改革。故幼稚教育要以幼儿的实际生活为指南针,幼稚园的课程就是依生活所需而设置的,把附近的自然现象、社会现象、出产物品以及儿童歌谣、儿童故事、儿童游戏、儿童语言等收集起来,加以编制,作为教育幼儿的教材。乡村幼稚教育既以乡村实际生活为中心,整个的生活就是教育的范围,就是教育的场所。所以幼稚教育不能关起门来办,应该引导幼儿走向社会这个大学校。

办活的乡村幼稚教育还须有活的方法,即"教学做合一"。它的基本含义是"教的方法根据学的方法,学的方法根据做的方法","事怎样做便怎样学,怎样学便怎样教,教与学都以做为中心"。真正的做不仅要会动手,而且要会动脑,手脑结合,在劳力上劳心。通过在幼稚园设置洒扫整理、音乐、画画、手工制作、讲故事猜谜语、学数数、学读法、游戏、生产教育等各项教学措施,鼓励、指导幼儿自己动手,培养他们丰富的生活力。

对于幼儿的健康,陶行知是十分重视的,他认为要培养有生活能力的国民,必须从小开始,健康的生活是实施健康教育的基础。要加强儿童的健康,幼稚教师扮演着重要的角色,陶行知明确要求"幼稚园教师应当做康健之神"③,应该把儿童的健康当作幼稚园里的第一要紧事。

---

① 孙培青:《中国教育史(修订版)》,华东师范大学出版社 2000 年版,第 471 页。

② 陶行知:《生活即教育》,中央教育科学研究所:《陶行知教育文选》,教育科学出版社 1981 年版,第 116 页。

③ 陶行知:《幼稚园之新大陆——工厂与农村》,方明:《陶行知全集》第 1 卷,四川教育出版社 2005 年版,第 94 页。

陶行知一贯重视儿童的道德教育,“因为道德是做人的根本。根本一坏,纵然使你有一些学问和本领,也无甚用处”①,而“六岁以前是人格陶冶最重要的时期”。所以,陶行知对幼儿德育尤为重视,强调“真人”的培养要从幼儿抓起。

陶行知认为科学教育是关系到国家强弱、盛衰的大事,科学启蒙始于幼儿,科学要从小教起。他说,人才的幼苗要从小培养,要想创造科学的中国,就必须培养科学人才的幼苗,只有这样才能达到目的。

陶先生反对脱离生活、脱离劳动的传统教育,斥责传统教育是,“人分利不生利”的剥削教育,极力主张教育要联系生活和劳动进行。幼儿的劳动教育不能仅仅停留在擦擦桌椅,扫扫地,而要寓思想品德教育于劳动过程中,使幼儿体验到劳动的乐趣、劳动的价值,养成劳动既快乐又光荣的思想感情,从而形成良好的道德品质。

陶行知非常重视幼儿园环境的改善、建设和美化,而这恰恰是一件关系到幼儿人格陶冶的大事。早在1923年,陶行知就提出“天然环境和人格陶冶,很有密切关系”。陶行知重视环境对幼儿的艺术陶冶的思想与现代幼儿美育的目标基本一致,我们应当继承和发扬。

陶行知从幼儿实际出发,按照幼儿的能力和需要对其进行教育,教学内容要符合幼儿的生理、心理、智力发展特点,在确定教育内容时应浅显、全面。他以幼儿生活为中心,实施体、德、科、劳、美的全面发展教育。可以说,陶行知当年就已经从素质教育的高度来认识和实施幼儿教育。

二、陶行知教育思想对于当前农村普惠性幼儿园建设的启示

陶行知作为我国农村幼儿教育的开拓者,他所提出的幼教理论,在中国幼儿教育史上写下了光辉的一页,成为中华民族的宝贵财产,值得我们继承和发扬。当然,社会在进步,科学在发展,我们也不能教条地搬用陶行知的教育思想,只有结合实际,正确利用前人的精神财富,才能推动农村幼教事业不断迈向新的台阶。

《关于当前发展学前教育的若干意见》(国发〔2010〕41号)明确提出,

---

① 陶行知:《每天四问》,方明:《陶行知全集》第4卷,四川教育出版社2005年版,第435页。

“发展学前教育，必须坚持公益性和普惠性”，明确强调了我国在推动学前教育发展的过程中，必须遵循普惠性原则。顾名思义，普惠性表明学前教育应既是普及的又是优惠的，即扩大学前教育的普及面，提供价格低廉的学前教育服务，使所有幼儿都有机会接受学前教育，尤其是保障弱势群体幼儿的权利，做到所有幼儿起点的公平①。在此基础上，普惠性对学前教育的质量也有要求，以便为义务教育奠定良好的基础。普惠性学前教育的核心内涵是普遍惠及、人人享有，其基本属性是高包容性、非竞争性、非排他性。在现阶段实施普惠性学前教育，有助于通过教育公平实现社会公平，阻断贫困代际循环。坚持学前教育普惠性原则，必须从村、西部等薄弱地区开始，由政府主导，多种形式举办普惠性幼儿园，以满足人民群众自由选择幼儿园的需要。

(一)入园意义:提高农村家长对学前教育的认识

“农村学前教育的落后与农村家长受教育程度低，对学前教育认识有误区也有很大的关系。由于农村家长的受教育程度较低，生存的压力较大，所以很多照看留守儿童的祖辈甚至年轻的父母对学前教育的认识仍然停留在陶行知先生所说的‘总以为小孩子的教育不关重要；早学一两年，或迟学一两年，没有多大关系。……因此，便不知不觉的漠视了他们的教育’思想水平上。认为孩子在上小学前只要吃饱穿暖不生病就可以了，根本未考虑到早期教育对孩子一生发展的影响。所以很多农村幼儿的社会性、认知和情感发展水平都相对滞后。广大的农村学前教育工作者可以利用各种方法，组织丰富多彩的活动，多渠道进行家园沟通，努力使广大的农村家长理解学前教育的重要性，更好地配合幼儿园做好幼儿的家庭教育，在提高农村家长对学前教育的认识上多下功夫，多想办法，才能很好地促进农村学前教育的发展。”②

(二)办园地点:在城市农民工子女聚居地办幼儿园

“陶行知先生提出工厂和农村是最需要幼儿园的地方。如今，对于城市的农民工来说，孩子成了心底永远的痛。将孩子带在身边，可以使孩子

---

① 宋伟、袁爱玲:《正确认识学前教育普惠性的内涵》,《教育导刊》2012 年第 6 期,第 9—12 页。

② 刘冬梅、王晓明:《试论陶行知幼儿教育思想对发展当代农村学前教育的启示》,《牡丹江教育学院学报》2012 年第 1 期,第 68 页。

享受亲情的温暖，可城市天价托儿所和幼儿园的门槛又岂是收入微薄的他们能够迈进的；将孩子狠心留在当地农村，由受教育程度更低的祖辈养育，又极大地限制了孩子的发展。笔者认为，农民工为当地城市的建设和发展做出了巨大的贡献，当地政府部门应该高度关注这些打工者子弟入托、入园的问题。可以采取多种措施，将托儿所和幼儿园办到工厂附近或农民工聚居的地方，使这些跟随父母背井离乡的学前儿童能够享有和当地儿童一样的受教育权利，能够拥有本该属于他们的快乐幸福的童年。”①

(三)办园方式:因地制宜创办符合农村实际的幼儿园

在未来十年的教育规划中，国家将发展农村学前教育提到了前所未有的高度，也将会在这一领域投入更多的人力和财力。在国家政策大力支持的基础上，具体的农村学前教育的实施者，也就是广大的托幼保教工作人员和教师可以借鉴陶行知先生办“中国的、省钱的、平民的”幼儿园思想，充分利用农村环境优美、自然资源丰富、风土人情浓郁、民间艺术众多的优势，创办出具有当地文化特色的托儿所和幼儿园。比如，在幼儿园环境布置上，可以在幼儿园内开辟一个小小农场，种植一些当地常见的农作物和花草树木，养殖一些当地常见的小动物，供孩子们观察探索，激发幼儿科学探究的欲望和兴趣。

其次，可以利用当地资源制作玩具，如用秸秆围个迷宫，用木桩做个平衡木，用河里的鹅卵石做个海洋球堆等，强健幼儿的身体。另外，在幼儿园室内装饰上，幼儿园教师可以请教当地的民间艺人制作各种民间工艺品，然后教孩子制作，用孩子稚嫩的作品装饰教室，使孩子感受自己的成就和当地文化的魅力。

(四)办园内容:开设适合儿童身心全面发展的课程

陶行知在其幼儿教育思想中，重视幼儿教育内容的全面性，主张对幼儿实施身心协调发展的教育内容，为其一生成长发展奠定基础，在今天仍能给我们极大的启示。2001 年教育部颁发了新的《幼儿园教育指导纲要(试行)》，在其第二部分“教育内容与要求”中明确规定:“幼儿园的教育内容是全面的、启蒙性的，可以相对划分为健康、语言、社会、科学、艺术等五个领域，也可作其他不同的划分。各领域的内容相互渗透，从不同的角度

---

① 刘冬梅、王晓明:《试论陶行知幼儿教育思想对发展当代农村学前教育的启示》，《牡丹江教育学院学报》2012 年第 1 期，第 68 页。

促进幼儿情感、态度、能力、知识、技能的发展。”①

但在当前我国幼儿教育过程中，单从教育内容来看，亦暴露出了不少问题。很多家庭出于对孩子未来竞争力的考虑，往往更加重视幼儿在认知领域的发展而忽视其他方面的学习，这就促使许多幼儿园为了迎合家长需求而只注重幼儿智能方面的学习，出现“小学化”倾向。比如在幼儿园中的课程中，语言、珠心算、英语占了绝大部，其他课程内容涉及较少。一些家长则要求幼儿成为全才，导致很多幼儿园把音乐、舞蹈、绘画等作为办园特色而忽略其他方面的学习；一些幼儿园“洋化”现象严重，以“双语”教学口号为幌子而尽失中国本土特色；一些幼儿园的教学内容完全与生活脱节，不能把大自然、大社会作为幼儿教育内容的源泉，在教学过程只重教师教，而不重学生做和学，不能做到手脑并用，这显然不利于幼儿从实践中探获科学真知。一些幼儿园，因办园条件简陋，缺乏必要的课外活动场地，幼儿整天被禁锢在狭小的空间而不能自由活动，对于正处于身体成长发育期的幼儿来讲，体格发育受到了严重的限制，更谈不上对其实施全面发展的教育内容了。

上述种种情况，显然违背了当前我国幼儿教育的基本目标，2013 年教育部在《幼儿园工作规程》(修订稿)中对幼儿园保育和教育的主要目标从身体、智力、品德行为和习惯以及美育等方面进行了具体的规定。这些目标与陶行知当年倡导的对幼儿实施身心协调发展的教育内容具有高度的一致性。由此可见，作为当代中国的幼儿教育事业，应该全面贯彻这一方针，以全面提高幼儿德、智、体、美、劳等方面的素质作为办园的根本目的，而不能仅以市场需要为导向而偏离幼儿教育的根本目的。

(五)办园师资:师范院校培养农村服务“活的教师”

针对农村幼儿教师缺乏的问题，陶行知创造性地采用“艺友制”的方法来培养幼儿师资，加强理论与实践的结合。这些思想，在今天更加显得历久弥新，对当前我国学前教育改革与发展仍然具有极大的现实借鉴价值。我国当今农村幼儿教育事业的发展还存在很多的困难，还有大量的工作要做，但我们今天要做的许多工作，要努力解决的许多问题，陶行知高瞻远瞩，在他生活的时代就已进行了探索，并提出了许多真知灼见，这对今天的

① 中华人民共和国教育部:《幼儿园教育指导纲要(试行)》，北京师范大学出版社 2001 年版，第 2 页。

农村幼儿教育有巨大的启迪作用。

陶行知希望培养出来的“活的教师”除了有讲真驳假、好学求真的基本素质，还应该有生活的气息、改造的精神。我们现在的师范教育却少是围绕农村服务的。现在的师范院校自成一家坐落在城市里，缺少生活教育的环境。他们培养出懂音乐、会电脑、说英语的老师，但缺少生活的气息和改造的精神，因此无法很好为农村教育服务。

受城市化教育的师范生解决不了农村的教育和人才培养问题，也没有多少乡村教师是抱着为乡村发展培养人才而从事教育教学。更多的教育成果是为城市做贡献，城市人才也不愿意为乡村服务。乡村的发展究竟靠谁？农村科技推广应用要靠人才，农村民主法制建设要靠人才，没有人才，乡村一辈子也得小到根本的发展，所以农村可以尝试通过定向为农村乡镇幼儿园培养师资，培养农村需要的能懂得教育和生产方方面面的人才，这样才能更好地改造乡村。

目前，我国城市与农村之间，教师的收入差距明显扩大，而且农村教育资源在分配上不公平，农村地区拖欠教师工资的情况比较严重。农村教师地位和收入的普遍低下，导致优秀师资的流失和教师对工作的倦怠。只有事实上确立了教师在乡村和乡村教育中的核心地位，才可能激发出他们的创造力和影响力，也才能吸引那些具有“农夫的身手、科学的头脑、改造社会的精神”的乡村教师安心于此。政府不仅要舍得花钱培养教师，还要舍得花钱为教师提供 ·个比较好的生活条件，以保障一个地区优秀教师的数量和质量。

(六)办学资金:规范普惠性幼儿园收费

按照成本核算的制定方法，确定普惠性幼儿园的收费基本依据，制定收费标准红线，可以有效地解决当前“入园贵”“入园难”的问题。另外，物价部门应进行随机审核和年费监督制度，对普惠性幼儿园进行监督检查。普惠性幼儿园的教学费用，应根据当地经济水平的发展进行制定，以保障普惠性幼儿园在维持正常运转的前提下，还有一部分资金是可以用来提高普惠性幼儿园的医疗和教育的质量品质，增强普惠性幼儿园抵御市场风险的能力。

(陈光春系湖北第二师范学院教育科学学院副院长。黄瑾系湖北第二师范学院教育科学学院硕士研究生。)

陶行知义务教育理论与实践及其当代价值

申国昌　唐子雯

中国近代义务教育作为一种从西方借鉴而来的教育制度，自其酝酿与发端之时就与民族危机、救亡图存运动紧密地联系在一起。1904年，清廷颁布的《奏定学堂章程》（“癸卯学制”），标志着第一个具有现代意义的教育制度在我国正式确立。遗憾的是，一个风雨飘摇的晚清政府既保证不了一个具有划时代意义的现代化学制的实施，也未能坚持到收获硕果的那一天就已寿终正寝。接踵而至的辛亥革命不仅结束了两千多年来的封建统治，也为近代众多教育家开创了一个在义务教育理论与实践领域大展宏图的新时代，更促成中国义务教育步入正式的发展轨道。陶行知作为中国近现代伟大的人民教育家，其在教育理论框架和实践活动中，对义务教育多有涉及。他在留学美国的数年间，对西方义务教育制度进行了深入的了解和学习；回国后，他积极投身于社会活动和教育改革事业。陶行知在其理论框架内，对民国时期义务教育的改革与实施有着独到的见解，并用自己的实践活动为民国时期的义务教育探索出了一条全新的适合我国国情的发展道路。他以毕生的精力推动了我国近现代教育普及化和民主化进程，使中国义务教育向公平化、科学化迈进了一大步。

一、陶行知的义务教育理论体系

《教育大辞典》将义务教育定义为：“根据国家法律规定对适龄儿童实施一定年限的普及的、强迫的、免费的学校教育。”①《中国大百科全书·教育》也解释道：“国家用法律形式规定对一定年龄儿童免费实施的某种程度的学校教育，也称为强迫教育、免费教育、普及义务教育。”②两者大同小

---

① 顾明远主编：《教育大辞典》第1卷，上海教育出版社1990年版，第69页。

② 中国大百科全书总编辑委员会《教育》编辑委员会编：《中国大百科全书·教育》，中国大百科全书出版社1985年版，第87页。

异。从中可知，义务性、强迫性和普及性是义务教育的鲜明特征。陶行知在其论述中，有时直接谈义务教育，有时将义务教育囊括在基础教育、平民教育、普及教育或小学教育之中，因此，考察陶行知的义务教育理论与实践不能拘泥于“义务教育”这四个字。

（一）义务教育目标观

教育目标作为具有历史性特征的概念，在不同时代背景下，受教育主体和社会对人才需求差异的影响，每个时期的教育目标都呈现出其独特性。生活在内忧外患的民国时期的陶行知对于义务教育实施的对象和目标有着非常清醒的认识，他认为，学生生活在混沌的社会环境中，无法锻炼独立思考能力，只能一味吸收真伪互掺的知识，再加上缺乏团队合作意识，使得“中国学生，愈学愈弱，愈教愈懒”，因此培养的小学生应该是“手脑双全、志愿自立立人的儿童”，具有“康健的体力”“劳动的身手”“科学的头脑”“艺术的兴趣”“团体自治的精神”①。陶行知确立的义务教育阶段学生培养目标全面而具体，涉及对受教育者体质、劳作、智力、品德、审美等能力与素养方面的要求，在当时堪称一个科学合理的培养目标。

要想实现义务教育的普及化，必须解决四个问题：“一、如何使全国四千万失学儿童于二十年内全体入学。二、如何在二十年内增加一百四十万教员。三、如何增加教室一百万间，教室设备一百万套。四、怎样筹措每年二亿八千万元的经费。”②这些问题的存在与解决，意味着在当时社会环境下义务教育面临硬件设施的极度贫乏和软件条件的难以匹配等问题。尤其是教师队伍建设，迫在眉睫，但又非一朝一夕所能解决。因此，他将义务教育的目标确定为：“使全国学龄儿童（失学的四千万人）都受四年的义务教育。”③对适龄儿童的培养，不但要注重知识的传授，更应强调生活技能的锻炼，“应培养手脑双全、志愿自立立人的儿童”④。国家对于义务教育

① 华中师范学院教育科学研究所主编：《陶行知全集》第 2 卷，湖南教育出版社 1985 年版，第 110 页。

② 华中师范学院教育科学研究所主编：《陶行知全集》第 2 卷，湖南教育出版社 1985 年版，第 202 页。

③ 华中师范学院教育科学研究所主编：《陶行知全集》第 2 卷，湖南教育出版社 1985 年版，第 202 页。

④ 华中师范学院教育科学研究所主编：《陶行知全集》第 2 卷，湖南教育出版社 1985 年版，第 110 页。

的普及,必须依靠政府财政支持,而国力衰微的民国政府难以保证既定计划的顺利实施。故此,他倡导"在实施义务教育第一第二两期内,学龄儿童之已在私塾或家庭受有与义务教育程度相当之教育者,经当地普通小学或短期小学考查及格,予以证明书,以曾受义务教育论"①。尽管在当时通过对教育手段的灵活把握来推进义务教育只是权宜之计,但在一定程度上也有助于促进一定范围内义务教育的施行和普及。

(二)义务教育价值论

陶行知的义务教育思想主要体现在其普及教育、平民教育、乡村教育等综合思想体系之中。普及教育,就是"整个民族现代化""整个生活现代化""整个寿命现代化"②,是一种囊括所有公民、纵贯生命始末的教育,是一个融合全民教育和终身教育精华的综合概念,义务教育只是其中不可分割的一部分。21 世纪信息化时代的来临,带来了信息和知识的爆炸式的发展,知识更新迭代速度的持续加快引导着社会进入全民学习和终身学习时代,学习意识普遍化和行为社会化成为现代社会的新常态。教育,不再只是在固定的时间和场所针对固定人群的知识技能传播活动,而是一个伴随人类终身发展的行为习惯。虽然陶行知在 1934 年提出了"普及教育"这一概念,但其思想内核,时至今日依旧散发出时代的光辉。平民教育主要针对城市下层民众而言,力求将教育对象扩展至城市所有需要接受教育的下层民众,不因其经济条件的落后和社会地位的低下而被排除在学校教育的大门之外,是一种真正能够惠及大众的教育,与现代义务教育中的强制性不谋而合。而乡村教育主要针对乡村民众而言,是陶行知在深刻剖析了当时中国社会实际与教育现状后所提出的最富有针对性的普及教育主张。他说:"中国农民约有三万万四千万,占人口百分之八十五。我们要想建设新中国,必须用教育的力量,来唤醒老农民,培养新农民。"③庞大的农村人口比例,使得普及乡村教育事业变得尤为重要。因为乡村教育的发展,直

---

① 华中师范学院教育科学研究所主编:《陶行知全集》第 2 卷,湖南教育出版社 1985 年版,第 848 页。

② 华中师范学院教育科学研究所主编:《陶行知全集》第 2 卷,湖南教育出版社 1985 年版,第 804 页。

③ 华中师范学院教育科学研究所主编:《陶行知全集》第 2 卷,湖南教育出版社 1985 年版,第 117 页。

接关系到广大乡村面貌的改变和整个社会的和谐与稳定。陶行知论及的义务教育价值，在于惠及乡村农民和城市平民，力求实现城乡民众教育机会与过程的均等，进而通过义务教育的公平发展来促进社会公平。为此，他强调："改造社会而不从办学入手，便不能改造人的内心；不能改造人的内心，便不是彻骨的改造社会。……在教师的手里操着幼年人的命运，便操着民族和人类的命运。"①通过施行义务教育，最终达成国民综合素质的全面提高，实现国富民强的伟大愿景。

（三）义务教育施行论

陶行知对于旧有的义务教育施行方式微词颇多，他指出："一提到普及教育，大家就联想到办学校：圈校址，造洋楼，请教员，买家具，招学生，考学生，收学费，行开学礼。这样的一个东西是不易普及，即使普及也是害多益少。"②而真正能够使大部分适龄儿童受益的义务教育，应当是能够帮助儿童更好适应生活的教育。为了解决教育活动中校舍、师资严重不足的问题，陶行知创造性地提出工学团。作为自己在推广普及教育运动中有别于传统学校的一种新型学校，陶行知用工学团对每个学生进行六大能力培养：军事能力、生产能力、科学能力、识字能力、运用民权的能力和节制生育的能力，从而将个人知识学习与技能锻炼、学校发展与社会进步、教育与生产劳动力提高、政治活动和文化学习结合起来，克服了传统学校与社会实际相脱离的弊端，使"消费"的学校变为"生利"的学校。

在实际教学过程中，陶行知独创了"小先生制"，并将"小先生制"作为普及义务教育最重要的手段之一，"小先生是负着普及教育之使命，穷社会除了重用小先生之外，是没有别的办法可以使教育普及。但是小先生所调着的阻碍实在是屈指难数。"小先生们依旧要秉承"即知即传人……指导小先生教人，不如指导小先生教人去教人"③的原则。教育者通过指导小先生们掌握知识，学习如何进行教育工作，使他们既能够掌握必备的知识，又

① 华中师范学院教育科学研究所主编：《陶行知全集》第2卷，湖南教育出版社1985年版，第128页。

② 华中师范学院教育科学研究所主编：《陶行知全集》第2卷，湖南教育出版社1985年版，第702页。

③ 华中师范学院教育科学研究所主编：《陶行知全集》第2卷，湖南教育出版社1985年版，第656页。

能运用所学的教学技能将知识传播出去。更重要的是,在传播知识的过程中,将这些教学技能一并传授给民众,使小先生的数量可以成倍增长,进一步推进义务教育的普及。

陶行知通过理论分析和实践总结,提出"'民众教育'的根本意义,就是教人把知识广散给大众,不是象占取金钱一样,把它封锁在少数人的脑袋里,把头弄得大大的"[①]。知识应像新鲜空气一般,成为人生活的必需品而非奢侈品,教育作为传播知识的重要手段,就更不应成为"泥灰、污水、浊气",利用"小先生制",可以完成诸如普及女子教育、降低义务教育成本、加强师生联系等许多仅凭"大先生"无法完成的任务。

(四)义务教育知识论

义务教育最重要的任务之一,就是将基础的知识准确地传授给适龄儿童,因此,对于知识的选择与甄别,成为陶行知义务教育理论中最重要的一部分内容。对于知识的甄别问题,他特别注重由直观感受得来的经验性知识,认为"知识有真伪。思想与行为结合而产生的知识是真知识。真知识的根是安在经验里的。从经验里发芽抽条开花结果的是真知灼见。……比如知道冰是冷的,火是热的是知识。小孩儿用手摸着冰便觉得冷,从摸着冰而得到'冰是冷的'的知识是真知识。小孩儿单用耳听见妈妈说冰是冷的而得到'冰是冷的'的知识是伪知识"[②]。他强调,要拿活的东西去教活的学生。所谓"活的东西",不仅仅是实物或教具,还有真实的环境,"花草是活书,树木是活书,飞禽、走兽、小虫、微生物是活书,山川湖海、风云雨雪、天体运行都是活书。活的人、活的问题、活的文化、活的武功、活的世界、活的宇宙、活的变化,都是活的知识之宝库,便都是活的书"[③]。通过带领学生进入真实或模拟的情境中,切身感受和体会其中的真实意境,从而锻炼学生自主获取真知的能力。陶行知认为,真知识才是学生需要学习的内容,伪知识获取得越多,越容易使学生困于虚假的泥潭中难以自拔。但不可否认的是,受到个人精力和不同知识属性的影响,人们难以通过经验

---

① 华中师范学院教育科学研究所主编:《陶行知全集》第 2 卷,湖南教育出版社 1985 年版,第 743 页。

② 华中师范学院教育科学研究所主编:《陶行知全集》第 2 卷,湖南教育出版社 1985 年版,第 86—87 页。

③ 顾明远、边守正主编:《陶行知选集》,教育科学出版社 2011 年版,第 447 页。

去获取所有的真知识。同时,如果单纯以经验能否获得作为评价真知识的唯一标准,也难免有失偏颇。因此,他人的间接经验也可以是学生学习的内容,其中的关键是要学会"如何运用别人经验里所发生的知识使他成为我们的真知识。……我们要有自己的经验做根,以这经验所发生的知识做枝,然后别人的知识方才可以接得上去,别人的知识方才成为我们知识的一个有机体部分"①。我们应以自身经验获得的真知识为基础,吸收他人的知识经验,利用两者之间的共通之处,构建起属于自己的真知识体系。

(五)义务教育学习观

陶行知认为教学的本质是学习,学习的关键是实践。在生活中学习,理论和实践相结合才称得上是真正的学习。"教的方法根据学的方法;学的方法根据做的方法。事怎样做便怎样学,怎样学便怎样教。教和学都以做为中心。在做上教的是先生,在做上学的是学生。"②采取与传统教学中授受关系不同的"教学做合一"的教学方法,是为了改变传统教学模式带来的教育与生活相分离的弊端,将学生从"死读书,读死书"的培养状态转变为培养学生创造性地运用知识,将知识与生活有机结合。

针对学生平时学习效率低的问题,陶行知提出要为教而学,"以教人者教己"的方法进行学习。他通过分析自己的教学案例指出:"比如锄头舞的歌词是我做的,对于这套歌词,诸位总以为我做了之后便是十分明了了,其实不然。我拿这歌词教燕子矶小学生时,方把他弄得十分明白。以前或可以说只有七八分明白,没有十分明白,自己做的歌词还要等到教人后才能十分明白,由此可见'以教人者教己'的效力之宏。……为教而学必须设身处地,努力使人明白,既要努力使人明白,自己便自然而然的格外明白了。"③在学习过程中通过身份的转换,改变学习者看待知识的立场和视角,从不同的角度去理解知识,并且带着教人的使命感去学习知识,才能真正提高学生的学习效率。

---

① 华中师范学院教育科学研究所主编:《陶行知全集》第2卷,湖南教育出版社1985年版,第87页。

② 华中师范学院教育科学研究所主编:《陶行知全集》第2卷,湖南教育出版社1985年版,第289页。

③ 华中师范学院教育科学研究所主编:《陶行知全集》第2卷,湖南教育出版社1985年版,第48页。

(六)义务教育理论科学化

陶行知提倡的义务教育，并非一味注重数量上的普及，他也强调教育教学的科学性和实践性。在1928年参加全国教育会议时，他提出的《设立教育研究所案》就指明:“中小学教育，为国家根本大计。必须运用科学方法，分析研究，实地试验，方能免入歧路。”[①]这是对我国教育现状的理性认识，不仅认识到了基础教育对于国家发展的重要意义，更强调了科学研究对于基础教育发展的重要性。科学化的教育学需要与真实的教育发展状况紧密结合，体现出陶行知在海外留学时受到现代实验教育学思想的影响。陶行知在强调教育科学化的同时，要求教育的改革必须基于对现状的了解。1925年陶行知建议中华教育改进社函请山西省行政长官，于山西省内指定一部分县试行教育统计。他认为，这也是推行义务教育必不可少的辅助措施。他提出:“教育统计最宜精确详实，而后始能作改进教育之基础。然各地方各学校之事实，足资记录供参考者，项目繁简不一。宜径取何项事实及应用何种格式记录，非先行试办研究不能骤言推行。”他还拟定出具体办法:“商请山西省长指定办理教育统计最有成绩之一县协力试办。俟办有成效，再推行于全省以兼为他省所取法。”[②]陶行知的这一提案是对一省义务教育发展现状最直观的评估，更为后续的教育改革提供了科学化的依据。

二、陶行知与民国义务教育实践

20世纪20年代初，陶行知在参观山西义务教育实施效果，并参与江苏成立的义务教育期成会之后，便开始研究义务教育相关理论，大力倡导施行普及义务教育。当时他尚在南京高等师范学校任教，还没条件和机会开展义务教育实践活动，1923年辞去大学教职后，经过一段时间对中国教育现状的调查，了解了我国普及义务教育的问题与症结所在，便于20世纪20年代后期至30年代陆续推出普及义务教育的相关实验与实践。尤其是他敏锐地发现当时我国普及义务教育的关键在于师资、经费、管理与评

① 华中师范学院教育科学研究所主编:《陶行知全集》第2卷，湖南教育出版社1985年版，第114页。

② 华中师范学院教育科学研究所主编:《陶行知全集》第1卷，湖南教育出版社1984年版，第566页。

价，因此，他在之后的义务教育实践中主要在这几方面着手并发力。

（一）创办乡村师范，提高义务教育师资水平

教师业务能力和职业道德水平的高低，是保证义务教育能否高质量实现的重要因素。陶行知在《中国师范教育建设论》中讲道："我们知道师范学校，是要运用环境所有所需的事物，归纳于他所要传布的那种学校里面，依据做学教合一原则，实地训练有特殊兴味才干的人，使他们可以按着学生能力需要，指导学生享受环境之所有，并应济环境之所需。"①具体而言，对于师范教育的发展在于两个问题：一是数量的问题，二是质量的问题。在数量上，"假定我国人口是四百兆，有八十兆是学龄儿童，就当有二百万教员（每人教四十个学生）。现在只有十八万五千，不过占十三分之一"，可见数量相差之巨。在质量上，"现在的师范学校，大都是中学校的变形，不过稍加些教育学、教授法罢了。毕业以后，就拿这些教材去教学生，恐怕还是门外汉呢"②！为此，陶行知撰写了大量关于师范教育的文章，从发展师范教育的重要性，到开办师范学校需要的注意事项都一一进行了论述，并在此理论的基础上开办了晓庄师范学校，将理论与实践完美地融合在了一起，为当时师范教育的发展提供了一个具有极大借鉴意义的模板。

（二）开源节流，实现教育经费合理统筹配置

虽然陶行知认为政府负担义务教育经费是理所应当之事，但他根据中国当时的社会经济状况，结合义务教育的个人成本进行了估算，提出："据十九年度（1930 年）统计，一千一百万小学生，一年要花八千九百四十万块钱。四年的义务教育该有五千万学生。假使私塾完全改良，有一千万学生可以代替。还有四千万学生，每年须费三万五千七百万元义务教育费。十年之内能筹到这笔经费吗？二年的义务教育，每年要多少款呢？"③"民国元年小学生数为二，七九五，四七五人，民国十九年为一〇，九四八，九七九人，十九年之间小学生是增加了八，一五三，五〇四人，每年平均增加率为四十三万

① 华中师范学院教育科学研究所主编：《陶行知全集》第 1 卷，湖南教育出版社 1984 年版，第 639 页。

② 华中师范学院教育科学研究所主编：《陶行知全集》第 1 卷，湖南教育出版社 1984 年版，第 168 页。

③ 华中师范学院教育科学研究所主编：《陶行知全集》第 2 卷，湖南教育出版社 1985 年版，第 847—848 页。

人。用四年义务教育估计，假定人口不再增加，小学生长生不死，学生数照平常比例增加，还要七十年才能普及。但是人口趋势，若无统制，必是有加无减。……故依我估计，用传统方法，学龄儿童的教育要过一百年才能普及。”[①]精确的统计数据用事实证明完全依靠此时的国力不足以实现义务教育普及的目标，开源节流成为义务教育的经费总量提高的中心思想，依靠政府与社会力量双重支撑，以及教育内部协调形成内外合力。在开源方面，陶行知善于开阔思路，利用新渠道集中民间财力，调动广大民众的办学积极性，提倡私人捐资兴学，利用庙宇、书院等场所办学，鼓励民众捐赠图书和文具，以此来降低义务教育办学成本，劝导民众节省婚、丧、做寿之费以用于义务教育。

陶行知在《实施义务教育初步计划提要》中提出，要实现“使全国学龄儿童(失学的四千万人)都受四年的义务教育”的目标，在经费方面，“中央、省、市、县分担教育经费。假定第二年中央与各省各半，从第三年起，中央任百分之四十五。……鼓励私人兴学，以减轻地方担负”[②]。可见，陶行知认为义务教育的经费主要是由中央和省、市、县各级政府负担，在负担比例上逐渐转向由地方政府负担更多。而在政局动荡、教育经费不支的社会背景下，他提出的“确定教育税务”“征收遗产税”“指拨庚款之一半”“寺产兴学”“劝导出资兴学”等筹措义务教育经费的办法，其中有很多为各级政府所采纳并收到一定实效，对当时义务教育推行中经费问题的解决起到了一定的作用。

(三)明理执言，极力呼吁推进普及义务教育进程

陶行知在《读〈实施义务教育暂行办法大纲〉有感》中谈到对于“义务教育”一词的理解时说：“受教育是一种权利而不是一种义务。求学好比吃饭。人生在世，要想生存就必得吃饭，吃饭是人权。从来没听过要人家负吃饭之义务。所以拿这个义务放在人民身上是说不通的。但反过来说，政府倒有这种义务。它既是管理众人之事，就负了义务要使得家家有饭吃，人人有书读。故义务教育之新解是政府应该负起普及教育之义务。”[③]可

---

① 华中师范学院教育科学研究所主编:《陶行知全集》第 2 卷，湖南教育出版社 1985 年版，第 783 页。

② 华中师范学院教育科学研究所主编:《陶行知全集》第 2 卷，湖南教育出版社 1985 年版，第 204 页。

③ 华中师范学院教育科学研究所主编:《陶行知全集》第 2 卷，湖南教育出版社 1985 年版，第 846 页。

见，陶行知心目中的义务教育，是真正具有现代义务教育特征的，即普及的、强迫的、免费的教育，是政府应尽的义务，也是公民应享的权利，不能因受教育者的身份、地位的不同而区别待之。强制不仅是对接受教育者而言的，更对其监护人或团体提出了具体的要求。他提议，在“民国二十五年五月一日以后，家里、店里、厂里、机关里及任何集团里，在强迫年龄内如有无故不识字的人，按人数每月罚银一元，由家长、店主、工厂经理、机关主持人或任何集团之负责人缴纳”①。这避免了受教育者因受到其他因素阻拦而失去受教育的机会和权利。陶行知撰写的《时局变化中之义务教育》《实施义务教育初步计划纲要》《读〈实施义务教育暂行办法大纲〉有感》等文章及在担任教育方案编制委员会义务教育组主任期间所组织撰写的教育方案，也都在一定程度上影响到了当时政府义务教育政策的制定。他认定当时的中国是穷国，要普及义务教育，就必须用穷的方法去普及穷人所需要的“粗菜淡饭式”的教育，而不是用浪费的方法去普及穷人所不需要的“少爷小姐式”的教育。因此，他倡导广泛动员全国小学生做小先生，以解决普及教育中的师资短缺问题；充分利用祠堂、庙宇、会馆、公所及空闲房屋作为普及教育的场所，以解决教育场地不足的问题；通过征收教育税与遗产税、节省军政费、划拨教育地与教育林、开设教育仓等办法，来解决普及教育经费不足问题；等等。

（四）因地制宜，避免行政管理流于形式

在长期进行教育改造实践的过程中，陶行知认识到“因市乡人民密度不同，经济能力不同，环境性质不同，凡此种种影响于课程编制、教学方法、行政组织的又都不同。分治就两受其利，合治就两受其弊”。为此，他强调乡村教育的重要性，指出：“中国若想推行义务教育，非将地方办学人员与教员同时分别培养不可”，“必从培养改良地方办学人员入手”②。这就避免了因行政统一标准而造成的管理僵化，进而阻碍当地的义务教育发展进程。在行政管理方面，甚至是在校园建设中对于学校的选址问题上，陶行知都有自己的考量，在《杭州市教育局创办西湖中心小学计划书草案》中，

① 华中师范学院教育科学研究所主编：《陶行知全集》第 2 卷，湖南教育出版社 1985 年版，第 836 页。

② 华中师范学院教育科学研究所主编：《陶行知全集》第 1 卷，湖南教育出版社 1984 年版，第 164、165 页。

提到对于校址的选择，他认为必须遵循四个标准："自然环境壮丽""人民多数务农""学龄儿童充分""交通便利"。他并在其办学宗旨中强调："依据科学的方法、艺术的态度试办乡村小学，俾能成为改造乡村实际生活之中心，改造他村小学之中心，并为将来训练乡村教师之中心。"①同时，他在20世纪30年代中期我国普及义务教育实践的过程中，发现乡村义务教育管理中尚存在着一些问题，学校管理行政化倾向明显。他以山东邹平乡村小学管理为例，指出其运用乡绅或民团干部担任校长，容易导致学校变成衙门，教育变成办公，创新变成维持。他认为，普及教育管理中借用行政力量是必要的，但学校管理不能过分行政化，否则效果适得其反。因此，他建议最好采用工学团管理模式，即工以养生，学以明生，团以保生，真正将工厂、学校与社会打成一片。可见，陶行知对于教育管理的思考，大到管理体制的改革，小到教育教学中的问题都有自己独特的考量。

（五）优化教学评价体系

教学评价体系是评价一个国家或地区教育活动实施情况的重要依据，良性的评价体系不仅能够评测出教学活动质量的高低，还可以进一步促进其质量的提高。陶行知认为，如果考试的形式和内容过于刻板陈旧，或与学生生活相距甚远，这样的评价体系就难以真正衡量出教师的教学质量和学生的学习水平，不仅不能提高学生学习的积极性，反而会剥夺学生在学习中创造力的培养和发挥。"学生是学会考。教员是教人会考。学校是变了会考筹备处。会考所要的必须教。会考所不要的，不必教，甚而至于必不教。于是唱歌不教了，图画不教了，体操不教了，家事不教了，农艺不教了，工艺不交了，科学的实验不教了，所谓课内课外的活动都不教了，所要教的只是书，只是考的书，只是《会考指南》！教育等于读书；读书等于赶考。"②考试内容的单一性和考试目的的功利性使得学生失去了多元化发展的积极性，单一的评价体系使得教育难以培养出手脑合作协调发展的学生。成绩成为衡量学生能力的唯一标准，老师为了提高学生成绩，只着意于教授考试的知识；学生为了提高成绩，只关注考试会考的内容。这绝非

① 华中师范学院教育科学研究所主编：《陶行知全集》第2卷，湖南教育出版社1985年版，第14页。

② 华中师范学院教育科学研究所主编：《陶行知全集》第2卷，湖南教育出版社1985年版，第676页。

任何一个教育活动的参与者想要看到的结果，更有甚者，为了在重要的考试中取得优异的成绩不惜采取舞弊的方式，这就彻底背离了教育评测的本意，甚至与教育目的大相径庭。对于考试中作弊的场景，陶行知有过一段生动的描写："考试始终，学生忽而交头耳语，忽而纸球四飞。抽屉之下，几成藏书楼。一时眼手交忙，大有偷儿之态度。教员则如知情之捕快，见若不见，闻若不闻。"①

学生作弊之风盛行，并非因为考试的范围太大、内容太多，复习不过来，反而是"一学期而读十八面书，已属不成事体。考时复取其半，以为范围；范围之外，复有指点；指点不足，继以夹带；夹带不足，继以枪替、剽窃。学生以此欺教员，教员亦以此误学生，成何教员？成何学生？更成何学校？……呜呼，民国教育之前途！"②对于学生考试作弊对学生成长的严重影响，陶行知也进行了深刻的揭示："曰欺亲师，曰自欺，曰违校章，曰辱国，曰害子孙：考试舞弊之五恶德也。"③针对这些现象，陶行知提出"停止那毁灭生活力之文字的会考；发动那培养生活力之创造的考成"④，如考察师生及周围人民的身体健康状况或是手脑并用程度，并强调这些考察项目必须提供充分的证据，做到考察结果的有理有据，也避免唯成绩论的评价体系影响教学质量的全面提高。

三、陶行知义务教育理论与实践的当代价值

陶行知教育思想伟大之处在于，其思想不仅仅是彼时应对痼疾之苦药，更是如今借鉴之良方。无论是平民教育理念，还是普及教育理念，都是在对教育发展现状进行调查的基础上，结合先进的教育理念而提出的行之有效的办学理念。其教育理念格局之大，从未囿于教育一途，而是以教育为良方，治社会之痼疾，以实现民族的思想解放和国家的繁荣富强。其当

---

① 华中师范学院教育科学研究所主编：《陶行知全集》第1卷，湖南教育出版社1984年版，第35页。

② 华中师范学院教育科学研究所主编：《陶行知全集》第1卷，湖南教育出版社1984年版，第35—36页。

③ 华中师范学院教育科学研究所主编：《陶行知全集》第1卷，湖南教育出版社1984年版，第21页。

④ 华中师范学院教育科学研究所主编：《陶行知全集》第2卷，湖南教育出版社1985年版，第677页。

代价值主要表现在以下几个方面：

第一，普及义务教育需要立足中国，放眼世界。陶行知的义务教育观中最富有时代价值之处在于，无论是对于现行的教育政策还是先进的西方教育理念，他都以包容的姿态对待，深入分析其中的合理性和不足之处，将先进的西方教育理论与中国教育实际相结合，运用科学方法了解教育的发展状况。中华文化包罗万象、兼容并蓄的思想内核在陶行知的教育思想中得到了充分的展示，对于碰撞中的思想，无论是国外的先进理论还是传统的观点学说，其在实践运用过程中，都与实际相结合，选择了适宜的发展方向和实施路径，进行了本土化的改造，使这些理论与实践都能够契合于当时之现状。这种立足高远又脚踏实地的实践精神，对于个人和学科甚至是社会的未来发展，都起着方向性的引领作用。

第二，"小先生制"给乡村义务教育普及提供诸多历史借鉴。陶行知主张的"小先生制"，于当时是对教师缺乏的无奈之举，于现今却是对传统教学授受关系的批判。现代社会倡导知识的多维度沟通，单向的知识流动早已无法满足信息化时代的需要，无论是个人还是团队，打开多方位、多角度的信息渠道进行沟通，成为充分了解外部世界的关键。停留在固有的伦理关系中，为了地位关系而放弃多方信息的获得，将禁锢自己思想前行的脚步。这是"小先生制"对于现代义务教育方法论的现实意义，也是当代人对信息化社会的中信息获取的另一种思考。陶行知的"小先生制"为破解当前乡村教育教师短缺难题提供了新的启示与路径。尤其是在信息化、互联网和大数据时代，义务教育阶段乡村学生掌握信息化知识和运用互联网能力比家长强，在提升乡村信息化水平过程中仍然可以借用陶行知倡导的"小先生制"来加快此进程，进而促进城乡信息化水平整体提升。

第三，手脑并用、团队合作，是培养义务教育阶段学生综合素质的重要途径。陶行知的工学团思想，在当时体现的是一种手脑并用、工学并进、双向发展的教育理念。时至今日，虽然莘莘学子不必再为生计而学务农事、进厂务工，但时代的进步和社会的多元化发展，对于人才需求的多样化和个性化，使得现在的学习，无论是对知识的掌握还是技能的习得，不能仅局限于课本和课堂；学生学习不能只停留在头脑对知识的获取，而忽略动手操作能力的培养与训练，应当真正做到手脑并用、学做合一、团体协作。值得一提的是，团队协作式的学习方式，更能够提高个人的学习效率和团队的更新速度，达到个人和团体、知识和技能双向互动与综合提高的目的。

第四，“教学做合一”“六大解放”，是获得真知与提升能力的根本途径。陶行知提出知识蕴藏在文字之中，但文字并非都是知识，知识也有真伪之别，学习不应被书所累，书仅仅是用来学习的工具而已。因此，读书之妙，不在于全盘接受书中观点，而是在学习过程中做到“教学做合一”，理论与实践相结合，在做中学，在学中做，在做中求进步。陶行知所倡导的“六大解放”，究其根本，就是让学生在学习的过程中多问、多疑、多想、多做，在读书中锻炼自身独立思考的能力，在做事中培养求取真知的本领。学习与实践的最终目的是提高每个人的认识水平、创新意识与实践能力。

第五，陶行知献身我国乡村教育的精神时刻激励与鞭策着广大中小学教师。回顾陶行知先生的义务教育思想，虽然在他的众多教育实践中，有颇多以应时代之需的权宜之策，但这其中的诸多教育理念，尤其是无私奉献的教育精神，时至今日，依旧熠熠生辉。在功利主义思想盛行的当下，人们对于职业的选择和未来事业的规划，往往以对实利获取水平的高低作为评价好坏的唯一依据，而失去了一种对于情怀的追求。陶行知终其一生，都视为国为民办教育为己任，以一种大局观的眼光来面对自己的事业，于世事纷扰间不为外界所动，初心不改。

今年是陶行知先生 125 周年诞辰暨逝世 70 周年，岁月匆匆，百年不过一瞬。中国早已不再是那个需要小先生们拿着识字课本教人识字以期民族自强的旧中国。义务教育的普及，也不再是曾经令先生呕心沥血奋斗数十年而难以达到的目标。实现中华民族伟大复兴任重道远，一路走来虽有无数坎坷波折，但正因为有像陶行知这样的一批伟大教育家的披荆斩棘和不懈努力，才使得中国教育与发展的未来之路更加辉煌灿烂。

（中国昌简介见前文。唐子雯系华中师范大学教育学院博士研究生。）

陶行知健康教育思想摭谈

耿 丹 王 帅

一、陶行知健康教育思想的形成背景

陶行知先生是我国现代伟大的教育家、思想家和革命家，他一生热爱祖国、热爱人民、热爱儿童。在30多年的教育实践中，陶行知创造了浩如烟海、博大精深的教育理论。他毕生致力于中国人民教育事业，而且给我们留下了大量的教育遗产和丰富的办学实践经验，其中包括极为丰富的健康教育思想和实践。陶行知对健康教育的认识和见解，时至今日仍有现实意义，值得我们认真系统地挖掘、整理和借鉴。

陶行知先生投身于教育事业的年代，正值五四新文化运动前后，彼时新旧制度更替，中西文化发生碰撞并走向融合。在动荡的社会形势下，中国的经济、政治、文化秩序分崩离析，这让很多有识之士致力于教育救国，陶行知正是其中一位。

当时的中国教育主要存在两大教育实践，或阻碍或推动中国教育事业缓慢前进：一方面，以袁世凯为首的军阀、官僚买办夺取了辛亥革命的果实，建立了民国政权，在恢复帝制的虚妄下，倒行逆施，推行尊孔复古的教育政策，鼓吹封建教育，企图愚昧人心；另一方面，虽然晚清政府从日本引进了以"军国民主义教育"为基础的近代教育理念以发展学校体育，但进展非常缓慢。此外在北洋军阀的统治下，军阀混战，社会动荡，广大人民流离失所，饥寒交迫，青少年体质严重下降。面对此景，立志于教育救国、视广大孩童为国家未来的有识教育者们无不为青少年的健康状况担忧，极力呼吁学校教育应"三育并重"，尤其是应将体育放在"第一的位置"①。而陶行知作为一位伟大的人民教育家，代表着广大劳动人民的根本利益。他从拯

① 丁丁：《从党的总任务看陶行知的教育思想》，中国陶行知研究会编：《陶行知教育思想研究文集》，人民教育出版社1985年版，第212页。

救民族危亡的大任出发，提出“万万等不及国民小学的学生长大之后再出来为国担当责任。我们必须把年富力强的人民赶紧培植起来，使他们个个读书明理，并愿为国鞠躬尽瘁”。为此，陶行知主张发展体育以自强，教导师生建立健康的堡垒以应对今后的学习和生活重任。陶行知的健康教育思想由此形成和发展。

二、陶行知健康教育思想的内涵

在30多年的教育实践中，陶行知先生结合自己的教育教学实践和中西方的教育理论基础，提出了其著名的生活教育理论——“生活即教育”“社会即学校”“教学做合一”。而健康教育作为生活教育理论的先导，是为更好地进行生活教育服务的，所以陶行知健康教育思想又可称为“健康第一”的教育思想，概括说来就是重视健康教育，力倡“三育并重”，奉行“健康第一”。

由于健康教育思想是植根于生活教育之中的，为此，陶行知认为“过什么生活便是受什么教育；过康健的生活便是受康健的教育……”他认为体育为德育和智育二者之本。陶行知先生在他的多篇著作中曾反复强调这一理念。在《我们的信条》一文中，他指出：“健康是生活的出发点，也就是教育的出发点。”在《幼稚园之新大陆》一文中，他又这样指出：“我希望大家把儿童健康当做幼稚园里面第一重要的事情，幼稚园教师应做健康之神。”而在《每天四问》这一文章中，陶行知先生更是说道：“我们每天要问的，是‘自己的身体有没有进步？有，进步了多少？’为什么要这样问？因为‘健康第一’。没有了身体，一切都完了！”①

总的来说，陶行知的健康教育思想是与人的全面发展和生活教育紧密联系在一起的。所以陶行知极为反对摧残学生身心的旧教育，他所创办的晓庄师范学校，将乡村教师的培养目标设定为“健康的体魄；农人的身手；科学的头脑；艺术的兴味；改造社会的精神”。他把“健康的体魄”放在第一位，可见对健康的重视程度。他同时对教师提出了“健康是生活的出发点，也就是教育的出发点”这一信条②。

---

① 《陶行知全集》编辑委员会编：《陶行知全集》第4卷，四川教育出版社1991年版，第516页。

② 华中师范学院教育科学研究所主编：《陶行知全集》第1卷，湖南教育出版社1984年版，第651页。

由上可见,陶行知注重健康教育,视健康教育为生活教育之先导,除了希望青少年能够全面发展的考量,更是将国民健康视为国家和社会生生不息的财富保障。因此,陶行知的健康教育思想不只是作为教育的一个重要组成部分而存在,更是与民族的存亡、国家的兴衰、人类的进步紧密地联系在一起。

三、陶行知健康教育思想的实施措施

陶行知先生不仅是一位教育理论家,更是一位勇于探索的实践家。他就自己提出的健康教育思想制定了具有可行性的健康教育的行动方案。这一方案主要分为体育锻炼、卫生预防、饮食合理和充分休息四个部分来实施,以下逐一分析论述。

(一)开展体育运动,加强身体锻炼

身体唯有多动才能维持良好的运转状态,故而身体锻炼是促进健康的重要手段之一。陶行知就十分重视体育教育。陶行知在其创办的育才学校里,把运动游戏作为教育活动的单独内容,包括掷手榴弹、爬竹竿、跳高、跳远、跳绳、游泳等项目。陶行知尤其重视游泳和武术。他认为学会游泳,一方面可以锻炼自己的身体,另一方面游泳还是一项必备的生活技能。关于武术,陶行知以培养"健康的体魄"这一目标为指引,对能强身健体的武术运动给予了特别的关注,他主张"以国术来培养康健的体魄",聘请优秀武术教师来校任教,规定了武术课的学时,保障学生的运动时间,并让学生根据自身的体质和兴趣来挑选自己喜欢的武术内容。

(二)进行卫生教育,普及卫生知识

卫生与人的健康紧密相连,因此陶行知非常注重进行卫生教育。他认为讲究卫生是人体健康的一道重要防线,通过引领师生讲究卫生能够增进身体健康,为机体生长发育创造良好的环境。对此,陶行知的一贯主张是以提高卫生教育的效力来代替医生,保证健康。在这里,卫生教育成为与体育锻炼同等重要的增进人体健康的举措。所谓"卫生者,保生命也"。陶行知曾带领教师在学校推广"卫生运动",通过对学校卫生疾病状况的调查,制定了相关的卫生守则,创造健康堡垒,以期实现"减少百分之九十的病痛"。

为建设健康堡垒,陶行知曾提出许多切实可行的措施,主抓日常生活

小节，如早起晨会后，对学生进行清洁检查，逢学生集会便会提醒大家勤洗手、勤搞卫生，小心坐行起卧。

（三）注重饮食营养的调节和改进

陶行知不仅注重身体锻炼、讲究个人和集体卫生，也强调饮食营养对于人体生命的重要性。人通过饮食来摄取营养以维持有机体的运转，可见，饮食营养是维持生命的基础要素，体育锻炼也有赖于此。对此，陶行知说："用营养来防止疾病之加重，总比爆发后的医治要经济得多。"在物资匮乏的年代，陶行知还要求对"有病者、缺乏特殊营养者和一般健康者要分别处理，不宜采取平均主义"。除此之外，陶行知还多方面介绍其他国家是如何重视青少年营养问题的，希望以此改善我国青少年的饮食营养状况。

（四）制定合理的生活方式，劳逸结合

在做好体育锻炼、卫生防护、营养调节这些工作后，健康合理的生活方式就显得尤为重要。因为合理的生活方式可以最低限度地减少人体的消耗，并有可能产生增强体质的良好效果。相反，一个人如果起居无常、劳逸无度，便会直接影响自身的身体健康状况。在陶行知看来，我们应该通过一种合理的生活方式来达到健康。

一方面，陶行知很注重劳逸结合，强调休息放松身体的重要性。他曾说："适当的休息，是健身的主要秘诀之一，万不可忽略。"过度地工作不但不利于今后的学习、工作和生活，还会使身体健康大打折扣。他认为过度操劳是身体得病的主要因素。因此，陶行知指出："从容工作、学习为原则；紧张突击为例外"，"拿休息来预防疲劳，重于拿休息来治疗疲劳"①。

另一方面，陶行知重视改正不良习惯。一个人的生活习惯对其身体健康的影响是明显的。为此，陶行知极力反对有伤身体的恶习。他曾严厉指出："办公者更则随地吐痰，随时吸烟，于是办公室内之空气污浊而不堪问。故近视者有之，驼背者有之，病肺者有之，患脑者有之。疾病时生，人无宁日，而公事遂亦因之而减其效率。"②不良习惯对人的影响会有增无减，他从养成良好习惯的重要性出发，呼吁良好习惯的养成。

① 《陶行知全集》编辑委员会编：《陶行知全集》第 9 卷，四川教育出版社 1991 年版，第 412 页。

② 《陶行知全集》编辑委员会编：《陶行知全集》第 1 卷，四川教育出版社 1991 年版，第 491 页。

四、陶行知健康教育思想对当前基础教育的启示

陶行知的健康教育思想是他生活教育理论的重要组成部分，这是他结合当时中国的国情加以不断创新发展的结果。他的思想则是我国教育史上浓墨淡彩的一笔，这正是当前我国的教育必须加以借鉴和吸收的。

第一，陶行知提出教育必须“三育并重”，在此之后提出“体育为德智二育之本”。他在生活教育理论体系中表明：“健康是生活的出发点，也就是教育的出发点。”在重庆育才学校期间，他发表过一篇著名的讲话稿《每天四问》，四问中的一问便是我们的身体有没有进步？陶行知之所以如此重视健康教育，是由于当时中国所处的环境，针对当时中国传统教育的僵化，中国遍地是文盲，被外国人耻笑为“东亚病夫”的状况，基于对中国教育命运和民族利益的认识。陶行知曾指出“人民贫，非教育莫与富之；人民愚，非教育莫与智之”[①]。在新中国成立以后，我国推行的素质教育中的身体素质的发展与陶行知的健康教育思想则“不谋而合”。陶行知的思想为我国以后的教育方针以及教育政策提供了一定的借鉴经验。

第二，陶行知“健康第一”的教育思想对我国目前的重智轻体的现状的改善具有现实意义。健康的概念早在 20 世纪 40 年代就被陶行知所提出，他曾用一系列的相关概念来表述自己对学校的健康教育的理解，如健康、康健、身心两健、锻炼体魄等。纵观陶行知的健康教育思想与实践则是非常丰富的，在其创立的学校中以“身体宜健实”为校训，鼓舞全校师生积极进行体育锻炼，开展体育运动。根据每个人的兴趣爱好、体质原因分别学习不同的活动，例如刀、枪、篮球、跑步、体操等活动，同时也举办学校及联村运动会。即使在办学条件极为艰苦的情况下，陶行知仍然大力宣扬“健康第一”的思想。而目前我国中小学学校对于健康教育的态度则是健康教育始终处于陪衬地位。当前我们更应该把陶行知的健康教育思想作为学校健康教育的理论指导。坚持“以人为本，健康第一”，正确处理好“健康第一”和智育、德育的关系。国家有关部门兼听各方意见，作出符合我国目前中小学实际情况的健康教育政策，让学校的健康教育不仅仅是体育课一门

① 《陶行知全集》编辑委员会编：《陶行知全集》第 1 卷，四川教育出版社 1991 年版，第 221 页。

课程。学校教育中的体育包括在学科之外的体育科学或文化领域和生活、道德领域中的体育活动。改变学校目前为了学生的成绩而忽视学生的身体健康和心理健康的现状。不要让学校、街上出现那一张张疲倦而稚嫩的面孔，没有生机，有的只是眼镜下面一双无神的眼睛。

第三，陶行知"健康第一"教育思想可以作为贯彻落实健康教育政策的理论指导。当前，我们的健康教育体制应该是以人的全面发展为主，兼顾社会发展的需求，因材施教。就如陶行知在他的教学实践中，坚持要求学生每日早晨五时半到六时全体学生练习"拳术"，根据个人体质和兴趣，分别学习刀、枪、剑、棍、进行跑步等活动。在饮食方面，由于陶行知先生所处年代的局限性，无法为学生提供太多丰富的膳食，但是三餐都是卫生健康的。当前学校实行的营养餐应加强监管，当出现问题时必须实施问责，不应该只是面子工作。

第四，陶行知的健康教育与卫生教育相结合的思想值得借鉴。陶行知曾在所教学校推广卫生运动，制订有关学校卫生计划宣传书。卫生教育在于预防，是实行健康教育的基础和堡垒。"以卫生代替医生"更是符合当时的国情，而如今学校的卫生教育情况有了很大改观，但是有的学校寝室环境比较差，无法满足学生的住宿需求。此外，学校周边环境有待提高，规范移动食品小摊，实施卫生检查。学校应该向学生积极宣传卫生教育的知识，开展各项健康教育活动。

陶行知的健康教育有着极为丰富的内涵，本着爱国救民的本心践行着"捧着一颗心来，不带半根草去"的信念。而且其在教育实践中总结出了一套较为系统的健康教育理论体系，具有较大的理论意义和实践意义，在当今时代仍然具有推广的价值。本文究其陶行知先生的健康教育思想，谈及对目前中小学学校的意义和启示，由于自身思想和能力的局限，无法一一谈及其整个的健康教育体系，仅希望本文能够对中小学的健康教育有所启发。

（耿丹系华中师范大学硕士研究生。王帅系华中师范大学副教授。）

陶行知语文课程教材思想简析

刘立德

陶行知(1891—1946)是我国近现代著名教育家、思想家、社会活动家和杰出的爱国民主战士,被毛泽东誉为“伟大的人民教育家”,被宋庆龄称为“万世师表”。他“捧着一颗心来,不带半根草去”,毕生致力于教育事业,倡导“千教万教教人求真,千学万学学做真人”,对我国近现代教育的改革发展做出了开创性的贡献。陶行知师从于美国著名教育家杜威。他高举新教育中国化的大旗,创造性地继承、改造了杜威的教育思想,形成了适合中国国情的,以“生活即教育”“社会即学校”“教学做合一”为核心的独特的生活教育理论体系和实践体系。生活教育思想犹如一根金钱,贯串于陶行知教育思想的各个部分。毋庸置疑,陶行知的语文课程教材思想同样根植于他的生活教育理论。从生活教育的视角来探究陶行知的语文课程教材思想,可以看出陶行知这位高瞻远瞩的教育家是站位于整个教育的山巅来鸟瞰语文教育,对语文课程教材建设发表了一系列真知灼见。他强调语文的社会功用,主张建立开放性的大语文课程教材体系,申明语文课程必须坚持人文性目标和工具性目标的和谐统一,提出在社会生活中开拓语文学习的资源,倡导交给学生“钥匙”,让学生成为学习的主人,等等,并曾亲手编写了《平民千字课》和《老少通千字课》等语文教材。所有这些主张和教材都在近现代语文教育发展史上产生了深远影响。

一、语文课程要服务生活、面向大众

陶行知在为程湘帆编著的《小学课程概论》所写的序言中指出:“查我国小学课程,大半系因循的、抄袭的,从未有科学的编制法。”照陶行知看来,必须用生活教育的思想来推动课程编制的科学化。他认为:“生活教育是大众的教育,大众自己办的教育,大众为生活解放而办的教育。”[①]

他认为,生活决定教育,真正的教育必须通过生活,主张在生活里找教育和为生活而教育。语文课程必须紧密联系学生生活和社会生活。其基于生活教育的语文课程性质观必然是面向大众、服务生活的。关于语文与生活的关系问题,陶行知指出,“文字是生活的符号。它必须与民众的生活打成一片,才能发生效力”[②]。语言文字的教育就是为生活的教育,同样,语文能力也必须首先在生活中得到运用。在《育才二十三常能》中,陶行知提出将“(一)会当书记　包括写小楷,管卷宗,写社交信,做会议记录等”,“(二)会说国语　包括会话、讲解、演说等”,“(三)会参加开会　包括发言、提议、选举,做主席等”以及“会查字典”[③]列入语文课的学习目标,这些都是生活的内容,这样的语文教育是以生活的形式表达出来的,因此这是一种服务生活的语文教育。

他明确指出,“大众语是代表大众前进意识的话语,大众文是代表大众前进意识的文字”[④],即语文是指话语和文字。然而,随着封建社会的发展,文逐渐脱离了广大人民群众的话语,成为少数人的专利。针对当时言文不一的社会状况,陶行知沉痛地指出:“大众是过着符号贫穷的生活。但是他们需要符号是铁打的事实。”[⑤]因此,在“五四”时期的“文白之争”中,他大力提倡白话文。并且,在不断推行白话文的实践进程中,陶行知敏锐地发现,“大众语在大众的嘴巴上”,而“白话在小众的嘴巴上。说的正确些,白话已经从小众的嘴巴跳到小众的笔头上去了”[⑥]。“现在通行的白话

---

① 陶行知:《生活教育之特质》,董宝良:《陶行知教育论著选》,人民教育出版社 2015 年版,第 445 页。

② 陶行知:《怎样做小先生》,董宝良:《陶行知教育论著选》,人民教育出版社 2015 年版,第 432 页。

③ 陶行知:《育才二十三常能》,董宝良:《陶行知教育论著选》,人民教育出版社 2015 年版,第 566—567 页。

④ 陶行知:《大众语文运动之路》,方明:《陶行知全集》第 3 卷,四川教育出版社 2005 年版,第 136 页。

⑤ 陶行知:《大众语文运动之路》,董宝良:《陶行知教育名篇选》,人民教育出版社 2012 年版,第 123 页。

⑥ 陶行知:《白话文与大众文》,方明:《陶行知全集》第 3 卷,四川教育出版社 2005 年版,第 592 页。

文，只是把文言文的‘之乎者也’换成了‘的吗啊呀’”①，所以，这样的白话文和大众所说的话语还存在着一定距离。因此他反复强调“大众语与大众文必须合一：在程度上合一，在需要上合一，在意识上合一”②，只有真正适合大众的程度、需要和意识时，语文才能成为“大众高兴说、高兴听、高兴写、高兴看的语言文字”，如此才能保证人人都能掌握运用语言文字的能力，进而为大众的生活服务。

二、语文课程目标要文道统一

对于语文课程的目标，陶行知认为，一方面，语言和文字是成为大众生存、发展和服务社会的基础工具。他指出：“只有这种工具获得了才可以求高深的学问，才可以治繁复的事。”③这就是说，语文是培养人们日常生活所必不可少能力的基本工具，故他在《平民千字课》的编辑大意中提出这部书的宗旨有“训练处理家常信札、账目和别的应用文件的能力”，“培养继续读书看报领受优良教育之志愿和基本能力”④。一是生活中许多事物需要语文能力，比如写信、演讲、口语交际等，这是现代生活最起码的要求。二是语文素质的提高有利于生活品质的提高，比如知识世界的不断丰富、艺术鉴赏力的日益提高等等，进而促进大众追求生活的艺术境界。

另一方面，陶行知并没有仅仅停滞在工具性这一层次上，他认为语文教育也要担负起培养平等自由生活所必不可少的精神这一任务。在他看来，“大多数人都饥荒极了，不但肉体上，而且精神上”⑤。国民需要治物质的穷，更需要治精神的贫。陶行知指出，教育尤其是语文教育，应该“发挥国民性的优点，补充国民性的缺点”，要想实现这个目的，就必须使“公民和

---

① 陶行知：《大众语文运动之路》，董宝良：《陶行知教育名篇选》，人民教育出版社2012年版，第123页。

② 陶行知：《大众语文运动之路》，董宝良：《陶行知教育名篇选》，人民教育出版社2012年版，第123页。

③ 陶行知：《育才学校教育纲要草案》，董宝良：《陶行知教育论著选》，人民教育出版社2015年版，第508页。

④ 陶行知：《〈平民千字课〉编辑大意》，方明：《陶行知全集》第5卷，四川教育出版社2005年版，第161页。

⑤ 陶行知：《编辑〈平民千字课〉的一点说明》，方明：《陶行知全集》第5卷，四川教育出版社2005年版，第164页。

读书的精神合在一处”。故陶行知在《平民千字课》的编辑大意中还指出要“培养人生与共和国国民必不可少之精神和态度”①，并将其列为三大宗旨之首。可见他是主张文道统一的。同时，陶行知强调要把思想教育贯穿到语文学习的一点一滴之中。当他看到他的儿子写字不认真时，他严厉地批评说：“你的字叫人看不懂，简直是浪费人的时间。写字端端正正，做人才会端端正正。”另外，他指出：“用故事的方法，使平民读一课之后，看看某人很好，自己就自然而然的愿意做那人；看看某人很坏，自己就不愿意做那种人。”②

这种对语文教育工具性目标和人文性目标相统一的辩证观点，体现了陶行知对语言文字的工具价值乃至人文意蕴的准确把握和深刻认识。这种强调回到文道兼顾的语文教育目标观，正体现了语文与生活是一个统一体的科学观点，也与现今素质教育所倡导的语文课程目标是共通和一致的。

三、语文教材内容的选择要以生活为中心

对于语文教学内容的选择，陶行知主张“要所学的即是所用的。有用处的事物才给学生学，用处最大最多最急的事物在课程中占有优先权”③。可见，语文教学内容要革除掉“学非所用”和“用非所学”的流弊，以生活为中心，为生活所用。

（一）识字内容应选定生活常用字，并保持开放性

陶行知认为，文字只是表达生活的符号，语文识字内容应根植于生活。在《谈文字符号》一文中，陶行知说道：“文字虽然重要，不可离开生活去教。生活的符号要与生活打成一片去追求。否则便是书呆子的教育。”④他时常要问：“学生现在所学的字，个个字都是有用的字吗？”⑤所以，在他与朱

---

① 陶行知：《〈平民千字课〉编辑大意》，方明：《陶行知全集》第5卷，四川教育出版社2005年版，第161页。

② 转引自郑国民：《陶行知的语文教育思想》，《中学语文教学》1995年第4期，第3页。

③ 陶行知：《〈语体文应用字汇〉序》，方明：《陶行知全集》第2卷，四川教育出版社2005年版，第189页。

④ 陶行知：《谈文字符号》，方明：《陶行知全集》第3卷，四川教育出版社2005年版，第555—556页。

⑤ 陶行知：《〈语体文应用字汇〉序》，方明：《陶行知全集》第2卷，四川教育出版社2005年版，第189页。

经农合编的《平民千字课》中所用的字，均选自陈鹤琴先生用了一年半的时间做出的一本字汇，其中收入了在一百万字当中发现使用一百零一次以上的字，均为生活常用字，他指出这是“一种很好的根据”。

除此之外，陶行知主张，“经常共同需要的文字，可以编成课本。个别需要的文字，可以编成补充材料，以适应一地方、一职业或任何之特殊生活。临时需要的文字是要靠教者之灵敏，抓住当前的机会指导民众”①。由此可以看出，陶行知对于识字内容的选定有着客观深刻的认识，他把识字内容分类为课本、补充材料及临时材料，使识字内容不仅具有科学性，而且具有开放性，以适应特殊及当前生活之需要。

（二）阅读内容应具有生活意义，并具备连续性

面对新教育的语文阅读，陶行知认为其仍然是以文字为中心的阅读，并直指这不过是把“老八股”变成“洋八股”罢了，依然与生活没有联系。为此，他指出：“教育好比是菜蔬，文字好比是纤维，生活好比是各种维他命（Vitamin）。以文字为中心而忽略生活的教科书，好比是有纤维而无维他命之菜蔬，吃了不能滋养体力。”②故陶行知主张语文阅读内容须具备生活的意义，他在《教学做合一下之教科书》中举了一个普通的例子，当时由书馆编好并由教育部审定的小学教科书为孩子呈现的阅读内容多类似于“小小猫，快快跑。小小猫，快快跑”。陶行知直斥这是“有字有音而没有意义的东西”。而《红楼梦》中刘姥姥赴贾母宴会的一席话“老刘，老刘，食量大如牛，吃个老母猪，不抬头”这样富有深刻生活意义的阅读内容，在语文阅读中却缺少应有的地位。

另外，陶行知主张语文阅读内容不应是零碎的，而应是连续的。他指出：“中国的教科书，不但用不好的文字做中心，并且用零碎的文字做中心……学生读了一课，便以为完了，再也没有进一步追求之引导。”③这样零碎的语文阅读内容并不能激发学生强大的阅读兴趣，与生活语文相背

① 董宝良：《怎样做小先生》，方明：《陶行知教育论著选》，人民教育出版社 2015 年版，第 432 页。

② 陶行知：《教学做合一下之教科书》，董宝良：《陶行知教育论著选》，人民教育出版社 2015 年版，第 341 页。

③ 陶行知：《教学做合一下之教科书》，董宝良：《陶行知教育论著选》，人民教育出版社 2015 年版，第 341 页。

离，故语文阅读内容的编排要遵循一定的学科逻辑顺序和学生心理顺序，既要有系统性，又要有连续性，如此才可彰显出生活真正的意义。

(三)写作内容应贴近生活，并具有真实性

陶行知认为，语文写作表现的应是大众的、生活的内容，表现手法也应是符合生活、易于接受的，这样的文章才有人读。在一次与育才学校文学组学生谈话的过程中，他谈道："不要像旧文人那么酸溜溜、文绉绉的样子，更不该钻牛角尖。当我看到托尔斯泰的《安娜·卡列尼娜》时，我真佩服他的博学，他在描写列文和农人收割的时候，一草一木，他却写得出名字和样子。"①可见，陶行知强调写作内容不应一味追求形式上的佶屈聱牙，而应从广博的生活世界中取材，生动真实地去反映生活，生活中的真实最能直抵人心。如此的语文写作内容才能有助于读者身临其境地理解，增强可读性，以达到真正意义上的文质兼美。

四、语文教材编写和使用要强调"活"

陶行知非常重视语文的课程教材建设。他在指出："盖课程为学校教育之中心，假使课程得有圆满解决，则其他问题即可迎刃而解。"②可见，教材是普及教育的头等关。陶行知认为中国近代以来脱离生活的教科书为死的、假的、无用的教科书，语文教科书应"从死的、假的、静的、读的，一变而为活的、真的、动的、用的"③，即倡导一种"活"的语文教材观。他把教育分为"死的教育""不死不活的教育"和"活的教育"三种。他不厌其烦地提倡"活的教育"，主张"要用活的人去教活的人"，"拿活的东西去教活的人"，"要拿活的书籍去教小孩子"。他认为："我们教授小孩子，对于书籍的死活，就不能不慎重。所教授的书籍，要有统系的，前后都能连贯得起来，不是杂乱无章的，这才是活的教育。"④其编纂的《平民千字课》《老少通千字

① 陶行知：《要把学习的门打开》，方明：《陶行知全集》第4卷，四川教育出版社，2005年版，第443页。

② 陶行知：《〈小学课程概论〉序》，董宝良：《陶行知教育论著选》，人民教育出版社2015年版，第154页。

③ 陶行知：《教学做合一下之教科书》，董宝良：《陶行知教育论著选》，人民教育出版社2015年版，第342页。

④ 陶行知：《活的教育》，董宝良：《陶行知教育论著选》，人民教育出版社2015年版，第77页。

课》两套教材凝聚了陶行知语文教材编纂经验的精华，对于推动当时大众教育的普及起到了极大的作用。

(一)教材的编写要体现科学性与思想性的统一

在陶行知看来，语文教材的编写要体现科学性与思想性的统一。要实现教材的科学性，首先，教材的编写人员要具备科学观念，要了解学生。他明确指出："(一)各门专家中须有几位去接近小孩子，或竟毅然去当几年中小学教员，一面实验，一面编辑几部教学做指导。(二)现在接近小孩子的中小学教师，须有许多位，各人开始研究一门科学，待研究有得，可以编辑几部教学做指导。(三)现在教科书的编辑者有志编辑生活用书，如缺少某种准备、专科学术或儿童经验，亦宜设法补足，然后动手编辑。"[①]其次，教材的编写程序要体现系统性。陶行知提出："最先须将一个现代社会的生活或该有的力量，一样一样的列举，归类组成一个整个的生活系统，即组成一个用书系统"；然后"专家依据性质、学力把它们一一编起来，并编一些建在具体经验上面融合贯通的理论，便造成整个的用书的系统"；最后，还要将内容"随着学术进步，继续修改扩充，使用书继长增高的进步，帮助着生活继长增高的向前向上进"[②]。此外，根据幼儿身心发展规律，陶行知还特别强调：低年龄段学生的生活力应更多地从文字之外的生活中获取，教材编写不必拘泥于文字的限制。就说话而言，他指出："不必太拘于生字之多少。只要是小孩子爱说的话，便多几个字也不要紧"；"认字与写字也不必同时兼顾。若认的字一定要写，那么，又只好限于几个字，而流于枯燥了"[③]。

另一方面，编写教材要体现思想性。语文教材不仅要使读者学会识字，更应令人获得思想的启迪。在陶行知编撰的《平民千字课》中，就不乏这样的好文章。如进行爱国主义教育的《尽力中华歌》，提倡自立精神的《穷小姐》，劝人读书、开启民智的《读书好》等。他强调，一套好的教材的编

---

① 陶行知：《教学做合一下之教科书》，董宝良：《陶行知教育论著选》，人民教育出版社2015年版，第348页。

② 陶行知：《教学做合一下之教科书》，董宝良：《陶行知教育论著选》，人民教育出版社2015年版，第346页。

③ 陶行知：《教学做合一下之教科书》，董宝良：《陶行知教育论著选》，人民教育出版社2015年版，第348页。

写要依照“看它有没有引导人动作的力量”,“引导人干了一个动作又要干一个动作的力量”;“有没有引导人思想的力量”,“引导人想了又想的力量”;“有没有引导人产生新价值的力量”,“引导人产生新益求新的新价值的力量”①。可以说,陶行知将教材编写思想立足于生活,讲究实用性、思想性,彻底摒弃了近代中国教科书的遗弊,为当时的教科书编写开启了新的方向。

(二)教材编写要有针对性

1923 年 6 月中华平民教育促进会筹备会成立后,陶行知与朱经农着手编写《平民千字课》;8 月,中华平民教育促进会正式成立;11 月,《平民千字课》由商务印书馆正式出版,被作为中华平民教育促进会推行平民教育的教材。陶行知与朱经农编写《平民千字课》的目的是:(1)“培养人生与共和国国民必不可少之精神态度”;(2)“训练处理家常信札、账目和别的应用文件的能力”;(3)“培养继续读书看报领受优良教育之志愿和基本能力”。本教材涵括了一千多个常用字,这些常用字是由中华教育改进社、东南大学教育科联合聘请陈鹤琴及其助理十余人研究筛选确定的。本书编写的依据是“平民目标”,这个目标是由陶行知、刘伯明、任鸿隽、王云五、朱经农、卫挺生、郑晓沧“交换意见拟订的”。商务印书馆和中华教育改进社对本书的编辑和试验给予大力资助。中华平民教育促进会筹备主任朱其慧、干事晏阳初及王伯秋、陆志韦、朱君毅都对本书提出了意见和建议。本书的读者对象是 12 岁以上的不识字者,特别是不识字的成年人。本书共计 96 课,编者建议每天用一个小时,总共 96 天或 16 个星期全部教完。本书还配套有《教师指南》(主要阐述本书编辑原则和教学方法)、幻灯影片和教学挂图,不少课文内容还取材于商务印书馆中小学教科书。《平民千字课》课文分三部分:一是图画;二课文正文,多为韵语、诗歌或故事等;三是生字。其内容涉及中华传统美德,如忠心报国、尊师重教、反对迷信、扶危济困、诚实守信、与人为善、见义勇为、仗义疏财、讲究卫生、不畏艰难、发愤图强等。

(三)教材的使用要体现灵活性与创造性

对于当时教科书使用统一化、呆板化的现象,陶行知提出:教材的选择

---

① 陶行知:《教学做合一下之教科书》,董宝良:《陶行知教育论著选》,人民教育出版社 2015 年版,第 346 页。

要具备一定的灵活性。他明确指出:"教育行政当局,从中央一直到校长,该给教员们试验或选择书本之自由。现在行政方面之趋势是太一律、太呆板,若不改弦更张,实无创造之可能。"①

另一方面,他抨击"读死书,死读书,读书死",号召"用活书,活用书,用书活",认为"课本有固定的,有活动的,我们不能把它看呆了"②,要创造性地使用教材。他说:"没有课本是不易维持继续求进的兴趣","请客吃饭是必须用碗盛呀,课本便是用碗端来的饭,吃起来很便当,否则一粒粒的散在桌上,是多么的难吃呵";"课本虽是需要,但教人的人不可死靠课本,他必定要运用补充材料及临时材料,以适应特殊及当前生活之需要"③。陶行知认为:"读书一定要一种课本,并且要从头一本头一课教起,这也是一种成见。"④他因而提出,"先生是活的,书本到处有,只要活用他就有办法。《三字经》活用起来,也能做普及现代教育的工具。路路通长安,大路断了走小路。一张发票,一张签诗,也可以当作教科书读"⑤。在这里,陶行知不仅大大拓宽了传统教材的内涵,而且指出语文教材应该是"活"的,使用教材应创造性地在更广泛的范围里寻求更多的学习资源,与社会、生活密切相关,紧密相连。教材的使用者应站在生活和学生发展的角度研究教材,活化教材,利用教材。

五、语文教学方法上提倡"教学做合一"

陶行知在《教学合一》一文中明确指出:教学就是教学生学,而不是教书、讲授知识。这个观点与叶圣陶、夏丏尊提倡的"受教育不是受教材"有异曲同工之妙。他一向注重语文教法,他反对旧式的填鸭教学,极力主张

---

① 陶行知:《教学做合一下之教科书》,董宝良:《陶行知教育论著选》,人民教育出版社 2015 年版,第 348—349 页。

② 陶行知:《怎样做小先生》,董宝良:《陶行知教育论著选》,人民教育出版社 2015 年版,第 433 页。

③ 陶行知:《怎样做小先生》,董宝良:《陶行知教育论著选》,人民教育出版社 2015 年版,第 432 页。

④ 陶行知:《攻破普及教育之难关》,董宝良:《陶行知教育论著选》,人民教育出版社 2015 年版,第 412 页。

⑤ 陶行知:《攻破普及教育之难关》,董宝良:《陶行知教育论著选》,人民教育出版社 2015 年版,第 413 页。

将教授法改为教学法。他描述旧语文教学"像从前蒙童馆里的冬烘先生拿《大学》、《中庸》把小朋友当小鸭子硬填"①，对此他十分反感。他指出："与其把学生当作天津鸭儿填入一些零碎知识，不如给他们几把锁匙，使他们可以自动的去开发文化的金库和宇宙之宝藏。"②与教育家叶圣陶的观点一致，陶行知也反对机械灌输，主张授之以渔。因此，陶行知提出以做为一切教法的核心，即"教的法子要根据学的法子，学的法子要根据做的法子"③，"做是学的中心，也就是教的中心"④。即"教学做合一"的语文教育方法。他呼吁要实现"六大解放"，即解放儿童的头脑（不迷信）、双手（动手实践）、嘴巴（敢质疑）、空间（接触自然和社会）、时间（减轻应试负担）、眼睛（实事求是）。

（一）识字教学应联系生活，重于领会

陶行知十分重视识字教学的方法。他从适应学习者心理需要出发，提出识字教学应从学习者的生活经验出发。陶行知指出，虽然生字有难写难认和易写易认之分，然而"我们深信青年虽不识字，但是他们的经验是很丰富，只要书上所写的是他们已经会说的，只管多多的发挥并无妨碍"⑤。可见，陶行知主张识字教学应联系学习者的生活经验，显然这是符合认知科学、认知规律的。

另一方面，陶行知主张识字教学重在领会。他指出："我们……不得不特别重视读的一方面，使学生对于领会力能够充分发达……我们既定了重视'领会'的方向，我们就可以不照写字的难易分次第了。"⑥所以，陶行知编写的课文，每一课都是一首朗朗上口的白话诗，使学生在反复朗诵的过程中边听边读边理解，因此识字速度大大加快。识字教学中的重点、难点，

① 陶行知：《教学做合一下之教科书》，董宝良：《陶行知教育论著选》，人民教育出版社 2015 年版，第 340 页。

② 陶行知：《育才十字诀》，董宝良：《陶行知教育论著选》，人民教育出版社 2015 年版，第 558 页。

③ 陶行知：《教学做合一》，董宝良：《陶行知教育论著选》，人民教育出版社 2015 年版，第 217 页。

④ 陶行知：《教学做合一》，董宝良：《陶行知教育论著选》，人民教育出版社 2015 年版，第 218 页。

⑤ 陶行知：《〈平民千字课〉编辑大意》，方明：《陶行知全集》第 5 卷，四川教育出版社 2005 年版，第 162 页。

⑥ 陶行知：《〈平民千字课〉编辑大意》，方明：《陶行知全集》第 5 卷，四川教育出版社 2005 年版，第 162 页。

也在领会中迎刃而解。这不失为识字教学的一种好方法。

(二)阅读教学应开拓资源,重于"用书"

陶行知认为生活是语文赖以生存的土壤,故语文阅读教学应指导学生"读活人的书,做活人的事,过活人的生活"。与大语文观相应的是大资源观,陶行知认为生活中"随手抓来都是活书,都是学问,都是本领"①。所以,他强调阅读教学应最大限度地拓展阅读资源,打开阅读的大门,"书不够,整个重庆市的图书馆我们都可以去看,朋友的书,彼此之间也可以交换着来读"②。这种不将阅读教学仅仅局限于课本中、课堂中、教室中的科学观点体现了陶行知开放的语文阅读教学观。语文教学从封闭走向开放,这样,"我们所失掉的是鸟笼,而所得到的倒是伟大无比的森林了"③。

(三)即知即传人

陶行知所编的《老少通千字课》正式出版于1935年4月。本书是老人和小孩通用的识字课本,同时可作为民众夜校或平民夜校的课本。本书生字标有注音符号。陶行知编本书时注意贯彻"小先生制"。他说:"小孩子读了一课就可以拿一课去教家里的人或是邻居不能上学的人。这样一本书可以给两三个人用。教人的小孩子,我们称他为小先生。教师的新责任不是教小学生,乃是把小学生培养成小先生。"他号召小学教师:"鼓励你的每一个小学生都做小先生,每人至少教两个人。"对于民众夜校或者平民夜校如何使用本书,陶行知说:"这种学校的教师也要鼓励夜校学生回家去再教两个人。他们既是成人就不好称为小先生。但是即知即传人的责任是一样的应该负担。我们可以称他们为传递先生。"本书共四册,每册二十八课;每七课中有一温习课,运用前六课的生字"造句写文"。其中不少课文是陶行知自己创作的,还包括一些谜语、诗歌、谚语,有的选自古典名著、儿歌、民歌、童谣等。

在此基础上,陶行知进一步强调阅读教学不是教学生读死书,死读书,为读书而读书,他认为语文阅读教学更应注重教学生"用书"。他指出:"书只是

---

① 陶行知:《生活教育》,董宝良:《陶行知教育论著选》,人民教育出版社2015年版,第378页。

② 陶行知:《谈社会大学》,方明:《陶行知全集》第4卷,四川教育出版社2005年版,第518页。

③ 陶行知:《生活教育之特质》,董宝良:《陶行知教育论著选》,人民教育出版社2015年版,第446页。

一种工具，和锯子、锄头一样，都是给人用的。我们与其说‘读书’，不如说‘用书’。书里有真知识和假知识。读它一辈子不能分辨它的真假；可是用它一下，书的本来面目就显了出来。”①可见，阅读教学要与生活经验相结合，这样学来的才是真知识。所以，在其创办的晓庄学校对于读书有一条方针：做什么事，用什么书。陶行知也曾在《教学做合一》一文中举例道，“关于种稻而看书，不是为看书而看书，乃是为种稻而看书……为种稻而看书，看书也是做”②。由此看来，在语文阅读教学中，书不过是一种工具，重在“用书”。

（四）写作教学应立足生活，重于实践

陶行知主张，要指导学生写出好文章，最有效的方法莫过于将作文教学植根于真实的生活语境中，围绕着实践去教学。他在《育才二十三常能》一文中规定，学生要会说国语，他要求学生在一切集会与人交谈时，都要留心细听，注意学习那些擅长国语的先生和同学们的发音语调，并且在适当的机会向这些擅长国语请教；学生要会参加开会，因此晓庄师范和育才学校，每天早晨开晨会，开设三分钟演讲课，每个学生都要轮流以指定的题目阐述自己的观点。而从育才学校也走出了多位记者、诗人，这与陶行知所倡导的科学写作教学法是息息相关的。由此也可以看出，写作教学应在生活中充分利用、创造每一个具体的语文环境进行指导，围绕着做去教学，那么，这样的写作教学效率一定是事半功倍的。

总而言之，陶行知的语文教育思想，包括对语文课程性质、目标的论断，生活语文教材的内容观与方法观，均是其生活教育思想的鲜明体现。他从深厚的爱国思想和民主思想出发，抱着教育救国救民、改造社会的希望，从事教育实践活动数十年，博采古今，兼容中西，试图涤荡旧语文教育之种种流弊，建立符合语文教育发展规律及社会与人的发展需要的新语文教育。他的语文课程教材教法理论和实践对于后世乃至今天的语文教育研究和实践无疑是一份宝贵的遗产。

（刘立德系人民教育出版社编审。）

① 陶行知：《读书与用书》，方明：《陶行知全集》第 3 卷，四川教育出版社 2005 年版，第 516 页。

② 陶行知：《教学做合一》，董宝良：《陶行知教育论著选》，人民教育出版社 2015 年版，第 217—218 页。

借鉴陶行知创造力思想，探索高职创新创业人才培养模式

——以杭州科技职业技术学院为例

丁水娟

创造力是指人们产生新思想，发现和创造新事物的能力，是人们能够达成某种创造性活动所必需的思维品质。陶行知先生是我国近现代创造力思想最早的倡导者和实践者之一，他借鉴吸收西方先进的创造教育思想，汲取中国传统文化的合理成分，在躬身实践的基础上不断总结完善，形成了一整套完整的创造力思想体系。陶行知的创造力思想，因其具有的前瞻性与预见性，以及自身体系的完善性，对我们今天高职院校创新创业人才的培养具有十分重要的启示作用和借鉴意义。

一、陶行知创造力思想富含现代社会创新创业理论的精髓

（一）陶行知创造力思想的形成是社会实践的理论反映

陶行知创造力思想的形成和发展是一个学习与突破的过程，也是一个实践与总结的过程。其大致可以分为两个阶段：20 世纪一二十年代——萌芽和提出阶段，创造力思想主要以试验教育的形式体现；20 世纪三四十年代——形成和发展阶段，创造力思想得以形成系统，并在实践中不断走向成熟和完善。

1916 年，美国实用主义哲学家、教育家杜威率先提出了学校培养创造性人才的学说，并用试验教育进行实践探索。作为杜威的学生，陶行知留美回国后，面对当时中国旧教育的落后状况，先后发表了《试验主义之教育方法》《试验主义与新教育》《试验教育的实施》等文章，大力提倡试验教育。1919 年，陶行知明确提出"创造"一词，他在《第一流的教育家》中提出："敢

探未发明的新理，即是创造精神；敢入未开化的边疆，即是开辟精神。”①自此，在以后不断的实践总结中，陶行知多次提到“创造”二字，并主张进行试验教育。因此，这个阶段陶行知的创造力思想带有试验主义色彩。他从“实践第一”的观点出发，将试验主义思想付诸实践，如 1927 年创办的南京晓庄试验乡村师范学校被称为创造根据地。

陶行知系统提出创造力思想是在 20 世纪 30 年代初。1933 年 3 月，他在《创造的教育》一文中对于创造教育的目的、对象、范围和方法等作了较为全面系统的阐述，明确提出创造的意义是“由行动而发生思想，由思想产生新价值”，把三者的关系形象地比喻为“行动是老子，思想是儿子，创造是孙子”②。这篇文章的发表，标志着陶行知创造力思想已从实践层面升华到了理论层面，也标志着陶行知创造力思想的正式形成。接着，陶行知在他创办的重庆育才学校、社会大学等进行实践，把创造力思想发展到一个新的高度，他先后发表了《创造宣言》《创造的儿童教育》《创造的社会教育论纲》《民主教育》等文章，进一步从理论上丰富和发展了创造力思想，使之更臻完善成熟。

(二)陶行知创造力思想富含着社会发展的诸多需求

1. 目标和宗旨——为社会发展创造真善美的活人

陶行知认为，创造力是推动社会前进和进步的不懈动力，其目的是培养学生的创造意识和能力，塑造学生创造品格的“真善美的活人”，以实现“改造社会、建设富强民主新中国”之目标。同时，他认为人人都可以创造成为“真善美的活人”，因为创造无处不在，无时不在，“处处是创造之地，天天是创造之时，人人是创造之人”③。在陶行知看来，创造力先天存在于人的身上，教育的目的不过是使人身上的创造力得以发挥出来，“教育不能创造什么，但他能启发解放儿童创造力以从事于创造之工作”④。

---

① 陶行知：《第一流的教育家》，方明：《陶行知全集》第 1 卷，四川教育出版社 2005 年版，第 22 页。

② 陶行知：《创造的教育》，方明：《陶行知全集》第 3 卷，四川教育出版社 2005 年版，第 448 页。

③ 陶行知：《创造宣言》，方明：《陶行知全集》第 4 卷，四川教育出版社 2005 年版，第 5 页。

④ 陶行知：《创造的儿童教育》，方明：《陶行知全集》第 4 卷，四川教育出版社 2005 年版，第 446 页。

2. 方法和路径——通过启发自动、“教学做合一”、手脑并用激发创造力

陶行知认为，创造教育的目的是启发人们的自动力，激发人身上已存的创造能力，促进人的成长。因此，创造教育必须以学生为主体，充分发挥学生的主观能动性，培养他们自觉和自动寻求知识、追求真理的能力。如何启发自觉，培养自动？陶行知提出了“教学做合一”的方法，“教的方法根据学的方法；学的方法根据做的方法。事怎样做便怎样学，怎样学便怎样教。教与学都以做为中心”①。做的最高境界就是创造。如何做？陶行知认为，手脑并用、在劳力上劳心才是真正的做，“所以要创造，非你在用脑的时候，同时用手去实验，用手的时候，同时用脑去想不可。手和脑在一块儿干，是创造教育的开始；手脑双全，是创造教育的目的”②。手脑并用的做是创造教育的源泉，做含有三种特征：行动，思想，新价值之产生。“有行动才能得到知识，有知识才能创造，有创造才有热烈的兴趣”，“‘行动’是中国教育的开始，‘创造’是中国教育的完成”③。

3. 条件和保障——营造民主的教育理念、宽松的社会环境发挥创造力

陶行知认为创造力最能发挥的条件是民主，“只有民主才能解放最大多数人的创造力，并且使最大多数人之创造力发挥到最高峰”④。他主张要为学生创设宽松民主、有利于培养创造力的环境，“儿童的创造力是千千万万祖先，至少经过五十万年与环境适应斗争所获得而传下来之才能之精华。发挥或阻碍、加强或削弱、培养或摧残这创造力的是环境。教育是要在儿童自身的基础上，过滤并运用环境的影响，以培养加强发挥这创造力，使他长得更有力量，以贡献于民族与人类”⑤。教育的作用就是要过滤不

---

① 陶行知：《教学做合一下之教科书》，方明：《陶行知全集》第 2 卷，四川教育出版社 2005 年版，第 528 页。

② 陶行知：《创造的教育》，方明：《陶行知全集》第 3 卷，四川教育出版社 2005 年版，第 448 页。

③ 陶行知：《创造的教育》，方明：《陶行知全集》第 3 卷，四川教育出版社 2005 年版，第 450—451 页。

④ 陶行知：《创造的儿童教育》，方明：《陶行知全集》第 4 卷，四川教育出版社 2005 年版，第 452 页。

⑤ 陶行知：《创造的儿童教育》，方明：《陶行知全集》第 4 卷，四川教育出版社 2005 年版，第 446 页。

利的环境影响，运用并创造有利的环境，培养、加强、发挥学生的创造力。要达成这一目标，陶行知认为必须实现“六大解放”，即解放学生的头脑、眼睛、嘴、双手、时间和空间。

总之，陶行知创造力思想内涵丰富，它的主要精髓是，人们在投身实践的过程中要敢于思考，打破教条，探求未知，实现创造。创造教育的目的是激发每个人身上的创造潜能，培养手脑双全，德、智、体、美、劳全面发展的“真善美的活人”。为此，需要为学生创设民主的教育氛围与宽松的社会环境，通过手脑并用、“教学做合一”等方法，培养学生的自动力和创造力等等。这些创造力思想，对于今天社会发展需要培养的创新创业人才具有直接的启迪和借鉴意义。

(三)陶行知创造力思想对当今高职创新创业人才培养的启示

当前，我国经济发展呈现增速换挡、结构升级及创新驱动等三大特点，创新成为推动国家发展和社会进步的不竭动力。经济发展新常态对职业教育发展提出新的更高要求，培养创新创业人才既是我国高职院校着力围绕服务国家创新发展，促进大众创业万众创新，培育更多创新型人才的时代迫切要求，也是高职院校改革人才培养模式、培养多样化、创新型人才的现实需要。陶行知的创造力思想对高职创新创业教育人才培养模式的探索有着十分重要的启迪和借鉴作用。

1. 对高职创新创业教育目标定位的启示

陶行知创造力思想的宗旨和目标是培养崇尚科学、求真创新，重德、务实，追求和向往美好事物的“真善美的活人”，这一标准与我们今天高职院校倡导以立德树人为根本，将职业道德、人文素养教育贯穿培养全过程是一脉相承的。陶行知认为，“人人是创造之人”，创造教育的目的是“激发每个人身上的创造潜力”。高职创新创业教育应定位为提高学生素质、提高人生质量的全面教育和贯穿学生一生成长的终身教育，这既符合当今全球教育新态势下倡导的“全纳、公平、有质量的教育和终身学习”的新理念，更切合高职学生自身愿望和实际需求。高职学生虽然文化基础相对薄弱，但他们思维活跃，动手能力强，创新创业的热情和愿望比较强烈。据《2016 大学生就业质量研究》的调查显示，“2015 届，74.0%的专科毕业生和58.1%的本科毕业生，未来三年有创业意向”，“2015 届不同学历层次毕业生的自主创业比例从高到低分别是专科 2.6%、本科 1.2%及硕士0.6%”①。对高职学生这种创新创业的内在驱动力,我们要借鉴陶行知的创造力思想,积极鼓励和正确引导,使之释放强大的创新创业能量。

2. 对高职创新创业教育培养方法的启示

陶行知提出通过“启发自觉、培养自动”及“教学做合一”、手脑并用等方法开启学生的创造思维,培养学生创造力。这种培养方法对高职院校的启示是,在推进创新创业教育过程中,必须以学生为教学主体,关注每位学生的创新意识,通过手脑并用、“教学做合一”等方法激发学生在自觉基础上的自动力,强化学生的实践能力,引导学生从学习实践中不断获取新知识、新技能,探寻新问题、新方法,并通过实践寻求解决问题、试验方法之道,激发学生探求新知识、新方法和新思想的潜能。

3. 对高职创新创业教育条件保障的启示

陶行知提出的“解放最大多数人的创造力”的前提是要有一种民主的、真自由的教育环境和氛围。这也给我们提供了有益启示:高职院校要实现培养创新创业人才目标,就必须改革传统的人才培养体制机制和教育模式,努力为学生搭建创新创业教育的各种学习和实践平台,引导学生在自由、宽松、真诚的学习环境和氛围中,展开想象的翅膀,尝试创新创造的实践,实行“改变世界”的探索。与此相适应或配套,学校要创新教学资源的配置与教学机制的运作,针对学生的不同特点及要求,开展创新创业的分层教育,以满足创新实践过程中学生对知识与设施的新的不同需求。同时,学校必须坚持实施全面育人和终身发展的培养策略,建立创新创业的长效机制,提升培养学生创新创业的概率及层次、质量和域度,促进学生创新创业的可持续发展。

二、借鉴陶行知创造力思想,探索高职创新创业人才培养模式的实践②

杭州科技职业技术学院(以下简称杭科院)是杭州市人民政府主办的综合性高职院校,陶行知先生于 1928 年亲自指导创办的浙江省湘湖师范

---

① 《2016 大学生就业质量报告发布(全文)》,搜狐网,https://www.sohu.com/a/76120788_350221.

② 文中有关杭州科技职业技术学院创新创业的资料和数据均来自学校近几年创新创业成果总结,详见《中国教育报》2015 年 12 月 22 日第 8 版。

学校是其重要的办学渊源。在大力推进创新创业教育的时代背景下，杭科院秉承行知文化这一重要精神渊薮，借鉴陶行知创造力思想的精神实质，紧密围绕高职人才培养目标，积极探索深化创新创业教育改革实践，取得了良好的成效。

（一）基于目标宗旨的实践探索：推进创新创业人才培养体系建设

陶行知提出的培养具有创新精神和实践能力的“真善美的活人”的创造力目标，与杭科院强调的“以立德树人为首要任务，以素质教育、全面教育、终身教育为主题，以人才培养质量为核心，打造一支富有良好职业道德、创新精神、创业意识、勇于实践的知行合一创新创业人才队伍”的创新创业人才培养目标基本一致。为实现这一目标，杭科院做了以下探索实践：

1. 修订专业人才培养方案，完善人才培养质量评价标准

根据创新创业人才培养目标，学校要求各二级学院结合专业和学生特点，细化创新创业素质能力等要求，制定专业教育质量标准，修订专业人才培养方案，将产业、行业、企业、职业等要素融入专业认知教学，将创新创业教育的理念、内容、方式方法等融入专业人才培养全过程。设立第二课堂与创新创业教育学分制，推行弹性“行知学分”管理制度，打通素质拓展学分与毕业学分互通立交桥。将创业实践教育与学校的人才培养全方位相结合，为提升学生创新创业能力搭建平台。

2. 建立创新创业服务平台，探索完善人才培养新机制

杭科院于2013年建立“行知创业学院”，作为创新创业教育和职业发展教育的实践基地，围绕“创业教育、创业竞赛、创业实践、创业社团、政策咨询、项目孵化、经验交流、作品展示”等八大功能，进行一系列的教育实践活动，为学生搭建创新创业教育和实践两大服务平台。此外，学校还探索建立了校企协同育人新机制，与行业企业共建多种形式的技术合作中心和各类人才培养培训平台，积极吸纳社会资源参与创新创业人才培养。例如，学校与杭州市富阳区人力资源和社会保障局合作，挂牌杭州市大学生创业园（富阳），共同支持大学生创业；与知名的ERP信息化人才培养与服务提供商——用友新道科技有限公司签订战略合作协议，校企双方共建双师培养基地、技能创新工作室和校内实训基地，共同参与制订创新创业人才培养计划，为学生开展

创新创业实训提供良好的实训平台；与浙江迎智教育科技有限公司达成合作关系，共同开展“迎智大学生创业实战营”项目，利用企业的人脉和导师资源库，给学生提供指导和服务。同时，学校也为一些有前景的大学生创业项目引入企业风投资金，以期解决高校创新创业教育的师资和资金两大瓶颈问题。

（二）基于方法路径的实践探索：推进创新创业育人模式的改革

1. 实施创新创业教育全覆盖基础上的分层培养

为了实现创新创业教育的全覆盖，学校从大一新生入学开始，就开设1学分的创新创业课程，侧重创新创业知识、意识和观念的培养，使学生对创新创业有基本的认知，在学生心里埋下一颗创新创业的种子，等时机、条件成熟时，再萌芽生长。在创新创业教育全覆盖的基础上，对有创业意向与创业能力的学生实行分层培养，力争实现点上突破。行知创业学院通过开设雏鹰班、飞鹰班和雄鹰班，为不同层级的学生提供相适应、相匹配的理论教育和实践指导。其中，雏鹰班主要面向有创业意愿的学生，依托各二级学院的孵化基地开展培训；飞鹰班则针对有实际创业项目的学生，以工作室为主要形式，组织开展模拟公司创业实训、SYB创业培训等；雄鹰班主要面向已经注册公司的学生，为他们提供初创期创业企业基本经营管理等指导。

2. 强化学生创新创业的实践教育

构建四个递进层次的专业技能实践教学体系以适应学生创新创业能力的培养，即：基本技能实训（校内实训室）—专业技能实训（校内外实训基地）—综合技能实训（校内外生产性实训基地）—顶岗实习（校外实习基地）。创新创业教育结合专业特点全程贯穿，三年不间断。这些实践教学环节占总学时60%以上。运用第二课堂拓展学生素质能力，激发创业热情。全校共有学生社团132个，其中“小先生制”专业社团60个，创业型社团13个，加入社团学生比例高达75%。全校每周二下午为社团活动时间。学校每年举办职业生涯规划与创业计划大赛，助推创新创业教育向纵深发展。这项历时四个月的赛事对有志于创业的学生来说意义非凡，因为在大赛中获胜的项目，就成功获得入驻学校创业园的资格进行项目孵化，可享受学校提供的创业基金和多项优惠政策，孵化出的好项目再升级进入创业实战阶段。

3.实行半工半读、学分替代等教学模式改革

为积极鼓励学生进行创新创业实践，学校首先在信息工程学院计算机类专业试点育人模式改革，组建实验班，学生实行半工半读，学生一边学习，一边上班。学生要把学到的知识运用到实践中去，并直接接受实践的检验，经过这样磨炼的学生毕业后岗位的适应性能力非常强。教师既要在有限的时间内把理论知识教给学生，又要在实战中指导学生，帮助他们解决实际问题，对教师的教学能力水平是一种考验，促使教师与学生一起学习成长。同时，为提升学生的素质和能力，积极鼓励学生参加第二课堂活动，学校推行第二课堂拓展与科技创新学分替代毕业学分，鼓励更多的学生接受创新创业教育，投身于创业实践项目。

(三)基于条件保障的实践探索：建立集“管理、指导、服务”于一体的创新创业人才培养机制

1.建立管理服务保障

学校把创新创业教育作为一项系统工程来抓，专门将创业园的1至3楼辟为大学生创新创业场地，建筑面积达3000平方米。此外，学校还将学生公寓区的部分架空层场所提供给学生开展创业活动。对于进场创业的大学生，无论是项目还是公司，免3年的场租费、水电费与网络费，力争将他们的创业成本降到最低。

2.建设师资队伍保障

拥有一支良好的师资队伍是创新创业教育取得成效的关键。学校聘请政府行业企业、兄弟院校的专家、创业成功人士等建立一支学生创业导师支持队伍，开展创新创业辅导与指导，对学生创业中的项目选择、风险评估等难点提供技术支持。同时，有效整合校内资源，聘请校内有创业经验的老师作为创业导师，鼓励有志于创新创业教育的老师参加SYB、职业指导师、大学生职业生涯规划、创新创业创意项目等培训，培养了一批具备创业理论与实践指导技能的师资队伍。目前，学校自有29位创业导师，并聘请了28位校外创业导师，为有效开展学生创新创业教育提供了基础和保障。

三、借鉴陶行知创造力思想培养高职创新创业人才的初步成效

杭科院借鉴运用陶行知创造力思想，结合学校创新创业人才培养目

标，进行了几年的实践探索，取得了良好的成效。

（一）学生的创新创业意识与能力得到明显提升

学校对全体学生进行全覆盖的创新创业普及教育，使学生创新创业意识有了明显提高。如针对有创业意向学生开展的雏鹰班培训，2015 年下半年纳新，原定 100 人的招生名额，结果报名者接近 300 人，学校不得不临时扩班。截至 2015 年底，行知学院举办的两期雏鹰班有近 500 名学生被选拔进入学习，其中有实际项目的 50 余名学生进入飞鹰班学习，20 余名已注册公司的学生晋升到雄鹰班学习。累计完成创业培训 1200 余人次，选送创业计划 338 项，选送创业孵化项目 30 个。学生注册成立公司 25 家。学生参加省级及以上创新创业类竞赛成绩连年攀升，自 2011 年以来共获各类奖项 439 个，其中省级一等奖及国家级奖项 180 个。

（二）毕业生创业率较高，创新创业成果反响较好

据浙江省教育评估院委托的第三方独立调查报告显示，近年来杭科院毕业生创业率均高于全省高职高专的平均水平。学校创新创业成果社会反响良好，《中国教育报》《浙江教育报》《杭州日报》以及浙江电视台等新闻媒体多次专题报道，引起了教育同行和社会各界的广泛关注。谢列卫校长主持的"行知文化引领的高职创新创业教育实施路径与方法"课题成果荣获浙江省 2016 年教学成果类二等奖，更是对学校近几年来实践创新创业人才培养的理论总结与实践归纳。

总之，在国家实施创新驱动发展战略、大众创业万众创新的新形势下，在创新创业的集聚化和社会化程度日趋提高的大背景下，杭科院紧紧抓住难得的历史机遇和良好的发展环境，努力撷取陶行知创造力思想的精华，并在教育实践中积极运用，探索出一种行之有效的培养教育创新创业人才的模式，并在实践中取得了较好的成效，从而充分证明行知文化对高职院校的人才培养改革有着十分重要的借鉴意义和指导作用。

当然，我们在学习借鉴陶行知创造力思想精华时，也应该用辩证唯物主义的观点正确认识和理解。陶行知的创造力思想囿于时代发展和个人认知的限制，不可避免地带有半殖民地半封建社会的时代烙印。其理论认识与实践主要基于当时中国资本主义得到初步发展及其受到外国帝国主义阻碍的大环境。他希望通过大力倡导创造教育，消除中国传统落后的旧教育脱离生活、脱离社会的弊端，探索教育救国的新路子，改变中国落后挨打的局面。他的创造力思想偏重于创造教育，而对于创造应该包含的创业创新教育方面的论述较少。这些恰恰需要我们今天在研究和实践中进一步丰富、完善、发展和超越，使陶行知创造力思想这一重要理论资源在当前创新驱动战略的大背景下得到创造性再生。

（丁水娟系杭州科技职业技术学院副教授。）

陶行知教育思想的创造性品质及启示

唐智松　谢焕庭

一、问题的提出

所谓教育思想的创造性就是原创性地在教育理论上提出新的认识，在教育实践上践行新的模式。它不但在理论上具有较大的创新意义，而且在实践上有重要的推动作用，还能够在将来的理论与实践上继续发挥着重要的影响。它作为一种品质，不但凸显了原创性特质，而且以此区别于其他的教育思想，甚至成为教育家个人的人格形象、学术魅力，从而定格了教育家的历史地位。陶行知的教育思想就是具有这种创造性品质的一种理论。

关于陶行知教育思想的研究，成果较为丰富，如在百度搜索栏中输入“陶行知研究成果”并搜索，显示有 134000 多条相关信息，可简单分类为：①编撰著作类，如贾培基先生刻画陶行知生平事迹的《陶行知》、胡晓凤先生等系统介绍陶行知思想的《陶行知教育文集》、周洪宇先生分类引介陶行知教育言论的《陶行知教育名篇精选》等；②学术论文类，如重庆市陶行知研究会编写组编的论文集《陶行知教育思想与当代教育改革》等，如熊贤君先生撰写的期刊论文《陶行知创造教育思想探微》，以及金林祥、李庚靖先生做的研究综述《20 世纪 90 年代陶行知教育思想研究综述》等；③相关回忆类，如《重庆陶研文史》上的大多数材料等。总之，综观这些文献，我们发现，从教育学学理的角度对陶行知教育思想的创造性品质进行研究的成果处于空白状态。因此，本文从教育学学理角度审视陶行知教育思想的创造性品质，揭示其源泉及启示。

二、陶行知教育思想创造性品质的表征

教育学作为一门关于人的教育的科学，自有其从逻辑起点出发，经过符合理论与实践的逻辑演绎而形成的、由系列范畴构成的内在学理。从教育学学理中关于教育的起源、本质、目的、主体、内容、过程及环境等要素出

发，梳理陶行知教育思想，我们发现它是陶行知所创造的一个新型的教育学学理体系。

(一)教育本质新说：生活教育

关于教育的起源，有生物起源论、心理起源论、劳动起源论等观点，但教育学界也公认陶行知是教育生活起源论的重要代表。同时，关于教育的本质，有上层建筑、生产力、儿童生长等说法，而教育学界也都认为是陶行知是教育本质生活论的代表。

陶行知对生活教育的内涵做过系统阐述。首先，生活无时不含有教育的意义，生活教育是生活所原有的教育，生活教育是生活所必需的教育[①]。同时，生活决定教育，生活是教育的中心，过什么生活便是受什么教育；生活教育是为生活而教育，为生活的提高和进步而教育[②]。其次，生活教育教育不但培植个人的生活力，教民众做主人、培养改造社会的精神；同时也要达民之情、遂民之欲，止于人民之幸福的教育[③]。再次，生活教育是以事为中心、生活为中心；生活教育既是生活的说明，也是生活法、教育法。最后，生活教育是一种终身教育。因为从历时性上看，“生活教育与生俱来，与生同去。出世便是破蒙，进棺材才算毕业”[④]。从共时性上看，“教育的根本意义是生活之变化”，而“生活无时不变”，则来自生活的教育也会无时不变，正如其所谓“过什么生活，便是受什么教育；过好的生活，便是受好的教育；过坏的生活，便是受坏的教育”[⑤]。不仅如此，陶行知后来还将生活教育思想提升到“民主的、大众的、科学的、创造的”[⑥]方针高度。

学术界认为，陶行知教育理论区别于杜威、裴斯泰洛齐、卢梭等的生活教育理论，即使与杜威的“教育即生活”相比，它也是将其翻了半个跟斗：“生活即教育”，显示出创造的特质。综观教育学上关于教育本质的回答，

---

① 华中师范学院教育科学研究所主编：《陶行知全集》第2卷，湖南教育出版社1985年版，第633页。

② 中央教育科学研究所编：《陶行知教育文选》，教育科学出版社1981年版，第267页。

③ 中央教育科学研究所编：《陶行知教育文选》，教育科学出版社1981年版，第113页。

④ 华中师范学院教育科学研究所主编：《陶行知全集》第2卷，湖南教育出版社1985年版，第634页。

⑤ 华中师范学院教育科学研究所主编：《陶行知全集》第2卷，湖南教育出版社1985年版，第634页。

⑥ 中央教育科学研究所编：《陶行知教育文选》，教育科学出版社1981年版，第330页。

陶行知的生活教育本质论既不像人性完善出发的内在论者那样飘渺而难以捉摸，也不像社会作用出发的外在论者那样客观而忽视人性。

（二）教育目标新设：培养人中人

众所周知，“万般皆下品，唯有读书高”，学习上“吃得苦中苦，方为人上人”，通过科举考试而“朝为田舍郎，暮登天子堂”，做“人上人”的追求一直被我国奉为教育圭臬。但陶行知一反传统，提出了培养“人中人”的新目标。

正如陶行知在《创造宣言》中主张的，首先他批评传统教育是教人吃别人，转而主张教育应是教人做“人中人”。所谓人中人就是“在明民德，在亲民，在止于人民之幸福”①。其次，培养“人中人”的教育“不是造神，不是造石像，不是造爱人”，“要创造的是真善美的活人”②。其具体到学校层面，则包括科学的精神、审美的意境、高尚的道德修养。再次，这种“人中人”是体魄健，能自治，有真知，会创造，和群乐居、人格完整的真人；他能够做自己的主人，做政府的主人，做机器的主人。最后，这种人中人是彼此教育的结果：“先生创造学生，学生也创造先生，学生先生合作而创造出值得彼此崇拜之活人。”③此外，站在宏观的角度看，生活教育目标就是以平民主义做教育的目的，从乡村实际生活中产生活的学校、从活的教师产生活的学生，通过给生活的教育、用生活来教育、为生活向上向前的需要而进行的生活教育，能够用四通八达的教育创造四通八达的社会。

教育学界一直争论“教育是什么”。其实，教育作为一种目的性的活动，往往教育的主体认为需要培养什么样的人则会规定教育是什么。所以，对教育目的的回答是对教育本质问题的具体化。陶行知关于“人中人”的教育目标追求，不但是教育本质观创造性的具体化，也是教育目标上的创新，它较之中国传统的“学而优则仕”具有“颠倒乾坤”的意义，较之西方培养僧侣、神父或现代公民的目标观也有符合中国国情的价值。

（三）教育主体新论：亦师友亦生的新解

正如保罗·弗莱雷在《被压迫者的教育学》中所描述的：“教师无所不

---

① 华中师范学院教育科学研究所主编：《陶行知全集》第3卷，湖南教育出版社1985年版，第586页。

② 中央教育科学研究所编：《陶行知教育文选》，教育科学出版社1981年版，第298页。

③ 中央教育科学研究所编：《陶行知教育文选》，教育科学出版社1981年版，第298页。

知、学生一无所知”，“教师教，学生被教”，“教师讲，学生听”等教师和学生的内涵、师生关系的定位在传统教育中早成惯例①。但是，陶行知对这种教师、学生等教育主体的内涵作新的置定。

首先，他认为，教师既不是知识技能贩卖人、伦理道德说教者、价值观念灌输手、社会的传声筒，更不能是“教死书，死教书，教书死”；而是“活”的：“拿他教的法子和学生学的法子联络，并须和他自己的学问联络起来”②；教师从教的准则是“千教万教救人求真”。当然，他对教师还有更高的要求：“教师要有农夫的身手，科学的头脑，改造社会的精神。”③其次，学生既不是全盘接受教师说教而一无所见的字纸篓，也不是“读死书，死读书，读书死”的书呆子，而是具有道德自律、追求真知真理、学会生活创造、拥有完整生命的生活人；学生的准则是“千学万学学做真人”。最后，师生关系是心心相印的关系。陶行知奉劝教师要“待学生如亲子弟”、理解教师“最大的快乐，是创造出值得自己崇拜的学生”④。他还要求教师“从心里发出来”才能“打到（学生）心的深处”⑤；要求师生之间知无不言、言无不尽，打通隔阂、精神融洽。当然，他也强调教师由于在知识、阅历方面的先进，应当在教育主体地位置定、师生关系建设上发挥导向性的作用。

我国教育学界近年来掀起了教育主体理论的论争，出现各执一端的局面。而反观陶行知在70多年前就倡明：“好的先生不是教书，不是教学生，乃是教学生学”；教师引导学生“以最短的时间，经过相类的经验，发生相类的理想，自己将这个方法找出来”⑥。其实这就是目前流行的教师主导、学生主体的教育主体思潮。因此，我们今天不得不折服陶行知卓越超前的教育主体思想创见！

（四）教育内容前瞻：生成性课程

教育内容是关于教育中教师教什么、学生学什么。自学校出现以来，教育内容都是在教育活动之前，就已经以官方要求为主要依据而预先规

① ［巴西］保罗·弗莱雷：《被压迫者教育学》，顾建新、赵友华、何曙荣译，华东师范大学出版社2001年版，第31页。

② 中央教育科学研究所编：《陶行知教育文选》，教育科学出版社1981年版，第5页。

③ 中央教育科学研究所编：《陶行知教育文选》，教育科学出版社1981年版，第57页。

④ 中央教育科学研究所编：《陶行知教育文选》，教育科学出版社1981年版，第298页。

⑤ 中央教育科学研究所编：《陶行知教育文选》，教育科学出版社1981年版，第49页。

⑥ 中央教育科学研究所编：《陶行知教育文选》，教育科学出版社1981年版，第5页。

定、设计妥当的，它注重预先规制而无视过程变化。这是一种规置性的教育内容，具有浓厚的僵化色彩。陶行知一反传统，提出了具有生成性色彩的教育内容观。

首先，陶行知坚称教育内容应当来源于生活，正如晓庄师范礼堂门口的对联“和马牛羊鸡犬豕做朋友，对稻粱菽麦黍稷下功夫”，就是要用生活来进行教育。联系到每个学生，每个人都要明确自己的生活主题，根据生活主题来确定选择学习的内容及其结构。其次，陶行知反对将“生活即教育”简单化为“生活即课程”，而是对作为教育内容的生活要进行提炼，上升到具体的领域内容，如德育就是做追求真知真理、生活于人民中、有道德自律的真人，智育就是探求知识本源、运用知识改善生活，体育就是增进健康、联络感情、增强自卫，美育就是美化校园容貌、整洁个人形象、培养创造美能力。再次，构成上述诸育的具体内容应该是健康、科学、艺术、劳动与民主织成的和谐的生活。其中“一智育注重自学，二体育注重自强，三德育注重自治”①。最后，陶行知所主张的教育内容不仅不是预先用书本规置的，而且是来自生活的，并且是可以随着生活的变化而不断地调整的。正如他针对所经历各期社会生活的变化而相继提出了生活教育、抗战教育、民主教育、社会教育一样，这是一种因人、因时、因地而生成内容的生成性课程观。

教育的内容到底是拘泥于固化的教材还是引入鲜活的生活，从来就各有主张。如果认清了教育价值取向从外在工具不断向内在价值的历史演进，就会对陶行知这种以生为本、学生教育主体的人本化、内在性的教育内容取向表示认可。当我们今天津津乐道于学校教育的生成性课程问题时，不得不惊叹陶行知七八十年前生成性课程观的跨时空创造！

（五）教育模式更新：“教学做合一”

正如赫尔巴特所说的教育目标与教育过程的关系：“道德教育如果没有教学，只是失去手段的目的”②，教育过程的重要性自不待言。但是，教学中到底该怎么教、怎么学，则回答各异。一般认为，陶行知受其师杜威“做中学”的影响，再创性地提出了“教学做合一”新思路。

---

① 中央教育科学研究所编：《陶行知教育文选》，教育科学出版社 1981 年版，第 9 页。

② 张焕庭主编：《西方资产阶级教育论著选》，人民教育出版社 1979 年版，第 267 页。

分析认为,由于对教育本质理解的差异,陶行知对“教学做合一”赋予独特的内涵。首先,做是核心。正如他在《教学做合一》中所说:“教学做是一件事,不是三件事。我们要在做上教,在做上学”;事“怎样做,就怎样学,怎样学就怎样教”;做既是教的中心,也是学的中心,在“在做上教的是先生,在做上学的是学生”①,它是在做—学—教的反推逻辑下以做定学、以学定教。同时,做具有特殊的内涵:做就是“在劳力上劳心”,具有“行动、思想、新价值产生”的特征。如他主张在民主生活中进行民主教育。其次,教与学是相互联系的。正如他说:“教学两字,实在是不能分离的。”做是教与学的中介,把教师的教与学生的学连接起来:“教的法子要根据学的法子”,“先生拿做来教,乃是真教;学生拿做来学,方是实学”。最后,“教学本质是学习”。陶行知强调“先生的责任不在教,而在教学,而在教学生学”,亦即学生的学习才是教学的重点。同时,陶行知所主张的学习不是传统的识读背诵,而是自主性学习(如每天“四问”)、反思性学习(具体路径如“育才十字诀”)。

当今天痛斥学校中的灌输式教育、表演型教学、复制性学习,课堂沦为工厂车间、教学沦为人性压抑、学习成为外在负担时,呼唤学校要有生气、课堂要有活力、学生要有朝气时,回味陶行知“教学做合一”教育模式,不得不佩服其创造性品质!

(六)教育环境拓展:全时空环境

各种因素的限制,导致“两耳不闻窗外事,一心只读圣贤书”成为传统教育与环境关系的常态。陶行知批判这种教育是“鸟笼式”教育,提出了解放形式化、制度化的学校教育,让其回归“大自然”。

首先,陶行知认为,学校属于社会的一部分,学校教育不能脱离社会;同时,社会具有教育功能,应当发挥社会的教育作用。由此他提出了“社会即学校”的命题。其次,利用、发挥环境的作用,陶行知认为就是让缩小到“学校鸟笼”的教育,开放性地走向“生活大自然”,发挥环境无处不有的教育作用。他分析指出,“学校即社会”是“把一只活泼的小鸟从天空里捉来关在笼里一样”,把学校与社会生活隔开了,在“学校与社会中间造成了一

① 中央教育科学研究所编:《陶行知教育文选》,教育科学出版社 1981 年版,第 88—89 页。

道高墙”;“社会即学校”是“要把笼中的小鸟放到天空中使他任意翱翔”,拆除学校与社会之间的高墙,“把学校里的一切伸张到大自然里去”[①]。再次,教育中的学习是无处不在的,可以利用一切时机向一切人学习:跟先生学,跟大众学,跟小孩学,跟朋友学,也跟敌人学,跟大自然学,也跟大社会学。最后是学校、社会及家庭的教育环境大联合,亦即如他所说,教育“要和学生家庭联络”,“把学校与家庭构成一体,彼此可以来往……学校也不再和社会隔膜”,以此“四通八达”的大教育来造就“四通八达”的社会、从而改造社会[②]。为此,陶行知大声疾呼解放儿童的大脑、双手、嘴巴、眼睛、空间、时间,激发儿童的创造力[③]。

这种学校及社会、家庭所有时空环境的联合就是今天所谓“大教育思想”。当观察到20世纪60年代的欧美终身教育思想近年来逐步在我国流行,我们重温到先于其20年的陶行知大教育思想时,不得不惊叹其卓绝的超前性、创见性!

总之,陶行知的生活教育思想通过对外在教育价值取向的颠覆,对内在教育价值取向的超越,形成了自己较为完整的教育学学理体系。

三、陶行知教育思想创造性品质的启示

教育学范式有教师中心、学生中心、社会中心等重要范式。统整上述陶行知教育思想从教育的起源、本质、目标、主体、内容、过程及环境的系统论述,我们发现它是一个“教师教学生学”的以教师为主导、学生为主体的教育学范式,是对教育学范式的创造性发展。这种创造性对我国今天教育学家的培育及教育学科的建设经验重要的启示。

第一,崇高的人生价值追求。陶行知曾经豪言:“人生天地间,各自有秉赋:为一大事来;做一大事去。”[④]综合陶行知的人生追求,可以归纳为:一是在做人上“学做真人”:做自己的主人、做“人中人”、做自立立人的人、做抬头乐干的人、做有献身和创造精神的人,体现了高尚的完美人格追求。

---

① 中央教育科学研究所编:《陶行知教育文选》,教育科学出版社1981年版,第164页。

② 周洪宇编:《陶行知教育名篇精选》,福建教育出版社2013年版,第37页。

③ 中央教育科学研究所编:《陶行知教育文选》,教育科学出版社1981年版,第306—308页。

④ 陶行知:《行知诗歌集》,读书·生活·新知三联书店1981年版,第13页。

二是在做事上“造福社会”：促进社会走向民主、科学、富裕、“五生”（少生、好生、厚生、贵生、共生）、平等互助、爱满天下，体现了美好的社会理想追求。如他身体力行“人中人”理念：学成归国后，从大学教授、领导一直“下降”做到了小学教师、校长，脱下西服革履，穿上布衣草鞋，与大家打成一片，甚至学着武训去“乞讨化缘”来办学。纵观他的教育投入态度，特别是在重庆办学的艰苦岁月，内在动力就是这种崇高的人生追求。直到今天，他的“捧着一颗心来，不带半根草去”，“为了苦孩，甘为骆驼。于人有益，牛马也做”仍然是教育箴言！

第二，执着的教育救国情怀。陶行知说：“人民贫，非教育莫与富之；人民愚，非教育莫与智之”；教育能够实现“国无游民，民无废才，群需可济”；“故今日当局者第一要务……施以相当之教育”。他发誓“余今生之唯一目的在于经由教育而非经由军事革命创造一民主国家”，“我的志愿要使全国人民有受教育的机会”①。正如他于 1940 年冬在全国经济资源委员会上所说：“我坚持为国家为老百姓服务的精神，在任何情形下，我也要贡献出一切力量来服务。”所以，他在 1938 年回国时，一到香港就发表了“回国三愿”：选拔儿童以作教育实验，创办补习学校以教育救国，创办晓庄学院以发扬晓庄精神②。后来一到重庆，他就物色教师，选择校址，选拔难童，历经四个月就创办了育才学校。

当然，如陶行知所说：“当教员必得有个理想的社会悬在心中”③，有了这种信念，才能“发生力量”，“才能救中国”。即使是乡村教师，他们也“关系到全村之兴衰”，甚至“全民族的命运都操在小学教师的手里”；乡村学校是“庙小乾坤大，天高日月长”，小学教师有此气魄，小学教育便是大事情④。所以，教育者的个人人生理想与教育救国是密切联系的。

第三，善于借鉴的创新品质。陶行知留美期间师从杜威，自然会受其实用主义哲学、“教育即生活”“做中学”等思想的影响。所以，我们再看到

---

① 《陶行知全集》编辑委员会编：《陶行知全集》第 9 卷，四川教育出版社 1991 年版，第 735 页。

② 毛礼锐、沈灌群主编：《中国教育通史》第 5 卷，山东教育出版社 1988 年版，第 659 页。

③ 中央教育科学研究所编：《陶行知教育文选》，教育科学出版社 1981 年版，第 91 页。

④ 陶行知：《陶行知书信集》，安徽人民出版社 1981 年版，第 134 页。

“生活即教育”“社会即学校”是对“教育即生活”“学校即社会”的借鉴的同时，也要看到它在借鉴下的对应性创新品质。所以，我们应特别强调“教育者也要创造值得自己崇拜之创造理论和创造技术”①。值得注意的是，陶行知的教育思想不是简单模仿，而是基于此的反思、创造，如他在《创造年献诗》中说“书若尽信不如无，遍览已知求未知”，因而立足现实，特别是从批判中国现实教育出发来阐述的，如他说中国的旧教育是“吃人的教育”，是少爷小姐们的小众教育。他进而提出促进人民大众生活幸福的大众教育；“它只教中国的民众起来做主人，做自己的主人，做政府的主人”②。在具体教学上，他针对传统教育对儿童的种种束缚，呼吁解放儿童的头脑、眼睛、嘴巴、双手、空间、时间，如此等等。这些都显示了陶行知在教育思想创新上的善于借鉴、善于创新的品质。

第四，丰富人生经历的支撑。认识陶行知教育思想的创造性，不能忽视他丰富人生经历的支撑。在求学方面，他先后系统接受了中国传统文化、西方教育的熏陶，先后习过医学、英语、文学、市政学、教育学等学科，主编过《金陵光》、《儿童科学丛书》、《民主》(周刊)等刊物，可谓是学术涵养丰厚。在办学方面，他创办了幼稚园、育才小学、育才中学、晓庄师范、山海工学团、生活教育社、中华业余学校、社会大学，担任过高校教务主任、系科主任、中小学校长等职，组织过平民教育运动、国难教育运动、科学下嫁运动，可谓是教育生涯丰满。在社会方面，他先后领头组织了中华平民教育促进会、上海文化界救国会、中华教育促进会、中国战时教育协会、中国民主政团同盟、中国民主同盟，还相继投身辛亥革命运动、平民教育运动、抗日救国宣传、反内战争民主活动，还加入过基督教，担任过国民参政会议员，访问过欧亚非国家和地区，也因违逆时流而遭遇全国通缉，可谓是社会经历丰盈。可以说，正是这些丰富多彩的人生经历，既支持了他的教育创新，也践行了他的理论创新。

四、结语

正如陶行知自己反对“因袭陈法”“仪型他国”，要“敢探未发明的新

① 中央教育科学研究所编：《陶行知教育文选》，教育科学出版社1981年版，第298页。

② 顾明远、边守正主编：《陶行知选集(三卷本)》第2卷，教育科学出版社2011年版，第12页。

理”,“敢入未开化的边疆”,“做个边疆教育的先锋”[1]一样,陶行知教育思想的创造性就是在对传统扬弃的基础上,在现实挑战的应答中做出的自主性理论创见、实践新探,它不但在理论上为教育思想库增添了宝贵的新苗,实现了中国传统教育思想的现代转型,而且在实践上探索出了崭新的生活教育,推动了传统教育向生活教育的时代转变。

今天,综观我国目前的教育学理论研究,主要是基于古今中外教育理论的照着讲、跟着讲、接着讲、替着讲、对着讲,而创造性讲的成果却非常稀少,创造性的教育学家也非常罕见。同时,我国在教育实践上目前面临着诸如基础教育应试化、高等教育工具化、教育管理行政化、教育效能功利化、教师情操庸俗化[2]等迷茫。这些问题都需要创造性地回答。因此,无论是从建设具有中国气派、中国特色的教育学理论,推进教育学科的发展看,还是造就具有中国气质、中国风格的教育学家,延续中国教育家的学脉看,我们都是可以从陶行知这里得到启示的:培育崇高的人生价值追求,培养执着的教育救国情怀,养成善于借鉴的创新品质,获取丰富人生的经历。

(唐智松系西南大学教育学部教授、重庆市陶行知研究会秘书长。谢焕庭系西南大学教育学部硕士研究生。)

---

① 中央教育科学研究所编:《陶行知教育文选》,教育科学出版社1981年版,第7、8页。

② 某乡村教师说:“教师是一份职业,教师都有七情六欲,都要吃穿住行,不要人为拔高、更不要神话职业而束缚自己,说书面点是做真实的自我,说通俗点是接地气:睡一张床,孝二老双亲,吃三餐饭,待四海宾朋,教五湖学生,感七情六欲,做十之八九人足矣。”

“社会教育与学校教育打成一片”
——陶行知论创造的社会教育

王 雷 温 馨

陶行知是一个“为中国教育寻觅曙光”的先进教育家，为了探索中国民族教育的新路，他从中国近代国情、民情出发，提出了“作十万新民”的教育主张，强调教育作用要“作新民”，并使国民具有“国民的精神”和“国民的能力”。要“作新民”只依靠发展学校教育是办不到的，必须依靠整个社会的力量。为此，他提出了“生活教育”理论，主张“生活即教育”“社会即学校”。1945 年，他发表《创造的社会教育论纲》，提出了关于创造的社会教育主张，强调“社会教育与学校教育打成一片”。

一、陶行知论创造的社会教育

关于创造的社会教育内涵，陶行知指出：“创造的社会教育，是社会所有，社会所办，社会所需的教育。”这是社会教育的社会属性，指出社会教育是一种社会事业，其内涵为教育是整个社会的事情，社会各界都应该办教育。创造的社会教育是“社会教育以社会为大学”，“社会大学有两种：一是有形的社会大学：二是无形的社会大学。社会大学运动是要把有形的社会大学普及出去，并且要给无形的社会大学一个正式的承认，使每一个人都承认这无形的社会大学之存在，随时随地随事进行学习”。

“无形的社会大学，是只有社会而没有‘大学’之名。它是以青天为顶，大地为底，二十八宿为围墙，人类都是同学，依‘会的教人，不会的跟人学’之原则说来，人类都是先生，而且都是学生。……无形的社会大学，虽无社会大学之名，实实在在它是一个最伟大的大学，最自由的大学，最合乎穷人需要的大学。”“有形的社会大学是夜大学、早晨大学、函授大学、新闻大学、旅行大学、电播大学。”[1]这是社会教育的教育属性，指出社会教育是一种教育事业，社会就是学校，社会有教育的功能与效果。

从陶行知的论述中我们可以知道，关于创造的社会教育主张和其“社会即学校”的思想是一致的，是其在社会教育实践中不断认识和深化的看法。早在论述“社会即学校”的主张时陶行知就曾指出：“社会即学校，大众教育用不着花几百万几千万来建造武汉大学那皇宫一般的校舍。工厂、农村、店铺、家庭、戏台、茶馆、军营、学校、庙宇、监牢都成了大众大学的数不清的分校。客堂、灶披、晒台、厕所、亭子间里都可以办起读书会、救国会、时事讨论会。连坟墓都可以做我们的课堂。谁能说庙行的无名英雄墓和古北口的‘支那’勇士墓不是我们最好的课堂啊！”[2]“在社会的伟大学校里，人人可以做我们的先生，人人可以做我们的同学，人人可以做我们的学生。随手抓来都是活书，都是学问，都是本领。”

关于创造的社会教育的作用，陶行知认为创造的社会教育要“解放民众的创造力”。他强调要“承认民众有力量，且有创造力”，“每一个人都有或多或少之创造力”，“下下人有上上智”。社会教育的作用就是要“开发人矿、开发人之创造力”[3]。

怎样解放民众的创造力呢？陶行知认为应该从五个方面进行，“解放他们的头脑；解放他们的口；解放他们的眼睛；解放他们的空间；解放他们的时间”。他在《社会大学运动》文章中又提出“六大解放”，即“我们要学习争取六大解放：(1)头脑解放，(2)双手解放，(3)眼睛解放，(4)嘴解放，(5)空间解放，(6)时间解放”[4]。

关于创造的社会教育的目的，陶行知认为社会就是大学，而“社会大学之道在明大德，在亲民众，在止于大众之幸福”，“社会大学，无论有形的无形的，要有一个共同的大学之道。孔子的大学之道是，在明明德，在新民，在止于至善。现在时代不同了，我们提议修改几个字，成为：‘大学之道，在明民德，在亲民，在止于人民之幸福。’社会大学之道，首先要明白人民的大

① 董宝良主编：《陶行知教育论著选》，人民教育出版社 1991 年版，第 628、629 页。

② 中央教育科学研究所编：《陶行知教育文选》，教育科学出版社 1981 年版，第 213—214 页。

③ 董宝良主编：《陶行知教育论著选》，人民教育出版社 1991 年版，第 604 页。

④ 董宝良主编：《陶行知教育论著选》，人民教育出版社 1991 年版，第 630 页。

德。人民的大德有四:(一)是觉悟……(二)是联合……(三)是解放……(四)是创造”[①]。

针对中国社会“君民相隔”的危害和西方“君民共主”的优势,陶行知从历史与现实出发认为“大学之道,要亲近老百姓。我们认为亲民的道理,比新民的道理来得切。我们要钻进老百姓的队伍里去和老百姓亲近,变成老百姓的亲人,并且要做到老百姓承认我们的确是他们的亲人”,“社会大学之道,是要为人民造幸福。一切的学问,都要努力向着人民的幸福瞄准”[②]。

关于创造的社会教育途径与方法,陶行知从国情“穷国的教育”与民情“穷人的教育”的实际出发,认为社会教育应该和民众生活相连,为民众生活服务,丰富民众的生活。社会教育内容应该包括识字教育、生计教育、卫生教育、公民道德教育、体育等。这些内容的教育应该采取民众能够接受,能够受大众欢迎的方式来进行,使“社会大学有群众,并为群众所有”。发动全社会的力量来举办社会教育。这些丰富的社会教育形式包括:图书馆、博物馆、展览馆、科学馆等社会教育设施,民众学校、补习学校、夜学校、函授学校、早晨大学、新闻大学、旅行大学、电播大学等学校式社会教育机构,电影、话剧等喜闻乐见的艺术形式,“农场、工场、会场、商场、广场、战场、娱乐场,都是我们数不尽的课堂”,还有众多的“穷办法:(子)招牌当课本;(丑)树枝当笔;(寅)脉搏当马表;(卯)日光当做灯”等[③]。通过各种形式使教育无所不在、无处不在、无时不在,做到“各尽所能、各学所需、各教所知、各得其所”。为此,陶行知在《社会大学颂》中赞叹道:“青天是我们的圆顶,大地是我们的地板。太阳月亮是我们的读书灯,二十八宿是我们的围墙。人民创造大社会,社会变成大学堂。”[④]可见,陶行知关于创造的社会教育主张,其教育理念和“社会即学校”思想是一致的,是对“社会即学校”思想的丰富与深化,是符合国情与民情实际状况的,是社会与民众所需要的,是在教育实践中可以实施的。

二、陶行知论“创造的社会教育”中的问题

陶行知公开指出“中国乡村教育走错了路”,他说:“中国现在的乡村学

---

① 董宝良主编:《陶行知教育论著选》,人民教育出版社 1991 年版,第 630 页。

② 董宝良主编:《陶行知教育论著选》,人民教育出版社 1991 年版,第 630 页。

③ 董宝良主编:《陶行知教育论著选》,人民教育出版社 1991 年版,第 605 页。

④ 方明编:《陶行知教育名篇》,教育科学出版社 2005 年版,第 389 页。

校,老实说起来,确实不能适应乡村的需要","传统教育是为办教育而办教育,教育与生活分离","为教育而办教育,在组织方面便是为学校而办学校,学校与社会中间造了一道高墙"①。因此他主张学校和社会的关系是"社会就是学校","生活就是教育","社会与学校打成一片。社会教育与学校教育打成一片"②。

"社会教育与学校教育打成一片"的观点,产生于近代多灾多难的社会。严酷的社会与教育现实使从事教育事业的人们看到哪儿都是重点,看到哪儿都是难点。封建专制的长期愚民政策,使所谓"教育发达"的我国,到了近代,人口中有80%的文盲③,还有众多的"浅学者"和"缺乏基本常识的人"以及不断涌现的失学儿童。面对这样一个严重的教育负担,办教育应该从哪里抓起?哪是重点?哪是急需?这使从事教育的人们感到头绪纷繁,因而造成了抓哪里都很重要,抓哪里都是重点和急需的状况。从事社会教育的人就认为社会教育应该放在首位,从事平民教育的人则认为平民教育应该优先,从事乡村教育的人则把乡村教育看成中国教育的根本,从事民众教育的人士则认为民众教育是当务之急。

梁漱溟曾言:"在中国的此刻,已非平常时期,应着重成人教育,应以全力办理民众教育,办理社会教育。"④这种急迫的言论,道出了当时人们的心声,也道出了教育发展过程中的不足,即学校及其教育组织制度的缺陷,依靠学校教育制度解决不了中国教育发展的各种问题。

"社会教育与学校教育打成一片"的观点的产生,显示了教育家们对模仿及移植国外教育的不满,认识到各个国家的教育有不同的情况,国外的教育是一种都市教育,是和其工业化、民主化及城市化相适应的,是一个长期发展的结果,而我国自从办新式教育以来,"头重脚轻",只重视人才教育而使人才过剩,只注重学校教育而使广大失学者越积越多。这种现实使发展几十年的中国教育仍然没有找到自己的根基,所以他们倡导社会教育,主张发展平民教育、乡村教育、民众教育、补习教育、成人教育、扩充教育等

① 张达扬、李红梅编:《陶行知论普及教育》,安徽教育出版社1986年版,第57、62、77页。

② 中央教育科学研究所编:《陶行知教育文选》,教育科学出版社1981年版,第151页。

③ 马秋帆、熊明安主编:《晏阳初教育论著选》,人民教育出版社1993年版,第1页。

④ 马秋帆编:《梁漱溟教育论著选》,人民教育出版社1994年版,第191页。

等，但是，这些此起彼伏的教育运动，不能从根本上解决教育的问题。

"社会教育与学校教育打成一片"的问题，是中国教育发展中的一个必须关注的问题。在教育思想方面，"社会教育与学校教育打成一片"的观点的提出，是对近代以来发展教育以学校教育为正统观念的一次冲击与突破，它丰富了教育的内涵，扩大了人们对教育的认识，拓宽了教育的范围，使人们从更为广阔的意义上来思考教育问题。在教育制度上，它突破了人们观念中的教育制度即学校教育制度的认识，使人们对建立国民教育制度有了新的思考，为后来国民政府颁布国民教育制度法做了思想上的准备。在教育实践与事业上，"社会教育与学校教育的合流"的问题，使人们对近代以来出现的通俗教育、平民教育、民众教育以及社会教育等实践活动有了更深的认识，人们试图通过制度化的方式，在更高的层面上来统筹这些教育活动各自为战的局面，试图通过社会教育的制度化，以整合包罗万象的社会教育事业。

"社会教育与学校教育打成一片"的观点，为我们发展教育事业提供了众多的思考点，它启发我们：教育制度不仅仅是学校教育制度，一个国家的教育制度应该是国民教育制度，应该是公民教育制度，应该是所有国民的教育制度。这种国民教育制度应该是学校教育组织与社会教育组织合一的教育制度。这种国民教育制度，不仅仅是人才培养与选拔，不仅仅面向青少年学生，不仅仅依靠学校组织机构。这种国民教育制度是通过全社会的教育力量，促进公民素质的提高，促进公民精神的涵养，促进民智的开启，促进"民心"的养成。

"社会教育与学校教育打成一片"的观点，是我们的先人在探讨教育如何适应国情的过程中，在建立国民教育思想与国民教育制度体系的实践中，所做的一次重要的尝试与努力，在引起后人无限敬佩的同时，也留给后人以深深的思考。

三、陶行知论"创造的社会教育"的启示

社会教育管理事业，是在政府、社会或民间推动下所开展起来的一种教育事业。历史上，人们一般把社会教育管理分成学校式社会教育管理和社会式社会教育管理两种。所谓学校式社会教育管理，主要指社会教育是通过学校教育的方式来组织和实施的，采取学校式的组织形式，运用学校

式的方式方法来从事社会教育的实践活动。所谓社会式社会教育管理，又称为公共式、大众式、群众式社会教育，主要指社会教育是在公共场所，利用公共的机构与设施，采取面向各阶层民众的手段与措施，由民众组织、民众参与的方式所开展的教育实践活动。

从现实来看，我国现在尚未有综合推行社会教育的行政制度，也没有社会教育立法，这种情况容易使一些非教育组织的社会教育活动受到冷落，淡化了社会教育功能，如图书馆教育、博物馆教育、展览馆教育、文化馆教育、俱乐部教育、公园教育、电影院教育、体育场教育、网络教育、补习教育、科学普及教育等，甚至有的社会教育活动已经市场化了。这种状况，导致在社会教育实践领域，人们不知什么是社会教育事业，不知社会教育究竟从何处着手，社会教育管理究竟应该怎样实施，因而使得社会教育成了一种可有可无的教育领域。所以，历史与现实的经验表明，规范社会教育管理领域，整理旧的社会教育管理机构与设施，创造新的社会教育管理事业，是目前发展社会管理事业中一个急需重视的课题。

(一)规范社会教育管理领域

其主要指在教育管理理论上，明确社会教育管理概念，探索社会教育管理理论体系和知识体系，发展社会教育学术。在制度行政上，探索社会教育的行政制度及方针政策，建立适应中国国情与民情的社会教育制度体系。在实践上，明确社会教育实践范围和事业领域，规定社会教育机构与设施的范围、职责、目标与任务，如明确电影院、剧院、体育场、音乐厅、歌厅、舞厅、音像社、网吧、书店等应具有社会教育的内涵，从而使这些机构与设施遵循社会教育的原则，受社会教育的政策所制约。同时要探讨在学制系统外建立一个面向全体国民，并以学制外民众为重点的社会教育管理体系网络。

(二)整理旧的社会教育管理机构与设施

其主要指对传统的社会教育机构与设施进行新的建设。不要使社会教育机构与设施完全市场化，成为经济活动的场所，如图书馆、展览馆、博物馆、公园、体育场、影剧院、俱乐部、音像社等。社会教育机构与设施在考虑市场化的服务过程中，不应该忘了自身的社会责任和教育功能。同时对传统的社会教育实践活动，如年俗、民间节日庆典等活动要着手进行改良，增加新的形式与内容，以便于“化民成俗”，以利于科学文化知识的传播，以利于民众素质和公民道德水平的全面提高。

(三)创造新的社会教育管理形式

其主要指建立一些新的社会教育机构与设施,来满足和拉动人们日益增长的文化教育需要。如发展社区教育,在社区内建立各种教育机构,例如特殊教育机构、视听教育机构、家庭教育机构、妇女教育机构、老年人教育机构等;如建立综合性的社会教育机构与设施,例如文化馆、文化中心等;如创建专门性的社会教育设施,例如图书馆、图书室、展览馆、艺术馆、科学馆等;如建立各种公益性的、福利性的社会教育设施,例如阅报栏、公园等;如发展各种以休闲、娱乐、健身等活动为主的社会教育设施,使人们在享受富足、安全的物质生活环境中,提高人们的文化需求和精神需要。

总之,陶行知"创造的社会教育"思想所提及的领域即为需要我们规范和创新的社会管理领域。从世界范围来看,自社会教育管理理论产生以后,各个国家都根据自身的需要给予社会教育管理以极大的关注。日本近代著名教育家吉田熊次认为:"德、法、英之有今日,非由于学校教育之力,实有赖于彼邦社会教育者甚大,若不注意及此,而只重视学校教育,国家终难自强。"所以,日本自明治时期推行社会教育直到今天,社会教育管理仍然是其教育事业的一个重要组成部分。联合国教科文组织国际教育发展委员会在编著的《学会生存——教育世界的今天和明天》中也强调"城邦是最好的教师","社会作为一个整体有着更重要的教育作用","未来的教育必须成为一个协调的整体,在这个整体内,社会的一切部门都从结构上统一起来"。这些包含着丰富社会教育管理思想的论述,为发展社会教育管理提供了经验,值得我们认真思考和借鉴。

(王雷系沈阳师范大学教育科学学院教授。温馨系沈阳师范大学教育科学学院硕士研究生。)

陶行知科学教育思想与实践及其启示

夏豪杰　史降云

新文化运动以民主和科学为旗帜，极大推动了科学思想在中国的传播。以任鸿隽为代表的一批留学生在中国首倡科学教育，于新文化运动期间形成了科学教育思潮。陶行知于20世纪20年代开始重视科学教育，主张改良教育教学方法和教育调查，积极推动教育心理测量和科学教育改革。30年代，陶行知在日本避难期间，考察了日本教育，认识到："日本所以强，强在科学发达。"归国后，他先后创办了自然学园、儿童科学通讯学校，进行科学教育的实践，同时还在陈鹤琴、董存才等人的协助下，主持编辑了"儿童科学丛书"，大力提倡"科学下嫁"。40年代，陶行知在重庆育才学校继续进行科学教育，设立科学课程，开展科学教育活动，形成了许多有价值的教育理念和方法。

一、陶行知科学教育思想的特色

留美归国的任鸿隽于1915年提出要运用科学的方法于教育，揭开了我国近现代科学教育的序幕，在新文化运动的影响下，科学教育的思想被越来越多的中国知识分子接受并开始倡导。陶行知是较早提倡科学教育的领军人物之一，其科学教育思想主要有以下内容：

（一）强国富民：科学教育的根本目的

陶行知抱有科学救国的理念，把强国富民作为科学教育的根本目的。他认为科学对于中华民族的生存至关重要，是中国从农业社会过渡到工业社会的唯一桥梁。陶行知指出"现在的世界是一个科学的世界。整个中国必须受科学的洗礼，方能适于生存"①。因此，"要救中华民族，必须民族具

---

① 华中师范学院教育科学研究所主编：《陶行知全集》第3卷，湖南教育出版社1985年版，第513页。

备科学的本领，成为科学的民族，才能适应现代生活，而生存于现代世界”①。他提倡科学教育就是为了造就强大、富裕的新中国。

科学是工业文明的母亲，为了创造富的社会，“必须注重有驾驭自然力量的科学”，进行科学教育。同时，陶行知也看到“资本主义国家的教育，只是做了创造富翁的工具，以致贫富阶级因教育而愈隔愈远”②，中国教育的出路应该是“教人创造富的社会，不创造富的个人”③。他指出“科学的孩子”到树上采摘科学的果子，“不要只顾自己吃得一肚饱，忘了树底下的民众”④。科学教育培养的人才不是人上人，而是人中人，要为民众服务，“为整个国家民族谋幸福”。因此，在陶行知看来，学习科学不仅仅是为了创造个人的幸福，更重要的是为所有民众谋利益，创造富强的新社会，创造科学的新中国。

（二）自然科学：科学教育的基本内容

陶行知提倡的科学教育内容包括自然科学和社会科学，二者之中，他更强调自然科学。在他看来自然科学能够直接创造社会财富，促进国家民族富强，需要更加重视。他在给儿子陶晓光的信中告诫他，一定要打下数学、物理、化学等自然科学的基础。同时也告诫所有人，“我们要不愿做时代的落伍者，必须专攻一门自然科学”⑤。对于自然科学知识，在数理化等课程外，陶行知非常关注卫生健康知识。陶行知认为健康是求学之本，健康的生活、健康的教育也是他的生活教育理论的重要部分。他在育才学校提出“创造健康之堡垒”，制定了许多卫生保健制度，如《育才卫生教育二十九事》等，还要求学生不能随地吐痰，吃生的瓜果蔬菜要先消毒等，在生活中要与病菌作战，保持身体健康，为学习打下坚实的

---

① 华中师范学院教育科学研究所主编：《陶行知全集》第5卷，湖南教育出版社1985年版，第247页。

② 华中师范学院教育科学研究所主编：《陶行知全集》第2卷，湖南教育出版社1985年版，第269页。

③ 华中师范学院教育科学研究所主编：《陶行知全集》第2卷，湖南教育出版社1985年版，第269页。

④ 华中师范学院教育科学研究所主编：《陶行知全集》第5卷，湖南教育出版社1985年版，第242页。

⑤ 华中师范学院教育科学研究所主编：《陶行知全集》第5卷，湖南教育出版社1985年版，第242页。

基础。

提倡自然科学知识的同时，陶行知也不忽视科学道德问题。他认为科学应是为人们谋福利的，是有益于大众的，不应成为杀人、害人的工具。"在科学家的手里掌握着人类之生杀权。用科学养人不用科学杀人，才是科学家之天职。"①他批判马可尼为法西斯服务，实验科学杀人法，告诫学生一定"不要学马可尼拍卖科学"，在进行动物做科学实验时，也应注意"科学养生"，不可轻易杀害动物。

（三）年幼儿童：科学教育的主要对象

在国外考察过程中，陶行知发现了科学教育对国家、民族振兴至关重要，也认识到科学教育应从儿童入手。陶行知认为小孩子是国家的希望，是"民族未来的巨子"，是"将来的主人"，要造就一个科学的民族，要从培养民族的嫩芽——儿童开始。他提出儿童期是进行科学教育的黄金时期，要造成科学的中国，"必先造就科学的小孩子"。"儿童好奇，科学教育应从儿童时代下手"②。儿童的好奇心强，对万事万物充满求知的欲望，教育的效果较好。在他看来富兰克林和爱迪生两位伟大的科学家取得巨大成就与他们在儿童时代打下了科学的基础密切相关。他还用教爬树的例子来论证科学教育应从儿童抓起。他说："你教人爬树，如果从小教起，到了长大，便会爬到树顶。如果教成年人学爬树，势必爬到皮破血流，非特爬不到顶，并且于他的手足伤害甚多。"③因此，"科学要从小教起"，"只要在孩子们中培养出象爱迪生那样的几个科学杰出人才，便不难使中国立刻科学化"④。

（四）"科学把戏"：科学教育的有效方法

陶行知重视实践，把科学实践看作科学教育最有效的方法。他认为"行动是思想的妈妈"，科学的生活必须动手去做才能实现。他说"自然小姐是远在天边，近在眼前，只要您把一双手儿从袖筒里伸出来捞一捞，便可

---

① 华中师范学院教育科学研究所主编：《陶行知全集》第2卷，湖南教育出版社1985年版，第336页。

② 华中师范学院教育科学研究所主编：《陶行知全集》第5卷，湖南教育出版社1985年版，第114页。

③ 华中师范学院教育科学研究所主编：《陶行知全集》第2卷，湖南教育出版社1985年版，第577页。

④ 华中师范学院教育科学研究所主编：《陶行知全集》第2卷，湖南教育出版社1985年版，第577页。

以把她捞着了"[①]。陶行知认为"科学是从把戏中玩出来的",科学的孩子必须动手去做,用脑去想,而不是传统教育中"静坐在那儿'诗云子曰'一样的读书"。他主张在教儿童科学知识时应多做"科学把戏",进行科学实验,这样才能真正掌握科学知识和原理。他在《〈儿童科学丛书〉的用法——致教师、家长和小朋友》中就明确提出,丛书是"科学的孩子实验、观察的思想指南","如果买了回去,读而不做,做而不求做之所以然,那便是违背我们编书的宗旨了"[②]。因此,科学教育的方法应当是引导孩子"玩科学的把戏,做科学的实验","师生运用科学方法,在做上追求做之所以然,并发见比现在可以做得好一些的道理"[③]。

(五)循序、创造:科学教育的重要原则

陶行知把玩"科学把戏"作为科学教育的主要方法,为了更有效地运用这种方法,他也提出了一些基本原则。第一,循序渐进。陶行知不主张对儿童进行超前教育,应尊重幼儿身心发展规律进行循序渐进的教育。他认为四五岁的小孩子,不应教他们读书识字,所有应该做的就是让他们尽情地玩"科学把戏";六七岁的儿童可以开始识字,但不能勉强他们看书,主要还是玩"科学把戏";八九岁的孩子可以一面教他们读书识字,"一面干些合乎他们能力的实验";十岁以上的孩子,"须教他们不以看书为满足,必在实验上去追求真知识"[④]。第二,独立创造。陶行知认为人类文明的进步是科技创新的结果,"第一流的科学家没有不自造工具的","依赖外国仪器的人,决不会做出第一流的贡献"[⑤]。他经常和学生讲伽利略自制望远镜观察天体运行,发现木星的卫星;法拉第自己制造了线圈,发现了磁与电的关系,把人类带入了电的时代,用科学家创造的故事,鼓励儿童积极创新。他

---

① 华中师范学院教育科学研究所主编:《陶行知全集》第 2 卷,湖南教育出版社 1985 年版,第 360—361 页。

② 华中师范学院教育科学研究所主编:《陶行知全集》第 5 卷,湖南教育出版社 1985 年版,第 251 页。

③ 华中师范学院教育科学研究所主编:《陶行知全集》第 5 卷,湖南教育出版社 1985 年版,第 244 页。

④ 华中师范学院教育科学研究所主编:《陶行知全集》第 5 卷,湖南教育出版社 1985 年版,第 252 页。

⑤ 华中师范学院教育科学研究所主编:《陶行知全集》第 2 卷,湖南教育出版社 1985 年版,第 326 页。

教学生制造科学工具、仪器，生活中的酱油瓶、破布、烂棉花等都可以用作科学实验的工具，在缺乏设备的情况下，儿童要靠自己变废为宝，创造设备。

二、重庆育才学校的科学教育实践

重庆育才学校是陶行知在抗战时期创办的一所特殊学校，培养专门人才。育才学校最初成立了音乐、戏剧、绘画、文学、自然、社会等六个专业组，其中自然组就是专门进行科学教育，培育科学人才。育才学校的科学教育颇有成效，培养了一批优秀的科学技术人才，其成功之处主要表现为以下几点：

（一）培养目标明确

明确合理的培养目标，指引着育才学校的努力方向。陶行知曾明确指出育才学校是培养人才的学校，育才学校要引导学生做"追求真理的小学生""自觉觉人的小先生""手脑双挥的小工人""反侵略的小战士"，不教学生做小专家、人上人。"创办育才的主要意思在于培养人才之幼苗，使得有特殊才能者的幼苗不致枯萎，而且能够发展。"[①]陶行知鼓励小学生学习爱迪生、富兰克林、法拉第，不断地追求真理，做一个追求真理的小学生。在这个目标的指引下，育才学校的科学教育无论是上课、做实验，还是课外实践活动，都努力引导学生探求科学的真理，培养探索真理的精神，使学生成为追求真理的真人。

（二）课程设置合理

育才学校的课程设置是很有特色的，分为普修课和专修科两种，普修课包括国语、算术、自然、英语、生理卫生、社会常识、写作、画图、音乐、体育等几门，专修科则分为音乐、戏剧、绘画、文学、自然、社会等六个专业组。从这个课程设置上来看，育才学校很重视科学教育，普修课有自然、生理卫生、体育等相关课程，专修科有自然组，自然组的课程又包括物理、应用物理、生物无机化学、有机化学等十三门，涵盖了物理、化学、数学、生物、天文、地质等多个学科门类。这种课程设置，既保证了所有学生都能学到足

---

① 华中师范学院教育科学研究所主编：《陶行知全集》第 3 卷，湖南教育出版社 1985 年版，第 377 页。

够的基础知识，如国语、外语、数学等工具性学科，而且针对部分感兴趣的学生进行的科学教育能进行深入细致的教学，保证了科学教育的质量。

（三）教学方法得当

育才学校科学教育的教学方法灵活多样，其中最有特色的是科学实验、课外活动、师生探讨。陶行知认为行是知之始，认为科学的理论来源于科学实验和生产实践，认为法拉第发现电磁原理，富兰克林发现雷电的奥秘都是敢于试验的结果。他把儿童做的科学实验称为“科学把戏”，认为儿童从小玩“科学把戏”可以锻炼他们动手操作的能力，长大了就能做科学实验。育才学校重视科学实验，自然组课堂经常进行演示实验，虽然设备缺乏，物资紧张，但是育才师生自己动手，建立木工房，制作物理课需要的力学模型，采集动植物标本来满足科学实验的物质条件。

为了锻炼学生的动手能力，育才的自然组还组织各种形式的课外活动，让学生去实践，探索自然的奥秘，发现科学的真理。在育才学校自然组成立了“谈天会”，学生自己观测天象，探索天体的运行规律，绘制星座图。学生到“居地附近的凤凰山麓林木普查，给各类树木逐棵挂上牌子，标出学名、俗名、特性和用途”[①]。自然组的学生还举办科学晚会，把科学的内容用艺术的形式表达出来，自编自导了“化学之舞”。学生们还自己建立了植物园和动物园。

在课堂教学课和学生实践之外，育才学校还有师生共同参与的探讨，陶行知重视共同探讨的价值，他认为“社会科学、自然科学、艺术之一大部分，只需文化锁钥略会运用，即可开始从事于集体探讨”[②]。他认为师生共同探讨能激发灵感，不仅能使学生快速提高，对教师也有帮助。育才学校形成了“五路探讨法”，陶行知总结了育才学校的探讨方法，指出“探讨之路有五，即行动、观察、看书、谈论、思考，称之为五路探讨”[③]。

三、陶行知科学教育理论的启示

陶行知是我国近现代科学教育思潮的引领者之一，他投身于“强国富

---

① 胡国枢：《生活教育理论——陶行知教育思想研究》，浙江教育出版社 1991 年版，第 97 页。

② 华中师范学院教育科学研究所主编：《陶行知全集》第 3 卷，湖南教育出版社 1985 年版，第 440 页。

③ 华中师范学院教育科学研究所主编：《陶行知全集》第 3 卷，湖南教育出版社 1985 年版，第 440 页。

民”的科学教育运动中，创办了多种形式的学校，丰富了科学教育理论，推动了中国科学教育的进步。育才学校的科学教育并不拘泥于讲授式的课堂教学，而是合理利用科学实验和课外活动，让儿童自己动手去做，反映了陶行知先生从做中学的思想，适应了儿童活泼好动的天性，能够做到因材施教，也给当今的科学教育带来了启示。

(一)社会发展呼唤科学教育

陶行知认为科学教育是实现民族振兴、国家富强的重要手段，是农业中国变为工业社会的唯一桥梁，要想创造富的社会，就必须加强科学教育。当今中国虽早已迈进工业社会，实现了工业化，GDP 已经跃居世界第二位，实现了国家的富强。但是，当今世界发展日新月异，如果陶醉在已取得的成绩中，只会被时代淘汰。历史的事实告诉我们，一个民族要想长久强盛，只能不断进步。如今，第四次工业革命已经悄然到来，这是人类发展史上又一个重大的机遇和挑战。在新的经济形态下，科学技术的作用越来越大，对高科技人才的需求日益旺盛，对科学教育的要求也越来越高。为了实现中华民族的伟大复兴和国家的强盛，就需要更加重视科学教育，抓住机遇，勇于面对第四次工业革命带来的挑战。

(二)科学教育从儿童抓起

陶行知认为儿童是民族未来的希望，要养成一个科学的民族必须从培养科学的儿童开始，而且儿童好奇心、求知欲强，较早培养可以打下良好的科学根基，这样才能取得良好的教育效果。因此，陶行知强调应当重视儿童早期的科学教育。反观当今我国小学的科学教育却成了应试教育的牺牲品。在当前应试的教育体制下，小学生的大部分时间用来学习语文、数学、英语，以应付各种考试，而没有考试的科学教育成了学校教育的附庸。陶行知曾说“小学理科之不振，其故在小学教员漠视科学”，正是中国当前小学科学教育的真实写照。小学科学课缺乏专任教师，科学课教师由其他科的教师兼任，甚至一些教师利用科学课讲一些其他的内容，都导致小学科学教育的质量差。因而，应当更加重视小学科学教育，解决当前小学科学教育中急需解决的问题，在小学进行真正的科学教育，从娃娃抓起，培养一批真正爱科学、懂科学的社会主义继承者和接班人。

(三)改进小学科学教育方法

教学方法直接关系到教学质量的高低和教学效果的好坏，我国当前小学的科学教育以讲授法为主，教师往往是直接讲授书本上的知识，不重视学生的动手操作能力。这样的教学使得学生学习的兴趣不高，学习效果较差，很难培养起学生热爱科学的态度和精神。陶行知强调从做中学，主张小孩子要玩“科学把戏”，自己主动去探究自然的奥秘、科学的神奇。在育才学校，教师在讲授之外，重视学生自己进行的科学实验，组织学生进行探索自然的户外活动。这样的做法能让儿童真正地参与科学，养成科学的习惯，学会科学的方法，锻炼科学的思维，儿童才能有可能成为爱迪生、牛顿那样的大科学家。我国小学的科学教育方法亟须改进，应改革传统的讲授教学，在课堂上增加科学实验，不仅仅有教师的演示实验，也应让学生自己动手做实验，教师不应再照本宣科，而应成为学生科学探究的引导者。同时，教师应引导儿童自己去认识科学，生活中处处有科学，自然中遍地可发现，组织一些有益的课外活动，比如去野外踏青采集植物标本，去动物园参观认识各种动物等，不仅能使儿童身心愉悦，还能收获科学知识。

总之，陶行知的科学教育思想内容丰富。他指出科学教育要从儿童教起，重视自然科学的教育，强调科学实验在科学教育中的重要作用。他在育才学校充分运用了这些思想，教育目标明确、课程设置合理、教学方法得当，取得了良好的效果。我国目前的小学科学教育现状很不理想，学习陶行知的科学教育思想以及育才学校的科学教育实践，对我国改革小学科学教育有很重大的现实意义。

（夏豪杰系华中师范大学教育学院博士研究生。史降云系华中师范大学马克思主义学院副教授。）

作为解放教育的生活教育

——生活教育的一个侧面

李　忠

已有研究乃至教科书将陶行知生活教育理论概括为“生活即教育”“社会即学校”“教学做合一”,分别为生活教育的核心、场所、方法论,并将“生活即教育”概括为在生活中、通过生活和为了生活而实施的教育。这种研究反映出生活教育理论的一些内涵。但是,陶行知从未说过生活教育就是上述三方面的内容。此其一。其二,从教育理论构成要素而言,一个缺乏价值取向与知识论基础的理论不能自洽,难以被称为教育理论。其三,对陶行知的“生活即教育”做上述解读,显然是避重就轻,因为陶行知明确指出:生活教育“是民族解放、大众解放、人类解放的武器”,“生活即教育就是要解放人类”。他堪称中国教育史上第一位提出“教育即解放”的教育家。本文认为,实现人的解放与社会的民主是陶行知生活教育理论的核心价值取向,“闻知”“亲知”“推知”是生活教育的知识论,“教学做合一”是生活教育的方法论;由于知识来源不限于学校和书本,社会乃至自然界都是知识的源泉,于是有“社会即学校”之说,由此,构成陶行知的生活教育理论。对生活教育做此解读,不仅是对陶行知思想的还原,而且对今日的教育改革亦有独特价值。

一、人的解放与社会的民主:生活教育的价值取向

教育是人为的,更是为人的。因此,教育是带有明显价值取向的人类实践活动。正是在不同价值取向及其支配下的教育目的的设定、教育政策的制定、教育内容与教育方法的选择等,出现了不同性质、作用和类型的教育。陶行知对此有清晰认识:“教育是什么?教人变!教人变好的是好教育。教人变坏的是坏教育。活教育教人变活。死教育教人变死。不教人

变、教人不变的不是教育。”①人是教育的根本与重心。重视人的教育，莫过于积极创设条件，让人不受束缚地得到全面、充分的发展。在《我国教育之出路》中，陶行知指出：在专制社会，统治者视教育为控制人的方式，“徒为维护统治者并发扬统治者势力之手段，非为开辟新天地，增进人类幸福之动力”②。生活教育就是打破这种束缚与控制人以达发展与解放的人进而增进人的幸福的教育，指向人的解放与社会的民主。

首先，“教育是一种武器，是民族、人类解放的武器”③。在《生活即教育》中，陶行知指出，“生活即教育”是要将人从“害生”的礼教下解放出来，将儿童从成人的摧残中解放出来，将学生从书本中解放出来，“生活即教育，是要解放人类”④。他曾简明地说：生活教育是给生活以教育，用生活来教育，为了生活的向前向上的需要而教育。教育要通过生活才能发出力量而成为真正的教育，真正的“教育是民族解放、大众解放、人类解放之武器”⑤。当然，生活教育首先要解放个人，用自己的理智独立思考、判断是非，用理性之光照亮蒙昧的心智。陶行知认为，就人的解放而言，教育比暴力革命的作用更为根本。在他看来，革命固然可以解放人，但革命是短暂的、非常态的，而且革命一旦成功，容易走向其反面；教育解放人则是长期、持续的，而且是持效、大面积的。早在1916年，陶行知就指出：“余今生之唯一目的在于经由教育而非经由军事革命创造一民主国家。鉴于我中华民国突然诞生所带来之种种严重缺陷，余乃深信，如无真正之公众教育，真正之民国即不能存在。余矢志以教育管理为终身事业。”⑥他是虔诚的“教育救国者”。

① 《陶行知全集》编辑委员会编：《陶行知全集》第2卷，四川教育出版社1991年版，第591页。

② 《陶行知全集》编辑委员会编：《陶行知全集》第11卷，四川教育出版社1998年版，第488—489页。

③ 《陶行知全集》编辑委员会编：《陶行知全集》第4卷，四川教育出版社1991年版，第356页。

④ 《陶行知全集》编辑委员会编：《陶行知全集》第2卷，四川教育出版社1991年版，第494页。

⑤ 《陶行知全集》编辑委员会编：《陶行知全集》第4卷，四川教育出版社1991年版，第429页。

⑥ 《陶行知全集》编辑委员会编：《陶行知全集》第6卷，四川教育出版社1991年版，第614页。

其次，通过生活教育解放人，是因为以往教育使人处于被压迫、被奴役之中。“从前是一个人的主人教育与四万万人的奴隶教育，和文武百官的奴才教育。”①其原因在于统治者“视教育为一种统治工具，为少数人之专利品，为保持定型社会之手段”。由于以往教育与社会脱节，学非所用、用非所学成为常态；学生离开死的学校踏入活的社会，便茫然无所措手足，一无所能；教育者尽管办教育，而学生知识低落依旧，人民无知无能依旧。教育的成绩，只是养成一些博士学士、政客官僚的候补者。如此教育，与发展文明、养成健全国民、推进国家与民族强盛背道而驰。因此，“今后之教育，应着重鼓舞国民之民族自觉，锻炼其解脱民族束缚，争取民族之自由平等之政治意识与斗争精神，以适应未来之伟大时代”②。“我的教育思想和实践就是生活教育，我反对束缚人们手脑和行动自由的传统教育。我所倡导施行近二十年的生活教育主张是生活的、行动的、大众的、前进的、世界的、历史的。”③

再次，教育解放人要从具体而微方面做起。这包括：其一，通过教育实现人的自我解放。“如果我们是书呆子，我们还得解放我们自己的软手软脚，解放我们自己的呆头呆脑。如果我们是田呆子、机器呆子，也得解放我们自己的笨头笨脑，解放我们自己的粗手粗脚啊！”④其二，解放学生。把学习的基本自由还给学生：解放他的头脑，使他能想；解放他的双手，使他能干；解放他的眼睛，使他能看；解放他的嘴，使他能谈；解放他的空间，使他能到大自然大社会里去取得更丰富的学问；解放他的时间，给他一些空闲时间消化所学，并且学一点他自己渴望要学的学问，干一点他自己高兴干的事情⑤。其三，解放大众。大众要具有大众之德，大众之德有三：“一

---

① 《陶行知全集》编辑委员会编：《陶行知全集》第 4 卷，四川教育出版社 1991 年版，第 647 页。

② 《陶行知全集》编辑委员会编：《陶行知全集》第 11 卷，四川教育出版社 1998 年版，第 489 页。

③ 《陶行知全集》编辑委员会编：《陶行知全集》第 11 卷，四川教育出版社 1998 年版，第 717 页。

④ 《陶行知全集》编辑委员会编：《陶行知全集》第 3 卷，四川教育出版社 1991 年版，第 646 页。

⑤ 《陶行知全集》编辑委员会编：《陶行知全集》第 4 卷，四川教育出版社 1991 年版，第 635 页。

是觉悟；二是联合；三是争取解放。”[①]解放大众需要从文化入手，即大众文化之解放，他指出：“生活教育是大众的教育，大众自己办的教育，大众为生活解放而办的教育。”[②]在陶行知看来，生活教育不仅解放个人，而且解放大众、解放人类。

又次，教育解放人的目的在于将人培养成共和国国民。教育目的不在于培养奴才、奴隶，而在于培养健全的国民——新时代的创造者而非旧时代的继承者。早在1919年，陶行知就提出“新教育”；所谓“新”，其意有三：一为“自新”，能自我更新而非模仿；二为“常新”，日日更新而非固定不变；三为“全新”，不仅形式新而且精神新。“新教育”的作用就是用新的学理、新的方法，来改造学生的经验，使人天天改造、天天进步、天天往好路上走；“新教育”的目的是使人成为共和国国民，这种国民具备两种素质：其一，能够利用自然，创造物质文明，即“教人求真”，使人成才；其二，富于共和精神，使人人都能自由依着自己的本分去做各种事业，服务于人类，即“学做真人”，使人成人。前者使人富有理性，后者使人富于德性、情感性和创造性。“真人”一定是自主、自立、自主行动且不断进步的共和国民。这种国民在求学时须养成科学精神、改造社会的精神、坚强人格和百折不回的坚毅品质。

最后，教育解放人是为了达到社会的解放，实现社会的民主、公平、正义。解放人需要环境，民主既是环境又是目的。民主就是人民当家作主。陶行知认为，民主对个人、大众、民族、国家具有莫大益处：“民主能叫四万万五千万老百姓团结成一个巨人。民主能给我们和平，永远消除内战之危机。民主好比是政治的盘尼西林，肃清一切中国病。民主又好比精神的维他命，给我们新的力量，来创造一个自由独立进步的新中国和一个富足平等幸福的新世界。民主第一！人民万岁！”[③]民主包括政治的、经济的、文化的、社会的、国际的。其中，政治民主是关键，“有民有、民治、民享的政

① 《陶行知全集》编辑委员会编：《陶行知全集》第3卷，四川教育出版社1991年版，第447页。

② 《陶行知全集》编辑委员会编：《陶行知全集》第3卷，四川教育出版社1991年版，第716页。

③ 《陶行知全集》编辑委员会编：《陶行知全集》第4卷，四川教育出版社1991年版，第589页。

治，才有民有、民治、民享的教育”①。民主不是等来的，也不是被恩赐的，民主需要教育来实现：在民主不够的时代，民主教育的任务是教人争取民主；到了政治走上民主之路，民主教育的任务是配合整个国家之创造计划，教人依着民主的原则，发挥个人及集体的创造力，为全民造幸福②。陶行知将自己一生精力投入到人的解放与社会的民主之中。陆定一在悼念陶行知悼词中说：“陶行知先生的教育理论与教育实践，是有另外一种目的，这个目的，就是唤起人民，自己解放自己。他把人民看作人，而不是看作奴隶与顺民，他主张人民的解放。他又相信人民的力量，人民的智慧。所以他相信人民能够自己解放自己。”③

二、“闻知”“亲知”“说知”：生活教育的知识论

教育价值的实现需要条件，知识是教育价值得以实现的重要载体。但是，知识具有不同种类，而不同种类的知识具有不同的性质与作用，获取的途径、方法与场所也不相同，能够达成的教育目的亦不相同。从解放人的价值取向出发，陶行知在兼顾书本知识——“闻知”的同时，更加重视实践性知识——“亲知”与批判性知识——“说知”。其中，“闻知”是有关过去的知识，是保持传统和维持现有社会秩序不可或缺的知识；“亲知”是通过实践活动或应用知识解决问题中获得的知识，使人具有实践或行动的能力，使人成才；“说知”是人通过有意识的反思活动、在摆脱控制人的枷锁过程中所获得的知识，使人具有反省能力，使人获得解放、成其为人。这便形成与其生活教育价值取向一致的知识论。从解放人的目的出发，陶行知认为人必须以从自己的经验里发生出来的知识作为根，然后别人的经验才能接上去，“依教学做合一的理论说来，亲知是一切知识的基础。没有亲知做基础，闻知和说知皆为不可能”④。

“闻知”是从师友、书本中得来的知识。这类知识可以被看作某种规

---

① 《陶行知全集》编辑委员会编：《陶行知全集》第 4 卷，四川教育出版社 1991 年版，第 574 页。

② 《陶行知全集》编辑委员会编：《陶行知全集》第 4 卷，四川教育出版社 1991 年版，第 595 页。

③ 陆定一：《陆定一同志致词全文》，《解放日报》1946 年 8 月 12 日第 1 版。

④ 《陶行知全集》编辑委员会编：《陶行知全集》第 2 卷，四川教育出版社 1991 年版，第 22 页。

则，如各种原理、学说、理论、原则、规则等等。其特性在于有确定性，能够被公式化、被记录、被言说、被记忆、被传授、被学习。学习这类知识方便、可靠的对象是书本。陶行知没有否认书本知识的作用。陶行知视教育为解放人与改造社会的主要方式，对教育中的书本知识，他提出四个观点：其一，书本知识是前人认识与经验的结果，对学习者而言，它不仅是过去的，而且是死的；其二，书本知识有真有伪，可以为人服务，也可成为人的枷锁；其三，书本知识是拿来用的，不是背的、记的；其四，在专制时代，书本知识常常被改造为统治的工具——“伪知识”，用于维护统治者的利益。由于中国有着悠久的专制历史，陶行知对最后一点尤其重视。专制皇帝出于维护专制皇权的需要，努力维护“伪知识”并创造出一个“伪知识阶级”，“帝王是醉翁之意不在酒，他那里是收买伪知识，他只是利用名利、权位的手段引诱全国天才进入‘伪知识’的圈套，成为废人，不能与他的儿孙争雄罢了”。这种知识对于维护统治者的统治具有重大意义。然而，一旦遇到挑战，其弊端便暴露无遗，“皇帝与民争，用伪知识来消磨民间的天才，确是一个很妙的计策。等到民间的天才消磨已尽，忽然发生了国与国争，以伪知识的国与真知识的国抗衡，好一比是拿鸡蛋碰石头，那有不破碎的道理”①！在统治者的威逼利诱下，中国教育走入歧途，“中国的教员、学生，实在太迷信书本了。他们以为书本可以耕田、织布、治国、平天下……只要读读书就会了。书本是个重要的工具，但书本以外的工具还多着呢。……我们不排斥书本，但决不许书本做狄克推多(独裁者——引者注)”②。因此，在陶行知看来，书本知识是知识的一种而非全部；书本知识有真有假，对学习者而言，书本知识的作用并非都是正面的，其对个人发展的作用有限。

“亲知”是亲身参与实践活动得来的知识。依据实践情况可分为两种：其一，直接参与实践活动，从实践中获得的知识。陶行知主张多实践、多行动。他以大量实例说明从实践中获取知识的重要性，“譬如游泳，要在水里游；学游泳，就须在水里学。若不下水，只管在岸上读游泳的书籍，做游泳

---

① 《陶行知全集》编辑委员会编：《陶行知全集》第1卷，四川教育出版社1991年版，第148页。

② 《陶行知全集》编辑委员会编：《陶行知全集》第2卷，四川教育出版社1991年版，第20页。

的动作，纵然学了一世，到了下水的时候，还是要沉下去的"[①]。直接参与实践不是盲目蛮干，需要有探究并能有所体悟，即实验、试验。他说："实验就是一种有目的、有计划、有组织、有步骤、有创意的把戏。把戏或实验都是一种行动。"[②]试验就是"内省其才，外度其势；视阻力为当然，失败为难免；复贯以再接再厉之精神，然后功可成也"[③]。陶行知给试验以高度重视：试验是发明之利器，发明必资试验。他甚至认为，试验是人禽之分、文野之别、科技之异、教育之不同的根本原因。其二，在应用知识解决问题过程中获得的知识。由于人的生命的有限性与从事活动的具体性，陶行知主张将"闻知"用于实践，去解决自己面对的问题。对于科学知识，能应用者为真，否则为假；知识之真假，由实验验证。因此，以原理指导经验，以经验发挥原理，原理与经验联结，方为有用之真知识，方能应用于行为上。学校要给学生以自动之机会，自己研究，自己判断，用自己的方法达到一定之目的，培养独创能力，学生毕业后的创造力、判断力自能充足，此即共和国教育之目的[④]。所以，"亲知"是应用知识的知识，是一种能力——实践或行动的能力，是使人成才的标志，是承担共和国国民的义务的能力。

对于"亲知"，陶行知除做具体分析外，还以事例予以说明。瓦特、法拉第，这两位没有学校教育经历的学徒，却是蒸汽机与发电机的发明者，引发了第一次产业革命和电气时代的到来。爱迪生，在学校待了不到三个月便被老师认为不堪造就而离开学校，却有一千三百二十八项发明成果，改变了人类的生存状态。他们无一例外具有从做中学的学徒教育经历。所以陶行知说："产业革命和电化文明是徒弟们在知识之最前线领导着。"[⑤]对个人而言，这是在实践中获得实践性知识，这种知识不是从书本中获得的，

---

① 《陶行知全集》编辑委员会编：《陶行知全集》第 1 卷，四川教育出版社 1991 年版，第 30 页。

② 《陶行知全集》编辑委员会编：《陶行知全集》第 3 卷，四川教育出版社 1991 年版，第 574 页。

③ 《陶行知全集》编辑委员会编：《陶行知全集》第 1 卷，四川教育出版社 1991 年版，第 247 页。

④ 《陶行知全集》编辑委员会编：《陶行知全集》第 6 卷，四川教育出版社 1991 年版，第 955 页。

⑤ 《陶行知全集》编辑委员会编：《陶行知全集》第 2 卷，四川教育出版社 1991 年版，第 141 页。

与书本知识不属同一种类，具有的性质与作用也不相同；这种知识不可以语言表述出来，只属于活着的个体且不能复制。

“说知”是自己推想出来的知识。推想不是凭空想象，“亲知”是基础，“闻知”与现实是对象，人的解放是目的。所以，“说知”就是在“亲知”的基础上，通过反省与严密推理，获得与人的解放旨趣相一致的知识。通过“闻知”得来的书本知识在帮助人解决问题的同时，可能成为人进一步发展的枷锁，成为控制人的有效方式，这正如上文指出的统治者如何利用“伪知识”使天下无真才、实才的现实。“说知”就是人通过有意识的反思与批判活动，在不断摆脱控制自己枷锁的过程中所获得的知识，是反省知识，也是一种能力——反省的能力，是人成为人的标志。早在学生时代，陶行知即著《因循篇》，对陈陈相因的教育进行了反思与批判。“因循之人，除退化无收效，除敷衍无方法。对于事言，是为放弛责任；对于己言，是为自暴自弃。阳膺职守，其实滥竽也。”因循之因在畏难、在懒惰、在自满、在自私、在宴安，因循之果使人失机宜、长懒惰、伤名誉、妨进步、引他人因循、使整个社会、国家处于因循之中；因循之害，既足于自误，复足于误人，更足以误国。生活在专制制度下的陶行知，对当权者在教育领域的倒行逆施予以深刻反省与严厉批判：“自国民党主政以来，即厉行党治，一切庶政，都以‘党化’为前提，举凡人民思想与言论，概加以束缚。……数年来青年之断送于此者，盖已无可计数。吾人诚不知当局对于此种限制……是否能确信其遂足以遏抑人民不可遏抑之思潮？”①所以，“说知”有以下几个特点：其一，“说知”与人的解放的价值取向密切相连，是有关价值取向的知识；其二，“说知”是个人通过反省与批判获得的知识，并与反省与批判程度成正比。其三，“说知”是人成为人的标志，对个人具有重大意义。对社会而言，“说知”具有“破坏性的建设作用”，即对当前社会有害而社会长远发展有利。所以，“说知”是让社会按照人们期望的方向发展不可或缺的内容。其四，“说知”不确定，不能被公式化，不能被言说、记录、传授，只属于活着的个体且不能复制。

“闻知”“亲知”“说知”分属三类不同性质的知识，存在显著差别，但并

① 《陶行知全集》编辑委员会编：《陶行知全集》第 11 卷，四川教育出版社 1991 年版，第 438 页。

非毫无联系。从源头上考察,“亲知”是一切知识的源泉,“亲知”一旦以实物或文本的形式积淀下来,便成为“闻知”,学习者可以将“闻知”应用于自己的实践中,不仅可以将“闻知”活化,成为自己的一部分,而且可以检验“闻知”的真伪,并创造出新知识。关于“闻知”与“亲知”的关系,陶行知说:“假使我们抹煞别人经验里所发生的知识而不去运用,那真可算是世界第一个大呆子。我们的问题是要如何运用别人经验里所发生的知识使他成为我们的真知识,而不要成为我们的伪知识。……如果把别人从经验发生之知识接到我们从自己经验发生的知识之上去,那么,我们的知识必可格外扩充,生活必可格外丰富。……至此,别人的知识便成了我们的真知识。其实,他已经不是别人的知识而是自己的知识了。”①

同时,“闻知”还为“说知”提供了对象,“说知”就是在对“闻知”的反省与批判的过程中形成的知识。“亲知”与“说知”不确定,不能被言说、记录、教授,然而,一旦被记录下来或表述出来,尽管不是它本身,却成为与以往“闻知”不同的“闻知”。正是在这种情况下,“闻知”不仅在数量上不断增加,品质也在不断改善。针对当时“学校里所注重的知识只是闻知,几乎以闻知概括一切知识”的现实,陶行知给后两者以高度重视。在他看来,教育目的就是使人成人成才,“亲知”是使人成才的标志,“说知”是使人成人的标志,两者是达成教育目的不可或缺的内容。正是有此认识,陶行知尖锐地指出:“仿我者死,创我者生。”由于“亲知”与“说知”是在任何地方与任何时间都可以获得的知识,因此,教育的场所并不限于学校,农场、工厂、商店甚至监狱等社会机构乃至大自然都是获得知识的场所。他说:“民主教育的教材,应从丰富中求精华,教科书以外求课外的东西,并且要从学校以外到大自然、大社会中求得活的教材。”②因此,他的“社会即学校”主张成为其知识观的一个自然结果。

三、“教学做合一”:生活教育的方法论

作为解放人的理论,“教学做合一”在生活教育中居于中枢地位。陶行

① 《陶行知全集》编辑委员会编:《陶行知全集》第 1 卷,四川教育出版社 1991 年版,第 143 页。

② 《陶行知全集》编辑委员会编:《陶行知全集》第 4 卷,四川教育出版社 1991 年版,第 578 页。

知自言，正是“教学做合一”理念的形成，才使他的思想从“教育即生活”转变为“生活即教育”，而晓庄师范学校的“基础就是立在这五个字上”。“教学做合一”是陶行知在批判传统教育法与尝试杜威现代教育遇到挫折的过程中形成的教学方法论。它有着一个不断实践、不断认识、不断完善的过程，最终形成与陶行知的教育价值取向与知识观相匹配的、具有丰富内涵和鲜活生命力的教育方法论。

(一)从“教授”到“教学”再到“教学做合一”:“教学做合一”的演变

在《中国教育改造》自序中，陶行知指出此书是他在中国教育里摸黑路所见着的几线光明。“从‘教授’写到‘教学’，从‘教学’写到‘教学做’”是他的矛盾之处，也是他的长进之处①。为了避免出现为“外国教育制度拉东洋车”的局面，他将与此相关的所有文字“一概删除不留”；所留的都是他所体悟出来的，所写的都是他所行的，也是他所信的。

“教授”最通常的含义是教师对学生讲解、说明教材内容，等同于中国传统的“教”，即“上所施，下所效”，属规训、教训。“教训藏在书里，先生是教死书，死教书，教书死；学生是读死书，死读书，读书死。”②清末伴随新式教育的推行，对西方教育尤其是对赫尔巴特教学法的模仿以及班级授课制的推行，“教授”盛行于20世纪初到20世纪20年代的中国③。作为一种教育法，“教授”以语言文字为载体，以书本知识为对象，以灌输为方式，以记忆、理解、接受为结果。“中国教育的一个普通的误解是以为：用嘴讲便是教，用耳听便是学……一提到教育就联想到笔杆和书本，以为教育便是读书、写字，除了读书、写字以外，便不是教育。”④这种方法将书本知识当作唯一正确、作用正面的知识，教育过程就是书本知识的传递过程。“于是讲书、听书、读书便等于正式教育而占领了几乎全部之时间。”⑤“教授”主要涉及教师的教而未兼顾学生的学，虽对教师极为便利，但它异化了教师、学生和教学过程：教师扮演教书匠或知识中转站的角色，学生扮演知识储存

---

① 陶行知:《生活教育改造(重版)》自序，安徽人民出版社1981年版，第1页。

② 方明编:《陶行知教育名篇》，教育科学出版社2005年版，第223页。

③ 郑金洲:《审视教育观念》，《中小学管理》2000年第4期，第2页。

④ 《陶行知全集》编辑委员会编:《陶行知全集》第2卷，四川教育出版社1991年版，第19—20页。

⑤ 方明编:《陶行知教育名篇》，教育科学出版社2005年版，第181页。

所或容器的角色,教学过程成为书本知识的传递过程,学校则充当了书本知识的贩卖场所。这种教育辅以僵化的考试制度,成为异化教育的有效方式,“教育等于读书;读书等于赶考”,“学生是学会考,教员是教人会考,学校变成了会考筹备处”①。其结果是导致学习者被动服从、缺乏主见等与学生发展背道而驰的后果。

在陶行知看来,“教授”将教与学分离,是“教学不合一”的体现。“从前的先生,只管照自己的意思去教学生;凡是学生的才能兴味,一概不顾,专门勉强拿学生来凑他的教法,配他的教材。一来先生收效很少,二来学生苦恼太多,这都是教学不合一的流弊。”改变这种情况,需将教学合一。“教学合一”的含义有三:第一,教师是教授者,更是专业的学习者。因此,“教学合一”首先体现在教师自己身上:教师要学而不厌,才能诲人不倦;教师的学需走在学生学的前面,“努力跑在学生前头引导学生”;教师要一面教一面学,教到老学到老。“我们做教师的人,必须天天学习,天天进行再教育,才能有教学之乐而无教学之苦。自己在民主作风上精进不已,才能以身作则,宏收教化流行之效。”②第二,教师的教是为了学生的学。“教员不重在教,重在引导学生怎么样去学。”学生要自己主动地学,不是坐而受教,教师说什么,学生也说什么,那是学戏,是录音机。教师引导学生会学、好学。他说:“好学是传染的,一人好学,可以染起许多人好学。就地位论,好学的教师最为重要。想有好学的学生,须有好学的先生。换句话说,要想学生好学,必须先生好学。惟有学而不厌的先生,才能教出学而不厌的学生。”③第三,“教学合一”的目的是实现教学相长、相互感化、共同进步。“教育是教人化人。化人者也为人所化,教育总是互相感化的。互相感化,便是互相改造。”④

“教学合一”虽然对师生双方乃至对教育教学有诸多好处,但其失之于就书本论书本、为学校而学校、就教育论教育,与改造生活、改造社会不相

① 方明编:《陶行知教育名篇》,教育科学出版社 2005 年版,第 219 页。

② 《陶行知全集》编辑委员会编:《陶行知全集》第 4 卷,四川教育出版社 1991 年版,第 633 页。

③ 《陶行知全集》编辑委员会编:《陶行知全集》第 8 卷,四川教育出版社 1991 年版,第 140 页。

④ 《陶行知全集》编辑委员会编:《陶行知全集》第 2 卷,四川教育出版社 1991 年版,第 435 页。

关涉，教育的功效难以发挥。“先生教而不做，学生学而不做，有何用处？于是‘教学做合一’之理论乃应运而起。事该怎样做便该怎样学，该怎样学便该怎样教。教而不做，不能算是教；学而不做，不能算是学。教与学都以做为中心，在做上教是先生，在做上学是学生。”[①]可见，“教学做合一”是对“教授”与“教学”在实践与理性反思基础上形成的一种方法论。陶行知指出，教育法的演进大概可分为四个阶段：第一个阶段，凭先生教授，不许学生发问；第二个阶段，师生共同讨论，彼此质疑问难；第三个阶段，师生共同在做上学，在做上教，在做上讨论，在做上质疑问难；第四个阶段，师生运用科学方法在做上追求做之所以然，并发现比现在可以做得好一些的道理[②]。因此，“教学做合一”不是封闭的低水平重复，而是不断地发现、创造。

（二）“教学做合一”的蕴意

通观陶行知对“教学做合一”的论述，包含三个方面：就内容而言，包含教、学、做，是以做为中心的教与学的统一；就形式而言，“教学做合一”既是教学过程，又是教育法；就目的而言，“教学做合一”旨在发挥教育的正功能而抑制教育的负功能，以收手脑相长、教学相长之效，以达人的解放、创造新思想与新的价值观，引导社会向着人们期望的方向发展之结果。

首先，在内容上，“教学做合一”包含三层含义：一、事怎样做便怎样学，怎样学便怎样教；二、对事说是做，对己说是学，对人说是教；三、教育不是教人，不是教人学，乃是教人学做事。无论那方面，做都是中心。做就是劳力上的劳心，要想教得好，学得好，就须做得好。要想做得好，就须“在劳力上劳心”。因此，教学做是一件事，不是三件事，不可分割。我们要在做上教，在做上学。不在做上用功夫，教固不成为教，学也不成为学[③]。因此，“教学做合一”就是以做为中心的教与学的联合、统一。

其次，在形式上，“教学做合一”既是教学法，也是教学过程。由于陶行知认为“生活即教育”，“教学做合一”不仅是做事、生活的三个方面，而且是

---

① 方明编：《陶行知教育名篇》，教育科学出版社2005年版，第223页。

② 江苏省陶行知研究会、南京晓庄师范学校编：《陶行知文集》，江苏教育出版社2008年版，第430—431页。

③ 《陶行知全集》编辑委员会编：《陶行知全集》第1卷，四川教育出版社1991年版，第126页。

生活法，也就成为教育法。在生活里，对事说是做，对己之长进说是学，对人之影响说是教，教学做只是一种生活之三方面，而不是三个各不相涉的过程。作为过程，教学做亦包括三个方面：(一)以工作或问题为中心的教学做过程；(二)以事物之历史发展为中心的教学做过程；(三)各学科各系统的学习与研究的教学做过程①。在《反省的行动或行动的反省》一文中，陶行知将"教学做合一"概括为一组相互联系的行动：一、行动生困难；二、困难生疑问；三、疑问生假设；四、假设生试验；五、试验生断语；六、断语又生行动。他将这个过程称为"反省的行动或行动的反省"。于是，"教学做合一"成为围绕事件或问题的行动、发现、提出、分析、解决、再行动的一个螺旋上升的过程。他说："没有问题，就是心力都不劳。""问题自决得越多，则经验越丰富。"②

最后，就目的而言，"教学做合一"旨在克服教育的负功能而弘教育的正功能，实现人的解放与社会的民主。在陶行知看来，教育的作用就在于使人天天进步，天天往好的路上走；就是要用新的学理、新的方法，来改造学生的经验。"教学做合一"就是针对传统的"教授""教学"的弊病而提出，"中国教育之通病是教用脑的人不用手，不教用手的人用脑，所以一无所能。中国教育革命的对策是使手脑聪明，结果是手与脑的力量都可以大到不可思议"。做有下列特征："(一)行动；(二)思想；(三)新价值之产生。"③"今日之学校是行以求知的地方。有行动的勇气，才有真知之收获，才有创造之可能。"④"教学做合一"就是要通过做，将教与学结合起来，实现教学相长——使教师与学生共同发展，手脑相长——使人既有行动能力又有反思、反省能力，实现思想与行动的结合——创造新知识、创造新的价值观，发挥教育的正向功能，以达改造社会之目的，使社会朝着人们期望的方向发展。

人的解放与社会民主的价值取向与"闻知""亲知""说知"的知识论、以

① 《陶行知全集》编辑委员会编：《陶行知全集》第 4 卷，四川教育出版社 1991 年版，第 467 页。

② 方明编：《陶行知教育名篇》，教育科学出版社 2005 年版，第 20 页。

③ 《陶行知全集》编辑委员会编：《陶行知全集》第 2 卷，四川教育出版社 1991 年版，第 651 页。

④ 《陶行知全集》编辑委员会编：《陶行知全集》第 3 卷，四川教育出版社 1991 年版，第 44 页。

做为中心"教学做合一"的方法论，构成陶行知生活教育理论的基本内涵。陶行知将自己的一生无保留地奉献给自己服膺的教育事业。"改造社会而不从办学入手，便不能改造人的内心；不能改造人的内心，便不是彻骨的改造社会。"①生活教育就是要将教育从学校中解放出来，将学校从围墙中解放出来，将知识从书本中解放出来，将方法从教中解放出来，将理论与实践从各自孤立中解放出来，将人从束缚中解放出来，由此，形成独特且具有鲜活生命力的教育理论。在素质教育改革背景下和新课改的实践中，陶行知的生活教育理论提供了弥足珍贵的历史经验与思想资源：从对工具人重视到对人本身重视的转变，从一元知识到多元知识的转变，从维持性学习到创新性学习的转变，从对数量的评估到对价值的评估的转变，从传授知识的教师到教会学生自我发展的教师的转变等等，是新课改面临的问题，也是陶行知留下的厚重的思想财富，需要后来者在汲取中予以发展、创造。

（李忠系天津大学教育学院教授、博士生导师。）

① 《陶行知全集》编辑委员会编：《陶行知全集》第2卷，四川教育出版社1991年版，第436页。

社会即学校:陶行知育才学校社会实践活动图景展析

刘京京

1939年,陶行知在重庆创办了一所专门招收难童的育才学校。育才学校挑选学生的原则,即通过组织选拔测验组,分赴各儿童保育院、教养院、孤儿院等难童机构,以智力测验、文化考察及特殊能力的考察三个方面综合分析,择优选拔具有一定特殊才能的难童。丁华曾评价陶行知创办的育才学校为旷世之校,"育才学校式陶行知先生教育理想的创造与实验,是翻遍世界教育史也无先例的一所学校,是一所新型的实验学校"①。在艰难境遇下,师生携手攻艰,共创奇迹,演绎了一幅风采别致的社会实践活动景象。这些活动包括形式多样的社会服务活动,渠道多元的扩展学识活动,增进技能的日常生产、生活活动。这些活动蕴含着陶行知"社会即学校"的生活教育学说。展现生动形象的育才学校的社会实践活动,可以深化认识陶行知创办育才学校的教育理念和教育思想,同时也可以为当今中小学教育实践活动,尤其是综合实践活动课程提供借鉴与启示。

一、开展形式多元的社会服务活动

陶行知在初级十六常能中规定,要使学生"会做小先生","包括帮助工友、同学以及学校附近农友等(在'文化为公'、'知识为公'、'即知即传'的号召下,自动的以一技一艺之长去帮助人长进中学习)"②。为了提高农民的文化知识水平,育才学校积极开展了多种形式的社会服务活动。

---

① 丁华:《育才学校的新教育——陶行知先生教育理想的创造》,《教育阵地》1946年第7期,第6页。

② 江苏省陶行知研究会、南京晓庄师范学校编:《陶行知文集》,江苏教育出版社2008年版,第882页。

(一)充任民众的小先生

育才学校学生踊跃担任小先生的角色,实践陶行知"即知即传"的教育理念。学生们利用课余时间,开办民众学校,是育才师生服务社会、提高民众文化水平的一种方式。"近因北碚二岩乡第四保地方需要,该校(指育才学校)又派学生多人,在小湖溪观音庙内设民众教育班一处,每晚均有四十人左右的成年学生去上课。师生风雨无阻,济济一堂。"①据 1946 年《教育阵地》报道,"教育民众识字,去年有了大的发展,学校附近各保都组织了儿童识字班,妇女识字班,镇上有市民识字班,附近各煤场有工人识字班"②。育才学校的小先生们热情高涨,"小先生们卓越的表现是使那些整天以普及教育减绝文盲当口号的君子们汗颜的,在校址周围十里路附近的人民是他们工作的对象,他们替农民服务、教书,在这个委员会上已经有六十几个识字班,每班有学生二十余名。那么,总计是有着二千多农民在受着启蒙教育。育才的学生,服务精神很好,白天自己上了课,黄昏或夜晚时再到农家去教识字。在农忙时节,则帮忙农民耕作收种,就在田野里利用休憩时间教唱歌,讲些浅易的农业上的新知识"③。从以上活动可以看出,育才学校的小先生们服务民众的激情高涨、兴致极高。

(二)举办文娱下乡活动

育才学校各组根据自身专业特长,开办丰富多彩的文娱活动。戏剧组发挥特长,编排各种剧作品。1943 年,"育才学校戏剧组,暑期将作旅行公演,以应川西北许多城镇的邀请。除《小主人》和《啷略办》外,该校正在赶排新剧"④。自然科学组举办的科学晚会更是别出心裁、引人入胜。"剧分三幕:第一幕,求知之舞;第二幕,变化之舞;第三幕,元素之舞。把科学艺术化,科学舞蹈化,科学大众化搬上舞台,把人们不易懂得的科学上的名词和原子,统统人格化了。化学之神自己用美妙的有趣味的歌声传达出它的来历,它的化合,它的分解,它的用途,使人在欣赏艺术的娱乐中,获得了现

---

① 朱泽甫:《陶行知年谱》,安徽教育出版社 1985 年版,第 499 页。

② 丁华:《育才学校的新教育——陶行知先生教育理想的创造》,《教育阵地》1946 年第 7 期,第 6 页。

③ 杨穗:《从育才学校看民主教育》,《民主周刊》1945 年第 2 期,第 5 页。

④ 朱泽甫:《陶行知年谱》,安徽教育出版社 1985 年版,第 493 页。

代的自然科学知识。”[①]学校各小组发挥各自专业优势,多种独具特色的文娱活动开展得绘声绘色、绚丽多彩。

1944年2月,育才学校增设舞蹈组后,陶行知组织舞蹈组师生到《新华日报》社去学习,学来延安的秧歌剧《兄妹开荒》等舞蹈,育才师生很快就把秧歌舞跳到附近农村去了。陶行知还亲自编撰《朱大嫂送鸡蛋》秧歌舞剧歌词,由音乐组老师谱曲,戴爱莲女士编舞。该剧很快就传到了山城的一些学校与附近农村[②]。绘画组的同学们在“为老百姓而画”的响亮口号鼓动下,背起画夹到民间去,“到老百姓的队伍里去画,跟老百姓学画,教老百姓学画”。他们成立了“育才美术团”“儿童美术团”,举办“抗敌儿童画展”,得到了各界的好评,重庆《新华日报》报道,绘画展览作品丰富多彩,“作品有水彩、木刻、油画、漫画等千余件……并开辟‘育才之友’画展”[③]。冯玉祥为育才学校儿童画展特撰写了《小艺术家赞》:“小小艺术家,成绩真可夸。各拿刀和笔,绘画抗战画。处处有意思,幅幅都秀拔。表现出天真,满眼皆奇葩。唯爱全人类,唯爱我中华。”[④]

(三)服务当地的社会活动

育才学校自然组开展了富有专业特色的社会活动。他们运用学到的知识,开展了凤凰山林木普查,给各类树木挂上牌子,标出学名、俗名、差别、特性和用途等,然后请专家与老农鉴定。同学们还在老师的指导下建立“鸟类迎宾馆”“昆虫招待所”“植物园”“水族馆”等,对动植物的习性分类研究。他们研究从凤凰山到北温泉十几公里区域的植物与土壤,为种植业提供可靠数据,直接为农民、农业服务。他们举行“谈天会”,观察星斗,探索太空的奥秘。他们开展科普宣传,通俗讲解自然科学的历史,如讲爱迪生的历史,讲他怎样发明电影、留声机等的生动故事。

开展乡村儿童服务活动以及成立妇女合作社。因乡下孩子不怎么熟悉儿童节,为此,陶行知特意举办活动把儿童节介绍给乡下孩子。他把儿

---

① 朱泽甫:《陶行知年谱》,安徽教育出版社1985年版,第454页。

② 朱泽甫:《陶行知年谱》,安徽教育出版社1985年版,第480页。

③ 朱泽甫:《陶行知年谱》,安徽教育出版社1985年版,第437页。

④ 张再为、宋融、文履平搜集整理:《育彼英才——陶行知和育才学校在重庆》,重庆出版社1984年版,第175页。

童节介绍给乡下小孩，特别是看牛、割草、拾狗屎、拣煤炭，做徒弟，没有父母、吃不饱、穿不暖，受人歧视的小孩，使他们至少能享一天的快乐和一年学习的工具，使他们得一点点小小的幸福。“我们的建议是：（一）送一千位小孩每人一包糖；（二）送一千位小孩每人一支笔；（三）送一千位小孩每人一本本子；（四）送一千位小孩每人一本小书；（五）送健康比赛优胜小孩十名衣帽十件；（六）送讲演比赛优胜小孩十名好书十本；（七）送一千名出征军人子女和最努力的小先生手巾、肥皂、笔墨纸张、书本各一套；（八）送一千位小孩及其父母看一次电影；（九）为一千位小孩子备不可少的家常用药。”[①]该活动得到该校师生的云集响应，师生很快投入到该活动中。儿童节管家巷有五百个孩子参加，化龙桥有一百个孩子参加，高峰寺有一百人，古圣寺有一千人。此外，育才学校的女同学，还帮助附近村落成立妇女合作社，“组织妇女合作社是学校附近妇女与学校师生做鞋赚零用钱这一基础上发展起来的。在学生的帮助下，那些做鞋赚零用钱的妇女逐渐形成组织，进行有组织的做鞋，送到城市去卖，替她们开辟了生财之道”[②]。总之，育才学校师生根据自身所能，援助当地乡村大众群体。

二、困难时期的社会奔走

育才学校的师生无论是在国家还是在学校的危急之下，都表现出异常坚韧英勇的精神。一方面，在国难特殊时期，学生们利用各自的才艺学识，大力进行爱国宣传，唤醒民众；另一方面，在学校办学遭遇经济困难之时，师生们纷纷竭力行动，为学校筹集经费，分忧解困。

（一）积极进行爱国宣传

国难当头，育才学校师生不甘沉沦，各组根据专业特色，大力进行爱国主义宣传。“由于蒋介石积极反共消极抗日，日寇大举进攻，步步紧逼，国民党军湘桂大撤退，敌迫贵州，重庆人心惶惶。……育才师生积极响应党的号召，加强形势教育，大力宣传抗日救亡、反对投降、反对逃跑；同时组训青年学生，准备就地打游击。戏剧组学生积极创作，自编自导四川方言话剧《不太平》《啷略办》。后在重庆、北碚、合川等地演出，收到深远的宣传教

---

① 朱泽甫：《陶行知年谱》，安徽教育出版社1985年版，第487页。

② 丁华：《育才学校的新教育——陶行知先生教育理想的创造》，《教育阵地》1946年第7期，第6页。

育效果。”[①]育才师生通过自己的文艺专长，举办文艺活动，进行爱国教育和宣传。1940年11月，“育才学校为与该校附近工作之益州剧团联络感情并推进地方文化工作起见，特于是晚在该校礼堂举行联欢晚会……游艺节目有育才戏剧组学生演‘小号兵’，音乐组学生弹钢琴，益州剧团演‘家破人亡’，均甚精彩”[②]。文学组更是全校创作、宣传活动中的骨干，他们先后组织了佚名社、榴火社、浪花社，开展文艺创作，举行诗歌朗诵会，配合抗日宣传。社会学组在城市、集镇进行街头演出，收到了很好的效果，成为一支救亡宣传的“轻骑兵”。

(二)各尽其力缓解校难

育才师生为了保障学校正常运转，积极组织生产自救活动。“育才师生学习南泥湾精神搞生产自救，他们师生五十余人组成垦荒大军，开赴离古圣寺校本部十多里外的光铁坡开荒四十二天，垦地三十亩，建立了育才第一个农场。”[③]陶行知亲自编写了《开荒歌》:“荒地五百亩，英雄好战场；今征三十士，有力共开荒。种杂粮，养猪羊，年成坏，救饥肠；年成好，幸福无量。小凤凰，羽翼强。飞去光铁坡，创造新家乡。”[④]育才学校的开荒之举，表现出学校自立自强的无畏精神。

当学校频频面临经济危机之时，学校各小组发挥自己的专业优势，为校排忧解困、筹集经费。育才学校为筹募经费，定日内在渝分别举行绘画展览、话剧公演及音乐演奏。绘画展览为十日至十五日，话剧公演为二十日至二十五日，音乐演奏为二十一日至二月一日，地点在中苏文化协会及新运服务所二处。绘画组通过展卖绘画作品，获取部分经费。音乐组通过开办演奏会等活动筹集经费。“育才学校为筹募难童教养经费举行之音乐演奏会，昨(三)日下午四时，在道门口银行界进修社演出，听众极为踊跃。今(四)日上午十时，仍在原址举行。此次募集之经费将完全用以购置该校音乐组音乐设备，及改善学生营养，以十二万元为目标。”[⑤]1943年4月6

---

① 朱泽甫:《陶行知年谱》，安徽教育出版社1985年版，第481页。

② 朱泽甫:《陶行知年谱》，安徽教育出版社1985年版，第418页。

③ 朱泽甫:《陶行知年谱》，安徽教育出版社1985年版，第456页。

④ 华中师范学院教育科学研究所主编:《陶行知全集》第4卷，湖南教育出版社1985年版，第602—603页。

⑤ 张再为、宋融、文履平搜集整理:《育彼英才——陶行知和育才学校在重庆》，重庆出版社1984年版，第129页。

日,“育才学校戏剧组为筹募难童教养经费公演《小主人》。广告:四幕儿童剧,演出者:陶行知;编剧:董林肯;导演:刘厚生;舞台监督:苏丹”①。

三、深入民间的社会考察与提高生活技能的生产劳动

育才学校的课程是灵活多变的,也可以说,学生使用的教材是活的,不受书本的拘泥。为了促进学生素质的全面发展,加深学生对社会的洞察与感知,提高学生的生活能力和生产技能,育才学校设置了渠道多元的社会考察和形式多样的生产劳动活动。

(一)深入民间的社会考察

陶行知倡导学生走入社会,学习社会课程。如陶行知“为克服教师不足,倡导成立育才‘见习团’走出学校的学习方法,戏剧、绘画、音乐三组分别到重庆艺术社团、展览馆、工厂、商店等处向专家学习,向工农大众学习,三个月见习期满返校搞创作,再向社会公演、展览,汇报学习收获”②。学生学习的地点不局限在课堂,社会上的一些场所也是学习研究的重要场地。陶行知建议科学组的学生学习学科的地点:“(一)北温泉有最好的植物园可供学习;(二)缙云山有丰富的植物可供探讨;(三)北碚有宏大的博物馆可以参考;(四)三峡有工矿农场及各种研究所、调查所、实验所可以观摩研究”③。育才自然组由古圣寺迁往北温泉红楼。靠近中央研究院、复旦大学、北碚博物馆等,近水楼台,有利于求师问难,参观实习④。可以说,为了学生更多走入社会,陶行知竭力创造多方条件开展第二课堂。

为使课堂教育与校外教育、社会活动有机地结合起来,育才学校有计划地定期组织学生深入社会、接触实际。学校规定每个星期一下午,有时加两个晚上,学生分批去搞社会调查,开展群众工作,使学生养成与工农群众打成一片的感情与习惯。具体方法因时而异,多数是去附近农村,也有去工厂的。如一次,一组同学去一家鞋厂调查,亲眼看到了这家鞋厂厂房矮小阴暗,没有任何机械,工人们挤在小房间里并排地坐着用手工做鞋子,十分辛苦,而工资很低。为了养活家口,工人们每天得劳动几个小时,而且

① 朱泽甫:《陶行知年谱》,安徽教育出版社 1985 年版,第 464 页。
② 朱泽甫:《陶行知年谱》,安徽教育出版社 1985 年版,第 425 页。
③ 朱泽甫:《陶行知年谱》,安徽教育出版社 1985 年版,第 490 页。
④ 童富勇、胡国枢:《陶行知传》,教育科学出版社 1991 年版,第 435—436 页。

随时有“丢饭碗”的危险。这种调查使他们接触了实际,加深了对社会的了解。学生们更多地到附近农村去,分头访贫问苦,送教上门,送医上门治疗小病小伤,教农民、小煤窑工人及他们的子女识字、唱歌,讲抗日道理,打扫卫生。同学们亲切地称这些活动为“走亲戚”。“走亲戚”对同学们帮助很大,也受到老百姓的欢迎①。

(二)提高生活技能的生产劳动

育才学校不仅注重各因其材的施教原则,发挥学生专业潜能,也重视学生生活、生产技能的培养。在生活技能方面,陶行知注重从日常生活的方方面面进行规范,希冀使学生养成良好的日常行为习惯。如陶行知在“初级十六常能”中规定:学生要会烧饭菜,包括小锅饭、小锅面、小锅菜十味以上,并会做泡菜、咸菜、糖果、果子酱、腊肉等。(在聚餐、野餐、助厨时学习。)会洗补衣服,包括洗衣、补衣等。(在十二岁以上,必须学会洗补衣服、晾晒、折浆,规定每星期洗一次。衣服破了即须缝补,会者教不会者,不会者必须跟会者学。)会种园,包括种菜、种花、种树等。(规定小学生每人至少种菜半分,中学生至少种一分。在生产活动中学习。)会修理,包括简单木工工具、竹工工具、泥水工工具、油漆工工具等。(在修理中学习。)会急救,包括医治小毛病、救溺、救触电、救中煤毒等。(请卫生室及校外医工指导,在分配卫生工作及旅行、急救中学习。)会游泳,包括仰游、俯游等。(在夏令营必须参加游泳学习,在平时可定期去温泉学习。)②育才学校注重与生产劳动相结合,“校内有农场、畜场,学生自己种田,喂鸡,养猪、牛、蜜蜂。他们平均一个月可以吃一只猪,吃的菜完全是自己种的”③。在生产自足的活动中,学生们养成了自食其力、发愤图强的精神。

四、育才学校社会实践活动之影响

陶行知创办育才学校的鹄的,并不是培养“小专家”“人上人”,也不是“去掉普及教育来进行特殊教育”,而是通过集体生活,试图使他们成为追

---

① 华中师范学院教育科学研究所主编:《陶行知全集》第3卷,湖南教育出版社1985年版,第505页。

② 苏舜如:《育才学校是我们的方向》,《现代妇女》1948年第12期,第5页。

③ 丁华:《育才学校的新教育——陶行知先生教育理想的创造》,《教育阵地》1946年第7期,第6页。

求真理的小学生，自觉觉人的小先生，手脑并用的小工人，反抗侵略的小战士。可以说，育才学校的学生们不仅提高了民众的智识，得到民众的广泛赞赏，同时也获得了自身发展。

（一）提高了民众的智识

育才学校教育注重为当地老百姓服务。在服务活动上，开展了教育工友活动，教民众识字、唱歌，进行民众娱乐，帮助附近小学校，访问调查等。通过育才学校师生开展的各种服务活动，民众智识显著提高。这种提高表现在两个方面：一方面，民众的文化水平得以提升。如某报纸报道，“几年来学校的工友在小先生的帮助下，从不识字到能够阅读书报，能够写作，有的已经能写稿子投到报上发表了”①。在农村识记小组、音乐俱乐部等处接受育才学校教育的人总数达 2000 人②。另一方面，民众的文娱意识得以开蒙。由于育才学校师生经常为民众举办各种戏剧表演，民众在其熏陶浸染下，也开始自办集会等文娱活动。时人的《育才学校的民众教育》一文叙述，育才学校“几年来（尤其是最近这一年），专门为老百姓所表演的节目，所开的会，已经记不清楚竟有若干次了，可是哪一回又比这一回更有意义呢？这个会完全是自己所主持的，所表演的节目之中，除了一两个例外，是有台本的，另外差不多完全都是老百姓们自编自导自演的了”。识字班校长办集会的热情很高，其中缘由也是想回报育才学校的师生，正如识字班校长所言：“你们学校（育才学校）给我们办了这么多识字班，一年多了，我们多少还是要有一个表现，不要把我们大家的丢去。”③

（二）得到民众的广泛认同

其一，各种文娱活动受到民众赞赏。育才学校师生开展了各种社会实践活动，包括各种义演、募捐等活动，丰富了民众的日常生活，同时把公正、民主、自由等新观念传播给广大社会民众，其活动得到了社会民众的广泛认同。“二十一日，育才学校音乐组将于本月二十四日至二十六日三天在重庆江苏同乡会举行公开演奏大会。节目极为精彩，计有贺绿汀近作‘和平光明’、费克的‘茶馆小调’，以及大合唱、民歌选唱、弦乐大合奏等。此外有他们最近丧失了的伙伴——黄晓庄同学生前最佳遗作演奏。数年来，该

---

① 童富勇、胡国枢：《陶行知传》，教育科学出版社 1991 年版，第 437 页。

② 童富勇、胡国枢：《陶行知传》，教育科学出版社 1991 年版，第 437 页。

③ 文炳：《育才学校的民众教育之一》，《民众教育》1946 年第 5 期，第 17 页。

校同学一面勤奋深研，一面又与民众相结合，这次表演无异为他们工作与学习相结合的一个展览，定能给予重庆观众以新的气氛与新的感触。”①

育才师生的演出，深深打动了广大民众，受到了民众的欢迎。“育才演出深受群众欢迎。《啷咯办》完全用四川方言演出，内容描写一家农民如何在日本的暴行下家破人亡，终于改变了自私自利的思想，拿起枪杆保卫家乡。最后一幕悲惨场面深深打动观众的心。此外还有舞蹈节目，深得观众欢迎。”②“昨日为育才音乐组音乐晚会第二日，盛况空前，不到七时，座券早已售完。化龙桥、南岸各地赶来迟了的观众，宁愿出钱买站票。更有四位江北香国寺来的小姐，因买不到票而流了泪，为了答谢观众的这种盛意，他们已决定今日加演日场，并于二十七、二十八两日续演二天。……颇得各界的好评，现应北碚各界盛意邀请，定本日起在北碚演奏三日，节目除轰动渝市之节目外，另加‘黄金满天飞’、‘古怪歌’等精彩节目。”③

其二，与民众互帮互助。由于育才师生经常帮助当地民众识字、写信、解决困难，民众为了表达感激，在学校遇到困难之时，便不遗余力地伸出援助之手。同时，在互帮互助的过程中，民众与学生的关系更加亲密融洽，俨然如鱼与水的关系。如“学校有什么集会，他们很快丢开自己的工作，到学校帮助烧饭弄菜，见到马路不平，唯恐学生走路不方便，他们都自动地拿了锄头去锄平，见到学校中经济困难，他们也会把血汗钱拿出来。如若有人问，这学校是谁办的？他们会很快地回答：是我们老百姓的，我们与学校不分家”④。育才学校师生与当地工友之间关系和谐融洽，他们之间以兄弟姐妹相称。“在新房子没有造成以前，教师、学生、工友同宿舍在外面的营房里，教师开会，学生有代表参加，工友忙不开，学生帮助弄菜做饭，这样学校像是一个大家庭，在里面全是兄弟姐妹。”⑤可以说，育才师生与民众的这种情感是建立在双方之间互帮互助的基础之上的。

---

① 朱泽甫：《陶行知年谱》，安徽教育出版社 1985 年版，第 514 页。

② 朱泽甫：《陶行知年谱》，安徽教育出版社 1985 年版，第 502 页。

③ 朱泽甫：《陶行知年谱》，安徽教育出版社 1985 年版，第 514—515 页。

④ 丁华：《育才学校的新教育——陶行知先生教育理想的创造》，《教育阵地》1946 年第 7 期，第 6 页。

⑤ 丁华：《育才学校的新教育——陶行知先生教育理想的创造》，《教育阵地》1946 年第 7 期，第 6 页。

(三)促进学生个体成长

其一,在社会实践中增长学识。育才学校的课程设置除了常规的课程、特殊课程之外,大自然的生活课程也是重要内容之一。陶行知非常重视育才学校学生的社会实践,学生们可以通过见习、参观等多种渠道进行社会学习与实践。育才学校学生在担任小先生的角色的同时,也作为学生向民众、向社会、向大自然学习。育才学校各组根据学习上的需要,在与老百姓的接触中进行学习。如社会组进行工业生活、劳资、租佃关系、人民负担等调查,自然组走向农民学习农业知识,戏剧组、绘画组观察各阶层老百姓的典型,文学组学习大众语言,研究各种典型人物,音乐组搜集民歌等。育才学校的学生本着“社会即学校”与“即知即传”的原则,真正做到当民众的学生又当民众的先生①。

育才学校戏剧组为纪念五四运动,并实践推广农村方言剧,号召戏剧下乡运动,特假北碚民众会场示范公演三幕方言剧,该组在乡间日夜加工排练,“他们为了表现真实起见,不但与附近农民打成一片,生活一团,并请多位农民做顾问,每于排练时莅临指导,故农民的纯朴气质充实了他们每一个青年人的心灵”②。此外,社会、大自然成为学生们的活教材。学生“见到农夫播种,随即去观察,研究怎样播种;如何使植物播种得好。见到木匠造屋,自然组就去观察,如何打园样,需要什么材料,怎样建造。到外面去旅行,见到山河花草,都市建筑,随时讨论,到处是他们的教室”③。

其二,提升了专业特长技能。育才学校各组根据自己的专业特长,开展了丰富多样的活动。以音乐组为例,1940 年 12 月 26 日,由音乐家贺绿汀率领,在重庆举行了儿童音乐会。入学才一年半的儿童,表演得很有水平,得到应邀观看演出的周恩来、叶剑英、邓颖超、郭沫若、冯玉祥夫妇、何应钦夫妇及苏联友人米海耶夫、叶夏明等的热情赞扬。周、邓、叶等为音乐组同学题词留念,周恩来为音乐组同学题词鼓励“为新中国培养出一群新的音乐天才”,邓颖超的题词是“以歌声唤起大众”,叶剑英的题词是:“为世

① 丁华:《育才学校的新教育——陶行知先生教育理想的创造》,《教育阵地》1946 年第 7 期,第 6 页。

② 朱泽甫:《陶行知年谱》,安徽教育出版社 1985 年版,第 489 页。

③ 苏舜如:《育才学校是我们的方向》,《现代妇女》1948 年第 12 期,第 5 页。

界而工作,为工作而学习”①。重庆的新华日报曾多次报道该校师生的社会活动,“人民的艺术——育才学校《啷咯办》演出观感:《啷咯办》和《农作舞》是艺术走向群众,走向农村在大后方最初的也是最勇敢,最认真的实践。愿一切后方文艺工作者向育才的孩子们学习,使艺术真正与人民连结起来,争取民主的到来”②。

其三,奠定了未来发展之基。陶行知在育才学校的生活教育实验,注重培养追求真理、追求进步的青年,培养勇于为祖国、为人民奉献生命的革命战士,造就了一大批杰出人才。育才学校从1939年开办到1946年陶行知还健在时,共招收学生410人。他们后来的去向,据不完全统计:去革命圣地延安的有22人,去中原、华北、苏北、皖南、浙东、云贵等革命根据地的有76人,去川东华蓥山同江姐开辟革命根据地的有23人,参加《新华日报》社工作的有10人,在成渝一带参加地下革命斗争的有13人,总计有140多人走上直接的革命工作岗位,占学生总数的三分之一。此外,有许多同学也在不同的条件下为人民服务,有些人在艺术、科学、文教部门经过长期磨炼,成为出色的专家与领导干部。当年育才学校音乐组的同学后来成为北京、上海音乐学院的教授、音乐界重要的作曲家和演奏家,其他组的情况也是桃李芬芳③。

概而言之,陶行知创办的育才学校演绎了一幅在艰难境遇下,师生携手攻艰、共创奇迹的社会实践活动景象。其间,学生们踊跃充任小先生,提高民众的智识;争先化身服务者,为国难和校难排忧解困;同时,身为学习者,不断向自然、向民众、向社会学习。反观当今的基础教育,诸多中小学生面临学业负担过重,缺乏精神生活陶冶,课外活动枯乏,缺乏社会参与活动等一系列问题。可以说,育才学校社会实践活动与当今倡导的综合实践活动课程有着诸多相似之处。以史为鉴,育才学校的社会实践活动为当今的基础教育改革提供借鉴与启示。

(刘京京系河北师范大学教育学院讲师,博士。)

---

① 童富勇、胡国枢:《陶行知传》,教育科学出版社1991年版,第436—437页。

② 朱泽甫:《陶行知年谱》,安徽教育出版社1985年版,第490—491页。

③ 周洪宇:《人民之子:陶行知》,湖北人民出版社2011年版,第117页。

“生活即教育”的历史流变

李艳莉

陶行知(1891—1946)是我国伟大的人民教育家,共产主义战士。他为中国教育改造、普及人民教育等奋斗了一生,留下了符合中国国情的教育理论。其中,生活教育理论就是陶行知与中国教育实践密切结合的产物。它由“生活即教育”“社会即学校”以及“教学做合一”三个命题组成,研究者对这三个命题的历史流变一直缺乏较为系统的研究。“生活即教育”作为本体论和核心,在生活教育理论体系中居于重要位置。本文试图就“生活即教育”的演变历程、内涵及其特点进行追溯和还原,以期望更好地借鉴和在实践中应用这一理论。

一、“生活即教育”思想的发展历程

“生活即教育”作为生活教育理论的核心命题和主体论,大致经历了以下几个阶段:

(一)萌芽期(1917—1926)

民国成立之初,伴随着国外教育思潮的影响,固守书本、脱离生活的传统旧式教育遭受批判。在这种情势下,教育界人士中如蔡元培、黄炎培、顾树森等开始提倡实用主义教育,强调教育的实用性及其与生活的密切关系。1917年,陶行知“陪着杜威的‘教育即生活’这个思潮到中国”后,也积极投身于实用主义教育学说的宣传中,与教育界同仁共同致力于改革传统教育。

1918年,陶行知提出“生活主义”的口号,指出“生活主义包含万状,凡人生一切所需皆属之。其范围之广,实与教育等。有关于职业之生活,即有关于职业之教育;有关于消闲之生活,即有关于消闲之教育;有关于社交之生活,即有关于社交之教育;有关于天然界之生活,即有关于天然界之教育”①。

① 陶行知:《生利主义之职业教育》,方明:《陶行知全集》第1卷,四川教育出版社2005年版,第10页。

陶行知在此文中指出了生活与教育密切相关，有互通性。围绕此提法，陶行知进一步明确地扩展延伸为“生活是教育的中心。……我们深信教育应当培植生活力，使学生向上长”①，“使他们可以单独或共同去征服自然，改造社会”②。可以说，“生活即教育”的部分内涵此时已初步显现。但由于陶行知的视野还主要受限于宣传、践行实用主义教育，加之具体实践还不够成熟，因此并没有达到明确提出和系统阐释的境地。

(二)形成期(1927—1931)

陶行知在认真分析教育实际和办学实践中，深刻地认识到即使教育界大力提倡生活是教育的中心，但实际情况依旧是“教育自教育，生活自生活，依然渺不相关”③。原因就在于“洋八股”和“老八股”均与民众生活无关，其中乡村教育在照搬过程中更是严重脱离农民生活。同时，基于乡村教育是立国的根本大计，从训练乡村教师的考虑出发，陶行知于 1927 年 3 月 15 日正式创办晓庄师范学校。学校创办之初，“头上顶着青天，脚下踏着大地，东西南北是它的围墙，大千世界是它的课堂，万物变化是它的教科书，太阳月亮照耀着他工作，一切人，老的，壮的，少的，幼的，男的，女的，都是他的先生，也都是他的学生”④。但在不怕失败、敢于尝试、紧密团结的精神下，晓庄师范学校按照陶行知拟定的宗旨、目标、课程等茁壮发展。具体而言，晓庄师范学校特别注重“根据乡村实际生活”，培养具备“农夫的身手、科学的头脑、改造社会精神”的乡村学校教师。围绕此目标，晓庄师范学校明确“教学做合一”的重要意义，强调“事”，要求在“事”上用功。通过“院务教学做”“农事教学做”等，师生共教、共学、共做、共同生活，生活与教育实现有机融合。晓庄师范学校时期“教学做合一”理论正式成型带动“整个的教育便根本的变了一个方向，这新方向是‘生活即教育’”⑤。“生活即

① 陶行知:《我们的信条》，方明:《陶行知全集》第 1 卷，四川教育出版社 2005 年版，第 74 页。

② 陶行知:《中国师范教育建设论》，方明:《陶行知全集》第 1 卷，四川教育出版社 2005 年版，第 79 页。

③ 陶行知:《生活工具主义之教育》，方明:《陶行知全集》第 1 卷，四川教育出版社 2005 年版，第 97 页。

④ 方与严:《生活教育运动小史》，《民主教育》1946 年第 6 期，第 7 页。

⑤ 陶行知:《生活即教育》，方明:《陶行知全集》第 2 卷，四川教育出版社 2005 年版，第 7 页。

教育”破土于晓庄师范学校，并于 1929 年冬天由陶行知在晓庄乡村教师讨论会的讲话中明确提出。

尽管陶行知在晓庄师范学校的生活教育实验还存在着一定程度的理想主义色彩[①]，并没有完全背叛杜威的教育学说，但晓庄师范学校的办学实践和“生活即教育”的正式提出，是陶行知符合中国国情生活教育理论的正式形成，也成为后期生活教育实践更新和发展的起点。

(三)发展期(1932—1950)

1932 年 10 月 1 日，陶行知在上海宝山大场附近创办了山海工学团，“生活即教育”“社会即学校”“教学做合一”依旧为工学团试验的指导思想。在其指导下，山海工学团首创“小先生制”，利用“即知即传”的模式改变了学校教育的形式，不仅将生活与教育进一步有效地融合在一起，对普及教育更是颇有裨益。此时虽研究者较为肯定“生活即教育”，但也存在一定质疑，如《生活教育的批判》一文提出了一系列问题，如好坏生活怎样能成，应该有怎样的标准，怎样去判别，生活教育又该依据怎样的生活的实行呢。这些问题都是对“生活即教育”能否顺利实施的决定性问题[②]。

1939 年 7 月 20 日，育才学校在重庆诞生，主要强调培养“人才幼苗”这一主题。围绕此，育才学校的“生活即教育”较之前期又有所更新，具体为：注重集体生活，包含自治、探讨以及创造三种要素，以此丰富集体生活的教育意义；注重教师的主导作用，加强了对学生生活、教育等有计划的指导；强调基础知识与专业技能并重，既开设了普修课和特修课，又强调生产劳动、对外服务等，实现了知识和生活的良性互动。此时的“生活即教育”较之晓庄师范学校、山海工学团时期有了长足的进步，通过与时代和中国具体实践相结合、相统一，克服杜威理论的缺陷，实现了进一步的发展和丰满。

(四)批判期(1951—1977)

1946 年陶行知先生逝世后，许多文章均是肯定“生活即教育”的，以重庆《新华日报》社论《继承陶行知先生的精神》为代表。社论说：“生活即教育”是适合中国国情，特别是适合劳动大众需要的，贯串的基本精神也是民族的、民主的、科学的、大众的。1950 年纪念陶行知逝世五周年时，各地出

---

① 周洪宇：《陶行知生活教育学说》，湖北教育出版社 2011 年版，第 107 页。

② 徐达人：《“生活教育”批判》，《众志月刊》1934 年第 1 期，第 89 页。

版的文集、特刊等均称赞生活教育思想有巨大意义。

1951年5月后，以批判电影《武训传》为导火索，由于陶行知自比“新武训”而受到批判，不少人还检讨了自己之前的肯定态度。批评者如董纯才指出，“生活即教育”虽是反对脱离实际生活和社会，但却是对杜威学说的“花样翻版”，是马克思列宁主义毛泽东思想所要打倒的东西[①]；戴伯韬指出，“生活即教育”是陶行知“在他……的改良主义思想上提出来的，是一种经验主义的教育思想”，“完全是从杜威的主观唯心论的实用主义哲学出发的论调”[②]；张宗麟指出“生活即教育”首先“冲淡缓和乃至消释青年人的革命热情，寻找桃花源，满足个人的小资产阶级的没落情调”。其次，“生活即教育”在没有政治领导的情况下，势必成为按照个人的出身、个人的生活、个人的爱好去做，而不能为政治服务的教育[③]。陈之平指出单纯强调“生活即教育”的后果是“使进步青年学生对旧的学校不满，离开学校而失学了；而另一部分比较消沉的学生，则可以成天呆在家里，自安自慰地说‘生活即教育’了”[④]。

1957年，陶行知教育思想进入短暂重评期，邓初民、梁忠义等人均撰文肯定陶行知的教育思想。但随着反右运动的深入，学界于1958年展开了对“生活即教育”的新一轮批判。批评者如凌汉如指出“陶先生的‘生活即教育’、‘社会即学校’是没有阶级性和历史性的”[⑤]，实际上“仍然没有跳出实用主义教育学的老框子”，最终“必然否定学校的存在，否定教师的作用，否定获得系统知识的必要性”。徐远瑛也赞同此观点，指出按照“生活即教育”，“教育就变成没有意义的空洞的概念，终至导向‘取消教育’的后果”[⑥]。

(五)重评期(1978—1990)

随着党的十一届三中全会的召开，研究者在宽松的研究氛围中对生活

---

① 董纯才:《我对陶行知先生及生活教育的认识》,《人民教育》1951年第10期,第29—32页。

② 戴白韬:《对陶行知教育思想认识的初步检讨》,《人民教育》1951年第10期,第27页。

③ 张宗麟:《对陶行知先生的认识和我的初步检讨》,《人民教育》1952年第3期,第8页。

④ 陈之平:《对陶行知先生教育思想的探讨》,《人民教育》1953年第8期,第55页。

⑤ 凌汉如:《试论陶行知先生的评价》,《安徽史学通讯》1958年第3期,第58页。

⑥ 徐远瑛:《陶行知先生教育思想的初步批判》,《安徽史学通讯》1958年第6期,第26页。

教育思想进行了更深入地探索。1979 年到 1980 年，一些研究者仍将视线集中于“生活即教育”的不足，如李桂林、赵家骥在《试评陶行知的生活教育》一文中指出：“生活即教育”虽然痛恶以书本为中心的传统教育，但是它却轻视系统理论知识，给人以日常生活的零星经验等①。须养本、王思清指出：“生活即教育”反映的是实用主义的认识路线，有否定学校教育等弊端②。

自 1981 年起，研究者陆续发表一系列文章，均指出“生活即教育”在正确地肯定了教育与生活关系，促使学校和社会建立密切联系，推动学生理论联系实践等方面有积极意义。同时，它是在陶行知不断实践和办学中逐渐更新和发展的，不是杜威学说的翻版，是具有我国实践特色的教育理论体系③。

(六)运用期(1990 年至今)

随着学界对陶行知的生活教育理论进入重新评价阶段，大都认可这一理论的积极之处，“生活即教育”也得到了理论和实践工作者的肯定。自 1990 年起，“生活即教育”被积极应用于高师改革、素质教育、农村教育、社区教育等广泛的实践领域之中。本文对 1990 年至 2012 年中国知网数据库“关键词”一栏键入“生活即教育”一词，通过对各类研究论文进行主题归类、分类统计，形成图 1：

---

① 李桂林、赵家骥：《试评陶行知的生活教育》，《吉林师大学报(社会科学)》1979 年第 4 期，第 126 页。

② 须养本、王思清：《全面正确评价陶行知先生的教育思想》，《教育研究》1980 年第 1 期，第 77 页。

③ 代表文章有：黄贵祥《陶行知不同于杜威》(载《教育研究》1981 年第 9 期)，柳之榘《陶行知教育思想不同于杜威三论》(载《安徽师大学报(哲学社会科学版)》1981 年第 4 期)，董宝良《试论陶行知与杜威在教育思想上的联系和区别》(载《华中师范学院学报(哲学社会科学版)》1982 年第 6 期)，李定开《试析陶行知的生活教育理论》(载《西南师范大学学报(人文社会科学版)》1982 年第 2 期)，梁忠义《陶行知生活教育思想再探》(载《沈阳师范学院学报(哲学社会科学版)》1983 年第 1 期)，许梦瀛《我对“生活即教育、社会即学校”的理解》(载《行知研究》1985 年第 2 期)，洪桥《陶行知生活教育的理论和实践》(载《师范教育》1986 年第 9 期)，郭笙《试论陶行知对传统教育的批判及其生活教育理论》(《华东师范大学学报(教育科学版)》1986 年第 3 期)，邓宗琦、熊贤君《为中国教育寻觅曙光——陶行知在晓庄的生活教育实验》(载《教育研究与实验》1989 年第 1 期)。代表性著作有：华东师范大学教育系、教科所编《中国现代教育史》(华东师范大学出版社 1983 年版)，陈景磐主编《中国近现代教育家传》(北京师范大学出版社 1987 年版)等。

图 1 “生活即教育”理论、实践型论文分布柱状图

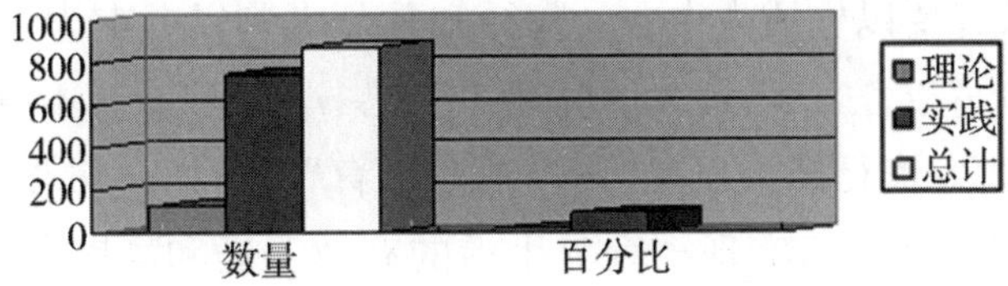

从上图可以看出,“生活即教育”从 1990 年以后的研究取向主要呈现出以下特点:

第一,偏重实践应用,理论探讨略显薄弱。研究者在认可“生活即教育”后,大多积极投身于改革农村教育、社区教育、职业教育等,形成了一系列应用“生活即教育”改革实践的论文。

第二,一线教育工作者成为密切关注和应用“生活即教育”的主体。随着中小学开始接触并学习陶行知的教育名言等,大量一线教育工作者接受并积极将“生活即教育”应用到语文教学、作文改革等方面,服务于自己的教学工作。

二、“生活即教育”思想的内涵及特点

经过陶行知的实践探索,“生活即教育”的内涵不断丰富,并呈现出独特的特点:

(一)“生活即教育”的内涵

第一,生活含有教育的意义。陶行知指出“生活无时不变,即生活无时不含有教育的意义”,通过“生活与生活一摩擦便立刻起教育的作用”①。从生活的横截面来看,“过什么生活便是受什么教育:过康健的生活便是受康健的教育;过科学的生活便是受科学的教育;过劳动的生活便是受劳动的教育;过艺术的生活便是受艺术的教育;过社会革命的生活便是受社会革命的教育”②。“过好的生活,便是受好的教育;过坏的生活,便是受坏的教育;过有目的的生活,便是受有目的的教育;过糊里糊涂的生活,便是受糊里糊涂的教育……”从生活的纵向发展来看,“生活教育与生俱来,与生

---

① 陶行知:《生活教育之特质》,方明:《陶行知全集》第 3 卷,四川教育出版社 2005 年版,第 604 页。

② 陶行知:《教学做合一下之教科书》,方明:《陶行知全集》第 2 卷,四川教育出版社 2005 年版,第 527 页。

同去。出世便是破蒙，进棺材才算毕业”①。

第二，教育要以生活为中心。陶行知猛烈批判以书本为中心的“老八股”和“洋八股”教育，二者最大的弊端在于把书本当作教育本身，认定书本之外没有教育。陶行知指出要“用生活来教育”，“承认一切非正式的东西都在教育范围以内”②，实现教育与生活的有效互动和高度一致。以生活为中心，运用生活的力量改造生活，才能改变此前“嘴里念的是劳动教育的书，耳朵听的是劳动教育的演讲，而平日所过的是双料少年的生活”③，即被认定为受劳动教育的教育与生活人为剥离的狭隘教育取向。

第三，生活决定教育，教育改造生活。陶行知指出“从生活与教育的关系上说，是生活决定教育。从效力上说，教育要通过生活才能发出力量而成为真正的教育”④。生活决定教育表现为生活决定教育的起源、内容、场所、时间等，教育改造生活则表现为其对改造社会生活、个人生活的巨大意义。

“生活即教育”强调教育要以生活为中心，反对脱离生活而以书本为中心的传统教育，对于实现教育与民众生活相联系有重要意义。

（二）“生活即教育”的特点

1. 师承性

陶行知在哥伦比亚大学读书时师承杜威，杜威的“教育即生活”等理念深刻地影响了陶行知。1917 年，陶行知回国初就积极介绍和实践杜威的教育学说，陶行知明确表示，没有“教育即生活”的理论之前的影响，绝对不会出现“教学做合一”的理论。而到了“教学做合一”的理论形成的时候，整个教育便转向了“生活即教育”的新方向。可见，杜威的“教育即生活”为“教学做合一”的产生提供了养分，又成为“生活即教育”产生的源泉。

---

① 陶行知：《普及现代生活教育之路》，方明：《陶行知全集》第 3 卷，四川教育出版社 2005 年版，第 206 页。

② 陶行知：《生活即教育——答操震球问》，方明：《陶行知全集》第 2 卷，四川教育出版社 2005 年版，第 410 页。

③ 陶行知：《晓庄三岁敬告同志书》，方明：《陶行知全集》第 2 卷，四川教育出版社 2005 年版，第 452 页。

④ 陶行知：《谈生活教育——答复一位朋友的信》，方明：《陶行知全集》第 4 卷，四川教育出版社 2005 年版，第 358 页。

2. 批判性

陶行知对"老八股"和"洋八股"与学生生活相脱节深恶痛绝,"生活即教育"针对此现象进行批判和革新。陶行知明确指出教育要以生活为中心,将教育与生活紧密结合,发挥生活的教育意义,注重培养学生的生活力。通过生活与教育的有效互动和沟通,强调学生在生活中求取真知,锻炼理论与实践相沟通的能力,正是陶行知对传统教育和洋化教育脱离实际、无视学生生活和兴趣的最有力的批判。

3. 实践性

"生活即教育"反对固守书本、劳心不劳力的传统教育模式,这种模式消灭了学生的生活力和创造力,只是教学生升官发财,最终教会了"学生自己吃自己"和"吃别人"①。"生活即教育"以生活为中心,要求学生在生活中学习,自己动手动脑解决问题。通过在实际的做事中,在实际活动中思想和生活,在理论与实践相联系中增强自己的实践能力,培养自己的生活力。

4. 大众性

陶行知的"生活即教育"并不局限于学校教育,它通过社会大众生活和生活的摩擦实现教育作用的发挥。在"生活即教育"中有各式各样生活类型的群体,他们均是"生活即教育"的主体,小学生可以发挥普及教育的作用,老太太等同样可以。通过多样性主体生活作用的发挥,"生活即教育"对于推动乡村民众、失学群众等的普及教育,实现各种团体抗日救亡教育等凸显了重要意义,将时代中社会大众的教育均纳入了其中。

5. 终身性

"生活即教育"将生活作为教育的中心,生活决定教育的起源、内容、时间等。人自诞生之日起就拥有生活,生活的教育意义也自此时开始产生。生活的教育意义一直伴随人到生命、生活的终结才宣告结束。"生活即教育"还将各种生活场域纳入其中,实现了学校教育与非正规教育的统一。"生活即教育"的提法一出,就打破了传统局限于青年教育、学校教育的偏狭思想。人只要生活,就一直会接受教育和产生教育的意义。

---

① 陶行知:《传统教育与生活教育有什么区别》,方明:《陶行知全集》第3卷,四川教育出版社2005年版,第520页。

6.民族性

“生活即教育”绝不是“教育即生活”的简单翻版，它是陶行知在长期反对传统和洋化教育的实践中不断摸索后逐步形成的，是一种符合中国实际、具有中国民族特色的教学法。“生活即教育”注重发挥生活的作用，与“教育即生活”简单将生活引入学校不同。同时它扩大了教育的场所，将整个社会纳入其中，与“教育即生活”将教育和生活局限于学校大门中有根本不同。陶行知的“生活即教育”是在继承杜威思想的基础上结合我国具体实践而形成的具有民族特色的理论。

三、“生活即教育”思想对现实的借鉴与参考

陶行知的“生活即教育”经过晓庄师范、山海工学团、育才学校等实践，内涵不断更新和丰富。虽然新中国成立后曾对“生活即教育”进行了不公正地批判，但随着1978年后对生活教育理论的重新肯定其又被广泛应用于实践且不断彰显活力。“生活即教育”关注生活，注重沟通教育与生活的基本精神，带给我们的启示如下：

（一）重视培植学生的生活力，构建教育活动主体

“生活即教育”反对传统教育脱离生活而以书本为中心的教育，这种教育只能造成“四体不勤，五谷不分”死钻故纸堆的“人才”，这种“人才”也是缺乏实践精神和主体性的个体。陶行知主张学生应该积极投入生活实践中去，接受生活实践的锻炼和洗礼，最终自己能够独立自主地适应生活，并且改造生活。我国当前的教育在培养学生上往往还存在“高分低能”的误区，对学生的生活能力、适应社会的能力以及发挥其主体地位的关注不够。借鉴“生活即教育”的思想，当前的教育教学改革需要改变以读书识字作为教育目的的错误取向，应当注重生活的教育意义，加强学生在生活中的主体地位，让学生在生活实践中通过手脑并用，生活和教育的互动，最终培植出向上长的生活力。

（二）打破教育的封闭性，加强教育与生活的关系

陶行知的“生活即教育”强调生活含有教育的意义，应以生活为中心，同时也要发挥教育对生活的改造作用。在这一理念的指导下，“生活即教育”通过做事、生活和教育有机融合，学校与社会良好互动，改变了固守书本的教育积弊，打破了学校教育的封闭性。当前，我国教育实践和改革仍

需要密切关注生活作为教育的中心这一命题,破除对教育的盲目崇拜和迷信书本、文字的不良倾向,走出教育与生活、教育与应用相脱节的尴尬境地。通过采取走出学校、拥抱社会、引入生活课程等多种形式的实践活动,加强教育与生活的关系,更好地实现教育与社会等紧密结合的开阔境地。

(三)扩展教育的延伸性,实现终身学习社会构建

“生活即教育”注重多种形式的教育,也强调终身接受教育,实现了教育多维度和跨时间的多向延伸。在这一思想的指引下,传统教育局限于学校、局限于上层阶级等的封闭性遭受到了挑战。当前,我国教育虽已经注重多种形式的教育力量多管齐下,也积极关注终身教育模式的构建,但是仍呈现出学校教育的“一枝独秀”。借鉴“生活即教育”这一命题,我们需要及早打破学校教育的单线思维,从空间和时间上积极扩展,增强教育的延伸性和弹缩性,最终实现全社会多种教育模式和终身教育的构建。

美国知名学者、哥伦比亚大学教育学院哲学及教育学教授大卫·汉森将陶行知列为最具影响力的十大教育思想家,与杜威齐名。同时,陶行知也是唯一一位入选的中国教育家。这与陶行知积极构建具有本土特色的理论和为中国教育改革不辞劳苦地奔走有着密切关系。“生活即教育”作为陶行知本土特色的生活理论的核心,对于改革传统教育的弊端等有积极意义,是需要我们很好地继承和创新的。

(李艳莉系山西大学继续教育学院讲师,博士。)

陶行知的身心观：在劳力上劳心

周　娜

陶行知作为我国近现代一位具有世界影响力的教育家、思想家，其思想的恢弘与博大需要多角度、多路径的历史解读。正如美籍华裔学者姚渝生所说，“陶行知理论与实践的原貌比目前的众多解读更加复杂，寻求另一种思路发现真正的陶行知极富有挑战性也是必须的”①。对身心关系的思考，是人自我认识的起点，也是人与他人、与世界沟通的支点。陶行知的身心观是理解和认识陶行知思想不可或缺的视角。“在劳力上劳心”的身心观是陶行知思想的重要构成部分，是其生活教育思想的哲学依据。本文试图从陶行知身心观的形成及对其教育思想的影响等方面，探讨陶行知对身心关系的思考与认识。

一、陶行知身心观形成的理论基础

“知行合一”的认识论是陶行知身心观形成的理论基础。受杜威唯心论经验哲学影响，早期陶行知的哲学思想具有明显的经验主义倾向。在长期奋斗中，陶行知认识到，王阳明主张的“知是行之始，行是知之成”的知行观是行不通的，杜威提出的“经验是行为刺激的结果”也是有缺陷的。后来，他接受了马列主义思想，发生了向马列主义唯物论的转变，逐渐形成了“知行合一”的认识论。他在《行是知之始》一文中，明确说道：“阳明先生说：‘知是行之始，行是始之成。’我以为不对：行是知之始，知是行之成。”②在文中，他列举了很多认识来源的事例来论证“知行合一”的认识观，“我们先从小孩子说起。他起初必定是烫了手才知道火是热的，冰了手才知道雪是冷的，吃过糖才知道糖是甜的，碰过石头才知道石头是硬的”。“凡此种

① 转引自于洋：《海外陶行知学术研究走向》，《清华大学教育研究》2012 年第 5 期，第 116 页。

② 董宝良主编，喻本伐、周洪宇选编：《陶行知教育论著选》，人民教育出版社 2011 年版，第 270 页。

种,我们都看得清楚'行是知之始,知是行之成'。"[①]

在"知行合一"认识论指导下,陶行知批判了身心二分的二元论哲学,指出"二元论的哲学把劳力的和劳心的人分成两个阶级:劳心的专门在心上做工夫,劳力的专门在苦力上讨生活"[②],导致了社会不公平。不仅如此,劳力与劳心的二分割裂,使得"一切进步发明都是不可能了",因为"单单劳力,单单劳心,都不能算是真正之做。真正之做,须是在劳力上劳心"[③]。在对二元哲学的身心二分深刻批判的基础上,陶行知提出"在劳力上劳心,是真的一元论"[④],身心得以同一。在陶行知看来,身心同一的身心观,是征服天然势力、创造大同社会的哲学基础。只有坚持在劳力上劳心的身心观,把人间的劳心者、劳力者、劳心兼劳力者一起化为在劳力上劳心的人,万物之真理可一一探索,人间之阶级可一一化除。值得留意的是,陶行知反对把劳力与劳心并重合一,强调"真正之做只是在劳力上劳心,用心以制力。这样做的人要用心思去指挥力量,使能轻重得宜,以明对象变化的道理"[⑤],应该警惕把劳力与劳心简单合一、不分主次的做法。

陶行知提出的在劳力上劳心的身心一元论,极大地挑战了二元论哲学主导下的身心二分观,肯定了人有追求精神满足的需要,同样也有实现精神满足与愉悦的能力;尤其是他主张人是通过在实际生活中,在基于心的做中,实现个人的生成及社会的改造,确为极重要的创论。换而言之,陶行知的身心观肯定了生命本质是实践性的,是身心同一的,是通过身体而学习、行动的,对其知识观、学习观、教育观都产生重要影响。

二、知识观:"思想与行为结合而产生的知识是真知识"

什么知识有价值的问题,是陶行知思想的另一个重要内容。在陶行知

---

① 董宝良主编,喻本伐、周洪宇选编:《陶行知教育论著选》,人民教育出版社 2011 年版,第 270 页。

② 董宝良主编,喻本伐、周洪宇选编:《陶行知教育论著选》,人民教育出版社 2011 年版,第 219 页。

③ 董宝良主编,喻本伐、周洪宇选编:《陶行知教育论著选》,人民教育出版社 2011 年版,第 219 页。

④ 董宝良主编,喻本伐、周洪宇选编:《陶行知教育论著选》,人民教育出版社 2011 年版,第 219 页。

⑤ 董宝良主编,喻本伐、周洪宇选编:《陶行知教育论著选》,人民教育出版社 2011 年版,第 219—220 页。

看来，并非所有的知识都是有价值的，知识有真伪之别。哪些知识是真的呢？他衡量区分真假知识的标准与他“知行合一”的认识论、身心同一的身心观密切相关。在他看来，真知识的根安在经验里，“思想与行为结合而产生的知识是真知识。……从经验里发芽抽条开花结果的是真知灼见。真知灼见是跟着智慧走的”①。换而言之，陶行知认为，真知识是有价值的知识，而真知识的获得不是纯粹劳心的结果，是在劳力上劳心的收获；同时，真知识是拿来用的，对行动能给予指导。强调知识获取的经验性及知识的社会实践性，是陶行知知识观的典型特征。

在这种进步知识观指导下，陶行知提出“拿活的东西去教活的学生”。在书本的选择上，他坚持，“书只是一种工具，和锯子、锄头是一样的性质，都是给人用的，我们与其说‘读书’，不如说‘用书’”②。因此，他提出“要活的书，不要死的书；要真的书，不要假的书；要动的书，不要静的书；要用的书，不要读的书”。而且，虽然“知识的一部分是藏在文字里的”，但并非所有藏在文字里的知识都是真知识，“只有从经验里发生出来的文字才是真的文字知识，凡不是从经验里发生出来的文字都是伪的文字知识”③。因此，他摒弃死读书、读死书，以做“读书”人或“读书”先生为最可耻，认为应该手到心到，在劳力上劳心。因为摒弃了知识是“心”的结果，肯定“身”在认知中的作用，人的生成问题成为陶行知身心观自然延伸的议题。他不再遵循传统哲学，在人的生活世界之外寻找人生长的依据和意义，而是意识到人的生长是在生活中实现的，是身心协调发展的结果，是持续不断的过程。他对人生之道做了如下阐发，“人生之道，有高尚的，有卑下的；有片面的，有全部的；有永久的，有一时的；有精神的，有形式的”④；并指出“教育是继续经验的改造”，而天然界和群界因受经验天天改造之人的影响，自然会天天变动，置身其中的人自然天天受教育。换而言之，人每一天生存都

---

① 董宝良主编，喻本伐、周洪宇选编：《陶行知教育论著选》，人民教育出版社 2011 年版，第 235 页。

② 董宝良主编，喻本伐、周洪宇选编：《陶行知教育论著选》，人民教育出版社 2011 年版，第 242 页。

③ 董宝良主编，喻本伐、周洪宇选编：《陶行知教育论著选》，人民教育出版社 2011 年版，第 238 页。

④ 董宝良主编，喻本伐、周洪宇选编：《陶行知教育论著选》，人民教育出版社 2011 年版，第 52 页。

是学,每一天学都是生存。所以,他总结到,要都做社会的学生,即使出校门,仍为学生,不出教育的范围,以至"每天的一举一动,都要引他到最高尚、最完备、最能永久、最有精神的地位"①,实现人持续不断的生成发展。

通过强调教育的持续性,陶行知表达了对"人持续生成"的关注,内蕴着对人类命运倾心的呵护和深情的关怀。

三、教育观:"生活即教育"与"社会即学校"

在写给哥伦比亚大学教育学院院长罗素的信中,陶行知曾表示:"我毕生志愿是通过教育而非武力来创建一个民主国家。"②实施社会改造、建立民主国家可谓是陶行知教育观的核心关照。基于这一核心关照,在身心同一的身心观影响下,陶行知更改了杜威的"教育即生活",提出"生活即教育",人是在自己的生活中接受着教育,好生活就是好教育,坏生活就是坏教育。对于"什么是生活"的问题,陶行知给出了形象的回答,"有生命的东西,在一个环境里生生不已的就是生活。譬如一粒种子一样,他能在不见不闻的地方而发芽开花"③。马克思曾指出:人是感性地和实践性地确证和阐释自身的存在过程,是人的感性对象性活动(实践)构成了人的历史,使人成为了历史的主体。陶行知对生活的阐释肯定了生活的教育性,赞扬了人在生活中的主体性和能动性,因为在他看来,人的生成性活动构成了人的生活,同时,使人成了生活的主体。在极度肯定生活在人生成中的价值和意义,陶行知把整个人生、整个社会都纳入教育范畴,提出"社会即学校"。在陶行知看来,"社会即学校"有两层含义:一、社会含有学校,即"以社会为学校";二、"学校生活成为社会生活的一部分",扩大了学校教育的内涵,消除了传统中学校与社会的隔离。他认为"社会即学校"的主张,可以大大增加"教育的材料、教育的方法、教育的工具、教育的环境",而且,"学生、先生也可以更多起来。因为在这样办法下,不论校内校外的人,都

---

① 董宝良主编,喻本伐、周洪宇选编:《陶行知教育论著选》,人民教育出版社 2011 年版,第 52 页。

② 董宝良主编,喻本伐、周洪宇选编:《陶行知教育论著选》,人民教育出版社 2011 年版,第 8 页。

③ 董宝良主编,喻本伐、周洪宇选编:《陶行知教育论著选》,人民教育出版社 2011 年版,第 282 页。

可以做师生的”[①]，从而把“以社会为学校”的丰富内涵一目了然地揭示出来。同时，因为“学校的势力不小。他能教坏的变好，也能教好的变坏。他能叫人做龙，也能叫人做蛇。他能叫人多活几岁，也能叫人早死几年”[②]，所以他提醒注意学校生活建设。在陶行知看来，理想的学校犹如小的社会，须与社会生活息息相通，学校生活要成为社会生活的一部分，使得生活其中的学生社会化，从而具有化社会的能力；此外，学校应该成为吸收知识养料的容器，“一个学校要想有美满的生活，必须和知识的泉涌通根水管，使得新知识可以源源而来”[③]。

我们知道，对“教育是什么”之答，必然有“应该成为什么”的前提性考量。从逻辑上看，对改变世界的“应该成为什么”的追问，必然延伸出下一个合乎目的性的问题“为什么这样做”的价值取舍。“生活即教育”“社会即学校”的主张，肯定了朴素生活的价值与意义，强调了社会实践的教育性，而这一切的价值取向在于承认实践性是人的本质，人在现实生活中展开的实践活动，造就了自然世界的属人化，实现了人的自我生成，主张以现实生活中的实践为支点理解和认识社会存在。换而言之，其肯定了人的现实活动的意义，认可了在劳力上劳心的价值。也因此，陶行知对教育功能有了一番全新的认识：教育即解放、教育即创造、教育即自由[④]，反对专制制度下的“填鸭式的教育”“非民主的奴性教育”及针对贵族的精英教育等。这鼓励他在中国开展了乡村教育、普及教育、平民教育、创造教育等。

四、学习观：“手脑相长”与“学与乐不可分离”

从本质上来讲，教育观是教育主体认识论的反映。认识是如何获得的？身心之间存在着怎样的关系？身体在心智的发展中究竟扮演着怎样的角色？这些问题的回答既制约着教育主体对教育教学方式方法的取舍，

---

① 《陶行知全集》编辑委员会编：《陶行知全集》第2卷，四川教育出版社1991年版，第506页。

② 董宝良主编，喻本伐、周洪宇选编：《陶行知教育论著选》，人民教育出版社2011年版，第169页。

③ 董宝良主编、喻本伐、周洪宇选编：《陶行知教育论著选》，人民教育出版社2011年版，第170页。

④ 魏波：《民主教育：陶行知教育思想的内核》，《清华大学教育研究》2015年第4期，第99页。

也决定了教育主体如何看待学生的学。

身心二元论哲学使得传统教育割裂了身体与认知，把认知视为与身体无关的劳心过程。这种信条导致忽视学习中学习者身体的参与，形成了“脖颈以上”的学习模式。陶行知批判把劳力与劳心隔离开来的二元论哲学，提出“在劳力上劳心”的一元论主张，强调“手到心到的做”方是真正的做。陶行知对做的理解具有很强的具身性特色。具身认知的中心原则是，心智是身体的心智，认知是身体的认知，身体是认识的主体，总而言之，认知过程根植于身体活动中，是由身体作用于世界的活动而塑造出来的。通过批判中国人常患的两种病：“软手软脚病”和“笨头笨脑病”，陶行知提到只有手与脑联盟，使得头脑帮手生长，手帮头脑生长，才能实现学习。比如在实施创造教育上，他提出“六大解放”，即“解放眼睛”“解放双手”“解放头脑”“解放嘴”“解放空间”“解放时间”[①]，以此促进学生手脑相长，提高他们的行动力，增强他们的创造力。“手脑相长”的学习观，反映了陶行知提出的“用生活来教育”“过什么生活便是受什么教育”，学习是发生于身体作用于环境的实践活动中的。

具身学习强调学习不但是身体与心智整体协调的结果，而且，“与身体紧密联系的心智也是一种整体性活动，在人与环境的互动中发挥着统一的作用”[②]。澳大利亚学者奥洛格林指出：“工作在学校中的教师和其他教育工作者已经敏锐地意识到，学生的学习不可能没有情绪的卷入，而这种情绪卷入不可避免是具身的。当然，这些被卷入的情绪既不在心智中，也不在身体中，而是位于与客观世界的具身性互动。”[③]陶行知在论述学习时表现出对学习者情绪的高度关注。当谈到新教育的实施时，他指出学和乐是不可分离的，“学生有了兴味，就肯用全副精神去做事体”，所以，要设法引起学生的兴趣。如何引起学生的兴趣呢？陶行知认为，首先在教学方法上，“教的法子要根据学的法子”，那样的话，先生就费力少而成功多，学生

---

① 董宝良主编、喻本伐、周洪宇选编：《陶行知教育论著选》，人民教育出版社 2011 年版，第 588 页。

② 叶浩生：《身体与学习：具身认知及其对传统教育观的挑战》，《教育研究》2015 年第 4 期，第 109 页。

③ Caroline Bynum. Why All the Fuss about the Body? A Medievalist's Perspective. *Critical Inquiry*, Vo. 22, No. 1 (Autumn, 1995), P. 16.

一方面也乐学。其次，要了解儿童的能力需要。根据孩子们不断地迷在某种特殊活动的天性，培养并引导他们成长。现代具身认知理论认为，认知、身体、环境是一体的，认知通过身体及其活动而超越了大脑和肉体，与环境需求紧密联系在一起，认知基于身体，根植于环境。循着这一理念，陶行知提出"身体和精神，要全体顾到，不可偏于一面。譬如在体育上，耳目口鼻手足，统要使他健全"①，并提出"教学做合一"的理论。也就是"事怎样做就怎样学，怎样学就怎样教；教的法子要根据学的法子，学的法子要根据做的法子"②，因为"教学做是一件事，不是三件事。我们要在做上教，在做上学"③。"教学做合一"理论打破了"先生只管教，学生只管受教"的教与学割裂的情形，突出了学习中合作、协商对知识获取的重要性，尤其值得推崇的是，陶行知强调了做在学习中的核心位置，肯定了身心同一在学习中的重要性，身体作为经验者在学习中的能动作用得以发现。建立在身心同一的身心观基础上，陶行知对如何学习给出了独特的、超越同时代人的见解。

关于身心关系，中外哲学史上对此问题都有着丰富的思考和理解。建立在"知行合一"认识论基础上的身心同一的身心观，是陶行知对身心二分的二元论哲学反思的结果。这种认识打破了长期以来劳力与劳心的割裂，肯定了人的生成、褒扬了朴素生活，形塑了陶行知社会改造思想及教育思想，可谓是近代中国思想界对身心关系问题思考的一缕新风。因此，对陶行知身心观的研究应当成为解读其思想的一个新视角。

（周娜系华中师范大学教育学院博士生研究生。）

---

① 董宝良主编、喻本伐、周洪宇选编:《陶行知教育论著选》，人民教育出版社 2011 年版，第 51 页。

② 董宝良主编、喻本伐、周洪宇选编:《陶行知教育论著选》，人民教育出版社 2011 年版，第 217 页。

③ 董宝良主编、喻本伐、周洪宇选编:《陶行知教育论著选》，人民教育出版社 2011 年版，第 217 页。

论对陶行知教育思想的超越

廖其发

教育事业的发展需要一代又一代的真正的教育家，而真正的教育家的重要标志之一是在教育思想方面能够超越前人。下面以超越陶行知教育思想为例，具体论述超越陶行知等前人教育思想的相关问题。

一、关于超越的界定

这里所说的超越，有其特定的含义。

(一)基本内涵

"超越"一词在汉语中是多义词，我这里主要取其"超过"之意，即超过前人的意思。《三国志·魏书·管宁传》载，魏正始二年(241 年)，太仆陶丘一等人在推荐管宁时溢美魏齐王曰："圣敬日跻，超越周成。"这是说魏齐王曹芳所获得的人们对他像对圣人一般的尊敬天天上升，已经超过了周成王所达到的水平。本文所说的超越，与陶丘一等人所说的超越意同，是说未来的教育界特别是教育思想界在教育思想的某些方面甚至多个方面应该超过陶行知等前人在教育思想方面所取得的成就。

(二)具体含义

具体地说，有以下几点意思：

1. 超越的基础是学习和继承。英国著名科学家牛顿有句名言："如果我看得更远一点的话，那是因为我站在巨人的肩膀上。"不管牛顿讲这句话的背景如何，但都说明一个事实，牛顿所取得的新的科学成就的一个重要基础，就是学习和继承了前人所取得的科学成就。也就是说，要超越前人，首先需要学习和继承前人所取得的成果，从而能够站在高于前人已经达到的高度，并因此而比前人看得更远一些，取得的成果的水平更高一些。如果没有全面继承前人所取得的优秀成果，就难以达到前人已经达到的高度，更难以比前人站得更高，看得更远，也就谈不上超越。

2. 超越的关键是要在前人所取得的成就的基础上有新的进步。中国先秦思想家荀子有言:“青,取之于蓝,而青于蓝。”也就是说,青这种颜料本是从兰草中提炼出来的,但它比兰草要精美得多。而青之所以比兰草更精美,关键在于经过提炼,它的结构等已经发生了变化,变成了一种新的物质。没有这种新的变化,就不可能更加精美。同理,在思想领域要超越前人,就需要在继承前人思想的基础上取得新的进步。犹如人们走路,前人已经走过了一段距离,后人要超越前人,就不仅要走完前人已经走过的距离,还要在此基础上继续前行,走出新的距离。如果超出前人几步,则是微小的超越。如果超出前人很多,就是较大的超越。如果没有超出前人的距离,就不能称为超越。

3. 超越的本质是创新。这里所说的创新有两个方面的意思:一是改变已有事物的构成因素、结构等,使之具备新的面貌、新的内容、新的形式,特别是具备新的功能;二是发现新的问题,提出解决问题的新方法、新的思想观点或新的理论,开发出新的工具、发明出新的事物等。就思想领域来说,其创新主要是体现在完善前人提出的理论与方法,甚至进一步发现需要解决的新的问题,提出行之有效的解决新旧问题的新的思想与方法或新的理论与方法等。如果没有这种创新,就谈不上超越前人。

所谓超越陶行知等前人的教育思想,就是要通过努力,在继承陶行知等人的优秀教育思想的基础上,完善陶行知等人的教育思想,进一步提出新的教育思想或新的教育理论与方法。

二、超越陶行知教育思想的必要性

之所以提出教育界特别是教育思想界在未来需要超越陶行知的教育思想,主要是有以下几方面的需要:

(一)这是事物发展客观规律的必然反映

唯物辩证法认为:“整个自然界,从最小的东西到最大的东西,从沙粒到太阳,从原生生物到人,都处于永恒的产生和消灭中,处于不断的流动中,处于无休止的运动和变化中。”[①]不仅自然界一直处于永恒的运动变化

① 中共中央马克思恩格斯列宁斯大林编译局编:《马克思恩格斯选集》第3卷,人民出版社1974年版,第454页。

之中，人类世界也同样如此，在人类命运中除了不固定本身之外没有任何固定的东西，除了变化本身之外没有任何不变化的东西[①]。这也就是说，无论是自然界还是人类社会，任何事物都不可能是固定不变的，而是不断地或永不停息地在发展变化。与此相应，人类的教育也不可能固定不变，而是在不断地发展变化。因其如此，人类的教育思想不可能说发展到某一个人那里就停滞不前，不再发展，它需要而且也必然会不断地发展变化，这也是不以个人意志为转移的客观规律。因此，通过不断的努力，有意识地超越陶行知等前人的教育思想，使人类的教育思想包括中国的教育思想不断地向着理想的境界发展或变化，是事物运动变化规律在教育思想领域的必然反映，或者说是积极主动地顺应这一客观规律的需要。

(二)这是弥补个人认识有限性的必然要求

爱因斯坦说："客观地衡量，一个人以热情奋斗所获得的真理实在微乎其微。"[②]这就是说，与人类需要发现的真理相比，与人类在历史发展进程中已经发现和将要发现的真理相比，个人在真理的发现方面总是十分有限的。同样，教育所需要探讨的理论问题与实际问题很多，而且每一个方面的问题都涉及多方面的因素，都具有很强的复杂性或深刻性。同时，教育在不断地发展变化，需要探讨的理论问题特别是实际问题也在不断地变化，这使得教育问题变得更加复杂。但是，一个人的精力总是有限的，他不可能在其一生当中，对各个方面的教育理论问题与实际问题都能够加以全面地探讨，不可能对每一个方面的问题探讨得特别深入、特别到位，更不可能真正全面把握他身后无尽岁月社会与教育的发展变化，不可能完全探讨清楚后世社会发展变化了的教育。因此，个人无论多么热情，多么努力，多么有智慧，对教育真理的发现总是有限的。陶行知同其他教育家一样，是一个凡人而不是一个神，在他的有生之年对相关的教育理论与实际问题的探讨和所取得的成果必不可免地是有限的。因此，他不可避免地还遗留了许多有待后人进一步探索和发现教育真理的空间。后人必然需要在陶行知等前人已经取得的成就的基础上，继续努力，以取得陶行知等前人没有

---

① 黎澍主编：《马克思恩格斯列宁斯大林论历史科学》，人民出版社 1980 年版，第205 页。

② [德]海伦·杜卡丝、巴恩斯·霍夫曼选编：《爱因斯坦的为人处世——爱因斯坦通信选》，唐汝厚译，北京出版社 1985 年版，第 17 页。

取得的成果，从而实现在教育思想方面的不断超越。

（三）这是实现陶行知生前遗愿的需要

陶行知特别重视创新，也希望后人在他的教育思想的基础上有所创新。他认为，其他人与他本人是不同的个体，个人的教育经历和对教育的认识应该会有所不同。同时，他认为，时代会不断地发展变化，他的思想肯定会随着时代的发展而有不相适宜之处。因此，他希望后辈对他的思想不能完全模仿，而应该有所创新或有所超越。他说："仿我者死，创我者生。"这也就是说，完全模仿照搬他的教育思想是一条死路，而只有对他的教育思想有所创新才能获得生机。他认为后辈愿意学习他的思想，他不反对而是欢迎。但是："更主要的是结合形势的发展向生活学，向大众学。生活教育的生命力特别强，它今天不是完成的东西，明天也不是完成的东西，它会永远随着历史和生活的发展而发展。"[①]陶行知的这些观点一方面表明他很谦虚，另一方面也表明他充分地认识到随着社会和教育的发展变化，教育思想也应该发展变化。因此，他对后辈寄予很大的希望，希望后辈能够超越他。同时他的这个观点，也符合每一个教育家教育思想发展的轨迹，每一个教育家不可能穷尽真理，只可能进一步发现真理。因此，作为当代中国的教育工作者，特别是教育研究者，对陶行知的教育思想既要全面学习、全面继承，又要对他的思想有所创新、有所超越。

三、超越或创新陶行知教育思想的主要方向

要超越或创新陶行知的教育思想，可以从以下几个方向去努力：

（一）进一步完善陶行知已经提出的教育理论

陶行知的教育理论主要是生活教育理论，其核心观点或核心的理论有三个："生活即教育""社会即学校""教学做合一"。他的这些理论或思想观点强调生活与教育的联系、社会与学校的联系、教学做三者之间的联系，初步探讨了教育如何体现这几者之间的联系，其中的理论贡献是毋庸置疑的。但是，相关的理论问题还需要人们作更深入、更具体的探讨：教育这种生活有无自身的特质？有什么特质？它与人类的一般生活究竟是什么样

① 《陶行知全集》编辑委员会编：《陶行知全集》第 11 卷，四川教育出版社 1998 年版，第 717 页。

的关系？又如何处理教育与生活之间的关系？特别是如何认识和处理变化了的社会生活与变化了的教育生活之间的关系？学校这种社会有无自身的特质？具有什么特质？与一般人类社会究竟是什么样的关系，如何处理学校与一般社会的关系？如何恰当地体现出社会的学校特点与功能？如何体现出学校特有的社会性质与功能？教师的教具有什么样的特点？学生的学具有什么样的特点？教学中的做与社会生活、生产、科学研究等方面的做相比具有什么样的特点？教学做三者之间究竟是什么样的关系，如何处理这些关系？等等。所有这些问题及其他相关问题，都还需要后人进行更深入、更具体甚至更辩证的探讨。

(二)进一步探讨陶行知办学思想中所涉及的问题

陶行知的办学思想或如何实施教育的思想涉及很多方面，如如何办理平民教育、乡村教育、基础教育、职业教育、成人教育、师范教育或教师教育、高等教育、女子教育，如何实施普及教育、道德教育、科学教育、创造教育等等。陶行知在每一个方面，都有不少真知灼见，都闪烁着智慧的光芒，值得后人重视和发扬光大。对于这些方面的教育思想，学术界都有不同程度的研究和论述，这里就不再赘述。但是，所有这些方面的办学思想，都还需要后人加以创新。如各级各类教育究竟应当培养什么样的人，各级各类教育所培养的人才究竟应该而且可能达到什么样的目标或质量规格？学生在教育的过程当中究竟能够而且应该学到些什么？从幼儿教育到硕士、博士生教育以至后来的继续教育的课程体系、内容体系究竟应当如何安排？教师究竟应当如何教？学生究竟应当如何学？所有这些问题，都还需要根据不断变化的社会、不断变化的教育、不断变化的受教育者等方面的实际情况，加以更深入、更细致、更符合实际的研究，从而能够在这些方面有所创新。

(三)积极探索陶行知少有涉及或研究较少的教育理论问题与实践问题

陶行知由于精力和条件的限制，对有些重要的教育理论问题与实践问题少有涉及或虽然提出了个别观点但没有深入研究。如儿童青少年身心发展的天赋基础和生理基础、心理基础究竟是什么？教育影响的改变对儿童青少年的生理、心理的发展究竟会产生什么样的影响？如何优化教育对学生的影响，从而使学生的生理、心理获得最优的发展？如何建立一套从学前教育到研究生教育乃至此后的终身教育真正有机衔接、同时有具有较高效率和较强针对性的培养体制与机制，从而最大限度地提升教育的质量？这其中就涉及许多需要研究的理论问题与实践问题，而陶行知对这些问题研究较少或没有真正的研究，甚至整个教育界对这些问题中的某些方面虽然有所涉及，但谈不上有真正全面的、科学的和高水平的研究。因此，在这些方面努力探索，有可能会取得有重大创新的成果，从而超越陶行知等前辈教育家。

当然，也还有一些其他教育问题陶行知虽然有思考，但缺少深入研究。如如何全面认识教育与社会其他方面的关系？教育在社会当中能够发挥什么样的作用，发挥其作用的机制或机理是什么？社会究竟应当如何支持、引导、管控教育？教育的发展需要社会提供什么样的支持保证条件等问题，都还需要后人进行更深入的研究。

总之，对一些教育中的陶行知等前人有所研究的永恒性问题加以更新的研究，对有些陶行知等前辈教育家研究较少的问题加以全面研究，对那些随时代的发展变化而变化了的新问题加以更具针对性或更加切合实际的研究，是超越陶行知等前辈教育家教育思想的努力方向。

四、历史研究、理论研究与实际(实证、实践)研究高度结合是超越陶行知教育思想的根本路径

上述各方面的教育问题既是教育的实际问题，同时其背后也有很深的哲理问题；它们不仅是一些现实问题，同时也是一些历史上人们必须面对和解决的基本问题，甚至还是后世乃至永远都必须面对和不断探索解决的永恒性的问题。正是因为这些问题既具有理论性，也具有实践性；既具有历史性，也具有现实性和未来性。因此，我们要超越陶行知等前辈教育家的思想，必须高度重视历史研究、理论研究与现实研究的结合。

(一)加强教育历史研究

人类在数千年有文字记载的历史发展过程之中，开展了丰富多彩的教育活动，积累了丰富的教育实践经验。与此同时，在这漫长的历史过程之中，有不少教育工作者和关心教育的思想家们，对教育的各方面的问题都作了多方面的探索，留下来比较丰富的教育思想。这些实践的经验与思想的宝库是我们后人研究教育的重要财富。我们只有熟悉这些财富，很好地

利用这些财富，才有可能站在历史发展的一个又一个巅峰之上的基础上攀登上更高的高峰。因此，要超越陶行知等前辈教育家，特别是要真正成为一个一流的教育家，就需要全面熟悉教育发展的历史，以便继承前人留下的丰富的教育历史遗产，或者说能够比较充分地利用教育历史资源。其中，陶行知是我国近现代最杰出的教育家，对他留下来的思想财富和实践经验更应该加以全面学习。

(二)加强教育理论研究

教育的各个方面的问题本身都涉及多方面的对这一教育问题有重要影响的内在因素和外在因素，或者说本身具有各方面的内在矛盾和外在矛盾。因此，要解决好这些问题，首先需要认识各个方面的教育问题所涉及的各方面的矛盾因素，即相互之间的关系，相互之间的联系机制、作用机制等哲理性的问题。只有认识清楚了这些哲理性的问题，才能更加有效地处理相关的现实问题。因此，要想超越陶行知等前辈教育家，要想成为一个教育家特别是成为一流的教育家，就需要认真研究各种教育所涉及的各种理论问题。而要提高教育研究者本身的理论素养或者理论水平，主要途径有三：一是学习历史上人类积累起来的教育理论遗产，通过对这些教育理论遗产的学习可以从中得到多方面的启示，同时也可以得到理论思维能力的锻炼。二是需要密切关注和参与教育实践。实践是检验真理的唯一标准，只有在关注和参与实践的过程中，才可能使自己的思想更加清晰，逐步臻于完善。三是加强理论思辨。在对教育历史遗产的学习研究过程中，在关注和参与教育实践的过程当中，都需要根据各方面的与教育理论相关的材料或者说相关资源来对相关的理论问题进行深入全面的思考。这种思考或辨析既要灵活应用形式逻辑的各种原理，同时也需要很好的遵循辩证逻辑的各种原理。

(三)加强教育实际和实践研究

要超越陶行知等前辈教育家，要成为真正的教育家或者说能够被称为真正的教育家，其中一个非常重要的标准就是对教育实际问题或者说实践问题有比较深入的研究。同时其教育思想也必须有教育实践作为基础，能够经受住教育实践的检验。因此，密切关注、积极参与教育实践，是超越陶行知等前辈教育家必不可少的功夫。

1. 加强教育调查

一个有志于教育研究的人或者说有志于成为教育家的人，首先需要对教育有比较全面的了解。特别是对一个研究中国教育的人来说,至少需要对中国教育的某些方面有比较全面的了解。这是成为教育家的一个入门条件或者说一条进入教育之门的基本路径。要了解教育首先需要对教育进行全面的调查。这种调查包括长期的各种形式的考察,保持与各方面的教育人士的联系与交流,研读各种相关文献,甚至需要做各种定量与定性的调查,比如问卷调查、叙事研究等。这种调查需要长期坚持,这样才能适时把握教育发展的脉搏或者真正了解教育发展的变化。

2.坚持长期的教育实践活动

要真正对教育有所体悟,对教育的问题有真正深刻的认识,就必须深入到教育实践活动当中去,比如长期从事教育教学活动及相关的管理活动。

3.注重开展长期的扎实的教育实验研究

开展教育实验研究是教育实践活动特别是教育研究活动的一种特殊的形式。相关的思想理论只有在严格的实验的过程之中才能得到检验、修正和完善。因此,重视教育实验研究是超越陶行知等前辈教育家,从而成为一个真正的教育家的必备条件。

要有效地开展教育实验研究,就需要遵循科学实验的一般规程或规则。比如,要尽可能制订出一套比较完善的实验方案,有效地控制教育实验的过程,不断地对教育实验过程进行反思总结,根据反思结果对实验方案和相关的思想理论进行不断地修正。这一过程不断反复,以至于逐步使相关的教育理论与方法更加切合实际、更加具有效率。在此基础上,总结出科学有效的理论或思想观点,使这些思想观点真正具有指导更大范围教育实践的价值。

(四)需要研究中国社会乃至世界的历史与现实

教育与社会各个方面都有着千丝万缕的联系,要研究和解决教育的相关问题,不能只是就教育而论教育,而需要把教育放到整个社会之中去加以考察和研究。因此,要想超越陶行知等前辈教育家,或要成为一个真正的教育家,那么,在重点关注、研究教育本身的同时,还需要研究社会各方面的问题,特别是社会的各个方面与教育的联系。比如,中国与世界究竟应当如何发展?中国与世界的政治、经济、文化等各个方面究竟存在哪些问题?这些问题应当如何解决?在这些问题的解决过程之中,教育能够发挥什么样的作用？与此相应，社会的政治、经济、文化等方面对教育提出了哪些要求？对教育有可能产生什么样的影响？如何处理教育与社会发展各个方面的关系？所有这些问题本身也可以说是教育问题或教育需要关注的问题。因此，要真正对一些基本的教育问题思考得比较清楚，就必须认真关注甚至研究中国与世界的政治、经济、文化、社会等各方面的问题。

上述四个方面研究的有机结合，是教育思想创新或超越陶行知等前辈教育家的根本路径。

五、努力提升自身的综合素养是超越陶行知教育思想的基础

教育问题具有综合性，因为对学生的培养是全方位的，而要培养学生全面发展的素养，需要教育者具有比较全面的素养，其中的教育研究者更应该具有较高的综合素养。特别是要想真正认识和解决综合性很强的各种教育问题，要想超越陶行知等前辈教育家而成为一个真正的教育家，没有较高的综合素养是不行的。大略地说，未来的教育家甚至一般的教育研究者应当全面具备以下几方面的素养：

（一）较高的思想道德修养和境界

要超越陶行知等前辈教育家的教育思想，首先需要像陶行知等人那样，具有较高的甚至更高的思想道德修养和境界：一是对道德、人生观、价值观、政治观、世界观等思想道德问题有很高的认识，在认识这些问题的能力方面具有很高的智慧；二是在思想道德的各个方面具有高尚而坚定的信仰，具有崇高的精神境界；三是言行一致，积极践履正确的思想道德观念和各种规范，做好社会特别是学生的表率；四是对思想道德各个方面理想、信念、观念、规范及其他相关的事物充满真情或深情。要真正做到知、情、意、行的高度统一，就特别需要崇高的精神境界。

（二）有较高的智慧素养

要超越陶行知等教育家，就需要具备陶行知等那样的甚至更高的智慧素养：一是要有较高的人文修养。这也就是说，要有比较扎实的哲学、历史、文学、政治、经济、文化等方面的修养，才有可能对教育的相关问题有比较良好的或比较深刻的认识。二是要有一定的自然科学方面的知识及相关的修养。作为一个教育家，需要基本了解物理、化学、生物、天文、地理等方面的自然科学知识，甚至需要对这些方面的一些基本问题有自己的思

考。这样在思考和解决与自然科学相关的那些教育问题的时候,才可能思考得比较切合实际。二是需要具备多方面的能力。能力是做好任何工作的必要条件。要成为一个教育家,要很好地思考和解决教育之中的各种问题,所应当具备的能力是多方面的。比如,基本的感知能力、想象能力、思辨能力、记忆能力、交往能力、管理能力等各种做事能力。三是需要明晰和坚持正确的立场、观点与思想方法。一方面,人们的思想包括其精神本身具有不同的立场,立场不同,其思想观点的取舍和评价标准就会有所不同。另一方面,不同的思想观点与思想方法对人们的认识有非常重大的影响。同样的问题以不同的思想观点和思想方法为指导进行分析判断,就会得出性质不同的结论。例如对陶行知教育思想的继承和超越问题,本身有继承什么,如何继承,超越什么,如何超越等问题。这其中就有一个价值评判的问题。而要进行价值评判,必然就有一个立场观点与思想方法的问题。对于教育方面的价值评判或价值取向的相关问题,笔者在《论我国教育改革与研究的价值取向》(载《西南大学学报(社会科学版)》2011 年第 1 期)中有具体论述。这些论述涉及基本的立场问题、观点问题及背后的思想方法问题,这里不再赘述。

六、社会各方面的积极支持是超越陶行知等前人的教育思想的外在条件

要对教育做出创新性的研究,从而超越陶行知等前辈教育家的教育思想,就需要政府和社会其他方面的大力支持。因为要办好教育事业,特别是要对教育的相关问题有真正比较全面的研究,就需要得到社会各个方面的支持,特别是需要政府营造宽松的研究环境,提供必要的人力、物力、财力、政策等方面的支持。比如,要开展真正有效的教育实验研究,就需要实验经费、实验学校、实验对象、参与实验的教师和其他各种物质条件的支撑,需要有较长的实验周期,需要尽可能减少不良的干扰和破坏。所有这些,都需要政府和相关部门政策的支持及其他方面的支持,需要社会舆论的配合。这些条件的获得,需要教育者本身去积极争取,与此同时,也需要政府等相关部门给予主动的与充分的支持,需要社会各方面的理解。

总之,我们需要在全面学习、全面借鉴和发扬光大陶行知等前辈教育家的教育思想的基础上,通过多方面的努力,将他们未竟的事业、未完善的

教育思想发展到一个更高的高度。只有这样，人类的教育事业才有可能逐步贴近理想的境界。一代又一代的青少年儿童才有可能接受到日益完善的教育，整个社会也才能够从教育当中获得更多、更好的支持和益处。

（廖其发系西南大学教育学部教授、博士生导师。）

陶行知“培植生活力”思想在小学班级管理中的运用

涂怀京　唐宇茹

陶行知在民国时期创立的生活教育学说，融贯中西，意蕴宏阔，不仅包括本质论、领域论和方法论，亦含“培植生活力”的目的论，多有洞天。在当下的小学素质教育改革中，应结合陶行知的“每天四问”“五路探讨”“六大解放”等系列性论述，统合借鉴、立体运用“培植生活力”思想，以科学、民主地进行班级制度、教学和活动管理，切实增强学生的生活自治力、生活学习力和生活创造力。

一、育人标杆：陶行知“培植生活力”思想的内涵及其实践推展

“培植生活力”是陶行知确立的育人标杆，是生活教育学说的重要组成部分，受人瞩目，影响广泛，更经由陶行知的亲身试验推展产生了典范的效应。

（一）作为生活教育学说目的论的“培植生活力”

1979 年 3 月，第一次全国教育科学规划会议在北京召开，陈鹤琴在致信中提出应重新评价人民教育家陶行知，会议达成了重要共识，其后的陶行知教育思想研究进入“争鸣复兴期”①，近四十年来成果丰硕，蔚为壮观；当然也存在某些薄弱之处，如对陶行知教育学说目的论的研究，至今仍近阙如。

生活教育的目的论是什么？是“培植生活力”。1926 年，陶行知纲领性的“生活即教育”本质论、“社会即学校”领域论和“教学做合一”方法论相继问世。同年 11 月，他在《我们的信条》中提出“我们深信教育应当培植生活力，使学生向上长”，12 月在《新教育评论》上发文“学校……的目的是要

① 金林祥主编：《二十世纪陶行知研究》，上海教育出版社 2005 年版，第 188 页。

造就有生活力的学生，使得个个人的生活力更加润泽、丰富、强健”。次年，他又发表《试验乡村师范学校答客问》，声言“本校的精神可以拿本校校旗之意义来代表。旗之中心有一个小圆圈，里面有个‘活’字代表所要培养之生活力”①，明确了创校办教育就是为了培养受教育者的生活力，宣告了生活教育学说目的论的正式诞生。“培植生活力”，就是要培植生活能力、生活效力、生活力量和生活力臂，就是要培养有充沛生活力的学生、真人、公民、战士、学问家和建设者。1931年，陶行知在长文《教学做合一下之教科书》中阐释了教育要培养的70种生活力，包括种菜、养鱼、打篮球、造飞机、写诗文、唱歌、师生创校、团体自治等等，并进一步指出，“可以普遍的说，我们有三千种生活力要培养”②，冀望通过适当的教科书和教学方法来培养这些生活力，帮助受教育者“手脑双挥”，促进他们的“生活继长增高的向前向上进”③。

（二）陶行知对“培植生活力”的教育实践推展

生活教育理论构建臻于成型之际，陶行知即启动了包括目的论在内的实践探索，将“培植生活力”不断向前推进，产生了很大的影响和辐射示范效应。

1927年3月15日，创办于南京晓庄的试验乡村师范学校正式开学，陶行知称之为“生活教育从理论到实践的第一天”。是年9月刊于《教育季报》的《中国乡村教育运动之一斑》，乃陶行知为中国代表团参加加拿大世界教育会议而撰写，文中特别指出“我们所以创办这所学校的目的，是要养成有乡村领袖能力的教师”④，能领袖乡村的教师必须具备康健的体魄、农人的身手、科学的头脑、艺术的兴趣和改造社会的精神。这实质上就是五种生活力，贯穿于晓庄事务的方方面面。从开办之日到学校使命结束的1930年4月，陶行知、蔡元培、陈鹤琴、赵叔愚等著名教育家以满腔热忱，

---

① 《陶行知全集》编辑委员会编：《陶行知全集》第1卷，四川教育出版社1991年版，第109页。

② 《陶行知全集》编辑委员会编：《陶行知全集》第2卷，四川教育出版社1991年版，第660页。

③ 《陶行知全集》编辑委员会编：《陶行知全集》第2卷，四川教育出版社1991年版，第661页。

④ 《陶行知全集》编辑委员会编：《陶行知全集》第2卷，四川教育出版社1991年版，第365页。

不惮繁难地担起了学校各项工作“指导员”的角色。他们以自己作为学者、长者的厚实醇熟的生活力，引领、激发了全体年轻学生勃发的生活力，掀起了民国时期践履生活教育目的论的第一个高潮。1932 年 9 月，陶行知在上海宝山首建山海工学团，确立“工以养生、学以明生、团以保生”的方针，提出工学团“是力的凝结，力的组织，力的集中，力的共同发挥”①，要全面促进“在劳力上劳心”。陶行知坚信在普及教育这项重要任务上“小孩子有不可思议的力量”，同时为了解决工学团师资不足的困难，他特别推出“小先生制”，让十多岁的孩子担起小先生的责任，“即知即传”，“将社会与学校通起电流”，让“小孩教小孩”“小孩教大孩”成为常制，使“儿童自动学校”声名远播、实至名归，促成了践履生活教育目的论的第二个高潮。抗日烈火正炽的 1939 年 7 月，陶行知在重庆设立育才学校，增进了教育经验和方法，对培植生活力的要求更为具体，实施的举措也更为科学周密，除普修课外，还另设音乐、戏剧、文学、绘画、社会、自然六组特修课，“使各人就性之所近，从容发展其才能”。陶行知聘请知名的学者专家，亲来育才为孩子们担纲授课，以“培养并引导他们成长”，“迎接东升的太阳！得到光，得到热，得到力：创造幸福的新中国”②，催生了践履生活教育目的论的第三个高潮。在这些高潮之间和前后的生活教育试验，包括陶行知最后发起的民主教育运动，无不以生活力的培植和淬炼作为鹄的，坚守、贯穿于始终，桃李满园，人才代出，广受社会各界的称誉。

二、现实观照：当代小学生的生活力培养日显迫切

自 1946 年 7 月陶行知因病辞世至今，他创立的生活教育一直在不同的程度上影响着中国教育的发展，对含“生活力”论题在内的陶行知教育学说的研究也整体上在不断地向前推进，并与当代小学教育形成了现实的观照，蕴生着进一步的思考。

（一）新时期陶研工作者对“培植生活力”议题的再予关注

近些年来，多地陶研工作者的路径拓宽，断制增强，开始再行关注陶行

① 《陶行知全集》编辑委员会编：《陶行知全集》第 4 卷，四川教育出版社 1991 年版，第 372 页。

② 《陶行知全集》编辑委员会编：《陶行知全集》第 4 卷，四川教育出版社 1991 年版，第 29—30 页。

知“培植生活力”的论述，冀望以此补强薄弱环节，促生陶行知研究新的增长点。江苏省陶行知教育思想理论研讨会于2013年召开，主题即为“生活力与生活教育”，该省陶研会正副会长、行知实验校校长等75位陶研专家和一线工作者出席。“培养生活力是生活教育的根本宗旨”“教师生活力及其提升”“构建以生活力为核心的新生活学校的实践与探索”等大会发言精彩纷呈，对陶行知的生活力思想进行了较为深入的发掘，提出“培植生活力”已不再是理论和教材，而应变成教育实际行动。

在理论研讨和实践探索方面，也取得了扎实的进展。在《构建培植生活力的语文课堂》一文中，作者以一线教师的视角，阐述了语文教学与生活力相结合的体会：一是“教材生活化”，将课堂教学文本转化为学生独特的体验；二是“生活教育化”，寻找生活和语文的契合点，“让学生明白生活处处有语文”；三是“教育纵深化”，素质教育就是要“发展学生的生活力”。有研究者首先对素质教育的起点设问：“小学实施素质教育的起点在哪里？”他接着提出自己从陶行知教育学说中悟得的答案“培养小学生的生活能力是实施素质教育的起点”①，建议参照联合国教科文组织提出的“为了生存”的七项倡导，从社会生活、休闲生活、学生生活等多维度构建生活教育，全面培养学生的生活力。还有《培植生活力　建设生气蓬勃的新生活学校》《培植生活力　使学生向上长》等论文，显示出陶研工作者的兴趣和关切。一本很具影响的高师教材《中国教育史》提出，陶行知一以贯之地“以培植学生的‘生活力’为追求”②，寻觅到了中国教育的曙光。可以看出，“培植生活力”正进入陶研界的前沿地带，若有更集中的研究力量将之推置为目的论，则陶行知教育学说就可由“传统三论”扩展成更为连贯的“现今四论”，将促生新的陶研领域，觅获更多学陶、师陶、创陶的突破点，并融进当代教育的崭新内涵和独有韵质。

(二)当代小学生素养短板凸现，生活力培养显其急迫性

1928年10月，陶行知作《〈燕子矶小学〉序》：“我自从参观燕子矶小学以后，觉得这里充满了生活力，可以担当乡村教育改造之向导。”燕子矶小学的风貌，是陶行知筚路蓝缕开拓“培植生活力”事业的一个生动注脚。也

---

① 葛起裕：《培养小学生生活力和提高素质关系研究》，《中国陶行知研究基金会会讯》1998年第Z3期，第52页。

② 孙培青主编：《中国教育史》，华东师范大学出版社2009年版，第479页。

许有人会说，陶行知面对的是旧时内忧外患的国情，而如今现实早已翻篇儿了。其实不然，教育的历史不能割裂，生活力的培养也是一个恒在的课题。今天，我国小学生一年中的大部分时段、一天中的大部分活动时间都在学校，校园和班级是学生成长的沃土，学生的生活力相较于旧中国无疑有了整体上的提升，但离教育法规定的全面发展和人民群众的期望尚有相当的距离，存在突出的问题，许多的事实摆在人们眼前，相当部分小学生片面发展、生活力缺失的现象令人忧心，补齐学生生活力短板的工程亟待展开。

1. 心理素质偏差，生命意识较淡薄。积极向上、敬畏生命的进取心理和精神风貌，属生活力的正向范畴，本应是学生群体的主基调，现实情况却不容乐观。上海市儿科医院和上海市教科院前些年进行的一项调查显示，中小学生心理抗压能力较差，漠视生命也已不是个别的现象。接受调查的2500多名中小学生中，有24.39%的人产生过“活着不如死了好”的想法，其中认真考虑过该想法的人数占比达到15.23%；5.85%的孩子曾有过自杀计划，其中有行动的自杀未遂者占比达1.71%。然而大多数的父母对此却一无所知。此外，青少年儿童中故意伤害、虐婴等违法犯罪事件屡有发生，比例呈逐年上升的趋势，频受公众和舆论的关注。

2. 同理感受不足，协作能力较弱。同理感受又叫移情、将心比心，即站在对方的角度去思考问题，有助于了解他人的内心感受进而调整自己的行为。如胡适曾撰文回忆：“我母亲二十三岁做了寡妇，又是当家的后母。这种生活的痛苦，我的笨笔写不出万分之一二。”[①]从小浸染于此境况的胡适，特别感念母亲的隐忍和不易，他也因此养成了遇事多为对方考虑、对人多能理解宽谅的性格。在今天的多元社会，同理心更成为人与人之间交流合作的前提，应从小加以陶炼。但由于复杂因素的存在，现今的中小学生身上这种善解人意、换位思考的素养却不多见，反倒不时表现出虚荣自私和冷漠嫉妒。教育的缺位致使学生的生活力没有随生理年龄同步增长，没有同步形成理解关心他人、与他人协作共济的心向和能力。

3. 过重智力成绩，失衡于全面发展。颇具影响力的评估项目PISA，由国际经合与发展组织每三年举行一次，以检测中学生在阅读、算术和科学

---

① 胡适：《我的母亲》，天津人民出版社2013年版，第2页。

方面的能力。中国学生的测试成绩在全世界名列前茅，显示了这方面的优势。可事情的两面性在于：我们的中小学生真是用功，每天从清晨学习到深夜都可以不睡觉，他们能做的题目，美国学生可能做不出来；我们的中小学生也真是不够用功，在美国中小学生奔忙于图书馆、做社会调查的同时，中国学生只是静坐室内完成一张又一张的试卷。相关机构的调查结果还显示，多年来我国青少年的爆发力、速度、耐力等持续下降，肥胖率、视力不良率则不断上升，体质状况堪忧。即便是素来以提高人文修养为主旨的琴棋书画，如今也被成年人套上了功利的目的，成为孩子们的沉重负担。智力发展毋庸置疑很重要，但绝不应片面追求成绩单上的分数而忽视探究能力、审美情趣和身体素质，教育者应加强培养能使中小学生充盈的生活力，为他们和谐、全面地发展保驾护航。

三、立体借鉴：小学班级管理对“培植生活力”思想的运用

克服当代社会背景下学生生活力的短板现象，须统筹考量，有的放矢，多管齐下。其中，班级管理“目的在于通过学生各个方面与各种形式的学习、生活活动，促使……整个班级学生整体素质不断提高”[①]。因此加强班级管理是一项重要抓手，须做实做好该项工作。小学班主任和各科任教师应立体借鉴陶行知的“培植生活力”思想，综合运用陶行知“教育要通过生活才能发出力量而成为真正的教育”[②]“有三千种生活力要培养”“每天四问”“五路探讨”“六大解放”等系列件论述，结合多方面的实际情况制定具体方案，在班级制度、教学、活动管理中做出亮点和特色，创意开掘、培养、涵育学生的生活力和成长力。

（一）健全班级制度管理，惕厉心性，“每天四问”，开掘小学生的生活自治力

在讲演和文论中，陶行知多次强调“学校一定要养成学生共同自治的能力”[③]，他教导学生要“每天四问”：我的身体有没有进步？我的学问有没

---

① 黄兆龙：《现代学校管理学新论》，中国经济出版社1994年版，第478页。

② 江苏省陶行知研究会、南京晓庄师范学校编：《陶行知文集》，江苏教育出版社2008年版，第820页。

③ 《陶行知全集》编辑委员会编：《陶行知全集》第1卷，四川教育出版社1991年版，第29页。

有进步？我的工作有没有进步？我的道德有没有进步？① 小学班主任和教师应悉心研习惕厉自觉心性的重要性，在班级制度管理上进行“每天四问”式引导，以训练、开掘学生的生活自治力。

1. 制定自问式班规，培养自治意识。“集思广益协商法是营造一个协商、共享、公正的班规的好方法，也有助于班级培养成员间的人际交往与沟通能力。”②若在理念上与此同道，班主任就应鼓励班上学生全员参与，自问互问，交流协商，根据班级的实际情况和整体规划，制定一个共享、公正、引领自治的班规。如一位大四上学期主要与笔者联系的实习班主任，在头一次班会中，主持制定了较有特色的陶氏“每天四问”式班级规章：

××小学××班班规	
第 1 条	眼保健操要放松、入境，全身心沉浸在眼操的音乐节奏中 值日班长要监督每天的卫生，安排到位，时刻保持
第 2 条	自问我的身体有没有进步？明天如何坚持锻炼？
第 3 条	课堂上认真听讲，全心思考；下课不坐座位上，上课按时回班级 完成老师布置的各科作业，不打折扣
第 4 条	自问我的学问有没有进步？明天如何提高？
第 5 条	加入兴趣小组，学一项自己喜欢的才艺，如陶笛、口琴、舞蹈、乒乓球 做班级的小主人，为班级发展做贡献
第 6 条	自问我的工作有没有进步？明天如何改进？
第 7 条	见到老师要问好，见到同学要问候；乐于助人，送人玫瑰手留余香 体谅家长的辛苦，做自己能做的家务
第 8 条	自问我的道德有没有进步？明天如何省察？

在老师的引导下，班会讨论的气氛很热烈，那些充满童真而又较真的提案，经全班表决同意，形成兼含行为细则和策励性自问的班规，是同学们积极参与班级管理的成果，也使同学们体验到班规的契约性，若有违反，自愿接受相应的处罚。如此，珍视健康、敬畏生命、认真学习、团结协作、遵规自治意识便于其中生成。

---

① 金林祥、张雪蓉编注：《陶行知教育名著教师读本》，上海教育出版社 2006 年版，第 175 页。

② [英]安杰拉、索迪、巴巴拉·格雷、德里克·鲍登：《成功教师的教育策略》，杨秀治、谢艳红译，北京师范大学出版社 2007 年版，第 22 页。

2. 注重班干部的自律自省,形成自治力矩阵。班干部是老师的得力助手,师生密集互动的纽带。选任班干部时,班主任须有更全面一些的考量,要让学生明了岗位的意义,担任班干部意味着更大的责任,懂得失职可能造成的不良后果。班干部也要坚持"每天四问",且要求更高,这有助于他们在履行职责的过程中强化严于律己、乐于奉献的意识,提高协调、沟通、管理的能力。一段时间内班干部的人数或许有限,但几学期、几学年下来,则有相当比例的学生担任过班干部,都额外经受了这么一层生活力、自治力的锻炼和考验。更重要的是,班干部之间、班干部与同学之间会产生良性的传导和影响,如此一集合、辐射、发酵,班集体秩序益加规范,班级责任感、荣誉感得到增强,自治力矩阵得以水到渠成地形成。

(二)加强班级教学管理,愤悱启发,"五路探讨",培养小学生的生活学习力

根据"行是知之始"及自动自得的原则,陶行知对《中庸》博学、审问、慎思、明辨、笃行的学习过程论述作了精要的生活教育转换,提出了体验、看书、求师、访友、思考这"五路探讨"的治学方法:"体验相当于笃行;看书、求师、访友相当于博学;思考相当于审问、慎思、明辨。"①班主任和教师应领会借鉴此糅创之法来进行班级教学管理,动态实施,因材施教,培养好小学生的生活学习力。

1. 制定学习目标,营造浓郁的学习力氛围。学生的第一要务是学习,尤其是小学高年级,面临与初中学习相对接的任务。教师应指导每位同学根据自己的原有基础和发展潜力,制定适宜的下一步学习目标。目标要定得比较具体、务实,无须过高,也不宜过低,跳起来能摘到为好。目标分近期和中期,任务上明确清楚,评价上直接易断,并将所定的目标书面化,在同组或一定的范围内公布,以起约束、监督、激励的作用,让大家在奋斗中总能受到前方愿景的鼓舞,做学习的真正主体。营造浓郁的班级学习力氛围不是一件容易的事,各人的"三斧子半"都用几遍了,不来点新招新势还真难以让班级生猛起来。这时不妨采用陶行知倡导的"五路探讨"法,诲导学生对学习过程乃至结果的酸甜苦辣多作反思体验,潜心攻读各科教科书和辅导用书,

① 《陶行知全集》编辑委员会编:《陶行知全集》第 4 卷,四川教育出版社 1991 年版,第 14 页。

及时向老师请益求教，与志趣相投的同学结对或成立互助小组，最后扣住问题独立、深入地思考，萃出结晶。如此锲而不舍地多路探讨、奋勇争先，当能增强学生的行以探知能力、博学征知能力和推想悟知能力①。

2. 开展培能教学，愤悱启发，提升学生的学习力。面对心智迅速成长的小学生，班主任应会同各科任教师，明晰“五路探讨”的内蕴，谨记“不愤不启，不悱不发”的古训，精心开展培养学习能力的教学和辅导。一方面，教师应率先垂范，与学生“共生活，共甘苦。要学生做的事，教职员躬亲共做；要学生学的知识，教职员躬亲共学”②，在共同的体验、看书、思考中，做学生不访亦来的朋友，使所有学生都有亲炙师教的机会。教师要利用各种场合设置情境，提出问题，引导学生举一隅而知三隅反，心中有数，从容作答，提升他们对学科知识和原理的掌握程度，借自身充沛的教育力来携晋学生的学习力。另一方面，诚如陶行知所言“要有好的学校，先要有好的教师”③，就教学能力层面来说，好的教师应学识纯、品德洁、气度宏，应擅长开展针对性强且独具风格的培能教学，应满腔热忱、自信裕如地教书育人，尤其在教育改革时代能够整合资源优化策略，把体验、看书、求师、访友、思考精密地融通再创，切实提高学生以学习力为核心的综合素养，达到曼妙的生师共乐，学教双赢。

（三）丰富班级活动管理，知行合一，“六大解放”，涵育小学生的生活创造力

在生活教育理论已然成熟之际，陶行知提出“六大解放”，即解放头脑、解放双手、解放眼睛、解放嘴、解放时间和解放空间，“解放出来的力量要好好的用，用在创造上”，“创造新自己，创造新中国”④。班级活动管理是为实现班级教育教学目标而进行的有计划的实践管理活动，班主任和教师也要谙熟“解放”之道，着力灵动有致的班级活动管理，注重“知行合一”，悉心

---

① 黄仁贤、涂怀京主编：《陶行知教育思想的理论体系与当代价值》，吉林人民出版社 2009 年版，第 399—401 页。

② 《陶行知全集》编辑委员会编：《陶行知全集》第 1 卷，四川教育出版社 1991 年版，第 43 页。

③ 《陶行知全集》编辑委员会编：《陶行知全集》第 1 卷，四川教育出版社 1991 年版，第 104 页。

④ 华中师范学院教育科学研究所主编：《陶行知全集》第 3 卷，湖南教育出版社 1985 年版，第 586 页。

陶冶涵育,以望收获全面激发小学生生活创造力的硕果。

1. 在用好多级教材中“六大解放”,涵养学生的知识性创造力。新一轮课程改革启动以来,各级教材编写的时代性得到增强,小学班级活动要用好国家、地方和校本教材中的活动性素材,开展丰富多样的知识教育活动,让学生“虚心涵泳,切己体察”,令他们的知识性创造力萌动。教师须摒弃束缚学生发展的应试教育模式,通过循循善诱的教学和“动手动脚”的活动,让体系严密的教材中富含的知识滋养学生的心灵,在学生心灵上刻上五彩的印迹。教师还应发挥其他相关教材的功用,利用课外兴趣小组等渠道,适时组织譬如“小小艺术家”作品展、《我的梦想》征文赛、安全知识竞答等活动,延展学生的时空,解放学生的身心,焕发他们的创造力。无论活动现场的氛围如何热闹,教师都宜坚持做收尾、总结的工作,提醒学生思考从活动中新获了什么知识,明白了什么道理,须如何进一步提升,及时对学生进行书本与生活、学习与探索、知识与实践诸对关系的辩证引导,着意智力及非智力因素的培养,扩展视野,探赜索隐,激发潜能,蓄力创造,让孩子们演绎更多“雪化了是春天”的创造经典。

2. 在开展校外活动中做到“六大解放”,培育学生的实践性创造力。有计划地进行校外实践活动,就是时间和空间的解放。小学教师不仅要善于发现学生在书海泛舟中的闪光点,也应当发掘学生在校外实践活动中探索、发现、创造的才能,引导摆脱旧时“读死书”“死读书”的桎梏[①],培育出21世纪版的“砸缸司马光”“小发明家爱迪生”。教师应鼓励少年儿童投身火热的生活,与社会系统全方位接触,在大碰撞、大解放的社会熔炉中,养成学生强健意志、放眼全局、直面挑战、勇于实践的品性,使个人“小我”与社会“大我”之联动愈加和谐。同样重要的是,教师还应带领小学生走进奥妙无穷的大千世界,解放脑、眼、嘴和双手,去行万里长路,察水土风雷,向自然发问,领略物质世界的复杂多样和无限生成性,引发对探寻事物演进规律的渴盼,推动学生“联系从日常熟悉的材料中选择的问题”,“获得处理在他能力范围内的材料的独立工作的能力”[②],经年不歇地浇铸成长成才

① 《陶行知全集》编辑委员会编:《陶行知全集》第 2 卷,四川教育出版社 1991 年版,第 151 页。

② [美]约翰·杜威:《民主主义与教育》,王承绪译,人民教育出版社 2001 年版,第 237 页。

的支柱和桥梁。这种实质性的“天地人合一”“知行合一”，可以打开孩子们的心灵，激发他们的实践创造力，甚至成就他们一段人生的传奇。

“敢探未发明的新理”，“敢入未开化的边疆”，倡行“培植生活力”目的论，千方百计“发动那培养生活力之创造的考成”[①]种种的创举，使陶行知亲掌之校蜚声海内外，走出了一批批优秀的建设者、革命者、领导者和学者。时过境不定迁，陶行知教育学说如暮鼓晨钟，至今仍具有深刻的启发性和震撼力。咬定青山不放松，新时代的中国小学教育者应融创理念，乘势而上，协调统贯学校、家庭、社会教育之力，奋勉地做好各项工作，旗帜鲜明、卓有成效地通过班级管理来实现生活力的培养涵育，为学生的成长，为民族复兴的栋梁之材打下坚实不移的生活力基础。

（涂怀京系福建师范大学教育学院副教授。唐宇茹系福建师范大学教育学院研究生。）

① 金林祥、张雪蓉编注:《陶行知教育名著教师读本》,上海教育出版社 2006 年版,第 160 页。

论陶行知的教育期刊实践与办刊思想

杨建华

在中国近现代史上，由教育行政部门、教育团体、各级各类学校和新闻机构、图书出版机构创办的教育期刊有千余种。它们以讨论教育问题，传播西方教育理论、方法和指导教育实践为己任，积极参与推动中国教育改革的进程。陶行知作为伟大的教育家，在报刊及出版事业方面曾有过丰富的实践，仅就教育期刊而言，他一生或任主笔、主编，或与同事一起，共同主、创办了诸如《新教育》《平民周刊》《新教育评论》《乡教丛讯》《生活教育》《大众教育》等十余种刊物。在办刊的同时，他在办刊思想方面，对教育期刊的宗旨、内容、出版与编辑等工作也形成了自己独到的认识。

一、陶行知在教育期刊方面的办刊实践

1913 年，陶行知开始了他的报刊生涯。此后，他在报刊方面的实践一直没有终止过。下面就他在教育期刊方面的办刊实践做一番梳理。

(一)大学学报方面的办刊实践

陶行知在教育期刊方面的办刊实践始自对金陵大学学报中文版的编辑。1913 年，陶行知就读于金陵大学，该大学原有英文学报，虽已出版 3 卷，但内容单调，篇幅不大，读者面窄，作用有限。陶行知倡议从第 4 卷第 1 期起增出中文版，并更名为《金陵光》，内容涉及哲学、政治、经济、社会问题以及医学、农学等方面的专著与论文，并且刊发大量诗、词、散文、游记、剧本以及名人传记等。陶行知任该报中文编辑。在担任中文版编辑时，陶行知由于担心不能胜任，有些犹豫，后来经过同学以及老师的热情鼓励，他便勇挑重任。陶行知说："我是中国人，我应该捍卫祖国的尊严！担任编辑是义不容辞的。"[①]在该刊首期，他发表了《增刊中文报之缘起》，具体阐述

① 转引自童富勇、胡国枢:《陶行知传》，教育科学出版社 1991 年版，第 17 页。

该刊物的创刊缘由及其作用与宗旨。

1913年9月，陶行知继而担任《金陵光》中文主笔。此时的陶行知已对教育问题产生了浓厚兴趣，并且有意识地在这份自己主编的方寸之地发表大量关于教育的言论和研究。据统计，自《金陵光》第5卷第5期至第6卷第2期，他在《金陵光》上发表文章18篇，其中多半是关于教育问题的研究。可以说，《金陵光》的编辑工作是他涉入教育报刊实践的第一步。

在陶行知的努力下，《金陵光》焕然一新，成为当时金陵大学重要的综合性学术刊物。该刊一直刊行至1930年，历时21年，可谓中国近现代教育类刊物少有的"寿星"之一，其影响力不言自明。《金陵光》中文版的成功创办与编辑也为陶行知日后从事教育事业和期刊编辑工作积累了实践经验，有学者评价："编辑和主笔中文版《金陵光》，是陶行知大学生活中的浓重一笔……陶行知正是在金陵大学、编辑中文版《金陵光》时萌发了教育救国、教育建国、教育强国的思想，从这里迈出了终身从事教育事业的坚定步伐。"①

(二)教育专业期刊方面的办刊实践

1919年1月，陶行知被任为《新教育》月刊的南京高师代表，从此，他正式步入了教育专业期刊的编辑实践。《新教育》是新教育共进社机关刊物，1919年2月在上海创刊，每年出10期(其中1月和7月停刊)，合为两卷，共出版11卷53期。蒋梦麟为该刊第一任主编。1921年12月中华教育改进社接办《新教育》，委托东南大学编辑，陶行知于4卷1期担任该刊主编。此后，陶行知对该刊的内容和形式做了大力改进，尤其在宣传社会主义教育思想与实践方面贡献突出。他曾载文介绍社会主义苏联的政治、经济、军事、教育、宗教等各方面的情况，并刊登过列宁的照片。1922年，他还在《新教育》第4卷第3期上发表文章，强调女子教育的重要性，指出普及女子教育是全国人民应担负的责任。

自1925年2月起，陶行知不再担任《新教育》主编，转而与教育界知名人士在北京发起筹办《新教育评论》，并于12月4日正式出版。他在发表

---

① 金林祥、杨建华：《〈金陵光〉与大学时代的陶行知——纪念〈金陵光〉(中文版)创刊九十周年》，《重庆陶研文史》2003年第4期，第24页。

的《〈新教育评论〉创刊缘起》中，提出了一个终生坚定不移的观点："我们深信一个国家的教育，无论在制度上、内容上、方法上不应常靠着稗贩和因袭，而应该准照那国家的需要和精神，去谋适合，谋创造。同时我们又认定这个国家，如果是现代的国家、如果是现代世界的一个国家，那么他的教育，便不能不顺应着时代和世界的教育趋势，而随伴着竞进。"①为扩大《新教育评论》的影响，他又与《新闻报》社的编辑约定，在报纸的教育新闻栏介绍《新教育评论》要目，从而使《新教育评论》既得到免费广告，又可使同类文字收更普遍之效果。他在这个刊物上发表了《师范教育下乡运动》《整个的校长》《中国师范教育建设论》等多篇教育论文。

(三)民众教育类期刊方面的办刊实践

陶行知于1923年与朱其慧等人组织中华平民教育促进会，遂为平民教育运动奔走呼号，平民教育报刊的创办就成为他重要的工作内容。1923年，他编辑出版关于平民教育活动的《纪念月刊》。1924年5月24日，他与北京及全国文学教育界知名人士钱玄同、郁达夫、赵元任、高仁山、陈鹤琴、王伯秋、庄泽宣等组织平民文学委员会，编辑出版平民文学书刊。同月，平教总会在上海《申报》辟《平民周刊》专栏，陶行知负责撰稿，代表平民说话。陶行知以"韵秋"为笔名，在刊物上载文说："我们应当拿我们的思想来凑他们(农民)的实际，不要拿他们的前途来供我们的牺牲。"②他认为《平民周刊》的宗旨就是为粗识字义的人民服务，希望人们在空闲时看报纸能得到快乐，获得做人的道理。在陶行知眼里，这是一份对平民进行通识教育的教育类报刊。1927年1月，陶行知还主编了乡村教育方面的专门期刊——《乡教从讯》，该刊每年出24期。1936年5月10日，他还协助郭一岑主编《大众教育》(创刊号)出版。

(四)生活教育理论期刊方面的办刊实践

1934年2月16日，陶行知任主编的《生活教育》(半月刊)创刊，由上海儿童书局出版，为上海乃至中国近代宣传、研究生活教育理论和实践的刊物，辟有《言论》《特载》《教学做报告》《小先生笔记》《大众生活》《科学新

---

① 陶行知：《〈新教育评论〉创刊缘起》，华中师范学院教育科学研究所：《陶行知全集》第1卷，湖南教育出版社1984年版，第568页。

② 陶行知：《农民联合会》，华中师范学院教育科学研究所：《陶行知全集》第1卷，湖南教育出版社1984年版，第480页。

知》《通信》《新消息》《半月大事》等栏目，后增设《时事述评》《行知行谈》《大众讲座》等栏目。每期封面有陶行知题词是该刊的独特之处，如“工以养生，学以明生，团以保生”，“有个学校真奇怪，小孩自动教小孩，七十二行皆先生，先生不在学如在”，“宇宙为学校，自然是吾师，终生皆同学，书呆不在兹”，“行动是老子，知识是儿子，创造是孙子”，等等。这些题词反映了陶行知的教育思想的精华和其办刊的宗旨。他发表的《生活教育》《普及什么教育》《小先生》《大众语文运动之路》等，对其教育改革和实践以及生活教育理论的形成起到一定的促进作用。该刊撰稿者还有张宗麟、方与严、蔡鹤、董纯才等。该刊1936年8月被迫停刊。

值得一提的是，2005年《生活教育》在胡锦涛总书记的关心下，在陶行知研究界的努力下，经国家新闻出版总署批准，获准正式复刊并出版发行。2010年起，《生活教育》由中华人民共和国教育部主管，中国陶行知研究会和南京晓庄学院合办。复刊后的《生活教育》继承陶行知的办刊理念，以传承行知思想，引领文化生活，服务社会大众，推进教育改革为指归，以陶行知的生活教育思想引领公众的生活及教育，以最新的研究成果引领陶行知研究为方针。它将运用生活教育思想观察、评述、分析主流教育思想的体制、实践，对当下教育存在的弊端提出深入的分析、研究，为当代中国教育改革与发展继续发挥着炙热的光芒。

当然，上述四个方面只是对陶行知在教育期刊方面实践做的简单梳理，其实，他在中国近代报刊与出版事业方面的贡献是卓有成效的。有人对此评论：“陶行知既是人民教育家，又是一个出色的报刊活动家。他的报刊生涯和出版活动，尽管人们知之不多，但却同中国革命和教育事业紧密相联[连]，是我国现代革命史、教育史和报刊史的一笔宝贵财富。”①单就教育期刊方面，如1931年4月他与方与严主编出版《师范生》月刊，并以“时雨”为笔名，为《师范生》月刊撰稿；又如1945年11月1日，他主办《民主教育》，接连发表了许多篇论民主、民主教育的文章；等等。

二、陶行知在教育期刊方面的办刊思想

陶行知一生都在为教育事业奋斗着，其在教育期刊方面更是有着丰富

① 吴奕宽：《陶行知对中国现代报刊业与出版工作的贡献》，《浙江师大学报（社会科学版）》2001年第4期，第117页。

的经验与独到的见解。关于教育期刊的内容、宗旨与目的、作用等，他都在其所创办的期刊以及与他人办刊的活动中明显地体现与贯彻。并且在多年办刊经验积累的基础上，他也鲜明地提出了自己所总结出的在教育期刊编辑和出版方面应注意的一些问题，给广大的教育期刊编辑提供借鉴。

（一）陶行知对教育期刊宗旨的远见

针对不同的教育期刊，陶行知提出的宗旨是不一样的，但是在刊物立意方面都是从民族生死存亡的高度表达着他的远见卓识。例如，《金陵光》作为金陵大学的学报，其主要服务对象是大学生，针对当时中国的状况，陶行知认为其宗旨在于勉励和惊醒同学要努力使中华民族立于世界民族之林，这也是陶行知一生志向和追求的写照。1925年，当时国内传播教育问题的刊物太少，因此陶行知望能借《新教育评论》周刊来引起大家对于教育问题的兴趣和注意，并提供一个公开的论坛，为教育界通通血脉，为教育研究提供传播途径，并给教育界人士提供切磋的机会，“据着证明的事实和公认的原则，来作我们的批评和主张。我们大胆地说老实话；说错了，希望大家也一样对我们说老实话，加以订正。这样往复讨论，自会有比较的真理发现出来的”①。此外，陶行知认为《生活教育》周刊除本身是武器外，也是一种粗茶淡饭，使人吃了能长一种力量，要为民族解放、人类解放事业而战斗。

（二）陶行知对教育期刊作用的卓识

陶行知对于教育期刊作用的认识，主要表现在他一生参与和创办多种教育刊物的实际行动中。这种实际行动本身就源自他对教育期刊在教育研究中的价值的认识。这通过《生活教育》可见一斑。陶行知1934年2月创办和主持的《生活教育》仅发行三卷，然而，通过它发表的陶行知关于生活教育理论的文章就有130余篇。其中一些教育理论文章，如《生活教育》（第1卷1期）、《传统教育与生活教育有什么区别》（第1卷20期）、《生活教育之特质》（第3卷2期）都是陶行知生活教育理论的重要组成部分。可以说，《生活教育》期刊即是生活教育理论自身成长和传播的主要载体和媒介，对陶行知生活教育理论的发展发挥了重要作用。关于这一点，陶行知

---

① 陶行知：《〈新教育评论〉创刊缘起》华中师范学院教育科学研究所：《陶行知全集》第1卷，湖南教育出版社1984年版，第568页。

对《生活教育》以及他创办或参与创办的教育刊物曾做出过高度评价："生活教育自民国十六年三月十五日创始以来，于今已十七年了。在过去所建立之生活教育理论，因有《乡教丛讯》、《乡村教师》、《生活教育》、《战时教育》、《师范生》、《儿童生活》、《少年知识》等定期刊物之传播……所以能引起世人之注意和推行。而对于专力于生活教育之同志，在教育实际设施进行参考上尤多裨益。"①他认为教育期刊的作用就在于对教育理论和教育研究成果的传播与推广。

此外，陶行知认为教育期刊对于从教育理论到教育实践亦起到桥梁的作用。在《新教育评论》之使命中，他写道："试验学校是教育上新知识之来源；一般学校是应用此种新知识之场所。如何使这些新知来源和一般学校联串起来是一种最重要的工作。试拿自来水来做个比方。试验学校好比是泉水；一般学校好比是用户；本刊不敏，愿意做座水塔，谁要用水，还愿为他通根水管。"②这一比喻性的认识确实是陶行知对教育期刊作用的真知灼见。

（三）陶行知对教育期刊内容的真知

对于教育期刊的传播内容，陶行知也有独到的见解。他在《〈新教育评论〉创刊缘起》中指出，《新教育评论》的内容为："（一）批评本国现时教育上之政策、主张与实施；（二）建议今后本国教育上各种革新的计划；（三）介绍和批评外国最近的教育制度和学说；（四）报告各地教育调查的结果。此外和教育有深切影响的问题，如关于经济、政治、社会和其他学术、思想各方面的，我们也想附带的讨论。至于各地方同志的通信商榷，尤其诚恳的欢迎。书报的介绍和批评，当然也占有相当的篇幅。"③据此可以看出，他主张教育期刊的内容应该包括教育政策、制度，以及教育研究、调查计划，甚至是政治、经济、社会等方面的一切有价值的问题和内容。

此外，陶行知认为教育期刊在内容策划方面要做到真实、公正，无论是期刊还是报纸都要遵循真实性的原则。陶行知就是秉着这个信念进行期

---

① 陶行知：《生活教育社出版部招股缘起》，华中师范学院教育科学研究所：《陶行知全集》第3卷，湖南教育出版社1985年版，第805页。

② 陶行知：《本刊之使命》，《新教育评论》1925年第1卷第1期，第3页。

③ 陶行知：《〈新教育评论〉创刊缘起》，华中师范学院教育科学研究所：《陶行知全集》第1卷，湖南教育出版社1984年版，第567页。

刊、报纸的创办活动的。他认为一份好的刊物就应该说话公道，新闻可靠，拥护老百姓，不为达官贵人。陶行知曾经写过一首《向人民真实的报道》的诗歌："采访人民的消息，向人民真实的报道。要达到言论自由，记者有其报。""研究人民的学问，为人民幸福而报道。要达到文化为公，学者有其校。"①这表达了他在期刊内容方面的真知与心声。

陶行知不只认真地坚持自己对教育期刊内容的主张，同时也希望其他人能跟他一起努力，共同来加油。他经常给一些杂志、报纸的记者以鼓励，指引他们走正确的道路。他曾写《报章重在传达真相》给《学灯》的记者，也曾致信与《平民周刊》的朱经农，共同探讨期刊的内容与出版问题。

(四)陶行知对教育期刊编辑的灼见

陶行知在期刊编辑及出版方面倡导教育期刊应以和平相处为原则。他指出："我们沟通思想，交换经验的时候，因为种种关系，不免发生不同之见解，不得已而出于辩论。理愈辩而愈明，本刊即当作讲理的地方看也可。现在有些人论列世事，往往党同伐异，逞意气之事，以好恶、毁誉、利害与是非混作一谈。甚至是非可以制造，可以颠倒，可以买卖。"②他鲜明地指出，有些人不明深义、颠倒黑白，没把读者放在第一位，也违反了媒介乃传递真理、事实的性质及宗旨。辩论是我们所倡导的，有辩才有思考，然而这只能在学术之范围内，是良性的，而不能变成恶性的。"凡和我们说理的，我们都很欢迎；倘寻人吵嘴，我们就要敬谢不敏了。"同时，他呼吁期刊编辑界要做到"我们愿在说理的时候顺带培养点浑厚的态度，减少些刻薄的风气"③。

综上所述，陶行知在教育期刊方面的实践是非常丰富的，他将自己终生为之奋斗的教育事业与教育期刊密切结合，通过期刊这块方寸之地阐扬自己关于教育的主张，通过期刊的舞台呼号平民教育、民主教育、劳苦大众的教育。在实践中，他也获得了许多关于教育期刊的认识，并且对教育期

---

① 陶行知：《向人民真实的报道》，华中师范学院教育科学研究所：《陶行知全集》第4卷，湖南教育出版社1985年版，第685—686页。

② 陶行知：《〈新教育评论〉之使命》，华中师范学院教育科学研究所：《陶行知全集》第1卷，湖南教育出版社1984年版，第573页。

③ 陶行知：《〈新教育评论〉之使命》，华中师范学院教育科学研究所：《陶行知全集》第1卷，湖南教育出版社1984年版，第573页。

刊编辑与出版工作提出了独到的见解，这些在今天也不失为期刊界及教育界的宝贵财富。

（杨建华系集美大学教师教育学院教育科学研究所副教授。）

陶行知与陈鹤琴教学观比较及其当代价值

史降云　王　佩

陶行知与陈鹤琴不仅年龄相仿，还均曾就读于世界著名学府哥伦比亚大学师范学院，并都深受教育大师杜威和克伯屈的影响，相同的教育经历和同样忧国忧民的爱国之心使两人的教育思想在某种程度上达到了惊人的契合度。两人注重生活教育、以儿童为中心、重视儿童创造力的培养的教育理念如出一辙并贯穿于二人教学观的始终，但又微妙地各具个人特色。本文旨在寻找两人教学观中的共性和个性，取其精华，意在对当前教学改革以一定的启示意义。

一、陶行知与陈鹤琴教学观之共性

陶行知与陈鹤琴感情深厚，从生活到教育实践都是亲密的战友和伙伴，堪比马克思与恩格斯。两人在学术上互相唱和，在教育实践上相互扶持。相同的教育背景，长期的潜移默化，同时面对着亟须革命的时代，使得两人在某些教育理念上达成共识。在教学观中，两人的共性主要表现在以下三个方面：

(一)教学目标：解放儿童，注重个性

五千年的文化熏陶，中华民族内里“三纲五常”以及“天地君亲”道德伦理观念根深蒂固，教育方式自然呆板无趣，受此影响，传统中国儿童多拘谨守礼、安静麻木，仿若一个个提线木偶。新教育的目的，就是要养成自主、自立、自动的共和国民。陶行知与陈鹤琴极力宣传杜威教育哲学，倡导“儿童中心论”。陶行知早早便有解放儿童之宣言，他大声疾呼要解放小孩子的头脑，解放小孩子的双手，解放小孩子的嘴，解放小孩子的空间，解放小孩子的时间①，从五个维度呼吁儿童自由与独立。对于青年，陶行知同样

① 陶行知：《创造的儿童教育》，顾明远、边守正：《陶行知选集(三卷本)》第2卷，教育科学出版社2011年版，第301—304页。

呼吁自由与独立，在《一个教师与家长的答复》一文中，陶行知发出呐喊："出头处要自由！"此言之铿锵有力、掷地有声，对当代青年之成长犹如警世钟之长鸣。同陶行知将传统教育之儿童比作鸟笼中之鸟儿，陈鹤琴同样认为幼稚园孩子犹如"幼稚监狱"中之囚犯，新教育便是要解放儿童，还儿童以自由。在比较活教育与死教育区别时，陈鹤琴认为活教育中一切设施、一切活动都应该以儿童做中心和主体，学校里的一切活动差不多都是儿童的活动。此外，陈鹤琴认为"儿童之需要甚多，总括起来是'发展个性'"①。

（二）教学内容：取材自然，奉献社会

有感于中国传统教育"死教书，教死书，教书死"的现状，陶行知主张要从儿童开始进行生活教育。陶行知主张过什么样的生活就要受什么样的教育，在《我们的信条》中说："我们深信生活是教育的中心"，"我们深信教育应当培植生活力，使学生向上长"。这就需要打开校门，走向社会，因为"学校生活只是社会生活一部分。学校不是道士观、和尚庙，必须与社会生活息息相通。要有化社会的能力先要情愿社会化"②。同样，陈鹤琴在谈到现代中国幼稚教育之弊病时，第一点就谈到与环境的接触太少，在游戏室的时间太多。因此陈鹤琴赞同"课程之原则，在助人以选择或发展最有益于生活之经验，课程所包举者，不仅限于人生日常行事所需之主要事实原则与方法，亦应兼及事实或活动之本身"③。他认为儿童教材应该小部分是来自书本，大部分是来自自然界、社会上日常所见之万事万物。我们要利用大自然、大社会做我们的活教材。"活教育的课程是把大自然、大社会做出发点，让学生直接向大自然、大社会去学习"，"去向活的直接的'知识宝库'探讨研究"。

（三）教学原则：做为基本，贯穿教学

陶行知教育理论之精髓便是注重儿童生活和直接经验的获得，在他的

---

① 陈鹤琴：《幼稚教育》，北京市教育科学研究所：《陈鹤琴全集》第 2 卷，江苏教育出版社 1989 年版，第 19 页。

② 陶行知：《我之学校观》，董宝良：《陶行知教育论著选》，人民教育出版社 1991 年版，第 176 页。

③ 陈鹤琴：《一年来南京鼓楼幼儿园试验概况》，北京市教育科学研究所：《陈鹤琴全集》第 2 卷，江苏教育出版社 1989 年版，第 6—7 页。

著作和演讲中，他一再强调“教学做合一”。“教学做合一”，即“教的法子，要根据学的法子；学的法子，要根据做的法子。‘做’字是教和学的中心，也便是教育的中心。我们处处均应以‘做’为立足点，以‘做’来解决人生”①。陶行知不仅在理论上如此倡导，在教育实践上也同时恪守“教学做合一”，无论是建立晓庄学校还是建立育才学校，抑或是建立乡村师范学校，陶行知都是带领全校师生一同动手，丰衣足食，在实践中教，在实践中学，师生自治，教学实际就是生活。这种生活是自立的生活、全面发展的生活，在生活中潜移默化地增长知识和技能。他认为不仅仅是做学问需要以事为中心，“改造环境要以事为中心，处世应变也要以事为中心。我们要用科学的精神在事上去求学问，用美术的精神在事上去谋改造，用大丈夫的精神在事上去炼应变”。这样我们才能真正成长为有益于社会发展的“真人”。同样，陈鹤琴认为做这一原则是教学的基本原则，做实际上是手脑并用，“一切的学习，不论是肌肉的，不论是感觉的，不论是神经的，都要靠‘做’的”。陈鹤琴根据自己教学之经验，总结出十七条教学之原则，十七条教育原则中也处处都体现了做这一原则。此外他认为活教育优于死教育的最大一点便是一切教学集中在做，做中学，做中教，做中求进步。教学时应充分发挥儿童的主观性和创造性，调动儿童的大脑和思维，让儿童自己去试验、去思考、去求结果。

二、陶行知与陈鹤琴教学观之个性

陶行知的生活教育学说是在对传统教育批判并继承和发展杜威的实用主义教育哲学的基础上形成的，是具有中国本土化特色的教育体系。陈鹤琴同样批判传统教育和洋化教育，他糅合杜威的教育哲学思想，汲取陶行知的生活教育学说之精华，并结合时代背景和中国现状逐步建立活教育教育思想体系。在教学观上，两人虽有共性，更各具特色，各有春秋，其特色主要体现在以下三个方面：

（一）教学目标：“真人”与“现代中国人”

陶行知与陈鹤琴虽然都主张以儿童为中心，培养自由个性的儿童，但

① 陶行知：《“做”是教和学的中心》，顾明远、边守正：《陶行知选集（三卷本）》第1卷，教育科学出版社2011年版，第380页。

在具体培养目标上有着细微差异。陶行知认为:“不做无学;不做无教;不能引导人做之教育,是假教育;不能引导人做之学校,是假学校;不能引导人做之书本,是假书本。在假教育、假学校、假书本里自骗骗人的人,是假人——先生是假先生,学生是假学生。假先生和假学生所造成的国是假国,所造成的世界是假世界。”①陶行知深恶痛绝传统教育培养之“假人”,希望培养出手脑并用,德智体美劳全面发展的“真人”。总结起来,“真人”便是在劳力上劳心、教学做合一、手脑并用、全面发展的儿童。

陈鹤琴撰文称:“孔子所谓修身,治国的道理,都是着重于‘做人’,可是到了近世,教育本身变了质,以为去读书就是‘受教育’。反而把做人忘记了,所以今天我特别提出‘做人’以唤起人们的注意。”②这里就点明了“做人”一说形成的动机,“做人”是要做最基本的人,拥有做人的基本特质,热爱人类,热爱真理。在“做人”的基础上,陈鹤琴又提出“做中国人”这一具有民族性特征的教学目的,“做中国人”便是要热爱自己的祖国,了解自己国家的社会性质和历史。基于时代需求,陈鹤琴又进一步提出“做现代中国人”的教学目标,做现代中国人,便是要具有现代人的眼光,有时代精神。具体来说,现代中国人要有健全的身体,要有创造的能力,要能够合作,要服务。后来陈鹤琴又加了一条——“做世界人”,这是从本土走向国际的呼唤,“世界人”应该具有国际化的视野、开放的姿态和宽广的胸襟。这样,陈鹤琴层层递进提出的教学目标就具有了民族性、时代性、世界性三重特性。

(二)教学内容:“维他命”与“活教材”

陶行知的“维他命”之说来自下文,他说:“教育好比是菜蔬,文字好比是纤维,生活好比是各种维他命(Vitamin)。以文字为中心而忽略生活的教科书,好比是有纤维而无维他命之菜蔬,吃了不能滋养体力。”③陶行知不反对书本,不反对文字,但反对没有营养之文字,他认为书本只能作为工具,中国传统教育之所以失败就是由于我们没有正确地利用工具,只是一

① 陶行知:《教学做合一下之教科书》,华中师范学院教育科学研究所:《陶行知全集》第2卷,湖南教育出版社1985年版,第290页。

② 陈鹤琴:《活教育的目的论》,北京市教育科学研究所:《陈鹤琴全集》第5卷,江苏教育出版社1991年版,第62页。

③ 陶行知:《教学做合一下之教科书》,顾明远、边守正:《陶行知选集(三卷本)》第1卷,教育科学出版社2011年版,第429页。

味地依赖书本,而没有注意生活。“我们要想纠正中国教育,使他适应于中国国民全部生活之需要,第一就须承认文字、书本只是人生工具的一种,此外还有许多工具要运用来透达人生之欲望;第二就须承认我们从前运用文字、书本的方法是错的,以后要把他们用得更加得当些。”①我们需要的是能培养儿童生活力的教学内容,试以试验乡村师范课程为例,陶行知认为“试验乡村师范的全部课程就是全部生活,我们没有课外的生活也没有生活外的课。约略分起来,共有五门:一,中心小学生活教学做。二,中心小学行政教学做。三,师范学校第一院院务教学做。四,征服天然环境教学做。五,改造社会环境教学做”②。教师与学生共教、共学、共做、共生活。五门课程下又有二级课程,涉及日常生活的方方面面,这种具有“维他命”之生活教育内容应用于陶行知全部的教育实践,正是其教育内容的精髓。

陈鹤琴也反对传统教育将儿童禁锢在书本中,认为“把一本教科书摊开来,遮住了儿童的两只眼睛,儿童所看见的世界,不过是一本 6 寸高 8 寸阔的书本世界而已。一天到晚要儿童在这个渺小的书本世界里面去求知识,去求学问,去学做人,岂不是等于梦想吗?”③他认为儿童的世界是很奇妙很广博的,花草树木、虫鱼禽兽、风霜雨雪、日月星辰,都是儿童知识的宝库。儿童只有亲身参与其中,才能积累经验,获得知识。陈鹤琴认为分科教学不利于儿童发展,主张采用活动单元或者活动中心制,进而提出“五指活动”的新课程方案。“五指活动”即儿童健康活动、儿童社会活动、儿童科学活动、儿童艺术活动、儿童文学活动,每项活动下都细分很多小活动来达到培养目的。五大板块的活动课程构成了儿童完整的理想生活,五者缺一不可。

(三)教学原则:“教学做合一”与“做中教,做中学”

“教学做合一”无疑是陶行知教学原则的核心,“教学做合一”的全部过程如下:行动生困难、困难生疑问、疑问生假设、假设生实验、试验生断语、

---

① 陶行知:《生活工具主义之教育》,顾明远、边守正:《陶行知选集(三卷本)》第 1 卷,教育科学出版社 2011 年版,第 343—344 页。

② 陶行知:《试验乡村师范学校答客问》,董宝良:《陶行知教育论著选》,人民教育出版社 1991 年版,第 199 页。

③ 陈鹤琴:《活教育的教学原则》,北京市教育科学研究所:《陈鹤琴全集》第 5 卷,江苏教育出版社 1991 年版,第 80 页。

断语又生行动。这个过程被陶行知称为“反省的行动或行动的反省”①。毛泽东在1963年发表的《人的正确思想是从哪里来的?》一文中说:“一个正确的认识,往往需要经过由物质到精神,由精神到物质,即由实践到认识,由认识到实践这样多次的反复,才能够完成。这就是马克思主义的认识论,这就是辩证唯物论的认识论。”②从陶行知倡导的教学过程可以看出,“教学做合一”符合认识过程的“两次飞跃”。另外,陶行知也十分强调做中的创造,他说“行动是老子,思想是儿子,创造是孙子”③。用通俗易懂的语言准确表达了手脑并用是创造的教育的开始,手脑双全是创造教育的目的的主张。在具体的教学操作中,陶行知同时主张科学教育和试验教育,认为尽信书不如无书,要以科学的精神来研究学问。同时他认为试验教育有利于养成学生独立思考的能力,需要经历“处于疑难地位—审查疑难—想各种办法解决—推测各种方法效果—试用最有效方法—审查试用的效果—印证试用法子是否屡试屡验”过程来验证真理④。

在活教育的教学原则方面,陈鹤琴提出了“做中教,做中学,做中求进步”的口号。在长期的儿童心理研究和教学实践中,陈鹤琴总结出活教育的十七条教学原则:凡是儿童自己能做的应当让他自己做;凡是儿童自己能够想的,应当让他自己想;你要儿童怎样做,就应当教儿童怎样学;鼓励儿童去发现他自己的世界;积极的鼓励胜于消极的制裁;大自然、大社会是我们的活教材;比较教学法;用比赛的方法来增进学习的效率;积极的暗示胜于消极的命令;替代教学法;注意环境,利用环境;分组学习,共同研究;教学游戏化;教学故事化;教师教教师;儿童教儿童;精密观察。⑤ 这些教学原则特点鲜明,其主旨思想在于根据儿童心理特点,充分发挥儿童的积

① 陶行知:《反省的行动或行动的反省——教学做合一过程的新发现》,顾明远、边守正:《陶行知选集(三卷本)》第1卷,教育科学出版社2011年版,第462页。

② 北京师联教育科学研究所:《毛泽东、邓小平教育思想与教育文论选读》,中国环境科学出版社、学苑音像出版社2006年版,第95页。

③ 陶行知:《创造的教育》,华中师范学院教育科学研究所:《陶行知选集》第2卷,湖南教育科学出版社1985年版,第612页。

④ 陶行知:《试验教育的实施》,董宝良:《陶行知教育论著选》,人民教育出版社1991年版,第45页。

⑤ 陈鹤琴:《活教育的教学原则》,北京市教育科学研究所:《陈鹤琴全集》第5卷,江苏教育出版社1991年版,第75—131页。

极性和创造性，在教师的指导下，儿童通过在大自然和大社会中亲手实践来获得真知，师生共同进步。他把教学过程分为实验观察、阅读参考、发表创作和批评研讨四个阶段，实际上也是在做中教学共进的过程。

三、陶行知与陈鹤琴教学观对当前教学改革的启示

教学是学校教育的核心，只有树立科学的教学观，才能达到有效的教育目标。在新一轮的教学改革中，教学更加关注儿童主体性地位和积极主动性的发挥，这就需要创造性地结合陶行知与陈鹤琴的教学观，树立现代教学观，主要需要做到以下三个方面：

（一）将“做人”作为现代教育的出发点和归宿

陶行知认为“教育者不是造神，不是造石像，不是造爱人。他们所要创造的是真善美的活人”①。在《百侯中学校歌》中他歌曰：“手脑双敲，未知之门。岁寒松柏，求仁得仁。千教万教，教人求真。千学万学，学做真人。努力创造，始败终成。”歌词明确表达了“真人”之特征：手脑并用，努力创造，寻求真理。照陶行知的说法，其实现代教学培养目标培养出来的大部分是“假人”，埋首课本读死书，虽也喊出素质教育的口号，但实际教学多注重学生知识技能的提升，四体不勤、五谷不分之学生比比皆是，康健的体魄、农人的身手、科学的头脑、艺术的兴趣、改造社会的精神基本只有科学的头脑得到一定的发展，而这“科学”也未必是真科学，只是狭义上的科学，学生处理问题的思维与创造力的培养未做重点施行，生活力的提升也极其有限。另外，陈鹤琴关于“做人”教学目标的论述也对教学改革有一定的启示意义，“做人”是儿童道德观培养的出发点和归宿，“做中国人”虽提出在新中国成立前，但其国家意识和爱国精神也是现代教育所需要的，作为新时代的儿童，更应该从小接受爱国教育和政治熏陶，认识到身为中国人的自豪和责任。“做现代中国人”则要求儿童与时俱进，与日新的中国共同进步，并具有世界眼光和国际化视域。因此，现代教学观的树立应注意锻造“真人”，学会“做人”。

（二）打开校门，去大自然、大社会中寻找真知

在市场经济条件下，功利主义的价值观影响着人们的教育观念，如

---

① 陶行知：《创造宣言》，顾明远、边守正：《陶行知选集（三卷本）》第2卷，教育科学出版社2011年版，第233页。

今,高考作为指挥棒依然在很大程度上影响学校、教师、家长和学生的教育观念。在应试教育的影响下,中国儿童从小就埋首在书本堆中,学习在逼仄的教室中。这种教学模式能最大程度提高儿童的应试能力,但却不利于儿童的全面发展,大部分儿童没有体育锻炼时间,身体不够健康强壮,许多儿童视力低于正常水准,小小年纪就架上眼镜;在生活上,儿童睡眠质量不高,题海战术的对象越来越低龄化,甚至有儿童无法承受学习压力而引起心理问题。外面的世界很精彩,他们却没有时间去看一看、玩一玩,而在学校中学到的东西除了应试是否真的有用呢?在儿童未来的成长过程中,这些知识技能是否能满足儿童的生活需求呢?这需要打一个大大的问号!大自然、大社会中孕育如此多的秘密和知识,我们应该给儿童更多的时间和空间去自己寻求真理,在孩子创造的过程中给以善意的指导和鼓励。

(三)鼓励儿童动手实践,注重创造力的培养

陶行知主张"有行动才能得到知识,有知识才能创造,有创造才有热烈的兴趣。所以我们主张'行动'是中国教育的开始,'创造'是中国教育的完成"①。陶行知还作了《小盘古》《小孙文》《小牛顿》《小工人》等儿歌来鼓励儿童解放思想,积极创造。而中国儿童最缺乏的便是动手能力,教学基本只单调地围绕课本进行,这样死板的文字教学使儿童死气沉沉、没有活力。中国现有教学模式犹如程序化的机器,教出来的儿童也便是方方正正、没有自己思想的统一"产品"。这种"产品"走向社会也必然是没有活力和创造力的,社会将无法进步和发展。陈鹤琴说"现在我们要提倡培养创造能力,并已从儿童时期开始。儿童本来就有一种创造欲,我们只要善于诱导启发,可以事半而功倍"。创造力的培养是一个长期渗透的过程,只有当教学目标、教育方法、教学原则、教学内容、教学过程等都以儿童创造力的培养为核心时,儿童才能从小培养发现问题的眼睛和解决问题的大脑。我们要打倒传统的教育,同时要提倡创造的教育。行动是中国教育的开始,创造是中国教育的完成。

陶行知与陈鹤琴都凭着一颗热忱的赤子之心积极投身于祖国的教育

① 陶行知:《创造的教育》,顾明远、边守正:《陶行知选集(三卷本)》第1卷,教育科学出版社2011年版,第206页。

事业，其生活教育体系和活教育体系中蕴含着丰富的教育理念和思想。让我们结合中国的本土化特色和国际化需求，将他们的教育思想创造性地结合起来，为儿童解放事业而奋斗！

（史降云简介见前文。王佩系华中师范大学教育学院硕士研究生。）

陶行知创业生利职业教育观及其当代价值

陈　晴

一、陶行知创业生利职业教育观解析

陶行知一生在为中国教育改革探路和实验，试图改变中国教育不尽人意的各种弊端，提出过诸多教育理念，也进行了各种教育改革活动，其中有一条主线贯穿于其中，那就是坚持生活教育和创新创业，倡导创业生利，利己利国。他反对沿袭陈法和仪型他国的传统教育思维，主张敢探新理、敢开新疆，并生利和利群。这正是我们今天推进创新创业教育的本质。

（一）手脑双全，知行合一

陶行知在《创造的教育》中以举例展开，求出创造教育包括两个层面，即物质创造和心理（精神）创造，并论述创造与实践二位一体密不可分的关系："中国现在的教育是关门来干的，只有思想，没有行动的。教员们教死书，死教书，教书死；学生们读死书，死读书，读书死。所以那种教育是死的教育，不是行动的教育。"①为此，他倡导知行合一："行是知之始，知是行之成"，把王阳明的知行观"翻半个筋斗"。陶先生说："所以要创造，非你在用脑的时候同时用手去实验，用手的时候同时用脑去想不可。手和脑在一块儿干，是创造教育的开始；手脑双全，是创造教育的目的。"②在中国历史上，劳心者不动手，劳工者不用脑，导致学用分离，手脑不全，行动的养成，要从孩子幼小时就干起，"因为小孩子还没有斫丧他行动的本能"③，给孩子自由行动，而生活教育才是解放创造力和培育创造力的教育。

---

① 董宝良主编，喻本伐、周洪宇副主编：《陶行知教育名篇选》，人民教育出版社 2012 年版，第 473 页。

② 董宝良主编，喻本伐、周洪宇副主编：《陶行知教育名篇选》，人民教育出版社 2012 年版，第 474 页。

③ 董宝良主编，喻本伐、周洪宇副主编：《陶行知教育名篇选》，人民教育出版社 2012 年版，第 475 页。

（二）亲民亲物，向前向上

创新创业教育要以生活教育为依托，在方向上坚持“向前向上”，在基本要求上坚持“二亲原则”。他指出：“真正的教育，必须使学者和人民万物亲近。与人民亲近是‘做人’的第一步。与万物亲近是‘格物’的大门口。”这也正是“五四”时期的民主与科学精神。他批判“以天理压迫人欲”，“主张生活教育，就是要用教育的力量，达民之情，遂民之欲”，要解放人生。所谓生活的“向前向上”，总目标就是“征服自然改造社会”，生活教育也就要发展学生“征服自然改造社会的本领”，教育人民大众“要用前进的生活引导落后的生活，要大家一起来过前进的生活，受前进的教育”①。所以学校教育者要“亲民亲物”，培养创业立业并乐于为人民大众服务的一代青年学生，使他们具有“健康的体魄”“农夫的身手”“科学的头脑”“艺术的兴趣”“改造社会的精神”。

（三）教学做合一，做居中心

陶行知在《教学做合一》中批判大学在这个方面做得最差：“这种情形，以大学为最坏。导师叫做教授，大家以被称教授为荣。他的方法叫做教授法，他好像拿知识来赈济人的。”②他则十分强调：“教学做是一件事，不是三件事。我们要在做上教，在做上学。在做上教的是先生，在做上学的是学生。……先生拿做来教，乃是真教；学生拿做来学，方是实学。不在做上用工夫，教固不成为教，学也不成为学。”③所以做是学的中心，也就是教的中心。陶行知认为，事情怎么做就怎么学，怎样学就怎样教，教的法子要根据学的法子，学的法子要根据做的法子。而“教学做合一”有两层含义：一是方法，二是生活的说明。作为方法，达其“学用一致”；作为生活说明，“一个活动对事说是做，对己说是学，对人说是教”④。这是一个事物的三个侧面，只是认识角度和强调的层面不同罢了。方法为目标和目的服务，做居

---

① 转引自中国陶行知研究基金会编：《为中国教育改革探路》，江苏教育出版社 1988 年版，第 73 页。

② 董宝良主编，喻本伐、周洪宇副主编：《陶行知教育名篇选》，人民教育出版社 2012 年版，第 6 页。

③ 董宝良主编，喻本伐、周洪宇副主编：《陶行知教育名篇选》，人民教育出版社 2012 年版，第 7 页。

④ 转引自中国陶行知研究基金会编：《为中国教育改革探路》，江苏教育出版社 1988 年版，第 78 页。

于中心地位。

(四)生利、利群,切忌空谈

陶行知认为,创新创业者必须是一个完整的人。完整的人有三个基本要素:健康的身体,有独立思想与有判断是非的能力,有独立的职业。只有独立的人格和独立的职业者,才有可能创业、生利和利群。陶行知指出:"生利有两种:一曰生有利之物,如农产谷,工制器是;二曰生有利之事,如商通有无,医生治病是。前者以物利群,后者以事利群。生产者虽有事物之不同,然其有利于群则一。"而且他注重教育在人与物之间的衔接作用,教人运用工具和掌握"生利"的技能本领,"教育是教人发明工具,制造工具,运用工具"。"千万不要空谈教育,千万不要空谈生活;只有发明工具,制造工具,运用工具是真教育,是真生活。"[①]可见,他十分强调教育在创业和生利过程中的主导作用,而生利和利群既是职业教育的宗旨和人才立足于社会的目标,也是当代创业教育的终极期许。

(五)探理开疆,教师示范

陶行知在《第一流的教育家》中指出:常见的教育家有三种,一种是政客的教育家,一种是书生的教育家,一种是经验的教育家。今天的教育家,下列两种必然要占其一,方可算为第一流的人物:一是"敢探未发明的新理",二是"敢入未开化的边疆"。"敢探未发明的新理,即是创造精神;敢入未开化的边疆,即是开辟精神。创造时,目光要深;开辟时,目光要远。总起来说,创造、开辟都要有胆量。在教育界,有胆量创造的人,即是创造的教育家;有胆量开辟的人,即是开辟的教育家,都是第一流的人物。"[②]陶先生这段表述说得何等好啊!在教育过程中,教师的主导和示范作用无处不在,欲培育创新创业人才,作为必要条件的确需要这样"一流的教育家"。

二、推进生利之职业教育的时代特点

社会实践有时会穿越时空,甚至是跨越时代的"复制"。为了全面建成小康社会和实现"两个一百年"的奋斗目标,激活全民创业活动,近期国务院颁发了《国务院关于大力推进大众创业万众创新若干政策措施的意见》

---

① 转引自何国华:《陶行知教育学》,广东高等教育出版社 1997 年版,第 103 页。

② 董宝良主编,喻本伐、周洪宇副主编:《陶行知教育名篇选》,人民教育出版社 2012 年版,第 470 页。

(以下简称《意见》)①。创业创新的主体在企业,顶层设计在政府,但创业创新的人才基础却在各级各类学校,百年大计,百业兴旺,教育为本,教育为基石。反照一下历史,这恰恰与陶行知的创业创新思想十分吻合。

(一)推进创业创新生利的紧迫性

国务院发布的《意见》,开篇名义:"推进大众创业、万众创新,是发展的动力之源,也是富民之道、公平之计、强国之策,对于推动经济结构调整、打造发展新引擎、增强发展新动力、走创新驱动发展道路具有重要意义,是稳增长、扩就业、激发亿万群众智慧和创造力,促进社会纵向流动、公平正义的重大举措。"《意见》列出三大重要意义:(1)推进创业创新是培育和催生经济社会发展新动力的必然选择;(2)推进创业创新是扩大就业、实现富民之道的根本举措;(3)推进创业创新是激发全社会创新潜能和创业活力的有效途径。并提出了"四个坚持"的工作思路,即坚持深化改革,营造创业环境;坚持需求导向,释放创业活力;坚持改策协同,实现落地生根;坚持开放共享,推动模式创新。

(二)推进创业创新生利的基础性

《意见》支持科技人员离岗创业,指出:"加快落实高校、科研院所等专业技术人员离岗创业政策,对经同意离岗的可在 3 年内保留人事关系,建立健全科研人员双向流动机制……支持鼓励学会、协会、研究会等科技社团为科技人员和创业企业提供咨询服务。"其次,特别提出支持大学生创业。《意见》指出:"深入实施大学生创业引领计划,整合发展高校毕业生就业创业基金。引导和鼓励高校统筹资源,抓紧落实大学生创业指导服务机构、人员、场地、经费等。引导和鼓励成功创业者、知名企业家、天使和创业投资人、专家学者等担任兼职创业导师,提供包括创业方案、企业渠道等创业辅导。建立健全弹性学制管理办法,支持大学生保留学籍休学创业。"其把支持大学生创业专列为第二十三条,可见重视程度!

(三)推进创业创新生利的保障性

《意见》提出了"创新休制机制,实现创业便利化"。这包括四个方面的具体措施:(1)完善公平竞争市场环境。进一步转变政府职能,增加公共产品和服务供给,为创业者提供更多的机会。(2)深化商事制度改革。(3)加

① 国务院:《国务院关于大力推进大众创业万众创新若干政策措施的意见》,中国政府网,2015 年 6 月 16 日,http://www.gov.cn/zhengce/content/2015-06/16/content_9855.htm.

强创业知识产权保护。(4)健全创业人才培养与流动机制。把创业精神培育和创业素质教育纳入国民教育体系,实现全社会创业教育和培训制度化、体系化。加快完善创业课程设置,加强创业实训体系建设。加强创业创新知识普及及教育,使大众创业、万众创新深入人心。从《意见》列出的体制机制改革对策看,涉及高校教育的国民教育体系、课程设置、实训体系、知识普及教育等,对高等教育提出了时代新要求。《意见》还就优化财税政策、搞活金融市场、扩大就业投资、发展创业服务、建设创业创新平台、激发创造活力、拓展城乡创业渠道、加强统筹协调等方面提出政策要求和实施措施,以保证创业创新落到实处。

三、借鉴陶行知创业生利职业教育观,全面推进创业创新教育

陶行知一生在力促创新创造教育,主张生利为民的职业教育,认为职业是使人成为人的重要条件和途径之一,创业、置业是立身和服务社会的渠道与抓手,也是一个人安身立命的着力点和立足点。在今天政府大力推进创业创新的大环境、大趋势下,学习陶行知的职业教育和创业创新思想,为我们今天的教育实践和教育改革提供了哪些借鉴和裨益呢?

(一)更新教育理念,坚持培育工匠型人才

陶行知把"独立的职业"作为判断人是否是个"完整人"的标准之一,而且认为依靠他人的人、为他人当工具的人、被他人买卖的人、一身监管数事只拿钱不做事的人,就是"不完全、命分式的人"①。这与毛泽东同志提出的教育方针是培养"有社会主义觉悟的有文化的劳动者"完全一致。转型期颂扬创业创新,呼唤工匠精神,鼓励有一技之长,有利于把意识形态的科学知识转化为实实在在的生产力,转化为推动社会文明进步的物质财富。经济基础决定着上层建筑。这就要求学校教育转变教育理念和重构人才培养模式,大力发展生活教育、职业技术教育、生利教育。社会需要专业科技人才,而且需要更大数量的优质技术人才,带动社会创业、置业、立业。

(二)调控教育目标与教学过程,坚持教学做合一

陶行知一再强调:教学做是一件事而不是三件事,而且提出教学做的

---

① 陈晴、董保良:《陶行知"真人"教育的基本内涵及其育人价值》,《教学与管理》2015年第9期,第4页。

过程有三种形式:一是以工作或问题为中心的教学做过程;二是以事物之历史发展为中心的教学做过程;三是各学科各系统的学习与研究的教学做过程[①]。可见,陶行知特别注重做,做是目的,教和学均为手段。针对今天"培育精致利己主义者"的教育质疑,确实应引起全社会的警惕,我们应以生活教育取代功利教育,以职业教育取代"学而优则仕",培养时代所需要的"为老百姓谋福利、为整个国家民族谋福利","为整个人类谋利益",能够改造自然与社会的专业技术人才和有责任担当的实干家[②]。为此,作为培养人才的学校,首先要调整办学指导思想,解决培养什么人的问题。其次,调整课程设置和教学思路,解决怎样培养人的问题。再次,营造创业创新的教育环境,解决人才培养的水土和气候问题。恢复高考四十年,学校一味追求高大上,人才培养一味追求博通,注重少数而舍弃多数,注重虚名和形式而忽视内涵和本质,这种风潮到了该调整甚至要"革命"的时候了。近期有评论员提出"颠覆式创新"[③]的观念,针对今天的教育改革特别是高等教育的改革,该观念特别适用。教学做合一,培养创业创新优秀人才,需要教育的全方位多层次的改革,需要育人全过程的改革,而且改革是发展的必由之路。

(三)优化育人环境,鼓励青年创业、立业

创业创新需要适宜的环境,培育创业创新人才也需要适宜的育人环境。《意见》在营造创业环境中指出:"进一步简政放权、放管结合、优化服务,增强创业创新制度供给,完善相关法律法规、扶持政策和激励措施,营造均等普惠环境,推动社会纵向流动。"[④]作为以培养人为主要任务的学校教育,应借鉴陶行知生活教育理论,即教育来源于生活,依靠生活,服务生活。它是冰天雪地里穷人的小棉袄和窝窝头,而不是富人的黄金钻戒和奢侈品。在教育表现方式上,课程设计要面向未来生活和工作,而不是不切

---

① 转引自中国陶行知研究基金会编:《为中国教育改革探路》,江苏教育出版社 1988 年版,第 208 页。

② 转引自中国陶行知研究基金会编:《为中国教育改革探路》,江苏教育出版社 1988 年版,第 206 页。

③ 刘林德:《颠覆与坚定不矛盾》,《长江日报》2015 年 7 月 27 日第 1 版。

④ 国务院:《国务院关于大力推进大众创业万众创新若干政策措施的意见》,中国政府网,2015 年 5 月 16 日,http://www.gov.cn/zhengce/content/2015-06/content_9855.htm.

实际的空洞理论。在学生智能培养上，要重知识更重实际应用，“一招鲜吃遍天，招招中而招招松”，手握一技独闯天下。香港科技大学前任校长在回答“钱学森之问”时指出：“中国有太多准大师去赚钱了。培育发明创造人才要有耐心，不能急功近利的要他们去赚钱，要放长线，钓大鱼。”“创造发明人才不需要太多，但需要很多创新创业人才。”发明创造人才生长，需要自由开放的环境，要分层次培养人才，别指望让所有人都变成爱因斯坦①。可以推断，我们今天的高校得了“重感冒”，所以需要改变目前各级院校都盲目办成一流大学的狂热症和浮躁症，使高校更趋实际、更接地气，使培养的人才走向社会有安身立命的技术和本领。

（四）实施生利教育，培育青年职业精神

陶行知在强调生利主义教育时认为创业要“生有利之物”和“生有利之事”，态度坚定地反空谈生活和空谈教育。近期在武汉召开的第十五届华创会聚焦创新创业主题。中央政治局近期召开会议研究经济工作，指出“把发展实体经济和培育优秀企业作为出发点”，认为企业是经济的基本细胞，是市场的主体，企业兴则经济兴。专家表示，中国经济正在向形态更高级、分工更优化、结构更合理的阶段演化，发展实体经济、增强企业活力是这一过程中的重要任务②。可见，企业是创业创新的主体，扶持实体经济和企业创业，就要地抵制和打击投机和欺诈，建立良好的经济秩序和法律保障。在华创会上，桥梁工程大师邓文中表示：创新的核心在于不同的个人；科研是把财富转变为知识，创业是把知识转变为财富；鼓励创新必须现先有接受创新的心态③。

高等学校如何培育青年学生的创业生利的主体意识呢？笔者认为，除了顶层设计、课程教学匹配、营造环境之外，还应注重以下几点：(1)需要有敢于创业创新的师资队伍。教育者的思想意识、职业境界、人品态度及其崇业敬业心理，对学生的影响和引导作用是深远而持久的。(2)青年学生自我认知、自我定位。邓文中引用了孙中山的三类人观点：“先知先觉、后知后觉、不知不觉。”④他并认为先知先觉者适于创新，后知后觉者适于创

① 胡雪璇：《中国有太多“准大师”去赚钱了》，《长江日报》2015 年 7 月 3 日第 2 版。

② 新华社：《把发展实体经济和培育优秀企业作为出发点》，《长江日报》2015 年 7 月 31 日第 15 版。

③ 肖娟：《创新是科研连接创业的桥梁》，《长江日报》2015 年 07 月 3 日第 2 版。

④ 肖娟：《创新是科研连接创业的桥梁》，《长江日报》2015 年 07 月 3 日第 2 版。

业，不知不觉者适于守业，创业创新主要依据前两类人。他认为应当依据青年人的智力水平和性格特点进行分类培养，有的放矢，胸中有数，把最适宜于创业的那一拨人培育成为未来优秀企业家。(3)教育青年学生固守本业，尊重别人。社会需要各行业各层次各类别的人共同组成一个完整和谐的统一体，人人为我，我为人人，扬长避短，尊重他人。尺有所短，寸有所长。理想社会的追求目标应该是人尽其才，物尽其用，各司其位，和谐共处。作为青年人，选择人生目标和择业方向十分重要，鼓励适宜者在创业创新中大显身手，建功立业。(4)培育青年的责任担当意识。习近平在近期给全国青联、学联的贺信中指出：青年人要“锤炼自己，提高自己，做到志存高远、德才并重、情理兼修、勇于开拓，在火热的青春中放飞人生梦想，在拼搏的青春中成就事业华章”，“前进要奋力，干事要努力”。他希望青年是“大有希望”“大有作为”的一代①。青年人不要耽误了时代的期望和使命，而应勇敢地担当起创业创新的历史责任，为民族复兴献出自己的一份忠诚和努力。

（陈晴系武汉体育学院教授。）

---

① 黄小希：《习近平向全国青联学联会议发贺信勉励青年》，《中国教育报》2015年7月25日第1版。

论陶行知的教学论思想及其当代价值

程功群

作为中国近现代史上伟大的教育家，陶行知在30余年的教育研究与实践过程中，创建了广博精深的思想体系，开展了切合实际的教育实验，为教育发展积淀了丰富的精神财富。陶行知的教学论思想，是其教育思想体系的重要组成部分。在对中国传统教学论进行深刻剖析与批判的基础上，陶行知立足中国教育实际，将承继传统与借鉴西方相结合，对教学目的、教学过程、教学内容及教学方法等进行了深入研究与详细阐述，多维度探索了促进教学改革与人才培养的途径，对我国当今的教育教学改革及人才培养具有重要的当代价值。

一、陶行知对传统教学论的剖析与批判

陶行知的教学论思想来源于对中国传统教学论的反思与批判，他立足中国国情和教育实际，指出传统教学论的种种弊端，对其加以剖析与批判，在此基础上逐渐构建了符合中国教育实际而又富有创新性的教学论思想。

综观陶行知的教学论思想，他对传统教学论的剖析与批判主要体现在以下三个方面。

一是对教学内容的批判。陶行知指出，传统的教学内容仅仅注重书本知识的传授，属于一种关起门来的教育，“教员们教死书，死教书，教书死；学生们读死书，死读书，读书死”①。这种教学是一种死的教学、死的教育，培养的只是书呆子。正如其在诗中所说：“我是书呆子？住在太平洋。读破万卷书，要中状元郎。农家供酒肉，主人快饿死。失业教蒙童，尽变小呆子。”②以

---

① 华中师范学院教育科学研究所主编：《陶行知全集》第2卷，湖南教育出版社1985年版，第611页。

② 华中师范学院教育科学研究所主编：《陶行知全集》第3卷，湖南教育出版社1985年版，第211页。

书本为主的教学内容，缺乏甚至忽视了对学生各种能力的培养，在这种畸形的教学下，培养的学生也只是“死了的书呆子”，难以获得改造社会的知识与技能。

二是对教学方法的批判。教学方法是开展教学的重要媒介，在一定程度上影响着教育教学的实施效果。陶行知立足中国教育教学实际，深入剖析了传统的教学方法，他指出“先生只管教，学生只管受教，好象是学的事体，都被教的事体打消掉了”①。传统的教学方法使教学做分离，形成“教自教、学自学”的相互独立状态，同时还隔断了学校与社会的沟通、生活与教育的联系，学生处于被动的注入式学习状态，所获得的也只是伪知识、死的知识。以传统教学方法为主的教育，处于一种静态的、单向的输出状态，摧残了人才，扼杀了学生的创造力、生活力、学习力及改造社会的能力，无论是对教育发展、人才培养，还是对国家民族进步、社会改造，均不能带来实际效益，未能使发挥教育所具有的社会价值。

三是对教学过程的批判。陶行知认为，传统的教学过程以教师教、学生学为主，教师在教学过程中处于主导地位，学生的主体性、主动性并没有得到有效发挥，更难以有效培养学生的实践能力。在这种教学过程中，“学生的头脑被知识塞得发胀，却很少有机会使用双手……因此，有机会上学的人，毕业后有个大脑袋及一双小手，用个比喻来说，他们看起来有点象只袋鼠，只有提笔写几行字的力气”②。此外，陶行知指出，传统教学过程也导致了师生关系的疏远，就教师而言，教师将教学作为一种维持饭碗的工具，在教学中重于书本的讲授，所做的也只是叫卖自己的话语与知识；就学生而言，将上课当作上班，求学也只是花钱买教师的话。这样疏远、死气沉沉的师生关系，导致“学校简直成一个卖话买话的大市场，讲堂简直是成了卖话买话的铺店。说什么关系，是提不到的”③，致使教学难以相长，学生知识无长进、能力无发展。

---

① 华中师范学院教育科学研究所主编:《陶行知全集》第1卷，湖南教育出版社1984年版，第87页。

② 华中师范学院教育科学研究所主编:《陶行知全集》第3卷，湖南教育出版社1985年版，第211页。

③ 华中师范大学教育科学研究所主编:《陶行知全集》第8卷，湖南教育出版社1992年版，第117页。

传统的教学论未能随时代的发展而更新，难以为国家富强、社会进步、教育发展及人才培养带来实效，陶行知看到了传统教学论的弊端所在，因此他在中国国情和教育实际的基础上，对传统教学论进行剖析与批判，从而为其教学论思想的提出奠定了良好基础。

二、陶行知教学论思想的基本内涵及其特征

陶行知以“教育为公”“捧着一颗心来，不带半根草去”的献身精神为中国教育寻觅曙光，他立足中国社会与教育实际，开展了诸如平民教育、乡村教育、科学教育、普及教育、战时教育、民主教育等各种教育活动，在这些实践探索的基础上，陶行知逐渐构建了系统、完善的教学论思想体系。

(一)培养“真人”的教学目标论

在陶行知看来，传统的教学培养出来的是“死了的书呆子”，无法为时代发展培养所需要的人才。基于此，陶行知提出培养“真人”的教学目标论，即“千教万教，教人求真。千学万学，学做真人”①。“真人”是一个全面、和谐发展的人，其所学的是真知识，即从经验中、从思想与行动的结合中而产生的知识，所追求的是“高尚的生活，完全的生活，精神上的生活，永久继续的生活”。

陶行知将培养“真人”作为教学目标与人生目标，其提出的“真人”有着丰富的内涵，主要体现在自身素养和目标志向两个方面。就其自身素养来说，“真人”是一个求真知、说真话的人，是一个能够造福老百姓的人中人，是一个具有人民大德的有道德之人，是一个集“健康的身体”“独立的思想”“独立的职业”于一体的“整个的人”②，是一个富有创造精神和开辟精神的创造的人；就其目标志向来说，“真人”是一个具有时代使命和社会责任的人，承担着社会改造及为国家、人民谋福祉的重任，他们以“为老百姓造福利”“为国家民族谋幸福”“为整个人类谋利益”③为志向，具有为服务社会与

---

① 华中师范学院教育科学研究所主编:《陶行知全集》第 4 卷，湖南教育出版社 1985 年版，第 592 页。

② 华中师范学院教育科学研究所主编:《陶行知全集》第 1 卷，湖南教育出版社 1984 年版，第 595 页。

③ 华中师范学院教育科学研究所主编:《陶行知全集》第 3 卷，湖南教育出版社 1985 年版，第 379 页。

大众而自我牺牲的精神。正如陶行知在《育才学校节略》中所指出的，育才学校的宗旨是教导学生“做追求真理的小学生；自觉觉人的小先生；手脑双挥的小工人；反抗侵略的小战士”①。陶行知培养“真人”的教学目标是以促进人的发展为主线，以致力于社会改造、国家进步为目标的思想主张，统合了教育的本体价值与社会价值，通过“真人”的培养而向美好生活迈进。

(二)立足生活的教学内容论

陶行知主张“过什么生活便是受什么教育”，他始终将生活教育理念贯穿在教学中，只有以生活为核心的教学内容，教育才能满足学生实际生活的需要，发挥其社会价值。立足生活的教学内容是一种动态的教育素材，属于“活的教育”，源于生活而又高于生活。陶行知主张“拿活的东西去教活的学生”。他认为，活的教育内容能够激发学生的兴趣，引起他们活泼的精神，使学生在快乐中学习，因此教育工作者“就要随时随地的拿些活的东西去教那活的学生，养成活的人材”②，以此来发展学生的“活本领”。后来，他又先后制定了《育才三方针》《育才十二要》《育才卫生教育二十九事》《育才二十三常能》等，均体现了其立足生活的教学内容论，尤其是《育才二十三常能》，以“初级十六常能”和“高级七常能”来为学生制定了所需学习的日常生活技能。

陶行知提倡立足生活的教学内容论，并非反对书本教育。他针对当时“撇开衣食而讲学问，或忘了学问而单谋衣食”③的弊端，指出书本是有地位的，“过什么生活就用什么书，书不过是一种工具罢了。书是不可以死读的，但是不能不用”④。陶行知主张要“用活书，活用书，用书活”，教导学生要用活书去学习、去生活、去建设、去实验、去革命，用活书来改造社会。因此，陶行知立足生活教育理念，从实际生活出发而编撰了诸多教材，他编撰的教材“在选题上贴近生活，符合学生的认知水平，在功用上也能够让学生

① 华中师范学院教育科学研究所主编:《陶行知全集》第3卷，湖南教育出版社1985年版，第507页。

② 华中师范学院教育科学研究所主编:《陶行知全集》第1卷，湖南教育出版社1984年版，第181页.

③ 华中师范大学教育科学研究所主编:《陶行知全集》第8卷，湖南教育出版社1992年版，第137页。

④ 华中师范学院教育科学研究所主编:《陶行知全集》第2卷，湖南教育出版社1985年版，第184—185页。

现学现用”①。

(三)师生共进的教学过程论

教学过程是教学的具体实施,陶行知针对传统的教学过程,更加突出做的教育过程,他认为,教师与学生没有严格的界限,“每个人都是教做,也都是学做。‘会做的教人,不会做的跟人学’是我们的座右铭”②,当然,陶行知并不是否定教师的作用,而是突显师生共教、共学、共做、共生活的教学过程,以此来促进师生的共同进步。

师生共进的教学过程,对教师提出了较高的要求。陶行知认为,师生共生活、共甘苦才是最好的教育,因此他要求教师要融入学生的队伍中去,将自己变成个小孩子,向学生学习,“如果你不肯向你的学生虚心请教,你便不知道他的环境,不知道他的能力,不知道他的需要;那么,你就有天大的本事也不能教导他”③,唯有融入学生生活中,教师才能更好地了解学生,才能更好地、富有成效地开展教学活动。在陶行知看来,儿童的潜力与能力是巨大的,教师只有通过与学生的共做、共生活,加入儿童的队伍里,才能了解儿童的实际能力,正如其所说:“您立刻觉得是和小孩子一般儿大,一块儿玩,一处儿做工,谁也不觉得您是先生,您便成了真正的先生。您立刻会发现小孩子的能力大得很:他能做许多您不能做的事,也能做许多您以为他不能做的事。”④陶行知师生共进的教学过程论淡化了师生的界限,构建了一个相对开放的教学环境。他主张师生在共教、共学、共做、共生活的过程中实现知识的相互传递、人格的相互磨炼及技能的共同增进,更多地突显了学生的主体价值及师生交往的功用,使教学更能贴近学生实际,促进师生在教学过程中均有所学、有所进。

(四)三维一体的教学方法论

陶行知注重教学方法论的构建,从三个维度对教学方法论进行了深入

---

① 刘大伟:《论陶行知教材编撰思想与实践及其现实意义》,《课程·教材·教法》2013年第1期,第79页。

② 华中师范学院教育科学研究所主编:《陶行知全集》第2卷,湖南教育出版社1985年版,第35页。

③ 华中师范学院教育科学研究所主编:《陶行知全集》第3卷,湖南教育出版社1985年版,第30页。

④ 华中师范学院教育科学研究所主编:《陶行知全集》第2卷,湖南教育出版社1985年版,第244页。

研究。

一是从教学对象与教学方法的关系来看。陶行知为更好地统合教学对象与教学方法的关系而提出"教学做合一"的方法论，他指出，教学做是一件事并突显了做的中心地位，正如其所言："教的方法根据学的方法；学的方法根据做的方法。事怎样做便怎样学，怎样学变怎样教。教与学都以做为中心。"①以做来决定学与教的方式，统合了师生、教学内容、教学目标、教学过程之间的关系，彼此之间能够和谐统一，使教学方法能够与教学各环节、因素深度融合，有助于获得良好的教学实效。

二是从其教学方法论构建来源的维度来看。陶行知承继了中西方思想精髓，并且结合中国国情和教育实际而逐步建构起系统完善的教学方法论。一方面，从承继上来说，他继承杜威的实用主义教育思想，根据杜威的五步教学法而将其演变为"行动生困难，困难生疑问，疑问生假设，假设生试验，试验生断语，断语又生了行动，如此演进于无穷"②。此外，他还根据《中庸》中博学、审问、慎思、明辨、笃行的治学过程，提出了体验、看书、求师、访友、思考③的治学次序。另一方面，从现实上来说，陶行知在中国开展了乡村教育、普及教育、战时教育、民主教育、创造教育等。他根据教育类型的不同而提出了有针对性的教学方法，以创造教育为例，他提出"六大解放"，即"解放眼睛""解放双手""解放头脑""解放嘴""解放空间""解放时间"④，以此来锻炼学生的创造力，使其走上创造之路。

三是从教师专业素养的维度来看。陶行知在1919年的《新教育》中指出："新教员不重在教，重在引导学生怎么样去学。"⑤他认为教师要具有"共和精神"，"就是不可摆出做官的态度，事事要和学生同甘苦，要和学生

---

① 华中师范学院教育科学研究所主编:《陶行知全集》第2卷，湖南教育出版社1985年版，第289页。

② 华中师范学院教育科学研究所主编:《陶行知全集》第2卷，湖南教育出版社1985年版，第404页。

③ 华中师范学院教育科学研究所主编:《陶行知全集》第3卷，湖南教育出版社1985年版，第479页。

④ 华中师范学院教育科学研究所主编:《陶行知全集》第3卷，湖南教育出版社1985年版，第542—543页。

⑤ 华中师范学院教育科学研究所主编:《陶行知全集》第1卷，湖南教育出版社1984年版，第127页。

表同情，参与到学生里面去，指导他们”①。按照他在1927年的讲话《以教人者教己》，我们可以这样理解，教师在具体教学中要能够设身处地地为学生考虑，自己先把事情弄清楚透彻，同时也要在与学生的共同参与、生活中了解学生实际，以便于有意识地调整教学方法，努力使学生明白。

综上所述，陶行知的教学论思想具有以下特征：第一，大众性。陶行知将普及人民大众教育作为终生为之奋斗的目标②，他指出“现在开办学校之钱是人人所出，而教育只有很少数的人享受”③，所以，他的教学论思想的目的是要把广大民众团结起来，将他们培养成具有全面和谐发展的“真人”，进而服务于国家民族发展及人类社会进步。第二，生活性。“生活即教育”是陶行知生活教育理论的本体论，基于此，陶行知的教学论思想亦体现出生活性的特征，教学内容的选择、教学方法的择取、教材的编撰等均明显地体现出生活的特色，满足了学生及广大民众日常生活的基本需求。此外，陶行知主张通过共同生活、集体生活来促进师生之间精神的沟通、人格的磨炼和感情的融洽等，正如其所说：“师生共同生活到什么程度，学校生气也发扬到什么地步”④。因此，他在育才学校的创办中实施了劳动生活、健康生活、政治生活和文化生活四种集体生活，以之作为培养人才的有效途径。第三，实践性。陶行知指出：“中国学子被先知后行的学说所麻醉，习惯成了自然，平日不肯行，不敢行，终于不能行，也就一无所知。”⑤因此他主张“行是知之始”，提倡“教学做合一”，突显做的中心地位，教导学生要学用结合、行以求知，将理论与实践结合，积极开展教育实践和社会实践。第四，科学性。陶行知在教学论思想的构建中，援引西方思想精髓，传承中国优秀传统，结合中国教育实际，构建起了系统、科学、全面而又富有内在

---

① 华中师范学院教育科学研究所主编：《陶行知全集》第1卷，湖南教育出版社1984年版，第128页。

② 孙培青、李国钧主编，金林祥本卷主编：《中国教育思想史》第3卷，华东师范大学出版社1995年版，第413页。

③ 华中师范学院教育科学研究所主编：《陶行知全集》第2卷，湖南教育出版社1985年版，第895页。

④ 华中师范大学教育科学研究所主编：《陶行知全集》第8卷，湖南教育出版社1992年版，第195页。

⑤ 华中师范学院教育科学研究所主编：《陶行知全集》第2卷，湖南教育出版社1985年版，第208页。

逻辑的教学论思想，并根据中国国情变化而逐渐使之丰富、充实、完善，对教学论进行了深入的本土化探索，具有丰富的时代特征和中国特色。

三、陶行知教学论思想的当代价值

陶行知的教学论思想是时代发展的结晶，它是陶行知对我国教育教学理论与实践的重要贡献，来源于生活而又服务于生活，注重教学与现实的衔接，重视理论与实践的统一。经过理论的探索和实践的检验，其内涵不断丰富和深化，在中国教育史上产生了重大影响，并对我国当前教育教学的发展实践与理论探索具有重要的当代价值。

（一）教学目标应注重统筹学生发展与时代需求

教学目标是教学活动的出发点和归宿，陶行知立足中国国情和教育实况，在批判传统教学论的过程中提出培养“真人”的教学目标，对“真人”所应具有的基本素养及社会责任进行了详细阐述，并将其运用于教育教学实际。育人为本始终是教育工作的根本要求，当今教育改革的重点是“面向全体学生、促进学生全面发展，着力提高学生服务国家服务人民的社会责任感、勇于探索的创新精神和善于解决问题的实践能力”。为进一步促进教育的改革与发展，我们应以陶为师，注重教学目标的设计，借鉴陶行知培养“真人”的教学目标论，在立足学生全面、健康发展的同时，将时代发展对所需人才的素养要求编写进教学目标，使教学目标集学生发展与时代需求于一身，实现学生发展与时代需求的对接，以此来指导教育教学实践，培养时代所需人才。

（二）教学内容应立足生活，坚持能力为重

从陶行知的教育内容论来看，其所选择的教学内容均来源于生活，同时又反作用于生活。在学校教育中，书本依然是教学内容的重要载体，但在具体的教学活动中，书本只是一种狭义的教学内容，教学不能仅仅依赖于书本，而应将书本知识同与学生日常生活息息相关的、鲜活的素材联系起来，在保障知识的科学逻辑、心理逻辑的同时，更需要融入些“活的知识”，加强教育教学与生活的联系，以生活来充实、理解教学内容，以教学内容来指导、服务生活，发挥二者的互益作用。当然，为更好地发挥教学内容与生活的互益作用，也应注重学生各种能力的发展，正如陶行知所说：“新时代的学生要用活书去生产，用活书去实验，用活书去建设，用活书去革

命，用活书去树立一个比现在可爱可敬的社会。"[①]因此，在教学中应强化学生的能力培养，以立足生活的教学内容为媒介，加强教育教学与生活的互助功用，借助"活书""活的知识"来"提高学生的学习能力、实践能力、创新能力，教育学生学会知识技能，学会动手动脑，学会生存生活，学会做人做事，促进学生主动适应社会，开创美好未来"。

（三）构建师生生活共同体，改进教学过程

陶行知鼓励教师要多与学生接触，要多参与到学生队伍中去，以师生共教、共学、共做、共生活来开展教学活动，如在安徽公学和晓庄师范学院开展了共同生活的实验。他认为共同生活有着重要的积极意义，"大家由相亲而达到相知相爱，自然可以造成和乐的境界"[②]，当然真正的共同生活并非简单地生活在一起，而是"必须大家把人格拿出来互相磨[摩]擦"[③]，往时今日，陶行知的这种思想主张都是十分有意义的。在当今的教学实践中，虽然开展了各种形式的教学改革，但仍是传统教与学的改良，师生共教、共学、共做、共生活依然没有得到较好的体现，因此我们应注重构建师生生活共同体，以此来促进教学过程的改革。健全的师生生活共同体，可以打破师生之间的藩篱，加强师生间的联系，在生活共同体中，教师易于融入学生之中，了解学生实际情况及学生的特长、潜力等，相互间更可以进行知识的交流、人格的感化以达到关系的融洽，有利于因材施教，有针对性地促进学生发展。同时，在师生共同体中，可以发挥群体及交往的作用，锻炼学生的集体意识与合作意识，对学生进行一定的社会化，为其未来走上社会奠定良好基础。

（四）教学方法改革应注重培养教师的教学方法论意识

关于教师的教学方法论意识，陶行知就"教什么和怎样教"的问题，进一步发展了"教学做合一"的方法论，他指出"怎样教就怎样训练教师"，同时他也考虑到了人的因素，因此他提出"我们要晓得受教的人在生长历程

---

① 华中师范学院教育科学研究所主编：《陶行知全集》第2卷，湖南教育出版社1985年版，第417页。

② 华中师范学院教育科学研究所主编：《陶行知全集》第2卷，湖南教育出版社1985年版，第59页。

③ 华中师范学院教育科学研究所主编：《陶行知全集》第2卷，湖南教育出版社1985年版，第59页。

中之能力需要，然后才晓得要教他什么和怎样教他；晓得了要教他什么和怎样教他，然后才能晓得如何去训练那教他的先生”[①]。有鉴于此，为取得更好的教学实效，我们应注重培养教师的教学方法论意识。当然，教学方法论意识并非仅指教学方法的选用，更多的是唤起教师关于教学方法论的内在觉醒，即着力加强教师的“适切意识”“视角意识”“层面意识”“分析单位意识”“思维方式意识”[②]等，唯有如此，教师才能更好地结合教学实际，将教学各环节、各要素有效地联结起来，做到教学对象、教学内容与教学方法的融合统一。因此，在教学方法的改革中，我们应加强教师教学方法论意识的理论研究与实践探索，帮助教师提升教学艺术，促进教师的专业成长。

（程功群系华中师范大学教育学院博士研究生。）

---

① 华中师范学院教育科学研究所主编：《陶行知全集》第1卷，湖南教育出版社1984年版，第638—639页。

② 李政涛：《从教学方法到教学方法论——兼论现代教学转型过程中的方法论转换》，《教育理论与实践》2008年第31期，第35页。

陈鹤琴与陶行知课程观比较及其当代价值

王　瑶　申　霞

随着全球化进程的加快，教育改革与教育国际化势在必行。为此，新世纪以来我国相继推出新课程改革、实施素质教育等系列改革，以提高教育质量，提升国民素质，使中国更好地融入全球化潮流之中。但不可否认，当前我国教育仍存在些许问题，如过度教育、素质教育流于表面等，因此重温陈鹤琴与陶行知的教育思想有着极为重要的现实意义。“以人为鉴，可明得失；以史为鉴，可知兴替。”社会发展需要对历史反思，也需要历史启示。教育发展，同样离不开对教育历史长河中教育家璀璨思想的吸取与借鉴。因此，笔者欲就陈鹤琴与陶行知的课程观作比较与分析，以期能为当前教育改革与发展提供一定的启示与借鉴。

一、陈鹤琴“大而活”的课程观

陈鹤琴，是中国近现代学前教育理论和实践的开创者，毕生致力于从中国国情出发，学习和引进西方教育思想和方法，建设有中国特色的现代儿童教育理论体系。他立足我国国情，积极探索适合儿童身心健康发展规律的幼儿教育之路，提出了活教育思想。活教育理论是他幼儿教育体系中最负盛名也是影响最大的理论，也是我国学者第一次提出的一套系统的幼儿教育理论及方法体系，为改革传统教育开辟了新的道路。纵观活教育思想，可将其中所蕴含的课程观概括为以下三个方面。

（一）课程目标观：“做人”，“做中国人”，“做现代中国人”，“做世界人”

陈鹤琴生于一个动乱的年代，国家动荡不安，民族处于危急存亡之际，因此他所提出的目标观有着深刻的社会与现实意义，这个看似直白的课程目标观，却富含着深刻的哲理意义，深刻体现了民族性、社会性与实用性。

首先，教人“做人”是任何一种教育都最为根本的目标，“十年育树，百年育人”，教育重在教学生如何“做人”。有感于当时的时代背景，陈鹤琴认为活教育应教学生如何“做人”,如何求得社会进步、社会发展。其具体提出了“做人”的三个基本要求:一是他必须不论国籍、种族、阶级和宗教的关系而泛爱人;二是他确实热爱真理,以真理为至高无上;三是他必须有天下一家的观念。教育的目的就在于帮助形成人的上述意识,学会“做人”就成为个体参与社会生活,增进人类全体,同时也是个体幸福的基础①。

其次,在教育要教会学生“做人”的基础上,陈鹤琴进一步提出了教育要教会学生“做中国人”,这一目标体现了中华民族自己独特的精神品质与内涵。陈鹤琴先生曾说过:“今天我们生在中国,是一个中国人,做一个中国人与做一个别的国家的人不同。”②教育应该教会学生作为一名中国人的独特所在,应让学生了解民族历史,获得民族自豪感与认同感,并为民族的发展做出贡献。

再次,20 世纪是一个动乱的年代,各种新思想不断涌入中国,伴随着五四运动的发展,中国进入了一个追求科学与真理的时代。基于此社会背景,陈鹤琴先生高瞻远瞩地提出教育应该重在培养“现代中国人”,不是“旧时代迂腐的书生”,不是“传统教育下培养出的死读书的圣人”,而是拥有现代精神的“现代中国人”。陈鹤琴先生认为做一个“现代中国人”有以下五方面的要求:一是“要有健全的身体”;二是“要有建设的能力”;三是“要有创造的能力”;四是“要有合作的态度”;五是“要有服务的精神”。从这五方面我们可以看出,陈鹤琴先生基于时代背景提出希望能够培养出德智体美全面发展的、肩负起中华民族发展与振兴的“现代中国人”。

最后,抗战胜利后,陈鹤琴先生又一次发展了其活教育思想的课程目标观,提出随着时代发展,教育要注重培养“世界人”。他认为“世界人”要爱国家、爱人类、爱真理,要具有世界精神与眼光,赋予了中国教育目的世界性内涵,走在世界教育发展的前列。

综上可看出,陈鹤琴先生的课程目标观与时代背景紧密相连,有着极大的社会现实意义,是处于动乱年代的教育家们企图通过教育来挽救民族危机的一次伟大的尝试,对于我们今天的教育发展有着极大的借鉴与启示

① 张翠芹:《陈鹤琴的“活教育”思想及其对当今幼儿教育的启示》,南京师范大学 2007 年硕士学位论文,第 16 页。

② 北京市教育科学研究所编:《陈鹤琴全集》第 5 卷,江苏教育出版社 1991 年版,第 63 页。

意义。

(二)课程内容观:“大自然、大社会都是活教材”

陈鹤琴先生在美国留学期间深受杜威实用主义哲学思想的影响,认为传统教育过于注重书本,将课本作为传播知识的唯一手段,学生习得的都是间接经验,教出来的学生都是只会死读书的书呆子,不利于社会与民族的长远发展。因此,他提出课程内容应该直接取自大自然、大社会,让学生在与大自然、大社会的接触中灵活的学习,通过亲自观察与感受获得直接经验,习得知识。但是陈鹤琴并不是完全反对学生去读书,他只是反对死读书,认为学生应该将书本作为一种“参考研究的资料”,不要把课本作为唯一的教学工具,要让学生去接触社会与自然,培养“活”的人。

(三)课程实施观:“做中教,做中学,做中求进步”

“杜威曾说过‘一切学习来自经验’,这里的‘经验’指的就是实践、行动(即‘做’)。”①陈鹤琴先生深受杜威实用主义哲学的影响,也认为课程的实施应该来自学生在大自然、大社会中自己的体验与感悟,也就是说活教育课程的实施要“着重于室外的活动,着重于生活的体验,以实物作研究的对象,以书籍作辅佐参考”②。为此,他提出在课程编制中应该打破原有的以课堂、教材为中心的编制原则,认为除国语及算数外都要采用大单元及活动中心编制,这种编制原则充分考虑到儿童的学习兴趣,符合儿童的心理特点,应用于幼儿园和小学低年级的教学是十分合适的。

同时,经过长期的实验研究与观察,他提出“五指活动”的课程类型。具体包括:一是儿童健康活动(包括体育、卫生等学科);二是儿童社会活动(包括史地、公民、常识等学科);三是儿童科学活动(包括动、植、矿、气象、理化、算术等学科);四是儿童艺术活动(包括音乐、图画、工艺等学科);五是儿童文学活动(包括读、作、写、说等学科)。此“五指活动正像一只手的五个指头,各个指头相互联系构成一个整体”③。“五指活动”的课程实施

---

① 陈功江、王佩、申国昌:《杜威与陶行知课程观比较及其当代价值——基于当代课程研究创新与本土特色的视角》,《课程·教材·教法》2012年第4期,第8页。

② 北京市教育科学研究所编:《陈鹤琴全集》第4卷,江苏教育出版社1991年版,第366—367页。

③ 北京市教育科学研究所编:《陈鹤琴全集》第6卷,江苏教育出版社1992年版,第303页。

类型，突出了学生的主体地位，彰显了让儿童在做中学习、做中求进步的主体思想，改变过去传统教育以学科、教师为主的弊病，由刻意追求学科本身的系统知识发展到注重与自然、社会亲密相关的实际经验。

二、陶行知立足生活的课程观

陶行知作为我国现代伟大教育家，毕生奉行“捧着一颗心来，不带半根草去”的信念，致力于祖国和人民的教育事业，被毛泽东誉为“伟大的人民教育家”。他的生活教育思想是建立在对中国近代教育弊端的批判基础之上，借鉴和吸取了西方杜威的实用主义思想，从而形成的具有本国特色的生活教育思想体系，是一种具有创造性并不断发展、不断进步的教育思想。他认为“生活教育是生活所原有、生活所自营、生活所必需的教育。教育的根本意义是生活之变化。过什么生活便是受什么教育”。由此，可将其生活教育理论中所蕴含的课程观概括为以下三个方面。

（一）课程目标观：培养“真人”

陶行知认为传统教育对于学生是否在学校能够真正习得知识，出现学校后能否真正物有所用一概漠不关心，学校只是把学生当作读书的机器，只知道关起门来让学生死读书、读死书，把学生培养成一个个书呆子。他一针见血地指出中国教育走到山穷水尽的地步的原因在于中国教育太局限于书本，没有与生活相联系。基于此，他严厉地批判了传统教育所制定的教育目标，认为真正的教育应该培养的是“真人”，即培养学生健全的人格，正如陶行知先生在为广东大埔县百侯中学所作的校歌里写道：“千教万教，教人求真。千学万学，学做真人。”[①]他主张“生活即教育”，教育应立足于生活，含有生活的意义，由此教育应该培养的是立足于生活的“真人”，即富含创造力，拥有终身学习能力的，具有健全人格的人。

陶行知先生的课程目标观的科学性及其成功的教育实践已被历史所证明，他所倡导的课程目标观与我们现在的新课改不谋而合，学校课程要致力于提升学生的生活力、学习力和创造力，让每一个学生的个性都能得到充分的发展。因此，陶行知先生的课程目标观对于我们现在教育的发展

---

① 华中师范学院教育科学研究所：《陶行知全集》第 4 卷，湖南教育出版社 1985 年版，第 592 页。

仍有着重大的意义。

(二)课程内容观:立足于生活的课程

"生活即教育"是陶行知生活教育理论的核心思想。陶行知认为生活含有教育的意义,具有教育的作用,生活是教育的中心,与教育是同一过程,教育必须与生活相联系、相一致,通过生活来进行,以满足生活向前、向上的需要。因此,他主张课程内容应该是以生活为中心的"活"的知识,课程的内容应该立足于生活。同时,课程内容的设置要有助于学生德智体美的全面发展,有助于培养学生的创造力及健全的人格。为此,他提出课程的设置既要注重科学知识的学习,也需要培养学生的艺术兴趣,最重要的是要加强体育锻炼,培养强健的身体。

同时,为了能过更好地培养学生的创造力,实现课程目标,他提出了"六个解放":一是解放孩子的头脑,使他们能想,把束缚孩子的紧箍咒撕下来;二是解放孩子的双手,使他们能干力所能及的活儿,让孩子自己去做,父母不要包办;三是解放孩子的眼睛,使他们能看,多看有益的书报,多观察周围的新鲜事物;四是解放孩子的嘴,使他们能谈会谈,让他们有提问的自由,以发挥他们的想象力;五是解放孩子的答问,不要把他们老关在家中,让他们到大自然、到社会中去开阔视野;六是解放孩子的时间,不要用功课占满他们的时间,要给孩子一些空闲时间,消化学问,干他们自己感兴趣的事,绝不能让孩子失去学习人生的机会。

(三)课程实施观:"教学做合一"

"教学做合一"是陶行知生活教育理论的核心组成部分之一,也是其课程实施观的精彩写照。他提出:"怎样做,就怎样学;怎样学,就怎样教。……教的法子根据学的法子,学的法子根据做的法子。"[①]这是对于"教学做合一"的具体解释。他提倡课程的实施需要将理论和实践相联系,在做中教,做中学习,但是这种做不是盲目的,要在"劳力上劳心""手脑双挥",这将传统教育所割裂的"劳力"与"劳心"联系了起来,使得教育方式更加完整。同时,他也认为在教育中要做到"有教先学""有学有教",教育是一个教学相长的过程。这些观点与当今的教育改革思路不谋而合,对我们当今教育的

---

① 《陶行知全集》编辑委员会编:《陶行知全集》第 2 卷,四川教育出版社 1991 年版,第 10 页。

实施有着重要的启示意义。

三、陈鹤琴与陶行知课程观比较

陶行知与陈鹤琴的生活年代基本相同，历史背景相似，他们两人的思想都受到杜威实用主义哲学的影响，并且都是建立在对近代中国传统教育批判之基础上，均批判了传统的教育忽视儿童的主体性，学校和课堂脱离了生活实际等。同时，他们并不是完全地照搬国外的教育思想，而是在充分考虑到中国的时代背景和国情的基础上，提出了符合中国国情的教育思想。在他们二人的思想中，不仅体现出批判吸收西方先进教育理念的理论尝试，也积极融入了在办学实践中所得到的宝贵经验。因此他们的思想具有强大的生命力，很多观点对当今教育改革仍有启发作用。他们二人的理论既有共通之处，也有不同侧重。

（一）课程目标观之比较

在课程目标上，由于陶行知与陈鹤琴都深受杜威实用主义哲学的影响，都批判了传统教育只把学生当作读书机器，让学生死读书、读死书，磨灭了学生的自主性与创造性。由此，陶行知认为教育应该立足于生活，将教育与生活相联系，注重培养“真人”，即具有创造力的、人格健全的人。陈鹤琴对陶行知的生活教育观持肯定态度，他也提出教育的目标在于教会学生“做人”，做一个具有健全身体、建设能力、创造能力、合作态度、服务精神的“现代中国人”。但是，陈鹤琴又与当时中国的国情与时代背景相联系，提出教育也需要培养具有爱国情怀与热情、拥有科学思想与民主思想、具有世界性眼光的“世界人”。

（二）课程内容观之比较

陶行知与陈鹤琴虽然在批判传统教育上有共通之处，但还是各有侧重，这在他们所提倡的课程内容上可以表现出来。陈鹤琴认为传统教育过于注重书本，将课本作为传播知识的唯一手段，学生习得的都是间接经验，教出来的学生都是只会死读书的书呆子，不利于社会与民族的长远发展。为此，陈鹤琴提出“大自然、大社会都是活教材”，课程内容不能只局限于书本知识，还应该取自大自然、大社会，让学生在与大自然、大社会的接触中灵活地学习，通过亲自观察与感受获得直接经验，习得知识。但是，陶行知认为传统学校教育的主要弊端之一就是学校教育同儿童现在的生活经验相割裂,没有给儿童充分生活或生长提供必要的和适当的条件。传统学校教育在根本上忽视了每个儿童的不同能力的需要,忽视培养儿童的思维习惯和能力,缺乏引起思维的经验的情境①。为此,陶行知提出教育必须与生活相联系、相一致,通过生活来进行,以满足生活向前、向上的需要。因此,他主张课程内容应该是以生活为中心的"活"的知识,课程的内容应该立足于生活,课程内容的设置要有助于学生德智体美的全面发展,有助于培养学生的创造力及健全的人格。为此,他提出了"六个解放",让课程的设置既要注重科学知识的学习,也要注重培养学生的艺术兴趣,最重要的是要加强体育锻炼,培养强健的身体,以弥补传统教育的弊端。

陈鹤琴所提倡的课程内容编制却有一定的局限性,他所提倡的除国语及算数外都要采用大单元及活动中心编制,这种编制原则打破了原有的以学科为中心的编制原则,充分考虑到儿童的学习兴趣,符合儿童的心理特点,应用于幼儿园和小学低年级的教学是十分合适的,但是若将其推广应用于所有年龄段的学生,就会造成高年级学生忽视科学知识的学习,难以习得真正有用的、充足的科学知识。因此,在我们进行课程内容改革时,对于两者的观点应该取长补短,不断完善,以促进我们当代教育更好地发展。

(三)课程实施观之比较

由于受杜威"从做中学"的教育思想的影响,陶行知和陈鹤琴都强调在课程实施上要重视做,但其侧重点各有不同。陈鹤琴认为教学的过程是一个"做中学,做中教,做中求进步"的过程,教师在"做中教",学生在"做中学",两者在做的联系下,最终实现教学相长,其更加注重的是在课程实施过程中发挥教师主导、学生主体的作用。然而,陶行知提倡"教学做合一",认为课程的实施需要将理论和实践相联系,在做中教,做中学习,但是这种做不是盲目的,要在"劳力上劳心","手脑双挥",其更加注重的是在课程实施过程中要将学和做联系起来,"劳力"和"劳心"相结合。

同时,在课程的类型上,陈鹤琴提出了"五指活动",陶行知提出了"六个解放",这两者有着异曲同工之妙,均要求注重儿童的全面发展,发挥儿童的创造力,释放儿童的天性,这对我们当前的教育改革有着重要的指引作用。

---

① 陈余丹:《陶行知生活教育与陈鹤琴"活教育"之比较》,《福建陶研》2012 年第 Z1 期,第 40 页。

四、陈鹤琴与陶行知课程观的当代价值

联合国教科文组织国际教育发展委员会在《学会生存——教育世界的今天和明天》一书中写道："儿童的人格不能分裂成为两个互不接触的世界——在一个世界里，儿童象一个脱离现实的傀儡一样，从事学习；而在另一个世界里，他通过某种违背教育的活动来获得自我满足。"①正如陈鹤琴与陶行知所批判的传统教育一样，我们当今的教育与生活、实践相脱离，磨灭儿童的天性，扼杀儿童的创造力，不重视儿童的主体地位，由此而导致如今的应试教育盛行，素质教育流于表面，"中国制造"难以转型为"中国创造"等多种教育及社会问题的出现。为此，比较学习陈鹤琴与陶行知的教育理论对我们当今的教育改革有着深刻的指导与借鉴意义。

(一)课程目标的设置应关注学生的主体地位，培养人格健全的人

1995 年颁布的《中华人民共和国教育法》规定："教育必须为社会主义现代化建设服务，必须与生产劳动相结合，培养德、智、体等方面全面发展的社会主义事业的建设者和接班人。"②但是，在应试教育模式盛行的今天，反观如今各学校的课程目标，大部分都以传授、学习课本知识为主，与生活实践相脱离，只注重学生成绩的提高，反而忽视了学生道德、体能、智力的培养，由此造成了极大的教育漏洞与社会危害。通过比较陈鹤琴与陶行知的课程目标观，我们可知教育的目的不仅仅是教给学生书本知识，而且是要注重启迪与开发学生的思维与创造力，引导学生发现教育的意义，让学生得到解放，去做自己喜欢做的事情。同时，新课改提出"一切为了学生"，因此，课程目标的设置应该关注学生的主体地位，发挥学生的主体性，将学生作为课堂的中心。

(二)课程内容要与生活相联系，注重学生的全面发展

在知识本位、学科本位教育模式的影响下，如今的课程内容难、繁、偏、旧，与生活实践相脱离，难以发挥真正的用处。当前的教育改革要注重加强教育内容与生活的联系，一切从生活出发，让学生在与生活、社会的接触中习得真正有用的知识。陈鹤琴和陶行知都认为课程内容应该与生活相

---

① 联合国教科文组织国际教育发展委员会：《学会生存——教育世界的今天和明天》，华东师范大学比较教育研究所译，职工教育出版社 1989 年版，第 14 页。

② 《中华人民共和国教育法》，法律出版社 1995 年版，第 3 页。

联系，生活含有教育的意义，要善于从大自然、大社会中习得知识。而且课程内容不应该仅仅涉及科学知识，正如陈鹤琴所提倡的“五指活动”与陶行知所提倡的“六个解放”，课程内容的设置既要注重科学知识的学习，也要注重培养学生的艺术兴趣，最重要的是要加强体育锻炼，培养强健的身体，以培养德智体美全面发展的社会主义建设者与接班人。同时，当前的教育改革也可以借鉴陈鹤琴所提出的大单元及活动中心编制，打破原有的以课堂、教材为中心的编制原则，可设置实践性课程，让学生在与社会的接触中获得直接经验，并在教师的指导下获得真正有用的知识与技能，以此来发挥学生的主体作用，使得学生能够习得真正有用、有趣的知识。

（三）课程实施要强调实践操作，注意培养学生的动手操作能力

陈鹤琴提出“做中教，做中学，做中求进步”，陶行知提出“教学做合一”，两者都十分注重课程实施过程中的做，认为教学要与实践相联系，我们当今的学校教育仍然是以课程知识的学习为主，忽视学生的实践，这导致学生都成了读书机器，难以将习得的知识真正地用于实践。因此，当前的教育改革在课程实施上要注重将课程内容与现实生活相联系，安排实践性课程，让学生与教师在“做中教，做中学”，在“劳心上劳力”，以促进学生的全面发展，从而有助于我国的长远发展。

不可否认，当前各级各类教育教学过程中仍然存在着陶行知所讲的“教死书，死教书，教书死；读死书，死读书，读书死”的状况，要改变这种状况，我们就要以史为鉴，吸取历史上著名教育家的智慧，真正深化教育教学改革。在对陈鹤琴与陶行知两位大师的比较学习中，我们可以看出很多思想对于当前的教育教学改革与发展仍有很大裨益。因此，在教育实践中我们要认真学习著名教育家的教育思想与理念，吸取其优秀的教育理论精华，进而为教育改革的现实服务。

（王瑶、申霞均系华中师范大学教育学院硕士研究生。）

陶行知的“三力论”“常能说”与 21 世纪核心素养观

周洪宇　龚　苗

陶行知，我国近现代伟大的人民教育家，20 世纪综合性的文化巨人。他曾针对当时的教育弊端，提出“三力论”和“常能说”观点，这为今日中国构建学生发展核心素养体系提供了一条全新的思路，值得引起教育学术界的重视。

一、“三力论”“常能说”之要义

(一)“三力论”“常能说”的基本内涵

何谓“三力论”“常能说”？“三力”是对陶行知以为学生应掌握之生活力、自动力和创造力的概括。“常能”是陶行知教育理论的术语之一，是其后期结合育才学校之创办旨趣、教育目标和育才经验而提的分初、高两级，具体为二十三项能力之简称。生活力，尤其是健康生活力、劳动生活力、艺术生活力、科学生活力和改造社会生活力，可说是陶行知较早时对晓庄学校学生能力的一种理想和企盼。“常能”则是其后期关于学生能力的内容和结构在育才学校的另一蓝图。无论是晓庄式的生活力，还是育才式的“常能”，陶行知都重视创设环境、情境养成学生的自动力和创造力。“常能”是对“三力”的一次总结和具体化。不夸张地说，“常能说”是“三力论”的浓缩和升华，当然也有其局限性。

(二)生活力、自动力、创造力和“常能”的内涵

论及生活力，陶行知认为，“幼年人不是孤立的，他是环境当中的一个人。环境对于幼年人的生活有两种大的力量。一是助力……二是阻力”①，

① 陶行知：《中国师范教育建设论》，董宝良、喻本伐、周洪宇：《陶行知教育论著选》，人民教育出版社 2011 年版，第 181 页。

由此，培植生活力就在于应用自然界和社会界的助力、阻力，使学生"做个健全分子去征服自然，改造社会"。在《教学做合一下之教科书》一文中，他指出，生活力指适应、改造现代社会生活该有的力量，包括康健生活力、劳动生活力、科学生活力、艺术生活力和社会改造生活力。随着社会发展，生活力的内涵亦呈多样化发展趋势。具体而言，至少包括生存力、生计力、学习力、演说力、交往力等多种，后来其中的一些能力逐渐分解独立出来。

提及自动力，陶行知指出，"生活、工作、学习倘使都能自动，则教育之收效定能事半功倍"①。其中，方法是关键。他又指出"活的人才教育，不是灌输知识，而是将开发文化宝库的钥匙，尽我们知道的交给学生"②。这钥匙即方法，学生拥有钥匙，自动自觉，自我教育。具体而言，自动力指个体在生活、工作、学习中凭借兴趣，据已有经验，用已掌握之方法自觉行动、自主探索、自我教育、自我管理的能力，通过教育可培养之。自动力不仅包括自治力、自主力、自我教育力（自学力）、自我管理力、自强力，还包括"自觉觉人"力，即在自觉的同时，积极帮助别人，实现平等互助。

论述创造力，他认为行动、思想是创造力形成的前提，正所谓"行动是老子，思想是儿子，创造是孙子"③。手脑联盟是培养创造力的最佳形式。换言之，创造力是创造、创新的能力，形成于行动和思想中，由此产生新价值的力量。其既涵盖物质方面的创造，也包括精神方面的创造。另外，创造力具有可培养性。陶行知认为，环境要么发挥、加强、培养创造力，要么阻碍、削弱、摧残创造力。早期，创造力主要指科学生产方面的创造。随着实践的深入，创造力不止局限在科学生产，还包括艺术创造、学问创新等方面。

"三力"互相沟通，形成整体。生活力是自动力和创造力的基础，自动力为引导力，而创造力是关键。

陶行知没有过多阐述"常能"的内涵，其具体内容却十分清晰。在《育

---

① 陶行知:《育才二周岁前夜》，董宝良、喻本伐、周洪宇:《陶行知教育论著选》，人民教育出版社 2011 年版，第 543 页。

② 陶行知:《育才二周岁前夜》，董宝良、喻本伐、周洪宇:《陶行知教育论著选》，人民教育出版社 2011 年版，第 542 页。

③ 陶行知:《创造的教育》，董宝良、喻本伐、周洪宇:《陶行知教育论著选》，人民教育出版社 2011 年版，第 369—370 页。

才二十三常能》一文中，他将“常能”分为“初级十六常能”和“高级七常能”。“初级十六常能”包括会当书记、会说国语、会参加开会、会应对进退、会做小先生、会管账目、会管图书、会查字典、会烧饭菜、会洗补衣服、会种园、会布置、会修理、会游泳、会急救、会唱歌；“高级七常能”包括会开汽车、会打字、会速记、会接电、会担任翻译、会临时讲演、会领导工作。这二十三项“常能”，为集体生活所需，是获得文化钥匙的具体体现，是始终贯彻自动力的结果，很多项亦是因材施教养成特殊才能的展现。

(三)“三力论”“常能说”之品格

虽概括为“三力论”“常能说”，但其内容绝不仅仅限于能力。“三力”“常能”既包含知识诉求，亦涵盖能力养成，更强调品格追求。

早在1921年发表的《中学实验教育之必要》一文中，陶行知便指出，中学生毕业之后，若不升学，应有应付社会环境所必需之人格，制裁天然环境所必需之知识技能，生利所必需之知识技能，消闲所必需之知识技能。这可说是生活力概念的雏形。应付社会环境所必需之人格放在首位，可见其对人格之重视。他后来提出的改造社会生活力，既是一种能力，包括治家、团体自治、创造富的社会等，也是一种品格、价值观追求，包括掌民权、平等互助等追求民主共和，学做中华民国公民的品格和价值观。

自动力更不消说，既是能力，亦是品格。自动自觉是知情意合一教育的应然。他说：“现在我们要求在统一的教育中培养儿童的知情意，启发其自觉，使其人格获得完备的发展。”①此自觉是学习、生活必备的品格之一。有了正确的知识基础，掌握了方法，养成自动自觉，自治力、自主力和自我教育力等便成为真正的能力。自觉觉人力很有意思。要觉人(使人觉醒)，需要有一定的知识和能力基础，觉人是一种能力，但是自觉去觉人便是一种品格。“二十三常能”之会做小先生是自觉觉人的表现之一，包括帮助工友、同学以及学校附近农友等(在文化为公、知识为公、即知即传的号召下，自动地以一技一艺之长去帮助人学习)。《育才学校教育纲要草案》还指出，育才学校着重自我批评。自我批评是发展民主的有效手段，自我批评是促进自觉性启发的利器。在此，自我批评亦品格亦能力，启发自觉性。

---

① 陶行知：《育才学校教育纲要草案》，董宝良、喻本伐、周洪宇：《陶行知教育论著选》，人民教育出版社2011年版，第505页。

值得玩味的是,《育才学校公约草案》中亦有一条与批评有关,即批判他人,接受他人批判的权利与义务。批判他人是权利,接受他人批判是义务。说自我批评和接受他人批判是种品格并不为过。另外,主张批判他人是权利,对各样事情、观点的批判性思维亦是情理之中。这是陶行知思想的又一闪光点。

在《南京安徽公学创学旨趣》一文中,他主张学生养成大丈夫精神。所谓大丈夫精神,就是"富贵不能淫,贫贱不能移,威武不能屈",有独立的意志、独立的思想、独立的生计和耐劳的筋骨、耐饿的体肤、耐困乏的身、不可屈挠的精神、推己及人的恕道和大公无我的容量。育才每天四问的第四问便是"我的道德有没有进步"? 其对品格养成的重视可见一斑。

二、21世纪学生核心素养观

(一)核心素养提出的由来

核心素养概念是舶来品。自1997年经济合作与发展组织(OECD)启动"素养的界定与遴选:理念和概念基础"项目(Definition and Selection of Competencies: Theoretical and Conceptual Foundations,简称DeSeCo)始,素养这一提法正式形成并相继出现在各个国家和地区的重要教育文件中。比如,2005年,欧盟正式发布《终身学习核心素养:欧洲参考框架》(*Key Competences for Lifelong Learning: A European Reference Framework*),供各成员国参考。Competencies并非唯一的表述,competences, skills, capabilities等词也有同样的内涵,国外专家尚未达成一致意见。这一概念漂洋过海来到中国,国内学者将其译为"素养",亦有人主张译为"能力"等,不过诚如杨九诠所言,我们不必在意用"素养"一词翻译是否贴切,而要看到汉语"素养"一词自身表达的精准性和丰富性①。将key译为"核心"并无太大异议。另,基于教育培养未来人才以引领21世纪这一要求的体现,本研究也将采用21世纪核心素养的表达方式。

(二)核心素养体系的特征

各国家、地区及国际组织的核心素养体系虽不完全一致,但基本上都呈现出以下特征:一是以培养完整的个体和促进社会发展两个维度为起

① 杨九诠:《三对关系中把握核心素养》,《中国教育报》2016年7月13日第9版。

点。二是在人与社会关系方面，各国家、地区以及国际组织的目光不仅聚焦在本国、本地区，也关注与其他国家、地区之间的关系，培养学生的公民素养和国际公民意识。三是信息素养、科学素养和创新能力等与信息社会、知识社会紧密相连的要素极富时代性，有前瞻性，核心素养体系是未来教育发展的重要导向。四是各国在求同的同时，尤其关注本国优良传统文化，使核心素养扎根于本国土壤。

（三）核心素养的框架和要素

从经合组织以人与工具、人与自己和人与社会三个维度制定的核心素养框架及要素，到联合国教科文组织的“五大支柱”，再到欧盟的终身学习的“八大关键能力”说，各个国家、地区相继提出自己的核心素养框架和要素。北京师范大学师曼等梳理合并了全球29个框架中的素养条目，归纳出两类共18项素养，由此我们看到世界范围内核心素养体系的要素。

表1　从29个素养框架中提取的18项核心素养

维度	核心素养
领域素养	基础领域：语言、数学、科技、人文与社会、艺术、运动与健康 新兴领域：信息、环境、财商
通用素养	高阶认识：批判性思维、创造性与问题解决、学会学习与终身学习 个人成长：自我认识与自我调控、人生规划与幸福生活 社会性发展：沟通与合作、领导力、跨文化与国际理解、公民责任与社会参与

资料来源　师曼等：《21世纪核心素养的框架及要素研究》，《华东师范大学学报（教育科学版）》2016年第3期，第29—37、115页。

2016年2月，《中国学生发展核心素养（征求意见稿）》发布，中国教育学会将学生发展核心素养综合为九大素养（社会责任、国家认同、国际理解，人文底蕴、科学精神、审美情趣，身心健康、学会学习、实践创新）和25个基本点的提议向社会各界征求意见。这可以说是我国学生发展核心素养体系探索的关键一步。

同年9月13日，《中国学生发展核心素养》总体框架正式发布。中国学生发展核心素养，以科学性、时代性和民族性为基本原则，以培养“全面发展的人”为核心，分为文化基础、自主发展、社会参与三个方面。综合表现为人文底蕴、科学精神、学会学习、健康生活、责任担当、实践创新六大素养，具体细化为18个基本要点。三个方面、六大素养和18个基本要点，是对《中国学生发展核心素养(征求意见稿)》的提纯和择要概括,较之前而言,更具系统性,更简明扼要,亦更体现了核心素养之"核心"。不过,其并非尽善尽美,仍有待于社会各界积极深入探讨使其臻于完善,惠及每一位学生。

(四)国内各家之言

教育部核心素养课题组负责人林崇德指出:"现在整个世界教育界关注的焦点之一就是'学生核心素养'。什么叫核心素养?核心素养是学生在接受相应学段的教育过程中,逐步形成的适应个人终身发展和社会发展需要的必备品格和关键能力。它应该包含六个方面的含义:核心素养是所有学生应具有的最关键、最必要的基础素养;核心素养是知识、能力和态度等的综合表现;核心素养可以通过接受教育来形成和发展;核心素养具有发展连续性和阶段性;核心素养兼具个人价值和社会价值;学生发展核心素养是一个体系,其作用具有整合性。未来基础教育的顶层理念就是强化学生的核心素养。"①

褚宏启认为:"可以把核心素养简单界定为:为了适应21世纪的社会变革,人所应该具备的关键素养。简而言之,核心素养即'21世纪关键素养'。""第一,核心素养是'关键素养',不是'全面素养'。""第二,核心素养要反映'个体需求',更要反映'社会需要'。""第三,核心素养是'高级素养',不是'低级素养',甚至也不是'基础素养'。""第四,核心素养要反映'全球化'的要求,更要体现'本土性'的要求。"②

有些学者则从核心素养与三维目标的关系中把握核心素养,杨九诠撰文指出:"从课程改革的工作推进来看,核心素养是三维目标的深化、具体化。从概念外延看,三维目标宽于核心素养,因为除了核心素养,还有更多的非核心素养。从概念内涵看,核心素养倾向于'内在',即教育内容内在于人的状态与水平;三维目标倾向于'内化',即教育内容内化的机制。两者俱为一体,共同对学习行为以及受教育者素质给予结构性、整体性阐释。"③余文森认为:"作为核心素养主要构成的关键能力和必备品格,实际

---

① 林崇德:《对未来基础教育的几点思考》,《课程·教材·教法》2016年第3期,第3页。

② 褚宏启:《核心素养的概念与本质》,《华东师范大学学报(教育科学版)》2016年第1期,第2—3页。

③ 杨九诠:《三对关系中把握核心素养》,《中国教育报》2016年7月13日第9版。

上是三维目标的提炼和整合，把知识、技能和过程、方法提炼为能力，把情感态度价值观提炼为品格。能力和品格的形成即是三维目标的有机统一。”[①]

就核心素养这一概念，林崇德讲得比较全面和到位。褚宏启则聚焦“核心”，明确指出“核心”的内涵，与全面素养、基础素养等之间的差别，旨在澄清错误认识。而余文森和杨九诠等从核心素养与双基、三维目标，尤其与三维目标之间关系的视角，历史、动态、发展地看待核心素养概念的形成。虽核心素养概念是舶来品，但它与三维目标有着内在的一致性。

笔者以为，核心素养之所以在国内学术界如此流行，主要原因之一便是21世纪对能力和品格之注重。知识的更新如此之快，面对即将降临的新世界，如何精选内容，将最有价值的知识传递给学生，把知识化为智慧，化为方法，转化为人格，这是教育的新命题[②]。

三、“三力论”“常能说”对21世纪学生核心素养观的启示

如何科学构建体系完整，立足点准确，原则清晰，活动规定明确，内容得当的中国学生发展核心素养体系，“三力论”“常能说”以及生活教育理论极具参考价值。

(一)核心素养的体系建构方面

“三力”内涵颇为丰富，但“三力论”本身并非完整体系，好在“常能说”弥补了这一缺憾，“常能说”使“三力”串联成一个完整体系。此外，以初、高级为界划为两段，学生之发展更加循序渐进。另，“三力”的丰富内涵要求各“力”之间需有联系、各“力”具体内涵间必相关联，否则仍不成体系。

以一所按照生活教育思想办学的乡村小学为例，学校教育大纲明确指出生活的目标是康健的体魄，科学的头脑，艺术的兴趣，生产的技能，自由、平等、互助的精神[③]，即生活力的五大表现：康健生活力、劳动生活力、科学生活力、艺术生活力和社会改造生活力。紧接着，其从个人的生活、团体的

---

① 余文森：《从三维目标走向核心素养》，《华东师范大学学报(教育科学版)》2016年第1期，第12页。

② 袁振国：《什么知识最有价值》，《上海教育》2016年第1期，第74页。

③ 淮安市新安小学、淮安旅行团历史陈列馆：《萧湖之畔的丰碑》，河海大学出版社2003年版，第15页。

生活两方面详细罗列42条活动规定，相应培养学生的五大生活力，且具体规定之间互相联系。从这份大纲里，我们看到：既是体系，则无论层次之间，抑或具体项目之间都相互关联；同样，构建层级化、结构化核心素养体系，尤要关注素养间与素养内的相互关联。此外，若能科学划分级别、程度，以使学生渐次达成自是更好。

（二）构建核心素养体系的立足点方面

无论是“三力”，抑或是“常能”之提出，都非想当然耳，而有其形成逻辑。这从陶行知对生活力的定义可窥见一二。培植生活力就在于应用自然界和社会界的助力、阻力，使学生“做个健全分子去征服自然，改造社会”。由此可见，生活力的提出，立足点之一便是个人的健全完满发展，二是促进社会进步。自动力、创造力和“常能”的提出亦立足于此。“三力”和“常能”并非局限于一己之生活力、自动力、创造力和“常能”，而是以一己之生活力、自动力、创造力和“常能”促集体之生活力、自动力、创造力和“常能”之养成，以实现社会的民主、共和。21世纪核心素养体系的立足点和逻辑起点亦可借鉴吸收此有益经验。

（三）构建核心素养体系的原则方面

教育究竟要培养什么样的人？一方面，陶行知针砭时弊，向传统的封建教育发起冲击，指出旧教育“教学生读死书，死读书；他消灭学生的生活力，创造力；他不教学生动手，用脑。在课堂里，只许听教师讲，不许问”①。另一方面，国外的教育经历，开阔的视野和长远的眼光，使他得以站在时代潮流的前端，结合本国教育实际、社会发展状况，不失时机地提出培养学生的“三力”和“常能”。“三力”“常能”思想在当时颇具时代特征和全球视野。创造力一说，在中国教育史上首次被提及并被系统论述。“常能”中会开汽车一项不啻当代的开飞机之能。“三力论”“常能说”实属高瞻远瞩。21世纪核心素养体系的建立也应既立足本国实际，体现时代所需，又放眼世界，顺应全球化需要。在借鉴国际经验同时，素养的本土化不容小觑。

（四）细化核心素养活动规定方面

生活教育虽然只有康健的体魄等基本核心素养理念，但有一套与之相

---

① 陶行知：《传统教育与生活教育有什么区别》，董宝良、喻本伐、周洪宇：《陶行知教育论著选》，人民教育出版社2011年版，第386页。

配合的操作性内容规定。早期提出的七十余种生活力，中后期提出的自动力、创造力，以及“常能”等，可以具体实施并检查评估。比如“初级十六常能”中的第一条会当书记包括写小楷，管卷宗，写社交信，做会议记录等（在国语课和社交活动时及集体活动中学习）①。科学细化的活动规定，使21世纪核心素养体系能具体实施并可检查评估，必将影响、推动我国教育改革。

（五）凸显能力品格，实现知识、技能和价值观的综合和超越

“三力论”“常能说”乍一看不关注知识，只关注一些生活技能。其实，陶行知不是不要知识、情感和价值观，而是注重知识、技能和价值观的综合和超越，真正使知识转化为智慧，转化为能力，转化为正确的价值观和优秀的品格。育才学校办的正是知情意合一、智仁勇合一的教育。他重视学生正确价值观的形成，培养学生大丈夫精神，强调公德与私德的并重，推崇儒家的智仁勇。他曾指出：“智仁勇三者是中国重要的精神遗产，过去它被认为‘天下之达德’；今天依然不失为个人完满发展之重要的指标。”②同样，核心素养不只是知识，不只是技能，不只是情感、态度、价值观，更是知识、能力、价值观的综合和超越，是个体获得完满发展的关键能力和必备品格。核心素养既包括学科核心素养，更包括跨学科核心素养。

（六）构建核心素养体系的具体内容方面

康健生活力、劳动生活力、科学生活力、艺术生活力和社会改造生活力并不都是核心素养，但是，陶行知力图加深教育与生活的联系，鼓励劳动生产，重视科学与生活的联系，强化学生的艺术欣赏和表达能力，关注个体与社会的关系，力倡社会改造生活力的观点值得吸收和借鉴。另，如前所述，自觉性，也就是自动力，是众多人格品质中非常关键的一种，再怎么强调也不过分。强烈的自觉性促使个体明确发展方向、人生目标，孜孜以求同时亦乐在其中。谢维和认为，通过这样一种核心素养（法律素养），尤其是自觉性的培养，不仅能够提高学生的道德水平，也能极大地提升学生的学习效果和学习成绩，同时影响孩子们的一生。以批判性视角和态度看待人、

① 陶行知：《育才二十三常能》，董宝良、喻本伐、周洪宇：《陶行知教育论著选》，人民教育出版社2011年版，第566页。

② 陶行知：《育才学校教育纲要草案》，董宝良、喻本伐、周洪宇：《陶行知教育论著选》，人民教育出版社2011年版，第505页。

事、物，亦应为核心素养不可或缺的要素之一，我们理应继承发扬之。

（周洪宇简介见前文。龚苗系华中师范大学教育学院硕士研究生。）

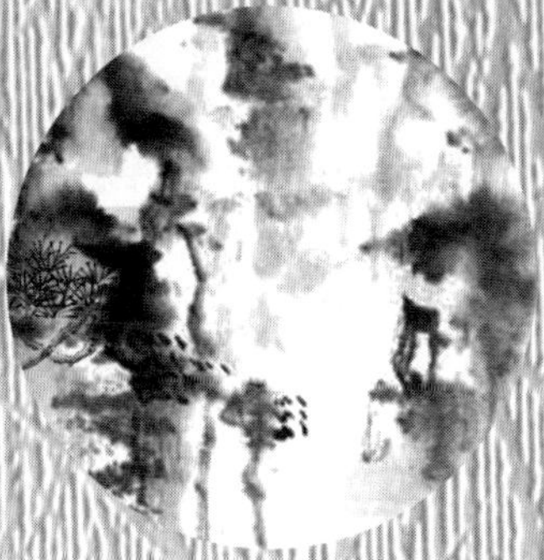

陶行知交往活动研究专题

陈鹤琴与陶行知

柯小卫

20世纪20年代初，在“五四”新文化运动时代大潮中，掀起了中国近现代史上第一次新教育高潮，在蔡元培、黄炎培、郭秉文、胡适、张伯苓、陶行知等新教育领袖的带领下，全面引进西方进步教育学说与教学系统、研究方法；改革传统教育弊端，建立中国化的现代学校基本制度、课程体系、评价标准，力图通过教育和学校的改造，实现人的改造，培养“自动”“自省”“自觉”的共和国国民，从而使教育成为推动社会进步的力量。正如陶行知先生所说：“现在中国的教育只有一个目的：民族解放。如果教育不能帮助中国成为一个自由、独立的国家，那么教育就没有意义了。”[①]在这一进程中，民主与科学始终是中国早期现代教育的目标、纲领与旗帜。其中，陶行知(1891—1946)与陈鹤琴(1892—1982)成为在这场运动中涌现出的一大批早期现代教育家的杰出代表；与此同时，他们两人在长达二十多年的时间里保持密切合作关系与深厚友谊，被誉为“陶陈”或“陈陶”，成为中国现代教育史上的一段佳话。

一、新教育时代

陶行知与陈鹤琴最初相识于1914年8月15日由上海启程前往美国旧金山的“中国号”远洋邮轮上，这条船搭载主要由清华学校1913、1914两班毕业生，包括10名女生和10名优秀幼年生组成的中国第四批庚款留美学生，以及由各省保送的自费生，其中包括金岳霖、涂羽卿、郑晓沧、赵师复、陈鹤琴、陶文濬(后改名知行、行知，以下称陶行知)等。到达美国后，留学生们各自前往报考的学校，陈鹤琴在约翰·霍普金斯大学科学系学习，

① 《陶行知全集》编辑委员会编：《陶行知全集》第6卷，四川教育出版社1991年版，第375页。

陶行知在伊利诺伊州立大学攻读政治学。1915 年 9 月下旬陶行知进入哥伦比亚大学师范学院，1917 年 8 月获哥伦比亚大学都市学务总监资格后，应邀回国担任南京高等师范学校（以下简称“南高师”）教育学专任教员；陈鹤琴于这一年秋天转入哥伦比亚师范学院教育系深造，两年后回国，进入南高师担任教育科教授。由此陶、陈二人由同学转为同事、同志、挚友，开始了长达二十多年的密切交往与合作，成为新教育运动教育家群体中最具代表性的活跃人物。正如陈鹤琴后来所描述：“我们海外求学系同学，我们回国任教系同事。”①

1919 年 9 月，陈鹤琴走进南高师校园，他所见到的情形：“一般学生都穿长衫的，很文绉绉的样子，参加运动是要强迫的。这些学生因为勉强参加运动，多半还穿长衫上运动场。那个时候这般学生只知道读书，别的都不晓得。”②这一年 10 月，郭秉文正式出任南高师校长，陶行知被任命为教务主任，随即实施学生自治、改良课程与教学方法、招收女生、开设暑期学校等一系列措施，提升学校品质，改造传统学校教育模式。陶行知在《新教育》杂志撰写文章阐明：“今日的学生，就是将来的公民；将来所需要的公民，即今日所应当养成的学生。……所以我们从国体上看起来，我们学校一定要养成学生共同自治的能力，否则不应算为共和国的学校。”③陈鹤琴写道：“自治制既可养成活泼之校风，又可发展师生共业之精神。”④据史料显示，当时南高师在校内建立了 9 个常设委员会和 12 个临时委员会，陶行知与刘伯明、张子高等人代表校方，领导并推动这些委员会开展工作。陈鹤琴参加游艺委员会、暑期学校研究委员会、改良考试委员会，并担任制定校徽委员会主任。他试图用举办各种课外活动唤起学生的热情，营造蓬勃活力的校园气氛。他写道：“这一年我是尽量培养学生们的活力。我用欢呼来激励他们，使他们的情绪跟着欢呼一齐凝结起来，像水门汀一样的坚固！”⑤不久后，陈鹤琴又开始了关于学生婚姻问题的研究，他采取向学生

---

① 陈秀云、陈一飞编：《陈鹤琴全集》第 6 卷，江苏教育出版社 2008 年版，第 313 页。

② 陈秀云、陈一飞编：《陈鹤琴全集》第 6 卷，江苏教育出版社 2008 年版，第 556 页。

③ 《陶行知全集》编辑委员会编：《陶行知全集》第 1 卷，四川教育出版社 1991 年版，第 29 页。

④ 陈秀云、陈一飞编：《陈鹤琴全集》第 6 卷，江苏教育出版社 2008 年版，第 4 页。

⑤ 陈秀云、陈一飞编：《陈鹤琴全集》第 6 卷，江苏教育出版社 2008 年版，第 557 页。

发放问卷的方式，使用采集来的数据列表进行比较、分析，地域包括江、浙两省一些学校，问卷问题涵盖青年婚姻现状、爱情程度、对于婚姻满意或不满意原因，以及对于家庭生活所抱期望等。他得出一个结论："总而言之，若男子不受教育，对于旧式婚姻断不能发生不满意的心；若女子不受教育，断不能达到解放那一天；若男女都不受教育，中国的婚制断无改良之一日。所以要改良中国的婚制，增进人类的幸福，巩固国家的基础，当从普及教育着手，尤当从提倡女子教育着手。"①然而，陈鹤琴的热情与努力在学校内部遭遇阻力，他被一些人讥讽为"欢呼博士"。此后他对初生长子进行了长达 808 天的连续观察、记录、试验工作，由此开始了对儿童心理与儿童教育的研究、实验，先后创办鼓楼幼稚园，出版《儿童心理之研究》《家庭教育》，成为中国现代儿童教育一代宗师。

1921 年夏天，美国教育家孟禄应邀来华调查教育，陶行知参与了接待工作，陈鹤琴曾代表南高师陪同孟禄前往奉天(今辽宁省沈阳市)。12 月下旬，由新教育共进社、新教育杂志社、实际教育调查社在北京共同发起成立中华教育改进社，由蔡元培出任董事长，陶行知被推选为总干事。在饯别孟禄的晚宴上，陶行知讲话："此次博士来华，以科学的目光调查教育，以谋教育之改进，实为我国教育开一新纪元。我们当这新纪元开始的时候，要参与教育革新的运动，须具有两种精神：一是开辟的精神，二是试验的精神。"②陈鹤琴见证了中华教育改进社的成立，并成为这一组织最早的成员之一。1923 年 8 月，陶行知提出的辞去东南大学职务请求得到校方批准，他遂专心从事中华教育改进社事务所工作，全家迁往北京。

二、中国化教育改造

中华教育改进社成立后开展的工作包括两大方面，一方面是科学教育，另一方面是教育普及。关于前者，以留美学生为主的东南大学及南高师教育科成为国内新教育运动中心，力图通过推广西方科学教育学说、理念、研究成果、试验方法以及学校制度、课程标准，克服传统教育"封闭""重文轻理""知行脱节"等弊端，将学校教育与社会生活相联系，树立"以儿童

---

① 陈秀云、陈一飞编：《陈鹤琴全集》第 6 卷，江苏教育出版社 2008 年版，第 47 页。

② 王文岭：《陶行知年谱长编》，四川教育出版社 2012 年版，第 69 页。

为中心”的教育观,实施中国化教育改造;将学校教育与社会生活相联系,树立“以儿童为中心”的教育观;推动各地中小学开展科学教育。1922 年 9 月中旬,美国心理学家麦考尔(W·A·McCall)应邀来华指导心理测验,此前已与廖世承合作出版了我国第一本系统介绍智力测验知识的著作《智力测验》以及姊妹著作《测验概要》的陈鹤琴担任心理教育测验委员会成员,参与指导学校开展各项测验工作。郭秉文将测验的意义概括为“中华民族之强点可发挥而光大之,而其弱点之所在,亦可从事设法弥补”[①]。此言道出新教育倡导者对引进国外科学理念,改造中国教育现状的期待心情。

关于后者,教育家们力图探寻提高大众识字能力和文化水平的有效途径。当时陈鹤琴带领几位助理编写《语体文应用字汇》,将人们最常用的字汇挑选出来,不仅作为小学识字教育基本字汇,更作为成人教育、平民教育的有效工具。陈鹤琴写道:“成人教育在中国成为一个大问题,因中国大多数的成人都是不识字的。倘使我们要解决这个问题,必须创办成人学校或各种教育成人的机关。但成人求学的时期很短,而且所学必须简易切于实用,费时要少、收效要大的法子虽然不少,采用语体文的教授却是捷径之一。用此方法,语体文字汇就又占着重要的地位了。”[②]1923 年冬东南大学发生口字房大火,陶行知所收集整理的字汇研究资料焚毁,于是《语体文应用字汇》成为在平民教育中被普遍使用的《平民千字课》的用字根据。陶行知、郭秉文、郑宗海、王伯秋、陆志韦、徐则陵、廖茂如、姚文采等人各自在自己家中动员家人学识字,推广“辅导考试自学法”“连环教学法”。“陈鹤琴先生的老太太现在六十五岁了,也读《千字课》。”(陶行知语)

1923 年秋天,陈鹤琴在南京鼓楼自己的住宅内开办中国第一所以实验中国化幼稚教育为目标的幼稚园——南京鼓楼幼稚园,首批招收 12 名儿童。陶行知曾在其 1924 年向世界教育会议提交的报告《民国十三年中国教育状况》中称,自 1923 年秋起在鼓楼幼稚园进行的中国化实验“是意义重大又令人鼓舞的”。1925 年陈鹤琴儿童心理学研究专著《儿童心理之研究》及其姊妹篇《家庭教育》出版,开创了中国现代儿童教育之先河。陶

---

① 陈秀云、陈一飞编:《陈鹤琴全集》第 5 卷,江苏教育出版社 2008 年版,第 278—279 页。

② 陈秀云、陈一飞编:《陈鹤琴全集》第 6 卷,江苏教育出版社 2008 年版,第 57 页。

行知为《家庭教育》作序《愿与天下父母共读之》，赞誉其“系近今中国出版教育专书中最有价值之著作”。他写道：“这本书出来以后，小孩子可以多发些笑声，父母也可以少受些烦恼了。这本书是儿童幸福的源泉，也是父母幸福的源泉。著者既以科学的头脑、母亲的心肠做成此书，我愿读此书者亦务需用科学的头脑和母亲的心肠去领会此书之意义。”①

随着西方教育思想大量涌入，中国许多大城市的私立幼稚园、小学采用国外教学模式，宗教化倾向严重。1925 年 10 月，陈鹤琴的学生、助手张宗麟对江、浙一些城市幼稚教育现状进行调查后得出结论：“吾国新式教育——学校教育——皆仿自外国，此尽人所公认者也。幼稚教育之来华，尤为近十数年间事，故一切设备教法抄袭西洋成法，亦势所难免。于是所有幼稚教师，非宗法福禄贝尔必传述蒙台梭利。两派虽时有入主出奴之争，然而其不切中华民族性，不合中国国情，而不能使中国儿童适应则一也。”②深受西方进步主义教育思想影响的陈鹤琴与陶行知，一方面主张儿童从传统伦理、道德和灌输式教育的束缚中解放出来，按照儿童身心发展规律健康成长，养成良好做人习惯，手脑并用，培养创造能力；另一方面强调教育应适应中国国情，倡导“幼稚园为全社会幼儿的教育场所”（陶行知语）。1925 年 8 月 18 日下午，陶行知在正在召开的中华教育改进社第四届年会上，向与会代表介绍当时在江、浙、沪一带中学风靡的“道尔顿制”创始人柏克赫司特女士时讲了一番令人深思的话：“我们中国的教育向来是抄袭的。先是抄袭日本。后来又抄袭英、德、法，现在又抄袭美国。这种抄袭教育，简直不是中国的教育，甚至不成教育。教育要有创造的精神。”③

1927 年 2 月，由陶行知、陈鹤琴、张宗麟等人发起成立中国最早的幼稚教育团体——幼稚研究会，创办《幼稚教育》杂志，确立“推敲切磋，真理才出；科学进步，端在合作”办刊方针；发表《我们的主张》一文，提出幼稚园是要适应国情的，幼稚园的课程可以用自然、社会为中心，幼稚园第一要注意的

① 陈秀云、陈一飞编：《陈鹤琴全集》第 2 卷，江苏教育出版社 2008 年版，第 510 页。

② 陈秀云、陈一飞编：《陈鹤琴全集》第 2 卷，江苏教育出版社 2008 年版，第 85—86 页。

③ 《陶行知全集》编辑委员会编：《陶行知全集》第 2 卷，四川教育出版社 1991 年版，第 242 页。

是儿童的健康,幼稚园要使儿童养成良好的习惯,幼稚园应当采取游戏式的教学法去教导儿童等十五条主张,成为中国现代幼稚教育最早的宣言。

这一年3月15日,由陶行知创办的试验乡村师范学校(又称晓庄师范)举行开学典礼,陈鹤琴与江问渔、姚文采等人一道参加。他为陶行知先生"上以天为盖,下以地为址"的办学气魄与精神所深深感染。不久后,陈鹤琴受邀担任该校第二院(乡村幼稚院)院长,为实现陶、陈改造中国幼稚教育"外国病""花钱病""富贵病"弊端的理想,建设"中国化的""省钱的"和"平民化"的幼稚园。在陈鹤琴的指导下,张宗麟、许世壁创建了中国最早的乡村幼稚园——燕子矶幼稚园。1928年1月,陈鹤琴在《教育月刊》上发表《师范教育的根本问题》,主张采用由陶行知先生提出的"艺友制"和"教学做合一"的方式解决师范教育的种种弊病。他将自己主办的鼓楼幼稚园与燕子矶幼稚园、晓庄幼稚园等紧密联系,相互交流,并接纳晓庄师范第一位"艺友制"学生陆静霞到鼓楼幼稚园实习。

1929年7月,中华儿童教育社在杭州成立,其前身为由陈鹤琴、陶行知、张宗麟等人共同发起成立的幼稚教育研究会。在开幕大会上,陈鹤琴被推选为主席。陶行知亲自为中华儿童教育社社歌作词,向全社会呼吁"发现你的小孩","了解你的小孩","解放你的小孩","信仰你的小孩","变成了一个小孩"。

三、从生活教育到活教育

生活教育学说和活教育学说分别是陶行知与陈鹤琴所提出的教育学说,也是20世纪三四十年代在中国教育界产生广泛影响的教育运动,两者一脉相承、息息相通,目的在于使教育成为唤起人民觉醒、推动社会前进的旗帜与号角。同时,这一时期的陶行知和陈鹤琴处于思想、意志、抱负最为炽热、坚定,最富时代性与战斗性的状态。正如陶行知所说:"现在中国的教育只有一个目的:民族解放。如果教育不能帮助中国成为一个自由、独立的国家,那么教育就没有意义了。"①陈鹤琴阐述:"现阶段的中国是处于争取民主自由,争取科学光明的大时代,对外抵抗侵略对内要求建设,正是

① 《陶行知全集》编辑委员会编:《陶行知全集》第6卷,四川教育出版社1991年版,第375页。

新教育实验的一个崭新环境。我提倡新教育名之曰‘活教育’，在抗战初起之时，是认识这时代的伟大，在这伟大的时代中，教育所负的使命是怎样重大！”[①]教育家张文郁教授（1915—1990）写道：

> 中国前进的教育家陶行知先生，他在学习杜威博士的理论中得到一个新的发现，这个发现是根据人类行为的发展，并把握了理论与实践的统一而来的。杜威博士说明了“教育即生活”打破以前学者的“预备说”、“文化说”、“效果说”等等不完备的教育目的论，使教育的本质扩充到生活的整个，这是一个异常的进步。但是陶行知先生要扩充其内容，使整个生活都成为教育过程，因而提出了“生活即教育”的理论，使教育的目的更扩大。[②]

1930年4月，晓庄师范因在校内被发现宣传革命的传单而遭到国民党军警强行解散，校长陶行知受通缉被迫前往日本暂避，一年后秘密回到上海，应邀为《申报》工作，撰写专栏文章，同时为商务印书馆翻译世界名著。1931年9月，他用笔名何日平发表《中华民族之出路与中国教育之出路》一文，提出中国教育的出路在：“一、教人少生小孩子；二、教人创造富的社会；三、教人建立平等互助的世界。”[③]这篇文章发表后，以北京大学教授尚仲衣为代表的激进人士称此观点为“陶行知主义的黄色烟幕弹”，给予强烈抨击。陈鹤琴记述：他曾与尚仲衣先生谈论到近百年来的中外教育家。他说，陶先生要算伟大的教育家中的一个，尚先生听了愕然说：“你们这个话不会过分吗？”于是陈鹤琴举出了很多事例来说明陶行知先生确是近百年来一个伟大的教育家[④]。

1931年夏天，陶行知在上海西摩路创设自然学园和儿童科学通讯学校，编写儿童科普读物，从事科学普及活动，史称“科学下嫁运动”，陈鹤琴

---

① 陈秀云、陈一飞编：《陈鹤琴全集》第4卷，江苏教育出版社2008年版，第269页。

② 张文郁：《“活教育”的理论体系（代序）》，陈鹤琴著，陈秀云、柯小卫选编：《陈鹤琴思想教育读本·活教育》，南京师范大学出版社2012年版，第2页。

③ 《陶行知全集》编辑委员会编：《陶行知全集》第2卷，四川教育出版社1991年版，第647页。

④ 陈秀云、陈一飞编：《陈鹤琴全集》第6卷，江苏教育出版社2008年版，第303页。

受邀担任指导员。由于陶行知仍遭通缉不便出面，遂由陈鹤琴、丁柱中主编出版“儿童科学丛书”。其时，陈鹤琴担任上海公共租界华人教育处处长，在自己管辖的小学中推广“小先生制”，颁布《小先生服务试行办法十五条》。同时他运用自己的影响配合、支持陶行知开展“工学团运动”，多次与陶行知一道深入弄堂、乡村指导儿童开展互助式学习。他为新安幼稚园捐款100银元，还为远道而来的新安旅行团题词：“见常人所未见，闻常人所未闻，胜走马看花者多多矣。”除此之外，他应陶行知之请，营救因参与进步活动被捕的生活教育社成员以及青年。

1936年2月23日，陶行知在上海发起成立国难教育社，宗旨为“推进大众文化，实施国难教育，以启发中国大众争取中华民族之自由平等，保卫中华民国领土与主权之完整”①。

陈鹤琴积极响应国难教育社提出的唤醒、动员民众参加抗日救国的号召，发动社会各界募捐办学。他与陶行知一同来到位于沪东的一所工人识字学校——沈家滩小学考察，由陈鹤琴出面募捐，将该校改为余日章小学，以后又开办余日章二小、三小，由陶行知派学生主持，成为国难教育的基地。半年后，陶行知离开香港前往英国参加世界新教育会议，并在欧美开展抗日募捐活动。在这期间，陈鹤琴在上海投身于抗日救国宣传与募捐活动，积极从事难民教育，普及拉丁化新文字，许多追随陶行知先生工作的积极分子纷纷加入陈鹤琴的教育团队，继续为抗日救国和普及教育贡献力量。1938年10月24日，暂留香港的陶行知在致张宗麟的函件中称：

> 陈（陈鹤琴）、赵（赵朴初）、黄（黄定慧）诸先生发起难民教育协会，对难民进行战时教育，成立儿童保育会，举办报童学校，培养难童人才幼苗，均为善举，甚合我意。行知立定志愿，回国后尽力保育难童工作，培育人才幼苗，为抗战积蓄力量，为建国培养专门人才，请你和泽甫弟代我向陈、赵、黄诸先生致敬意。②

---

① 《陶行知全集》编辑委员会编：《陶行知全集》第3卷，四川教育出版社1991年版，第803页。

② 《陶行知全集》编辑委员会编：《陶行知全集》第11卷，四川教育出版社1998年版，第653—654页。

有研究者将以上文字中表达出回国后办学的意愿，作为一年后陶行知在重庆创办育才学校的初始，并以此作为陶、陈之间心心相通的佐证之一。1939年10月下旬，陈鹤琴因躲避汪伪特务暗杀转移至宁波，1940年2月20日抵达战时大后方——江西泰和。数日后，陈鹤琴到达重庆，专程前往位于合川的育才学校参观，他被陶行知在艰苦环境中办学的精神深深感染，赞扬其为“天才和多灾多难儿童的保姆”。他对陶行知改编的“十字口诀”，即“一个大脑；两只壮手；三圈连环；四把钥匙；五路探讨；六组学习；集（七）体创造；八个顾问；九九难关；誓（十）必克服”敬佩不已。其中他特别介绍作为育才学校教学特色的“八个学术顾问”，即什么（what）、怎样（how）、何时（when）、谁（who）、为什么（why）、哪里（where）、到哪里去（whither）、多少（much）。陈鹤琴经常想起陶行知创办晓庄学校开学典礼的情形，每每激动不已，更加坚定了创办中国第一所公立幼稚师范学校的信念，“希望在这里孕育一批能创造光明、服务真理的活教师”①。

这一年10月1日，由陈鹤琴创办的江西幼师（全称江西省立实验幼稚师范学校）正式开学。据《陈鹤琴生平年表》记载：

> 因校舍、设备等建设均未完成，（陈鹤琴）率师生成立十多个建校小组，边学习边劳动，提倡“手脑并用，文武合一”，开荒、筑路、编草、盖房、种菜、养猪、做饭等。为解决全校师生用水问题，同两名师傅爬山探水，发现水源，取名“双龙泉”。
>
> 经师生员工共同奋战，山林间出现了简易、美观、实用的教室、宿舍、礼堂、办公室、食堂及其他教学、生活设施，还建立了附小和幼稚园及工场、农场、球场等，“荒山”开始变成一所活教育的“乐园”。②

1941年1月，《活教育》创刊，陈鹤琴任主编。该刊发刊词开篇即引用陶行知描写中国教育腐化情形的两句话“教死书，死教书，教书死；读死书，

① 陈秀云、陈一飞编：《陈鹤琴全集》第5卷，江苏教育出版社2008年版，第36页。
② 陈秀云、陈一飞编：《陈鹤琴全集》第6卷，江苏教育出版社2008年版，第588页。

死读书，读书死”，以申明办刊目的：“我们应当怎样使得这种腐化的教育，变为前进的、自动的、有生气的教育？怎样使教师教活书，活教书，教书活？怎样使儿童读活书，活读书，读书活？”①

陈鹤琴提出活教育三大目标：其一，目标论：“做人”，“做中国人”，“做现代中国人”；其二，课程论：“大自然、大社会都是活教材”；其三，方法论：“做中教，做中学，做中求进步”。其中“做现代中国人”须具备五项条件：健康的身体；建设与创造的能力；服务的精神；合作的态度；世界的眼光。陈鹤琴强调：“中国的教育应当和外国的教育有所畛畦，它自有它的特性。这‘做人、做中国人、做现代中国人’就是中国教育唯一的特点，不苟同于其他各国的教育目的。”②教育家张文郁认为：“陈鹤琴先生的‘活教育’理论导源于杜威的‘教育即生活’和‘从做中学习’，也受影响于陶行知的‘生活即教育’和‘教学做合一’。”③

抗战胜利后，陈鹤琴、陶行知相继回到上海，继续为推行生活教育和活教育，重聚力量，不懈努力。1946 年 5 月 12 日，生活教育社上海分社成立，陈鹤琴被推选为理事长。不久后，陶行知筹办社会大学的计划因受到当局阻挠而停滞，经与陈鹤琴商量，决定举办生活教育社上海分社社员暑期进修班。7 月 25 日下午，暑期进修班开学仪式举行，正当全体学员等候陶行知先生到场讲话时，传来陶先生于当日上午在上海爱棠路爱棠新村临时寓所因突发脑溢血，经全力抢救无效逝世，享年 55 岁。陈鹤琴悲伤至极。他记载道：

> 我哭中国失去了一个人民教育家，我哭世界上失去了一个教育改造家。他一生艰苦奋斗，创造新教育学说，实行新教育主张。我与行知是 32 年文教战线上的友好同志，一旦分手，于我个人失掉了一个最景仰的教育先进，于全国儿童失掉了一个最贤明的教师，于全国教育界失掉了一个最勇敢的革命先锋。④

---

① 陈秀云、陈一飞编：《陈鹤琴全集》第 5 卷，江苏教育出版社 2008 年版，第 1 页。

② 陈秀云、陈一飞编：《陈鹤琴全集》第 4 卷，江苏教育出版社 2008 年版，第 274 页。

③ 张文郁：《“活教育”的理论体系（代序）》，陈鹤琴著，陈秀云、柯小卫选编：《陈鹤琴思想教育读本 · 活教育》，南京师范大学出版社 2012 年版，第 3 页。

④ 陈秀云、陈一飞编：《陈鹤琴全集》第 6 卷，江苏教育出版社 2008 年版，第 308 页。

四、延续陶行知未竟事业

据记载，1946 年 7 月 26 日，上海各界人士在上海殡仪馆为陶行知先生举行入殓仪式，陈鹤琴与黄炎培、郭沫若、许广平一道将写有“教育之光”“民族之魂”的两面挽幛覆盖在棺椁上。不久后，陈鹤琴受民盟之请担任追悼大会筹委会主任。10 月 27 日，举行陶行知先生追悼大会，陈鹤琴担任主席团执行主席。他在致辞中说道：“陶行知的人格不仅是中国的，而且是世界的；他不仅是这个时代的人物，而且是万世的。……”

1947 年 1 月，《活教育》杂志在上海复刊，陈鹤琴在为继续推行活教育而四处奔走的同时，亲自担任私立育才学校顾问委员会主席，向教育当局提出申请，争取育才学校由重庆迁来上海。由陈鹤琴与育才学校校长马侣贤联合具名《私立育才学校为在沪建筑校舍充实基金设备募缘启》称：“国内外人士感于陶先生毕生尽瘁革新教育事业，嘉惠世人，厥功之大。佥谓应继承其遗志，发扬光大其事业，支持援助，愈行积极。”[①]1950 年 3 月 15 日，陈鹤琴与陶行知夫人吴树琴、南京教育局负责人等一道参加晓庄师范学校创办 23 周年纪念典礼，大家一起高唱《锄头舞歌》，拜谒陶行知墓，为陶行知纪念馆奠基。同年，陈鹤琴在《活教育》杂志撰文，向读者介绍陶行知著作《古庙敲钟录》，他写道：

> 陶先生说：“行是知之始，知是行之成。”我们要在行动中追求真知识，行动遇着困难便不能不思想，思想贯通，便取得真知识，以行动运用真知识。他说运用真知识以行动，便走上了创造之路。今日学校是行动与求知的地方，有行动的勇气，才有真知的收获，才有创造的可能。[②]

1951 年 5 月，由最高当局发动的批判电影《武训传》政治运动在全国范围展开，目的在于整顿知识分子思想，清除亲美、崇美意识，从而成为新中国成立后政治运动的开端。曾经崇拜、宣扬武训办义学精神的陶行知成为这场运动的导火索；很快人们又将批判矛头对准陶行知教育学说及其根

---

① 陈秀云、陈一飞编：《陈鹤琴全集》第 6 卷，江苏教育出版社 2008 年版，第 312 页。
② 陈秀云、陈一飞编：《陈鹤琴全集》第 5 卷，江苏教育出版社 2008 年版，第 219 页。

源——杜威实用主义教育思想。一些陶行知往日的朋友和弟子在各种压力之下加入了批判者行列。不久后，活教育被作为“杜威教育思想在中国的翻版”受到猛烈抨击，陈鹤琴成为难得的“活教材”。教育部仿效武训历史调查团的办法，组织调查小组前往上海、南京、江西等陈鹤琴曾经工作地方开展实地调查，得出的结论为“陈鹤琴先生的教育思想是买办资产阶级的教育思想”。1952 年 7 月，陈鹤琴受命筹建南京师范学院(今南京师范大学)，被任命为院长，直到 1958 年 12 月卸任。

20 世纪 70 年代，陈鹤琴对于活教育平反满怀期待。1979 年 3 月，第一次全国教育科学规划会议举行，陈鹤琴因腰部扭伤无法与会，他在向大会提交的书面发言中专门提到应对陶行知先生的教育实践和思想加以全面、系统地整理和科学总结，重新出版陶行知先生的著作。他从而成为“文革”后最早公开呼吁为陶行知平反的教育界知名人士。四个月后，陈鹤琴应陶行知遗孀吴树琴女士之请，为上海行知中学题词：

我的同志与楷模

——庆祝行知中学建校四十周年纪念

行知同志千古不朽！
永远活在人民心中！
我们教育战线系同志，
我们奋斗目标系同道，
我们实践标准系同行，
我们出生时代系同年，
我们海外求学系同学，
我们回国任教系同事，
我们立志为人系表率，
行知对我一生系楷模！①

(柯小卫系陈鹤琴外孙，北京市陈鹤琴教育思想研究会常务理事、中国陶行知研究会常务理事。)

---

① 陈秀云、陈一飞编：《陈鹤琴全集》第 6 卷，江苏教育出版社 2008 年版，第 313 页。

陶行知及育才学校与北碚地方人士的交集

冉 春

陶行知办理育才学校时期的教育思想、教育活动与教育影响，目前学界已有相当系统而全面的研究。但对于育才学校的创办缘起与具体经过，各相关研究成果一般只是笼统地称，陶行知 1939 年初确定了创办育才学校的方案，同年 7 月创建该校于重庆北碚北温泉。然则陶行知为何要在北碚选址开办育才学校？北碚地方人士在育才学校的筹建过程中发挥了怎样的作用？在育才学校开办后又发生了怎样的交集？这些问题还有待于深入查考。笔者即借助工作和居住于北碚之便，通过搜集地方文献、整理陶行知自述和日记等方式，试图对此加以初步探讨，以供方家指正。

一、育才学校选址北碚的地缘因素

1936 年，黄炎培在《蜀道·蜀游百日记》中写道："诸君从普通地图上找北碚两字，怕找遍四川全省还找不到。可见这小小地方，还没有资格接受地图编辑专家的注意呀！可是到了现在，'北碚'两字名满天下，几乎说到四川，别的地名很少知道，就知道有北碚。"①确如所言，北碚在民国前期仅是隶属于四川巴县的一个小乡场，周边的嘉陵江小三峡地区交通闭塞，经济落后，土匪横行，文化教育极不发达。其之所以能够发生翻天覆地的变化，成为"名满天下"之地，离不开著名实业家、教育家、"北碚之父"卢作孚多年的苦心经营。

1927 年春，卢作孚出任江(北)、巴(县)、璧(山)、合(川)峡防团务局局长，在清剿匪患的同时，开始以北碚为中心开展乡村建设实验，促进了北碚及其周边地区各项事业的全面发展。仅以文教领域而言，他先后主持创办了兼善中学及其附属小学、中国西部科学院、中国西部博物馆、北碚图书馆

① 黄炎培：《蜀道》，开明书店 1936 年版，第 114 页。

等机构。1936 年,江北、璧山、巴县的部分乡镇划设为嘉陵江三峡乡村实验区,以北碚为治所,区长为唐瑞武,卢作孚的四弟卢子英任副区长。唐瑞武兼任天府煤矿总工程师,从不过问行政事务,实际由卢子英负责具体工作,重大事务则由卢作孚任副主席(主席为何北衡,亦属挂名)的乡村建设设计委员会决策。1938 年唐瑞武去世后,卢子英正式接任区长。同年,卢作孚被国民政府任命为交通部常务次长,卢子英开始全面主持实验区事务。冯玉祥曾就此赠诗道:“区长卢老四,精明又要好。作孚升次长,区政难顾到。遗缺补其弟,地方都欢笑。”1942 年,三峡实验区改制为北碚管理局,为县级行政机构,卢子英又改任局长。

抗战爆发后,国民政府西迁重庆,北碚划为迁建区,先后迁入政府机关、文教与科研机构、社会团体 200 多个。其中包括国立编译馆、国立礼乐馆、正中书局总管理处、中苏文化杂志社等 30 余家文化机构;复旦大学、江苏医学院、国立歌剧学校、国立戏剧专科学校、国立国术体育专科学校等 20 多家教育机构;中央研究院动物、植物、物理、气象、心理研究所,中央农业试验所,中央工业试验所等 10 多家科研机构。一时间,北碚这个弹丸小镇名流云集,精英荟萃,被誉为“陪都的陪都”“小陪都”。北碚夏坝也与重庆沙坪坝、江津白沙坝、成都华西坝齐名,并称为抗战大后方的“文化四坝”。梁漱溟、晏阳初、李约瑟等人实地考察北碚后,都给予了高度的肯定与赞誉。陶行知选定在北碚创建育才学校,当然会优先考虑此地浓厚的人文环境与教育氛围。

二、育才学校选址北碚的人缘因素

陶行知与卢作孚、卢子英兄弟两人的亲密交往,也是促成育才学校建校于北碚的重要原因。早在 1934 年,卢氏兄弟就与陶行知有过一面之缘。他们在上海参观了陶行知创办的山海工学团,并当面听取了陶行知的介绍,都觉得深受启发。1936 年,卢子英开始在北碚推行“小先生制”,提出的口号为“我们的工作——即知即传;我们的训练——用脑用手;我们的精神——愈难愈前”,可谓深得陶行知生活教育思想的精髓。至 1939 年,北碚的小先生已发展到 1000 多人,传习学友近 3000 人[①]。

---

① 邝忠炽、徐仲林主编:《陶行知与重庆育才学校》,西南师范大学出版社 2006 年版,第 32—33 页。

1938年10月，陶行知参观汉口临时保育院之后，初步决定在后方开办难童学校，“用生活教育之原理与方法，培养难童中之优秀儿童，使成为抗战建国之人才”①。随后他为协助武汉多所儿童保育院的迁川事务，又动身前往重庆，路过宜昌时，得知卢作孚正在当地，便亲自登门拜访，并向其表露了入川办学的设想。卢作孚非常恳切地回应：“陶先生入川，是我家乡的幸运。我四弟子英接我的任，做嘉陵江三峡乡村实验区区长。这个实验区已经推行了您的教育理想。我写信给子英，要他全力支持您的事业。”②陶行知到重庆后，忙于儿童保育院的筹备事务，以及出席国民参政会一届二次会议，暂时无暇前往北碚。次月，他又奔赴桂林组织成立生活教育社，考察广西战时教育状况。

1939年1月，陶行知在香港《立报》增刊发表《晓庄研究所创办育才学校意见计划书》，公开提出了开办育才学校的方案。随后，他由香港辗转抵达重庆，准备参加国民参政会三次会议。2月26日，陶行知应邀首次来到北碚，受到卢子英等地方人士的热情接待。卢子英安排他居住在北碚公园内的火焰山清凉亭，并专门用一周的时间陪同他到附近的龙凤岗、东阳、草街等地参观考察。3月6日，北碚实验区署召开纪念周大会，陶行知在会上作了热情洋溢的讲演，首先谈起了对于北碚的观感：“久仰北碚的建设，来碚一周所见，可谓将来如何建设新中国的缩影。到了北碚，也像回到故乡一样，如《锄头舞歌》随处可听见。这里有小先生一千多，可见小先生和《锄头舞歌》流传至广。”他当即又表示：“感谢诸位帮忙，决定将晓庄研究所移到北碚工作，同时筹办育才学校，(培养)难童中有特殊才能的儿童，定在云南和四川两处寻地办理，四川则定在北碚。”③从陶行知的上述话语可知，他最终决定在北碚筹办育才学校，一大动因即在于卢子英等地方人士对生活教育思想的预先推广和大力支持。

三、筹建育才学校时地方人士的协助

关于育才学校的具体选址，卢子英在1982年曾有过一段专门的回忆，

① 陶行知：《育才学校教育纲要草案》，《战时教育》1940年第1期，第3页。

② 重庆陶研文史编委会：《红岩的一群小儿女》，《重庆陶研文史》2013年第3期，第34页。

③ 陶行知：《在北碚实验区署纪念周大会上的讲演》，《嘉陵江日报》1939年3月7日。

后来又经育才学校学生整理成文。陶行知选定在北碚建校后，向实验区署倡议发起志愿兵运动，宣传动员当地青年参军抗日。第一批征集的志愿兵有300多人，集中于凤凰山古圣寺受训，卢子英即邀请陶行知前去讲演，鼓舞士气。他们从北碚码头乘坐民生公司客轮，溯嘉陵江而上，经过40余里水路来到草街子（今属重庆市合川区），再徒步攀登5里的崎岖山路，才到达目的地。古圣寺虽地处偏远，交通闭塞，但自然风景却相当秀丽，陶行知不由萌生了利用此地办学的念头。首先，租用庙址比新建校舍更经济合算；其次，远离重庆城区，可免遭日机轰炸，更为安全；再则，地域开阔，环境幽静，便于学生安心学习。“在国难当头的时候，能有这样一个地方，可算是幸福之地了。”陶行知将这个想法告诉卢子英，当即获得赞同与支持。卢子英回到北碚后，发函委托澄江小学校长唐愉（晓庄师范学生，合川人）与草街地方人士接洽，并通过他们的关系，与古圣寺主持商谈建校计划，以较低的价格租借到大部分房屋和场地。陶行知则委派马侣贤等人前往，具体负责校舍的规划与修缮工作①。

古圣寺校舍建好之前，陶行知在北碚公园清凉亭成立育才学校筹备处，晓庄研究所也在该处挂牌办公。筹备建校期间，他与北碚各界地方人士展开了紧密的交往，并得到了他们的热情帮助，其中发挥作用最大者仍是卢子英。一次，陶行知当着其他客人的面说：“子英先生不借我清凉亭，我真会无立锥之地啊。”他接着又说：“你们四川不借地给蒋委员长，他还不知道要寄居何人屋檐下喽。”卢子英等人听后，都不禁哑然失笑②。随后，陶行知又以育才学校驻校校长的身份，按照《私立学校规程》向三峡乡村建设实验区署申请立案，自然是顺利得到了区长卢子英的批准（育才学校经四川省政府批复正式立案，则是在1943年2月23日）。

1939年4月，陶行知前往北碚兼善中学演讲，结识了该校青年教师黄开富。5月的某天，陶行知邀请黄开富到清凉亭谈话，开门见山地表示想请他协助育才学校建校的前期工作，当务之急就是带款去组织打井。黄感到很突然，推辞道：“我不懂账，不会理财，也从来没打过水井。”陶行知耐心地开导和劝说，告诉他一些理财做账的基本方法，并告诉他：“我已经和你

---

① 秦玉声：《陶行知先生与古圣寺》，《重庆陶研文史》2013年第3期，第21—22页。

② 邝忠炽、徐仲林主编：《陶行知与重庆育才学校》，西南师范大学出版社2006年版，第26页。

们的张校长(兼善中学校长张博和)谈过了,他同意我借用你几天。"黄开富愉快地接受了任务,前往草街积极组织联络,不仅很快打好了水井,还代表陶行知签约取得了校址土地的租借权,并且"购置建筑材料,修补校舍,新制校具,回到北碚后,账目清楚,很受陶行知的称赞"。后来,黄开富又受陶行知委托前往四川巴中办学,还经陶行知的推荐担任了卢作孚的秘书①。

陶行知结识黄开富之后,又认识了他的表弟周德厚,准备请他来清凉亭住所帮助处理杂务。周德厚却回答:"我想找学校读书。"陶行知点头说:"生活也是学习嘛。"在旁陪坐的兼善中学校长张博和也劝说:"周德厚呀,陶先生就是个大教育家!"于是周德厚留在了陶行知家中,主要工作是帮助收取报纸、买书、寄送信件,陶行知还亲自带他到邮局、书店、码头等处,详细说明注意事项,鼓励他多想多问。至于买菜、做饭、洗碗等家务,全部由陶行知夫人吴树琴一手操办,不让周德厚帮忙。陶行知曾严肃地说:"我家连你三口,各司其职,各显其能,个个都相互受益,人人都天天进步。"周德厚在清凉亭工作和生活了大半年,与陶行知朝夕相处,进步很大,陶行知便安排他和黄开富一起去农村办学,在实际工作中继续完成学业②。陶行知与北碚当地青年的此类交往,既有效地推进了建校与办学活动,也是对他们一种特别的培养方式,颇具"教育即生活""社会即学校""从做中学"等特点。

四、育才学校办学过程中地方人士的支持

1939年7月20日,育才学校暂借北温泉小学举行开学典礼,当时只有36名学生,都是来自战时儿童保育总会四川分会歌乐山第一保育院的难童。8月1日,学校在古圣寺正式上课,学生增加到了71人。虽然校址距离北碚城较远,但陶行知除到校工作外,主要的活动还是在北碚进行,与地方人士的交往也日益密切。同年10月,为躲避日机轰炸,他又找到北碚大明纺织厂后山的一处废旧碉堡,经过简单修缮后,作为自己的家庭住所。他的小儿子陶诚也来到北碚,进入兼善中学读书。

---

① 邝忠炽、徐仲林主编:《陶行知与重庆育才学校》,西南师范大学出版社2006年版,第10—11页。

② 邝忠炽、徐仲林主编:《陶行知与重庆育才学校》,西南师范大学出版社2006年版,第25—26页。

育才学校正式开办后，卢子英利用自己的职务之便，一如既往地提供了很多帮助。如育才学校建校不久，陶行知为训练学生的军事能力，通过卢子英出面宴请当地驻军第18师参谋长赵昆秀等人，以军训为名借到了50杆步枪。1939年夏，八路军重庆办事处安排陶行知的老友、科普作家高士其来北碚暂住，陶行知又通过卢子英的关系，为高士其募集了1000元旅费，供他前往香港就医①。卢子英给予陶行知的帮助既有工作上的，也有生活中的。周德厚离开后，卢子英将实验区旅客服务处的勤务工王治平介绍到陶家帮忙，王只读过三年私塾，仅略通文字，陶行知就叫陶诚利用晚上放学回家的时间，在油灯下教王治平学算术，取得了不错的效果。陶行知得知后，连声夸奖陶诚"这个小先生当得好"②。另据文献所载，陶行知与吴树琴两人于1939年12月31日在清凉亭正式举行婚礼，卢子英即是特邀的证婚人之一③。

陶行知在北碚办学期间，交往比较密切的地方人士还有兼善中学校长张博和、五月书店的潘老板等人。陶行知经常到五月书店买书，遇到雨天或陶行知不空，潘老板就主动把书送来，两人有时还用英语对话谈天。此外，陶行知也利用一切可能的机会，以平等和蔼的姿态与地方普通民众进行交流，有时还从中取得意外的收获。如1939年11月，陶行知到北碚的厚德福餐馆用餐，"第一次看见填鸭，听到填鸭的道理，自然而然的联想到填鸭教育"。厚德福一位伙计告诉他，填鸭的第一步是买鸭，"先把那些皮儿可能长肥的鸭儿买来，皮儿不可能长肥的鸭就不要"，陶行知联想到"这好像是传统学校的入学考试"；第二步是预备填料，每天填三次，每次填八条，"这好比是预备现成教材，按照一定钟点上课，全体一律受教，不管个性如何"。还有，填料只能用黑面，不能用玉米，因为四川的鸭子喉咙小，用玉米会被填死。陶行知听后不由感叹："我愿意教育者有这样的周到，材料如果用得不对，填鸭可以填死，被人填死的学生又有多少啊！"④

---

① 邝忠炽、徐仲林主编：《陶行知与重庆育才学校》，西南师范大学出版社2006年版，第23页。

② 邝忠炽、徐仲林主编：《陶行知与重庆育才学校》，西南师范大学出版社2006年版，第31页。

③ 邝忠炽、徐仲林主编：《陶行知与重庆育才学校》，西南师范大学出版社2006年版，第28页。

④ 重庆陶研文史编委会：《红岩的一群小儿女》，《重庆陶研文史》2013年第3期，第2页。

陶行知不仅本人注意与地方各界人士保持友好关系，并且严格要求育才学校师生必须尊重群众，不影响老百姓的任何利益。有段时间，学校经济极其困难，伙食很差，个别学生偷附近农民的玉米和狗来吃。陶行知一向对学生非常和蔼，得知此类事情后却非常生气，在全校朝会上给予了严厉的警告："凡损害老百姓一丝一毫的人，就送他回去！"[①]他还组织育才学校师生走出校门，和地方群众开展多种形式的互动交往。尤其注重引导学生主动接近普通的劳动者，既做小先生，教群众识字、唱歌，传播科学文化，宣讲时事新闻；又做小学生，虚心向工人、农民学习劳动本领。后来，育才学校专门制定了系统健全的方案，规定每周一下午和晚上，学生必须分批进行社会调查和开展群众工作，深入附近各工厂和农村，送教上门，受到热烈的欢迎，同学们亲切地称之为"走亲戚"。当地群众和育才学校师生的往来日渐紧密，经常参加学校的各类活动，给予师生力所能及的帮助。有学生过生日时，还有附近的农民送来鸡蛋，表示祝贺。

陶行知及育才学校与北碚地下党组织也长期保持着合作共进的良好关系。育才学校建校后，校内设有两个平行的党支部，一个直接受中共南方局领导，另一个则由北碚中心县委领导，联系人是县委书记李亚群，林琼任支部书记，初期的成员有邹绿芷、廖意林、帅雪樵等人。李亚群特意嘱咐林琼要与陶行知亲密合作，团结全校师生，将育才办成民主进步的基地，进而影响周边的普通群众。后来为便于开展工作，这两个支部合二为一，由廖意林具体负责。1940 年 9 月，周恩来、邓颖超等人来到古圣寺参观访问育才学校，并在陶行知的陪同下会见了北碚地方的部分文教界人士[②]。对于地下党组织在校内的活动，陶行知给予了大力的配合与支持。如皖南事变后，国民党军警特务到育才学校侦缉搜查，陶行知出面沉着应付，使其最终一无所获。1945 年 7 月，地下党组织在育才学校校内开办"农村工作干部见习班"，学习的主要材料就是中共七大会议精神、《论联合政府》等政治报告，1 个月学习期满后，绝大部分学员被分配到附近乡村开展革命活动，少数年纪较小的学员则留在育才学校学习和工作[③]。

---

① 郭富昌:《回忆我们的校长》,《重庆陶研文史》2015 年第 1 期,第 64 页。

② 贾培基:《陶行知是中国共产党的亲密战友》,《重庆陶研文史》2016 年第 2 期,第 65 页。

③ 林平兰:《育才学校培养了我的革命意志》,《重庆陶研文史》2016 年第 1 期,第 71 页。

育才学校在北碚办学期间，正值中国抗战最艰苦的阶段，政府补助的经费相当有限，陪都重庆的物资供应尤为紧张，物价不断飞涨。育才学校在经济方面也得到了地方人士的大力支援，卢子英向学校优先提供平价米、平价布，北碚一位受伤退伍的荣军陈根度还拄着双拐，四处奔走，代为募捐。育才学校能够在战时极其困难的局面下生存发展，这些来自地方的无私援助确实功不可没。

五、陶行知及育才学校对北碚地方的回馈

在与北碚地方政府及各界人士的交集中，陶行知与育才学校并非仅仅是单方面地接受援助，而是与他们形成相辅相成的"双赢"关系。前文曾提及，陶行知 1939 年 3 月向实验区署倡议发起志愿兵运动。4 月 1 日，他受卢子英之邀，向全区各乡镇的群众代表发表演讲，鼓励大家积极参与动员。同月 22 日，三峡实验区组织了 3000 多名公教人员和学生下乡宣传，促成了地方青年报名参军的热潮。在此前后，陶行知以北碚地方的相关情况为基础，写成了题为《兵役宣传之研究》的研究报告。5 月 1 日，陶行知在实验区欢送志愿兵大会上致辞，并赋诗两首献给出征战士。他随即又发起向志愿兵家庭捐款的"志愿捐"活动，希望以此缓解他们从军杀敌的后顾之忧。5 月 3 日，他致函三峡实验区优待(军属)委员会，表示必须用"志愿捐"来配合"志愿兵"，"战士自可以一当十，以十当百与敌人拼命，而后可以得到最后之胜利"。他还在信函中代为拟定了"志愿捐"公约数条，先行承诺每月捐助 50 元。实验区当局接受了陶行知的建议，区署兵役协会计划推选他出任本协会优待组组长，被婉言谢绝。①

在文教科学领域，陶行知与育才学校利用自身的特长，更是对北碚地方贡献良多。陶行知本人曾多次向实验区公教人员演讲，育才师生也在北碚开展了各种社教活动。该校话剧团定期在北碚公园公演，先后演出的剧目有《捉汉奸》《打日本》《兄妹开荒》《朱大嫂送鸡蛋》等，尤其是《啷格办》《抽壮丁》以重庆方言表演，贴近当地百姓的现实生活，取得了极好的艺术效果与社会影响。绘画组在北碚街头举办"星期画展"，音乐组也经常开展

---

① 邝忠炽、徐仲林主编:《陶行知与重庆育才学校》，西南师范大学出版社 2006 年版，第 7—9 页。

表演。自然组详细调查了从凤凰山至北温泉十几公里区域内的植物与土壤，为当地的农业种植提供可靠数据，并开展科普宣传，向群众通俗讲解自然科学。部分女同学则利用性别优势，帮助附近村落成立妇女合作社，动员妇女读书扫盲，还组织她们以合作的方式制鞋、缝衣，获取经济收入。这些活动既丰富了北碚地方的社会生活，增强了当地群众的政治、文化素质与生产能力，亦是生活教育的具体实施。对于北碚地方学校，陶行知与育才学校也发挥了重要的示范与指导作用。如北温泉小学很多进步教师都是经陶行知介绍入校工作，该校全面"以陶为师"，将陶行知所作的《手脑相长歌》定为校歌，深入贯彻实施民主教育、创造教育等原则。两所学校"亲如一家"，育才学校师生经常到北温泉开展活动，吃饭、住宿等生活所需均由北温泉小学安排解决，有的高年级学生还在北温泉小学担任兼职教师①。

陶行知和育才学校还从长远改变了所在地方的文教观念。育才学校建校之前，草街当地交通闭塞，封建习气相当浓厚，女孩子基本没有上学读书的机会，有的还保留有缠脚的陋习。陶行知挨家挨户地耐心劝导，反复说明女孩子读书的好处、缠脚的危害，终于取得了群众的理解与支持，当地的女子从此不再缠脚，有的家庭还破天荒地允许女孩上学。有一位名为杨兴莲的女孩，时年 14 岁，就因陶行知的帮助，不仅放掉了裹脚布，而且正式进入育才学校舞蹈组学习。2014 年，杨兴莲已是 89 岁高龄，仍记忆犹新地向来访者谈起陶校长对自己的关怀，以及向戴爱莲老师学习舞蹈的难忘经历。育才学校搬离古圣寺后，她自愿当起了义务护校员，时常抽空去学校旧址整理打扫，默默地守护了数十年②。

从 1939 年 7 月正式建校，至 1945 年底迁至重庆城内红岩村，育才学校在北温泉、古圣寺办学长达 6 年半，为北碚及附近地区培养了大量的优秀人才，从多方面促进了地方事业的发展。学校迁离时，当地群众都感到极为不舍，"牵衣惜别，不忍分离"。教师屠公博便带领社会、文学组的十几位同学留驻下来，以育才农村工学团的名义继续开办识字班，地下党支部

① 邝忠炽、徐仲林主编：《陶行知与重庆育才学校》，西南师范大学出版社 2006 年版，第 43—44 页。

② 周凯、张琴：《89 岁义务护校人回忆抗战时期的教育》，《重庆陶研文史》2015 年第 1 期，第 73—74 页。

书记廖意林也以此为掩护，积极发展组织，为北碚的顺利解放及解放初期的各项工作奠定了良好的基础①。

最后必须说明，当时的北碚地处国统区心脏地带，办学环境相当复杂。陶行知及育才学校在与北碚地方的交集中，不免出现一些不和谐的杂音。尤其是国民党军统重庆区、北碚站都将陶行知与育才学校视为重点监控对象，时刻严密监视，定期向军统局直接汇报，就连与之关系紧密的地方人士亦在防范之列。如 1946 年 1 月 8 日，军统北碚组呈交的《关于共产党在北碚活动的情报》称："奸党分子陶行知等所领导之剧团在北碚辖区自由活动。卢子英且不时予以援助。反之，负有政府宣传使命之组织来碚，该卢竟闭门不纳。"②当然，这个例子也恰好反证了卢子英等地方实权人物对陶行知及育才学校的全力保护与支持。

（冉春系西南大学教育学部副教授、重庆市陶行知研究会理事。）

---

① 邝忠炽、徐仲林主编：《陶行知与重庆育才学校》，西南师范大学出版社 2006 年版，第 117 页。

② 贾培基：《陶行知是中国共产党的亲密战友》，《重庆陶研文史》2016 年第 2 期，第 64 页。

陶行知与郭秉文的交往与合作研究(1917—1923)

李 永 柯 琪

陶行知1917年9月入职南京高等师范学校(以下简称"南高"或"南高师"),1923年8月请辞东南大学(以下简称"东大")职务,6年间,郭、陶两人以"教育救国"为使命,在南高—东大校园内外开展了密切的教育合作,共同推进中国教育现代化的进程,其精神、其业绩、其风范至今依然值得我们学习与借鉴。

一、人生交集

(一)郭、陶二人的基本情况

郭秉文(1880—1969),字鸿声,江苏江浦人。陶行知(1891—1946),原名文濬,字世昌,安徽歙县人。两人早年的经历非常相似:其一,都曾在教会学校读书,有一定的宗教情结。郭秉文毕业于上海清心书院,陶行知早年在崇一学堂学习,后毕业于金陵大学。其二,都赴美留学并改读教育学专业,博士导师同为斯特雷耶。郭秉文1914年获哥伦比亚大学哲学(教育学)博士学位,是中国首位留美教育学博士,导师为斯特雷耶(George. D. Strayer)和法林顿(Frederic Ernest Farrington),博士学位论文为《中国教育制度沿革史》。陶行知1915年获伊利诺伊州立大学政治学硕士学位,后转而攻读哥伦比亚大学教育学博士,师从斯特雷耶,攻读博士期间返回中国。其三,归国后都投身高教事业,彼此支持。郭秉文1914年8月归国,1915年1月江谦聘其为南高教务主任,陶行知1917年8月归国,9月受郭秉文邀请到南高任教。郭秉文不仅是陶行知的校友、学长,还是他的上司。1918年郭秉文出任南高代理校长,陶行知出任代理教务主任;1919年郭秉文任校长,陶行知任教务主任;1921年郭秉文任国立东南大学首任校长,陶行知兼任东大教务主任。但有一点不同的是,在南高—东大期间,郭秉文主要负责教育行政事务，并未授课，而陶行知则先后主讲过教育学、教育哲学等多门课程。

（二）郭、陶二人的早期交往

陶行知与郭秉文何时第一次见面，目前尚不清楚。余子侠教授认为，1916 年郭秉文赴美替南高延揽人才，曾与陶行知有过会面，还一道参加过留美中国学生联合会组织的讲演活动①。实际上在此之前，二人通过其他渠道对彼此已经有所了解。

郭秉文归国以后，最有可能向其推荐陶行知的当属当时江苏教育会副会长黄炎培，因为 1915 年黄炎培赴美考察开启了与陶行知的深度交往，而且南高初创也急需人才。其实，郭秉文与黄炎培的相知要早于陶行知，但是他们的初次见面则晚于陶行知。1913 年 10 月，江苏教育司派俞子夷赴美，会同郭秉文、陈容两位留学生考察美国小学教育、师范教育，时任教育司司长为黄炎培。这次考察使郭秉文与江苏教育人士，与黄炎培建立了联系。刚回国不久，江苏教育会就邀请郭秉文介绍美国教育情况。1916 年郭秉文的博士学位论文《中国教育制度沿革史》由商务印书馆出版，除了孟禄以外又添加了黄炎培的序言，可见，此时两人已经有了更为密切的交往。

另一方面，1914 年 6 月 22 日，黄炎培参加金陵大学毕业典礼，而陶行知作为优秀毕业生宣读毕业论文，并面赠黄炎培由自己所编之《金陵光》，自此二位彼此相识。1915 年 4 月黄炎培赴美国考察职业教育，通过陶行知等人结识杜威。此时陶行知因撰写《中国教育哲学与新教育》缺乏资料而苦恼，故委托黄炎培代为搜集资料。1916 年 12 月 5 日，黄炎培给陶行知寄送了江苏教育的有关资料，供其撰写论文之用，并附带书信，与其讨论职业教育问题。

二、校内办学

郭秉文与陶行知在南高—东大共事的 6 年间，精诚合作，默契配合。虽然同为推行教育救国，教育改造社会，但两位的着力点略有不同。郭秉文选择教育专业，不在教育专业本身，而在于教育改革，因为教育改革可以牵动其他改革事业。郭秉文回国后主要是做教务主任，做大学校长，把主要精力放在了推

---

① 余子侠：《山乡社会走出的人民教育家：陶行知》，湖北教育出版社 1999 年版，第 92 页。

动教育改革上，郭秉文自己也曾说过“在校未任课”。所以，郭秉文更侧重于高校的办学与管理，晚年将其归结为“四个平衡”的办学宗旨。由于职位与职责的不同，陶行知的高校教学改革、办学创新关注的问题更为具体。

(一)倡导教学法，代替教授法

1918年3月，陶行知受聘为代理教务主任，就应用统计学方法重新设计课程总表，全校上下对其顿生好感。1919年10月任教务主任后，由于办事认真，要求严格，陶行知被同学们称为“老虎教务长”。

民国初年，国内学校仍在使用教授法的提法，但接受了杜威以学生为中心观念的陶行知对此却提出了批评的意见，认为先生只管教，学生只管学，学校成了教、学分离的“教校”。1918年5月，他在“师范生应有之观念”的讲演中强调学校教育应以学生为中心。后来，他又在教务会议上提出以教学法代替教授法，但是未能通过。事后，陶行知发表文章进一步阐述自己的观点。1919年2月24日，陶行知在《教学合一》一文中提出，“先生的责任不在教，而在教学，而在教学生学”，“教的法子必须根据于学的法子”，“做先生的，应该一面教一面学”[①]。

经过坚持不懈的努力，陶行知的主张逐渐得到了教育界的响应，苏州师范学校首先赞成并采用了教学法。在郭秉文的支持下，陶行知将南高全部课程中的教授法改为教学法，而教学法的概念也被一直沿用至今。教授法与教学法虽一字之差，却反映了从以教师为中心向以学生为中心的教育思想的根本转变，为改革中国教育迈出了重要的一步。

(二)实施招生改革，实现男女同校

民国以来，男女同校仍然是教育的禁区。经历了五四运动的洗礼，教育界开始积极关注女子教育问题，蔡元培发表演讲呼吁男女教育平等，胡适撰文讨论大学开女禁的问题。北有其呼，南有其应，南高的学者也主张高校放开女禁。1919年12月7日，陶行知在第10次校务会议上指出：中国女子高等教育最不发达，因此南高有益于女子的课程，应该允许其旁听，提供上进之路[②]。与会的郭秉文、刘伯明、陆志韦等均表示支持此提案。

---

① 陶行知：《教学合一》，华中师范学院教育科学研究所：《陶行知全集》第1卷，湖南教育出版社1984年版，第87、88、89页。

② 陶行知：《规定女子旁听办法案》，华中师范学院教育科学研究所：《陶行知全集》第1卷，湖南教育出版社1984年版，第143页。

1920年4月21日，陶行知又在第11次校务会议提出“学生有应试资格来校应试者，苟能及格，不论男女均可录取”[①]。随后南高决定自1920年夏正式招收女生。

南高开女禁的计划在社会上引起了极大的反响。面对社会的流言蜚语和各种阻力，郭、陶等人通过与蔡元培、蒋梦麟、胡适等商议，决定南北联合，壮大声势，开放女禁。北京大学在1920年春季学期招收了9名女大学生，但因招生考期已过，只好以旁听生的资格就读于北大。1920年春季学期南高也招收了女子旁听生，从而与北京大学一道成为中国第一批正式招收女生的高等学府。1920年夏，南高继续按计划以男女同样的标准招考女生。第一年投考南高师的女生约百人，正式录取8人[②]。此外，在贵州、四川、察哈尔三处的特别生中招收女生20人，同年还招收了50余名女旁听生。

（三）开办暑期学校，服务社会需求

南高—东大办学的一个显著特点是面向社会，让大学成为推动社会进步的“服务站”。1920年前后，全国兴起开办暑期学校的热潮，借以培训各类教师和教育行政管理人员。其实，郭秉文曾在《中国教育制度沿革史》中提到“夏季学校”对于“教员之养成裨益匪浅”。另外，1915年陶行知曾经在美国伊利诺伊州立大学夏学期接受过暑期教育，初步掌握了美国高校教育学科的基本知识。早期理念、经验促使郭、陶二人很快将举办暑期学校付诸实践。

1920年7月12日至8月20日，南高在全国率先开办了暑期学校。学生总共1041人，来自17个省份，年龄最高者59岁，最幼者16岁[③]。由于陶行知的周到安排，尤其对每门课程的斟酌审定，这期暑校办得相当成功，不仅“甫经创办而四方来学者即踊跃异常”[④]，而且不到一年，各地都开始效仿。次年，南高改组为东大，继续举办暑期学校，并特地邀请杜威、孟禄、

① 陶行知：《报告招收新生问题》，华中师范学院教育科学研究所：《陶行知全集》第1卷，湖南教育出版社1984年版，第146页。

② 徐传德：《南京教育史》，商务印书馆2006年版，第219页。

③ 陶行知：《办理暑期学校及国语讲习科报告》，华中师范大学教育科学研究所：《陶行知全集》第8卷，湖南教育出版社1992年版，第77页。

④ 道之：《我所望于暑期学校者》，《教育杂志》1922年第6期，第12页。

梁启超等人前来讲学。1920—1923 年,南高—东大连续 4 年举办暑期学校,1921 年第 2 期正式学员 950 人,1922 年第 3 期 931 人,1923 年第 4 期 893 人①。1923 年,陶行知负责中华教育改进社事务以后,又将暑期学校的经验引入该社,该社 1923 年的工作计划中就有“暑假期内举行科学教育演讲会”。

(四)具备国际视野,邀请学者讲学

作为留美学子,郭、陶都有着广阔的国际视野。郭秉文利用自己在海外学术界的人脉以及国内学术界的影响力,不仅邀请国内学者来校任教、讲学,更重要的是邀请杜威等国际知名学者来校访问、讲学,开阔了师生眼界,活跃了学术气氛,提升了学校知名度。1919 年,陶行知与郭秉文成为邀请杜威来华的发起人。1919 年 2 月,陶行知得知杜威在日本讲学,告知了将要到美国考察并途经日本的郭秉文。3 月,郭秉文赴日面见杜威,邀请其来华讲学,杜威欣然答应。4 月,杜威及其家人来到上海。1920 年 4 月,杜威再度来南高,现存南高档案中记录了具体授课安排。

教育哲学　星期五下午,8 时至 9 时
伦　　理　星期四下午,2 时至 3 时
哲 学 史　星期六下午,2 时至 3 时②

杜威在中国的两年多时间,其讲演和游历活动多由陶行知负责安排,并由陶行知担任了部分讲演的翻译工作。杜威、孟禄等人来华活动推动了中国新教育的进步,胡适评价说:“自从中国与西洋文化接触以来,没有一个外国学者在中国思想界的影响有杜威先生这样大的。”③而对孟禄在华所为,陶行知即认为“此次博士来华,以科学的目光调查教育,以谋教育之改进,实为我国教育开一新纪元”④。

---

① 王德滋:《南京大学百年史》,南京大学出版社 2002 年版,第 30 页。

② 《南大百年实录》编辑组:《南大百年实录》上卷,南京大学出版社 2002 年版,第 83 页。

③ 胡适:《胡适自选集》,安徽人民出版社 2013 年版,第 10 页。

④ 陶行知:《在孟禄与中国教育界同人饯别会上的讲话》,华中师范学院教育科学研究所:《陶行知全集》第 1 卷,湖南教育出版社 1984 年版,第 173 页。

(五)为公多方努力,筹措办学经费

郭秉文在创设东南大学之初,就提出办大学有赖于人才与经济。东南大学创立之初,浙、皖、赣三省拒绝支付教育经费,导致东南大学只好将分摊经费之事提交国务会议裁决。

当时的内阁由王宠惠、顾维钧、汤尔和、罗钧任等人组成。11月2日,陶行知首先拜访了教育总长汤尔和,为了打消他的顾虑。陶行知表示将提前疏通内阁成员,避免其他阁员反对汤的议案。汤尔和表示将从速提交内阁审议。3日下午,陶行知来到财政总长罗钧任府上会谈。这次会谈中,陶行知在回答了罗钧任关于学校是否国立等问题后,抓住机会指出:"现在只有江苏一省出过钱,其余三省,还没有出钱。"其间,陶行知又以略带威胁的口气谈道:"我们还是让学校关门呢,还是逼令此四省的父兄代表人担负相当的责任呢?"当交谈中发现罗钧任对东大不太了解时,陶行知就讲述了东大办学情况及孟禄的赞誉,最后设问"先生看这样的情形,我们怎忍看他关门"。罗钧任表示"等教育部来文时,我再设法"①。4日上午,为确保经费的落实,陶行知专门拜见了署理国务总理王宠惠。王宠惠表示已经督办此事。随后国务会议向四省省长通告了经费分摊办法,财政部又下发了催办经费的公文。

总之,在郭秉文与陶行知的配合下,他们进行了多方面的改革,给学校的发展带来了活力,提升了南高一东大的声誉,使之成为中国最早的现代意义上的大学。

三、校外合作

除了校内合作以外,郭秉文与陶行知还通过出书撰文宣传新的教育思想。他们在校外的合作主要有两方面:其一,利用中国教育改造社,推进教育改革;其二,利用世界教育会议的平台,宣传中国的教育实践。

(一)借改进社之力,推进教育进步

1921年12月23日,中华教育改进社成立。1922年2月,改进社在上海召开会议,推举陶行知为主任干事。4月12日,改进社总事务所在北京

---

① 陶行知:《访罗钧任后——致郭秉文》,华中师范学院教育科学研究所:《陶行知全集》第5卷,湖南教育出版社1985年版,第17页。

正式成立。该社以“调查教育实况,研究教育学术,力谋教育改进”为宗旨,具体事务主要由陶行知负责。

陶行知在中华教育改进社诞生时,提出教育革新运动须具开辟与试验精神,他在担任主任干事期间,主要开展四个方面的工作:其一,从1922—1925年,开展了一系列的教育调查,并汇总为《中国教育之统计》;其二,聘请国内外教育家开展中国教育现状的研究;其三,主持《新教育》《新教育评论》杂志;其四,大力开展推广平民教育、乡村教育。且他每年主持召开中华教育改进社年会,会议组织亲力亲为,提交社务报告,发表专题演讲。改进社成立之时,郭秉文是9位董事之一,也是该组织的组织者和领导人之一,他多次参加改进社的年会,参与有关中小学教育教学改革的各项重大决策①。

(二)国际教育舞台,发出中国声音

无论是郭秉文,还是陶行知,他们都具备融通中西的知识结构,西式教育培养了他们开阔的国际视野,儒家学说造就了他们强烈的民族责任感。他们积极向世界推介中国教育,在国际舞台上发出中国声音。1922年3月,陶行知获悉了国际教育会议的一些信息,发文批评政府对国际教育会议重视不足,导致夏威夷、菲律宾的会议无果。“我们以后若再懒惰,不早些从事准备,那世界真要以为中国没有教育了。”②

为了筹备参与1923年万国教育会议,1923年2月24日陶行知写信给胡适,希望他作为代表参会。随后陶行知被改进社董事会推举为代表。为准备此次会议,陶行知亲自参与撰写论文。7月,陶行知与薛鸿志合撰了英文报告《中国之教育统计》,其中包括56份统计表③。当时共计20余件资料送往万国教育会议,涉及中国文化、教育的多个领域,作者多达28名,其中郭秉文提交《民国十一年之高等教育》《中国近代教育之进步》两篇文稿。

---

① 周洪宇、陈竞蓉:《艰难的改革家:中国现代教育改革先驱郭秉文》,《高等教育研究》2014年第10期,第86—87页。

② 陶行知:《对于参与国际教育运动的意见》,华中师范学院教育科学研究所:《陶行知全集》第1卷,湖南教育出版社1984年版,第238页。

③ 陶行知:《中国之教育统计》,华中师范学院教育科学研究所:《陶行知全集》第1卷,湖南教育出版社1984年版,第308—360页。

在这次会议上，郭秉文当选世界教育联合会副会长、理事并兼亚洲分会会长。在20世纪20年代，郭秉文连续3次被推举为世界教育联合会副会长兼亚洲分会会长，所以在“1920年代在各国人士眼睛里，中国外交界上只有顾维钧、施肇基，教育界上只有郭秉文”。此次会议后，陶行知更加意识到参与国际教育活动的重要性，“教育的良否，在国际地位上狠[很]是重要”①。

1923年8月，陶行知辞去校内职务，保留教授名义，获无俸长假，随后举家迁往北京。由于政局动荡波及教育界，1925年1月北洋政府免去郭秉文的校长职务，东大发生“易长风潮”。政府改派胡敦复接任校长后，东大校内形成拥郭、倒郭两派，发生“拒胡挽郭”事件，最后通过协调派江苏教育厅厅长蒋维乔任校长。1925年2月25日，《申报》刊发了《陶知行致函政府，援助蒋教育厅长》的短文，指出“今政府方谋国是之善后，但贤能被摈，公道不彰，众怨将归，何以为国？昔人种恶因，后人谋善后”②。郭秉文被迫去职后，陶行知也彻底脱离东大，两人合作基本结束。

四、小结

第一，郭秉文、陶行知是近代中国社会大转型时局下中国近代知识分子尤其是留学生群体中秉承“教育救国”的代表。南高学生高明指出：“先生盖以为非振兴科学，无以救亡图存，而培养人才，则有赖于教育，故所习如此(教育学)。”陶行知曾留学美国，在获得政治学硕士学位后，他认为在中国当时腐败的政府里不能很好地为民服务，于是转入哥伦比亚大学研究教育，在1916年2月16日陶行知致罗素的信中，他决心“回国后将与其他教育工作者合作，为我国人民建立一套有效的公共教育体制”③。

郭秉文在博士学位论文中认为“与国民进步最关系者乃教育”，“教育

---

① 陶行知：《在中华教育改进社成立二周年纪念会上的演说》，华中师范大学教育科学研究所：《陶行知全集》第8卷，湖南教育出版社1992年版，第128页。

② 陶行知：《请复蒋维乔、郭秉文职——致北京政府各部总长及马叙伦次长》，华中师范大学教育科学研究所：《陶行知全集》第8卷，湖南教育出版社1992年版，第749页。

③ 陶行知：《我的生活经历和今后的打算——致罗素的信》，董宝良：《陶行知教育论著选》，人民教育出版社1991年版，第9页。

之改良为一轴纽，牵动各种事业皆随之而变新，教育造成人才为国家之栋梁，措国家于磐石之安”①。陶行知也有相近的观点，他在《师范生应有之观念》中提出教育乃救国之方法，“鄙人谓教育能造文化，则能造人；能造人，则能造国”②。把教育视为促进中国进步的关键，促使了郭秉文、陶行知先后走上改革中国教育的舞台。

第二，离开东大以后，郭秉文、陶行知的人生有着较大的差异。1925年2月，郭秉文赴美，后与孟禄等创立华美协进社，20世纪30年代归国转入政界，抗战时期曾负责对英借款事宜，后出任联合国救济总署副署长兼秘书长，并长期在美国推动中美文教事业，于1969年8月29日在美国逝世。郭秉文一生涉足多个职业，亲任繁务，举重若轻，被尊为“中国哲人”。陶行知离开东大后，为中国教育探寻新路，先后创办南京晓庄乡村师范学校、燕子矶幼稚园、山海工学团、育才学校、社会大学等机构。他是伟大的民主主义战士，一直从事着改造中国社会的伟大实践，于1946年7月25日在上海逝世，享年55岁。陶行知逝世后，被毛泽东、宋庆龄称为“伟大的人民教育家”和“万世师表”，是“民族之魂、教育之光”。

可以看出，郭、陶后半生的人生轨迹有较大差异。陶行知奉行“大丈夫精神”，即平时要“仁者不忧，智者不惑，勇者不惧，达者不恋”，有事则要“富贵不能淫，贫贱不能移，威武不能屈，美人不能动”③。相较而言，陶行知更多的受到基督教的影响，因而人生大起大落，生命短暂，“捧着一颗心来，不带半根草去”是对其最经典的解读。

郭秉文则深谙中国传统文化，讲求持中之道，认为“平，是治学治事的最好的座右铭”。曹文彦在《伯乐校长——教育家郭秉文》一文中认为郭秉文“养生处世之道，宅心温和敦厚，持躬宁静淡泊，深得道家反诸自然之妙。可是在做事方面，始终是积极的，关于这一点，他实已得儒家哲学之真传”。“云水苍苍，山水泱泱，先生之风，山高水长”，虽然郭、陶两位先生风格迥异，但是这两位先驱勠力中国教育，为中国教育现代化进行了卓越的探索，

① 郭秉文：《中国教育制度沿革史》，商务印书馆1916年版，第147页。

② 陶行知：《师范生应有之观念》，华中师范学院教育科学研究所：《陶行知全集》第8卷，湖南教育出版社1992年版，第37页。

③ 陶行知：《最后的一封信——致育才学校全体师生》，华中师范学院教育科学研究所：《陶行知全集》第5卷，湖南教育出版社1985年版，第965页。

其业绩与风范长存。

第三,郭秉文与陶行知晚期交往减少的未解谜团。陶行知辞职以后,二人还有一定的交往。1924 年 9 月 18 日,中华教育文化基金会成立,负责美国退还的庚款相关事宜,陶行知所熟知的郭秉文、黄炎培为中方 10 董事成员,孟禄、杜威为美方 5 董事成员。1925 年 7 月陶行知被聘为中基会执行秘书,1926 年 2 月陶行知辞去了这一职务。

郭秉文赴美以后,两人的交往更少,目前仅知晓一事。1927 年,郭秉文撰写的《费城博览会中国展览第三次报告》刊登在陶行知主编的《新教育评论》第 9 期上,这是否是陶行知约稿,或者两人提前商定的结果,则不得而知①。根据目前的资料,此事以后,再未见到两人其他交往记录②。陶行知离世后也未看到郭秉文的悼念文字。为什么有着 6 年深度交往和密切合作的郭、陶二人日后未能有长期的联系,至今仍是未解之谜。

(李永系中南民族大学教育学院讲师,教育学博士。柯琪系中南民族大学教育学院硕士研究生。)

① 《美国展览会我国教育得大奖》,《申报》1927 年 9 月 26 日第 10 版。

② 储朝晖:《郭秉文与陶行知在中国教育现代化中的互动与选择》,《东南大学学报(哲学社会科学版)》2014 年第 3 期,第 117 页。

陶行知：张宗麟教育事业中的重要导师

马　乐　郑　刚

陶行知和张宗麟之间有着深厚的师生之爱、同志之谊和战友之情。陶行知是张宗麟大学时期的重要导师之一，张宗麟重视教育试验、强调社会调查的研究精神，就深受其影响。随后，他们是晓庄师范的同事，共同创办了晓庄的辉煌事业。张宗麟成为陶行知的得意门生和得力助手，协助他开辟了乡村幼稚教育的新天地。随后，张宗麟辗转南北，却一直致力于宣传和实践生活教育理念，把生活教育推向更广阔的区域；陶行知虽生活艰苦，但也不忘初心，致力于推广民众教育，并进一步发展生活教育。在抗战时期，他们更是国难教育社的主干，为争取抗战的胜利积极奔走宣传，并组织国难教育，帮助战争难儿。他们一生的事业交织在一起，张宗麟的乡村教育和幼教思想深受陶行知生活教育思想的影响。因此，这两位教育家之间的关系，也应成为我们研究关注的重要内容之一。

一、陶行知和张宗麟人生的交集

陶行知与张宗麟在南京高等师范学校相识，在晓庄师范相知、相交，并奠定了一生的感情基础。在以后的岁月里，他们惺惺相惜、彼此支持，共同致力于民国教育事业的进步，推动社会的发展。

1917 年秋，陶行知留美归国后应南高师之聘，任教育学专任教员，先后主讲教育学、教育行政、教育统计等课程。张宗麟也于 1921 年初考入南高师，当时陶行知任教育系主任。在读书期间，张宗麟对陶行知广博的学识、严谨的治学态度十分敬仰，但此时他们的交往并不深，仅是一般的师生关系。

1923 年夏，陶行知辞去东南大学的职务，专心致力于中华教育改进社工作及促进平民教育运动。在平民教育的实践中，他逐渐认识到“中国以农立国，一百个人当中有八十五个住在乡村里。平民教育是到民间去的运动,也就是到乡间去的运动”①。此后,陶行知的思想意念和事业重心开始向乡村社会和乡村教育上面转移。1927 年陶行知在南京郊区创办了晓庄试验乡村师范学院,以培养乡村学校的教师、开展乡村教育。张宗麟被其“教育农民,救中国必须先从农民着手”的主张所吸引,于是年 9 月兼任晓庄第二院(幼稚师范院)指导员。1928 年上半年,为了集中精力从事乡村教育,张宗麟辞去待遇优厚的南京市教育局的工作,转往晓庄学校工作,任指导员及指导员主任,成为陶行知“一百万同志”中的一员。在晓庄期间,“张宗麟是全校师生中最积极者。每期校刊《乡教丛讯》都有他的文章。他除了协助陶行知安排大家的学习、生活以外,还带着师生到校外乡村,打扫街道,办小商店、小图书馆,教育农民讲卫生、求知识”②。陶行知外出时,学校的事务便交给他处理。1929 年晓庄试行学院制,“为谋各幼稚园之试验研究及指导集中起见”③,在陶行知和张宗麟的领导下成立了专门试验乡村幼稚教育的蟠桃学园,张宗麟担任院长。1930 年晓庄被封后,张宗麟追随陶行知到上海。在晓庄的三年,张宗麟协助陶行知实现了晓庄辉煌的办学成就,这期间也是他们交往最密切、合作最频繁的时期,他们的深厚情谊也是在这时建立起来的。

1931 年到 1934 年间,为躲避蒋介石的通缉,张宗麟辗转来到福建、广西、四川、湖北等地,陶行知也于 1930 年秋逃亡日本,一年后潜回上海。1932 年,蒋介石迫于压力取消对陶行知的通缉,陶行知派张宗麟、丁柱中同去南京,从事恢复晓庄师范的工作。但是,晓庄师范仅复校 3 个月后,再次被封。受挫后,陶行知在上海创办山海工学团,宣传和推广“小先生制”,张宗麟重返厦门。这期间他们虽不能经常见面,但一直保持着密切联系。张宗麟每到一处或创办乡村师范,或演讲宣传陶行知的生活教育理论,使生活教育受到广大师生的了解。陶行知也经常写信征询张宗麟的意见,让他为教育事业出谋划策。

1935 年,陶行知介绍张宗麟到梁漱溟创办的山东邹平乡村建设研究

---

① 《陶行知全集》编辑委员会编:《陶行知全集》第 8 卷,四川教育出版社 1991 年版,第 35 页。

② 周毅、金成林:《创造奇葩 陶行知的弟子们》,四川教育出版社 2001 年版,第 13 页。

③ 戴自俺、龚思雪主编:《陶行知幼稚教育的理论与实践》,四川教育出版社 1987 年版,第 248 页。

院工作。梁氏聘请张宗麟担任邹平简易乡村师范学校校长。在主持该校期间,张宗麟按照晓庄师范的模式对乡村师范学校进行彻底改革,使学校的面貌焕然一新。1936年2月,张宗麟回到上海,适逢陶行知和沈钧儒等建立全国各界救国联合会。不久,陶行知受全国教育联合会的委托,以国民外交使节的身份出访,宣传抗日救国主张。张宗麟便接办陶行知委托的国难生活教育社,并负责指导山海工学团、余日章小学、新安旅行团、自然科学园等的国难教育工作。在陶行知出国近3年的时期中,张宗麟任劳任怨,全力负责,出色地完成了任务。

1938年8月,陶行知回国后,张宗麟先是到香港参加欢迎陶行知回国的会议,向他报告国内情况。3个月后,张宗麟又去香港见陶行知,商议共同筹办育才学校事宜。之后,陶行知在重庆办育才学校,张宗麟继续在上海做救亡工作,并协助陶行知筹措办学经费。

张宗麟由于组织复社、发行抗日救亡刊物《上海周报》和《译报》,成为日伪和蒋帮特务暗杀的对象,1942年底他被迫奔赴延安。在延安时,他仍关念着陶先生,他在1945年7月作的《和黄炎培留别延安诸友》一诗中写道:"延安也有一劳山,更比劳山安且闲……寄语巴州诸长者,桃源刻刻忆人间。"其中"巴州长者"就是指当时正在重庆的陶行知先生。日寇投降后,张宗麟曾提出去重庆工作,因内战又起,陶行知回信叮嘱勿去方才作罢。1946年7月,张宗麟在延安得知陶行知逝世的消息,悲痛至极,并写文悼念。

新中国成立后,思想界开始清算资产阶级思想,1951年起,因批判电影《武训传》而牵涉到陶行知,陶行知成为批判对象。迫于政治压力,陶行知的许多弟子转而批判陶行知,但张宗麟不畏压力,在《人民教育》上公开发表《关于陶行知先生》的文章,仗义执言,为陶行知辩护,并在《对陶行知先生的认识和我的初步检讨》中写道:"陶行知先生是我三十几年前的老师,而且我做过他的得力助手,直至今日,我还敬爱这位老师。"

二、陶行知:张宗麟的重要导师之一

陶行知不仅是张宗麟的大学导师之一,影响了他的治学态度,更是他思想的导师。张宗麟的乡村教育和幼教思想无一不受其影响。

张宗麟在刚入大学时特别注意对教育行政的研究,陶行知恰好主讲这门课，成为他大学的导师之一。陶行知在教学时，注重理论联系实际，“他的教学尤其重视引导学生走出课堂，对中国现时教育进行广泛的社会调查，并在此基础上带领和指导学生进行讨论和研究”①。陶行知注重实践、强调通过广泛的社会调查获得一般事实的治学态度深刻地影响着张宗麟。张宗麟无论在求学或参加工作期间，都注重调查研究，注重通过调查来获得一般事实，而不是凭空想象或捏造事实。如 1935 年 10 月，他花费近半个月的时间调查江浙一带幼稚园的状况，之后发表《调查江浙幼稚教育后的感想》一文。这不仅是当时第一篇通过实证研究了解我国幼稚教育状况的文章，而且通过大量的事实和数据，其详细说明了当时我国幼稚教育的外国化现象严重的事实。

20 世纪 20 年代末，陶行知创办了晓庄学校，开始在生活教育思想的指导下开展乡村教育。张宗麟受大革命思潮，特别是其导师陶行知的影响，开始从事乡村教育。在跟随陶行知从事乡村教育的实践中，张宗麟加深了对生活教育的认识，并逐渐形成了自己的生活教育主张。他关于乡村教育和幼稚教育的一系列论述，是对陶行知生活教育理论在这两方面的具体运用和发展。

在乡村教育方面，他首先从生活教育的观点指明乡村教育的具体含义，“乡村教育是改造乡村人民生活的活动，这个活动是从乡村实际生活产生出来的”②。他主张乡村教育的内容要来源于乡村社会的实际生活，乡村教育的目的是提高农民的生产力、自治力并教会儿童适应乡村生活，成为改造乡村社会的力量。其次，他强调“乡村教育的全部，必须以乡村生活为出发点，并须以乡村生活为归宿”③，也就是要加强教育与社会的联系，使教育活动立足于乡村社会，切实满足农民的需要，做到真正服务、造福于乡村社会。最后，他特别强调乡村教育要用科学作为一切方法的依归。

在幼稚教育理论方面，张宗麟始终把教育和幼儿生活联系起来进行考察，他主张幼稚教育要“合于儿童的生活”④，儿童的生活就是幼稚教育的

---

① 余子侠：《山乡社会走出的人民教育家：陶行知》，湖北教育出版社 1999 年版，第 94 页。

② 张沪编：《张宗麟乡村教育论集》，湖南教育出版社 1987 年版，第 158 页。

③ 张沪编：《张宗麟乡村教育论集》，湖南教育出版社 1987 年版，第 160 页。

④ 张沪编：《张宗麟幼儿教育论集》，湖南教育出版社 1985 年版，第 6 页。

内容。他认为，生活是幼儿教育的生长点，从幼儿生活中生发出幼儿教育，“孩子们到了五六岁，所接触到的已经很多了，他因为要访小朋友，因此有了邻居的概念，又因此渐渐有了村镇的概念。他有时因母亲的嘱咐，买些小菜，或者跟着母亲去买物，渐渐有商场和职业的观念”[①]。其次，他主张幼稚教育要充分发挥幼儿的积极性和主动性，注重“教学做合一”。他提倡手脑并用，因为只有手脑联合，才能大大提高幼儿的学习兴趣、发展幼儿的能力和智力。最后，他强调学校和社会要打成一片，主张“幼稚园的各种活动里都应该含有‘社会’的意味”[②]，这样才能“养成适合于某种社会生活的人民”。在幼稚园里可以做了解家庭状况、社会职业、食物的来源、生活品的制成、城市农村的生活等活动，帮助儿童认识社会，同时还要注意在游戏或团体活动中培养幼儿的社会化行为如互助、合作、礼貌、顾及别人、爱等。

在幼教实践方面，张宗麟也深受陶行知的影响。陶行知在强调幼儿教育中国化的同时，又着眼于工农大众的需要，率先提出幼稚教育的大众化。他建议建设平民的幼稚园，面向平民招生，从而扩大幼稚园的服务对象，实现幼稚教育的大众化。为了使幼稚园能够顺利下乡，他主张幼稚园要经过一番改造，即把外国化、贵族化的幼稚园变为中国化、省钱化的幼稚园。通过大量的实践调查，张宗麟对幼稚园成为富贵人家的专利这一现象感到不满和担忧，“幼稚教育倘若长此向这条路上去发展，那么，幼稚园将变为富贵孩子的乐园，幼稚教师也不过是有钱人的‘干奶妈’，对于社会的意义太少，这种幼稚教育必定渐归消灭”[③]。为此，他提议幼稚教育要转向劳苦大众的队伍中去，即转到乡村与工厂区，以满足平民的需要，进而实现幼稚教育的大众化。他在指导乡村幼稚园的具体工作时，坚持乡土化、经济化和实用化的原则，即利用乡村社会丰富的自然资源如花草树木、鱼虫鸟兽、四季变化或以农村社会上的农事活动、风俗习惯、传统节日、集会庙会等为中心设计一个个富有乡土特色的课程；根据乡村儿童的特点，多采用户外教学，并开展读法、算法教学；幼稚园的设备宜就地取材，或利用本地资源或通过废弃物的再利用来创造玩具、教具；采用“艺友制”的方式训练幼儿师资；等等。可见，张宗麟的这些办学主张也就是陶行知幼教主张的具体实践。

---

① 张沪编：《张宗麟幼儿教育论集》，湖南教育出版社1985年版，第318—319页。

② 张沪编：《张宗麟幼儿教育论集》，湖南教育出版社1985年版，第268—269页。

③ 张宗麟编：《幼稚园的演变史》，海豚出版社2012年版，第35页。

三、张宗麟：生活教育思想的实践者

晓庄师范是陶行知生活教育理论的试验基地。在晓庄师范，张宗麟主要负责幼稚教育方面。在创办乡村幼稚园时，他们坚决革除城市幼稚园的“外国病”“花钱病”“富贵病”。张宗麟带领教师们发挥创造性，因地制宜地利用蚕沙、谷糠、桃核、旧报纸、破布片、棉花等做成各种教具。在教材、教学法方面他们走陶行知的生活教育的道路，立足于乡村社会和儿童生活。他们自己编儿歌、教材，从日常生活中选择有意义、有趣味的活动来组织中心课程，使孩子们通过活动学会生活，学会劳动，了解社会，增长知识①。

之后，晓庄被封，但这并不意味着生活教育实践的终结。晓庄虽然仅存在短短三年，但在这三年时间内它的事业蓬勃发展，生活教育理论和实践更是震动全国教坛，影响深远。张宗麟作为陶行知生活教育思想的忠实信仰者，生活教育实践将随着他的脚步逐渐展开。

1931年初，张宗麟南下至厦门，在集美幼稚师范任教。他与当地同志见面的第一天就商谈办乡村师范的事，得到热烈响应。在当地好友的资助下，张宗麟先办中心小学，后招师范生，不出半年集美乡村师范学校便诞生了。他亲自出任该校校长。集美乡村师范学校是张氏又一次实践生活教育的园地。集美乡村师范学校以陶行知的生活教育思想为办学方针，倡导“教学做合一”，旨在培养乡村儿童及农民所敬爱的导师。该校以实际生活为训练的中心，所开设的课程包括中心学校教学做（占50%，含说国语、用书、团体自治、用数、自然科学等教学做）、分任校务教学做（占20%，含会计、庶务、保管、招待、文牍、编辑等教学做）、改造社会环境教学做（占20%，含民众教育、村自治、合作事业、农民娱乐等教学做）、其他教学做（占10%，暂设纯粹科学、外国语、数学、社会、政治等教学做，学生依据个人兴趣自由选修）②。

在训练师资时，该校采用“艺友制”的训练方式。每个师范生在开始中心学校教学做之前须拟订一份详细的计划，中心学校里的指导员便依据计

---

① 张沪：《中国第一位男性幼稚园教师——我的父亲张宗麟》，《幼稚教育》1991年第11期，第3—4页。

② 曾讲来主编，陈延杭副主编：《集美试验乡村师范学校风云录》，华夏出版社2008年版，第35—36页。

划对师范生进行具体指导"在每天师范生和小朋友工作以前,必须预先拟定一个大纲,及采用的材料,得指导员的许可后,然后去做,做的时候,指导员常常在边旁看着"①。活动结束后,指导员对师范生的错误进行针对性的指导。张宗麟等还专门制定了中心学校教学做第一期标准(包括监护的做法、吹集合哨子和喊口令的方法、站队方法、上下课行礼的方法、烹饪方法、批改儿童日记的办法以及其他事件)和中心学校教学做自评表(共 14 项)帮助师范生掌握相应的技能并依据表格自我评价,及时改进。师范生在教学做一年后,如果考核合格,便可去前方服务,一年后成绩优良者即可毕业。

半年后,集美乡村师范学校发展到五所中心小学、两班师范生,还办了农民夜校、妇女夜校、农民娱乐会、消费合作社、木工场等乡村事业,这俨然又是一个小型的晓庄师范。张宗麟在集美乡村师范学校的实践,在闽南地区首燃生活教育的火种,培养的乡村教师毕业后遍布闽南各省,使陶学之花开遍八闽之地。

之后,张宗麟又辗转桂林、重庆、湖北等地,"他每到一地就着手筹办乡村师范,或开讲'乡村教育'课程,并利用暑假在江西、湖北的教师暑期讲习会上讲'乡村教育'……他的宣讲,使生活教育受到广大师生的了解,许多人成为'100 万位同志'中的一员"②。

1935 年 8 月,张宗麟出任邹平简易乡村师范学校校长。他即以晓庄师范为基准,以陶行知提出的"生活即教育""社会即学校""教学做合一"等理论为依据,进行全方位的改革。首先,对校园进行改造。拆掉残墙断壁,广植花草树木,使学校面貌焕然一新,并实行男女合校。其次,改革教学。一方面改变过去死读书的状况,加强教育与生活的联系。如学历史要求弄通中国历代农民起义失败的原因、辛亥革命失败的教训等,学地理要算一算中国还有多少干净的土地,帝国主义侵占了我国多少领土③。另一方面,改变以往的填鸭式教学,采用"道尔顿制",以发挥学生的主动性。再

① 曾讲来主编,陈延杭副主编:《集美试验乡村师范学校风云录》,华夏出版社 2008 年版,第 41 页。

② 周毅、金成林:《创造奇葩　陶行知的弟子们》,四川教育出版社 2001 年版,第 15 页。

③ 山东省政协文史资料委员会、邹平县政协文史资料委员会编:《梁漱溟与山东乡村建设》,山东人民出版社 1991 年版,第 236 页。

次，建立师范生的实习制度。张宗麟征得当地教育部门的同意后，将原邹平县立高级小学改为实验小学，原女子小学改为幼儿园，作为师范生的实习基地，方便师范生随时过去实习，学做小学或幼儿教师。最后，加强学校和社会的联系，组织学生开展广泛的社会活动以培养学生关注与解决社会现实问题的意识与能力。如组织一部分学生办午学共学处，利用午饭后的时间，召集村内失学的男女儿童或青年，教他们唱歌、识字；组织高年级学生到全县 13 个乡进行社会调查并开展宣传抗日、普及教育、改革落后习俗等社会活动。

张宗麟在 1943 年到达延安后，很快就参加了边区政府组织的农村调查和普及教育工作。在工作时，他“觉得边区各种工作和生活教育社的主张一致”①，于是他根据边区的具体情况，活用生活教育的理论和方法，把生活教育边区化，使生活教育在边区得到重视和发展。

四、张宗麟：陶行知幼教事业的开拓者

陶行知立足于工农大众的需要，率先发起幼稚园的下乡、进厂运动，并为其一步步地努力。他先是致函江苏省省长陈陶遗，陈述自己“欲矫其弊，而创一适合国情、节省费用、裨益平民之幼稚园蓄志已久”，并告知实为中国创举的燕子矶乡村幼稚园的具体方案，同时请求补助经费②。随后，陶氏以中华教育改进社的名义发表《创设乡村幼稚园宣言书》，提出建设中国的、省钱的、平民的幼稚园的想法。最后，他发表《幼稚园之新大陆》一文，提出工厂与农村为幼稚园之新大陆。这时，乡村幼稚园的开办在经费和舆论准备上已经就绪，所缺的就是专门的幼教人士的具体指导。

张宗麟大学毕业后，即成为陈鹤琴的助手，在南京鼓楼开展了一系列的幼教试验。但鼓楼幼稚园作为一所众人瞩目的试验幼稚园，拥有较丰富的设备和优良的师资，这种条件只有少数的幼稚园才具备，因此其试验成果不适宜大范围推广。为此，张宗麟等人本着幼稚教育平民化的精神，计划试验“能最普遍设立的幼稚园”，“试验怎样能最经济，怎样可以用极少的金钱，办极好的幼稚园”，并初步确定了“学前教育要面向农村，为农民服务

① 张沪：《张宗麟与梁漱溟、李公朴、陶行知》，《百年潮》2002 年第 3 期，第 52 页。

② 储朝晖：《陶行知画传》，四川教育出版社 2012 年版，第 133 页。

的方向”[①]。这时，恰逢晓庄学校的幼稚师范院成立，张宗麟便过来帮忙并担任指导员。这样，有了人才的支撑，乡村幼稚园的成立便水到渠成了。1927年11月11日，在张宗麟具体负责下，中国第一个乡村幼稚园——南京燕子矶中心幼稚园正式开学。该园招收附近3—6岁的幼儿，实行“来者不拒”“不来者送上门去”的免费教育方针，在开学之初便招收到农家子弟30多名。该园的创立具有开创意义，它打破了幼稚园集中在城市的格局，使幼稚园的服务对象下移，开始为平民大众服务。该园的成立也为其他乡村幼稚园的建立树立了典范，继燕子矶后，晓庄、尧化门、万寿庵、和平门等幼稚园也相继办了起来。

张宗麟的幼稚教育思想与实践，也在指导乡村幼稚园的过程中得到延伸和拓展。张氏在燕子矶中心幼稚园主要从事课程和“艺友制”训练两项工作。从1928年暑期起，该园在张宗麟的直接指导下进行课程编订试验，该试验深受鼓楼幼稚园试验的影响。试验一开始，张宗麟等便着手制定幼稚园的生活纲要（又称幼稚生生活历），生活纲要分年、月、周、日四种，逐层细化。该园在课程组织上采取“设计组织法”，主要以当天生活环境的刺激和儿童的兴趣为中心来设计具体活动。该园的试验也体现了乡村生活与环境的特点。他们一方面根据乡村的环境特点选择儿童熟悉和取材方便的活动主题及手工、故事材料，另一方面根据乡村儿童的特点在活动方法和课目上有所偏重[②]。如他们根据乡村儿童习惯于户外生活、卫生习惯差，进入学龄后就学时间短的特点，在教学中安排较多的户外活动，注意卫生习惯的训练，加强读法、算法的教学等。

燕子矶中心幼稚园的另一项具有历史影响的活动就是“艺友制”师范的试验。“艺友制”的根本方法是“教学做合一”，即利用幼稚园自身的教、学、做来培养和训练幼儿师资。这种方法被陶行知确认为“不但是最有效力之教师培植法，并且是解除乡村教师寂寞和推广普及教育师资之重要途径”[③]。陶行知将之概括为“艺友制师范教育”。燕子矶中心幼稚园成立后，张宗麟便招收3名艺友到园中随他和徐世璧实地学办乡村幼稚园。张宗麟还根据自己训练艺友的经验专门作《怎样指导幼稚园教学做》一文介

---

① 王伦信：《陈鹤琴教育思想研究》，辽宁教育出版社1995年版，第133页。
② 王伦信：《陈鹤琴教育思想研究》，辽宁教育出版社1995年版，第137页。
③ 方明主编：《陶行知全集》第1卷，四川教育出版社2005年版，第131页。

绍如何用这种方法培养幼稚教师。他将指导艺友学习的过程分成四个步骤,并为我们详细讲述了每个阶段持续的时间、艺友应做的主要工作以及获得教师指导的程度。燕子矶中心幼稚园的"艺友制"试验,不仅为陶行知"艺友制"师范教育提供了直接的实践来源,还使"艺友制"这种新型的师资培养模式在全国范围内得到推广。

除此之外,张宗麟还主持蟠桃学园和晓庄幼稚教育研究会的工作,使晓庄乡村幼稚教育的试验进入一个新阶段,开始了以课程改革为主的新尝试。由于晓庄的规模不断扩大,1929 年上半年,晓庄开始试行学院制。为了使晓庄的乡村幼稚教育试验有一个统筹的计划和安排,1929 年 10 月,在陶行知的领导下成立了专门负责指导各中心幼稚园工作的学院——蟠桃学园,院长为张宗麟,总指导为陈鹤琴、徐世璧。学园成立后的首次活动就是成立了幼稚教育的研究团体——晓庄幼稚教育研究会,规定每周三下午召开常会,会议除讨论各种实际问题以外,为谋理论的提高,张宗麟每次必到会作系统讲演。

由陶行知发起的晓庄乡村幼稚教育,得到张宗麟的积极支持,且张宗麟实际上起主导作用。在张宗麟的领导下晓庄幼稚教育试验取得了巨大成就,引领了当时乡村幼稚园的发展方向,成为我国 20 世纪 20 年代学前教育中国化试验的中心之一。

陶行知和张宗麟亦师亦友,他们的一生紧密地交织在一起。陶行知是张宗麟的重要导师,对张宗麟的一生产生了很大的影响。他先是在大学期间培养了张宗麟重视实践、重视社会调查的治学态度;后又指引张宗麟下乡,投身于乡村教育事业。张宗麟在从事乡村教育时深受生活教育的影响,成为生活教育的忠实信仰者和实践者。尔后陶行知又领导张宗麟从事抗日救亡运动并组织国难教育,使生活教育得到进一步发展。张宗麟作为他的得力助手,对他的教育事业提供了无私的帮助,张宗麟与他共创了晓庄的辉煌,更是他幼教事业的开拓者,协助其创办了我国第一批乡村幼稚园,开创了我国农村幼教的新局面。

(马乐系华中师范大学教育学院硕士研究生。郑刚系华中师范大学教育学院副教授。)

戴伯韬的儿童科普读物编撰活动、思想及其启示

王永颜

戴伯韬(1907—1981),号白桃,江苏丹阳人,深受进步思想的影响,积极宣传科学与民主思想,是中国近现代著名教育家、编辑出版家、科普作家。他毕生关心我国科技教育事业的发展,是儿童科普教育的积极开拓者。他 1928 年从南京晓庄学校毕业后一直追随陶行知从事教育和科学救国的实践活动,前后二十余年,深受陶行知生活教育思想以及“科学下嫁”思想的影响。在此期间,他编撰了一系列儿童科普读物,为我国儿童科普读物编撰以及科普教育做出了重要贡献。追忆戴伯韬的儿童科普读物编撰活动,探讨戴伯韬的科普读物编撰以及科普教育思想,对当前科普读物编撰活动以及儿童科普教育有着积极意义。

一、戴伯韬的儿童科普读物编撰活动

戴伯韬的儿童科普读物编撰活动是他一生中最重要的教育活动之一。从早期参与陶行知的“科学下嫁”运动开始涉猎科普读物,到自己亲自动手编写科普读物,他自始至终,笔耕不辍,为儿童科普教育留下了一笔宝贵财富。

(一)参与陶行知先生的“科学下嫁”运动,积极编撰科普读物

1931 年 2 月,戴伯韬在上海办儿童半月刊,为儿童撰写童话、故事和散文,开始关注儿童教育问题。随后不久,他应陶行知的邀请,参与其发动的“科学下嫁”运动。“科学下嫁”是陶行知为了挽救国危而发起的一项旨在振兴国家的运动,提出了科学要“下嫁”给大众、“下嫁”给儿童的主张。同年 4 月,戴伯韬和丁柱中、董纯才、方与严、陶宏、高士其等协助陶行知创办了儿童自然学园,作为“科学下嫁”运动的重要试验园地,对儿童进行科学普及教育。

为了有效开展儿童科普教育，陶行知主编了一套“儿童科学丛书”，向儿童普及近代物理、化学、生物、矿物、天文、农业、数学、生理卫生等科学知识，正如陶行知在“儿童科学丛书”的用法中所言：“我们编辑这部书的目的，在引导小朋友把自己造成科学的孩子。”[①]戴伯韬非常积极而且认真地参与了丛书的编写工作，例如《奇异的音》《奇异的光》《望远镜》《显微镜》等都是他在这一时期的代表作。在整个编写过程中，戴伯韬不仅认真查阅科学资料，而且更可贵的是他亲自动手做实验，并主动承担更多的编写任务，任劳任怨，不畏艰苦。这种为了儿童科普工作敢于担当，一丝不苟的工作作风，为其日后独立从事科普创作和编撰工作奠定了坚实基础。戴伯韬当年的同伴高士其在为《戴伯韬科技教育文集》所写的序中说：“这套书强调做实验，让小朋友通过亲自动手的实验求得知识。写出之前，我们都得先把各种实验做过一遍。还从中国孩子的实际出发，不采用价格昂贵的洋仪器，而是尽量找一些破布、烂棉花、墨水瓶、酱油瓶、竹子、木屑、芦秆、空罐头等废物来做。伯韬是做得最认真的一个。这套丛书共有一百册，陶先生亲自编写三册，而伯韬一人就编写了五十册。”[②]戴伯韬的积极参与和鼎力协助，有力地促进了“科学下嫁”运动的顺利开展。

（二）独立编撰与创作出版了大量的儿童科普读物

1932 年，戴伯韬与董纯才一起协助陶行知创办儿童科学通讯学校，开始钻研自然科学知识，义务参与讲授物理、化学等科普课程。随后，戴伯韬还为中华书局编写小学自然科学课本，为中山文化教育馆编写“大众科学丛书”，也与高士其一起编写了不少科普文章。1934 年陶行知创办《生活教育》，戴伯韬负责编辑工作，其间在上面发表科普文章六十多篇，比如科学小品《离子与我们的关系》《最新灭雾法》《原子的照相》《天气变化的原因》《植物奇谈》等。此外，他还在《中华教育界》《中学生》上发表了多篇科普文章。这些科普文章并非凭空想出，而是来源于戴伯韬的日常教育实践，并经过他亲自实践检验后写出来的。文章中涉及的实验符合儿童的心智发展，操作起来简单易行。

---

① 华中师范学院教育科学研究所主编：《陶行知全集》第 5 卷，湖南教育出版社 1985 年版，第 251 页。

② 高士其：《序》，上海科技教育出版社编：《戴伯韬科技教育文集》，上海科技教育出版社 1988 年版，第 1—2 页。

此外，戴伯韬曾负责山海工学团所创幼儿班的教学工作，在教学工作中他对儿童科普教育尤为关注。为了促进儿童科普教育的有效开展，在实验器材和教材短缺的情况下，他亲自编写向幼儿进行科学普及教育的教育大纲和教材供师生使用，而且亲自动手做实验，并请工学团中的教师王醉霞把这些实验向幼儿班中的学生讲授。课后他和王醉霞对这些教育活动进行总结提炼，以《幼稚园和小学低年级的科学指导》为题，署名王醉霞和白桃（戴伯韬），发表在《生活教育》杂志上的，从 1934 年 3 月第 2 卷第 1 期开始每期连载，到同年 7 月的第 2 卷第 9 期才刊载完毕。这些科普文章以及实验是戴伯韬根据自己对儿童心理发展的研究，在总结自己多年的教育教学经验基础上，开展的一次从理论到实践的儿童科普教育尝试。纵览这些科普文章，可以看出戴伯韬不仅重视儿童的科普教育，而且更为注重儿童动手能力的培养。由于这份报告来源于实践，并且提纲挈领、视野广阔，故此，有学者曾对其高度评价道："这份实验报告相当珍贵。它可以说是我国最早的一份向幼儿进行科技教育的教育大纲。尽管半个世纪过去了，今天重读这份报告，仍能使人感到每一节教育设计中闪烁着智慧的火花，它给孩子们以知识和启迪。"①戴伯韬编写了"儿童科学丛书"中的多种，如《水的科学把戏》《显微镜》《望远镜》《雨·虹》《云雾观察记》《霜·雪》《风》《奇异的光》《奇异的音》等，由上海儿童书局出版发行。这些作品的问世与出版，使得戴伯韬成为我国早期优秀的科普作家之一。

（三）对儿童科普教育与科普读物编写的持续关注

1937 年七七事变爆发，日本发动了全面侵华战争，抗战救亡成为中国彼时的时代主题。作为怀有教育救国理想的知识分子，戴伯韬积极组织抗日救国活动。在接手《生活教育》杂志后，他将杂志由以宣传生活教育、普及科学知识为主转向以抗日为主。他亲自负责繁重的出版、发行、宣传等日常工作，异常劳累。但他仍未忘记对科技教育提出切实的要求，尤其是受战争的影响，他对科技教育比以往更加重视。1938 年 4 月，戴伯韬在《对学校实施抗战教育的几个具体意见》中谈到"改变课程内容"时说："自然课，可以从近代的新兵器，如飞机、大炮、坦克车、装甲车、毒气、毒菌，以

① 高士其：《序》，上海科技教育出版社编：《戴伯韬科技教育文集》，上海科技教育出版社 1988 年版，第 2 页。

及因战事而发生的与科学有关的事实出发,向多方面发展。”在谈到教育方法的改革时,他说:“自然科学的学习,必须注重实验。我们进一步主张,把科学实验室搬到国防工厂里去,这样,才可以真正实施国防科学。”[①]1939年,陶行知先生在重庆创办育才学校,戴伯韬积极参与学校工作,在主编《战时教育》杂志的同时,还为生活书店编写了妇女教材、儿童教材和民众识字课本,宣传抗日、民主和科学知识。此外,他还通过史良、李德全等有影响人士的社会关系,以儿童教育专家的身份为儿童保育院编辑了一套儿童保育院教材[②]。这套儿童保育教材体现有戴伯韬的儿童科普教育思想。1954年之后,戴伯韬在人民教育出版社主持中小学教材的编辑审定工作期间,始终没有忘记科技教育工作。党的十一届三中全会以后,戴伯韬为了科技教育的发展出谋献策,提出了很多建设性的意见。他为《中学科技》杂志写了《实验是科学之父》的文章,重申了他关于中小学科技教育的一贯主张。这一时期他与少年儿童出版社的编辑和《中学科技》杂志的编辑交谈通信,对怎样编写少儿科普读物和怎样办好科技杂志的问题提出了很多精辟的见解[③]。可以说,这些见解是戴伯韬一生从事科普教育工作、编撰儿童科普读物的思想精华,对儿童科普教育和科普读物的编写具有重要价值。

二、戴伯韬的儿童科普读物编撰思想

戴伯韬深受陶行知生活教育思想的影响,承继了陶行知教育为公、关注儿童的优秀品质,一生致力于教材的编审、管理和儿童科普读物的编撰工作,在实践的基础上开展了儿童科普读物编写的探索工作,形成了比较系统、完善而且实用的编撰思想。

(一)科普读物编撰始终贯穿着陶行知的生活教育思想

戴伯韬十分认可陶行知“办乡村教育,来改造中国”的主张。受陶的乡村教育运动影响,1927年戴伯韬离开原来所在的学校,专程奔赴南京投到

① 戴伯韬教育文选编选组编:《戴伯韬教育文选》,人民教育出版社1985年版,第26页。

② 李隆庚:《著名教育家戴伯韬》,《文献》1982年第4期,第173页。

③ 高士其:《序》,上海科技教育出版社编:《戴伯韬科技教育文集》,上海科技教育出版社1988年版,第3页。

陶行知门下，成为陶行知创办的南京晓庄师范学校的第一批学员。“在晓庄与陶先生朝夕相处的日子里，他不但越来越被陶行知先生的个人魅力和人格力量吸引，更为其教育思想的朴素通俗、蕴涵深刻且紧密联系中国国情而叹服。”①此后，戴伯韬开始成为陶行知教育理论和思想的追随者、推动者和实践者。在随后的二十多年时间里，“戴伯韬既是陶行知在教育理论上的学生，又是陶行知事业上的得力助手”②。

对戴伯韬一生的教材编撰、科普创作工作影响最大的当属陶行知先生的生活教育思想。正如戴伯韬在《生活教育发展史纲——为纪念生活教育运动十三周年而作》（原载《战时教育》1940 年第 5 卷第 10 期）中所说，生活教育在乡村教育运动时期，留给教育界的影响很大，“教学做合一”的思想已经流传各校。“先是编辑儿童科学丛书，创办自然学园，设立儿童科学通信学校，从事科学下嫁运动，想把自然科学普及给一般大众和儿童。当时的想法，以为要改造国家，把中国的农业文明过渡到工业文明上去，非普及自然科学不可。”“所以生活教育是根据儿童的生理发展和社会发展通过生活形态把教育实现出来的一种教育。”③在生活教育理论的指导下，戴伯韬开始从事“儿童科学丛书”的创作和编撰活动，比如他编撰的《显微镜》《望远镜》《奇异的光》等是儿童非常喜欢的科普读物。戴伯韬在题为《幼稚园和小学低年级的科学指导》的报告中，把辅助儿童进行科学研究与普及的教育活动称为“科学把戏”，比如“空气的把戏”“燃烧的把戏”“热的把戏”“毛细管的把戏”“比重的把戏”“表面张力的把戏”等等。这些“把戏”，不仅在材料来源上是利用日常生活中常见的、便宜的材料来完成，而且能够激发儿童兴趣，与儿童日常生活密切联系，有利于提高儿童的科学认识。与此同时，这些“把戏”虽来源于生活，但又高于生活，教师可以通过这些“把戏”引导儿童观察生活、认识生活，增长生活知识，提高生活技能。这种生动活泼的教育活动根据儿童的生理发展和社会发展特征，注重儿童观察、思考、实践能力的培养，易于让儿童接受，完全符合儿童的认识规律。可以说，戴伯韬的科普读物编撰活动始终贯穿着陶行知的生活教育思想。

---

① 陈国清：《戴伯韬　半个世纪的教育情怀》，《中国教育报》2011 年 6 月 20 日第 8 版。

② 周洪宇：《陶行知画传》，山东教育出版社 2011 年版，第 79 页。

③ 戴伯韬教育文选编选组编：《戴伯韬教育文选》，人民教育出版社 1985 年版，第 65、70 页。

(二)科普读物编撰注重培养儿童科学素养和能力

戴伯韬认为,幼稚园里的孩子也能研究科学,每一个孩子生来就是一位科学家,他有打破砂锅问到底的科学精神。在科普读物的编写过程中,戴伯韬始终秉持这一理念,坚信儿童不仅具有学好科学知识的天赋能力,而且也具有"对自然界的一切事物,都要去追问。而且终是那么坚持到底,不追问到根由不止"[①]的学习品质,因此,戴伯韬编撰的科普读物注重培养儿童的科学素养和能力。

戴伯韬在编辑、撰写儿童科普读物的过程中,深知西方先进的科学文化知识对儿童科学素养的发展乃至国家未来的重要意义,注意将先进的科学知识通过儿童科普读物传递给他们。戴伯韬说:"我的态度,是不欺骗他们,也不压制他们。我用尽办法,在保护这科学的幼苗,使它好好地生长起来。尽量说他们可以听得懂的话,尽量把他们引入科学境地。"[②]为了培养儿童的科学素养和能力,戴伯韬编撰的科普读物包括科学小品和"儿童科学丛书"。比如科学小品《科学能创造生命吗》(《生活教育》1935 年第 2 卷第 1 期)一文从生命的特征、人造生命的试验、人造生物的出现三个方面向儿童讲述了生命的由来以及科学对生命的探索历程,图文并茂,浅显易懂,便于儿童理解,有利于提高儿童的科学素养。戴伯韬的"儿童科学丛书"注重科学知识传递的系统性、完整性,比如《雨·虹》一书,从雨从何处来、雨是怎样来的、雨的形状、暴雨和雷雨、喷水成虹、我们能唤雨吗、预测天气法、量雨器、雨的工作九个方面,对雨和彩虹这些自然现象进行了具体详细的讲解,有助于儿童全面了解雨、虹的本质。

另外,戴伯韬对那些反对或者误解对儿童实施科普教育的学者和先生持批评态度。在他看来,这些人的儿童科学观念是极其迂腐的,正是受他们迂腐观念的影响,"许多天才的科学家,在他幼年的时代,已经被他的父母师长枪毙掉了"[③]。戴伯韬指出要扶助孩子研究科学,帮助他们探究大

---

① 上海科技教育出版社编:《戴伯韬科技教育文集》,上海科技教育出版社 1988 年版,第 16 页。

② 上海科技教育出版社编:《戴伯韬科技教育文集》,上海科技教育出版社 1988 年版,第 16 页。

③ 上海科技教育出版社编:《戴伯韬科技教育文集》,上海科技教育出版社 1988 年版,第 16 页。

自然的秘密，就需要特地为他们预备许多“科学把戏”，在学习与实践的过程中注重培养儿童的科学素养和能力。所以，科学的种子一定要撒播在每一个儿童身上，科学的民族才会被创造出来。

(三)科普读物编撰要在指导儿童动手做实验上下足功夫

戴伯韬认为：“让学生进行科学实验，对培养学生做实验的操作技能也是极为重要的。实验操作技术，无论对科学工作者，对工、农、商、医等等，都是一门必需的知识和技能，没有这项本领就谈不上搞科学。”①所以，他编撰的儿童科普读物在指导儿童动手做实验上下足了功夫。如在《幼稚园和小学低年级的科学指导》中，戴伯韬设计的一系列实验都具有很强的实践操作性，都需要儿童亲自动手去实验。如果没有儿童的亲自动手操作，该项操作技能是难以掌握的。所以，教儿童研究科学、学习科学最重要的就是让儿童亲自动手操作，只有亲自动手，儿童才会发现问题、提出质疑，才会引发儿童思考，才会引起儿童连续的动作，也才会令儿童懂得其中潜藏的道理和奥妙。整个实验的过程，教师应该在旁边指导，绝对不能越俎代庖而让小孩袖手旁观，这样做就是包办代替，不能培养儿童的科学能力。这其中充分体现了陶行知先生“教学做合一”理论的思想精髓，虽然有教师在旁边指导，“但学生在主观上认为是主动的，所以他们勇于学习，感到兴趣，这和被动的注入式及所谓启发式的教育，迥然不同”②。

为了培养儿童的动手能力，戴伯韬亲自动手制作各种儿童科学玩具，并编写了“动手做”系列丛书，包括各种儿童感兴趣的科学玩具，如弓箭、潜望镜、魔术箱等的制作过程与技巧，以及小学纸扎的制作技法，深受儿童的喜爱。这套丛书不但叙述了各种玩具的具体做法和原理，而且也讲解了玩耍的方法，寓教于乐，便于儿童学习。也正如戴伯韬所说，这套书“儿童们看了，就能够依它做，依它玩，依它研究。小学教师，不论指导工艺，指导科学，都可以拿它来作为指导书，家长们得着它，也可以用来指导子女，教他们作有益的游戏”③。所以，这套儿童科普读物也集中体现了戴伯韬重视

---

① 戴伯韬教育文选编选组编：《戴伯韬教育文选》，人民教育出版社1985年版，第448页。

② 上海科技教育出版社编：《戴伯韬科技教育文集》，上海科技教育出版社1988年版，第10页。

③ 上海科技教育出版社编：《戴伯韬科技教育文集》，上海科技教育出版社1988年版，第419页。

儿童动手能力培养的儿童科普教育思想。

（四）科普读物编撰要激发儿童兴趣

儿童会对一些图文并茂、生动有趣的科普读物产生浓厚兴趣，所以编撰科学普及读物要注重激发儿童兴趣，适合他们阅读的才是最好的学习材料。戴伯韬认为，儿童科普读物需要“故事生动，叙说精练，而且能引导小读者去观察自然现象。……写这类读物，不仅要写得生动活泼，适合儿童阅读，而且要指导他们动手、动眼、动脑筋去观察、去实验、去思考，从小就培养他们热爱科学、研究科学的兴趣和基本技能。谈一般空道理，虽然也能得到一些知识，但读了不久就会忘掉，更谈不上引导儿童动手去学习和研究自然科学了”①。从戴伯韬编撰的科普读物中可以看出，他的很多科普文章非常关注儿童的阅读兴趣。这些科普读物，一方面，在呈现形式上不仅配有适合儿童理解与思考的插图，而且在语言风格上也体现出生动活泼的特点，比如《小学纸扎工艺》一文在讲解怎样使用工具的时候，作者配有三幅主图片，每一幅主图片又分为若干幅分图片，生动形象，便于儿童理解和实际动手去制作；另一方面，在儿童科学实验的设计上，体现了激发儿童兴趣，鼓励他们积极参与和认真思考的特征。他指出：“我们指导儿童研究科学，一定要着重科学的趣味。要使得他们来研究科学，就犹如拍皮球唱歌一样有趣，一样高兴才行。”②这些都是戴伯韬多年儿童科普读物编撰经验的科学总结，对我们今天儿童科普读物的编撰也有一定的指导意义。为了做好儿童科普教育工作，编撰优质的、易于激发儿童科学兴趣的读物，戴伯韬还主张要发现和培养一批专为儿童写作的作家，来撰写更多的优秀儿童读物，满足儿童需求。

三、戴伯韬儿童科普读物编撰思想的启示

戴伯韬的儿童科普读物编撰思想是戴伯韬编撰活动与动手实验的科学总结，注重儿童科普读物编撰的实践性，重视儿童科学素养和动手实践能力的培养，对我国科普教育的理论与实践做出了重要贡献。戴伯韬儿童

---

① 上海科技教育出版社编：《戴伯韬科技教育文集》，上海科技教育出版社 1988 年版，第 11 页。

② 上海科技教育出版社编：《戴伯韬科技教育文集》，上海科技教育出版社 1988 年版，第 18 页。

科普读物编撰思想是在实践检验过程中不断发展形成的，具有丰富的思想内涵，对我国当前的儿童科普读物编写以及科普教育有重要的当代价值。

（一）儿童科普读物的编撰要重视科学性与趣味性的统一

儿童科普读物是向儿童实施科普教育，提高儿童科学素养，培养儿童科学兴趣，增加儿童科学知识的重要学习材料或教学材料，其编撰过程要注重科学性与趣味性的统一。儿童科普读物应该具有高度的科学水平，其选材不能仅仅满足于普通科学知识的传递与普及，而是应该在普及的同时注重先进性和前卫性。正如戴伯韬所说："实践已经证明，世界上的先进的资本主义国家，他们的制度虽然是资本主义的……但他们先进的科学技术，他们最新的机器及他们严密的计算和监督，也就是他们科学管理技术等等都是值得我们学习的。"①在科学技术迅猛发展的今天，新技术更新换代的速度远远超过了以往的任何时代，因此儿童科普读物的编撰需要特别关注科学发展的最新动向，将最前沿的科学知识呈现在儿童面前。然而对于儿童而言，儿童科普读物不仅应该重视儿童心智发展的年龄特点和规律，而且要注重激发儿童学习科学的兴趣，从内容选取到语言表达都应该能够促使儿童产生学科学、爱科学、将来搞科学的愿望，这样才有助于儿童科学素养的提高。科普读物在选材上需要注重儿童不同年龄阶段的发展特征，选取适合他们学习和理解的材料，重视儿童的最近发展区，使得他们在阅读学习的同时，能够获得更高阶段的发展；在语言风格和表现形式上应注重文学性，可以使用一些文学手法，也可以穿插一些生动形象的图片，做到图文并茂。

（二）儿童科普教育应注重实践，提高儿童动手能力

戴伯韬认为我们学校的师生教学的自然科学知识和理论是经过前人实验的，而我们没有实验过，所以要经过实验才能真正认识它、运用它。然而，今天我们中小学的科普教育注重儿童科学知识的学习与探究，而往往忽略儿童动手能力的培养，尤其缺乏实践活动。纵观我国的科普教育，虽然得到了国家的重视，但是在实际教学层面，其重要性没有得到充分的体现，科普教育相对于语文、数学、英语等文化知识的教学还是处于比较落后的状态：一方面学校的校长、教师、家长对儿童的科普教育不重视，认为升

① 戴伯韬教育文选编选组编：《戴伯韬教育文选》，人民教育出版社 1985 年版，第 441 页。

学靠的是文化课,科学课程往往被忽略;另一方面,科学教师的科学素养有待提高,在职培训相对欠缺,对儿童的科普教育方法单一,注重知识的传递,而忽略儿童动手能力与实践的锻炼,还有实验器材的缺乏与更新迟缓也在一定程度上影响了科普教育的发展。面对诸如此类的各种问题,学校、教师以及家长需要借鉴戴伯韬的有益经验,首先转变观念,重视科普教育,提高儿童科学课程的地位,创造性地开展科学课程的教学与研讨,探索儿童科普教育的方法,制作适合儿童动手操作的器材或者教具,当然也可以尝试编写适合不同年龄阶段儿童需求的科普读物。2011 年美国发布《K-12 科普教育框架:实践、跨学科概念、学科核心思想》(简称《科普教育框架》),在对科学的理解上重视科学的实践过程。随后的 2013 年 4 月 9 日,美国基于《科普教育框架》的《新一代科普教育标准》正式发布,进一步强调了学生实践能力培养的重要意义。所以,我们需要汲取戴伯韬儿童科普教育的思想精华,借鉴美国科普教育的先进经验,在科普教育教学中激发儿童动手操作的兴趣,锻炼儿童的实践能力。

(三)全民科学素养的普及应从儿童抓起

我国的经济发展水平和科技水平已经跃居世界前列,取得了一定的成绩,但是就人口的整体素质而言明显落后于发达国家。我国是人口大国,但还不是科技强国,而要想在激烈的国际竞争中占据优势地位,实现民族的兴旺与发达,人口科学素养的提高至关重要。在现代科技高速发展的时代,提高全民科学素养已经引起了国家的高度重视,国家提出了科教兴国的战略构想。而要提高全民科学素养,就应从儿童抓起,重视中小学科普教育在人才培养中的特殊地位,提高教育质量,开发科学课程,激发儿童科学兴趣。戴伯韬说:"科学技术人员,尤其是高级人员,是我们国家的财富,我们的教育就是要增加这方面的人员,使他们具有国际先进水平。我们的普通教育就是使全体人民受到近代的科学技术教育,使他们很快掌握科学技术,提高劳动生产率。"①可见,高级科技人员的培养需要发达的高等教育,全民科学素养的提高依赖于普通教育,而普通教育的起点应该从基础教育开始,从娃娃抓起。儿童是国家的未来,从儿童阶段就开始加强科普教育,不仅是国家富强和社会发展的需要,也是人的全面发展的需要,更是

① 戴伯韬教育文选编选组编:《戴伯韬教育文选》,人民教育出版社 1985 年版,第 442 页。

儿童参与未来国际竞争的需要。儿童科学素养的普遍提高，也意味着未来国民科学观念的更新和科学素养的增强。

（王永颜系河北师范大学历史学博士后。）

梁漱溟山东乡村教育实验中的师范教育：从陶行知的影响视角分析

吴洪成

梁漱溟十分重视乡村教育实验中的师范教育。百年大计，教育为本；教育大计，教师为本；教师教育，师范为本。师范教育是整个教育事业的基础，因而乡村建设中人才的培养便成为乡村教育实验的一项重要工作。山东邹平师范学校是乡村教育实验中师范教育的成功范式，将乡村建设同师范教育紧密结合，使得师范教育成为乡村建设的基础，影响着整个教育实验的有效运行。山东邹平乡村教育实验的方案及内容设计落实到了师范教育的实践活动中，也促进了学校工作的展开以及乡村社会生活的改造。同时，邹平乡村教育实验的特殊性还决定了乡村师范学校独特的师范精神，那就是不仅要与时代发展紧密联系，还要与中国落后的农村与农村教育相结合。

一、梁漱溟乡村师范教育的思想溯源

20世纪二三十年代的中国陷入新的社会危机，帝国主义入侵、军阀混战加深了中国社会的矛盾。面对深重的社会危机，一大批以救亡图存为己任的知识分子开展乡村建设运动，力图以教育为手段，通过改造乡村，进而改造中国，解决中国的社会问题。其中较为有名的有陶行知“教学做合一”的南京晓庄师范、上海山海工学团教育实验，黄炎培“造就新农民”的职业教育实验，晏阳初“除文盲、作新民”的河北定县乡村平民教育实验。梁漱溟赴河南开展村治教育之前，曾到各地考察乡村建设运动，包括南京晓庄的乡村师范学校，并对陶行知乡村师范教育实验的内容与活动措施颇为赞赏。可以说，梁漱溟的乡村教育实验理论有三方面的思想来源：儒学人本主义、伯格森生命主义哲学、杜威实用主义教育思潮。而其中第三部分恰是陶行知构建生活教育学说的思想基础，并贯穿其教育历程始终及教育领域各方面。由此可见，梁漱溟的乡村教育方案建构与陶行知的教育思想有着共同资源依托，而且前者的发生历程及内容成分深受陶行知生活教育理论，尤其是南京晓庄师范学校的影响及引领。

早在 1921 年，陶行知就从城市教育与乡村教育发展不平衡中看到了乡村教育的必要性，认为“乡村教育是立国之大本”[①]。而当时的乡村教育十分落后，“乡村教育不发达，可说已达极点，我国人民，乡村占百分之八十五，城市占百分之十五……然而乡村的学校只有百分之十”[②]。这说明他在关心中国的前途与命运时注意从中国国情出发，已充分认识到推行平民教育只限于城市是不够的，走向乡村是必然的趋势。于是，在 1924 年 10 月，陶行知明确提出了平民教育下乡的主张，指出：“中国以农立国，十有八九住在乡下。平民教育是到民间去的运动。”[③]

陶行知将农村教育作为乡村矛盾问题解决的有效途径，主张乡村教育应有生产及经营的效益，使荒山成林，瘠地长五谷。“人人都能自立，自治，自卫”，从而改变贫穷落后面貌，一变而成为“西天乐园”，村民都变成“快乐的活神仙”[④]。这里渗透着教育与生产劳动结合，注重生利的乡村教育思想。为此，陶行知做了细密的设想：“从乡村实际生活产生活的中心学校；从活的中心学校产生活的乡村师范；从活的乡村师范产生活的教师；从活的教师产生活的学生，活的国民。”[⑤]

要探索符合中国国情的教育，必须具备实验的精神和方法。陶行知说：“能实验，则能自树立，能自树立，则能发古人所未发，明今人所未明。”[⑥]他本着试一试的态度，于 1927 年 3 月在南京郊区小庄（后改为晓

① 陶行知：《对于乡村教育及本校赞助人之总致谢》，华中师范学院教育科学研究所：《陶行知全集》第 2 卷，湖南教育出版社 1985 年版，第 135 页。

② 陶行知：《师范教育之新趋势》，华中师范学院教育科学研究所：《陶行知全集》第 1 卷，湖南教育出版社 1984 年版，第 167 页。

③ 陶行知：《平民教育概论》，华中师范学院教育科学研究所：《陶行知全集》第 1 卷，湖南教育出版社 1984 年版，第 494 页。

④ 陶行知：《再论中国乡村教育之根本改造——在上海青年会的演讲》，华中师范学院教育科学研究所：《陶行知全集》第 2 卷，湖南教育出版社 1985 年版，第 2 页。

⑤ 陶行知：《中国乡村教育之根本改造》，华中师范学院教育科学研究所：《陶行知全集》第 1 卷，湖南教育出版社 1984 年版，第 653 页。

⑥ 陶行知：《智育大纲》，华中师范学院教育科学研究所：《陶行知全集》第 1 卷，湖南教育出版社 1984 年版，第 72 页。

庄)创办了晓庄试验乡村师范学校,简称南京晓庄师范学校或晓庄师范学校。

晓庄师范学校由袁观澜(后为蔡元培)任董事长,陶行知自任校长。初始学校设两院——乡村小学师范院(赵叔愚任院长)、乡村幼稚师范院(陈鹤琴任院长),同时又附设燕子矶、尧化门和晓庄 3 所中心小学,后又增设神策门和吉祥庵小学。晓庄师范学校随着事业的发展,在 1928 年 8 月 1 日正式更名为晓庄学校,又增设了三元庵、黑墨营、大象房、万寿庵(嘉善寺)等中心小学、中心幼稚园和燕子矶、晓庄幼稚园,还设有劳山中学、实验民众学校、晓庄剧社、晓庄医院等。

陶行知在中国现代教育史上独具特色的思想品牌是生活教育理论。该理论不仅贯穿于他一生不同阶段的办学活动中,而且以它为核心形成了生活教育派,而这种思潮学派的初创期就在南京晓庄师范学校期间。生活教育理论包括两个方面:一是"生活即教育""社会即学校",二是"教学做合一"。前者为教学原理,后者为教学方法。"生活即教育"是生活教育理论的核心思想,生活决定教育,教育有改造生活的功用。"社会即学校"是"生活即教育"思想的延伸,就是把学校与社会相沟通,以社会为学校。"教学做合一"是生活教育理论的方法论,主张在做上学、在做上教,认为"在做上教的是先生;在做上学的是学生",强调"做是学的中心,也就是教的中心"①。晓庄乡村师范学校将课程分为五大部分:一是中心学校工作教学做,二是分任教务行政教学做,三是征服自然环境教学做,四是改造社会环境教学做,五是学生生活教学做。晓庄师范根据生活教育原理,把教育与生活、教育与生产劳动结合起来,学员在指导员(教师)的指导下生活,在做上教,在做上学。

1928 年初,梁漱溟到广州从事乡治运动的讲学活动,开办广东乡治讲习所,举办乡治理论及实践问题专题讲座,但在推行及实施中受阻,转而借鉴陶行知教育学说开展广东省立一中新教育实验探索。在此次经历前后,梁漱溟曾两次访问南京晓庄学校。第一次是 1928 年春季,他伴随李济深、陈铭枢去南京,拜会蒋介石。抵宁后,他专程参观现代教育家陶行知主持

---

① 陶行知:《教学做合一》,华中师范学院教育科学研究所:《陶行知全集》第 2 卷,湖南教育出版社 1985 年版,第 42、43 页。

的生活教育实验大本营——南京晓庄学校,认为这是一所理想的学校,尤其称道其学校与社会互动的教学组织及办学精神。4—5月间,他撰写了《请开办乡治讲习所建设和试办计划大纲》,明确提出乡治的主张,体现了"政学合一"的乡村建设初步理想方案。第二次是1929年2月,梁漱溟辞去广东省立第一中学校长职,交由学生黄艮庸继续掌校。他北上参观,再次考察了陶行知的南京晓庄学校实验,同时考察了黄炎培的江苏昆山徐公桥农村改进教育实验、晏阳初的河北定县翟城村乡村平民教育实验、阎锡山的山西村政实验。5月,梁漱溟返回北京,将此行所思所闻和感想记录、整理而成《北游所见纪略》长文,发表在《村治月刊》上。

陶行知的学校是唯一受到梁漱溟毫无保留赞许的乡村改革方案,能获得这种殊荣的缘由是其碰巧和梁漱溟的思想与爱好相符合[①]。梁漱溟认为晓庄学校有三点合他之意:合于教育道理,合于人生道理,注重农村问题[②]。梁漱溟说,晓庄师范学校办成了"改造社会的中心",把四件要紧的事作为培养人才的标准:一要养成农人的身手;二要养成科学家的头脑;三要养成艺术家的兴味;四要养成社会改革家的精神和热心[③]。在此基础之上,他又作了理解性的阐发:"'事情怎样做就怎样学,怎样学就怎样教。'在我觉得这是很合于教育道理的。譬如种田是一种生活,我们就应该在田里做,就在田里学,也就在田里教。做饭吃饭是一种生活,我们便应该在厨房饭厅里做,就在那里学,就在那里教。教育要本于生活,教育必须教学做合一。"[④]

梁漱溟认为按照晓庄师范学校办法培养出来的学生,至少有两种好处:

> 一、有能力。分别言之,有三种能力:A.劳作的能力。——

---

① [美]艾恺:《最后的儒家——梁漱溟与中国现代化的两难》,王宗昱、冀建中译,江苏人民出版社1996年版,第165页。

② 梁漱溟:《抱歉——痛苦——一件有兴味的事》,中国文化书院学术委员会:《梁漱溟全集》第4卷,山东人民出版社2005年版,第845页。

③ 梁漱溟:《抱歉——痛苦——一件有兴味的事》,中国文化书院学术委员会:《梁漱溟全集》第4卷,山东人民出版社2005年版,第845—846页。

④ 梁漱溟:《抱歉——痛苦——一件有兴味的事》,中国文化书院学术委员会:《梁漱溟全集》第4卷,山东人民出版社2005年版,第846页。

我们却没有劳作，不能劳作。B. 智慧方面的能力。……我们注入的教授得到的学问，怕不是真学问；已有的智慧，也是假智慧。C. 作团体社会生活的能力。……我们呢，师生分作两级，治者与被治者，这是不能发展作社会生活的能力的。

二、有合理的生活。因为他们的生活很平民化，这都是他们不同于我们的地方。我们啊！无能力又不平民化，不能做事又要享贵族生活。——社会的病痛，是学校制度给与社会的病痛！①

由此而论，梁漱溟对陶行知的乡村教育思想及实践评价极高，用他自己的话说："陶先生又是一个富有创造力，遇事能独出心裁的人。反之，'人云亦云'，'蹈袭故常'，在他是绝没有的。……你看，早的如'晓庄师范'，后来的如'山海工学团'，末后如合川草街子的'育才学校'，不都是如此吗？他心思用在实际问题上，总要寻个诀窍来解决问题。因此，他手到之处便见光彩。"②

梁漱溟于 1929 年 2 月在晓庄参观了两天，向陶行知提出"借兵调将"以帮助其乡村教育实验师资训练工作要求，陶先生欣然答应，后来派了三名学生——潘一尘、张宗麟和杨效春到山东邹平乡村建设研究院工作。

二、山东乡村教育实验中的邹平师范学校

梁漱溟的乡村建设活动是一种社会实验事业，由于是以教育为中心进行设计与推行工作的，因此，其也是一种教育社会化或大教育的工程实验。该项活动或实验有理论的基础或观念支撑及导向，而通过实验历程、尝试、探索与经验积累，又丰富或调整了独特的、自成派系特色并相对完整的乡村建设理论。其中的师范教育思想及实践是其组成内容之一。

梁漱溟不是官方教育家或社会学家，只是以学者身份加入社会民间教育团体中施展自己的抱负，实现人生的社会化愿景。他不属于社会改革家，制度革命者。因此，其办学活动受到国家教育政策的约束的现象是必

---

① 梁漱溟：《抱歉——痛苦——一件有兴味的事》，中国文化书院学术委员会：《梁漱溟全集》第 4 卷，山东人民出版社 2005 年版，第 851 页。

② 梁漱溟：《悼念陶行知先生》，中国文化书院学术委员会：《梁漱溟全集》第 6 卷，山东人民出版社 2005 年版，第 648—649 页。

然存在的。他在河南的村治教育与山东的乡村教育运动中都带有社会政治的教育场域背景。

梁漱溟乡村师范教育思想的产生并不是一蹴而就的,早在河南村治教育实验中便有所体现。1929 年,梁漱溟接受王鸿一、彭禹廷等人的邀请担任河南村治学院教务长后,便动身前往河南开封,与彭禹廷、梁仲华、王鸿一等人共同协商开展河南村治教育实验。

南京国民政府建立后,加强教育建设与控制,厉行党化及三民主义教育,并关注乡村师范教育的发展,师范教育在教育体系中的地位有所提升。大学院 1929 年颁布《教育宗旨及其实施方针》,其中提出师范教育的要求:“师范教育为实现三民主义的国民教育之本源,必须以最适宜之科学教育及最严格之身心训练,养成一般国民道德、学术上最健全之师资为主要之任务。于可能范围内,使其独立设置,并尽量发展乡村师范教育。”①

受师范教育大背景的影响,1930 年河南村治学院正式创办,除了农村组织训练部,主要还设置了农村师范部,各部的具体教学工作以班级为单位展开。据梁漱溟撰稿的《河南村治学院组织大纲》记载:“农村组织训练部,农村师范部,各分设正班及速成班,正班各以修满二年为结业期限,速成班各以修满一年为结业期限。”“村长训练部,以修满六个月为结业期限,农林警察训练部,以修满一年为结业期限,农业实习部,不定期结业,但至低限度,不得少于三年。”“农村师范部,在本院左近乡村应办之试验小学,及教育推广等事项,由部主任、各教员及学生成立本部指导作业室,分股办事,其组织及办事等章则,由该部提出,经院务会议订定之。”②农村组织训练部、农村师范部分设正班与速成班,根据各部不同的性质采用不同的修业年限,体现了河南村治学院教学机制灵活、变通的特点。

1930 年,中原大战爆发,河南是主战场,10 月,河南村治学院迫不得已匆忙关闭。梁漱溟接受山东军阀韩复榘邀请以及一些地方开明绅士的欢迎与支持,将乡村教育与建设实验的中心东移至山东,以 1931 年 3 月山东邹平乡村建设研究院的建立为标志。河南村治教育实验为梁漱溟在山东从事乡村建设打下了坚实的基础,可以说,山东乡村教育实验中的师范教

① 宋恩荣、章咸:《中华民国教育法规选编(修订本)》,江苏教育出版社 2005 年版,第 36 页。

② 梁漱溟:《河南村治学院组织大纲》,《河南文史资料》1986 年第 20 辑,第 6—7 页。

育是河南村治学院师范教育的继续。

以邹平为中心的乡村教育实验大体可以分为两个阶段:1931 年 3 月至 1933 年 7 月为第一个阶段,称为乡村建设实验时期,为初级实验阶段,主要为试办乡农学校。此阶段为乡村师范学校的独立和初建时期。该阶段主要是做思想发动、培养人才和组织准备工作,并未进行实质的实验。例如,为了使当地农民了解乡村建设的意义,针对小学教师有文化、接受新鲜事物快以及同当地群众关系密切的特点,他们举办了乡村教师假期讲习班。从 1931 年 9 月 1 日开始,连续举办了两期小学教师讲习班,每期4 周,共培训教师 400 人。讲习班以山东邹平乡村建设研究院导师为教师,一方面说明乡村建设情况及实验县区各项实验办法,征求意见;另一方面介绍当时教育思潮,指导改良教学方法。然后把经过培训的教师分配回农村,通过他们把乡村建设思想带回到农村,这为后来研究院和实验县的工作带来了很大的方便。

1932 年 12 月,针对综合中学制“系统混淆,目的分歧”的现状,国民党四届三中全会决议,师范学校应脱离中学而独立。之后的《师范学校法》规定了中等师范教育包括师范学校、女子师范学校、乡村师范学校、师范学校附设特别师范科及幼稚师范科、简易师范学校或师范学校附设的简易师范科。其中,乡村师范教育地位的确立,是从中国具体国情出发的一项重要举措①。1935 年 5 月,南京国民政府教育部公布了《师范学校规程》,其中规定“师范学校应视地方情形,分设于城市或乡村,于可能范围内多设在乡村地方”②。“简易师范学校应于可能范围内设在乡村地方。”③体现了政府对乡村师范学校灵活多样学制形式的肯定以及推行乡村师范建设的重视。

恰在此时,国内社会形势发生剧烈变动,日本帝国主义发动全面的侵华战争,铁蹄践踏山东大好河山,实验被迫中断。山东邹平乡村教育实验第二个阶段,称为县政实验时期,为高级实验阶段。

20 世纪 30 年代初期,南京国民政府在“攘外必先安内”的政策引导

① 李华兴:《民国教育史》,上海教育出版社 1997 年版,第 661 页。

② 宋恩荣、章咸:《中华民国教育法规选编(修订本)》,江苏教育出版社 2005 年版,第 467 页。

③ 宋恩荣、章咸:《中华民国教育法规选编(修订本)》,江苏教育出版社 2005 年版,第 481 页。

下,开展“复兴乡村”的乡村县政建设运动,梁漱溟及其乡村教育基地、邹平乡建模式均成为该活动内容及构建因素之一。例如:1932 年 12 月,南京国民政府内政部召集全国第二次内政会议,讨论地方自治及乡村建设问题,标志着政府将复兴农村,建设农村的旗号正式打出。梁漱溟应邀出席会议,并作“中国之地方自治问题”的大会发言。同时出席会议的还有河北定县中华平民教育促进会、江苏无锡教育学院等社团组织代表。次年 2 月,南京国民政府教育部在南京召集民众教育专家会议,推选梁漱溟、钮永建等人负责起草《民众教育在教育系统上的地位》,梁漱溟拟出《社会本位的教育系统草案》。次月,梁漱溟被国民政府教育部聘为民众教育委员会委员。8 月,梁漱溟出席在济南召开的中国社会教育社第二届年会。会议讨论的中心议题是“由乡村建设以复兴民族案”。22 日,梁漱溟将半年前拟定的《社会本位的教育系统草案》正式刊发。该草案具体提出了社会本位教育实施的原则,其根本要义在于以社会运动作用于教育系统之中,通过教育解决社会问题,教育应尽其推进文化改造社会之功。1935 年 10 月 10 日至 12 日,梁漱溟参加在无锡教育学院举办的全国乡村工作讨论会,并在会上作《一年来的山东工作》工作报告。从上述事件及活动中可以看出南京国民政府有关乡村工作、乡村教育及乡村建设的会议、议案及规程之中,山东邹平模式及主持者梁漱溟的力量不容小觑。

1933 年,根据梁漱溟“村有村学,乡有乡学,县有县学”的乡村学校式建设实验要求,邹平设立县学师范部,学生住在文庙前的廊坊内,破门烂窗,四壁透风,条件艰苦,生源多样。邹平简易乡村师范学校的教育活动受乡村建设研究院乡村教育与建设整体方案及要求的制约,为乡村建设的理想目标服务。

为支持山东邹平简易乡村师范学校的发展,1935 年 8 月,陶行知晓庄师范学校的得力助手、生活教育派的重要成员张宗麟应聘到邹平县简易乡村师范学校,即邹平乡村师范学校任校长,并实施了一系列的改革。

张宗麟(1899—1976),中国现代教育家,浙江绍兴人。1925 年从东南大学教育系毕业后,协助陈鹤琴办南京鼓楼幼稚园,为中国第一位男性幼儿教师。他力求创办适合中国国情的幼稚园,主要研究成果成为教育部 1929 年颁布的《幼稚园课程暂行标准》的依据。他主张幼稚教育乃一切教育的起点,对人生和社会都至关重要;幼稚教育的宗旨在于养成健康活泼的身体，培养良好习惯和能力；以自由和自然为原则，从儿童的需要出发；要求教师热爱儿童、尊重儿童、向儿童学习、做儿童的朋友。1927年，他任晓庄学校幼稚师范指导员。1936年，他协助陶行知办生活教育社，提出学校教育和实际生活打成一片，提倡到农村去普及幼稚教育，为劳苦大众服务。抗日战争爆发后，他在上海办救亡训练班，主编抗战读本。1942年，他离开上海赴新四军淮南根据地，任江淮大学秘书长。他先后还担任延安大学教育系副主任、北方大学文教学院院长和华北大学教育研究室主任，著作有《张宗麟幼儿教育论集》和《张宗麟乡村教育论集》①。

早在1926年，陶行知就曾发表《师范教育下乡运动》，呼吁发展乡村师范教育，并创办了晓庄师范学校，作为陶行知学说的拥护者，张宗麟将“生活即教育”“社会即学校”“教学做合一”等教育思想积极用于乡村师范教育的建设当中。因此，他主持下的邹平师范学校基本承袭晓庄师范学校的做法，取得了良好的教学效果，在当时社会上影响很大。

三、邹平师范学校的办学活动

邹平师范学校是与山东乡村教育实验区的乡农学校、村学、乡学并存的制度化办学模式，其地位突出。以下对其办学活动加以个案分析，这能集中反映梁漱溟乡村教育实验的师范教育如何体现陶行知理论及因素。

（一）办学目的及教学内容

“教育目的反映了一定社会对受教育者的要求，是教育工作的出发点和最终目标，也是确定教育内容、选择教育方法、检验和评价教育效果的根据。”②由此可见，教育目的实为教育活动的方向与灵魂，至为重要。

1931年9月，国民党中央第157次常务会议通过《三民主义教育实施原则》，规定乡村师范学校的目的在于“乡村师范教育应注重改善农村生活，并适应其需要，以养成切实从事乡村教育或社会教育的人才”③。1932

① 教育大辞典编纂委员会：《教育大辞典》第10卷，上海教育出版社1991年版，第293页。

② 中国大百科全书总编辑委员会《教育》教育编辑委员会、中国大百科全书出版社编辑部：《中国大百科全书·教育》，中国大百科全书出版社1985年版，第172页。

③ 国民政府教育部：《教育部公报》第1卷，1938年第5期。

年国民政府公布《师范学校法》,规定师范教育的目标为:“遵照中华民国教育宗旨及其实施方针,以严格之身心训练,养成小学之健全师资。”①在此背景下,梁漱溟开展的乡村师范教育活动,不仅涵盖以上目的,其视域所及乃整个社会的建设与发展,其重心所在为社会基层的乡村,尤以乡村教育为原点及依托。当然,作为陶行知生活教育理论哺育、感染下的邹平师范学校在可能范围内尽量祛除国民党三民主义教育的政治意识及党派专制理念,突出了现代民主政治、科学知识及生活实际的思想内容,这在张宗麟主持下,又有超越梁漱溟思想认识的一面。

梁漱溟倡导的乡村建设,就总体而言,是一种企图在保留现存社会关系的基础上,通过乡村教育的方法,由乡村建设引发工商业,以实现国民经济改造和社会改良的运动。乡村教育是梁漱溟乡村建设理论及实践的重要组成部分。乡村教育与乡村建设的相关性不仅是手段、方法与任务、目标的线性联系,也不全是部分与整体的概念所属逻辑,而是渗透与融合的彼此相依,相互促进的协同共生的融合关系。梁漱溟说:大家身躯上都有中国社会问题的负担与压迫,在探求方向时,在寻求自家工作或自家事业如何办法才对之时,不期然而殊途同归;办教育者除非不想办真正的教育,如果想如此,非归到乡村建设不可②。

梁漱溟把乡村建设作为一项系统工程,强调乡村的经济建设、政治建设都有赖于乡村教育的发展。在他看来,推动乡村社会进步,表面上是以经济建设为主,骨子里却在于教育功夫,这就是他所说的:“建设、教育二者,不能分开。……从人一面说,就是教育;从物一面说,就是建设。物待人兴;建设必寓于教育。”③

梁漱溟作为邹平乡村教育实验的设计师及推行者,对实验过程、环节及所出现的问题的解决呕心沥血,亲力亲为,将师范教育与整体实验开展中学校师资培养紧密结合起来。其对教师质量要求的重视,具体落实在邹平师范学校的办学期望之中,因而该校的办学目的恰是邹平乡村教育实验

① 国民政府教育部:《教育部公报》第1卷,1938年第5期。

② 梁漱溟:《自述》,中华文化书院学术委员会:《梁漱溟全集》第2卷,山东人民出版社2005年版,第33页。

③ 梁漱溟:《乡村建设理论》,中华文化书院学术委员会:《梁漱溟全集》第2卷,山东人民出版社2005年版,第471—472页。

目的本质之反映。

张宗麟是邹平乡村师范学校的主持者，其理念及主张引导着学校的办学活动。他认为乡村师范的使命有四：一是训练改造乡村的师资，二是改造乡村，三是沟通知识分子与农民，四是在发展教育学上也负有特殊使命[①]。乡村师范的使命是该类教育办学目的与教学内容的纽带，教学内容是围绕着办学目的而设计的。张宗麟指出："全国乡村师范如此发达，而乡师的详细课程，并无规定。所以各处所办大都各出心裁。有的完全打破一切课程的形式，从实事上去做，如晓庄的各项教学做合一；有的是调和形式课程与实地做，如比较有改进精神的乡师；有的就直抄县立师范的课程。"[②]我们可以从中得知此期的乡村师范课程没有统一的标准。

邹平师范学校的课程设置部分参照了南京国民政府教育部 1932 年 12 月 17 日颁行的《师范学校法》和 1935 年 6 月 22 日公布的《师范学校规程》。按照规程，"乡村师范学校之教学科目为公民、体育、军事训练（女生习军事看护及家事）、卫生、国文、算学、地理、历史、生物、化学、物理、论理学、劳作、美术、音乐、农业及实习，农村经济及合作、水利概要、教育概论、教育心理、小学教材及教学法、小学行政、教育测验及统计、乡村教育及实习"[③]。同时，1931 年通过的《三民主义教育实施原则》还规定了乡村师范教育的课程应注重农业生产及农村改良教材[④]。在此基础之上，邹平师范学校根据梁漱溟乡村建设的思想及陶行知生活教育理念的精神，加以必要的变通改革。由于该校处于乡村教育实验区，因而其课程设置更贴合农村实际，校本课程的开发与邹平乡村建设实验的具体工作要求相联系，科学有序，体现了地方学校与国家统一办学之间的目标差异及个性特征，因而更具独特性。

1926 年，陶行知撰述的《中华教育改进社宣言》称："本社的乡村教育

① 张宗麟：《怎样办乡村师范》，张沪：《张宗麟乡村教育论集》，湖南教育出版社 1987 年版，第 474—475 页。

② 张宗麟：《乡村教育经验谈》，张沪：《张宗麟乡村教育论集》，湖南教育出版社 1987 年版，第 141 页。

③ 宋恩荣、章咸：《中华民国教育法规选编（修订本）》，江苏教育出版社 2005 年版，第 469 页。

④ 宋恩荣、章咸：《中华民国教育法规选编（修订本）》，江苏教育出版社 2005 年版，第 43 页。

政策是要乡村学校做改造乡村生活的中心，乡村教师做改造乡村生活的灵魂。我们主张由乡村实际生活产生乡村中心学校，由乡村中心学校产生乡村师范。乡村师范之主旨在造就有农夫身手、科学头脑、改造社会精神的教师。"①邹平师范学校基本上仿照了晓庄学校的办学方式，制定了符合生活教育的目标及要求，特别重视科学技术知识的传授，生产劳动技能以及从事社会改造、创造理想生活心理及人格的培养与训练。

（二）教育实习

教育实习既是师范教育课程，更是师范专业的特性，具有特殊意义。邹平师范学校的学生教育实习基地是邹平县小学，后演化为邹平师范附属小学。邹平县小学，又名邹平实验小学。校长梁君大是梁漱溟同族的侄子，他在实验小学进行了一系列的改革：破除旧习俗，男女生同校同班；组织出板报、唱歌、体育、野外写生、春游等活动，丰富学生的课外生活；改革教材和教学方法；培养学生的集体生活习惯和自制能力。

实验小学虽然受实验县管辖，经费需要教育科核发，聘请教师也需要教育科批准，但是在教学改革方面独立于实验县：既不受山东省教育厅的约束，也不隶属于研究院，在办学方面比较自由。后来在张宗麟的提议下，实验小学成为邹平师范学校的实习基地，改名为邹师附小。梁君大除任实验小学校长外，还兼任邹平师范学校的生活指导部部长。梁、张二人政见一致，后梁随张一起离开了邹平。

（三）教学的方式、方法

1935年的《师范学校规程》规定师范学校应实施以下各项严格锻炼：锻炼强健身体，陶融道德品格，培育民族文化，充实科学知能，养成勤劳习惯，启发研究儿童教育之兴趣，培养终身服务教育之精神②。以上师范学校建设的要求不同程度体现在各地乡村师范的教育实践中。邹平师范学校主要以陶行知生活教育理论及梁漱溟乡村教育实验构想为依据，适当吸收上述政府规程中的积极因素，从事教学组织方法的实践。

张宗麟到任不久，就对邹平师范学校的教学组织方式进行了改革。他

---

① 陶行知：《中华教育改进社改造全国乡村教育宣言书》，胡晓风、金成林等：《陶行知教育文集》，四川教育出版社2005年版，第208页。

② 宋恩荣、章咸：《中华民国教育法规选编（修订本）》，江苏教育出版社2005年版，第466页。

主张实行“道尔顿制”，主要的教学方法是讨论法。上课前各科教师提前告知学生具体的学习内容，指导学生先进行自学。在课堂教学中学生经过自学提出疑难的问题，师生组织共同讨论，最后由教师做总结性点评或讲解，再布置课外作业。邹平乡村教育实验的参与者所提供的回忆录，可以丰富相关认识。邹平师范学校“道尔顿制”的具体操作方法：“把课本上的一个单元，由教师拟出表式提纲，并找出有关材料，课堂上把学生分成组，讨论解答问题，这时教师巡回指导。学生经过讨论后，仍不能解答的问题向教师提出，由教师引诱启发学生解答，然后师生共同研究答案，写好提纲细目，最后由教师总括，系统讲述。”①

“道尔顿制”强调学生独立工作能力的培养，最大限度地发挥了学生的主动性、积极性，启发学生积极思考。师生之间通过讨论产生思想的交流与碰撞，不仅活跃了课堂气氛，增强了师生情谊，而且有助于针对学生的差异性，长善救失，因材施教，同时培养学生的实践操作能力。

为培养专业人才，邹平师范学校还采用按学科加以分组教学的方式，如学历史要求弄清中国农民起义失败的原因、辛亥革命的教训等；学地理要算一算帝国主义侵占了我们多少领土；军事组要学习阵地战、游击战等各类战术知识，知晓步枪、冲锋枪等各类枪支弹药的使用；还要练习露营野餐和战地救护②。这种组织方式的改变，有效克服了死读书、读死书与读书死的状况，学生的精神心理发生积极的提升，学习气氛空前高涨。

（四）丰富多彩的校园生活

邹平师范学校位于县城的孔庙内，教育设施简陋。张宗麟带领学生拆除残墙断壁，整修校舍，一扫过去的古刹气氛，呈现出充满朝气及活力的文明校园景象。现代学校教育是在经过办学者设计的环境下进行的，良好的校园环境拥有育人益智的潜在功能。

张宗麟在坐落于校园的孔庙大成殿设立阅览室，备有《大众生活》《大众哲学》《社会科学》《世界知识》《中国农村》等进步书籍和刊物，还有开阔

---

① 卢资平：《山东邹平实验县的片断回忆》，山东省政协文史资料委员会、邹平县政协文史资料委员会：《梁漱溟与山东乡村建设》，山东人民出版社 1991 年版，第 126 页。

② 宋一平、王景五、耿巨吾：《邹平县简易乡村师范学校与张宗麟老师》，山东省政协文史资料委员会、邹平县政协文史资料委员会：《梁漱溟与山东乡村建设》，山东人民出版社 1991 年版，第 236 页。

学生视野的《大公报》《邹平实验县报》等报纸，供学生课外阅读，丰富学生的精神生活。在此基础上，学校还组织学生办壁报，一年级是《萌芽》，二年级是《野火》，师生们纷纷在壁报上写文章，画漫画，大声疾呼抗日救国。

除了常规的课堂教学外，邹平师范学校还组织部分学生办理午学共学处，通常在午饭后，选择适当地方，由师范学校的学生召集村内失学的男女儿童或青年，教他们唱歌、识字。在课余时间，邹平师范学校会分配音乐教师组织学生大唱进步歌曲，例如《开路先锋》《大路歌》《渔光曲》《打回老家去》《毕业歌》《满江红》等，学生们唱起来歌声嘹亮、情绪激昂。这便激发了学生斗争向上的精神。有些时候老师还会指导学生排话剧，诸如《放下你的鞭子》《雷雨》等，都广受好评。

四、历史的评价

1935 年 7 月 6 日，国民政府北平军分会代理委员长何应钦在日本华北驻屯军参谋部威胁下致电天津日本驻屯军司令官梅津美治郎表示接受日方提出的苛刻要求，内容包括："撤免偏向全民统一战线的河北省政府主席于学忠及平、津两市市长；取缔反日团体及反日活动等方面。"①这一协议，习惯上被称为《何梅协定》。它的出笼，遭到中国人民的抗议与揭露。在张宗麟的引导下，邹平师范学校暗涌着一股革命思潮。为反对《何梅协定》，全校师生举行了大规模的游行示威，事件结束后，张宗麟被迫辞职离开了邹平。

在 20 世纪三四十年代，梁漱溟的乡村建设理论在国内外有广泛而深刻的影响。江苏省立教育学院及四川省立教育学院都开设了乡村建设理论课。华西协合大学乡村教育系改为乡村建设系，注重研究乡建理论。中山大学教育研究所主任庄泽教授于抗日战争前赴欧洲出席世界新教育会议时，把山东邹平的乡建工作列入中国新教育工作作了长篇报告。美国哈佛大学霍金教授、哥伦比亚大学罗格教授等来华考察教育时，也认为梁先生致力的乡建运动是一种新教育运动。在日本也早有梁先生《乡村建设理论》一书的日文译本。自然，这种显著性教育效果的获得，也包括了陶行知生活教育理论渗透下师范教育的内容及活动。

---

① 李华兴：《近代中国百年史辞典》，浙江人民出版社 1987 年版，第 450 页。

梁漱溟不仅是我国现代儒家思想集大成者，而且也是一位著名的社会活动家，更是一位出色的教育家、思想家。20世纪上半叶，以梁漱溟为主要代表的教育家们开辟了多种渠道办教育，尤以改造乡村为重点，目的就是通过改革教育来实现中华民族的复兴。在他们的推动下，乡村教育思潮与实验如火如荼。多年的教育实践活动，形成了他丰富的教育理论和深邃的教育思想。他的教育理论与实践，有自己的特色，其中有若干精辟的见解和宝贵的经验，给我们当前的教育改革提供了有益的启示，值得我们吸收和借鉴。上述评价尽管涵盖了梁漱溟教育思想及活动的整体，但同时适用于乡村教育实验这一“全集”中的师范教育“子集”在内。

1936年，山东乡村建设研究院的训练部纳入师范教育体系，邹平师范学校与乡村建设研究院合并，改称为山东省第一乡村建设师范学校，由梁漱溟亲任校长。山东省第一乡村建设师范学校下设特师部和简师部，特师部招收初中毕业生，学制3年，6个班，共计300余人；简师部招收高小毕业生，学制4年，前后共招3个班，学生约有150人。各部设部主任，对学生实行军事管理，每人发蓝制服，按时出操、打靶和野外训练，学生结业后，被分配到乡农学校、乡学、村学担任教师①。

梁漱溟主持下的邹平师范学校是在教育救国、乡村教育等思想的影响下，为改造中国旧有的师范教育、乡村教育和中国农村应运而生的。邹平师范学校采取灵活多样的办学形式，开展因地制宜的教学内容，不仅培养了一大批博学多识的学生，同时也为乡村教育实验区基础教育及社会成人教育输送了急需的教育工作者。其为民国时期乡村建设运动中“邹平模式”的成效及地位的取得发挥了应有的智力支持；尤其是其师资力量的保障作用，更是中国现代师范教育史上乡村师范教育模式的一个具有个性的、鲜活的案例。在如今的教师教育体系中，诸如此类的乡村师范教育已经不复存在了，但乡村师范以自己艰辛的发展历程和历史贡献改变了中国部分乡村国民教育的落后状况，实际上对中国现代教育发挥了作用，并在中国师范教育史上写下了浓墨重彩的一笔。如今，虽然改变农村教育使命的载体已不限于师范教育，乡村师范教育更已被包容性更大、层次更高的

---

① 贾巨川：《山东省第一乡村建设师范学校及邹平乡村建设实验情况》，山东省政协文史资料委员会、邹平县政协文史资料委员会：《梁漱溟与山东乡村建设》，山东人民出版社1991年版，第243页。

师范学院、师范大学所替代,但是我们仍坚信,梁漱溟在乡村教育实验中所创立的多育结合的办学模式、秉承的服务乡农的办学宗旨、持有的朴实刚毅的乡村师范奉献精神已经融入当代师范教育发展的血脉之中,是激励教师队伍继续前行的恒毅力量。

(吴洪成系河北大学教育学院教授、博士生导师。)

生活史视域中的教育家交往活动审视

——以陶行知社会交往为个案

郭景川

教育生活史是教育史研究的新领域，为研究教育家提供了新视角，从教育生活史视角去审视民国时期教育家的社会交往活动，更有利于展现“历史的真实面相”和“原生态场景”①，有助于进一步深入了解某个历史时期教育家与社会变迁的关系，也有助于探寻教育家的思想生成路径。陶行知是我国近现代伟大的人民教育家，他的教育思想和教育实践对我国近现代以来的教育发展产生了重大影响，其教育思想和人格魅力仍影响着中国当前的教育改革以及广大教师的专业成长。因此，以陶行知为个案从具体的生活史入手探究教育家的社会交往活动，尤其是其教育交往活动，对当前关于教育家研究的整体发展具有重要意义。

一、教育生活史：教育史研究的全新领域

进入21世纪以来，“当整个教育学科不断蓬勃发展时，教育史学在教育学科体系中反而呈现出令人担忧的下降趋势，教育史学与其他历史学学术研究水平之间也出现了差距”②。有学者认为，教育史学科产生危机的原因是教育史对历史学属性的长期忽视，所以，应大声呼吁教育史学科须重视其历史学属性，如此，才有可能解决教育史学科面临的危机③。教育史作为教育学体系下的一个分支学科，与其说是教育学术中的一种，

---

① 申国昌：《抗战时期区域教育研究——以山西为个案》，社会科学文献出版社2014年版，第4页。

② 马立武：《20世纪的中国教育与教育史学》，《教育评论》1999年第4期，第59页。

③ 朱季康、胡金平：《对当今教育史学科危机及出路的思考》，《现代大学教育》2014年第1期，第26页。

不如说它更像是历史学的一个分支。此前，已有很多学者认为，教育史欲提高其自身地位，就必须注重自身的学术品位。如何才能注重和提高教育史的学术品位，一个重要方面是，首先要注重它的史学品位。有研究者指出："教育史学的学科性质主要姓'史'，而不是姓'教'"，"教育史学研究者应当认清学科性质，建立学科标准，积极关注历史学科的学术动态，认真吸取历史学科的研究成果，向历史学科看齐，使我们的教育史学论著更富有'史味'，更具有'史学'特征"①。因此，教育史研究要认真吸取大史学的最新成果，紧跟全国乃至全球史学的发展步伐，从整体研究中汲取营养。

一个多世纪以来，史学出现了新的发展趋势，其中新史学的出现是20世纪史学的一个重要变化。"新史学逐渐取代了传统史学的主导地位，成为西方史学的主流。这种新史学的主要代表就是法国的年鉴学派。"②法国年鉴学派冲破了德国兰克学派实证主义研究范式，形成了影响西方史学走向的新史学范式③。该学派在研究视野、研究对象、研究方法和研究内容等方面都展现出与传统史学迥然不同的研究旨趣。在研究视野上，它一改宏大叙事的传统风格，将关注点转向微观考察；在研究对象上，从精英人物移向普通民众；在研究方法上，综合运用各种社会科学，如人文地理学、经济学、社会学、人类学、人口学等，以此阐明变化中的历史现象及其相互关系④。法国年鉴学派的历史研究方法为当前教育史研究提供了一种崭新的视角。反观过去的教育史学研究，研究者关注的重心往往聚焦于社会上层人物的教育思想及国家层面的教育制度流变，而对一些微观的、日常的教育问题鲜去触及，使这方面的问题逐渐被边缘化、冷却化⑤。在此情况下，教育生活史研究逐渐进入学界视野。它"在特定的社会历史的情

① 周洪宇：《文化与教育的双重历史变奏——周洪宇文化教育史论》，华中科技大学出版社2012年版，第164、168页。

② 陈启能、邹兆辰：《了解当代西方史学趋势，坚持走自己的路——陈启能先生访谈录》，《历史教学问题》2005年第3期，第44页。

③ 申国昌、刘京京：《教育生活史：教育历史的生动展现——从法国年鉴学派得到的启示》，《湖北大学学报（哲学社会科学版）》2014年第2期，第82页。

④ 张芝联：《费尔南·布罗代尔的史学方法》，《历史研究》1986年第2期，第39页。

⑤ 申国昌、刘京京：《教育生活史：教育历史的生动展现——从法国年鉴学派得到的启示》，《湖北大学学报（哲学社会科学版）》2014年第2期，第83页。

境下，以教育参与者自身所经历的事件，通过他们的所见、所闻、所思，以‘跨界视角’体现个体的价值生命，呈现教育生活的鲜活内容”①，是教育史研究的另一领域和视角。教育生活史能够深入教育家日常生活的微观世界，呈现教育生活的鲜活内容。以教育生活史为研究视角，根据陶行知亲自参与的历史事件，通过其所见、所闻、所思，可以探寻他当时对教育的认识和思考，以及他在民国社会中构建起来的教育交往网络。

二、生活史视域中陶行知社会交往研究的价值

（一）将人置于教育历史的中心

以陶行知的教育交往为考察中心，对民国时期教育家的教育交往活动进行整体研究，有助于拓展教育史学的研究领域，在关于近代社会和近代人物的研究方面具有重要的学术价值。此外，研究人物的日常交往可以摆脱以往研究中只见思想、制度而不见人本身的研究弊端，毕竟人物的日常交往是鲜活地存在于当时现实社会的。历史是鲜活的，纵观教育史研究著作，虽不乏思想性、学术性与可读性俱佳的作品，但与哲学、历史等佳作频涌的学科相比可谓不尽人意，历史上流传下来的教育经典如《学记》《大学》等大都非教育史学著作。究其原因，一是因为在我国教育史学科是门比较年轻的学科，它产生于近代师范教育授课的需要，算下来也只有一百多年的历史。另一个重要的原因是教育史著作大多偏重于用史料去“还原”历史，在教育史方法论层面未形成独特的理论体系。长此以往，这样的研究方式将不可避免地导致研究者的“枯燥”与“疲劳”，后来者所做的研究也大抵是在此基础上的修剪和填补工作，碎片化研究或研究的碎片化趋向明显。而在生活史视域下进行教育史研究，在某种程度上可以弥补这样的缺憾。例如，通过陶行知的教育交往活动，把民国时期教育家的教育思想、教育实践与当时的教育制度、国家政治以及人物关系联结起来，组成一个既有活动又有思想、制度、社会状况的生动的教育历史图景，这样就把真实的人置于历史的主体地位，凸显出个人在集体中的能动性、社会性及独特性。

（二）有助于深度挖掘和了解陶行知的日常生活

近 30 年来，对教育家的研究成为教育史学研究的一个热点，尤其是对

① 周洪宇：《教育生活史：教育史学研究新视域》，《教育研究》2015 年第 6 期，第 110 页。

近现代教育家的研究更是热度不减。从 20 世纪 80 年代中期到 20 世纪 90 年代末，对教育家的研究主要围绕着两个维度进行：一是从教育思想史的视角，研究他们教育思想产生的历史动因，总结他们教育思想的具体内容以及在当时产生了什么样的影响，这些思想是通过什么样的途径进行传播的，提炼出这些教育思想对当今教育改革的启示，等等；二是从教育制度史的视角，探讨教育家在近现代教育改革中进行的实践活动。这些研究，无论在宏观叙事上，还是在个案积累上，都已取得相当的成就。从研究取向上看，当前所开展的教育家研究，往往对那些尚未引起人们注意的教育家更感兴趣，这些教育家虽然不像蔡元培、晏阳初、陶行知等那样知名，但他们有的在当时担任大学校长、教授等职，有的扎根于中小学教育，在各自的岗位上做出了不俗的成绩，对他们的研究是必要的。然而，这种为研究而研究的方式和结果，很难给我们展现那些有血有肉的、饱满的教育家及其群体的全貌。

众所周知，人是社会性动物，与他人交往是促进个人社会性发展的重要途径。在社会交往中，个人可以丰富和完善自身的知识水平和道德修养。孔子说，“三人行，必有我师焉；择其善者而从之，其不善者而改之”(《论语·述而》)，“见贤思齐焉，见不贤而内自省也”(《论语·里仁》)。与他者交往同样影响着教育家思想和性情的变化，“在现实生活中，个人与‘结构’、‘制度’之类‘庞然大物’相距甚远，而家庭成员、邻里乡亲，甚至谈话伙伴却会对人的行为产生巨大影响”①。通过在公共空间中的交往，民国时期的教育家在特定的社会语境和关系中，产生了知识分子共同体。他们有的从都市走向乡村，有的从乡村走向都市，积极开展教育活动。但无论以何种形式开展教育活动，他们的公共交往活动一般都以都市空间为场域，在现代都市空间中聚集在一起，以都市的公共空间和文化网络作为背景，展开自身的文化生产、社会交往并对公众施加影响②。陶行知作为民国时期一位具有重要影响力的教育家，他把毕生的心血都放在了追求民主、教育民众的事业上。他的教育交往活动十分活跃，和当时众多知名教

① 刘新成：《日常生活史：一个新的研究领域》，《光明日报》2006 年 2 月 14 日第 12 版。

② 许纪霖等：《近代中国知识分子的公共交往(1895—1949)》，上海人民出版社 2008 年版，第 2 页。

育家如蔡元培、胡适、郭秉文、黄炎培、梁漱溟等人都有密切的交往。陶行知发起创建和参与了民国时期重要的教育社团——中华教育改进社，同时在其他社团如中华平民教育促进会、中华职业教育社等社团担任重要职位。通过以陶行知为考察中心来研究民国时期教育家的教育交往活动，可以打开研究教育家的全新视野，不仅可以了解陶行知的日常生活，而且可以探讨教育家公共交往的网络空间。

三、生活史视域中陶行知社会交往研究的路径

随着教育史研究由宏观向中观、微观的延伸，研究方法由历史本体论向历史主体论研究的转变，学界对教育史的研究开始注重对教育活动、教育思想、教育制度的深度分析。因此，在教育生活史视域下对陶行知教育交往研究可从以下三条路径着手。

（一）继承并借鉴已有的陶行知教育交往研究成果

目前，无论是教育学界还是历史学界对陶行知的研究基本上都沿着其思想和实践两条路径展开，对陶行知教育交往的研究主要集中在有关陶行知传记及陶行知传记类的学术著作中，尚无系统地探讨陶行知教育交往活动的著作出现。周洪宇所著的《陶行知生活教育学说》一书对陶行知的生活教育学说作了深入、细致、具体、综合的研究，可以说是目前关于陶行知的研究中具有权威性的一本学术著作。该书对陶行知的生活、求学和交往经历作了许多探讨。其中，关于“陶行知的爱情、婚姻与家庭”可以看作陶行知私人领域的交往活动；“陶行知的师友群体”部分，探讨了在陶行知的一生中对其形成生活教育理论与开展教育实践产生重大影响的交往群体，主要有江浙前辈教育群体、哥伦比亚大学师友群体、共产党人学生群体等三大群体，这些可以看作陶行知在公共领域的社会交往①。该书对陶行知的日常交往作了概括性的划分，为我们继续研究陶行知的日常交往活动指明了方向。但是，相对于陶行知交往活动范围的广度和深度来说，该书并未对陶行知交往活动的范围、方式、特点、影响与意义等作出完整的说明。例如，该书未能对陶行知与同时代的重要教育家——晏阳初、梁漱溟等人的交往活动施以详笔，也未与当时国家的教育改革结合起来，这就为我们

① 周洪宇：《陶行知生活教育学说》，湖北教育出版社 2011 年版，第 41—70 页。

继续研究陶行知的教育交往活动留下了空间。章开沅和唐文权合著的《平凡的神圣——陶行知》一书，把陶行知放在20世纪上半叶前后的社会历史大环境中，翔实而细致地考察了陶行知一生跌宕起伏、具有传奇色彩的历史，是一部研究陶行知教育思想和教育活动的力作。该书主要是围绕陶行知的实践活动展开，其中，第三章详细记述了陶行知为促使中国教育融入国际教育运动所作的努力，尤其是在杜威、孟禄来华的倡议和筹备工作中扮演了重要角色①。该书史学性较强，富有思想性和可读性。但该书对陶行知在实践方面的研究较为单向，如对陶行知与周围人双向交往的记述稍显欠缺。余子侠的《山乡社会走出的人民教育家：陶行知》一书，从陶行知的身份、地位和言行等方面研究了作为人民教育家的陶行知的教育人生，该书较为详细地介绍了陶行知在教育社团等公共领域的实践活动。徐明聪在《黄炎培与陶行知教育思想的共同点及其交往》一文中研究了黄炎培和陶行知在“教育与政治相结合的观点”“教育原则和教学方法”上具有一致性，并分析了原因。他认为其中的重要原因之一就是两人曾有亲密往来，并对二者的交往做了简要介绍②。储朝晖的《多维陶行知》对陶行知与晏阳初、胡适、张伯苓、郭秉文、郭沫若之间的情谊与交往分别进行了论述③。另外，徐明聪亦著有《陶行知与现代名人》一书，该书由一篇篇单独的文章组成，论述了陶行知与毛泽东、周恩来、徐特立、黄炎培、蔡元培、陈鹤琴、杜威、胡适、郭沫若、冯玉祥等同时代名人的交往与友谊，并着重阐述了他们之间的教育思想、美育思想和哲学思想等的异同点④。该书记述较为详细，遗憾的是未对诸多交往活动作整体性分析。

已有的研究成果为我们继续研究陶行知的社会交往活动提供了十分有益的研究思路和研究线索，在此基础上可以按照陶行知交往对象的身份、职业等进行深入研究。

(二)探讨以近代教育社团、会议、报刊为平台的交往活动

陶行知的日常交往在一定的时空中进行，但是这样的时空并不是随意

---

① 章开沅、唐文权：《平凡的神圣——陶行知》，湖北教育出版社1992年版，第110页。

② 徐明聪：《黄炎培与陶行知教育思想的共同点及其交往》，《教育与职业》1999年第12期，第38—39页。

③ 储朝晖：《多维陶行知》，北京大学出版社2016年版。

④ 徐明聪：《陶行知与现代名人》，合肥工业大学出版社2006年版。

安排、毫无秩序的，相反，陶行知的社会交往具有计划性、目的性、集中性等特征。他的教育交往活动集中围绕在组织创办、参与教育社团以及办理教育报刊等方面。例如，陶行知主持、创办或参与的教育社团主要有中华教育改进社、中华平民教育促进会、乡村教育同志会、中国普及教育助成会、国难教育社、生活教育社、民盟中央教育委员会等，主编或创办的报刊主要有《新教育》《新教育评论》《生活教育》《大众教育》等，围绕这些具有影响力的社团和报刊，陶行知建立了稳定而广泛的朋友圈。可以此为场域，考察陶行知的社会交往活动，达到重回现场的叙事效果，展现“恢宏社会历史画卷下的真实、生动的生活场景”①。

（三）树立以档案、日记、书信、图像等为主体的大史料观

教育生活史在史料观上讲求大史料观，史料视野非常广阔，“不管是已整理的还是未整理的、公家的还是私人的档案史料，不管是直接的还是间接的、文中的还是外文的各种文集、笔记、日记、家谱、族谱、年谱、方志、实录、纪事、报纸、杂志等书面记载史料，不管是回忆录、传说、歌谣等口碑史料还是各种文物、图片、绘画、教具、学具等实物史料”②，经过鉴别和考证后均可做反映教育真实生活的资料，能够较为全面地展现研究对象所表现的历史内容。“特别是散落民间的一些非正式出版物，由于其所表现出的个人的记录色彩，往往真实感更为强烈。”③其对教育家交往活动的研究而言亦是如此。在研究陶行知的交往活动时，研究者应扩大视野，充分利用已整理的、未整理的、官方的以及私人的档案资料。目前已经出版的两套《陶行知全集》为我们研究陶行知的社会交往活动提供了丰富的资料，尤其是华中师范大学教育科学研究所主编、湖南教育出版社出版的《陶行知全集》更是把陶行知的书信专门作为一卷，集中而又相对全面地收录了陶行知与家人、同事、朋友、学生等的书信。结合陶行知的书信，可以清楚地了解陶行知与他人交往的缘由、心态等真实细节。当然，这些材料虽然集中，

① 刘训华：《生活叙事、文学形式与重回现场——学生生活史研究的三个纬度》，《教育研究》2015 年第 11 期，第 133 页。

② 周洪宇：《学术新域与范式转换——教育活动史研究引论》，华中科技大学出版社 2011 年版，第 10 页。

③ 周洪宇：《教育生活史：教育史学研究新视域》，《教育研究》2015 年第 6 期，第 112 页。

但并非全部，和陶行知有关的教育交往活动大量地散记于其交往对象的日记、书信或文章中。有些图像资料亦能直观地反映出陶行知教育交往的真实情况。这就需要充分挖掘并运用源于陶行知生活的原始资料，尽量还原一个更为饱满、真实的陶行知形象，去揭示和认识一个能反映陶行知教育交往的真实情境。

综上所述，在生活史视域中，以文献分析法、叙事研究法、心态分析法等多种研究方法去探究陶行知的社会交往活动，可为我们打开一扇深入了解陶行知日常生活的大门，从而洞悉其教育理论的来源及影响，进而有利于总结民国时期教育家主导公共领域教育活动、参与教育改革以及构建学术共同体等方面的历史经验，为当今构建具有中国特色、中国风格、中国气派的教育学派和教育学术体系提供重要的历史参照。

（郭景川系华中师范大学教育学院博士研究生。）

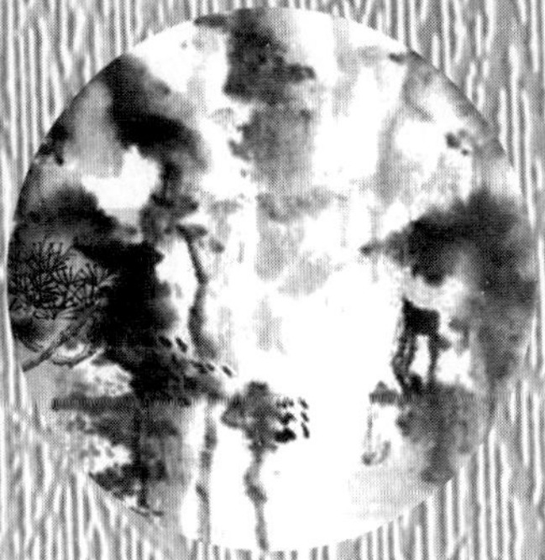

其他陶行知研究专题

陶行知自存家谱研究

喻本伐

据陶行知续弦夫人吴树琴对笔者所言（时在 1982 年暑期），此家谱系陶行知所存，并且他总是随身携带。他病逝后，其家人已将此家谱捐给南京市博物馆。笔者正是依据陶之夫人所言，循踪对此家谱进行了调阅、拍照和复印，以作为编纂《陶行知全集》（湖南教育出版社）的参照。时过 30 余年后的 2013 年，笔者受本族长辈之托，参与编纂《黄梅喻氏宗谱》，因而对谱牒学稍有了解。由于不甘陶行知自存家谱的继续沉睡，特翻检出这份资料予以初步研究。

一、陶氏家谱简介

陶行知自存家谱共四本。此四本实由两部分构成：第一部分为《新安陶氏族谱》一本，可称为“正谱”；第二部分为陶氏家谱三本，可称为“传抄谱”“再抄谱”或“杂录”。此四本均为手抄本，而非刻本。现将此四本的内容分别简要介绍如下。

（一）第一本：《新安陶氏族谱》

《新安陶氏族谱》系抄本，所用为高栏十二行账簿纸。从字迹来看，系出一人抄写而成。全本共计 47 页（包括封面）。其封面无题名，仅写有“绍兴府会稽□堂”，堂号①莫辨。

因为此谱的抄写相对正规，而谱文也相对规范，故姑且称之为“正谱”。通览“正谱”体例，在第 17 页第十世前，均未载录谱主的生卒年；而在第十一世“迁移黄潭源居住”之后，则均载录有谱主的生卒年。此外，第十世前所录均为派名，而第十一世之后，在谱文中则杂用乳名、小名或字号。据此

---

① 堂号，古代名门望族祠堂的徽号，通常书于正厅的匾额之上，而在族谱、宗谱或家谱的封面，也会显目地标出堂号。

似可推定，在第17页第十世之前当为最早的原谱，或可称为“祖谱”。

若就“正谱”的抄写形式而论，在第23页“十四世允佩公”之后并未直接续写第十五世，而是在第24页写有：“大明正德五年(1510年)，浙江绍兴府会稽县陶家堰分支，迁居江南徽歙之西曰古溪。后移下黄谭源。”在第25页，则写有：“大明正德五年(1510年)浙江绍兴府会稽县。”在第26页所写内容为：“一世国宁公传至。”在第27页，则写有“九世祖鲁公”等内容。由此大体可以推知，在第23页之前当为原谱，而此后则理应为续抄谱。

此原谱，除包括第17页前的“祖谱”外，还当包括第17—23页(第十一世至第十四世)的“初续谱”。此“初续谱”或可称为“父谱”。至于第24—47页的内容，则理当视为“再续谱”。它由第九世抄录至第十四世(文字有所变动)，再赓续至第十六世(仅列谱主之名)。此“再续谱”，或可称为“子谱”。

简言之，第一本《新安陶氏族谱》可统称为“正谱”。它系由“祖谱”“父谱”和“子谱”三部分合构而成。此三谱，从字迹来看，似经一人之手抄写而成，但其所据，则似有三种原本。

(二)第二本:“亲友账目”和“传抄谱”

第二本共计50页，用低栏账簿纸记录或抄写。在第11页末行另起写有：“各亲友账目例此。”同页还写有：“先姊宝珠陶氏姑娘受纳。奉请弟世昌、世明顿首拜。”“世昌”为陶行知的派名①，“宝珠”则为陶行知亲姐之名。这两款文字的字迹明显出自一人，且与其后陶行知的字迹相类。

该本第1—12页(除第11页)为账目，从字迹和内容来看，肯定不是陶行知所记。若按常理推断，其为陶行知祖父或父亲所记的可能性明显较大。

第二本的第11页，除记有“亲友账目”外，还有疑似少年陶行知所写的“纸袋讳式”。第12页为他人所录账目。而其后的第13—50页为族谱传抄本，从字迹来看，似为陶行知所录。

对照第一本“正谱”可知，此“传抄谱”并非依据“正谱”照录，而“正谱”倒像是“传抄谱”的精简本(第一世至第九世)。其中的诸多不同，后文将有

---

① 派名：依派行取名的简称，或称大名、谱名、学名等。同一家族兄弟的姓名中，均有一个相同的字表示辈分。此字不得与前辈或后辈的派字混同。陶行知为“世”字辈，名“昌”。

所涉及。

此“传抄谱”显然是用于祭祀。这既可从陶行知留存的祭祀亲姐宝珠的文字中得窥，也可从第三本、第四本中专列的“纸袋名式”或“纸袋讳式”而推知。

其实，“正谱”也可以作为书写讳式的依据。在“正谱”的谱尾便明确写有：“历代奉祀三节纸袋名式例此。”此“三节”，即清明节、中元节（农历七月十五）和除夕；此“纸袋”，指祭祀先祖的专用纸袋，俗称“纸包袱”，内装纸锞、纸铃等，袋上写明“×××鉴纳”字样。之所以要再录“传抄谱”，肯定是为了使祭祀对象更为准确。

活着的前辈，为免却后辈祭祀先祖时失去依据，往往会将列祖列宗的世代、姓氏以及与自己的关系，从族谱中摘要抄录出来，传诸本房后代，以作为祭享的依凭。这便是“奉祀列祖名式”，或简称“纸袋讳式”。它依据谱牒，但内容、形式和用途，则均较谱牒为简。第二本所载的“传抄谱”当属此类。

（三）第三本：“再抄谱”和“纸袋讳式”

第三本亦用低栏账簿纸抄写或撰写，共计 21 页。封面明确写有“家谱”二字，这也当为少年陶行知的手迹。为了下文叙述的方便，兹将第三本中的这部分内容名为“再抄谱”。

其后照录了《新安陶氏族谱叙》的内容。再后的第一世至第三世，则基本照录《新安陶氏族谱》。之所以说是“基本”，不仅因在抄录时有所简省，还因文字载录也略有不同。

而第四世之后的内容，若是相对于“正谱”，则是既有删又有增。由所增内容可以推知，此抄本所据，除《新安陶氏族谱》外，当还另有所本。此另本，与第二本“传抄谱”略同，但又有所增删。这大概正是已有“传抄谱”而又再录另谱的原因之所在。

“再抄谱”的后 4 页，系另一人手迹，内容为后辈祭祖纸袋的书写名式，亦即前文业已介绍的“纸袋讳式”。兹照录第一条的文字及其格式如后：“先高祖考为高府君陶公、先高祖妣为高孺人戴氏同受纳。元曾孙福寿顿首拜。”从署名来看，其当为陶行知的祖父允禄（福寿）所书。

其后，仍以“福寿”署名的祭祀对象，顺序列有：(1)先曾祖舜廷及其孺人叶氏；(2)先祖士焕及其孺人程氏；(3)先伯祖士华及其孺人程氏；(4)先伯祖士伟及其孺人黄氏;(5)先伯祖士顺及其孺人刘氏;(6)先考兆元;(7)先伯考兆基及其孺人胡氏;(8)先伯考兆荣及其孺人程氏;(9)先伯考兆泰及其孺人鲍氏;(10)先兄允恒;(11)亡弟允裕;(12)亡弟允芳;(13)亡弟允兰;(14)先外太祖程公及其孺人刘氏;(15)先外祖国淦黄公及其孺人许氏;(16)先岳耀堂鲍公及其孺人许氏;(17)先岳叔尔吉鲍公;(18)先岳开发李公及其孺人孙氏;(19)先姑爷瑞李贺公及其先姑娘来弟孺人陶氏;(20)先外舅公王公;(21)先姑太公国博黄公及其孺人陶氏。在每款右侧的相应位置,均由允禄之子位朝改写过称谓。当然,具拜者的署名也相应予以了改动。

此后于同治七年(1868 年)再补者有:(1)先伯兆发及其孺人吴氏;(2)先叔兆禧;(3)亡义姑母招弟郑氏;(4)先妣允禄继配孺人李氏(生于道光甲辰四月初二日辰时,卒于同治癸酉五月二十七日□时)。前三款署名均为福寿率长生、德生"同百拜",后一款的署名为"孝男长生、德生同百拜"。

据此可知,前 22 款(包括为高)为同治七年(1868 年)之前拟写,而后 4 款则为当年或其后拟写。据最后一款所附文字可知,李氏孺人"殁于同治癸酉五月二十七日"。因此,这份"纸袋讳式",当完成于同治十二年(1873 年)之后。

尽管最后一项的落款为"孝男长生、德生同百拜",但若依据上述的拟写时间,因他俩时年尚小(二人均出生于同治六年,即 1867 年),故不太可能拟写此稿。有鉴于此,由陶行知的祖父代为拟写的可能性明显较大。

(四)第四本:"族谱叙""纸袋讳式""照契副本"和"账目"

第四本亦用低栏账簿纸抄写或撰写,共计 74 页,无封面。此本估计装订时有错页或缺页。兹据内容,分为以下四类:

第一类为《新安陶氏族谱叙》。此谱叙为"正谱"谱叙的内容照抄,共 2 页。就字迹来看,其疑似为少年陶行知所抄录。

第二类为"照契副本"。在此本的第 3 页写有如后字样:"所置屋宇、田地照契例抄于左。"此为陶行知家祖产无疑。其所列,共计 35 项。其中,房契副本(包括借票、当据)5 纸,地契或当契副本(包括田、地、屋基地、坟地、茶柯地)共 30 纸。

第三类为"纸袋讳式"。此本所拟讳式,相较于第二本、第三本所录,明显更为周详。具体而言,它可细分为以下三种:

其一,“近亲讳式”。

共列有以下四款:

一为陶行知叔父讳式:“亡弟位农府君受纳。兄位朝、位商偕弟位工拜具。”位农小名“厚生”,幼殇。位朝小名长生,为陶行知之父。位商小名德生,为陶行知大叔。位工小名盛生,为陶行知小叔。此讳式,当为陶行知父亲所手书。

二为陶行知祖父讳式:“皇亲国学生先考允禄府君受纳。奉祀男位朝、位商、位工率孙世昌、世明拜具。”在允禄讳式之前,标有:“光绪拾壹年(1885 年)增。”查“正谱”十四世允禄,知其卒时为“光绪拾壹年(1885 年)乙酉八月二十一日申初”,可见此增补当在陶行知祖父去世未久之时,而此讳式,也很可能为陶行知父亲所手书。

三为陶行知胞姐讳式:“先姊宝珠陶氏姑娘受纳。奉请弟世昌(胞)、世明同百拜。”此款虽未与上两款同在一页,但内容同属一类则无疑。况且此条的书写,也疑似为少年陶行知的手迹。

四为陶行知四叔讳式:“先叔考位工四叔府君陶公鉴纳。奉祀侄世昌、世明顿首百拜。”此亦疑似少年陶行知所手书,且与上款同页。查“正谱”十五世位工,知其“殁于光绪三十四年(1908 年)二月”。此后未久,正是陶行知的童少年时期。

其二,“客祖先例”。

共列有如后 7 条:一为先外高祖考某讳程公府君暨妣刘氏孺人;二为先太舅公某讳王公府君;三为先外曾祖考国淦黄公府君暨妣许氏孺人;四为先太姑公国博黄公府君暨先太姑婆陶氏孺人;五为先外祖考耀堂鲍氏府君暨妣许氏孺人;六为先外叔祖考尔吉鲍公府君;七为先外祖考井发李公府君暨妣孺人孙氏。这所列诸人,均为陶行知的外戚祖辈。此例,当由陶行知之父陶位朝拟定。因为在每款之后均署有:“陶位朝、陶位商、陶位工率子世昌、世明同百拜。”其书写,亦当由位朝来完成。

其三,“纸袋讳式”。

此讳式由陶行知之父位朝立于 1893 年。因为在标题《历代祖先祭祀纸袋讳式》之后,明确写有:“于光绪十九年后裔位朝立。”其格式和内容同第三本,但其条目则更为清晰,抄写也更为工整。

以位朝率世昌“同百拜”的条目,依辈分列有 20 项;以世昌、世明“顿首百拜”的条目，为“先叔考位农三叔府君陶公鉴纳”一项；另列“上陶祖先”的条目 11 项。

第四类为“账目”。

其中最值得注意的是祖遗田地，计有：“祖遗粮六分三，坟屋粮叁分三，三房粮七分三，四房粮八分四。其祖遗粮，是与上陶轮流各完一年；八年上陶完，九年自家完，例此以好查考。”其他账目尚有 12 笔。

二、新安陶氏谱系的探讨

依据陶行知所自存的这 4 本家谱，笔者在研究中发现，尚有诸多问题值得进一步探讨。因为其中既有语焉未详之处，又有各本抵牾之点，甚至还有着刻意模糊之载。现仅择出数点，简明探讨如下。

（一）对于《新安陶氏族谱叙》的探讨

值得注意的问题之一是，《新安陶氏族谱叙》并无落款，因而未知为何人所撰。

古时序家谱大体有三种情况：一由本姓本宗的显贵者为之，文后必署辈分和谱名，或附署官衔，或附署功名；二为敬请地方官赐序，文末必署名及其官衔；三为敦聘族外的当地名儒代为作序，虽多有署名者，然也有姓名、职衔、功名等全都隐去者。

此谱序无疑属第三种情况。这不仅因为文末没有署名或落款，而且可由序文中的“新安陶氏以谱序属予”的文意推知撰序者为外人。若以序文最后“陶氏其知之乎”的语气来看，似乎颇有以上训下的意味。这大体说明，撰谱人的社会地位远较陶氏族人为高。

据此推断，在此谱修纂之时，陶氏宗族并无显贵之人。即使有辈分较高、威望较隆者，也因文字能力或学养的限制而未可胜任。此外还可推知，修谱之时的陶氏宗族中显然没有达官显贵，且并非名门望族。否则，当可求得地方官为之代序。

值得注意的问题之二是，《新安陶氏族谱叙》并未署时，因而未知为何时所撰。

笔者研究后认为，该谱叙的撰写时间，上限可定为明正德五年，下限则可定为此谱所录“十六世美珠”出生的光绪二十年，即在 1510—1894 年间。不过，此上限只是始迁祖的迁徙时间，修谱则当在数代之后。若按三代 60

年计，最早的修谱撰序也只可能在 16 世纪末叶。检视“正谱”抄写的笔迹一致，可知此下限只是抄本形成的时间，而非谱序撰写的时间。

前已言及，《新安陶氏族谱叙》可分为“祖谱”“父谱”和“子谱”。依照常理，此谱叙当撰写于“祖谱”编纂之时。“祖谱”由“始祖明子公”至“十世为高公”的内容构成。第十一世舜廷公始分迁至黄潭源居住。因此，由舜廷公“生于康熙五十三年(1714 年)”而“殁于乾隆四十三年(1778 年)”可知，为高公的生活年代当为康熙末年至乾隆早期，其时间大体在 1690—1750 年之间。这也正是笔者所推断的此谱叙的撰写时间。

揆诸谱牒的历史，盛世修谱几为铁律。从现存谱志的数量来看，在“康乾盛世”所修纂者，事实上也相对为多。因此，笔者自忖这种推断当可成立。

(二)对于始迁祖的探讨

在此所言的始迁祖，系指最早迁至安徽歙县的陶氏先祖。

在第一本《新安陶氏族谱》的“祖谱”中，对始迁祖的载录为：“始祖明子公——父国宁公。娶谢氏，生二子：长曰永良，次子永仓。系浙江绍兴府会稽县陶家堰。于大明正德五年分支，始迁新安新桥头居住。安葬墓坦，乾山巽向。”此会稽，为古越州属县，后与山阴县合并而为绍兴。此新安，即新安郡。它位于新安江上游，为徽州的古称。此新桥头，一般认为是歙县西关桥头。此桥现名太平桥，横亘在新安江之上。

有一种说法是：“新安陶氏始祖于明正德五年(1510 年)来徽州采办石料，染病病故歙县城西新桥头，因此举家定居歙县城西(新桥侧)古溪村。”①此说大体合乎情理，因明子公做的是石料采购生意，当然会择居江畔，如此可便于运输。只是“举家定居歙县城西”的时间，当在明子公染病病故之前，而不应是此后。

既然新安陶氏的祖源在绍兴府会稽县陶家堰，那么，会稽陶氏的祖源何在呢？

陶佼所撰《陶氏源流新考》认为，陶姓来源复杂多样。不过，陶氏大多宗帝尧，奉浔阳陶渊明为祖。与会稽陶家堰相关者，为诸暨陶氏。此陶氏，先祖为北宋陶绵。他自临海长潭徙会稽陶家堰。其后裔分迁诸暨、剡县、

---

① 凌文、林文胜：《黄潭源新安陶氏族谱考》，《福建陶研》2013 年第 4 期，第 46 页。

新昌、余姚、上虞、鄞县、萧山、杭州、富阳。尽管在前列分支中并未提及新安，但若考虑始祖明子公因经商而迁家的特殊情况，那么新安陶氏由诸暨陶氏所派生的可能依旧较大。

若此推断成立，则陶行知当为北宋陶绵之后。至于陶行知自视为陶渊明之后，将晓庄自居之处命名为五柳村（“五柳先生”为陶渊明之别号），也就并非毫无缘由。

值得注意的是，在《新安陶氏族谱》的“子谱”中，有关始迁祖的载录为：“一世国宁公传至九世祖鲁公——同鲁祖母迁葬新桥头枣树下，正对河。生一子，名曰为高。”依此，便产生了始迁祖究竟是国宁公还是明子公的问题。

查第二本“传抄谱”，所载为“始祖明子公”，未载其父；查第三本“再抄谱”，所载为“明子陶公，父国宁”。据此可知，“子谱”所载“一世国宁公”，为显见的谬误。

历代叙谱，均会在分支一世祖上费足功夫，即既要辨清他从哪里来，又要言明他为何人之后。“祖谱”在交代明子公时，载录由“浙江绍兴府会稽县陶家堰”分支而来，又言明“父国宁公”。所以说，“祖谱”符合叙谱的规范。

至于“子谱”谬误产生的原因，很可能是抄录者一时的疏忽。这种疏忽，首先反映在抄录“祖谱”时，未将“父国宁公”另起并单行，或者是加以句断，其后在抄录“子谱”时，便误将国宁公作为一世祖。查验原谱中“祖谱”“父谱”和“子谱”的字迹，当为一人所写。

（三）对于转迁祖身世的探讨

在此所言的转迁祖，系指最早迁居至安徽歙县黄潭源村的陶氏先祖。

有关转迁祖，《新安陶氏族谱》的“父谱”载录为：“十一世（迁移黄潭源居住）舜廷公——系为高公次子。生于康熙五十三年（1714年）甲午十一月二十二日戌时，殁于乾隆四十三年（1778年）二月二十二日酉时。娶渔梁叶氏，生于雍正三年（1725年）乙巳十一月二十六日亥时，殁于嘉庆元年（1796年）四月十八日酉时。同葬下黄潭源。生四子：士华、士纬、士顺、士焕；一女，出嫁虬村黄宅。二十四岁为（孀）妇，旌表节孝扁[匾]。”

若由十一世舜廷公上溯第十、九、八、七世，便可发现诸谱的载录多有不同。

首先，介绍并探讨七世祖的不同。

“祖谱”所载录的七世祖为：“承运公，系应坤公长子。娶吴氏，生四子：初阳、初学、初成、初文。”而“传抄谱”七世，列有月初、元初、明仁、明杰、世宾、世宏、明升、明登、爱毛、初阳、初成、初文、初老、观德、金德、连德、天德、五德、善德、时老、细凤、毛、老女、别、老毛、玉毛、金毛、九富、黑毛，共29公，并无“承运”之名。

所最可奇怪者，为“传抄谱”七世列有承运之子初阳、初学、初成、初文之名。父子同代，绝无可能。再查“传抄谱”六世，明确记有：“应祥公二子，承运公、承武公，迁居金陵。”“迁居金陵”四字，是写在两行名字之下的居中位置，显然是指两人，而非只指后者。因此，“传抄谱”七世不再列二者之名，理由似为充分。

查“祖谱”可知，承运、承武出自应坤公名下。而“传抄谱”所载为：“应坤公四子：初阳公，(娶)程氏；初学，(娶)洪氏；初成，(娶)洪氏；初文，(娶)刘氏。”这说明应坤公根本与承运、承武无涉，此两谱必有一错。若就其后的续谱来分析，似乎“祖谱”出错的可能性相对较高。

其次，介绍并探讨八世祖的不同。

“祖谱”所载录的八世祖为：“国璋公(初阳)，系承运公长子。娶汪氏，生子伯昭。”而“传抄谱”八世，列有伯昭、伯支、伯贵、伯连、伯宣、伯松、伯光、伯寿、伯运、佛庆、观义、三弟，共12公。其中并无“国璋”之名。在此必须厘清的问题有二：一为国璋系谁人之后，二为国璋是否即初阳。

在“传抄谱”七世中，录有如后两条：“明仁公一子，国璋公。”“初阳公一子，细泰公。”据此可知，国璋并非“祖谱”中承运公之长子，而是明仁公之子，他也并非又名初阳，因为初阳高于国璋一辈。

两相比较，“祖谱”的疑点相对较多。因为“祖谱”由七世承运之子初阳接续到八世的国璋，既统序末明，又缺乏明确的证据。至于“传抄谱”，则是由来有自，父子及旁亲关系清晰。

此外，若就叙谱须依派名的通例而言，“国璋”之名也似不成立。因为始迁祖明子公之父为“国”字派(国宁公)，那么在二三十代、数百年间，是不太可能再用“国”字作为派名的。查“传抄谱”八世，大体可知，当为“伯”字派。所以说，即使有名为“国璋”者，也不能视之为派名。

再次，介绍并探讨九世祖的不同。

“祖谱”所载录的九世祖为：“伯昭公，系国璋公之子。娶方氏，生二子：长曰为瑛，次曰为高。同葬墓坦。”而在“传抄谱”中，伯昭公被列为八世祖（七世观德公之子）。这两谱实际相差了一个世代。

由于“传抄谱”和“再抄谱”均录至八世而止，因而陶行知的九世祖究竟为谁，现今已是非莫辨。

最后，介绍并探讨十世祖的存疑。

“祖谱”所载录的十世祖为：“为高公，系伯昭公之次子。娶胡氏、戴氏，生二子：长子幼亡，次子名曰舜廷。合葬新桥头，正对鲤鱼山。长子亦葬上坟隔壁，尖堆便是。”在“传抄谱”中，在“八代伯昭公”之下，列有“乙子，为瑛公，□□，朱氏”。而在“为瑛公”之左侧夹缝中，补加有“为高公”三字。之所以视之为补加，不仅可从所加位置予以判断，而且字迹也明显不同。

这里，不仅存在着两谱相差一个世代的问题，而且为高公的由来甚为可疑。因为明言乙子，何来第二子为高？可能的解释是：为瑛娶朱氏未久后朱氏夭殇，故娶妾再生为高。因为在“为瑛公”之下的莫辨二字，若依据他条相同位置推断，当为葬地，故朱氏有夭殇的可能。另一种可能，为高是由他房过继而来。不过这会在族谱中有所反映。

若依“传抄谱”上溯，八世伯昭之父为七世观德公，七世观德之父为六世应鹤公，六世应鹤之父为五世端老公，五世端老之父为四世尚智公，四世尚智之父为三世文珠公。若依“祖谱”，虽同样可上溯至文珠公，但并非由文珠公第三子尚智分蘖而来，而是出自其长子尚仁门下。这种溯宗的不同，便造成了“祖谱”中五世观护、六世应坤、七世承运、八世国璋，与“传抄谱”中的截然两异。尽管孰是孰非已较难判定，但依据“有统序可查”的原则，则“祖谱”的可靠性明显有欠。

（四）对于九世祖鲁公的探讨

祖鲁公的“空降”，是在《新安陶氏族谱》“子谱”中出现的：“一世国宁公传至九世祖鲁公——同鲁祖母迁葬新桥头枣树下，正对河。生一子，名曰为高。”此“祖鲁”，不仅在“祖谱”和“父谱”中未载，而且在“传抄谱”和“再抄谱”中也并无踪迹可寻。

若“祖鲁”是伯昭的别称，那么“生一子，名曰为高”，既与“祖谱”所载“系伯昭公之次子”不合，又与“传抄谱”所录的“为瑛公”相悖。依据“传抄谱”，可知八世当为“伯”字辈，九世当为“为”字辈。但是，“祖谱”的九世为

"伯"字辈、十世为"为"字辈。两谱实际便有了一个世代的差别。

如此看来,"子谱"提前一世至国宁公,便不太可能是抄录者的一时疏忽,而倒像是续谱者的有意为之了。用"祖鲁"取代"伯昭",似乎是为了回避或模糊这种明显的矛盾。若真是如此,那就难避掩耳盗铃之讥了。

据上可知,所谓"正谱""传抄谱"和"再抄谱",各自均有所本。一般认为,"正谱"的可信度相对较高。但通过上述比较、研讨,似乎又并非如此。笔者认为,"正谱"中的"祖谱",只是"传抄谱"和"再抄谱"的删减本;而这种删减,又多有不甚合情理之处。"祖谱"中的这些问题说明,当时新安陶氏家族的叙谱颇不正规。

这首先表现在未能合宗族之力统一集议,以致出现各谱内容不太一致的重大缺陷。其次表现在未能严格依照谱牒的规范,以致各世派名未能统一,小名、别名等也搀入谱中。这两种不足又说明,在"祖谱"编纂之时,陶氏家族在新安的社会地位不是太高,而族中的读书人或文化人也不是太多。

三、陶行知祖父的家世、婚姻及子嗣

尽管陶行知十世祖为高的由来存疑,但十一世舜廷公以下的统序,在《新安陶氏族谱》的"子谱"中则记载得明白无误。在具体研讨陶行知祖父允禄公的行状之前,可对其上三代的世系予以简明追溯。

(一)允禄公的家世

依据《新安陶氏族谱》的"子谱",陶行知的祖父允禄被列为十四世。谱载内容为:

> 即兆元公长子,名福寿,生道光十四年(1834年)甲午八月初十日未时。娶蜀梁鲍氏,生道光十九年(1839年)己亥五月二十一日丑时;于同治二年(1863年)二月十九日,又娶郑村李氏,生于道光十四年(1834年)甲午四月初二日辰时,生承继二房。公殁于光绪十一年(1885年)乙酉八月二十一日申初。鲍氏生三子:长曰德生;次曰厚生,幼殇;三曰盛生。李氏生一子,名长生,继与允裕公名下。公与李氏合葬于下潭源士焕公坟前东偏。李孺人殁于同治十二年(1873年)五月二十七日□时。

另载胞弟允裕和堂弟允恒。

允禄的曾祖为十一世舜廷公。谱载内容为：

为高公次子，生康熙五十三年(1714年)甲午十一月二十三日戌时，殁于乾隆四十三年(1778年)二月二十二日酉时。娶叶氏，生雍正三年(1725年)乙巳十一月二十六日亥时，殁于嘉庆元年(1796年)四月十八日酉时。同葬下潭源。生四子：士华、士纬、士顺、士焕；一女，嫁虬村。

他长兄未载，当为早夭，故前项列有葬地。

允禄的祖父为十二世士焕公。谱载内容为：

生乾隆二十四年(1759年)己卯九月二十五日申时，殁于道光十五年(1835年)乙未四月二十四日戌时。娶程氏，生乾隆四十三年(1778年)戊戌闰六月十一日辰时，殁于道光二十九年(1849年)己酉十月十六日巳时。同葬下潭源桥下东南首二分地内，向圣僧山。生二子：长曰春祝；次曰春禧，幼殇。

其在兄弟五人中排行第五，还有一姊或妹，因未载，生辰不详。

允禄的父亲为十三世兆元公。谱载内容为：

即士焕公长子，名春祝，生嘉庆八年(1803年)癸亥十二月二十三日申时，殁于咸丰十一年(1861年)十月十四日戌时。葬下潭源士焕公坟西迹。娶黄氏，生嘉庆十二年(1807年)丁卯二月二十一日卯时。生二子：长名福寿，次双全；三女，婢妾。黄孺人殁于光绪十九年(1893年)癸巳十一月初八日亥时。葬于休邑十七都邑源地方，土名金家山，与桃林张氏合墓。

兄弟二人，弟早夭。另载有堂兄弟兆发、兆基、兆荣、兆泰。

依据家谱第四本中所载的“照契副本”可以推知，允禄祖父的家境殷实。因其生前的置产有：(1)乾隆五十四年(1789 年)四月，买得凌丽章位于黄潭桥上的“同上楼”，耗银“贰拾两整”；(2)嘉庆七年(1802 年)十二月，买得“观音阁地壹亩小买批”，耗“钱四千二百文整”；(3)嘉庆二十五年(1820 年)十二月，买得“桥下地八分”，耗“钱拾千文整”；(4)道光六年(1826 年)六月，典得“中滩茶柯”，典价“钱五千文整”。

至允禄父亲时，家境也理当不错。因为在道光年间，依旧多有置产、买地、受典的记录。只是“三女婢妾”的载录令人费解。此“婢妾”，肯定不是名，而只可能是身份。另载有，为“虬村张宅”婢妾。值得注意的是，兆元之妻黄氏，原本也是来自虬村。这说明她出为婢妾之时，兆元的家境肯定不好。否则，为父母者肯定不会出此下策。

对此家道中落的原因，大体可从战乱中找到。自太平军咸丰四年(1854 年)首次进攻徽州后，歙县被攻占凡四次，因而处处焦土、经济萧条、人口锐减。兆元晚年恰逢此时，因而不得已而出此下策。

(二)允禄公的婚姻

陶行知祖父允禄公的婚姻，依据《新安陶氏族谱》的“子谱”所载，他先娶“蜀梁鲍氏”，又于同治二年(1863 年)“娶郑村李氏”。他迎娶鲍氏的时间，当在同治二年(1863 年)之前。由于允禄生于道光十四年(1834 年)，所以其初婚当在咸丰初年(1851—1856)，即在其 20 岁前后；而其再婚，则是在他虚岁 30 岁时(同治二年，即 1863 年)。

若分析其再婚的原因，大体是鲍氏婚后长期无生育。因为直至“同治六年(1867 年)丁卯十二月二十四日”，才生育头胎位商(德生)。此后，又连诞有位农(厚生，幼殇)、位工(盛生，中夭)。其实，李氏被迎娶进门后，也是数年之后才有生育。“同治六年(1867 年)丁卯六月初四日”，方生育独子位朝(长生)。不过，李氏所生位朝，长于鲍氏所生位商半岁。若依嫡庶之分，位朝的名分理当居后；若依长幼来看，才可能是位商的排行居后。

就允禄的两位夫人来看，令人费解的问题有如下三点：

一为二房李氏[道光十四年(1834 年)甲午四月初二日生]，不仅大于头房鲍氏[道光十九年(1839 年)己亥五月二十一日生]近 5 岁，而且略大于丈夫允禄[道光十四年(1834 年)甲午八月初十日生]。应该说，这是不太符合常理常情之事。

二为允禄迎娶李氏时(同治二年，即 1863 年)，李氏之前是否有过婚史和生育呢？因为在当时的农村，家有年近30而未出嫁的大龄女，似为不可思议之事。这种情况，假若是通过媒人而撮合的话，似难近情理；假若是通过自由恋爱而结合的话，在当时也实不可能。

三为李氏在家中的地位似乎高于鲍氏，这与传统宗法礼制颇不相合。若就“子谱”而论，对于二房李氏，明确记有卒年（同治十二年，即1873年，享年40岁）；而对于正房鲍氏，既没有记载卒年，又未与允禄合葬。因为“子谱”明确记有：“公与李氏合葬于下潭源。”

（三）允禄公的子嗣

允禄生有四子。元配鲍氏生三子：“长曰德生，次曰厚生（幼殇），三曰盛生。”而李氏“生一子，名长生，继与允裕名下”。前三子为嫡出，后一子为庶出。

此四子的出生年月，可依“子谱”分列如后：长生即位朝，生于同治六年（1867年）丁卯六月初四日寅时。德生即位商，生于同治六年（1867年）丁卯十二月二十四日□时。厚生即位农，生年未载，仅载有：“临殇之日，位朝、位商、位工同奉父命：日后无论何房子嗣多者，着一子承嗣宗祧。”因位工生于光绪三年（1877年）之后，故可知位农夭亡于此后。盛生即位工，生于光绪三年（1877年）七月，殁于光绪三十四年（1908年）二月。据此可知，陶行知的父亲虽为庶出，然而他却较嫡出长子位商大了半岁。

世间之事，多有不好解释之处。元配鲍氏婚后多年，并未育有子嗣；而当继妾李氏进门之后，两妇又有三年未获孕讯。但是，当李氏怀孕半年之后，鲍氏也居然受孕，并且是连生三子。所惜第二子早夭，第三子又殁于盛年。此陶行知的三位同父异母叔父，当他入读歙县崇一学堂后，便只有大叔位商存世了。

壮年存世的庶长子位朝和嫡长子位商的家庭地位，照理应是后者高于前者。加之位朝此后又过继给无子的叔父允裕，那么在自家的名分更应式微。但是，若考察家谱第三本和第四本中所载“纸袋讳式”的署名，则似乎看不出这种嫡庶之别。

在第三本中，“同治七年（1868年）再补”的纸袋讳式有如后四款：(1)先伯兆发及其孺人吴氏；(2)先叔兆禧；(3)亡义姑母招弟郑氏；(4)先妣允禄继配孺人李氏（生于道光甲辰四月初二日辰时，卒于同治癸酉五月二十七日□时）。前三款署名均为福寿率长生、德生“同百拜”，后一款的署名为“孝男长生、德生同百拜”。

在第四本所载的“近亲讳式”中，对陶行知叔父的讳式为“亡弟位农府君受纳。兄位朝、位商，偕弟位工拜具”，对陶行知祖父的讳式为“皇亲国学生先考允禄府君受纳。奉祀男位朝、位商、位工率孙世昌、世明拜具”。这种名式，完全看不出此存世三兄弟的嫡庶之分。

至于允禄的孙辈，“子谱”所载为：长生或位朝，“生一子，名文浚；生二女，长名宝珠（幼殇），次名美珠”。德生或位商，“生一子，名文澄；女名素珠”。厚生或位农，幼殇无嗣。盛生或位工，虽娶妻，但“无所出”。因此《新安陶氏族谱》的“十六世”，仅列有世昌（文浚）和世明（文澄）两人之名。

四、陶行知的父名、本名及家庭经济状况

自陶行知病逝后，尤其当陶行知研究热重新掀起后，对陶行知家世的研究也就成为关注的重点之一。随之，各种陶行知年表、陶行知年谱也相继出版，同时，也多有相关论文的发表。现仅依据陶行知自存家谱中的相关资料，对陶行知的父名、本名及家庭经济状况作出简要研讨。

（一）陶行知的父名

在《陶行知年谱稿》中，对陶行知父名的介绍为：“父名槐卿，号任潮，秀才出身。”①

在《陶行知年谱》中，对陶行知父名的介绍则为：“父位朝，号槐卿，字筱山（笑山），乳名长生。”②

在《陶行知大传》中，所认定的正确说法是：“陶行知的父亲名长生，字位朝，号筱山（笑山）。”③凌文、林文胜在相关研究中，不仅认定“陶行知父亲名长生，字位朝，号筱山（笑山）”，而且还详论了其名与其字的关联性：

> 考“长生”者，其义有二：一为最早出世者；二为寿命长久者；又考“位朝”者，其义也有二：一是“朝”与“早”相通，不仅可以解释

① 中央教育科学研究所教育理论研究室《陶行知年谱稿》编写组编：《陶行知年谱稿》，教育科学出版社1982年版，第1页。

② 朱泽甫：《陶行知年谱》，安徽教育出版社1985年版，第1页。

③ 周洪宇：《陶行知大传——一个文化巨人的四个世界》（下卷），人民教育出版社2016年版，第633页。

为“最早出生者”,也可解释为第十五世“第一人”,二是“朝”有“官府的大堂”之义。“位朝”即日后仕运亨通,为官作相,这表明了陶氏先辈对后代的殷切期望。十分清楚,“长生”一名与“位朝”一字在意义上是互相关合的。①

这种诠释,言之成理。但是,若以叙谱惯例恒之,则大可存疑。

历代叙谱,均要求标列派名。此派名,主要用于区分世代,亦即通常所言的辈分。派系的确定,往往是以四言、五言或七言的诗歌形式来规范,即始祖依该诗的首字拟名,后世依序按派系诗中所属的字来命名。若按二十年为一世代来约算,一首派系诗,少则可用二三百年,多则可用五六百年。

若此派系诗用完,则由族中长老自拟或请人代拟新的派系诗,以作为后世拟定派名的依据。因此,凡地望长久的谱牒,除首列历次编谱时的谱序外,还会将此前用过和此后沿用的派系诗刊列在谱首的显要位置。值得注意的是,在同一派系诗中,绝不容许出现两个相同的字,更有严格者,甚至不容许出现同音字。在接续的派系诗中,除在本诗中须遵循此原则外,还绝不允许与前用派系诗中的字“撞车”。

考诸《新安陶世族谱》,总计十六世的字派,依次为明、永、文、尚、观、应、承、国、伯、为、舜、士、兆、允、位、世。若是以新安始迁祖为始而重拟的派系诗,当然可视为四言诗;但未押韵,且又有着不合于派系原则之处。如第八世的国璋,明显与始迁祖之父国宁公冲突。这在前文已有论述。

但是,无论“正谱”存在多少问题,以派名标列谱主的原则,还是得以严格地遵循,并非像“传抄谱”和“再抄谱”那样,杂有过多的乳名、小名或别名。讨论至此可知,陶行知之父的派名当为位朝。因其属“位”字辈。至于长生,只可视为其小名或乳名,既不宜视之为名,也不宜视之为字。

关于“名槐卿,号任潮”之说,在《新安陶世族谱》中,则找不到任何依据;并且“任潮”二字,很可能是“位朝”的误识或误写。

关于“父位朝,号槐卿,字筱山(笑山),乳名长生”之说,其中对于派名位朝和乳名长生认定,无疑正确。因为它有着谱牒的依据。而其中对于“号槐卿,字筱山(笑山)”的认定,则很可能是字、号倒错。因为它不太符合

---

① 凌文、林文胜:《黄潭源新安陶氏族谱考》,《福建陶研》2013 年第 4 期,第 45 页。

字、号由来的惯例。

关于"名长生，字位朝，号筱山(笑山)"之说，将乳名视为派名，显然不当；"字位朝"之说，则明显与《新安陶世族谱》的载录相悖。

通过以上研讨，笔者的初步结论是：陶行知之父，名位朝，字槐卿，号筱山(笑山)，乳名长生。

(二)陶行知的本名

在《陶行知年谱稿》第1页中，对陶行知本名的介绍为"原名文渼(乳名和尚)"。

在《陶行知年谱》第1页中，对陶行知本名的介绍为："陶行知乳名和尚，原名文渼，后改名知行，又改名行知。"

在《陶行知大传》第638—639页中，对陶行知本名的介绍为："原名文渼，后改名为陶知行、陶行知。……陶行知不仅有自己的名，还有自己的字。这个字就是'世昌'。"

凌文、林文胜在其所撰的《黄潭源新安陶氏族谱考》中，则更是对陶行知的名字进行了一番演绎：

> 族谱记载，陶行知先生乳名小和尚，寄名禅门，借佛保佑，这是循徽州风俗之举，学名文渼，寓意为浚哲文明(《尚书·舜典》)，字世昌。陶行知就读金陵大学时受王阳明的"知行合一"学说影响，改名"知行"。留学回国后经过多年的教育实践，促使他世界观的转变，在实践中他把王阳明的主张翻了过来，变成了"行是知之始，知是行之成"。为求名实相符，陶先生在1934年7月再次改名为"行知"。①

此说简明说来，便是名文渼，字世昌，乳名和尚。

首先必须说明的是，《新安陶世族谱》中并无和尚或小和尚的载录，而仅有文渼和世昌的录记。具体为：十五世位朝名下，记有"生一子，名文渼"；十六世，仅列世昌、世明二人。在笔者印象中，20世纪80年代初在歙

① 凌文、林文胜：《黄潭源新安陶氏族谱考》，《福建陶研》2019年第4期，第43—44页。

县访问张国良先生(陶行知幼年玩伴)时,曾听闻此"和尚"之说。所以陶行知有此乳名,完全可能,只是所据为传说而非谱记。

其次有必要探讨的是,文浚是否就是世昌。在《新安陶世族谱》中,十五世有子嗣者,除位朝外,仅有位商:"生一子,名文澄。"就十五世的位朝为兄、位商为弟而论,世昌居前、世明居后,显然符合叙谱惯例。另据陶行知书信等材料,可知文澄为文浚之弟(叔伯)。因此,按兄前弟后的排序,亦可知文浚即世昌无疑。

最后理当说明的是,陶行知的派名不可能是文浚,而应是世昌。依据《新安陶世族谱》明、永、文、尚、观、应、承、国、伯、为、舜、士、兆、允、位、世的字派,第三世已用"文"字,那么十六世便不可能再用"文"字。而从该谱的载录形式来看,世昌为派名亦无疑。至于文浚出现在前的问题,只宜理解为小名或别字。这是因为,此谱之前也多有类似载录。

通过以上研讨,笔者的初步结论是:陶行知派名世昌,别名或小字文浚,乳名和尚,曾用名陶知行。

(三)陶行知的家庭经济状况

依据陶行知自存家谱第二本中的"亲友账目"、第四本中的"照契副本"和"账目"来看,陶行知祖父允禄不仅可依靠放贷、典当谋利,而且经营有自家的货栈(位于休宁县万安镇的亨达官酱园)。此"亨达官"的命名,显然与陶行知之父的派名位朝相关。

由此可知,在陶行知祖父当家的时代,陶家已跃升到当地的富绅阶层。此时陶家不仅有房产、田产,而且置有商铺,甚至还有余钱放贷和偶行典当之业。正因为如此,允禄才可能为生母呈报并获得"例封孺人",且为自己捐纳而获"国学生"名号。

但是,当陶行知祖父于光绪十一年(1885年)去世后,家道便开始中落。此时,位朝已18岁,但生母李氏则已过世多年;尚有同父异母弟位商、位工(位农幼殇),而且他们的生母鲍氏仍健在。在这种家庭中,争产分家实为不可避免之事,并且往往是久拖难决,耗时费力。这大概是陶家家道中落的原因之一。

照说,即使是三兄弟分家,陶行知父亲所得也不可能太少。事实上,亨达官酱园便是分在他的名下。他的成婚、生子也均是在休宁万安。在陶行知童年记忆中,对于"外婆家",便存有深刻且温情的一页。

客观说来，陶行知父亲家道中落的根本原因，并非因为分家、争产，而是由于他自身染上了不良嗜好。此不良嗜好便是吸食鸦片。自是，他便无心于经营，终致家庭经济入不敷出，结果只好将亨达官酱园盘让给曹氏姻亲，自己携家带口回归故里黄潭源。回归故里后，他又未能及时戒断烟瘾，于是只得将祖遗田产和房产陆续变卖，以致家庭陷入了赤贫之境。陶行知第四子陶城曾有如下回忆："在我小时候，祖母曹翠仂曾痛哭流涕地告诉我：'因为家里贫苦，不得不把她送往别人家当童养媳。她在婆家甚苦，有一天她回家说很想吃一碗蛋炒饭，但还未吃到嘴就赶快回到婆家，这以后不久就去世了。现在想起来非常内疚，她太可怜了！'"

所说之"她"，便是陶行知的胞姐宝珠。将亲生骨肉送出做童养媳，当然是不得已之事。此事，实为当时陶家困窘的明证。

陶行知曾明确宣称："我本来是一个中国的平民。"[①]这种说法，确乎为事实。因为他在童少年时代虽接受了短时的私塾启蒙教育，然终因家道败落而辍学。此后，他便只得帮母亲务农，帮父亲做点小买卖。应该说，少年陶行知成长于社会底层，备尝人生的艰辛。而这种逆境中的所获，又正是他发愤读书，并且全身心地投入到普及教育事业中去的动力之所在。

笔者在文前所言的"初步研究"，并非谦词。因为一则时间久远，笔者当年所获资料，除第一本完整、可信外，其他三本是否有所散佚或错页，现已难以考证。二则对于抄本的断句和文字辨识，也未能明白无误地予以全部解决，因而理解或判识也就很可能存在谬误。三则对于该谱自身所存在的诸多歧异甚至矛盾之处，本文未能合理解决之处尚多。因此，只能寄望于有识者或后来者的发掘和深研了。

（喻本伐系华中师范大学教育学院教授。）

① 陶行知：《创造一个四通八达的社会——致陶文渼》，华中师范学院教育科学研究所：《陶行知全集》第5卷，湖南教育出版社1985年版，第55页。

陶行知教育实践的伦理立场

舒志定

陶行知认为教育是让青年学生及底层民众成为“共和的国民”，生活教育是实现这一教育目标的基本途径。这就需要分析陶行知的生活教育理论与培养“共和的国民”之间的内在关系，决定这种关系的本质是“共和的国民”与“非共和的国民”的差异。

要回答这个问题，其实是解答“人是教育活动的对象”这一教育的基本命题。这里暂且不急于对它做出回答。先看陶行知的基本观点。他说教育要和人的生活融合成一体，教育不能和人的生活分离。这样的观点，也反映在他对知行关系的阐释上，他坚持知是行之始而不是行之成的观点。这一观点有这样的暗示，教育不能被当作工具、不能被当作方法或手段，因为教育和人的成长相关联，培养独立、自主、自治的生活态度和能力的国民是教育的目标，教育要塑造国民，这是陶行知的观点。

诚然，塑造“共和的国民”，不是传统中国社会主张的国民，它强调人的自主、自立、自治，是独立人格的塑造，关键是人的思想独立、精神自由，这关涉人和社会、民族、国家等之间的关系问题，也就牵涉人的伦理关怀与价值追求问题，因而，展开对陶行知教育实践的伦理立场的探讨是一个有意义的议题。

一、教育实践的本质是伦理性存在

陶行知在美国哥伦比亚大学修读杜威课程，学习与了解杜威的实用主义哲学与教育思想，学成回国从事教育活动。中国要发展什么样的教育，这是摆在他面前的一个现实问题。回答这个问题，是以对传统教育合理与否做出判断为前提，是对教育实践合理性依据的反思。

陶行知是从现代科学发展的视角对此展开反思的。生活在 20 世纪新世界，又在美国接受现代教育，他自觉地把建设一个国家作为考察教育实践合理性问题的基本前提。陶行知明确指出“学而优则仕”不是新世界的教育目标,解决受教育者识字、读书、谋生的目标,也不是新世界的教育目标,因为这些目标是非常偏狭的。只有把教育和富国强国的目标相联系,才是新世界的教育目标,教育是实现“富而强的共和国”目标的重要组成部分。

强调教育是富国强国的组成部分,并不是说教育是实现“共和国目标”的手段,而是强调这样的论断:共和国之为共和国的本质性价值追求是理解教育的前提,简单地说,就是要以共和国的立国、治国理念构成教育的理论基础,以此思考和回答教育应是什么、应做什么、应怎么做等教育基础理论问题,用陶行知说法是“适合于现在的世界”的教育。“现在所需要的,是一种新的国民教育,拿来引导他们,造就他们,使他们晓得怎样才能做成一个共和国的国民,适合于现在的世界。”[①]这段关于“适合于现在的世界”的教育,为我们应当如何发展教育设置了一个逻辑前提:“现在的世界”是教育的前提。在此前提下,当我们理解什么是教育时,必须以“现在的世界”的本质特征来决定教育的本质。通俗地表述:世界如何教育便是如何。这种理解教育本质的思路,问题不在于世界是怎样构成的、有何特征之类,而是说,对世界和教育两者关系的理解,发生了根本性的变化,世界成了前提,这样,要从世界是什么来理解教育是什么,这是从本质性、前提性视角解读教育的思路,它的结果便是阐释教育存在的根本意义,而世界则是教育意义的决定因素。

如此阐释教育的思路,我评判是陶行知提出了教育本质是伦理性存在的论断,因为教育要适合新世界的人的生存需要,区分“新”“旧”世界(按陶行知的说法)的标准是工业社会以此而形成的主导社会的价值体系、道德立场、政治观念、生活方式等,就是通常所说的“现代性观念”。所以,教育促进人成为“共和的国民”,根本要求是培育人的道德观、价值观、公民观,这是决定人的生存最基本要求,这使教育指向人的意义的生成与转换,如此,我们可以和“教育是一种方法或技巧”的观点做出区分。对此,陶行知举“后母给儿子洗澡”的例子来说明这一点。他说给儿子洗澡的水时而太热时而太冷,不适合于儿子的需要。为什么会出现这个问题?原因肯定不

① 顾明远、边守正主编:《陶行知选集》第1卷,教育科学出版社2011年版,第52页。

是后母(是理智正常的普通人)不知道儿子洗澡需要多少温度的水(这是知识层面的问题,即知与不知的问题、知多与知少的问题),也不会是因为后母没有能力取一些适合儿子洗澡温度的水(这是技能、技巧问题,是操作层面问题),关键取决于后母的思想认识问题,比如她的价值取向、伦理观、道德观,这些因素决定着独立存在的后母与独立存在的儿子之间能否建立相互依存的关系。也就是说,是否能取合适温度的水,取决于双方彼此是否能建立一种融合、共生共长的关系,要实现这种关系,双方精神的、价值的沟通是最基本的保证。基于这样的认识,陶行知提出学校教育活动也是如此,它应该是师生共同建构的伦理性学习共同体。陶行知从三方面阐述了这个观点。

(一)教育对象是社会性存在的人

人是教育实践活动的对象,因而需要把握人的本质。陶行知说人既生活在物质环境之中,也生活在社会团体之中,“绝不承认社会上还有什么‘人上人’、‘人下人’,但是‘人中人’我们是逃不掉的”[①]。这就是说,陶行知非常重视人的社会性特征,这就必定要承认与肯定这样一个事实:人是在关系中存在。显然,人在关系中存在,包括人与自身的关系、人与人的关系、人与自然的关系,只要在社会中生活的人,都逃脱不了关系的约束。这样,直观地看人建构关系这个事件,“建构”这个词使人联想到“方法”或“技术”。其实,它是人的自我展示,展示人的知识、能力,更关切到人的价值观、道德观,而且价值观、道德观对人在世界中生存是至关重要的,甚至是决定性的。不谈这一点,其就变成动物、植物和世界之间建构关系的活动。对此,陶行知风趣地举例说明这个问题:比如现在的选举,被选人手里有些洋钱,选举人手里拿着一张票,他们所发生的关系,是洋钱与选票的关系。尽管持票完成了选举投票的动作,产生了投票行为。但是,这是真的投票吗?因为决定是否投票,不是以人把票投入票箱为评判标准。

这个例子说明这样一个事实,决定人和社会建立关系的核心要素,不是“怎样建关系”的方法问题,而是“为何要建构关系”的问题,它取决于人对社会持怎样的价值立场与态度,这与人的精神发育和人格完善密切相关。陶行知引用圣哲的说法,作为人中人,懂得做人的道理是至关重要的。

---

① 顾明远、边守正主编:《陶行知选集》第1卷,教育科学出版社2011年版,第81页。

而这个道理，最要紧的是“富贵不能淫，贫贱不能移，威武不能屈”的精神。教育就是要培养人具备这种精神，如此，人才能成为具有独立意志、能够独立思考的独立个体，独立的个体是崇尚自强不息、正义勇敢的“主人”道德，是不会接受受奴役的“奴隶”道德的。

(二)伦理目标是评判教育实践活动合理与否的依据

陶行知教育实践活动主要领域是农村开展平民教育，这和他培育“共和的国民”的教育理想、教育信念是密切相关的。通过教育培育“共和的国民”，意味着教育的人才观发生了变化，它不同于科举时代认同的人的价值观、人生观、读书观。

引起教育人才观变化的原因，陶行知指出是人存在的现实社会基础发生革命性的变革。无论是社会经济生产方式，还是治理社会的政治理念、制度设计、组织方式等等，和传统农业社会的政治系统、价值理念相比，都存在着显著差异。因此，组织教育活动，就要遵照建设新国家的理念和要求，这是以培育“共和的国民”为目标的教育实践的基本前提。陶行知说得很清楚，平民教育至高无上的目的是培育新国民。这就是用教育的精神和方法，创造一个万众一心、五族一心的新国家①。要培育新国民，就要发展新的教育实践，明白这一点至关重要，它是推进教育革新与教育持续发展的动力，“懂得这条大道理才能放手向前去做”②。所以，一个国家的教育，无论是制度设计、内容选择还是方法运用，都“应该准照那国家的需要和精神，去谋适合，谋创造”③，当然这种谋合与创造，是“本着民治的精神、科学的态度，去建设它的制度，分析和估定它的内容，发明和实验它的方法”④。

以新国家需要的精神去发展教育，这是教育实践的第一要务。当教育实践明确了应该坚持的伦理目标，也就意味着教育实践担负的伦理职责与使命。陶行知在《教育者之机会与责任》一文中就说：“教育者应当知道教育是无名无利且没有尊荣的事。教育者所得的机会，纯系服务的机会，贡献的机会，而无丝毫尊荣之可言。”⑤教育实践担当的伦理使命对教学内容

---

① 顾明远、边守正主编：《陶行知选集》第1卷，教育科学出版社2011年版，第107页。
② 顾明远、边守正主编：《陶行知选集》第1卷，教育科学出版社2011年版，第107页。
③ 顾明远、边守正主编：《陶行知选集》第1卷，教育科学出版社2011年版，第140页。
④ 顾明远、边守正主编：《陶行知选集》第1卷，教育科学出版社2011年版，第140页。
⑤ 顾明远、边守正主编：《陶行知选集》第1卷，教育科学出版社2011年版，第78页。

提出要求。他说“除各项专门知识之书籍外，人生普通必要之知识，亦当有以灌输之”。这是因为“公事房中之人，同时亦为世界之人，凡世界之大势，思想之潮流，皆宜知之”①。从字面上理解这一论述，这是讨论学校需要哪些教学内容，对学习者学习知识的范围做出规定。我以为这是理解与阐释学校教育的知识论立场，即学校传授知识的内容与范围，以及学生获得知识的方法与途径等问题。

如果这样理解陶行知的观点，就会误读陶行知阐述教育问题的思想方法。因为，陶行知是从人的存在的视角理解教育、阐发教育目的。陶行知反复强调“学习是为了什么”、我们要让学生(包括农村的老年、社会中的女性等)成为什么样的人的，人的问题是至关重要的。这些论述传达的观点是直白的、朴实的，但是，认真思考这些观点，实质是反映了他阐释教育问题、破解教育难题的思想方法，更深刻地反映了他追求教育价值目标的缘由。因为陶行知设定的教育目标很清楚，通过教育，让一个不具有“共和精神的国民”变成一名新国民，只要成为新国民，他就能履行职责、就是一名独立的个体。所以，实施教学内容变革，是为了这样一种目标而努力：教育是对人的一种唤醒，唤醒人的存在意识，使人觉悟到人之为人的可能性，以及人之为人的基本路径。由此可以得出陶行知教育实践评判依据确定是伦理目标的基本结论。

(三)教育实践是相互学习、相互促进的共同体

陶行知谈教育实践是一个共同体，是基于教与学相互需要而构成的师生交往关系，这种师生交往关系是进步的、健康的、平等的伦理关系。要形成这种共同体，则需要彼此了解以及对彼此需求的尊重。基于这样的思考，陶行知在《新教育》一文中批评学校存在不平等、不正义的现象，比如学校以教员为主，不让学生参与，没有学生的地位②，教员把“教授等于贩卖”③。这些现象与问题，说明教员与学生之间的关系是一种等级关系，师生传授知识和学习、接受知识的关系，是“知识交换(贩售)”关系。

所以，开展培育新国民的教育实践，必须提供平等的、正义的教育理念，营造平等的、正义的教育环境和教育条件。当然，这种平等、正义的教

---

① 顾明远、边守正主编：《陶行知选集》第1卷，教育科学出版社2011年版，第93页。
② 顾明远、边守正主编：《陶行知选集》第1卷，教育科学出版社2011年版，第56页。
③ 顾明远、边守正主编：《陶行知选集》第1卷，教育科学出版社2011年版，第62页。

育，不仅要求教育者与受教育者建立平等协作共存的关系，而且要求把正义的、平等的教育观念扩大至更广阔的领域与更广大的群体，包括儿童教育、女子教育、老年教育等，“一、有可教之人；二、可教者而未能完全教；三、可教者而未能平均教；四、已受教而未能教好”[①]。因此，普及教育至关重要。教育的普及，意味着建构一个又一个承担培育新国民使命的共同体。要普及教育，更应重视农村教育，改变城乡教育不平等的现象。

二、坚持伦理立场的教育实践的主要特征

开展培养新国民的教育活动，这涉及评判新国民的标准。什么样的人可算是新国民？无疑，对这个问题的追问，就会涉及人与国家、人与社会以及人与自身的关系问题。这种思考，就会对教育实践的内容、方式等产生影响，呈现鲜明的特点。

（一）教育实践的民族性

对陶行知来说，把教育等于读书，这种观点是传统教育实践存在的最大问题。要消除这个问题，陶行知提出生活教育的构想。在生活教育观的视野中，“书”只是生活工具之一[②]，教育的最终目的是改造人、提升人的素质，“我们的使命是教导乡下阿斗做中华民国的主人。乡下阿斗没有出头之先，我们休想出头”[③]。当然，新国民的培育与造就，仅仅依赖读书是不可能达到育人的目的。教育要培育的新国民，不仅需要通过教育让人学会读书识字与获得生活技能，更重要的教育任务是使人具有参与生活、改造社会生活的“社会主人”的意识与能力，这需要把人融入生活中，在参与生活中培养人的意识与能力。就此来说，尽管陶行知把人的发展确定为教育的目标，突出人在教育中的地位。但是，陶行知的观点和人本主义教育观是有区别的，这种区别体现在对人的问题的不同认识立场上，而这种差异恰恰是最本质的、最关键的。

这里简要地陈述陶行知对人的认识立场。陶行知重视人的社会性，不提倡单独的个体、孤立的个人的地位与价值。他认为人的发展不能只讲个体的人的发展，而是要讲群体的人的发展。他更在意人是民族的人，更强

① 顾明远、边守正主编：《陶行知选集》第1卷，教育科学出版社2011年版，第78页。
② 顾明远、边守正主编：《陶行知选集》第1卷，教育科学出版社2011年版，第405页。
③ 顾明远、边守正主编：《陶行知选集》第1卷，教育科学出版社2011年版，第409页。

调教育实践的民族立场。比如他在讲乡村工学团问题时就谈到，乡村工学团是一个小工场，也是一所小学校、一个小社会，它包含着生产的意义、长进的意义、平等互助、自卫卫人的意义。所以，乡村工学团要承担军事、生产、科学、识字、民权、人种改造等六项训练任务，最终是“造成一个伟大的、令人敬爱的中华民国”①。在1928年讲到关于开办小学原因时，陶行知明确提出“我们的国家是中华民国，但是现在却没有中华国民……所以要开办中心小学，就是要使国民能认识中华民国，能够为中华民国努力”②。

（二）教育实践的道德价值优先性

中国是农业国家，生活在乡村的农民，不识字、没有接受过现代教育，这是引起陶行知对乡村教育兴趣的主要原因，也是他致力改造乡村教育的原因。当然，陶行知认为推进乡村教育不是为了让村民识字读书，而是要改造乡村。那么，改造成什么样的乡村？对这个问题的回答，体现着陶行知乡村教育的价值观。

陶行知说乡村教育目标是让人学会乡村生活，做到自立、自治、自卫，要把“学生生活力丰富不丰富”作为评判学校的标准，如此使村中的人能够自食其力，村政能够村民自有、自治、自享③。在此，需要注意陶行知的乡村教育目标是村政自治，这是现代民主政治意识的体现。也就是说，陶行知的教育改造对个人和乡村带来的变革是深刻的。它直指人的价值观念以及与社会关系的变革，比如对帝王的看法、对国家的看法等。如果推行这样的乡村教育，它必定能够实现乡村学校对农村改造的目标，如此，乡村学校是“中国改造乡村生活之唯一可能的中心”的目标④。

到这里，陶行知关于“乡村学校改造乡村生活”的观点是明确的、是坚定的。也是依赖这个观点，我们可以分析陶行知是如何通过学校教育实践完成对社会的观念改造、制度改造的目标的：一是要求教育对个人的改造，二是以此要求教育改造社会。改造社会的指标是培养自立、自治、自卫品格的国民，实现村政自治。显然，培育人的现代国民素质以达到改造社会的目的，这和传统教育追求培育圣人、君子人格是有差异的，这种差异就是

① 顾明远、边守正主编：《陶行知选集》第1卷，教育科学出版社2011年版，第277页。
② 顾明远、边守正主编：《陶行知选集》第1卷，教育科学出版社2011年版，第300页。
③ 顾明远、边守正主编：《陶行知选集》第1卷，教育科学出版社2011年版，第230页。
④ 顾明远、边守正主编：《陶行知选集》第1卷，教育科学出版社2011年版，第230页。

因为陶行知立场的变化，他是从现代公民权阐述教育之于个人人格发展的价值。

也正因为如此考虑，陶行知在《中国教育政策之商榷》一文中指出了二十二条政策建议，其中第一条就强调“正式学校教育为国家之公器，应超然于宗教、党纲之上”①。教育超越宗教、党纲（政治）的束缚，也就是说教育不能受宗教、党纲的制约，那么，教育要追求的价值目标是什么？对此，陶行知在评价平民教育实践时已经做了说明。陶行知说首先它是一个平民读书运动。希望通过读书，让平民明白对于人类和国家应尽之责任，明白应享之权利②，也即是通过读书以达到明理之目的，而且这里的“明理”，是明个体责任、权利之理，这是现代社会健全人格的主要特征③。这种以健全人格养成为目标的教育，教育实践活动的目标指向就非常清晰，要求教育活动以人民幸福为前提，绝无政治、宗教或任何主义之色彩④。如此，陶行知就得出平民教育的目的是纯正的结论。

正是因为对教育实践寄予希望，所以陶行知特别重视乡村教育，认定乡村教育是改造乡村生活之中心，乡村教员为改造乡村生活之灵魂⑤。这些论述展示了学校教育与社会之间的内在关系，这种内在关系，既显示了学校教育活动不同于经济活动、政治活动，甚至是军事活动，又显示了学校与社会的关系，它表明对教育实践活动的评判，一定要领悟与承诺社会使命是评判教育实践活动合理性的依据，因为当代文明社会向不文明社会的跨越，两者的根本差异不是物质财富、物质文明，而是取决于社会精神文明水平，取决于社会对人文关怀的态度。

（三）师生关系的民主性

以民主的理念规范教育活动，迫使教师、学生重新思考他们的交往方式、交往形态。用陶行知的话说“先生与学生应当养成密切的关系”⑥，它的特点是师生之间应当建立“一种优美高尚联密有生气的关系”⑦，这是教

---

① 顾明远、边守正主编：《陶行知选集》第1卷，教育科学出版社2011年版，第134页。
② 顾明远、边守正主编：《陶行知选集》第1卷，教育科学出版社2011年版，第114页。
③ 顾明远、边守正主编：《陶行知选集》第1卷，教育科学出版社2011年版，第123页。
④ 顾明远、边守正主编：《陶行知选集》第1卷，教育科学出版社2011年版，第122页。
⑤ 顾明远、边守正主编：《陶行知选集》第1卷，教育科学出版社2011年版，第135页。
⑥ 顾明远、边守正主编：《陶行知选集》第1卷，教育科学出版社2011年版，第87页。
⑦ 顾明远、边守正主编：《陶行知选集》第1卷，教育科学出版社2011年版，第88页。

育的“情操”问题。“教职员和学生愿意共生活，共甘苦。要学生做的事，教职员躬亲共做；要学生学的知识，教职员躬亲共学；要学生守的规矩，教职员躬亲共守。我们深信这种共学、共事、共修养的方法，是真正的教育。”① 追求这种共学、共事、共修养的教育观念，其理由是师生“共处（共学、共事、共修养）”的本质是师生互动共融关系的建立，使教师对学生，学生对教师，教师对教师，学生对学生，精神融洽，人与人的隔阂完全打通，建立真正的精神交往，完成人格教育的目的。可见，通过这种教育实践形成师生关系，它是民主的关系、伦理性的关系。

三、培育公共善是教育实践的伦理目标

结合上面的讨论可知，陶行知是以伦理立场推进教育实践，包含着教育实践的目标、内容与走向农村教育的依据。在此，进一步讨论陶行知的教育伦理立场内容、主旨等问题。

无疑，对人的关怀，重视人的需求，呵护人的发展，提升人的地位，这是教育实践要给予人的伦理关怀的核心。正是因为这一点，使陶行知的教育实践与传统教育实践有了本质差异。他说：“教时代落伍的人一起赶上时代的前线来，是普及教育运动的目标。”②要教育时代落伍的人做一个现代人，陶行知提出这样几方面要求：必须取得现代的知识，学会现代的技能，感觉现代的问题，并以现代的方法发挥我们的力量，并且要始终参与现代生活，才不致被时代淘汰③。这里，陶行知看到人的发展，是需要人、教育、时代三者的融合，只有当人融进时代与社会关系中才能具有发展的现实社会基础与社会条件。所以，学校教育不仅是让受教育者学习知识、培养技能的活动，而且更要引领受教育者回到日常生活中去体验、去感受日常生活，从中理解日常生活对个体存在的意义、对个体发展的意义。

正是在此意义上，他批评了不正确的生活教育观点。比如生活教育教人离开乡下往城里跑，这种观点的实质是把教育、人的发展和人生活的社会分离开来，通过教育，把人所处的比较落后的社会条件、社会环境当对“敌对”的东西，当作有害于个人成长的东西，而加以反对与抵制。试想抱

① 顾明远、边守正主编：《陶行知选集》第1卷，教育科学出版社2011年版，第125页。

② 顾明远、边守正主编：《陶行知选集》第2卷，教育科学出版社2011年版，第18页。

③ 顾明远、边守正主编：《陶行知选集》第2卷，教育科学出版社2011年版，第18页。

着这种社会观的人，是难以把自己培养成为一名具有关心社会、关心他人、品格高尚的人的。产生这些问题的原因，陶行知说把生活教育误以为是解决学校与社会分隔的问题。所以，陶行知口号般地呼吁：乡村教育就是要建设适合乡村实际生活的活教育。它要求利用环境中的力量，去发展学生的征服自然、改造自然的本领①。

为什么陶行知要强调教育与生活的结合？表面上看，是为了改造乡村，“创设一百万所学校，改造一百万个乡村”②。对此我们要分析两个问题：一是回归生活的教育的理由，二是这种以回归生活的乡村教育是否能够实现改造乡村改造社会的目的。

我们先看第一点。我们必须承认陶行知有深厚的国学基础，熟读与研究阳明学说，故而把自己的名字改成行知。但我们还要看到，陶行知是在美国的大学学习教育学，在美国的大学接受杜威实用主义哲学理论，同时，他信服以孙中山为首的中华民国的三民主义、共和理论。其实，孙中山的三民主义理论，与美国社会倡导与执行的政治理念有相近相似之处，因为这些观点是启蒙思想家及资产阶级革命家所崇尚的社会发展观念。可以说，陶行知的教育理想与教育实践，是与共和思想密切相关的，正因如此，他提出学校教育培育“共和的国民”的目标。

而且，陶行知看到了培养“共和的国民”的教育目标，和传统儒家造就“君子圣贤”的教育目标存在着本质性的差异。尽管培养“君子圣贤”的教育也要追求社会大同、精忠报国的道德理想，但是，受儒家思想教育成长的“君子圣贤”，恪守君君臣臣、等级有序、人格依附等儒家价值观，其确立的人生价值目标是为君主尽责乃至牺牲，最大问题是在坚持家族、国家利益至上的前提下，消灭个体独立性、消灭个性的合理性，这是和共和主旨不相符的。这一点陶行知的立场是非常明确与清晰的，比如他说教育要培育学生求学须具有科学的精神，要改造社会必具有委婉的精神、应付环境必具有坚强人格和百折不回的精神③。这是陶行知的进步之处，即陶行知要在“集体价值理想”至上的社会“教育文化”条件中，探索培育具有民主、独立意识与价值关怀的“共和的国民”。“我们应当运用自然界和社会界的助

① 顾明远、边守正主编：《陶行知选集》第1卷，教育科学出版社2011年版，第229页。
② 顾明远、边守正主编：《陶行知选集》第1卷，教育科学出版社2011年版，第230页。
③ 顾明远、边守正主编：《陶行知选集》第1卷，教育科学出版社2011年版，第146页。

力、阻力去培植幼年人的生活力，使他可以做个健全分子去征服自然，改造社会”①，“必须用教育的力量，来唤醒老农民，培养新农民”②。

在确立教育实现“共和的国民”的目标之后，陶行知提出“生活教育”“活的教育”是具体的教育之策、教育方案。具体地说，教育实践要依据乡村实际生活，来完成育人的目标。要做到这一点，他特别强调教师要具有农夫的身手、科学的头脑、改造社会的精神③。教师的使命、乡村学校的使命，“一年能使学校气象生动，两年能使社会信仰教育，三年能使科学农业著效，四年能使村自治告成，五年能使活的教育普及，十年能使荒山成林”④。

对于乡村教育，陶行知身体力行、不怕艰辛。问题是要分析陶行知认为采用怎么样的生活教育有助于造就共和国民。陶行知在教育与生活结合的同时，提出了“教学做合一”的思想。在他看来，教师要收到好的教学效果，就要变革教学方法。怎么变革教学方法？最基本的一条就是要遵循教的法子根据学的法子才能确定，而学的法子要根据做的法子。事怎样做就怎样学，怎样学就怎样教，比如种田这件事要在田里做，就要在田里学⑤。他强调学习与生活中具体事物的结合，教师的教要与学生的学结合，这符合人的认知发展规律，“教学做合一”的教育思想的合理性是不需置疑的。

问题是我们必须注意到这样的事实：中国广大农村长期受儒家主流思想的影响，儒家价值观是农村主流价值观，儒家思想是农村意识形态的核心思想，这是事实之一。事实之二是形成儒家思想的社会基础是古老的农业文明，直至陶行知生活的时代，农耕生活依旧是中国农村的基本生存在方式。这样，儒家价值观加上农业文明，构成中国农村文化基本特质。而陶行知要培养“共和的国民”的“共和”，则是近代西方启蒙思想结出的一颗现代文明果实，“共和”精神的核心是崇尚个体的人权与达到实现社会公共善的目标，这与农村村民长期接受的家族观、道德观、人生观是否构成冲

① 顾明远、边守正主编：《陶行知选集》第1卷，教育科学出版社2011年版，第160页。
② 顾明远、边守正主编：《陶行知选集》第1卷，教育科学出版社2011年版，第247页。
③ 顾明远、边守正主编：《陶行知选集》第1卷，教育科学出版社2011年版，第233页。
④ 顾明远、边守正主编：《陶行知选集》第1卷，教育科学出版社2011年版，第233页。
⑤ 顾明远、边守正主编：《陶行知选集》第1卷，教育科学出版社2011年版，第234页。

突？正如唐君毅所说历史上的中国社会，为农业社会、手工业社会，家人只同耕一块土地，共同生产，故重视家庭之团聚，且趋向于大家庭制度①。因而，回归农村生活的乡村教育，是否能够达到改造农村村民的道德观念、价值观念？能否改造农村村民的精神生活或文化活动？能否使农村村民从家族中的个人走向民主国家中的个体？陶行知隐约地意识到这些问题。他说："乡村教育虽是为农民谋幸福，但从农民生活出发，能否达到目的是很可怀疑的。"②转变人的价值观，变革人的道德生活，它是与人的日常生活密切关联着的。在农村从事传统的农事活动，增长人的生活技能，比如能种田、饲养动物，这是必需的，也是能够做到的。但是，要培育启蒙理性或者培养与现代工业文明相适应的世界观、价值观，这是值得怀疑的。陶行知意识到这个问题，所以他强调教育回归农村生活的更高目标是造就新国民，"我们从野人生活出发，不是没有出息，开倒车，不是要想长久久地做野人"③。

陶行知意识到教育回归农村生活难以培养他期待的现代伦理文明，难以培养具有共和精神的新国民，这些目的不能达到，就难以使农民过上幸福生活。但是，陶行知为何还要执意去农村开展生活教育？隐含在陶行知思想意识中的核心一点，仍然是他从美国学到的现代自由、民主的现代性思想。也就是说，陶行知的自由主义教育思想主导着他坚信教育能够改善农民的道德生活、精神生活，能够为农民营造新的精神世界，所谓"教育就是社会改造"④，而社会改造要从改造人入手，"教育是教人化人。化人者也为人所化，教育总是互相感化的。互相感化，便是互相改造"⑤。完成人的改造，便能完成社会的改造。"社会是个人结合所成的。改造了个人便改造了社会。"⑥

四、教育实践中坚守伦理立场的基本原则

提出教育实践的伦理立场，它的意义和"教学是教育性"的论断的意义

---

① 唐君毅：《文化意识与道德理性》，广西师范大学出版社 2005 年版，第 35 页。
② 顾明远、边守正主编：《陶行知选集》第 1 卷，教育科学出版社 2011 年版，第 240 页。
③ 顾明远、边守正主编：《陶行知选集》第 1 卷，教育科学出版社 2011 年版，第 241 页。
④ 顾明远、边守正主编：《陶行知选集》第 1 卷，教育科学出版社 2011 年版，第 255 页。
⑤ 顾明远、边守正主编：《陶行知选集》第 1 卷，教育科学出版社 2011 年版，第 255 页。
⑥ 顾明远、边守正主编：《陶行知选集》第 1 卷，教育科学出版社 2011 年版，第 255 页。

是不一样的。因为它关注到新国民的塑造，关注到教育对个人的改造，而且改造成使个人具有建设独立、民主、自由、自治的现代社会的觉悟及能力，真正使人成为人的教育。也正是在此意义上，陶行知的育人之方针与路径是实践的、生活的，并非全部停留在人的抽象的理性或者幻想“神奇的力量”之类。因而，我们又要思考陶行知就如何做好教育提出的原则。

(一)教育之外的教育原则

陶行知把人的改造(村民改造)作为教育出发点，尝试回归生活、回归乡村生活的教育实践。从这点可以看出，人的改造，其实是让人领悟到自身的存在，并寻找一种正当性的存在方式。对此，陶行知清醒地意识到，要取得教育成效，就教育谈教育是不可能达成这一目标的。教育必须与人的存在相结合，结合不是把两个事物加在一起(教育＋人的存在)，而是人的存在是教育的基础。这样就可以去谈陶行知对教育做的三种评判标准：看它有没有引导人动作的力量，看它有没有引导人干了一个动作又要干一个动作的力量；看它有没有引导人思想的力量，看它有没有引导人想了又想的力量；看它有没有引导人产生新价值的力量，看它有没有引导人产生新益求新的新价值的力量[①]。这是生活教育给予的启示。由此，我把它称作教育之外的教育原则。

教育之外的教育的首要目的是让人学会对自身的反思，而不是把读书作为目的，读书只是手段，因为，我们可以这样看“书”这个事物，其实它是知识或道理的另一种表达，用知识或道理去照看自身，即照看自身和自身、自身和自然、自身和世界的关系，从中领会这些关系是否合理与正当，这便是教育效果。所以，训育怎么做？陶行知说，要打破宽严的观念，要在宽严以外去谋解决。因为真正的训育是指导品格修养。所以，必须在事上做，“事应当怎样做，学生就应当怎样修养，先生就应当怎样指导”[②]。倡导教育之外的教育，是主张开放办教育，以此改变传统关门办教育的封闭格局。关门办教育，就会造成教死书、死教书、教书死，学生们读死书、死读书、读

① 顾明远、边守正主编：《陶行知选集》第1卷，教育科学出版社2011年版，第434—435页。

② 顾明远、边守正主编：《陶行知选集》第1卷，教育科学出版社2011年版，第155页。

书死的现象[①]。因此，开放办学校教育，就是要主张行动是教育的开始，创造是中国教育的完成[②]。

所以，陶行知指出教育之外教育的第二个意图是使人觉醒。他说做中学，必须是"手到心到"才是做，做具有行动、思想、新价值之产生三种特征[③]。因此，诸如盲行盲动、胡思乱想就都不是做。为此，陶行知提出做的两点要求：

一是在劳力上劳心。陶行知说劳力的人只管闷起头来干，劳心的人只管闭起眼睛来想，结果劳力的人便成了无所用心，受人制裁，劳心的便成了高等游民，愚弄无知[④]。可见，只讲劳力的人是不思考、不动脑的人，容易被人控制。这意味着这个人是无法决定自己行为的人，是没有道德意识与道德觉悟的，也就无法辨析道德行为的人。这不可能是有道德主体性的人。只管劳心的人则是不会把现实社会和思考抽象概念、理论结合起来，容易将事情变成认识领域的抽象的概念游戏，这种人是成不了独立的社会主体的。所以，他强调在劳力上劳心而不是简单地讲劳力与劳心的结合。他明确要求劳力是劳心的一个现实前提，也就是说，作为伦理主体的人，伦理意识的形成与发展，都需要立足在伦理实践基础上，只有立足现实的伦理实践，个人的伦理意识变得完善，才能使人的德性与德行统一。

二是教育者要深入实际，了解教育对象。陶行知说乡村教育目的是教育农民，他们居住在农村，因此，教育者就要亲他们，要了解他们，"非跑到乡下和他们在一起过生活不可"[⑤]。所以，陶行知提出教师的职责是教学而不是教授，如果是教授的话，教师"只管照自己的意思去教学生；凡是学生的才能兴味，一概不顾，专门勉强拿学生来凑他的教法，配他的教材"[⑥]，这样，把活泼的学生教成书呆子。提及教学是教师的主要职责，这要求教师研究学生、关心学生，教学工作的注意力不是关注书本知识而是要关注

---

① 顾明远、边守正主编：《陶行知选集》第1卷，教育科学出版社2011年版，第202页。
② 顾明远、边守正主编：《陶行知选集》第1卷，教育科学出版社2011年版，第206页。
③ 顾明远、边守正主编：《陶行知选集》第1卷，教育科学出版社2011年版，第424页。
④ 顾明远、边守正主编：《陶行知选集》第1卷，教育科学出版社2011年版，第349页。
⑤ 顾明远、边守正主编：《陶行知选集》第1卷，教育科学出版社2011年版，第259页。
⑥ 顾明远、边守正主编：《陶行知选集》第1卷，教育科学出版社2011年版，第323页。

学生怎样学的问题，“不但是要拿书本来配学生，凡是学生需要的，他都拿来给他们”[①]。显然，这是教学过程中以生为本、立足学生发展的伦理立场的具体要求。

（二）知识教育与品德教育结合的原则

这一点是讲不同教育内容的相互融合问题。陶行知肯定人生活在社会世界之中，需要和社会、自然、人自身的相互关联才能生存。这说明人是整体性、社会性的存在，意味着人只有能够和世界构建合理的交往关系才能说是存在的。因而，为人的存在而开展的教育内容，应该以人的存在为前提，即教育的前提是人的存在。所以，诸如知识教育、品德教育，必须在人的存在为前提下进行融合，使之服务于人的发展的共同目标、唯一目标。在此意义上，陶行知批评知识教育与品德教育（训育）分离的问题。“殊不知学习知识与修养品行是受同一学习心理定律之支配的，我们如果强为分家，必至自相矛盾，必至教知识的不管品行，管品行的不学无术。”[②]这里提及知识学习与品德修养共同遵守“学习心理定律”，而所有“学习心理定律”的主体是个体，是生活于世的个人的“学习心理定律”。因而，无论是知识学习还是品德修养，都不能只满足于学习一些概念或名词，不能变成人抽象的概念或意识活动，比如1＋1＝2或者关于爱祖国的定义之类。对此，正如海德格尔所说，谁来把总括的东西作为总括的东西来认识呢？他所说的是谁能够承担这个总括。答案是“具体之人”[③]。可见，无论是心理活动还是学习科学知识的认知活动，所谓“学习心理规律”是指具体某个人的学习心理规律，而且这个人必须生活在现实的生活世界之中，不可能脱离现实的生活世界与生存环境，抽象地谈论人的问题。

因而，要求深入研究知识教育与品德修养的结合，做到两者结合的前提是对人的尊重，换言之，人是教育的出发点。“教什么和怎样教，绝不是凌空可以规定的。它们都包含‘人’的问题。”[④]当然，关键问题是如何理解这是一个人的问题。陶行知所说的人的问题，要求教育者知道人是教育对象，这只是第一步，也是最直观的认识，是日常生活经验认识的反映；而对

① 顾明远、边守正主编：《陶行知选集》第1卷，教育科学出版社2011年版，第322页。
② 顾明远、边守正主编：《陶行知选集》第1卷，教育科学出版社2011年版，第156页。
③ 靳希平：《海德格尔早期思想研究》，上海人民出版社1995年版，第46页。
④ 顾明远、边守正主编：《陶行知选集》第1卷，教育科学出版社2011年版，第158页。

正确理解人是教育对象这个问题来说，更要求深入人的生长历程之中。这种生长历程造就了不同的个人，个人也依赖生长历程逐步获得成长，正是这种生长历程，它不同于对教育的先验论认识，也不同于把教育看作解决人的读、写、算的识字教育、知识教育，陶行知称之为生活教育，“教育是从生活中得来的”①，一方面生活是人学习成长的重要资源，比如吃饭、穿衣、交友等等，都可以成为教育的内容与教育的手段，是对年轻人开展教育活动的重要机会。同时，人在生活中，慢慢地感受与体会着生活赋予自身的经验，使自身获得成长与发展。而人的成长与发展，与生活是融合在一起的。正因如此，陶行知肯定地强调回归生活的教育，是实现知识教育与品德修养教育结合的基本要求，如此才能避免教育造就一批书呆子。

坚持知识教育与品德教育结合的原则，陶行知还主张通过教育把人的体力的改善与智力的改善结合起来，进而促进人的发展，即“教劳心者劳力，教劳力者劳心”②。如果不能很好地解决这个问题，中国社会就会培养一批书呆子、“田呆子”，“读书的人除了劳心以外，不去劳力，除读书以外，不去做工，以致不能生产。他们寄生在社会上，只是衣架饭囊”；而做工的人如果不读书，“以致不能自保其利益，而受他人的横搜直刮。要他们做国家的主人翁，那更是在做梦”③。

(三)教育的中国化原则

以人为前提的教育，教育对于人的意义，最终聚焦在人的存在价值这个最基本问题之上。评判人的价值，务必坚持人对于民族、国家产生的价值。这是基本原则，也是人的社会性特性所决定的。社会性对于人的意义，就如大地对于树的意义，树植根于大地方能生存。教育要服务、服从民族价值，所以陶行知的立场是明确的。

针对中国受侵略的历史，陶行知指出中国要自强、奋发有为，务必发挥教育的作用。教育的作用在于“鼓舞国民之民族自觉，锻炼其解脱民族束缚，争取民族之自由平等之政治意识与斗争精神，以适应未来之伟大时代”④。并且陶行知提出实现中国教育中国化的目标，最重要的措施是使

① 顾明远、边守正主编:《陶行知选集》第1卷，教育科学出版社2011年版，第209页。

② 顾明远、边守正主编:《陶行知选集》第1卷，教育科学出版社2011年版，第197页。

③ 顾明远、边守正主编:《陶行知选集》第1卷，教育科学出版社2011年版，第198页。

④ 顾明远、边守正主编:《陶行知选集》第1卷，教育科学出版社2011年版，第191页。

教育与人的日常生活融合,这种融合,对处于内忧外患、民族存亡危险关头的中国来说极为重要。比如自然科学教育,就必须以实用为着眼点,绝对防止教育脱离社会而陷于空谈。所谓实用,就是要为了“改进我国家破落之经济,并增进我国家之生产力,改善人民之生计”①。

上述从四方面分析了陶行知教育实践的伦理立场。培育“共和的国民”,使教育成为向农村地区传播现代性的武器,这是陶行知教育实践的宝贵财富。然而,思想的吊诡之处在于陶行知坚持西方民主、自由的启蒙精神和现代性思想,把个体从家族文化、无个体独立精神的意识形态的规约中解放出来,但是从他推行的生活教育、农村教育的实践看,又让学生回归农村生活。这种农村生活并非现代性形成的社会基础,似乎教育永远在做着唐·吉诃德的风车之梦。我们如何才能够找到教育革新之道路?这是陶行知的命题给予我们的思考。

(舒志定系湖州师范学院教师教育学院教授。)

① 顾明远、边守正主编:《陶行知选集》第1卷,教育科学出版社2011年版,第193页。

陶行知对“武训精神”的再造与传承

赵国权　王君怡

武训办理第一所义学时，陶行知还没有出生；办理第三所义学时，陶行知已出生五年。可以说两人几乎是同时代的人，又都面临着几乎相同或相似的社会背景及教育现实。面对普通民众教育的缺失，两人都有办学的宏愿。作为先行者的武训，其办学精神感动着中国社会的各个阶层，上自最高统治者慈禧太后，下至庶民百姓，无不赞美有加。作为后来居上者的陶行知，自然深受其办学精神的影响，积极提倡“武训精神”，尤其是对武训的办学精神加以创造性继承，主张教育者要学习“真武训”“武训真精神”。可以说陶行知一生只做了一件大事，“他所要做的‘大事’就是兴学办教育，目的就是要让劳苦大众和孩子得到幸福。陶行知对社会、对孩子的爱，就是墨子所谓的‘兼爱’，凡‘利天下’之事均‘为之’”①。每当在办学过程中遇到教员不足、资金匮乏等困境时，陶行知总是把武训作为自己办教育兴学校的榜样或行使教育的指路明灯，坚持并坚定地走在普及教育事业的道路上。陶行知曾经对薡伯赞说道：“如果我不发现武训，育才学校恐怕要关门。现在，有了武训领导我，育才不会关门了。”②

一

作为生活在社会底层的一分子，武训因自身吃尽文盲之苦，决定行乞办义学，实乃中国近代以乞丐身份办学的第一人。他行乞三十八年，筹建三处义学，其精神令众人折服，陶行知便是这众人之一。陶行知师从杜威，曾与蔡元培等发起成立中华教育改进社，与晏阳初等发起成立中华平民教

① 赵国权：《千教万教教人求真——浅议陶行知的教师素养理论》，《河南教育学院学报（哲学社会科学版）》2011 年第 6 期，第 98 页。

② 翦伯赞：《我和行知先生》，江苏省陶行知教育思想研究会：《纪念陶行知》，湖南教育出版社 1984 年版，第 48 页。

育促进会,还出访过 28 个国家,向世界介绍过中国的大众教育运动。看似毫无关系、处在不同社会阶层的两个人,却存在着千丝万缕的联系,他们有着共同的创办教育的宏愿,在办理教育的进程中又都遭遇到令常人难以想象的困境,但依旧心系国家、心系教育,最终成就自己的宏伟志愿。

陶行知提倡“武训精神”,与一定的社会环境有着不可分割的联系。在 20 世纪初,中国政局极不稳定,西方各种社会思潮纷至沓来,包括陶行知在内的诸多有志之士开始寻求救国救民之路,却又因政府的阻挠而危机四伏,甚至是被通缉、被迫害。直到 1930 年,国民政府查封了晓庄学校,但陶行知声称“晓庄的门可封,他的嘴不可封,他的笔不可封,他的爱人类和中华民族的心不可封”①。虽然困难重重,但陶行知一直在坚定自己的办学之路。1937 年上海《大公报》刊登“各被告共同以危害民国为目的而组织团体,并宣传与三民主义不相容之主义,依刑法第十一条、第二十八条,系共犯危害民国紧急治罪法第六条之罪,除陶行知、张仲勉、陈道弘、陈卓等所在不明已予通缉外,合依刑事诉讼法第二百三十条、第二四三条提起公诉,按危害民国紧急罪法第六条规定,被告应判处五年以上十五年以下之徒刑”②。即便是在被通缉的情况下,陶行知仍坚持建校培养抗战救国之士。正是由于陶行知的执着,更加大了国民党对他的监视或迫害程度。当时,国民政府只是对育才学校的合法性给予承认,但拒绝给予财政拨款。加之当时物价飞涨,使得育才学校的资金链出现断裂。在这种情况下,“陶先生提倡‘新武训精神’完全出于当时形势之所迫而采取的对付反动派的计策,是人所共知的”③无奈之举。为了育才学校的生存,陶行知不得不通过提倡“武训精神”筹集经费来渡过难关。

陶行知在中华教育改进社第一次年会的社务报告中告诫与会人员,“在我们眼前所挂的是武训的遗像。这像是社员郑锦先生画的。世人以为无钱可以不办学,但武训不这样想。他说就是穷到讨饭也要办教育。他是已经照这话实行的。武训死了,他的办学精神是永不死的”④。这是陶行

① 董宝良主编,喻本伐、周洪宇选编:《陶行知教育论著选》,人民教育出版社 2011 年版,第 292 页。

② 方明主编:《陶行知全集》第 4 卷,四川教育出版社 2005 年版,第 593 页。

③ 刘光:《陶行知为什么自称新武训》,《社会科学战线》1986 年第 3 期,第 331 页。

④ 方明主编:《陶行知全集》第 1 卷,四川教育出版社 2005 年版,第 399 页。

知第一次在正式场合提出要学习武训的办学精神，并且把武训的办学精神作为自己办学的楷模与向导。随后，在1934年山海工学团庆祝儿童节大会上的演讲中，陶行知慷慨激昂地说：武训"一心一意要修义学。修义学是他惟一的大事。他讨饭与众不同，为的是讨些钱来办义学。我们要想普及教育，必得学武训……我希望今天每一个农友都做一个武训，每一个小朋友都做一个小武训"①。且在与会期间，陶行知还背诵了多首武训自编的关于不顾乞讨辛苦、一心办义学的诗歌，鼓励人人都做武训，人人都具有"武训精神"。到1939年，在重庆创办的育才学校已经渐渐走向正规，但它是一所难童学校，在建设之初就有难童140人，开办七年后已达到600名儿童，"至抗战结束的六年间，育才学校已为4500名成人和儿童提供了接受教育的机会"②。然师资力量匮乏，再加上自然环境极其恶劣，就连吃水都成了大问题，可以说育才学校已经到了山穷水尽的地步，但陶行知一直坚持与育才学校共存亡。他说："育才一定要办下去……我决心要跟武训学，我们要做一个集体的新武训。"③就是在这样一个举步维艰的境地，陶行知一再坚持学习"武训精神"，与社会各界人士同心协力把育才学校给办了起来，让更多的贫苦大众子弟都能有机会接受基本的教育。从陶行知办学的历程中，可以看出"陶行知推崇武训不是偶然的，而是伴随着他创造性地推行普及教育实践的始终，贯穿于他的一生"④。

为加快实现普及教育的进程，1945年在武训诞辰107周年纪念日上，陶行知又一次呼吁："每一个老百姓都可以成为武训先生，四万万五千万老百姓都可以成为千千万万不同样的武训先生。中国需要一百万位武训先生来完成普及教育的任务……以造成一个好学的中华民族，保证整个中华民族向前进、向上进、进步到万万年。"⑤可见，陶行知对"武训精神"的提倡不仅仅深入到了寻常的百姓生活中，而且贯穿到每一个普通人意识之中，这种精神业已深深地根植于陶行知的灵魂深处，并促使他用自己的行动去

① 方明主编：《陶行知全集》第3卷，四川教育出版社2005年版，第482—483页。

② 余子侠：《山乡社会走出的人民教育家：陶行知》，湖北教育出版社1999年版，第355页。

③ 方明主编：《陶行知全集》第4卷，四川教育出版社2005年版，第399页。

④ 金林祥：《论陶行知对武训精神的倡扬》，《教育学报》2007年第3期，第86页。

⑤ 方明主编：《陶行知全集》第4卷，四川教育出版社2005年版，第497页。

践行。

二

陶行知如此地推崇“武训精神”，自然有其时代的价值。尤其是在不同的场合，陶行知还对“武训精神”的内涵做出高度的概括。

在《新武训》一文中，陶行知的态度十分明确，即要发扬推崇与时代相切合的“武训精神”。他说：“今日大敌当前，如果武训复生，他所要兴办的不可能是旧日之义学，而一定是抗战建国之义学。倘使刻板去学武训，那又是武训之罪人了，我们所要学的是武训的真精神，配合新时代之需要，普及新义学，以增加抗战建国之力量。”①在他看来，“学武训要学其‘真精神’，其真意乃在于为伟大的抗战建国而积蓄能量、履行职责”②。可见，陶行知所提倡的“武训精神”是基于一定的历史事实，总结提炼出武训自身所具有的品质，能够被后人拿来学习，促进教育的发展，这是对“武训精神”的再生性创造。

在不同的场合，陶行知对“武训精神”都曾有不同的阐释。如 1944 年为纪念武训诞辰，陶行知在育才学校发表了题为《谈武训精神》的讲话，他说：“武训精神可以三无四有来回答。一无钱，二无靠山，三无学校教育。有此三无，照一般想法，那能做什么事？可是他有四有，即是：一有合乎大众需要的宏愿，二有合乎自己能力的办法，三有公私分明的廉洁，四有尽其在我、坚持到底的决心。”③这可以说是对“武训精神”的最本质的表述，告诉我们倡导学习武训，不是要学习他乞讨放贷、奴颜婢膝地面对达官要人，而是要学习他在“三无”的情况下依然一心办学的坚持和决心。对此，也有学者表述认为，“所谓武训精神，即是一种为了普及劳苦大众的教育而无私奉献的精神。这种精神需要树立符合大众利益的崇高理想，需要切实可行的办法，需要坚持到底的勇气和毅力，需要廉洁奉公、公而忘私的牺牲精神”④。1945 年，陶行知在《武训先生纪念会特刊词》中，对“武训精神”又进

---

① 方明主编：《陶行知全集》第 4 卷，四川教育出版社 2005 年版，第 400 页。

② 黄书光：《陶行知本土办学实践与“生活教育”的独特创造》，《教育发展研究》2015 年第 18 期，第 4 页。

③ 方明主编：《陶行知全集》第 4 卷，四川教育出版社 2005 年版，第 463 页。

④ 金林祥：《论陶行知对武训精神的倡扬》，《教育学报》2007 年第 3 期，第 88 页。

一步加以阐述，寄望让公众明了武训为创办义学所异于常人的坚持。

陶行知虽然已经在不同的场合向众人宣扬并传播“武训精神”，但他不允许把“武训精神”给予神话与限定，即不允许把武训装进一个小圈子里面去。在纪念武训107周年诞辰大会上，陶行知就呼吁要把武训从四个小圈子里释放出来：“第一，是要从‘苦行’的小圈子里解放出来。人总说武训先生是苦行兴学，但我却证明武训先生是一个快乐的人。……我要把武训从‘苦行’的小圈子解放出来，就是要人人都能学着快快乐乐做一件大事。第二，是把武训先生从‘异行’的小圈子解放出来。……第三，是要把武训先生从‘圣人’的小圈子里解放出来。……因为武训先生本来就是一个平平常常的老百姓，一到了平凡的老百姓，就能够做更平凡而伟大的大事。第四，我们要把武训先生从‘我们’的小圈子解放出来。……因为武训先生是属于中国的，属于中国人民全体的。”①也就是说，“武训精神”不是狭隘的，也不是令常人无法效仿的，它只是一个平常人凭自己的力量所做的平常的事情而已，这是对武训的最真实的认可。依陶行知所见，武训心中充满了善念，把民族的责任当成了自己心中的信仰，脚踏实地地去实现自己的义学梦，给我们做出了榜样。陶行知希望人们能够以一种平常心态去学习“武训精神”，只要坚定信念，人人都可以成为武训。

三

对于弘扬“武训精神”，陶行知可以说是脚踏实地地身体力行。他在环境极其恶劣的情况下，运用各种方式向民众推介“武训精神”。

第一，通过创办学校来践行“武训精神”。从20世纪20年代之后，陶行知先后在南京创办了晓庄学校，在上海创办了自然学园以及儿童科学通讯学校，在重庆创办了育才学校及社会大学等。这些学校的建立，为宣传“武训精神”提供了阵地。在创办学校的同时，陶行知在学校里面号召老师做“集体的新武训”，带领全校师生同心协力帮助学校渡过难关，这是对弘扬“武训精神”最有力的诠释。

第二，陶行知为解决办学经费问题，采取募捐援助的办法，极力使育才学校渡过难关。可以说，在当时凭陶行知的学历、才气和名望，“他完全可

① 方明主编：《陶行知全集》第11卷，四川教育出版社2005年版，第689—690页。

以衣食无忧，然而他却放弃五百元大洋一月的优厚待遇。他多次出国募捐，却从不中饱私囊，而是无私地捐献给中国的教育事业”①。为了减少育才学校的预算，使收支相抵，陶行知在重庆筹备了“三会”，即画展、音乐会及话剧公演，同时对于海内外捐助者的公益行为予以尊重和赞赏，如：“十万、五万、三万、一万、五千者，赠以画及字与造像，予以差等之分别。”②“捐款人一律敬赠‘育才之友’纪念状，并刻碑纪念”，“学额以捐款人之台衔或其指定之人名称之”，“捐款在五千元以上者悬像纪念”③等。这样，在获得经费的同时如此运作，使得学校经费的紧张局势得以缓解，不仅“有赈济委员会每月补助四千五百元，近加至每月七千元。截至今日止，海内外朋友捐助四万七千一百四十元。学生杂用及书籍费由保育会补助。负债方面有新华银行借款一万六千元”④。

第三，陶行知采用演说的方式，包括在武训诞辰纪念、育才学校成立庆祝及儿童节等场合向人们宣讲“武训精神”。1934 年，陶行知在山海工学团庆祝儿童节大会上，发表了“武训兴义学”的演讲，并且在演讲现场背诵了武训的多首诗歌，如：“人生七十古来稀，五十三岁不娶妻。亲戚朋友断个净，临死落个义学痴。”⑤1944 年在武训诞辰纪念会上，陶行知倡导“中华民族需要千千万万个武训一样的人，去继续为穷人的教育事业奋斗”⑥。

第四，在平时与友人的书信往来中，陶行知也会向自己的同道中人及亲朋好友提及武训，以一种潜移默化的方式来间接影响身边的人。如在与妻子吴树琴的书信中，陶行知多次提及武训，说：“他做工为兴学，讨饭为兴学。他为兴学而生，为兴学而死。一切为兴学，兴学为苦孩，鞠躬尽瘁，死而后已。”⑦在与马侣贤的书信中，陶行知表达了学习武训的迫切性，说：“我当以武训的真精神多找几位育才之友来帮助我们渡过这个难关。……武训生前创办了三所学校。有钱的人不肯出钱兴学，有学问的人不肯认真

---

① 周洪宇：《陶行知的当代价值》，《生活教育》2015 年第 1 期，第 9 页。
② 方明主编：《陶行知全集》第 9 卷，四川教育出版社 2005 年版，第 368 页。
③ 方明主编：《陶行知全集》第 4 卷，四川教育出版社 2005 年版，第 635 页。
④ 方明主编：《陶行知全集》第 9 卷，四川教育出版社 2005 年版，第 152 页。
⑤ 方明主编：《陶行知全集》第 3 卷，四川教育出版社 2005 年版，第 483 页。
⑥ 方明主编：《陶行知全集》第 4 卷，四川教育出版社 2005 年版，第 463 页。
⑦ 方明主编：《陶行知全集》第 9 卷，四川教育出版社 2005 年版，第 240 页。

教人，青年小朋友不肯用功求学，武训都要向他们跪求。”①

第五，陶行知在学校设置兴学周、兴学月、兴学年等重要节日，借助于节日来倡导“武训精神”，所谓“我们在渝同志将向政府建议，以十二月为兴学月，一日至七日为兴学周，十二月五日为兴学日”②。

第六，对于段承泽和孙之俊共同编写的《武训先生画传》，虽然当时育才学校经费极度紧张，但是陶行知多次再版这部书籍，并在1945年将其译成英文出版，这一举动推动了“武训精神”在海外的传播。他还建议：“最好，政府还能发护照，准许武训出洋，到印度去普及教育，到许多小的穷的国家去普及教育，就连金元美国也需要武训去普及红人和黑人的教育。”③可见，陶行知还是一个有大情怀的教育家，心中记挂的不仅仅是本民族的教育发展，更寄希望于各个国家民族都能学习“武训精神”，以改变教育普遍落后的状况。同时陶行知亲自为武训作了一首诗歌，真实地反映了武训一生的办学坎坷历程：“朝朝暮暮，快快乐乐。一生到老，四处奔波。为了苦孩，甘为骆驼。于人有益，牛马也做。公无靠背，朋友无多。未受教育，状元盖过。当众跪求，顽石转舵。不置家产，不娶老婆。为着一件大事来，兴学，兴学，兴学。”④武训应该是一个再平凡不过的人，他却把政府应该做的事情当成自己的事情来做，人生目标就是建议义学，让贫苦大众的孩子都能受到基本的教育，这种情怀即便是在现代，依然值得我们审视和反思。

除此之外，陶行知还通过其他方式来弘扬“武训精神”，诸如：“在广播大厦举行音乐演奏会。节目除世界名曲外，有武训大合唱，根据武训所自作歌，由小孩们制谱演奏并向全国广播。绘画组将其生平事迹刻成版画，在儿童美术馆公开展览。音乐会与展览会欢迎捐资兴学的朋友与同志光临指教。从现在起约请各报登载关于武训兴学之文章、诗歌，并约请熟悉武公生平者赐稿。”⑤同时，他在教育经费与节日制定方面，积极向政府建言献策，希望得到政府的支持，以利于更好地宣传“武训精神”。学校每一年的计划项目中，均会涉及“武训精神”的发扬，如“出版武训先生传十万

① 方明主编：《陶行知全集》第9卷，四川教育出版社2005年版，第139—140页。
② 方明主编：《陶行知全集》第9卷，四川教育出版社2005年版，第334页。
③ 方明主编：《陶行知全集》第11卷，四川教育出版社2005年版，第690页。
④ 方明主编：《陶行知全集》第11卷，四川教育出版社2005年版，第688页。
⑤ 方明主编：《陶行知全集》第9卷，四川教育出版社2005年版，第334页。

册”,“编武训兴学歌曲一套”,“编武训舞一本”,“编武训话剧一本”,“编武训电影一本”,“组织武训歌舞队十队”[①]等,通过采取不同的宣传形式,使得“武训精神”更加深入人心。

陶行知将“武训精神”凝练为“四有”,无疑是一种再生性创造,展现出他对历史的尊重和对教育事业的挚爱。虽然新中国成立初期《武训传》电影的上映,引来对武训及极力宣扬“武训精神”的陶行知的粗暴批判,但他们一心为国家普及教育的坚定信念却越来越受到社会各界的普遍认可和赞扬。尤其是在今天,面对日益繁杂的国际局势及教育中存在的诸多问题和难题,而“要使中国的教育有所进步,必须回到陶行知,重读陶行知,发掘陶行知教育思想的现代价值,用以引领和指导今天的教育。把学习陶行知的思想,看作我们当前教育发展的内在需求和动力”[②]。

(赵国权系河南大学教育科学学院教授。王君怡系河南大学教育科学学院硕士研究生。)

① 方明主编:《陶行知全集》第12卷,四川教育出版社2005年版,第448页。

② 朱小蔓:《以陶为师 献身教育——在生活教育暨浙江陶行知教育思想研讨会的讲话》,《中国农村教育》2006年第Z1期,第30页。

论陶行知的政治思想及其当代价值

广少奎　刘大伟

一、陶行知政治思想的演变历程

陶行知不仅是中国近代伟大的人民教育家，而且是一名杰出的政治家。他在辛亥革命、抗日战争和战后民主斗争活动中积累了丰富的政治经验，形成了较为系统的政治思想。而这些经验和思想又成为反哺其教育理论与实践的源泉，在政治与教育相辅相成中铸就了这位"无保留追随党的党外布尔什维克"(周恩来语)。

陶行知政治思想的形成与其幼年的成长环境息息相关。成长于歙县贫苦家庭的他，自幼对社会不公就表示了强烈的不满，也展示出了强烈渴求公正自由的期望。17 岁时，他曾因杭州广济医学堂对非教会学生的歧视，入学三天后愤而退学，赴苏州靠典当衣服艰难度日。正是由于这强烈的追求公平与自由的思想，辛亥革命爆发后，他开始信仰三民主义，追求民主共和，并返乡在屯溪湖余家庄发动起义，任徽州咨议机构秘书半年。在金陵大学读书期间，他广泛吸收西方社会政治学说，其中以民约论、天赋人权学说、林肯的"民治、民有、民享"的共和民主观念以及孙中山的三民主义等思想对其影响最大。在结合了中国传统文化中儒家"民为邦本"和墨家"兼爱非攻"思想后，陶行知初步形成了以西方民主共和思想为主体的政治思想。这一思想在他的本科毕业论文《共和精义》中较为详细地进行了阐述。陶行知认为，自由、平等、民胞是共和的三大信条，而共和政治着眼于"图谋国民全体之福利"，"重视共和目的、共同责任"和"得最良之领袖"①，因此为实现这一目标，他进而提出了以教育实现共和的方法，"人民贫，非教育莫与富之；人民愚，非教育莫与智之；党见，非教育不除；精忠，非教育

① 方明主编：《陶行知全集》第 1 卷，四川教育出版社 2005 年版，第 185—186 页。

不出”[①]，这也成为他一生以教育改造中国的思想源泉。

晓庄乡村试验师范学校建立以后，共产党员刘季平、石俊等人为陶行知的政治思想涂抹上了革命色彩。陶行知在中共的帮助下，开始对中国革命问题及中国社会的最终走向有了更为全面的思考，也正因为他与中共的密切联系，导致晓庄师范在 1930 年被国民政府强行关闭。在被通缉流亡日本期间，陶行知进一步反思了以往的资产阶级政治观的不足，开始逐步转向无产阶级政治观。1936 年，陶行知与沈钧儒、章乃器、邹韬奋共同发布了《团结御侮的几个基本条件与最低要求》，呼吁国共双方放弃成见，团结抗日，因为“抗日救国是关系整个民族生死存亡的大问题，所以只有集合一切人力、财力、智力、物力，实行全国总动员，才能得到最后的胜利”[②]。这一呼吁发出后，立刻得到了毛泽东同志的热烈回应，他复函表示：“我相信我们最近提出的民主共和国口号，必为诸位先生所赞同，因为这是团结一切民主分子实行真正抗日救国的最好方策。”[③]

在与中国共产党的交往过程中，陶行知主动学习马克思主义理论，他先后拜访马克思墓三次，参与各类马克思纪念集会，在理论与实践中不断改造自己的政治观。抗日战争胜利之后，他始终赞同并支持中国共产党的政治主张，并结合中国传统文化中重民思想，主张“人民第一”，天下为公，一切要以满足人民的意愿为发展主题，坚决反对国民政府的独裁政治，形成了系统的以新民主主义和社会主义民主观为核心的政治思想。也正是有鉴于此，在李公朴、闻一多相继被暗杀之后，陶行知成了国民党独裁政府的眼中钉，位列暗杀榜第三名。

二、陶行知政治思想的特点

（一）中西糅合的政治观念

陶行知自幼接受中国传统私塾教育，后又入教会学校接受西方教育，在中西理念结合下形成了较为稳定的知识结构和世界观、人生观。对于中国传统文化，他反对“沿袭陈法”“以古进今”的态度，要求能够批判性地看

① 方明主编：《陶行知全集》第 1 卷，四川教育出版社 2005 年版，第 189 页。

② 方明主编：《陶行知全集》第 4 卷，四川教育出版社 2005 年版，第 148 页。

③ 中央统战部、中央档案馆编：《中共中央抗日民族统一战线文件选编》（中），档案出版社 1985 年版，第 266 页。

待中国传统文化。他的政治思想既传承了儒家“民贵君轻”的政治哲学，也包含了墨家“兼爱非攻”的政治理想，还囊括了王阳明“知行合一”的政治实践。而西方民主政治思想则是他政治思想的另一源泉。陶行知在哥伦比亚大学读书期间正值美国进步主义教育的高潮期，他深受老师杜威教授的民主主义思想影响，尤其是杜威的《民主主义与教育》一书，让陶行知更为坚定了教育与民主共和之间的关系。正如陶行知自己所述，“余今生之唯一目的在于经由教育而非经由军事革命创造一民主国家”，他正式希望通过教育的途径实现民主的理想。在中西方政治思想的不断糅合再生中，陶行知逐步形成了自己的政治思想，这一思想是以改造社会为最终目标，以民主教育为实现方法，以乡村教师培养为变革路径，最终实现“人民第一”、人民至上的思想。正如他一再强调的，“民为贵。人民第一，一切为人民”，“天下为公。文化为公”，“民主未得到之前，联合起来以争取民主为己任；人民基本自由得到之后，依据民主原则共同创造，创造新自己，创造新家庭、新学校、新中国、新世界”①。

（二）行知结合的政治实践

陶行知不仅在中西糅合中形成了独特的政治思想，而且秉承“行知行”的哲学理念，不断在各类政治活动中实践自己的理念。在人民至上的政治观念引导下，他始终将民主放在首位。在晓庄乡村师范学校阶段，他发扬民主精神，鼓励学生自治，给予学生充分的发展空间。也正是陶行知这一极为民主的政治观念引导，使晓庄师范成为南京教育系统共产党员活跃的地区之一。陈云在 1930 年 3 月代表江苏省委视察南京工作后表示“争自由的斗争有七个学校有了群众，其中以晓庄为最好”②。如果说这一阶段陶行知的政治实践还仅仅体现在宽容的环境支持上，那么抗战开始后他就毅然奔走在第一线了。他相继赴英美法等欧美 26 国宣传抗日，起草的《杜威宣言》获得了杜威、甘地、罗曼·罗兰、爱因斯坦、罗素的集体签字，宣言呼吁世界各国抵制日本对华侵略，在国际上引发了强烈的影响。抗战胜利后，他迅速投入到战后民主建设中去，不仅将《生活教育》改名为《民主教育》，而且积极参与各种反内战宣讲，引领广大爱国青年反对国民党政府的

---

① 方明主编：《陶行知全集》第 4 卷，四川教育出版社 2005 年版，第 525 页。

② 中共南京市委党史工作办公室编：《中共南京历史画卷》，南京出版社 2011 年版，第 45 页。

独裁统治。他参加了较场口集会，惨遭殴打，又与马叙伦等发表和平主张，还奔赴上海北站参加十万群众欢送人民代表赴京请愿活动。也正是因为他在广大人民群众心中极强的号召力，才迫使国民党政权对其产生了杀害之心。

（三）人民第一的现代民主观

陶行知始终心系民众。早在南京高等师范专科学校任教期间，他就希望“用四通八达的教育来创造一个四通八达的社会”。为此，他与晏阳初等人合作搞民众普及教育，希望通过对民众知识的普及，培养他们的现代化意识。他的这一观念在经过数十年的发酵之后，在抗战胜利前后达到了顶峰。他在《四万万五千万人的大公司，四万万五千万人做老板》一诗中表示，国家就是个大公司，老百姓才是公司的主人。而为了普及现代民主观念，他与李公朴共同创设了社会大学，表示“社会大学之道，是要为人民造幸福。一切的学问，都要努力向着人民的幸福瞄准”①。这些实践，体现出他始终把人民放在第一位的政治哲学。他曾表示，“大家说‘教育第一’，其实更重要的是‘人民第一’，只有重视人民的教育，才能第一”②。对于陶行知的这一观念，著名学者邓初民给予了高度评价，他认为，“陶行知主义不是别的，正是‘人民至上主义’。他能真正从人民大众的粗皮肤笨手脚中看出壮美，他能真正从人民大众毛下浸汗的身上嗅出特别香味来”③。

三、当代价值的体现

陶行知的政治思想继承了五四运动中强调民主的精髓，提炼了中西方民主政治的精华，使之成为关注“人民第一”的政治理念，并在日常社会生活与教育中不断得以践行，取得了良好的效果。陶行知的这一努力在当时民智未开的社会是卓有成效的，为民主共和的实现奠定了一定的群众基础。放眼今日，陶行知的政治思想依然具有时代价值，我们依旧可以从中获益良多。

（一）将人民置于社会主义建设的中心

陶行知始终将人民大众的需求放在第一位，力尽所能为人民服务，并

---

① 方明主编：《陶行知全集》第4卷，四川教育出版社2005年版，第562页。

② 方明主编：《陶行知全集》第4卷，四川教育出版社2005年版，第539页。

③ 邓初民：《略论陶行知主义》，江苏省陶行知教育思想研究会编：《纪念陶行知》，湖南教育出版社1984年版，第72页。

以民众普及教育为己任，放下留美归国教授的身份和地位，甘于睡牛棚马圈创办为人民普及教育的学校，这也让他在逝后被赞誉为“伟大的人民教育家”（毛泽东语）。陶行知逝后，解放区掀起了一波规模宏大的学习陶行知思想的浪潮，在《解放日报》等报纸的宣传引导下，一批党内高级干部广泛阅读陶行知文章著作，努力将其人民至上的思想贯彻到日常生活中去。时至今日，我们又进一步开展了“党的群众路线教育实践活动”，就是要将目光聚焦到广大人民群众身上，要通过自身的努力，赢得人民群众的信任与拥护，夯实党的执政基础，同时也提高为人民服务的本领。就教育角度而言，陶行知以普及民众教育为己任，我们当下也应进一步提高我们的教育质量和教育普及程度，将广大人民群众的呼声落到实处，做人民满意的教育。

（二）以教育普及社会主义民主

陶行知的政治思想是以教育为实现路径的，他一生也在致力于用教育改造社会，以改变中国“贫弱愚私”的局面。他在早期通过办南京晓庄乡村师范学校、山海工学团扫盲，后期通过办社会大学、《民主教育》期刊为广大民众讲解“德先生”，使得一批受其影响的人纷纷走上了革命道路。在当今，社会主义核心价值观强调富强、民主、文明、和谐，我们完全可以借助陶行知的教育普及民主理念，在当下的社会发展中以各种形式的教育方式普及社会主义民主观，将其落实到教育教学中的各个环节，覆盖各级各类学校，建构起一套以学校教育、社会实践、校园文化一体发展的育人模式，以富有中华传统文化特色的德育课程及教材体系普及社会主义民主观。

（三）以践行体现社会主义政治的优越性

陶行知行知合一，致力于践行他的政治理念，这与同时代其他教育家相比是极有特色的。与陶行知同时代的多数教育家仅仅将目光投射于教育领域，或对政治略有涉及也是浅尝辄止。而陶行知始终奔走在政治领域的第一线，他以国民参政员身份出席国民参政会，提出诸多颇有成效的提案。他参与组建民主同盟并担任主要职务，率领盟员走在反独裁第一线。所以说，他始终是一个在践行理念的政治家。“行知合一”这一理念也正是我们今日需要学习借鉴的。我们要在党的领导下，坚持人民当家作主，坚持协商民主，充分贯彻党的政治体制优势，而这些都是对“人民第一”的真实反馈。我们也只有通过实践,才能够领悟社会主义政治体制在国家民族发展过程中的优越性。

(广少奎系曲阜师范大学教育科学学院教授。刘大伟系南京晓庄学院陶行知研究院讲师,博士。)

陶行知的师范教育形象研究

孙　杰

“我们已经下了决心，要筹募一百万元基金，征集一百万位同志，提倡一百万所学校，改造一百万个乡村”①，这是陶行知改造全国乡村教育之教育信念。“我从前曾经为师范教育努力，现在正是为师范教育努力，以后仍是继续为师范教育努力”②，这是陶行知在筹办晓庄师范之时的教育情怀。陶行知认为乡村教师是改造乡村生活的灵魂，“乡村师范学校负有训练乡村教师、改造乡村生活的使命”③，故此创办乡村师范学校就成为改造全国乡村教育之关键。陶行知之师范教育思想就是来源于其对于改造中国乡村社会生活的教育信念和情怀，而“所谓‘生活’，根据陶行知的解释，即一切为人民‘大众’的发展，这就是‘教学做合一’。‘生活’即以‘做’为中心，亦以人民‘大众’本身的存在形态‘动’为核心的对第一义环境的工作和由环境派生的自我复原及环境变革”④，做既是生活的中心也是教学做的中心，以生活为中心的师范教育，从本质上来说就是基于乡村社会生活的以做为中心的“教学做合一”的师范教育，植根于中国乡村社会生活的师范教育思想成就了陶行知伟大的师范教育形象。

一、生活中心：陶行知学术活动中的师范教育理论形象

陶行知所倡导的师范教育理论是以生活为中心的师范教育理论，“我

---

①　陶行知：《中华教育改进社改造全国乡村教育宣言书》，华中师范学院教育科学研究所：《陶行知全集》第1卷，湖南教育出版社1984年版，第646页。

②　陶行知：《师范教育之彻底改革——致石民佣、费锡胤等》，华中师范学院教育科学研究所：《陶行知全集》第5卷，湖南教育出版社1985年版，第161页。

③　陶行知：《师范教育下乡运动》，华中师范学院教育科学研究所：《陶行知全集》第1卷，湖南教育出版社1984年版，第601页。

④　[日本]牧野笃：《陶行知“乡村师范”的集团论——记晓庄师范学校》，李宏、王学东译，周洪宇：《陶行知研究在海外》，人民教育出版社1991年版，第332页。

们要从乡村实际生活产生活的中心学校；从活的中心学校产生活的乡村师范；从活的乡村师范产生活的教师；从活的教师产生活的学生，活的国民”，从而探寻中国乡村教育之生路——“建设适合乡村实际生活的活教育”①。而要建构不同于以往的、以乡村生活为中心的师范教育理论，就需要依据具体的社会生活来重新界定师范教育的概念范畴，更需要实现“中心学校是师范学校之中心”的理念变革。

（一）广义师范：师范教育概念范畴的重新界定

陶行知所倡导的广义师范教育是以生活教育为核心，试图建构“符合全部学制的需求”的师范教育制度。陶行知认为师范教育的新趋势就在于，“要造成适当的国民，须有适当的教员”，要造就适当的教员就必须重新考虑现行的师范教育体系“够用不够用的问题”和“合用不合用的问题”。所谓“够用不够用的问题”就是“师范学校究竟要造就多少人才方才够用”的问题，而所谓“合用不合用的问题”就是师范教育的趋势在于“能改进不合用的变成合用的；改进合用的，变成更合用的”②。陶行知主张师范学校需要培养教育界所需要的四种人才，“一是教育行政人员，二是各种指导员，三是各种学校校长和职员，四是各种教员”，而现行的师范教育“无论高等师范、初等师范，只顾到第四项，只是以造就教员为目的，对于教育行政人员、指导员、校长和职员的训练都没有相当的注意”③。所以现行的师范教育明显存在“不够用”和“不合用”的问题，不能满足“教育界要什么人才，就该培养什么人才”④的教育需求。

鉴于现行的师范教育存在“不够用”和“不合用”的问题，陶行知主张“师范教育制度是应当符合全部学制的需求的”⑤，“我们应当有广义的

---

① 陶行知：《中国乡村教育之根本改造》，华中师范学院教育科学研究所：《陶行知全集》第1卷，湖南教育出版社1984年版，第653页。

② 陶行知：《师范教育之新趋势》，华中师范学院教育科学研究所：《陶行知全集》第1卷，湖南教育出版社1984年版，第167页。

③ 陶行知：《新学制与师范教育》，华中师范学院教育科学研究所：《陶行知全集》第1卷，湖南教育出版社1984年版，第215页。

④ 陶行知：《新学制与师范教育》，华中师范学院教育科学研究所：《陶行知全集》第1卷，湖南教育出版社1984年版，第217页。

⑤ 陶行知：《中国建设新学制的历史》，华中师范学院教育科学研究所：《陶行知全集》第1卷，湖南教育出版社1984年版，第212页。

师范教育——虽所培养的人以教员为大多数，但目的方法并不以教员为限”，即“教育界需要什么人才，即须造就什么人才”；即使是师范教育所要培养的大多数——教员，其种类同样存在“有因学校等级分的，有因市乡情形分的，也有因学科性质分的”[①]种种不同，而师范教育就需要满足“我们要什么教员，就须培养什么教员”的教育功效。因此，陶行知认为必须重新认识师范教育，只有树立“广义师范教育”的师范教育概念，才能根据教育实践活动的需要培养适合的师资。同样，我们只有树立广义的师范教育观，才能从根本上解决“中国今日教育最急切的问题，是旧师范教育之如何改造，新师范教育之如何建设”的师范教育理论问题。

（二）中心学校：师范教育师资培养的理念变革

陶行知认为既然“教育界要什么人才，就该培养什么人才”，那么“我们的建议是：谁在那儿教，谁喜欢教，谁能教得好，就应当训练谁”，师范学校就是“要运用环境所有所需的事物，归纳于他所要传布的那种学校里面，依据做学教合一原则，实地训练有特殊兴味才干的人，使他们可以按着学生能力需要，指导学生享受环境之所有，并应济环境之所需”[②]。故此，“我们立刻晓得师范学校的出发点就是他要所传布的中心学校，中心学校的出发点，就是环境里的幼年人生活”。既然自然、社会里的幼年生活是中心学校的中心，而中心学校又是师范学校的中心，那么我们就必须重新理解中心学校与师范学校之间的关系。陶行知认为中心学校不是师范学校的附属品，同样中心学校也不应该把自己看作师范学校的附属品，师范学校的使命就是“要运用中心学校之精神及方法去培养师资”。

中心学校之精神就是“要造就有生活力的学生，使得个个人的生活力更加润泽丰富强健，更能抵御病痛，胜过困难，解决问题，担当责任”[③]；中

① 陶行知：《新学制与师范教育》，华中师范学院教育科学研究所：《陶行知全集》第1卷，湖南教育出版社1984年版，第217页。

② 陶行知：《中国师范教育建设论》，华中师范学院教育科学研究所：《陶行知全集》第1卷，湖南教育出版社1984年版，第639页。

③ 陶行知：《中国师范教育建设论》，华中师范学院教育科学研究所：《陶行知全集》第1卷，湖南教育出版社1984年版，第641页。

心学校之方法就是“事怎样做就怎样学；怎样学就怎样教；怎样教就怎样训练教师”，即“教法、学法、做法是应当合一的”[①]。“以社会为学校，奉万物作宗师”，中心学校所给予学生的生活力，就使得他们拥有单独或共同去征服自然和改造社会的能力。师范学校既然以中心学校为中心，“那么，有那一种的中心学校就有那一种的师范学校：有幼稚园为中心学校，就可以办幼稚师范；有小学为中心学校，就可以办初级师范；有中学或师范为中心学校，就可以办高等师范或师范大学；有各种职业机关或学校做中学学校，就可以办各种职业师范”[②]，以此来清除旧有师范教育“师范学校与附属学校隔阂，附属学校与实际生活隔阂”的师资培养弊端，并以此来实现陶行知倡导的中心学校的主旨，即“自然社会里的生活产生活的中心学校，活的中心学校产生活的师范学校，活的师范学校产生活的教师，活的教师产生有生活力的国民”[③]。

二、做为中心：陶行知晓庄办学中的师范教育实践形象

陶行知创办晓庄师范学校就是为了实践其以生活为中心的师范教育理论，实现“教育界要什么人才，就该培养什么人才”的师范教育办学宗旨。晓庄师范学校的办学实践活动，真正落实了陶行知主张“由乡村实际生活产生乡村中心学校，由乡村中心学校产生乡村师范”的师范教育理论，实现了“乡村师范之主旨在造就有农夫身手、科学头脑、改造社会精神的教师”[④]的师资培养目标。

（一）教人者教己：陶行知晓庄办学的自我实践

陶行知在《我们的信条》中深信，“教师应当以身作则”，“师生共生活，共甘苦，为最好的教育”[⑤]，晓庄办学实践活动就是对其教育信条的自我实

---

① 陶行知：《中国师范教育建设论》，华中师范学院教育科学研究所：《陶行知全集》第1卷，湖南教育出版社1984年版，第638页

② 陶行知：《中国师范教育建设论》，华中师范学院教育科学研究所：《陶行知全集》第1卷，湖南教育出版社1984年版，第643页。

③ 陶行知：《中国师范教育建设论》，华中师范学院教育科学研究所：《陶行知全集》第1卷，湖南教育出版社1984年版，第641—642页。

④ 陶行知：《中华教育改进社改造全国乡村教育宣言书》，华中师范学院教育科学研究所：《陶行知全集》第1卷，湖南教育出版社1984年版，第646页。

⑤ 陶行知：《我们的信条》，华中师范学院教育科学研究所：《陶行知全集》第1卷，湖南教育出版社1984年版，第652页。

践。陶行知认为合格的乡村教师就是,“要运用环境里的活势力,去发展学生的活本领——征服自然改造社会的活本领。他其实要叫学生在征服自然改造社会上去运用环境的活势力,以培植他自己的活本领”。陶行知本人在晓庄师范学校的办学实践活动中,向晓庄师生充分展现了其如何运用环境里的活势力来发展学生的活本领。陶行知在《晓庄试验乡村师范的第一年》中写道:“南洋有个财主,带了五十万银子来,要在晓庄开洋学堂咧”,“学生也肯打赤脚种田,这倒奇怪!”,“他们自己扫地,抹桌,烧饭,洗碗”,“晓庄的先生们就要到我们那里去办学堂了,刮刮叫,我们要用锣鼓炮竹去欢迎他们咧”①。这既是晓庄师范学校一年以来在农民心中所产生的变化,又是陶行知通过自我努力创办的心目中的理想师范学校的实践明证。“一座荒芜的山,一个小小的村庄,在民国十六年三月十五日放出了光芒,放出了强烈的光芒,这道光芒透视过中国破败的村庄,更照出中国农村新生的希望。　　这里就是晓庄。”②从农民传统观点中的洋学堂,到发展成为真正受农民欢迎的乡村师范学校,恐怕这其中的痛苦和艰辛只有创办者本人知晓!

陶行知从“田园二百亩,荒山十里”、从“一无校舍、二无教员”的办学环境和办学条件出发,丢掉自己优越的生活条件和生活环境,脱西装,穿布衣,赤着脚,穿草鞋,打地铺,睡稻草,“和马牛羊鸡犬豕做朋友,对稻粱菽麦黍稷下功夫”,在梨宫、书呆子莫来馆、黄金世界等充满乡村生活气息的环境之中,真正做到了心到手到、以教人者教己的教师典范。“滴自己的汗,吃自己的饭,自己的事自己干。靠人、靠天、靠祖上,不算是好汉”,“从野人生活出发,向极乐世界探索”,这既是晓庄人的宏愿,更是陶行知本人的宏愿。晓庄师范学校“头上顶着青天,脚下踏着大地,东南西北是他的围墙,大千世界是他的课室,万物变化是他的教科书,太阳月亮照耀他工作,一切人,老的、壮的、少的、幼的、男的、女的都是他的先生,也都是他的学生”③。

---

① 陶行知:《晓庄试验乡村师范的第一年》,华中师范学院教育科学研究所:《陶行知全集》第 2 卷,湖南教育出版社 1985 年版,第 58 页。

② 李楚材:《陶校长的精神》,陶行知先生纪念委员会:《陶行知先生纪念集》,生活·读书·新知上海联合发行所 1946 年版,第 354 页。

③ 陶行知:《晓庄三岁敬告同志书》,华中师范学院教育科学研究所:《陶行知全集》第 2 卷,湖南教育出版社 1985 年版,第 206 页。

这既是晓庄的骨气更是陶行知的骨气。“捧着一颗心来,不带半根草去”,晓庄是从爱里产生的,没有爱便没有晓庄,晓庄师范学校就是陶行知爱农人的自我实践。“老山劳;小庄晓:新时代,推动了。老山劳;小庄晓:咱锄头,起来了”,《小庄晓》唱出了陶行知的心声,更唱出了陶行知改造中国乡村教育的信心和勇气。

(二)“教学做合一”:陶行知晓庄办学的理论实践

陶行知在《我们的信条》中深信,“生活是教育的中心”“教育应当培植生活力”“教法学法做法合一”[①],晓庄办学实践活动也是对其教育信条的理论实践。“教学做合一是本校(晓庄试验乡村学校)的校训,我们学校的基础就是立在这五个字上,再也没有一件事比明了这五个字还重要了”[②]。晓庄试验乡村学校就是本着落实师范学校传播中心学校的精神、方法和因地制宜的本领的使命,运用“教学做合一”的方法在办学实践活动之中进行理论实践。陶行知在筹办晓庄师范学晓之时就开始筹办中心学校,燕子矶中心小学、尧化门中心小学作为第一和第二中心小学,并计划筹办晓庄中心小学作为第三中心小学,三所中心小学校长丁超、宋鼎、钱向志就参加了乡村师范学校筹办会[③]。在晓庄师范学校的开学典礼上,三所中心小学的师生们参加了劳山脚下的集会并表演了文艺节目。为了落实“师范学校的使命是要传布中心学校的精神方法和因地制宜的本领”,晓庄师范学校的“开学期即为开工期——所要考的有五样东西:(一)农事或土木工作操一日;(二)智慧测验;(三)常识测验;(四)作国文一篇;(五)三分钟演说”[④],教师与学生“共教、共学、共做、共生活”。在之后的入学考试之中,依然延续“教学做合一”的考试模式,1928 年 3 月晓庄师范第三批学生入学考试科目为语文、数学、常识、开荒(因下雪临时改为扫雪)、五分钟演说。同样,

---

① 陶行知:《我们的信条》,华中师范学院教育科学研究所:《陶行知全集》第 1 卷,湖南教育出版社 1984 年版,第 651—652 页。

② 陶行知:《教学做合一》,华中师范学院教育科学研究所:《陶行知全集》第 2 卷,湖南教育出版社 1985 年版,第 41 页。

③ 到 1929 年,晓庄已有包括燕子矶中心小学、尧化门中心小学、晓庄中心小学、吉祥庵中心小学、万寿庵中心小学、三元庵中心小学、蟠龙山中心小学、黑墨营中心小学等在内的中心学校八所。

④ 陶行知:《再论中国乡村教育之根本改造》,华中师范学院教育科学研究所:《陶行知全集》第 2 卷,湖南教育出版社 1985 年版,第 4 页。

“教学做合一”也落实在陶行知三年的晓庄办学实践之中。陶行知在《晓庄试验乡村师范的第一年》中指出，“教学做合一是我们的根本主张。经过一年的试验，我们知道他是一个最有效力的方法”①；陶行知在《第二年的晓庄》中指出，“教学做合一不但初级中学能行，小学也能行，就是幼稚园也无不可行”②；1930 年 3 月 15 日，陶行知在晓庄建校三周年之际发表《晓庄三岁敬告同志书》，重申了“教学做合一”的方法论意义，“教学做合一的中心学校就是要把理论与实习合为一炉而冶之”③，并最终完成“教导乡下阿斗做中华民国的主人”的共同使命。

晓庄师范学校全部的课程“包括了全部的生活：一切课程都是生活，一切生活都是课程”，这既是对传统课程观的挑战书，又是生活教育课程论的创立宣言。全部活动——教学做——可以分为五个部分：中心小学活动教学做、分任教院教学做、征服自然环境教学做、改造社会环境教学做、学生自动的教学做。其中：“中心学校教学做占全部时间百分之五十，分任校务教学做占百分之十五，征服天然环境教学做占百分之二十，改造社会环境教学做占百分之十五。每日作息时间安排：五时半起床，十五分钟寅会，一小时武术或军事训练，七时早餐后半小时洒扫整理，一小时分组研究，其余上午时间（三至四小时）个人自由安排或办公。下午一时半至六时，中心小学工作、农事或个人学习。六时晚饭后读书、写日记。十时就寝。每周农事六次（每次约一小时），仪器制造二次（每次约两小时），会朋友去一次（约三小时）。”④“会做的教人，不会做的跟人学”成为晓庄师范学校的座右铭。总之，在陶行知创办晓庄师范前期，“依旧借助学校的形式，以中心学校作为师范训练的中心，但对传统课程、教材和教法均作出了根本的变更，并以‘实习’作为教学做的集中表现形式”，但是在晓庄师范的中后期，“艺友制的创立和单级小学活动教学做（实干法）的实施，表露了教学做合一试图挣

---

① 陶行知：《晓庄试验乡村师范的第一年》，华中师范学院教育科学研究所：《陶行知全集》第 2 卷，湖南教育出版社 1985 年版，第 60 页。

② 陶行知：《第二年的晓庄》，华中师范学院教育科学研究所：《陶行知全集》第 2 卷，湖南教育出版社 1985 年版，第 131 页。

③ 陶行知：《晓庄三岁敬告同志书》，华中师范学院教育科学研究所：《陶行知全集》第 2 卷，湖南教育出版社 1985 年版，第 209 页。

④ 中央教育科学研究所教育理论研究室《陶行知年谱稿》编写组：《陶行知年谱稿》，教育科学出版社 1982 年版，第 38—39 页。

脱学校形式束缚的意向，并是它获得轰动性社会反响的时期”①。陶行知在晓庄师范三年的办学实践，就是其通过办学活动实践“教学做合一”理论，并不断发展和完善“教学做合一”理论的双向互动过程。

三、万世师表：陶行知后世评价中的师范教育道德形象

“做学并重，树五千年代教范；行知合一，为四亿人民导师”、横额“爱满天下”，这是陶行知逝世之后重庆各界举行陶行知追悼大会的一副挽联，同样更是陶行知师范教育道德形象的生动写照——“教范”和“导师”。陶行知短短五十五年的生命教育实践，用满腔的热忱和浓浓的爱心诠释了一位伟大的人民教育家的光辉形象。

（一）人民教育家：陶行知爱满天下人格的历史定位

陶行知在《晓庄三岁敬告同志书》中指出，“晓庄生于爱，亦惟有凭着爱的力量才能生生不已”，“没有爱便没有晓庄”，“因为他爱人类，所以他爱人类中最多数而最不幸之中华民族；因为他爱中华民族，所以他爱中华民族中最多数而最不幸之农人。他爱农人只是从农人出发，从最多数最不幸的出发，他的目光，没有一刻不注意到中华民族和人类的全体”②。晓庄之爱，就是陶行知爱满天下之人格的生动写照，“捧着一颗心来，不带半根草去”正是陶行知爱中华民族的人生格言。我们以陶行知先生纪念委员会编辑的《陶行知先生纪念集》为范本，通过摘录评价陶行知逝世之后的典型性词语，来呈现陶行知爱满天下人格的历史地位：

类别	标　题	评价者	评价语
国际友声	我所认识的陶行知	[美]司徒雷登	一位相尚以道的良友，一位勇敢前进的导师
	纪念陶行知博士	[美]毕莱士女士	一个伟大的教育家，中国一个了不起的教师
	悼陶行知	[美]傅理曼	同美国林肯齐名的一种天才
	悼念我的朋友陶行知博士	[加]文幼章博士	一个善良的人

① 董宝良主编、周洪宇副主编：《陶行知教育学说》，湖北教育出版社 1993 年版，第 198 页。

② 陶行知：《晓庄三岁敬告同志书》，华中师范学院教育科学研究所：《陶行知全集》第 2 卷，湖南教育出版社 1985 年版，第 207 页。

续表

类别	标　题	评价者	评价语
舆论一般	发展生活教育	上海《文汇报》	一位坚强的民主战士，一位人民的教育家
	继承陶行知先生的精神	重庆《新华日报》	一个特出的导师，一个坚强的先锋战士，中外人士景仰的独立、和平、民主的坚强战士，伟大的新教育家
	永恒的哀思	重庆《民主报》	一个实践的救国者和民主战士，一位实行的教育家，是平民和大众的导师
行知思想路线	陶行知思想路线	陈家康	新中国思想界的圣人
	略述陶行知先生的政治思想	张友渔	一个伟大的教育家，一个伟大的政治家，一个民主主义者
	痛悼陶行知先生	华岗	一个最明哲的舵手和教育事业中一个最崇高的圣人，中国自古至今最伟大的人民教育家
	略论陶行知主义	邓初民	“人民至上主义”的根本精神，正是陶行知主义的适切注脚
	我和行知先生	翦伯赞	中国伟大的人民教育家，民主主义的战士
	认识陶行知的思想与奋斗	余之介	新中国教育的创造者，革命的教育运动家，教育革命的战士，新中国教育的路向
遗爱在人间	痛失人师	郭沫若	凤毛麟角当中的一位出色者
	悼陶先生归来	傅彬然	一位忠贞强毅的民主战士
	悼陶行知先生	郑振铎	一个敢说敢做的大教育家，一位不屈不挠的民主战士
	我所见的陶行知先生	茅盾	前进的被统治者视为洪水猛兽的教育家，做人民的老师同时又做人民的学生
	我对于行知先生逝世后的感言	江问渔	一位新教育的创造者，一位旧教育的革命者
	悼念陶行知先生	梁漱溟	一个一往直前，奔赴真理的人；一个富有创造力，遇事能独出心裁的人
	陶先生不死	李维汉	人民大众的亲切朋友，人民之陶行知先生
	我与陶行知先生	吴涵真	文化巨子南征的第一人
	创造天才	林焕平	一位诗人和教育家，同时是民主革命家

续表

类别	标　题	评价者	评价语
遗爱在人间	悼陶行知先生	唐现之	一个舍己为群的人，一位具有深心大愿悲天悯人的怀抱的人物，一位最富有创造力的教育家
	哭陶行知老夫子	施剑翘	陶老夫子是现代的一个学者，是提倡民主的一盏明灯
	悼陶行知先生	郝士英	新教育的创造导师
	陶行知先生的事业及其生平	许士骐	创造新中国教育的导师，千千万万中国新青年的领导
遗爱在晓庄	陶行知的教育方法——教学做合一	陆静山	中国现代教育界的大师
	发扬晓庄精神以纪念老夫子	程本海	一位理论的实行家、革命教育家，而且富于创造精神
遗爱在育才	爱满天下的陶夫子	意林	一颗伟大的心，一种伟大的爱
	拭干眼泪，站起来！	马侣贤	慈母、导师和领导者
	陶行知博士	戴爱莲	一个伟人，为众人所爱的伟人
	行师事业之巩固与发扬	孙铭勋	一个时代的象征，一时代的巨人
	沉痛的悼念	杨大戈	一位循循善诱如坐春风的导师，一位有超人的聪明睿智而又富有创造天才的教育家
	报人陶行知	尤在	教育界的泰斗，大众诗人，坚强的民主战士，伟大的人民的报人
挽诗祭文	祭陶行知先生诗	郭沫若	时代的导师，教育的巨子；两千年前的孔仲尼，两千年后的陶行知；孙中山死后的一位孙中山
	祭陶行知先生	力扬	外国的苏格拉底，中国的孔圣人
	悼陶行知先生	颜立	教育奇人，一位奇怪的大中小学教书的先生
	悼姊丈陶行知先生	恒志	中国教育革命炸弹的投掷者，领导中国民主革命的导师
	悲悼	丁汎	敬爱的导师，人民的朋友，民主的导师

续表

类别	标　题	评价者	评价语
吊唁和慰问	毛泽东朱德唁电	毛泽东、朱德	人民教育家
	王深林等唁电	王深林等	新教育的倡导人
	周恩来等唁电	周恩来等	伟大人民教育家和民主战友

陶行知逝世之后的典型性评价词语，为我们勾勒出了一位作为中国知识分子杰出典范的忠诚于人民教育事业的伟大的人民教育家形象。“伟大的人民教育家”（毛泽东语）、“党外布尔什维克”（周恩来语）、“万世师表”（宋庆龄语），就是对陶行知人民教育家、爱国主义者和教育理论探索者的崇高品质和高尚精神的历史定位。“先生是一位最富有创造力的教育家，他为了要打破传统的教育，而倡导生活教育，创造‘教学做’合一的教育学说。并用他坚毅的精神，在艰苦的情形下创办晓庄、山海工团、小先生制、育才学校、社会大学，使中国教育得到新的血液，新的理想，这样的教育家，真是我们从来未有的。”①这就是陶行知先生，一位伟大的人民教育家！

（二）走进教材：陶行知人民教育家形象的精神传承

陶行知师范教育思想的系统学术研究工作，始于1988年1月由中国陶行知研究会在广州召开的全国陶行知师范教育思想研讨会，并由中国陶行知研究会出版了以“改革师范教育的新路”为名的学术论文集。之后在1990年11月，中国陶行知研究会又举办了全国农村师范教育改革研讨班，进一步推动了全国关于陶行知师范教育的学术研究。此后，江苏省陶行知研究会承担的“陶行知师范教育的理论与实践”研究项目，作为国家教育科学“七五”规划重点科研项目“陶行知教育思想系列研究”的重要组成部分，以《论陶行知师范教育思想》《陶行知师范教育思想实践》等系列著作研究成果，较为系统地总结和梳理了陶行知的师范教育思想。同样，由董宝良主编、周洪宇副主编的《陶行知教育学说》作为该课题的研究成果，从陶行知教育学说的形成、基本原理、根本原则和基本主张、评价与借鉴等四个方面，建构了陶行知具有中国特色的以生活教育理论为主要内容的教育

① 唐现之：《悼陶行知先生》，陶行知先生纪念委员会：《陶行知先生纪念集》，生活·读书·新知上海联合发行所1946年版，第253页。

学说。学术会议的召开和科研项目的立项，使得陶行知师范教育形象受到了更加广泛的关注。同样，各类师范学校之中陶行知纪念馆的兴建和陶行知塑像的树立，使得陶行知的师范教育形象更加深入到师范学校的师生之中。

陶行知师范教育形象以专著的形式走进课堂是以《陶行知教育学》为开端的。何国华的《陶行知教育学》是其“于1988—1989学年度给华南师大中国近现代教育史陶行知研究方向的硕士研究生开设‘陶行知教育思想研究’课程的讲授纲要；也是从1989年上半年开始给该校本科系三年级开设的公共选修课程‘陶行知教育学初探’的讲稿”①。陶行知师范教育形象通过专门章节的形式走进课堂是以各类教育史教材为基点的。无论是陈元晖的《中国现代教育史》、华东师范大学教育系、教科所编的《中国现代教育史》，王炳照等编的《简明中国教育史》，孙培青、杜成宪的《中国教育史》，还是郭齐家的《中国教育思想史》，王炳照、阎国华的《中国教育思想通史》等，都撰写有专门研究陶行知教育思想的章节。《中国教育史》为各类师范学生的必修课，通过课堂知识讲授的方式来系统地学习和研究陶行知教育思想，不但能使各类师范生对陶行知的师范教育形象的认知由感性层面深入到理性层面，而且有助于各类师范学生在以后的教育工作实践之中落实和践行陶行知精神。学陶、研陶、师陶、践陶，陶行知就在我们身边——“师表传万世，哲人流千秋”！

（孙杰系山西大学教育科学学院副教授。）

① 吴奕宽、方善森等：《陶行知研究集粹》，广西师范大学出版社1994年版，第124页。

改革开放以来师范院校教育学科教材中的陶行知

——以人民教育出版社出版物为中心的考察

杨　燕

陶行知是中国近现代教育史上伟大的人民教育家。新中国成立以来，在陶行知的研究方面出版了大量的研究成果。人民教育出版社是陶行知研究的出版重镇之一。本文通过梳理改革开放以来人民教育出版社所出版的教材中涉及陶行知的论述，初步讨论人民教育出版社如何通过教材推动陶行知研究及传播陶行知的教育思想。

本文从教材角度出发，为陶行知研究提供一个新的视角。从广义上看，教材不仅包括狭义的教材、教程、教学参考资料，还包括相关研究专著、文集、汇编和读本。对于高等教育而言，教学内容较广泛，本文所研究的教材以一般教材为主，兼及相关的研究专著和读本。陶行知是中国近现代教育史上的著名教育人物，有关中国现代教育史教材的正式出版始于1978年改革开放之后。因此，本文所收集的教材的出版时间为1978年至2015年。在此期间，人民教育出版社出版陶行知研究专著9种，出版含有陶行知教育思想和文化介绍的教育学科教材16种，共25种。按各时期教材对陶行知论述的不同，本文将分拨乱反正期（1979年至1984年），准确定位期（1985年至1999年）以及深化拓展期（2000年至2015年）三个阶段进行梳理。

一、拨乱反正期对陶行知错误认识的纠正

改革开放初期，人民教育出版社的主要任务是继承新中国成立以来取得的成果，并恢复和重建受“左”倾和阶级斗争扩大化影响而遭破坏的教育学科教材体系。1979年至1984年，人民教育出版社出版的包含陶行知相关论述的师范教材具有历史转折意义。

“文化大革命”期间，教育史教学被严重破坏，教材的建设遭到毁灭性的灾难。编写队伍被分散，书被查封、销毁，编审、出版机构被撤销，通用教材的出版、发行工作停顿。在这种情况下，学校教师讲课只有自编讲义。因此，有关中国教育史的教材出版也未有新的进展。直到 1978 年，党的十一届三中全会提出“解放思想，实事求是”的号召，冤假错案才得到平反。1978 年 6 月 8 日，教育部在武汉召开全国高等学校文科教学工作座谈会。会议肯定 1961 年文科教材编选计划会议组织编选的教材。在这样的背景下，1979 年，为满足中国现代教育史教学的需要，人民教育出版社正式出版了陈元晖(曾任人民教育出版社教育编辑室主任)编写的《中国现代教育史》①教材。该教材是新中国出版的第一本全国通用的中国现代教育史教材②。

该教材对陶行知教育思想的研究和传播具有历史转折意义。它是改革开放后出版的第一本包含陶行知相关论述的教材，对扭转关于陶行知的错误认识还起到了拨乱反正的作用。《中国现代教育史》虽然出版于改革开放以后，但此书实际上编写于 20 世纪 60 年代。它曾作为讲义在内部交流时使用过，起到了理清对陶行知认识混乱的作用。20 世纪 50 年代，学界在批判武训的过程中对陶行知也进行了批判。陶行知表扬武训的办学精神，生前倡导《武训传》电影的拍摄。这部电影最初赢得赞扬，但后来又遭到批评。1951 年 7 月，一篇发表在《教学生活》上的文章《我们对于陶行知先生颂扬武训的看法——晓庄学校讨论武训辑要》把对武训的批判扩大到对陶行知的批判。此后，学界对陶行知的认识开始混乱。有的人认为陶行知的教育思想是错误的，但其政治思想是进步的，二者应当分开来看待；而有的人认为陶行知的政治思想与教育思想不能分开，他的教育思想是小资产阶级的改良主义思想。1956 年下半年到 1958 年 5 月，学界曾出现过重新评价陶行知教育思想的声音。以北京师范大学陈友松为代表的学者提出应该继承和发扬陶行知教育思想中积极和合理的因素，但不久后“反右派运动”开始，陶行知再一次遭到批判③。20 世纪 50 年代对陶行知评

---

① 陈元晖:《中国现代教育史》，人民教育出版社 1979 年版。

② 改革开放后北京师范大学出版社和华东师范大学出版社也分别于 1985 年和 1983 年出版过《中国现代教育史》，略晚于人民教育出版社出版的《中国现代教育史》。

③ 周洪宇:《陶行知大传——一位文化巨人的四个世界》，人民教育出版社 2016 年版，第 408—411 页。

价的观点不一致，十分混乱，但50年代没有相关的教育史教材介绍陶行知。1961年4月11日，根据中央制定的“调整、巩固、充实、提高”的方针，中宣部会同教育部、文化部在北京召开全国高等学校文科和艺术院校教材编选计划会议。会上周扬做了“关于高等学校文科教材编选的意见”报告，提出文科教材编选“必须是观点与材料的统一。教材要比较全面，正面和反面的东西都要有。不要只讲一面，对于一个作品也要全面”等意见①。为组织和指导教材的编写，各学科还设立专家组成的专业组。陈元晖是教育专业组的组长，并承担了中国教育史现代部分的编写任务。根据《高等学校文科教材编选计划表》档案的记载，书稿于1961年10月交付②。但是，20世纪60年代没有正式出版这本教材。同一时期编写的《外国教育史》③和《中国古代教育史资料》④在人民教育出版社都按期出版。该书没有出版的原因不得知晓，但可以肯定的是，该书曾作为交流讲义使用过。陈元晖本人曾在北京师范大学中国教育史研究班讲授过《中国现代教育史》⑤，因而该书对60年代的教师和学生认知陶行知有一定的影响。

该书在分析1927年至1937年教育思想战线上的斗争时论述了陶行知的政治思想和教育思想。由于时代的局限，全书的编写体例还留有较强的政治痕迹，论述的重点是陶行知的政治思想。该书认为，在阶级矛盾是主要矛盾的情况下，陶行知的教育思想有进步意义。书中论述，这一时期教育思想战线存在“围剿”和反“围剿”的斗争。以胡适、梁漱溟、晏阳初为代表的反动势力“围剿”学校，企图麻痹青年意识和缓和阶级斗争；而以鲁迅、杨贤江为代表的革命者通过揭露和批判，进行反“围剿”斗争。陶行知的生活教育理论与梁漱溟及晏阳初的教育理论有相似之处。梁漱溟是乡村教育理论，晏阳初是平民教育理论，而生活教育理论的初期是乡村教育。

---

① 刘英杰主编：《中国教育大事典》，浙江教育出版社1993年版，第1265页。

② 《高等学校文科教材编选计划表》（1961），北京师范大学档案馆馆藏，资料号196111。转引自王俊明：《制度变迁与知识生产——北京师范大学教育史学科发展研究（1949—2001）》，中国社会科学出版社2014年版，第116页。

③ 曹孚编：《外国教育史》，人民教育出版社1962年版。

④ 孟宪承等编：《中国古代教育史资料》，人民教育出版社1961年版。

⑤ 王俊明：《制度变迁与知识生产——北京师范大学教育史学科发展研究（1949—2001）》，中国社会科学出版社2014年版，第149页。

但是，陶行知与他们在政治上不同，陶行知在反对封建教育、反对教育和劳动脱节、反对劳心和劳力分家、反对学校和社会隔离以及反对注入式教育等方面具有进步意义。并且，该书还提出用辩证的方法评价陶行知：虽然他曾经是资产阶级大学校的名教授，但是后来转变从事乡村教育运动；虽然陶行知的生活教育理论因没有认识到阶级斗争对人的发展的影响而有理论上的不足，但是他所组织的生活教育社和国难教育社是教育界的进步团体，对反"围剿"起到了一定作用①。

在对陶行知进行政治评价的同时，《中国现代教育史》也辩证地论述陶行知的生活教育理论及其活动，具体包括 1926 年发表的《中国乡村教育之根本改造》，1927 年创办的南京晓庄师范学校，以及 1930 年创办的山海工学团等活动。该书通过对晓庄师范学校的办学方法和山海工学团的教学方法的分析论述了陶行知生活教育理论的积极意义。晓庄师范学校要求学生必须有农事或土木工经验，要求学习与农村农民生活结合，还要求教学要以生活为中心而不要以文字为中心。山海工学团的教学方法与传统的教学方法不同，主张"生活即教育""社会即学校""教学做合一"。因此，陶行知的生活教育理论在反对传统教育和普及教育方面发挥了一定的作用。与此同时，该书也指出陶行知生活教育理论的缺憾：它从抽象的"爱"出发，幻想有一百万所学校就可以改造一百万个乡村，中华民族就有出路。它是唯心主义的想法，带有浓厚的空想色彩。生活教育理论把教育的概念扩充到与生活的概念等同，这就把教育作为上层建筑的特点取消了，把学校的特殊职能取消了，把教师的特殊作用取消了②。通过辩证的论述，《中国现代教育史》对陶行知及其生活教育理论进行了深刻的剖析。该书对理清 20 世纪 50 年代以来出现的对陶行知认识的混乱和纠正"文革"期间关于陶行知的错误批判起到了积极的作用。

在改革开放后对陶行知认识拨乱反正的潮流中，1982 年人民教育出版社还出版了《陶行知的生平及其学说》③。该书是改革开放后出版的第

① 陈元晖：《中国现代教育史》，人民教育出版社 1979 年版，第 163—164 页。
② 陈元晖：《中国现代教育史》，人民教育出版社 1979 年版，第 167—168 页。
③ 戴伯韬：《陶行知的生平及其学说》，人民教育出版社 1982 年版。

一本研究陶行知的专著，对以后的陶行知研究起到了奠基作用①。该书成书写成于1947年，1948年曾由三联书店出版。人民教育出版社应社会上多方要求重版了这本书。作者戴伯韬（曾任人民教育出版社总编辑、副社长）生前曾准备修改1948年版本，但因工作繁忙，未能实现。人民教育出版社特请陆定一审阅“代序”，刘季平审阅全书，对重要的史实作了订正。人民教育出版社对个别的文字进行了加工，但对书中的内容和论点都保持原样未动。该书为陶行知研究奠定了的两条线索：第一条线索，该书从历史变迁的角度，详细记述了时代环境的变化给陶行知的思想、行动和学说产生的具体影响。全书把陶行知的生平划分为晓庄时代、国难时期及抗日和民主斗争时期等三个阶段，为以后的研究提供了借鉴。第二条线索，全书用人民教育家、人民诗人和民主战士三种身份总结陶行知的历史贡献，形成了一个多维度立体的陶行知形象。丰富的陶行知形象为以后的陶行知研究提供了启示。作者戴伯韬是陶行知的学生，所记载的故事有些为作者亲身经历过，因而文中有许多细腻的描写生动地展现了生活教育理论的细节，为以后的生活教育理论研究提供了材料。

1979年至1984年，人民教育出版社出版的《中国现代教育史》和《陶行知的生平及其学说》率先纠正对陶行知的错误认识。在纠正认识中，人民教育出版社所出版的教材和专著以史论结合的方法论述陶行知思想的价值和不足，具有理清混乱和拨乱反正的历史作用。

二、准确定位期对陶行知教育贡献的深入研究

1985年至1999年人民教育出版社通过开发和出版多种教育学分支学科教材，多角度地论述陶行知的教育贡献。丰富的出版作品使教育学科对陶行知教育思想的阐述更加深入细致，它有利于推动陶行知教育思想的传播和研究全面深入地发展。

在1985年《关于教育体制改革的决定》颁布后，高等教育教材建设进行了改革。1988年11月5日，国家教委制定《高等学校教材工作规程（试

---

① 改革开放之初教育科学出版社出版了由中央教育科学研究所编的《陶行知教育文选》（1981年），江苏人民出版社出版了江苏省陶行知教育思想研究会、南京晓庄师范陶行知研究室合编的《陶行知文集》（1981年），还有安徽人民出版社出版了由朱泽甫等编的《行知书信集》（1981年）。这几本书的出版时间早于《陶行知的生平及其学说》，但都不是研究专著。

行)》,对高等学校教材建设提出新目标。它要求"编审一套具有中国特色的、适应我国社会主义现代化建设和高等教育事业发展的、反映现代化文化科学技术先进水平的教材"①。此后,教育学科教材的发展进入繁荣阶段,多种分支学科教材随之出现。

与此同时,在1981年陶行知诞辰九十周年纪念大会的推动下,学界掀起陶行知研究热潮。大量陶行知研究专著陆续出现。其中最具代表性的作品是湖南教育出版社1984年开始陆续出版的《陶行知全集》。人民教育出版社紧跟其后,出版了多部陶行知研究专著,如1985年出版《陶行知教育思想研究文集》,该书选辑1981年至1985年国内有关研究陶行知生活教育理论和教育实践活动对教育改革意义的学术论文28篇②。1991年出版《陶行知研究在海外》,该书选辑20世纪30年代至90年代国外及港台地区学者研究陶行知的文章和资料近40篇③。1999年出版《陶行知与中外文化教育》,该书荟萃1996年10月在武汉华中师范大学举办的陶行知研究国际学术讨论会的中外学者的文章近四十篇④。并且,人民教育出版社邀请湘版《陶行知全集》的编者董宝良、喻本伐和周洪宇等几位学者精心编选《陶行知教育论著选》⑤。该书选辑陶行知在各个时期的主要教育论述,内容包括论文、演讲、提案、书信、序跋等,卷末附录若干首教育诗。该书虽然没有收录字数较多的著作(如《古庙敲钟录》《平民千字课》等),但是收录了湘版《陶行知全集》未及辑录的12篇佚文。编者用陶行知最主要的教育论著阐释陶行知提出的教育哲学"千教万教教人求真,千学万学学做真人",为以后的陶行知研究提供了方便。此外,人民教育出版社还出版了叶良骏的《陶行知的故事》。该书通俗易懂,用故事的形式叙述陶行知在艰苦环境下创办教育和追求真理的事迹⑥。

在教育学科教材繁荣发展和陶行知研究热的影响下,人民教育出版社

---

① 刘英杰主编:《中国教育大事典》,浙江教育出版社1993年版,第1266页。

② 中国陶行知研究会编:《陶行知教育思想研究文集》,人民教育出版社1985年版。

③ 周洪宇:《陶行知研究在海外》,人民教育出版社1991年版。

④ 周洪宇、余子侠、熊贤君主编:《陶行知与中外文化教育》,人民教育出版社1999年版,第93页。

⑤ 董宝良主编,喻本伐、周洪宇选编:《陶行知教育论著选》,人民教育出版社1991年版,第74页。

⑥ 叶良骏:《陶行知的故事》,人民教育出版社1991年版,第129页。

研究开发的教材为陶行知的研究增加了多个角度，例如管理史角度、学前教育史角度、高等教育史角度、近现代教育思潮与流派角度等等①。本文主要介绍中国教育管理史和中国学前教育史两类教材。

教育管理史教材从教育管理思想角度论述了陶行知的教育思想。为满足教育管理改革发展的需求，人民教育出版社 1996 年开发出版了教育管理史教材《中国教育管理史》②。该书以中国历史上的教育管理问题为研究对象，其内容包括教育方针政策、教育行政、学校系统、教育人员的管理、学校内部的管理、教育经费的管理等六个方面。该书虽然侧重对各历史时期文教政策和具体的教育管理制度的论述，但对各历史时期重要的教育思想家的教育管理思想也作了总结。在近现代教育史阶段，书中提到的教育思想家仅有张之洞、康有为、蔡元培、陶行知和徐特立等五位。陶行知名列其中，可见该书对其教育管理思想的时代代表性和先进性的认可。

该书认为陶行知在推行平民教育、乡村教育和普及教育的三大运动中，提出了民主教育管理主张。陶行知的民主教育管理主张体现在三个方面③：

(1)陶行知订立规约，要求师生共同遵守。1923 年，陶行知创办安徽公学，提出“共学、共事、共修养、共生活、共甘苦”公约，要求师生共同遵守。1939 年，陶行知创办育才学校时要求师生在各种场合都要注意自己的行为规范。陶行知的公约思想对当代学校的纪律管理有启发意义。

(2)陶行知组织校董会，民主管理学校。1927 年，陶行知在上海组织乡村师范学校董事会，作为为晓庄师范学校筹备和组织的最高权力机关。1933 年，陶行知在上海成立中国普及教育助成会董事会，作为普及教育运动的组织机关。1939 年，陶行知在香港召开筹办晓庄学院董事会，会议决

① 1985 年至 1999 年由人民教育出版社出版的包含陶行知相关论述的教材有如下 7 种：高奇著《中国高等教育思想史》(人民教育出版社 1992 年版)，人民教育出版社教育室编《中国教育史话》(人民教育出版社 1996 年版)，董宝良、周洪宇主编《中国近现代教育思潮与流派》(人民教育出版社 1997 年版)，孙培青主编《中国教育管理史》(人民教育出版社 1996 年版)，华东师范大学教育系编《中国现代教育文选》(人民教育出版社 1989 年版)，中国学前教育史编写组编《中国学前教育史资料选》(人民教育出版社 1989 年版)，唐淑、钟昭华主编：《中国学前教育史》(人民教育出版社 1993 年版)。

② 孙培青主编：《中国教育管理史》，人民教育出版社 1996 年版。

③ 孙培青主编：《中国教育管理史》，人民教育出版社 1996 年版，第 224 页。

定创办育才学校，改晓庄学院董事会为育才学校董事会。学校董事会的建立体现出陶行知的民主集中制学校管理思想。

(3)陶行知提倡学校自治，让学生参与管理。1919 年，陶行知在杭州做的"新教育"的专题演讲中，首次表达出让学生参与学校管理的思想。后来，他在晓庄师范、山海工学团、育才学校都普遍地实行学生自治，让学生参与学校行政管理、会计、文书、保管、教导等工作中。陶行知的学校自治思想对当代学校的学生自治有借鉴意义。

该书的编写目的是全面梳理陶行知教育管理思想特征，传播其管理智慧。《中国教育管理史》教材的使用对象广泛。它不仅适用于高等学校的教育管理专业学生，也适用于教育管理干部培训班（中心）的在职工作人员。2013 年，该书又出版可读性更强的第 2 版①。新版增加了课前提示、课后复习和拓展性阅读导航等三个模块内容。关于陶行知的教育思想，第 2 版提出了课后复习题"陶行知教育管理思想和实践的主要内容是什么？怎样评价"。这个复习题提示学生理解陶行知的教育思想必须从思想和实践两个方面着手，不能以偏概全。同时，复习题也引导学生自主评价陶行知的教育管理思想，没有限制学生的评价角度。该教材的复习题具有一定的引导性，例如教材关于蔡元培和徐特立的复习题表述分别是"如何评价蔡元培在中国近现代教育管理史上的地位和作用"和"徐特立在中国现代教育管理史上的地位和作用应如何评价"。该教材关于蔡元培和徐特立的复习题都从教育管理发展的宏观历史角度出题，但关于陶行知的历史价值评价，却没有明确地从宏观历史角度去引导。其中的细微差别值得注意。学界关于蔡元培和徐特立在中国教育发展史上的地位和作用未有争议，而关于陶行知的评价各方并不一致。因此，从教材编写原则细致但不失去宏观视野的角度看，《中国教育管理史》教材关于陶行知并没有限制学生做出自主的评价，而是引导学生学习时以领悟其教育智慧为主。

学前教育史教材从学前教育思想角度先后出版了有关陶行知论述的学前教育资料选和学前教育史两种教材。1989 年编写的中国学前教育史资料选②，选录了三篇陶行知所写的学前教育思想的文章，分别是《创设乡

---

① 孙培青主编:《中国教育管理史》，人民教育出版社 2013 年版。

② 中国学前教育史编写组编:《中国学前教育史资料选》，人民教育出版社 1989 年版。

村幼稚园宣言书》(1926年)、《幼稚园之新大陆——工厂与农村》(1926年)、《如何使幼稚教育普及》(1928年)。陶行知在这三篇文章中详细阐述了他的幼稚园思想。他提出要重视幼稚园教育,要在工厂和农村创办幼稚园,要普及幼稚教育。1993年,人民教育出版社出版了由唐淑、钟昭华主编的《中国学前教育史》。该书在论述陶行知的学前教育理论与实践后,提炼出陶行知学前教育思想的两大特色:一是主张人民第一、教育为公,坚持为工农大众服务的方向。他是我国为工农服务的乡村和工厂学前教育事业的开拓者。二是重视儿童生活力和创造力的培养,要求根据生活教育的精神,采用"教学做合一"的方法[①]。该书适合作为高等学校学前教育专业本科的教学用书,同时也供在职学前教育工作者阅读参考。该书多次重印,2002年出版了第2版,2015年又出版了第3版。它在学前教育界的影响范围较广。

1985年至1999年教材的编写和出版从不同角度论述陶行知对中国近现代教育发展的贡献,使陶行知在教育学科中的研究更加全面。人民教育出版社不仅开发出版了学前教育史、教育管理史等分支学科的教材,还出版了多部有关陶行知研究的专著,为陶行知教育贡献的深入研究起到了十分积极的推动作用。

三、深化拓展期对陶行知教育智慧的领悟与发扬

进入21世纪以来,教育领域对教材编写进行了改革。人民教育出版社在师范教材的研究开发和编辑出版的过程中更加重视学生的学习效果,即重视引导学生去领悟陶行知的教育智慧。因此,教材编写改革使陶行知的教育思想得到了进一步的传播。

世纪之初,中国教育又进入新一轮改革,教育学科教材也紧跟改革步伐。2000年1月教育部发出《关于实施新世纪高等教育教学改革工程的通知》。2002年6月,教育部师范司在北京召开关于高等师范院校教育学科教材建设工作研讨会。会议要求按照全面推进素质教育的部署,高等师范院校教育学科教材必须全面改革。

在新时期高等师范教育史课程的需求下,人民教育出版社继续研究开

---

① 唐淑、钟昭华主编:《中国学前教育史》,人民教育出版社1993年版,第378页。

发了多部教育史教材，其中包含陶行知相关论述的教育史学科教材有《中国教育史纲要》①和《中国近代科学教育史》②。本文重点分析2005年开发出版的《中国教育史纲要》。该书在论述国民政府时期的教育时专门设计单独小节论述陶行知的教育思想。论述首先突出了陶行知生活教育思想的贡献。生活教育理论包括“生活即教育”“社会即学校”“教学做合一”三大主张。它是陶行知教育思想的理论体系，具有创造性且不断发展。生活教育是大众的教育，是爱国的教育，是与生产劳动和社会实践相结合的终身教育。虽然说生活教育理论还有值得商榷的地方，但是在当时的历史条件下，生活教育理论已经达到了它所能达到的高度，发挥了它所力争发挥的作用。由于课时的限制，《中国教育史纲要》教材仅论述在中国教育发展的漫长历程中有特点的教育思想。不过在此情况下，教材仍详细地论述了生活教育理论的内容和含义，由此可见教材对陶行知的重视程度之深。

其次，《中国教育史纲要》重点分析了陶行知的师范教育和幼稚教育思想。关于师范教育思想，该教材论述了陶行知对师范教育价值、体制、培养目标和内容及方法等方面的思考。陶行知认为“师范教育可以兴邦，也可以促国之亡”，因而师范教育有重要的价值。陶行知认为师范教育的体制应从中国国情出发，建立广义师范教育。广义师范教育的体制从纵的方面看包括初级、中级、高级和研究院等各级师范学校，从横向内容看包括幼儿教育、普通教育、职业教育等方面。陶行知认为师范教育的培养目标首先是培养德智体全面发展、有生活能力的师范生，其次要突出师范性。陶行知认为师范教育的内容和方法是“一条鞭的方法，就是教学做合一”，以大社会、大自然为教材和课堂。关于幼稚教育思想，该教材论述了陶行知对幼稚教育的地位与作用、幼稚教育创办和创造的儿童教育等方面的思考。陶行知认为人的一生中幼稚生活是最重要的生活，全社会要注意和重视幼稚教育的改进和发展。陶行知认为中国应当开展一个幼稚园的下乡运动和进厂运动。幼稚园的改革要把外国的幼稚园化成中国的幼稚园，把费钱的幼稚园化成省钱的幼稚园，把富贵的幼稚园化成平民的幼稚园。陶行知主张创造的儿童教育思想。创造的儿童教育思想是解放创造力和培养创

---

① 王凌皓主编:《中国教育史纲要》，人民教育出版社2005年版。

② 曲铁华、李娟:《中国近代科学教育史》，人民教育出版社2010年版。

造力。解放创造力是给小孩子的头脑、眼睛、双手、嘴、空间和时间等六个方面进行“六大解放”。在儿童的创造力被解放后，教育还要予以适当的培养。该教材之所以重点论述陶行知的师范教育思想和幼稚教育思想，是因为教材的主要读者是师范学校的学生，是未来的中小学教师。该教材论述教育家和教育思想时，对童蒙教育和初等教育都给予关注，以便使学生对中国教育史特别是中小学教育史有一个比较清晰的理解和把握。

另外，该教材对陶行知的生平和主要教育活动也做了简要介绍。陶行知毕生致力于人民教育事业，先后发起或参与了乡村教育运动、普及教育运动、国难教育运动、战时教育运动以及民主教育运动。陶行知把一生的精力都用于以教育事业为中心的社会改造运动和爱国民主运动。他为教育事业做出了重大贡献，给后人留下了宝贵的精神财富。因而陶行知无愧于“伟大的人民教育家”称号。

《中国教育史纲要》教材获得了较好的评价。它曾被评定为“普通高等教育‘十一五’国家级规划教材”。不仅其内容获得肯定，该教材的文字表述和课后拓展阅读也得到了肯定。该教材的论述语言朴实无华，具有较强的可读性。其每章末尾的拓展性阅读导航给出了相关的参考书。关于陶行知，该教材给出了中央教育科学研究所编的《陶行知教育文选》和沈灌群、毛礼锐主编的《中国教育家评传》第3卷中有关陶行知教育思想和活动的评述。这些材料对学生继续研究陶行知具有引导性作用。2013年，经过修订的第2版《中国教育史纲要》出版。新版删减了部分内容，但没有删减任何关于陶行知的相关论述。

为了方便中小学、幼儿园及师范院校师生了解和研究陶行知，人民教育出版社2012年出版了陶行知研究读本《陶行知教育名篇选》[1]。该书选录陶行知教育名作141篇及18首教育诗，内容包括生活教育理论、生活教育运动、教育观念更新、幼儿教育、基础教育、师范教育、女子教育、人才教育、创造教育以及教育诗等10个方面。为便于理解，编者在每部分内容前面增加了一段简明扼要的导语，用于介绍该部分文章的性质、内容和陶行知在有关方面的主要贡献。在各篇文章的篇名之下，编者还对该文的属

---

① 董宝良主编，喻本伐、周洪宇副主编：《陶行知教育名篇选》，人民教育出版社2012年版。

性、写作背景、针对问题或内隐意向加以阐释。类似该书的导读和解释还未在同类的有关陶行知的图书中出现。独创不是为创新而创,而是为了使中小学、幼儿园教师和师范学生更好地理解陶行知爱满天下的教育精神而创。

进入21世纪以后,在人民教育出版社所出版的教材中,除教育史学科教材外,教育学其他分支学科的专业教材也开始出现陶行知的介绍。例如2007年出版的高等学校小学教育专业教材《小学教育学》(第2版)[①]加入了对陶行知的介绍,用陶行知的故事鼓励小学教师要有献身精神。教师的责任光荣而艰巨,造就数以万计的各类人才和数以亿计的合格劳动者。小学教育是教育事业的基础工程,小学教师的素质直接关系着小学教育的质量。因而未来的小学教师应向陶行知学习为教育献身的精神。该书在简要介绍陶行知的求学经历、教育活动和教育贡献后,赞扬陶行知在外国教育和传统教育问题上的主张先进。"去与取,只问适不适,不问新与旧。""外国的经验,如有适用的,采取他;如有不适用的,就除掉他。"该书还简要介绍了陶行知的生活教育思想以及毛泽东对陶行知的评价。另外,该书图文并茂,文字旁附有陶行知授课时的照片。

总之,在全面深化教育改革的影响下,21世纪之初人民教育出版社先后出版了《中国教育史纲要》《陶行知教育名篇选》等多种对陶行知教育思想和文化进行论述的教材。新时期的教材重视以学生为主体,强调以学生的理解为主的教材编写原则,把引导学生理解陶行知教育思想的内涵作为新一轮教材改革的重点。新的教材编写原则有利于学生更深刻地领悟并发扬陶行知的教育智慧。

四、结语:教材中有关陶行知论述的特点及其启示

通过上文的梳理可见,1979年至2015年人民教育出版社所出版的教材中有关陶行知的论述有以下三个特征:

第一,突出陶行知生活教育理论体系的历史贡献。这些教材首先在编写布局上用比较的手法突显出陶行知教育思想的历史贡献。中国近现代著名的教育思想家有鲁迅、陶行知、黄炎培、晏阳初、陈鹤琴和陈宝泉等。

① 黄济、劳凯声、檀传宝主编:《小学教育学》,人民教育出版社2007年版。

他们各自都有代表性的教育思想，如鲁迅的儿童教育主张，陶行知的生活教育理论，黄炎培的职业教育思想，晏阳初的平民教育理论，陈鹤琴的活教育理论，陈宝泉的师范教育思想等等。虽然这些教材的编写篇幅有限，但论述线索清晰。这些教材使用教育家的代表性理论做课文小节标题，清晰醒目地突出教育家的思想特征和历史贡献。因而，陶行知教育思想的主要特征——生活教育理论被突显出来。其次，这些教材在内容上详细地论述生活教育理论的内涵。凡谈及陶行知的地方，这些教材基本都会提到生活教育理论及其三大主张。“生活即教育”是生活教育理论的核心思想。生活教育是人类社会原来就有的，过什么生活便是受什么教育。“社会即学校”是另一重要主张，所强调的是扩大学校的教育范围、对象和学习的内容，让人民大众都有受教育的机会。“教学做合一”是生活教育理论的教学方法论。教与学都以做为中心。教的方法根据学的方法，学的方法根据做的方法。事怎样做便怎样学，怎样学便怎样做。这些教材对生活教育理论的处理还比较灵活。生活教育理论体系是陶行知教育思想的菁华，但并不能概括陶行知全部的教育思想。有的教材在针对性主题的范围内仅对某一主题进行重点阐述，例如教育管理思、师范教育思想或者儿童教育思想等等。

第二，兼顾教育思想与教育活动两方面的论述。陶行知的教育思想来源于教育实践。这些教材在论述陶行知的教育贡献时都是从思想内涵和活动经历两方面展开，特别重视对陶行知教育经历的论述。陶行知的教育思想来源于他所经历的平民教育运动、乡村教育运动、普及教育运动、国难教育运动、战时教育运动、民主教育运动。他所提出的教育思想和主张都曾在他创办的学校中实施过。例如他在晓庄师范学校办学中提出并实施生活教育理论，他在山海工学团办学中总结并使用“即知即传”的“小先生制”普及教育方法。这些教材的使用者主要是未来将从事教育工作的师范生。这些教材在分析陶行知的教育思想遗产外，更强调陶行知在教育实践活动中的创造和贡献，以此鼓励师范生未来在教育事业中建功立业。当然，即便他们继续深造，从事教育研究工作，也要继承陶行知从教育实践中总结教育思想的研究方法。

第三，充分肯定陶行知对中国近现代教育发展的历史贡献。尽管直到1979年陶行知才正式出现在新中国教育学科的教材中，但是1979年后的教材都充分肯定了陶行知教育思想的创见性和先进性。新中国建立后由于“左”倾错误的影响,学术领域的争辩被扩大到政治领域,教育学界曾出现对陶行知教育思想的混乱认识和错误批判。自 1979 年至 1985 年纠正错误以来,这些教材一直充分肯定陶行知的生活教育理论是向西方学习教育思想与从中国国情出发相结合的创新性思想,同时也肯定陶行知在普及人民大众的教育事业中做出了具有先进性的历史贡献。

当然,这些教材在论述陶行知时也有一些不足。陶行知的教育思想深刻,教育经历丰富,教学方法灵活。有关陶行知的教育故事值得师范生了解的内容很多,但受限于篇幅,这些教材只能有所取舍。目前的教材在开放和编写中往往以论代述,用论证的方式突出陶行知在教育史上的地位和贡献。高等教育层次教材的编写以论述为主无可厚非,但也要多考虑学生的接受程度。如果教材能够适当增加一些生动叙述,让陶行知的形象跃然纸上,则更能引起学生的注意和继续研究拓展研究的兴趣。

人民教育出版社在有关教材和有关陶行知的研究专著中都称赞“陶行知是伟大的人民教育家”。其目的不仅在于提倡发扬陶行知爱满天下的教育情怀,还在于提倡发扬陶行知“捧着一颗心来,不带半根草去”的教育爱国奉献精神。出版社编书育人,推动教育改革。这既是推动陶行知研究,也是发扬陶行知精神。作为陶行知研究出版的重镇,人民教育出版社未来将继续探索,不断完善教材中关于陶行知的论述。笔者祝愿并相信人民教育出版社在引领陶行知相关研究成果的出版,传播陶行知教育思想以及弘扬陶行知奉献精神等方面将发挥更大的作用,取得更多的成绩。据悉,人民教育出版社即将推出四卷本《陶行知年谱长编》和《港澳台学者论陶行知》等新作。我们热切期待人民教育出版社有更多成果出版。

(杨燕系人民教育出版社与北京师范大学联合培养博士后。)

陶行知不仅属于中国，而且属于世界

彭南生

金秋十月，丹桂飘香，在纪念伟大的人民教育家陶行知先生125周年诞辰、逝世70周年之际，美丽的桂子山迎来了海内外友人和陶研同仁，共襄陶行知与中外文化教育研究的盛举，在大家共同的努力下大会取得了圆满成功。此次参会的代表有中、美、德、韩等国的100余名专家、学者，大会收到论文60多篇，在短短的一天半时间内，开展的活动有领导讲话、陶行知国际研究中心揭牌、陶行知铜像揭幕、大会主题报告、分组报告、大会发言等。本次大会精彩纷呈，亮点频出，可以说为我们奉献了一场丰盛的学术大餐，同时此次会议加深了同行之间的沟通、了解、交流与合作，促进了陶行知国际研究学术共同体的建立，为陶行知研究进一步走向国际、走向纵深注入了新的智慧与活力，也对陶行知教育思想在海内外的传播以及在中国教育改革发展发挥更好的作用起到了一定的推动作用。概括来说，本次研讨会主要有以下四个特点：

第一，代表来源广泛。参加本次研讨会的专家来自美、德、韩及中国台湾和大陆等地，其中国内代表分别来自北京、天津、河南、河北、山东、山西、广东、福建、辽宁、吉林、江苏、浙江、湖北以及台湾等十余省市和地区，可谓大江南北、长城内外、五湖四海。在这些代表中，既有一直从事陶行知研究的资深专家，也有陶行知研究的青年才俊，参会人员研究结构合理，覆盖面广，真正体现了国际学术会议的国际性与开放性。

第二，学术研讨深入。为了便于交流，此次会议共设四个分会场，确保大部分提交论文的代表都能在会上发言交流。会议中代表们主要就陶行知宏观研究、陶行知与中国文化教育、陶行知与外国文化教育、陶行知教育思想研究、陶行知与其他教育家的交往研究、陶行知研究进展及动态等几方面进行了深入的研讨。例如，在陶行知的宏观研究中，周洪宇教授结合他多年来的研究和思考，对陶行知历史定位进行了再认识，指出陶行知是中国近代史上集教育、思想、政治和文学四大家于一身的综合性文化巨人，是享誉全球的世界级教育大师。这样的论断有助于我们全面深刻地认识、理解、研究陶行知。王建军教授的《我们为什么要学习陶行知》则生动阐述了学习陶行知的价值与意义。

在陶行知与中国文化教育方面，苏智欣教授细致地考察南京晓庄师范学院教师教育的办理情况，认为杜威的教育思想被他的追随者在世界各地实施和应用，陶行知所创办的晓庄师范正是中国学者创造性地应用杜威教育思想的最好典范。这个研究通过办学实践的问题廓清了陶行知对杜威教育理想的继承、创新和践行问题。何俊青教授、孙刚成副教授的《陶行知教育思想在台湾的研究现状及其对偏乡教育问题的启示》深入探讨了陶行知教育思想在台湾地区的研究现状以及对促进台湾地区乡村教育发展的重要意义。

陶行知不仅属于中国，而且属于世界。关于陶行知与外国文化教育的研究是本届大会的一大亮点，例如黄冬教授根据大量的一手德文史料，把以往陶行知研究中较为薄弱的陶行知德国之行的具体过程和心态进行了详细考察；梁忠铭教授的《陶行知思想对日本教育学界影响之考察》、李庚子教授的《陶行知的生活教育带给韩国的启示》则分别深入研究了陶行知教育思想的海外影响。

陶行知教育思想研究在陶行知研究中一直占有重要位置，而这一研究传统在本届会议中也明显呈现出来。本次会议在陶行知教育思想研究方面提交论文最多，探讨十分深入。例如曲铁华教授的《论陶行知的乡村师范教育思想及其当代价值》，刘立德编审的《陶行知语文课程教材思想简析》，王雷、温馨的《社会教育与学校教育打成一片——陶行知论创造的社会教育》，王凌皓教授、杨冰副教授的《论陶行知的大众文化教育观》，王建梁教授的《论陶行知职业教育思想的国际地位与现代价值》等文章分别深入研究了陶行知的乡村教育思想、语文课程教材思想、社会教育思想、大众文化教育思想、职业教育思想。这些研究为陶行知教育思想研究带来了新的学术增长点，有助于我们更为深刻地理解陶行知的教育思想。而舒志定教授的《陶行知教育实践的伦理立场》、张亚群教授的《陶行知文化观念及其教育影响》、刘训华副教授等的文章则分别从文化观念、伦理和比较的视角，分析了陶行知教育思想的来源和道德逻辑。当然，陶行知在中国教育史上是一座高山、一座宝藏，为广大教育工作者和研究者提供了丰富的精神养分，但与会专家也认为在传承和发扬陶行知教育思想的同时，更要有超越陶行知的意识和决心，这不仅是对陶行知教育思想的认可，更是对陶行知本人的一种尊重，因为陶行知本人就大力提倡创造教育，反对因循守旧。例如，侯怀银教授的《超越陶行知》、廖其发教授的《论对陶行知教育思想的超越》对超越陶行知的意义、条件及路径做了透彻的论述。

另外，由于陶行知交友广泛，在教育实践中陶行知携手众多教育家共同推进中国教育改革事业。他的教育思想一定有受他人影响的成分，他的思想也影响着他人。因此，对陶行知与其他教育家及相关人士交往的研究引人关注，如柯小卫教授的《陈鹤琴与陶行知》，陈竞蓉的《陶行知与克伯屈》，冉春的《陶行知及育才学校与北碚地方人士的交集》，李永、柯琪的《陶行知与郭秉文的交往与合作研究(1917—1923)》等，深入探究了陶行知与其他教育家及相关人士的交往活动以及在交往中建立起的深厚友谊。

第三，会议规格较高。此次会议由华中师范大学、中国陶行知研究会、人民教育出版社主办。著名历史学家、教育家章开沅先生，著名历史学家、华中师范大学党委书记马敏教授，中国陶行知研究会会长、著名教育学家朱小蔓教授，人民教育出版社党委书记郭戈教授以及著名教育史学家、中国陶行知研究会常务副会长周洪宇教授，美国加州州立大学苏智欣教授、韩国李庚子教授、金德三教授，台湾地区梁忠铭教授、何俊青教授以及博士研究生导师曲铁华教授、王凌皓教授、张亚群教授、廖其发教授、王建军教授、余子侠教授、吴洪成教授、黄明喜教授、柯小卫教授、喻本伐教授、杨汉麟教授、王雷教授等均为教育史学界的知名专家，强大的学者阵容，既提升了会议的规格，也保证了会议的学术质量。

第四，会议组织有序。此次研讨会由华中师范大学教育学院和湖北省陶行知研究会承办承佃，华中师范大学教育学院雷万鹏院长、卢治平书记、申国昌副院长、余子侠教授、李先军副教授以及马英、雷红卫、张汉桂等同志从前至后把会议当作院里的一件大事来抓，精心筹备会议的各项工作，为会议的顺利召开提供了组织保障。同时，在会议的组织和筹办过程中，章开沅先生，省人大常委会副主任、华中师范大学教育学院教授周洪宇，华中师范大学党委书记马敏，华中师范大学副校长彭南生，华中师范大学社科处处长何静等同志对会议也十分关心，多次询问会议的筹备情况。华中师范大学教育学院的志愿者同学及硕士、博士研究生在会议的举办过程中也积极参与，表现出色。在此，对以上参与会议筹备和组织的人员表示深深的感谢！同时，特别感谢出席大会的各位专家学者、各位同仁对本次研讨会的支持，尤其是感谢海外的学者，大家为了一个共同的目的，不远万里，来到中国。我们在此致以诚挚的感谢！

“教育为公以达天下为公”，让我们继续继承和发扬陶行知教育思想与教育精神，为当前我国教育改革与发展做出新的、更大的贡献。

（本文系湖北陶行知研究会会长，华中师范大学副校长、博士生导师彭南生教授在大会闭幕式上的讲话内容。）

陶行知的新定位和陶行知研究的新跨越
——2016年“陶行知与中外文化教育”国际学术研讨会述评

刘立德　杨　燕

陶行知(1891—1946)是我国近现代著名教育家、思想家、社会活动家和杰出的爱国民主战士，被毛泽东誉为“伟大的人民教育家”，被宋庆龄称为“万世师表”。他“捧着一颗心来，不带半根草去”，毕生致力于教育事业，倡导“千教万教教人求真，千学万学学做真人”，对我国近现代教育的改革发展做出了创造性的贡献。美国学者汉森把陶行知与杜威、蒙台梭利等并列为20世纪最具影响力的世界十大教育家。日本学者斋藤秋男指出：“陶行知不仅是属于中国的，也是属于全世界的。”2016年10月18至19日，在陶行知125周年诞辰暨逝世70周年之际，华中师范大学、中国陶行知研究会和人民教育出版社在湖北武汉共同主办了“陶行知与中外文化教育”国际学术研讨会。会议由华中师范大学教育学院和湖北省陶行知研究会承办。来自世界各地的专家学者一百余人出席了这次研讨会。大会开幕式由华中师范大学副校长、湖北省陶行知研究会会长彭南生教授主持。华中师范大学党委书记马敏、中国陶行知研究会会长朱小蔓和人民教育出版社党委书记郭戈分别致辞。著名历史学家、华中师范大学前校长章开沅到会祝贺并讲话。中国陶行知研究会常务副会长、湖北省人大常委会副主任周洪宇做大会主题报告。华中师范大学社科处处长何静宣读了陶行知国际研究中心成立的决定，章开沅教授、朱小蔓教授和周洪宇教授为研究中心揭牌。马敏教授、湖北省文化厅雷文洁厅长和雕塑家李三汉教授为陶行知雕像揭幕。大会的主题发言分三个单元，分别由华中师范大学教育学院院长雷万鹏，华中师范大学教育学院副院长申国昌教授和华中师范大学博士生导师、湖北省陶行知研究会副会长余子侠主持。最后，彭南生教授做大会总结。研讨会就中外教育文化交流视野中的陶行知、陶行知教育思想的当代价值和陶行知研究的超越等问题进行了深入的讨论。

一、关于陶行知的历史新定位与超越

著名历史学家、华中师范大学前校长章开沅先生在研讨会开幕式上的讲话中指出:"应进一步加强陶行知研究,应用陶行知精神来研究陶行知。"这个呼吁引发了与会者的共鸣。在新的时代背景下和丰富的研究成果基础上,与会者纷纷提出,要对陶行知进行重新定位,摒弃对陶行知进行简单化的顶礼膜拜,要探索超越陶行知、发展陶行知教育思想的路径和方法。

周洪宇教授以《陶行知历史定位新论》为题做大会报告。他提出对陶行知再认识是加强陶行知研究的基本前提,再认识包括对其在中国历史上的地位和作用的再认识和对其思想、实践和人格与当代中国教育改革与发展的作用的再认识两方面。他指出,纵观陶行知一生的事迹和贡献,以往的三定位说"伟大的人民教育家、杰出的民主战士和优秀的大众诗人"应重新定位为"教育家、思想家、政治家、文学家,或者说陶行知是中国近现代史上集教育、思想、政治和文化四大家于一身的综合型文化巨人"。有专家认为,周洪宇教授的定位新论来源于他多年研究陶行知的积累,是他主动担当将陶行知研究推向系统化和科学化责任的体现。

山西大学教育科学学院侯怀银教授以《超越陶行知》为题,西南大学教育学部廖其发教授以《论对陶行知教育思想的超越》为题,华南师范大学教科院王建军教授以《我们为什么要学习陶行知》为题,分别讨论了陶行知研究的超越路径。大家认为,要把研究、学习陶行知与弘扬、发展陶行知紧密结合起来,要向全世界进一步宣传陶行知富有创造性的、至今仍闪烁教育智慧光芒和教育真理光辉的以生活教育为核心的理论体系;以强烈的问题意识,进一步阐发陶行知办学思想的学术价值和现实意义,推动教育家办学的真正开展;要大力推行陶行知教育思想的实验研究,将陶行知丰富多彩的教育理论与当下活生生的教育实践问题相结合,实现在实践中发展理论,在活动中凸显生命。有专家倡导,要尽快建立"陶学"(陶行知学),并提出"陶学"的真正价值在于"学陶"。

研讨会上,多位青年学者提交了关于当前陶行知研究回顾和研究现状的论文,为寻找陶行知研究的超越提供了支撑。湖北大学教育学院副教授于洋和中国陶行知研究院副院长刘大伟分别论述了海外陶行知研究的概况,华中师范大学教育学院博士研究生黄亚栋与华中师范大学《教师教育论坛》编辑周文鼎合作梳理了近六年来有关陶行知研究成果的情况，宁波大学教师教育学院高翔与刘训华合作论述了近十五年来陶行知研究向陶行知学研究转变的趋势。关于陶行知教育思想的演化，山西大学继续教育学院讲师李艳莉以《“生活即教育”的历史流变》为题，从历史的角度论述了“生活即教育”的形成情况；人民教育出版社博士后杨燕以人民教育出版社出版物为中心考察了改革开放以来师范院校教育学科教材中的陶行知形象，形成了一个关于陶行知当代影响情况的案例研究。在这次大会上，一批青年学者发扬前辈学者开展陶行知研究的优良传统，踊跃发言，积极讨论。他们作为新生力量的表现，令人看到陶行知研究后继有人的希望。

二、关于中外教育交流视野中的陶行知

在研讨会上，与会者还从中外教育交流的视角，充分探讨了陶行知的教育思想和教育活动，介绍了陶行知对美国教育和欧洲教育的吸收借鉴，论述了日本和韩国的陶行知研究状况。

美国加州州立大学教育学院苏智欣教授以《陶行知的创新实践：杜威理论在中国师范教育中的应用和发展》为题，讲述了她对陶行知在中国师范教育改革中对杜威教育思想创新性应用的研究成果。德国马堡大学黄冬教授以《陶行知一九三八年德国之行》为题，详细介绍了陶行知1938年在德国考察的经过，为研究陶行知与德国教育的关系提供了重要参照。长江大学教育科学学院陈竞蓉教授研究了美国著名教育家、哥伦比亚大学师范学院克伯屈教授与陶行知之间近30年的师生交往活动，并指出，克伯屈对陶行知坚定探索具有本土特色教育理论的决心起到了重要的作用。

与会者讨论了陶行知对东亚有关国家教育的影响及陶行知研究开展情况。台湾台东大学教育系梁忠铭教授以《陶行知思想对日本教育学界影响之考察》为题做大会报告，系统介绍了日本学界对陶行知研究的成果，以及日本受陶行知教育思想影响的情况。他指出，日本学界为了研究外国教育理论的本土化问题而开始关注陶行知，研究开始于20世纪30年代初，而斋藤秋男是影响力较大的陶研学者。斋藤先生认为，陶行知对杜威理论的接受和克服不是毫无媒介地直接相连起来，而是以“民族土壤”这种中国行知的东西为媒介相连起来，因而开创了陶行知研究的“斋藤模式”。他强调，陶行知的“社会即学校”学说对日本在20世纪80年代兴起的生涯学习

理论有启发作用。韩国大真大学的金德三教授以《韩国陶行知研究现状分析》为题发言，系统介绍了韩国的陶行知研究现状。韩国国立庆尚大学的李庚子副教授以《陶行知生活教育和韩国教育》为题发言，介绍了陶行知的生活教育理论对韩国教育界探究“什么是真正的教育”的启发意义。

三、关于文化视野中的陶行知

陶行知是20世纪中国综合性的文化巨人。他在语言、文字、小说、诗词、歌曲、大众艺术、科学普及、新闻出版、图书馆建设等诸多方面均做出了突出的贡献，为推动中国近代文化事业的新陈代谢发挥了独特作用。人民教育出版社近期出版的周洪宇教授新著《陶行知大传——一位文化巨人的四个世界》是作者满怀对陶行知的崇敬之情和传承、弘扬陶行知精神的使命感来完成的力作。该著作对陶行知的文化创造成果进行了全面阐发。

与会专家学者对陶行知的文化观念、文化贡献及文化观与教育观的关系进行了讨论，从文化视角显示了陶行知研究的新亮点。大家认为，陶行知的文化活动和教育活动是紧密联系的。他的古今文化观、中外文化观、校园文化观等都独树一帜。他反对故步自封的“老八股”，提出抵制封建主义旧文化；反对仪型他国的“洋八股”，提出创造民族的、科学的、大众的新文化。他高擎中国化大旗，倡导文化主权建设，既反对拉“东洋车”，又反对拉“西洋车”。

厦门大学教育研究院张亚群教授以《陶行知的文化观念及其教育影响》为题做大会主题报告。他指出：陶行知对文化有深刻的见解，认为文化是生活的工具，具有实践性、大众性、发展性和互补性；主张文化服务于教育，文化组织是普及教育的有效方式，新文化是教育进步的重要内容。他认为：陶行知的文化观念深深地影响了他的教育理念与实践；陶行知谈文化离不开教育，谈教育常涉及文化；陶行知将文化观念与教育理念辩证统一，并转化为生动的教育实践活动。此外，东北师范大学教育学部王凌皓教授介绍了自己对陶行知大众文化与大众教育思想和活动的研究成果。她认为，陶行知的大众文化教育观濡养于中国的乡土文化，以满足大众的文化解放需求为志趣；陶行知在大众教育实践活动中始终坚持平民化的文化原则。与会者认为，陶行知本身已具有了文化符号的价值，研究陶行知是为了更好地学习陶行知。陶行知精神已经升华为一种教育文化符号。

四、关于陶行知教育思想的当代价值

朱小蔓教授在回顾中国陶行知研究会的发展历程中提到，加强陶行知研究，重点在挖掘陶行知教育思想对当代教育改革的价值。这也是与会者的重要共识。陶行知教育思想的当代价值成为研讨会的热点。陶行知创造性地继承、改造了杜威的教育思想，形成了适合中国国情的，以"生活即教育""社会即学校""教学做合一"为核心的独特的生活教育理论体系。陶行知认为，生活教育是大众的教育，大众自己办的教育，大众为生活解放而办的教育；生活决定教育，真正的教育必须通过生活，要在生活里找教育和为生活而教育。与会者认为，陶行知的语文教育思想、电化教育思想、师范教育思想、乡村教育思想、职业教育思想、社会教育思想、幼儿教育思想、课程教学思想、平民教育思想、终身教育思想、创新创造教育思想、健康教育思想等方面，都贯穿着生活教育这条逻辑主线。

与会专家比较系统地阐述了陶行知教育思想的具体内涵及其对当代教育改革的启发意义。余子侠以《陶行知与电化教育》为题做大会主题报告，介绍了陶行知的电化教育思想和电化教育实践在中国电化教育发展史上的地位、贡献和影响。东北师范大学教育学部曲铁华教授以《陶行知的乡村师范教育思想及其当代价值》为题做大会主题报告，介绍了陶行知乡村师范教育思想的形成过程、主要内容及对当前全面深化农村学校教师教育改革的现实意义。她指出，陶行知提倡广义的师范教育，强调以生活教育为中心开展师资培养，这些思想至今仍有重要参考借鉴价值。人民教育出版社刘立德编审以《陶行知语文课程教材思想探析》为题做大会主题报告，介绍了陶行知的语文课程教材思想，指出：陶行知的语文课程教材思想深深植根于生活教育理论；陶行知强调语文的社会功用，主张建立动的、活的、开放性的大语文课程教材体系，提出在社会生活中开拓语文学习的资源，其语文课程教材观符合人文性目标和工具性目标和谐统一的原则。他还以陶行知编写的语文课本《平民千字课》《老少通千字课》为例，阐述了陶行知教材改革思想的具体内容及其对现今教材编写出版的启发意义。台湾台东大学教育系何俊青教授和延安大学孙刚成副教授以《陶行知教育思想在台湾的研究现状及其对偏乡教育问题的启示》为题的论文，介绍了我国台湾地区的陶行知研究情况，以及陶行知教育思想对解决当前台湾地区偏乡教育问题的启示。

此外，在分组讨论中，华中师范大学教育学院王建梁教授、武汉体育学院陈晴教授、杭州科技职业技术学院副教授丁水娟、哈尔滨工业大学(深圳)吴丹讲师分别介绍了陶行知的职业教育思想及其对当代职业教育改革的启发意义。河北师范大学教育学院徐莉教授论述了陶行知终身教育思想对实现教育 2030 目标的价值。

五、关于陶行知研究的创新

本次研讨会的论文还展现了陶行知研究的发展趋势，预示着未来陶行知研究将更加重视研究方法论创新和史料建设，将以更开阔的理论视野和世界意识，向多样化、综合化、多学科化、跨学科化的方向发展。

与会专家认为，要重视陶行知的“朋友圈”研究，不仅要关注陶行知教育思想的纵向继承和传承，而且要留意横向的交流和传播。华南师范大学教科院黄明喜教授论述了陶行知对王阳明知行观的继承和发展，河南大学教育科学学院赵国权教授研究了陶行知对“武训精神”的再造与继承。关于研讨会的议题之一“陶行知与中外教育家”，与会者不仅讨论了陶行知与海外教育家如杜威和克伯屈的关系，还讨论了陶行知与前辈、同辈及其学生之间的关系，甚至从教育生活史、教育活动史和人际关系心理学等视域审视陶行知的教育理论、教育实践和社会交往，整体上打破了就陶行知论陶行知，体现出陶行知研究思路和眼界比较开阔的特点。华中师范大学教育学院博士研究生郭景川介绍了生活史视域中研究陶行知社会交往的价值和路径。郭戈研究员论述了人教社三位著名编辑出版家叶圣陶、戴伯韬和陆静山在早年与陶行知先生的直接交往情况，总结了他们在陶行知研究方面的贡献。河北大学教育学院吴洪成教授研究了梁漱溟乡村教育试验中的陶行知因素，中国陶行知研究会常务理事、陈鹤琴外孙柯小卫讲述了陈鹤琴与陶行知互相支持、并肩战斗的历程及共同研究的成果，中南民族大学教育学院副教授李永探讨了陶行知与郭秉文的交往与合作，河北师范大学历史文化学院博士后王永颜研究了陶行知的学生和同事戴伯韬的儿童科学读物编撰思想，等等。

来自美国加州州立大学的苏智欣教授综合运用教育史学和比较教育学的方法，对陶行知与杜威的师承关系和长期交往活动进行了深入研究。

她从追溯杜威写给陶行知的一封亲笔信的历史来源开始，梳理了陶行知应用杜威教育理论在晓庄师范进行教育创新实验的历程，结合对晓庄师范发展到当今南京晓庄学院的实地考察，评析了陶行知与杜威的关系以及两位教育家教育思想的影响力。这对当代美国学界了解和理解中国教育也有启发价值。

与会专家学者认为，要进一步重视陶行知研究的资料建设，尤其要重视陶行知海外活动史料和陶行知家谱的搜集整理。华中师范大学教育学院喻本伐教授提交了关于陶行知自存家谱的研究论文。他认为，陶行知非常珍视这些家谱，总是随身携带。喻教授用谱牒学方法考证家谱，并分析了家谱内容对研究陶行知的家族关系和家族经济状况的重要价值。南京晓庄学院陶行知纪念馆馆长王向友展示了一些馆藏的珍贵书信影印件和照片，为人们进一步研究陶行知开阔了视野。

综上所述，2016年"陶行知与中外文化教育"国际学术研讨会取得了丰富的成果，不仅展示了陶行知研究的信息动态，交流了中外学者的研究成果，而且讨论了陶行知教育思想的基本特点和当代价值，阐发了陶行知的文化观念和文化贡献，展望了深化陶行知研究的未来趋势，提出了陶行知研究超越发展的主张和路径，在中国陶行知研究发展史上树立了又一座丰碑。

（刘立德、杨燕简介见前文。）

附录

“陶行知与中外文化教育”国际学术研讨会组委会名单

顾　问：章开沅　顾明远　朱小蔓

主　任：周洪宇　马　敏　郭　戈

委　员：（按姓氏笔画排序）

申国昌　吕德雄　刘立德　［美］苏智欣

［韩］李庚子　何　静　何俊青　余子侠

［韩］金德三　梁忠铭　彭南生　雷万鹏